MIJN VERHAAL

Becoming

Michelle Obama

Mijn verhaal
Becoming

Vertaald uit het Engels door Rob de Ridder

HOLLANDS DIEP
AMSTERDAM
2018

Deze uitgave kwam tot stand door bemiddeling van Sebes & Bisseling
Literary Agency te Amsterdam

Oorspronkelijke titel: *Becoming*
Oorspronkelijk uitgegeven door: Crown Publishing Group, 2018

Omslagontwerp: Christopher Brand, New York
Omslagontwerp Nederlandse uitgave: Studio Jan de Boer, Utrecht
Typografie: Peter de Lange, Amsterdam

ISBN 978 90 488 4076 2
ISBN 978 90 488 4077 9 (e-book)
NUR 320

www.hollandsdiep.nl
www.overamstel.com

OVERAMSTEL
uitgevers

Hollands Diep is een imprint van Overamstel Uitgevers bv

Voor alle mensen die me hebben geholpen te worden wie ik ben.
Zij die me hebben opgevoed: Fraser, Marian, Craig en mijn hele familie, mijn kring sterke vrouwen, die me altijd hebben gesteund, mijn loyale en toegewijde staf, op wie ik nog steeds trots ben.

Voor de liefdes van mijn leven:
Malia en Sasha, de twee lievelingen die de reden zijn van mijn bestaan, en ten slotte Barack, die me altijd een interessante reis heeft beloofd.

Inhoud

Voorwoord

Maart 2017

Toen ik klein was, had ik enkele eenvoudige verlangens. Ik wilde een hond. Ik wilde een huis met trappen: twee verdiepingen voor één gezin. Ik wilde om een of andere reden een vijfdeurs stationcar in plaats van de tweedeurs Buick, mijn vaders trots en glorie. Toen ik wat groter was, vertelde ik iedereen altijd dat ik kinderarts wilde worden. Waarom? Omdat ik het heerlijk vond om met kleine kinderen te spelen en omdat ik algauw leerde dat volwassenen dat graag wilden horen. *O, een dokter! Wat goed gekozen!* In die tijd droeg ik vlechtjes, commandeerde ik mijn oudere broer en presteerde ik het om altijd, wat er ook gebeurde, op school hoge cijfers te halen. Ik was ambitieus, hoewel ik eigenlijk niet precies wist wat ik wilde. Nu denk ik dat het een van de meest nutteloze vragen is die een volwassene een kind kan stellen: *wat wil je worden als je groot bent?* Alsof opgroeien een keer ophoudt. Alsof je op een gegeven moment iets wordt en dat is dan dat.

Tot nu toe ben ik jurist geweest. Ik was vicevoorzitter van een ziekenhuis en directeur van een non-profitorganisatie die jonge mensen helpt een carrière te volgen die er iets toe doet. Ik ben een zwarte werkstudent geweest op een prestigieus, grotendeels wit *college*. Ik was vaak de enige vrouw, de enige Afro-Amerikaanse, in allerlei verschillende vertrekken. Ik ben een bruid geweest, een gestreste moeder, een diepbedroefde dochter. En tot voor kort was ik *first lady* van de Verenigde Staten van Amerika, een baan die weliswaar officieel geen baan is, maar die me desalniettemin een onvoorstelbaar platform heeft geboden. Ik werd door de functie uitgedaagd en ze maakte me deemoedig, bemoedigde me en maakte me klein, en soms dit alles tegelijk. Ik ben pas net gaan verwerken wat er de afgelopen jaren eigenlijk is gebeurd, vanaf het moment in 2006 dat mijn echtgenoot het voor het eerst had over een gooi doen naar het presidentschap tot die koude morgen, vorige winter, toen ik in een limousine stapte met Melania Trump om haar te begeleiden naar de inauguratie van haar man. Het is me de tocht wel geweest.

Als je first lady bent, laat Amerika zich zien in al zijn extremen. Ik ben bij geldinzamelingen geweest in huizen die er eerder uitzagen als musea vol kunst, huizen met badkuipen van halfedelsteen. Ik heb gezinnen bezocht die alles kwijt waren geraakt in de orkaan Katrina, die in tranen waren en dankbaar omdat ze een koelkast en een fornuis hadden die werkten. Ik heb mensen ontmoet die ik oppervlakkig en hypocriet vind en andere – leerkrachten en echtgenotes van militairen en nog zoveel anderen – die me aan het lachen maakten en me vervulden van hoop en die gelukkig vergaten hoe ze me aan moesten spreken zo gauw we in de aarde van een tuin stonden te wroeten.

Sinds ik met enige tegenzin in het openbare leven stapte, ben ik opgehemeld als de machtigste vrouw ter wereld en neergehaald als een 'boze zwarte vrouw'. Ik heb die mensen die me zo neerhaalden altijd willen vragen welk deel van die uitdrukking hen het meest stoorde: was het 'boos' of 'zwart' of 'vrouw'? Ik ben glimlachend op de foto gegaan met mensen die mijn echtgenoot op de tv voor de vreselijkste dingen uitmaakten, maar toch een ingelijste herinnering wilden voor op de schoorsteenmantel. Ik heb gehoord over de zompige uithoeken van het internet waar alles over mij in twijfel wordt getrokken, zelfs of ik wel een vrouw ben. Een lid van het Congres heeft grappen gemaakt over mijn achterwerk. Ik ben gekwetst, woedend geweest. Maar in de meeste gevallen heb ik geprobeerd dit soort dingen weg te lachen.

Er zijn heel veel dingen die ik nog niet weet over Amerika, over het leven, over de toekomst. Maar ik ken mezelf. Mijn vader, Fraser, leerde me hard te werken, vaak te lachen en me aan mijn woord te houden. Mijn moeder, Marian, liet me zien hoe ik voor mezelf moest denken en voor mezelf moest opkomen. In ons benauwde appartementje in de South Side van Chicago hielpen ze me samen de waarde te zien in ons verhaal, in mijn verhaal, in het grotere verhaal van ons land. Zelfs wanneer het niet leuk of volmaakt is. Zelfs wanneer het realistischer is dan je had gewild. Jouw verhaal is wat je hebt, wat je altijd zult hebben. Het is iets wat jij bezit.

Acht jaar lang heb ik in het Witte Huis gewoond, een gebouw met ontelbaar veel trappen. En liften, een bowlingbaan en een bloemenverzorger in huis. Ik sliep in een bed onder Italiaans linnengoed. Ons eten werd bereid door een team koks van wereldklasse en opgediend door professionals die beter waren opgeleid dan die in welk driesterrenrestaurant of hotel dan ook. Agenten van de geheime dienst, compleet met oortjes en pistolen en die doelbewuste uitdrukkingsloze blik stonden voor de deur en deden hun uiterste best om buiten het privéleven van ons gezin te blijven. We raakten eraan gewend, na een tijdje, min of meer, aan de vreemde grandeur van ons nieuwe huis en ook aan de constante, stille aanwezigheid van anderen.

Het Witte Huis is waar onze twee meisjes met ballen speelden in de gangen en in bomen klommen naast de South Lawn. Het is waar Barack tot laat in de nacht wakker bleef om in de Treaty Room na te denken over briefings en concepten van toespraken en waar Sunny, een van onze honden, weleens op het tapijt poepte. Ik kon op het Trumanbalkon gaan staan om naar de toeristen te kijken die poseerden met hun selfiesticks en door de spijlen tuurden en probeerden te raden wat binnen allemaal gebeurde. Er waren dagen dat ik dacht dat ik stikte door het feit alleen al dat de ramen om veiligheidsredenen gesloten moesten blijven, dat ik nergens frisse lucht in kon ademen zonder gedoe te veroorzaken. Er waren andere dagen waarop ik onder de indruk was van de bloeiende witte magnolia's buiten, de dagelijkse drukte van het regeren, de grootsheid van een militair welkom. Er waren dagen, weken en maanden waarin ik de politiek haatte. En er waren momenten waarop de schoonheid van dit land en zijn mensen me zo overdonderden, dat ik niets wist te zeggen.

En toen was het voorbij. Zelfs als je het aan ziet komen, zelfs als de laatste weken vol zijn met emotioneel afscheid nemen, dan nog is de dag zelf een vage vlek. Iemand legt een hand op een bijbel, een eed wordt nagezegd. Het meubilair van de ene president wordt naar buiten gesjouwd terwijl dat van de andere naar binnen gaat. Kasten worden binnen enkele uren leeggehaald en weer gevuld. Zo gaat het, er komen nieuwe hoofden op nieuwe kussens, nieuwe temperamenten, nieuwe dromen. En als het afgelopen is, als je voor de laatste keer de deur uit gaat van het beroemdste adres van de wereld, dan moet je je op vele manieren zien te hervinden.

Laat me hier dan beginnen, met kleine dingen die nog niet zo lang geleden zijn gebeurd. Ik was thuis in het huis van rode baksteen waar ons gezin kortgeleden naartoe is verhuisd. Ons nieuwe huis staat een kilometer of drie van ons oude aan een straat in een rustige buurt. We zijn nog aan het inrichten. Het meubilair in de woonkamer staat ongeveer hetzelfde als in het Witte Huis. Overal in huis zijn herinneringen te vinden die ons zeggen dat het allemaal echt is gebeurd: foto's van onze vakanties met het hele gezin in Camp David, met de hand gemaakte potten die me door *Native American*-leerlingen zijn geschonken, een boek gesigneerd door Nelson Mandela. Wat zo merkwaardig was aan deze avond, was dat iedereen weg was. Barack was op reis. Sasha was uit met vrienden. Malia woont en werkt in New York, waar ze haar tussenjaar doorbrengt voordat ze gaat studeren. Alleen ik, onze twee honden en een stil, leeg huis – dat heb ik acht jaar niet gekend.

En ik had honger. Ik liep van onze slaapkamer de trap af, de honden op mijn hielen. In de keuken deed ik de koelkast open. Ik vond een brood, pakte twee sneden en stopte die in de broodrooster. Ik deed een kast open en pakte een bord. Ik weet dat het raar is om te zeggen, maar om een bord van een plank in de keuken te pakken zonder dat iemand erop staat om het voor mij te pakken, om daar te staan kijken hoe het brood in de broodrooster bruin wordt, voelt alsof ik weer terug ben in mijn oude leven. Of misschien is het mijn nieuwe leven, dat zich begint te openbaren.

Uiteindelijk roosterde ik niet alleen het brood; ik maakte een kaastosti door vette cheddar tussen de boterhammen te leggen en ze op het bord in de magnetron te verwarmen. Daarna liep ik met het bord naar de achtertuin. Ik hoefde het niemand te vertellen. Ik deed het gewoon. Ik had blote voeten onder shorts. De winterkilte was eindelijk voorbij. De krokussen kwamen net op in de border langs onze achtermuur. Het rook naar lente. Ik ging op een trede van onze veranda zitten en voelde aan mijn voeten dat de tuintegels nog warm waren van de zon. Ergens ver weg begon een hond te blaffen en mijn honden stonden stil te luisteren, blijkbaar even in de war. Het kwam in me op dat dit een vreemd geluid voor ze moest zijn aangezien we in het Witte Huis geen buren hadden, laat staan buurhonden. Voor hen was alles nieuw. Terwijl de honden wegsprongen om de grenzen van de tuin te verkennen, at ik in het donker mijn tosti en voelde me op de best mogelijke manier alleen. Ik dacht niet aan het groepje bewakers met hun geweren dat op nog geen honderd meter van me af in de speciaal voor hen gebouwde commandopost in onze garage bivakkeerde, of aan het gegeven dat ik geen straat in kan lopen zonder bewakingseenheid. Ik dacht niet aan de nieuwe president, en trouwens ook niet aan de oude.

In plaats daarvan bedacht ik dat ik over een paar minuten weer naar binnen zou gaan, mijn bord zou afspoelen in de gootsteen en dan naar bed zou gaan, misschien eerst een raam zou openzetten zodat ik de lentelucht kon voelen – hoe heerlijk zou dat zijn. Ik dacht er ook aan dat de stilte me voor het eerst echt de mogelijkheid bood om na te denken. Als first lady moest ik er aan het einde van een drukke week aan worden herinnerd waarmee die was begonnen. Maar tijd begint nu heel anders te voelen. Mijn meisjes die het Witte Huis binnenkwamen met hun Polly Pockets, een dekentje genaamd Blankie en knuffeltijger Tiger, zijn nu tieners, jonge vrouwen met hun eigen plannen en stemmen. Mijn man past zich op eigen wijze aan het leven na het Witte Huis aan, komt op eigen wijze op adem. En ik zit hier, in dit nieuwe huis, en wil een heleboel zeggen.

Hoe ik Michelle werd

Becoming me

I

Een groot deel van mijn jeugd heb ik gehoord hoe het klinkt om ergens moeite voor te doen. Het kwam in de vorm van slechte muziek, of althans amateurmuziek, die door de houten vloer van mijn slaapkamer drong – het *plink, plink, plonk* van leerlingen die beneden aan de piano zaten van mijn oudtante Robbie, waar ze langzaam en onvolmaakt toonladders instudeerden. Ons gezin woonde in de buurt South Shore in Chicago, in een keurig bakstenen huis dat eigendom was van Robbie en haar man Terry. Mijn ouders huurden een appartement op de eerste verdieping, Robbie en Terry woonden zelf op de begane grond. Robbie was een tante van mijn moeder en was al vele jaren bijzonder genereus voor haar, maar voor mij was ze een soort plaag. Stijf en ernstig dirigeerde ze het koor van de plaatselijke kerk en ze was ook de pianolerares van de buurt. Ze droeg gezonde schoenen en haar leesbril hing aan een kettinkje om haar nek. Ze had een sluwe glimlach, maar sarcasme werd niet zo gewaardeerd zoals mijn moeder dat wel deed. Soms hoorde ik haar haar leerlingen uitfoeteren omdat ze niet genoeg geoefend hadden, of hun ouders omdat ze ze te laat afgezet hadden voor de les van hun kinderen.

'Goedenavond!' riep ze midden op de dag uit met dezelfde kracht als iemand anders 'O, in godsnaam!' kon roepen. Weinigen, zo leek het, konden voldoen aan Robbies maatstaven.

Maar het geluid van mensen die moeite deden, werd de soundtrack van ons leven. Er klonk geplink 's middags, er klonk geplink 's avonds. Kerkdames kwamen weleens op bezoek om psalmen te oefenen, hun vroomheid galmde dan door ons huis. Volgens Robbies regels mochten kinderen die pianolessen bij haar namen aan slechts één nummer tegelijk werken. In mijn kamer hoorde ik hoe ze, noot voor onzekere noot, probeerden haar goedkeuring te krijgen terwijl ze geleidelijk vorderden van 'Hot Cross Buns' tot het 'Wiegenlied' van Brahms, maar dat pas na talloze pogingen. De muziek verveelde nooit; ze was alleen overal. Ze kroop naar boven door het trappenhuis dat ons deel van het huis scheidde van dat van Robbie. In de zomer dreef ze door de open ramen en begeleidde mijn gedachten terwijl ik speelde met mijn barbies of koninkrijkjes bouwde van blokken. Ze werd alleen onderbroken als mijn vader thuiskwam van de vroege dienst bij het drinkwaterbedrijf van de stad, de tv aanzette voor de honkbalwedstrijd van de Cubs en het geluid zo hard zette, dat de pianomuziek niet meer te horen was.

Dit was eind jaren zestig in de South Side van Chicago. De Cubs waren niet slecht, maar ook niet echt goed. Ik zat bij mijn vader op schoot in zijn leunstoel en luisterde naar hem als hij vertelde hoe matig de Cubs aan het eind van het seizoen waren of waarom Billy Williams, die bij ons om de hoek aan Constance Avenue woonde, zo goed kon slaan vanaf de linkerkant van de thuisplaat. Buiten de honkbalvelden bevond Amerika zich in een tijd van een enorme, onzekere verschuiving. De Kennedy's waren dood. Martin Luther King jr. was vermoord op een balkon in Memphis, het startsein voor rellen in het hele land, ook in Chicago. De nationale conventie van de Democratische Partij van 1968 werd een bloedige aangelegenheid toen de politie in Grant Park, ongeveer veertien kilometer ten noorden van waar wij woonden, achter demonstranten tegen de Vietnamoorlog aan ging met wapenstok en traangas. In dezelfde tijd trokken hele massa's witte gezinnen uit de stad weg, verleid door de voorsteden met de belofte van betere scholen, meer ruimte, en vermoedelijk ook witter.

Niets van dit alles drong toen echter echt tot me door. Ik was nog klein, een meisje met barbies en blokken, met twee ouders en een oudere broer die 's nacht met zijn hoofd nauwelijks een meter van me af sliep. Mijn familie was mijn wereld, het centrum van alles. Mijn moeder leerde me al jong lezen, ze wandelde met me naar de openbare bibliotheek en zat naast me terwijl ik hardop woorden van een bladzijde las. Mijn vader ging elke dag in het blauwe uniform van een gemeentewerker naar zijn werk, maar 's avonds liet hij ons zien wat het betekende liefhebber te zijn van jazz en kunst. Als jongen had hij lessen gevolgd aan het Art

Institute van Chicago en op *high school* had hij vakken als schilderen en beeldhouwen gevolgd. Op school was hij ook wedstrijdzwemmer en bokser geweest en als volwassene was hij fan van elke sport die op televisie kwam, van professioneel golf tot ijshockey. Hij zag graag sterke mensen uitblinken. Toen mijn broer Craig wilde gaan basketballen, legde mijn vader munten op het deurkozijn van onze keuken en moedigde hij hem aan zo hoog te springen dat hij ze kon pakken.

Alles wat belangrijk was, bevond zich binnen een straal van vijf blokken: mijn grootouders, neven en nichten, de kerk op de hoek waarvan we de zondagsschool niet elke zondag bezochten, het benzinestation waar mijn moeder me af en toe naartoe stuurde om een pakje sigaretten, Newports, te halen en de drankzaak, waar ook brood van het merk Wonder, snoepgoed en pakken melk verkocht werden. Op hete zomeravonden dommelden Craig en ik in onder het geluid van de toejuichingen van de softbalwedstrijden in het park vlakbij, waar wij overdag in de speeltuin op het klimrek klommen en met andere kinderen tikkertje speelden.

Craig en ik schelen nog geen twee jaar. Hij heeft de zachte ogen en optimistische instelling van mijn vader en de onverbiddelijkheid van mijn moeder. Wij tweeën hebben altijd heel goed met elkaar kunnen opschieten, deels dankzij een onwrikbare en ietwat onverklaarbare band die hij al van begin af aan met zijn zusje leek te voelen. Er bestaat een oude familiefoto, nog in zwart-wit, van ons vieren op een bank. Mijn moeder glimlacht met mij op schoot, mijn vader kijkt ernstig en trots met Craig op de zijne. We zijn gekleed om naar de kerk te gaan of misschien naar een huwelijk. Ik ben ongeveer acht maanden, een kleine, bolle rouwdouwer in luiers en een gesteven wit jurkje, klaar om weg te glijden uit mijn moeders greep terwijl ik naar de camera staar alsof ik hem op wil eten. Naast me zit Craig, een heertje met stropdas en colbertje en met een serieuze uitdrukking op zijn gezicht. Hij is twee jaar en dan al het beeld van broederlijke waakzaamheid en verantwoordelijkheid: hij heeft zijn arm naar de mijne uitgestrekt, zijn vingers beschermend om mijn dikke polsje geklemd.

Toen de foto werd genomen, woonden we nog in een appartement tegenover dat van mijn vaders ouders in Parkway Gardens, een complex met betaalbare sociale woningbouw in de South Side dat bestaat uit modernistische flatgebouwen. Het was in de jaren vijftig gebouwd en ontworpen als een coöperatie, bedoeld om het woningtekort van na de Tweede Wereldoorlog voor zwarte arbeidersgezinnen te verlichten. Later zou het in verval raken, vermalen tussen armoede en bendegeweld, en een van de gevaarlijkste plaatsen van de stad worden om te wonen. Maar al veel eerder, toen ik een kleuter was, namen mijn ouders, die elkaar als tieners hadden ontmoet en trouwden toen ze midden twintig waren, het aanbod aan om een paar kilometer zuidelijker in te trekken bij Robbie en Terry in een betere buurt.

Op Euclid Avenue woonden we als twee huishoudens onder één niet erg groot dak. Als je naar de indeling kijkt, dan was de ruimte op de eerste verdieping vermoedelijk ontworpen om een of twee familieleden woonruimte te bieden, maar wij vieren vonden een manier om er samen te wonen. Mijn ouders sliepen in de enige slaapkamer, terwijl Craig en ik het grotere vertrek deelden dat, naar ik aanneem, eigenlijk bedoeld was als woonkamer. Toen ik groter werd, bracht mijn grootvader – Purnell Shields, de vader van mijn moeder, die een enthousiaste en zeer goede timmerman was – wat goedkoop hout en timmerde hij een provisorische afscheiding zodat twee semiprivévertrekken ontstonden. Hij maakte voor elk vertrek een harmonicadeur en er was een kleine gemeenschappelijke ruimte ontstaan, waar we ons speelgoed en onze boeken konden bewaren.

Ik vond mijn kamertje heerlijk. Het was precies groot genoeg voor een tweepersoonsbed en een klein bureau. Ik legde al mijn knuffeldieren op het bed en stopte ze elke avond zorgvuldig in rondom mijn hoofd als een vorm van geruststellend ritueel. Aan zijn kant van de wand leefde Craig in een soort spiegelbestaan, met zijn bed tegen de houten wand evenwijdig aan het mijne. De afscheiding was zo dun dat we erdoorheen met elkaar konden praten als we 's avonds in bed lagen, en vaak gooiden we dan een bolletje sokken heen en weer door de dertig centimeter brede kier tussen het hout en het plafond.

Tante Robbie onderhield haar deel van het huis als een mausoleum. Ter bescherming lag over de meubels plastic, dat koud en plakkerig aanvoelde tegen mijn blote beentjes als ik erop durfde te gaan zitten. Planken stonden vol porseleinen beeldjes die we niet mochten aanraken. Ik liet mijn hand soms zweven boven een stel glazen poedels met lieve blik – een teder kijkende moeder en drie kleine puppy's – en trok hem dan snel terug uit angst voor Robbies toorn. Als er geen les werd gegeven, was het doodstil op de begane grond. De televisie stond nooit aan, de radio zweeg altijd. Ik weet niet eens of die twee beneden veel met elkaar spraken. De volledige naam van Robbies man was William Victor Terry, maar om een of andere reden gebruikten we alleen zijn achternaam. Terry was als een schaduw, een eerbiedwaardig kijkende man die alle dagen van de week een driedelig pak droeg en zo goed als nooit een woord zei.

Ik ging boven en beneden beschouwen als twee verschillende werelden, waar wedijverende gevoeligheden heersten. Wij waren boven lawaaiig, onvergeeflijk lawaaiig. Craig en ik gooiden met ballen en renden achter elkaar aan. We spoten Pledge-meubelwas op de houten vloer van de gang zodat we op onze sokken sneller en verder konden glijden, waardoor we vaak tegen de muren botsten. We hielden bokswedstrijdjes in de keuken en trokken daarvoor de twee paar handschoenen aan die mijn vader ons met kerstmis had gegeven, samen met persoonlijke lessen hoe je een goede stoot moest uitdelen. 's Avonds deden we met het hele gezin bordspelletjes, vertelden we moppen en verhalen, en draaiden we platen van The Jackson 5 op de stereo. Als het Robbie beneden te veel werd, dan deed ze met de schakelaar in het gemeenschappelijke trappenhuis, waarmee ook de lamp in onze hal bediend werd, het licht aan en uit, keer op keer – haar beleefde manier om ons te laten weten dat we rustiger moesten zijn.

Robbie en Terry waren ouder. Ze waren opgegroeid in een andere tijd met andere zorgen. Ze hadden dingen gezien die onze ouders niet kenden, dingen die Craig en ik in onze nog ongepolijste kinderlijkheid nooit hadden kunnen bevroeden. Dat was ongeveer wat mijn moeder zei als we ons te veel opwonden over de humeurigheid beneden. Ons werd dan gezegd dat we, ook al kenden we de context niet, niet moesten vergeten dat die context wel bestond. Iedereen op aarde, vertelde ze, droeg een verborgen geschiedenis met zich mee en dat alleen al verdiende enige tolerantie. Jaren later hoorde ik dat Robbie de Northwestern University had aangeklaagd vanwege discriminatie. Ze had zich in 1943 ingeschreven voor een workshop koormuziek, maar er werd haar een kamer geweigerd in het studentenhuis voor vrouwen. Ze moest in plaats daarvan een kamer in de stad huren in een huis 'voor kleurlingen', werd haar gezegd. Terry was bediende geweest voor Pullman op een van de nachttreinen die van en naar Chicago reden. Het was een eerbiedwaardige, zij het niet zo goed betaalde baan, alleen voor zwarten die hun uniform smetteloos hielden terwijl ze met bagage sjouwden, maaltijden opdienden en in het algemeen zorgden voor de treinpassagiers, inclusief het poetsen van hun schoenen.

Jaren na zijn pensioen leefde Terry nog steeds in een staat van zwijgzame formaliteit: smetteloos gekleed, gereserveerd onderdanig, nooit op enige wijze voor zichzelf opkomend, voor zover ik dat kon beoordelen tenminste. Het leek wel alsof hij afstand had gedaan van iets van zichzelf als manier om ermee om te gaan. Ik keek altijd naar hem als hij in de zomerhitte ons gras maaide op zijn gaatjesschoenen, met bretels en een deukhoed met smalle rand en de mouwen van zijn overhemd keurig opgerold. Hij deed zich tegoed aan precies één sigaret per dag en precies één cocktail per maand en dan nog kon hij zich niet laten gaan zoals mijn vader en moeder na een whisky-soda of een Schlitz-bier die ze zich een paar keer per maand permitteerden. Ergens wilde ik dat Terry met me zou praten en me alle geheimen zou vertellen die hij bij zich droeg. Ik beeldde me in dat hij allerlei interessante verhalen kon vertellen over de steden waar hij was geweest en hoe rijke mensen zich in treinen gedroegen of misschien misdroegen. Maar we kregen het allemaal nooit te horen. Om een of andere reden vertelde hij nooit iets.

Ik was een jaar of vier toen ik besloot dat ik piano wilde leren spelen. Craig, die in de eerste klas zat, ging al eens per week naar beneden voor lessen op Robbies piano en keerde altijd redelijk onbeschadigd terug. Ik vond dat ik er klaar voor was. Ik was er eigenlijk nogal van overtuigd dat ik al piano *hád* leren spelen via directe osmose, dat wil zeggen dat het tot me was doorgedrongen in al die uren waarin we andere kinderen zich door hun liedjes hoorden worstelen. De muziek zat al in mijn hoofd. Ik wilde gewoon naar beneden en mijn veeleisende oudtante laten zien wat voor een getalenteerd meisje ik was, dat het me geen enkele moeite zou kosten om haar beste leerling te worden.

Robbies piano stond in een klein vierkant vertrek aan de achterkant van het huis, vlak bij het raam met uitzicht op de achtertuin. In een van de hoeken stond een plant in een pot en een klaptafel waar leerlingen hun muziekwerkbladen konden invullen. Tijdens de lessen zat ze met rechte rug in een gestoffeerde leunstoel en tikte ze met een vinger het ritme, haar hoofd scheef terwijl ze elke vergissing registreerde. Of ik bang was voor Robbie? Niet echt, maar ze had iets engs; ze vertegenwoordigde een stijf soort autoriteit die ik verder nergens was tegengekomen. Ze eiste van ieder kind op haar pianokruk dat het uitmuntend was. Ik zag haar als iemand die ik voor me moest zien te winnen, of misschien moest overwinnen. Bij haar leek het altijd alsof er iets te bewijzen viel.

Tijdens mijn eerste les bungelden mijn beentjes onder de pianokruk, ze waren te kort om op de vloer te komen. Robbie gaf me mijn eigen basiswerkboek muziek, wat ik erg spannend vond, en liet me zien hoe ik mijn handen op de juiste manier boven de toetsen moest houden.

'Goed, let nu op,' zei ze verwijtend nog voor we waren begonnen. 'Zoek de centrale c.'

Als je klein bent, lijkt het wel alsof een piano duizend toetsen heeft. Je staart naar een heel stuk wit en zwart dat groter is dan je met twee armpjes kunt bevatten. De centrale c, leerde ik algauw, was het middelpunt. Het was de grenslijn tussen wat de rechterhand en de linkerhand bestrijken, tussen de g-sleutel en de bassleutel. Als je je duim op de centrale c kon leggen, viel al het andere automatisch op zijn plaats. De toetsen van Robbies piano bezaten een subtiele ongelijkheid in kleur en vorm, plaatsen waar in de loop van de tijd stukjes ivoor waren afgebroken waardoor ze eruitzagen als een slecht gebit. Gelukkig ontbrak er aan de centrale c een hele hoek, een wig ter grootte van een vingernagel van mij, waardoor ik elke keer het midden kon vinden.

Het bleek dat ik pianospelen leuk vond. Het voelde heel natuurlijk om aan de piano te zitten, als iets wat voor mij bedoeld was. Mijn hele familie zat vol musici en muziekliefhebbers, vooral aan mijn moeders kant. Een oom van me speelde in een professionele band. Verschillende tantes zongen in kerkkoren. Ik had Robbie, die naast haar koor en haar lessen ook iets organiseerde wat de Operetta Workshop heette, een heel eenvoudig musicaltheaterprogramma voor kinderen, waar Craig en ik elke zaterdagmorgen aan deelnamen in de kelder van haar kerk. Het muzikale centrum van mijn familie was echter mijn grootvader Shields, de timmerman, en Robbies jongere broer. Hij was een zorgeloze, rondbuikige man met een aanstekelijke lach en een onverzorgde zout-en-peperkleurige baard. Toen ik klein was, woonde hij in de West Side en noemden Craig en ik hem Westside. Maar in het jaar dat ik pianolessen ging nemen, verhuisde hij naar onze buurt en gaven we hem de bijpassende nieuwe naam: Southside.

Southside was decennia eerder gescheiden van mijn grootmoeder, toen mijn moeder nog een tiener was. Hij woonde bij mijn tante Carolyn, mijn moeders oudste zus, en mijn oom Steve, haar jongste broer, op maar twee blokken bij ons vandaan in een gezellig huis, waar hij in alle vertrekken, inclusief de wc, speakers had opgehangen. In de eetkamer bouwde hij een ingewikkelde kast om zijn stereo-installatie, waarvan hij het grootste deel bij openbare verkopen bijeen had gescharreld, in op te bergen. Hij had twee niet bij elkaar passende draaitafels en een oude, gammele bandrecorder en planken vol platen, die hij in de loop der jaren had verzameld.

Er was veel in de wereld wat Southside niet vertrouwde. Hij was zo'n typische oude man die overal complotten zag. Hij vertrouwde tandartsen niet, waardoor hij zo goed als geen tanden meer had. Hij vertrouwde de politie ook niet, als zoon van een slaaf uit Georgia die zijn vroege jeugd had doorgebracht in Alabama in de tijd van Jim Crow, van de wetten op rassensegregatie, voordat hij in de jaren twintig naar Chicago kwam. Toen hij zelf kinderen kreeg, deed Southside alles om ze te beschermen – door ze bang te maken met echt gebeurde en verzonnen verhalen over wat er kon gebeuren met kinderen die in een verkeerde buurt kwamen, en door ze op het hart te drukken de politie te ontlopen.

Muziek leek een tegengif voor zijn zorgen, een manier om te ontspannen en ze te verdringen. Als het betaaldag was op zijn werk als timmerman, ging hij zich weleens te buiten en kocht hij een nieuw album. Hij gaf regelmatig feestjes voor de hele familie, waar hij iedereen dwong hard te praten om uit te kunnen komen boven wat hij ook op de stereo had gelegd, omdat muziek altijd de boventoon voerde. De meeste grote gebeurtenissen van het leven vierden we bij Southside thuis, hetgeen betekende dat we jarenlang kerstcadeautjes uitpakten met Ella Fitzgerald en de kaarsjes op de verjaardagstaart uitbliezen met Coltrane. Volgens mijn moeder maakte Southside er in zijn jonge jaren een punt van zijn zeven kinderen vol te stoppen met jazz, vaak door iedereen bij zonsopkomst te wekken door een van zijn platen heel hard af te spelen.

Zijn liefde voor muziek was aanstekelijk. Toen Southside eenmaal naar onze buurt verhuisd was, bracht ik hele middagen bij hem door, trok willekeurig albums van de plank en legde ze op de stereo, elke plaat zijn eigen avontuur om me in te verliezen. Hoe jong ik ook was, hij legde geen enkele beperking op wat ik pakte. Later kocht hij mijn eerste elpee voor me, *Talking Book* van Stevie Wonder, die ik in zijn huis bewaarde op een speciaal plankje dat bestemd was voor mijn favoriete platen. Als ik honger had, dan maakte hij een milkshake voor me of braadde hij een hele kip, terwijl we luisterden naar Aretha of Miles of Billie. Voor mij was Southside de hemel. En de hemel, zo stelde ik me die voor, was een plaats vol jazz.

Thuis bleef ik werken aan mijn eigen vorderingen als musicus. Aan Robbies piano leerde ik in korte tijd de toonladders – die osmose was echt – en ik wierp me op het invullen van de werkbladen die ze me gaf. Omdat we zelf geen piano hadden, moest ik op die van haar oefenen; dan wachtte ik tot niemand les had en sleepte ik vaak mijn moeder mee, die in de met plastic afgedekte stoel moest gaan zitten om te luisteren naar hoe ik speelde. Ik leerde het ene nummer uit het pianolesboek na het andere. Ik was vermoedelijk niet beter dan Robbies andere leerlingen, worstelde niet minder, maar ik was fanatiek. Voor mij had leren iets magisch. Ik kreeg er een soort bruisende energie van. Zo had ik al snel het eenvoudige, bemoedigende verband in de gaten tussen hoelang ik oefende en wat ik bereikte. En ik voelde zoiets ook bij Robbie; te diep weggestopt om er uitgesproken plezier in te hebben, maar toch het gevoel van iets lichters en gelukkigers dat van haar afstraalde als ik een nummer had gespeeld zonder er een rommeltje van te maken, als mijn rechterhand een melodie speelde terwijl mijn linker een akkoord aansloeg. Ik zag het uit een ooghoek: Robbies lippen waren heel even minder opeengeperst, haar vinger tikte licht mee op de muziek.

Dit waren, zo bleek, onze wittebroodsweken. Mogelijk waren we gewoon zo doorgegaan, Robbie en ik, als ik minder nieuwsgierig was geweest en meer eerbied had gehad voor haar lesmethode. Maar het lesboek was dik en mijn vorderingen bij de eerste paar nummers gingen langzaam zodat ik ongeduldig werd en verder begon te bladeren; en niet zomaar een paar bladzijden, maar veel verder. Ik las de titels van de moeilijkere liedjes en tijdens het oefenen begon ik wat te prutsen en ze te spelen. Toen ik voor Robbie eens voor het eerst trots een van de verderop-in-het-boek-liedjes liet horen, explodeerde ze en deed ze mijn prestatie af met een gemeen klinkend 'Goedenávond!' Ik kreeg een berisping zoals ik ze haar al zo vaak had horen geven aan leerlingen voor mij. Het enige wat ik had gedaan, was dat ik had geprobeerd meer en sneller te leren, maar Robbie zag het als een misdaad die grensde aan hoogverraad. Ze was niet onder de indruk, niet in het minst.

Noch werd ik erdoor afgeschrikt. Ik was het soort kind dat concrete antwoorden eiste op mijn vragen, dat dingen net zolang wilde beredeneren tot ze een logisch, zij het uitputtend einde kregen. Ik was vasthoudend en ook geneigd naar het dictatoriale, zoals mijn broer, die vaak door mij uit ons gemeenschappelijk speelgebied werd weggestuurd, kan getuigen. Als ik dacht dat ik een goed idee had, werd ik niet graag tegengesproken. En zo kwamen mijn oudtante en ik tegenover elkaar te staan, beiden verhit en even koppig.

'Hoe kunt u boos op me zijn voor het leren van een nieuw liedje?'

'Je bent er nog niet klaar voor. Zo leer je niet pianospelen.'

'Maar ik bén klaar. Ik speelde het daarnet.'

'Zo gaat dat niet.'

'Maar waarom niet?'

Pianolessen werden ruzies en vermoeiend, grotendeels als gevolg van mijn weigering om de voorgeschreven methode te volgen en Robbies weigering om iets goeds te ontwaren in mijn vrije benadering van haar lesboek. Zo ging dat heen en weer, week na week, voor zover ik me herinner. Ik was koppig en zij evenzeer. Ik had mijn standpunt en zij het hare. Tussen de onenigheden door bleef ik pianospelen en bleef zij luisteren en een hele trits correcties geven. Ik gaf haar nauwelijks de eer voor de verbetering van mijn spel. Zij gaf mij weinig eer voor het beter worden. Maar de lessen gingen door.

Boven vonden mijn ouders en Craig het allemaal ontzettend leuk. Ze schaterden aan de eettafel als ik over mijn ruzies met Robbie vertelde, nog steeds woedend terwijl ik mijn spaghetti met gehaktballetjes at. Craig had helemaal geen problemen met Robbie, vrolijk en plichtsgetrouw als hij was, een nauwelijks getalenteerde pianoleerling. Mijn ouders hadden geen enkel medelijden met me en ook niet met Robbie. Over het algemeen bemoeiden ze zich nergens mee, op onze school na, en ze verwachtten al vroeg van mijn broer en mij dat we onze eigen zaken regelden. Ze vonden blijkbaar dat het hun taak was om vooral te luisteren en ons te steunen binnen de vier muren van ons huis. En waar een andere ouder een kind mogelijk een berisping had gegeven omdat het brutaal was tegen een ouder iemand, zoals ik was geweest, lieten zij het voor wat het was. Mijn moeder had al sinds haar zestiende af en toe bij Robbie gewoond en elke mysterieuze regel gevolgd die de vrouw had opgelegd, en het is mogelijk dat ze stiekem blij was te zien hoe Robbies autoriteit werd uitgedaagd. Achteraf terugkijkend denk ik dat mijn ouders mijn opvliegendheid waardeerden en ik ben er blij mee. Het was een vlam in mij die zij brandend wilden houden.

Eén keer per jaar liet Robbie haar leerlingen spelen in een zaal, zodat ze eens voor een echt publiek konden optreden. Ik weet nog steeds niet hoe ze het voor elkaar kreeg, maar op een of andere wijze kon ze beschikken over een oefenzaal van de Roosevelt University in het centrum van Chicago en speelden haar leerlingen in een groot natuurstenen gebouw aan Michigan Avenue, vlak bij de zaal waar het Chicago Symphony Orchestra speelde.

Ik was zenuwachtig alleen al bij de gedachte dat ik daarnaartoe moest. Ons appartement aan Euclid Avenue lag zo'n veertien kilometer van de Chicago Loop, het centrum van de stad, dat met zijn glanzende wolkenkrabbers en volle trottoirs wel een andere wereld leek. Ons gezin ging maar enkele keren per jaar naar het hart van de stad voor een bezoek aan het Art Institute of om naar een toneelstuk te kijken, waar we met ons vieren als astronauten in de capsule van mijn vaders Buick naartoe reden.

Mijn vader greep elk excuus aan om te rijden. Hij hield van zijn auto, een bronskleurige tweedeurs Buick Electra 225, die hij trots de *deuce and a quarter* noemde, de 'tweeëneenkwart'. Hij poetste hem en zette hem in de was; hij hield zich trouw aan het onderhoudsschema en bracht hem naar Sears voor nieuwe banden en het verversen van de olie als mijn moeder ons naar de kinderarts bracht voor een check-up. Wij hielden ook van die auto. Hij had vloeiende lijnen en smalle achterlichten, waardoor hij er cool en futuristisch uitzag. Hij was ruim als een huis. Ik kon er bijna rechtop in staan en gleed met mijn handen over het met stof beklede dak. Dit was in de tijd dat het dragen van de veiligheidsgordel nog niet verplicht was, dus het grootste deel van de tijd sprongen we rond op de achterbank en leunden we over de voorbank als we iets tegen onze ouders wilden zeggen. De helft van de tijd trok ik me op aan de hoofdsteun en stak mijn kin vooruit zodat mijn gezicht naast dat van mijn vader kwam en we precies hetzelfde voor ons zagen.

De auto bood een bepaalde vorm van gehechtheid voor het gezin, een kans om tegelijkertijd te praten en te reizen. 's Avonds na het eten zeurden Craig en ik weleens bij mijn vader om zomaar een stukje te gaan rijden. Het was een feest als we op een zomeravond naar een drive-inbioscoop gingen ten zuidwesten van onze buurt om te kijken naar iets als *Planet of the Apes,* de Buick bij zonsondergang parkeerden en ons voorbereidden op de film. Mijn moeder deelde het eten uit, dat bestond uit gebraden kip en chips die ze van huis had meegenomen, en Craig en ik aten dat op schoot op de achterbank, waarbij we zorgvuldig onze handen afveegden aan ons servet en niet aan de bekleding.

Het zou nog jaren duren voordat ik echt begreep wat het rijden in die auto voor mijn vader betekende. Als kind had ik wel iets door: de vrijheid die hij achter het stuur voelde, het genoegen dat hij schepte in een soepel lopende motor en in het gezoem van de perfect uitgebalanceerde wielen. Hij was ergens in de dertig toen een dokter hem vertelde dat het slappe gevoel dat hij af en toe in een been voelde, het begin was van een lange en vermoedelijk pijnlijke gang naar immobiliteit, dat de kans groot was dat hij op een dag zou ontdekken dat hij, als gevolg van een mysterieuze aantasting van de scheden van de zenuwvezels van zijn hersenen en ruggengraat, helemaal niet meer kon lopen. Ik weet de precieze data niet meer, maar volgens mij kwam de Buick rond hetzelfde moment in mijn vaders leven als de multiple sclerose. En hoewel hij dat nooit heeft gezegd, moest de auto hem een soort troost bieden als afleiding.

De diagnose was niet iets waar hij of mijn moeder lang bij stilstond. We waren nog decennia verwijderd van de tijd waarin een simpele zoektocht met Google een gekmakende berg grafieken, statistieken en medische uitleg opleverde, die hoop gaven of juist wegnamen. Ik betwijfel trouwens of hij ze wel zou hebben willen zien. Hoewel mijn vader binnen de kerk was opgevoed, zou hij God niet hebben gesmeekt hem te sparen. Hij zou ook niet hebben gezocht naar alternatieve geneeswijzen of naar een goeroe, of een of ander verkeerd gen de schuld hebben gegeven. In mijn familie hebben we de oude gewoonte om ons af te sluiten voor slecht nieuws of om het vrijwel direct weer te vergeten op het moment dat het zich aandient. Niemand wist hoelang mijn vader dacht dat er iets mis was voordat hij ermee naar de dokter ging, maar volgens mij was dat al maanden, zo niet jaren. Hij hield niet van afspraken met artsen. Hij wilde nooit klagen. Hij was iemand die aanvaardde wat op zijn pad kwam en gewoon doorging.

Ik weet wel dat hij op de dag van mijn grote piano-optreden al een beetje met een been trok, hij kreeg zijn linkervoet niet meer voorbij zijn rechter. Al mijn herinneringen aan mijn vader bevatten wel een of ander beeld van zijn handicap, al was niemand van ons toen bereid het zo te noemen. Wat ik in die tijd al wel wist, was dat mijn vader iets langzamer liep dan andere vaders. Soms zag ik hem even pauzeren voordat hij een trap op ging, alsof hij eerst na moest denken over de beweging voordat hij die ging proberen. Als we boodschappen gingen doen in het winkelcentrum, parkeerde hij zichzelf op een bank en was het voldoende voor hem om naar de tassen te kijken of een dutje te doen terwijl de rest van het gezin zijn gang ging.

In de Buick op weg naar het optreden zat ik op de achterbank in mijn nette jurkje en lakleren schoentjes en met vlechten in mijn haar, en voor de eerste keer in mijn leven brak het angstzweet me uit. Ik was bang om op te treden, ook al had ik thuis in Robbies appartement mijn liedje bijna doodgespeeld. Craig had een pak aan en ging zijn eigen nummer spelen. Maar het vooruitzicht stoorde hem totaal niet. Hij lag zelfs in diepe slaap op de achterbank met zijn mond wijd open, de uitdrukking op zijn gezicht vredig en onbekommerd. Dat was Craig. Ik heb hem mijn hele leven bewonderd om zijn rust. Hij speelde toen in een speciale basketbalcompetitie voor kinderen en had elk weekend een wedstrijd en blijkbaar had hij zijn zenuwen om op te treden al in bedwang.

Mijn vader koos vaak een parkeerplaats zo dicht mogelijk bij waar we moesten zijn en betaalde dan maar wat meer voor het parkeren zodat hij op zijn onvaste benen zo min mogelijk hoefde te lopen. Die dag kwamen we zonder probleem aan bij de Roosevelt University en liepen we naar wat een enorme, echoënde zaal leek waar het voorspelen zou gaan plaatsvinden. Ik voelde me hier binnen heel klein. De zaal had sierlijke ramen van vloer tot plafond waardoor je de weidse gazons van Grant Park kon zien met daarachter de witte koppen op de golven van het Michiganmeer. De staalblauwe stoelen in keurige rijen vulden zich langzaam met nerveuze kinderen en hun verwachtingsvolle ouders. En vooraan, op het podium, stonden de eerste twee vleugels die ik ooit had gezien, hun reusachtige hardhouten kleppen open als merelvleugels. Robbie was er ook, druk doende in een bloemetjesjurk als de mooiste van het bal – zij het wel een stevige mooiste – om te controleren of al haar leerlingen er wel waren met hun muziek in de hand. Ze maande de zaal om stilte toen het tijd was voor de opening van de show.

Ik weet niet meer in welke volgorde we die dag optraden. Ik weet alleen nog dat ik, toen het mijn beurt was, opstond en zo keurig mogelijk naar voren liep, het trapje van het podium op klom en ging zitten op een pianokruk voor een van de glimmende vleugels. Ik was er echt klaar voor. Hoezeer ik Robbie dan ook kortaf en onbuigzaam vond, ik had me haar koppige onbuigzaamheid helemaal eigen gemaakt. Ik kende mijn liedje zo goed dat ik er nauwelijks over na hoefde te denken. Ik moest alleen mijn handen nog laten bewegen.

En toch was er een probleem, en dat ontdekte ik in de miniseconde waarin ik mijn pink naar de toetsen bewoog. Ik zat achter een perfecte vleugel, zo bleek, die zorgvuldig was afgestoft, alle snaren volmaakt gestemd, de achtentachtig toetsen als een smetteloos zwart en wit lint. Het punt was dat ik niet aan smetteloos gewend was. Ik was het zelfs nog nooit in mijn leven tegengekomen. Mijn ervaring met de piano was beperkt tot Robbies kleine muziekkamertje met zijn verdroogde potplant en uitzicht op ons kleine achtertuintje. Het enige instrument waarop ik ooit had gespeeld, was haar niet zo perfecte piano met zijn lappendeken van vergeelde toetsen en de zo handig beschadigde centrale C. Voor mij was dat een piano – net als mijn buurt mijn buurt was, mijn vader mijn vader, mijn leven mijn leven. Meer kende ik niet.

En nu was ik me plotseling bewust van de mensen die op hun stoelen naar me keken terwijl ik naar de glimmende toetsen staarde en niets anders zag dan dat ze allemaal hetzelfde waren. Ik had geen idee waar ik mijn handen moest houden. Met dichtgeknepen keel en kloppend hart keek ik naar het publiek terwijl ik probeerde mijn paniek niet te tonen, op zoek naar de veilige haven van mijn moeders gezicht. In plaats daarvan zag ik iemand van de voorste rij oprijzen en langzaam in mijn richting schrijden. We hadden inmiddels zoveel ruzie gemaakt dat ik haar een beetje als de vijand was gaan beschouwen. Maar nu, op dit moment dat ik mijn verdiende loon kreeg, doemde ze bijna als een engel naast me op. Misschien begreep ze mijn schok. Misschien wist ze dat de ongelijkheid in de wereld zich zojuist voor de eerste keer voor me had geopenbaard. Misschien moest ze gewoon de zaak een beetje vlot laten verlopen. Hoe dan ook, zonder een woord te zeggen legde Robbie een vinger op de centrale C zodat ik wist waar ik moest beginnen. En toen liet ze me met een bemoedigend glimlachje alleen om mijn liedje te spelen.

2

In het najaar van 1969 ging ik naar de kleuterschool van de Bryn Mawr Elementary School. Twee dingen spraken in mijn voordeel: ik kon al woordjes lezen en ik had twee klassen hoger een broer, die door iedereen aardig werd gevonden. De bakstenen school van vier verdiepingen met het schoolplein aan de voorkant stond maar een paar blokken van ons huis aan Euclid Avenue. Je liep er in twee minuten naartoe, of als je het deed als Craig, dan rende je er in een minuut heen.

Ik vond school meteen heerlijk. Ik mocht mijn juf graag, een kleine witte dame genaamd mevrouw Burroughs, die ik stokoud vond maar die vermoedelijk in de vijftig was. Haar klas had grote ramen waar de zon doorheen kwam en daarnaast waren er een heleboel poppen om mee te spelen en achterin stond een groot bordkartonnen speelhuis. In de klas kreeg ik vriendjes en vriendinnetjes, ik werd aangetrokken door kinderen die, net als ik, graag naar school leken te gaan. Ik was heel zelfverzekerd over mijn leesvaardigheid. Thuis had ik me door *Dick and Jane*-boeken gewerkt, met dank aan mijn moeders bibliotheekkaart, en vond het dus geweldig toen ik hoorde dat we als kleuterleerlingen zouden beginnen met het leren lezen van nieuwe woordenreeksen. We kregen een serie kleuren om te leren, niet de tinten maar de woorden: 'rood', 'blauw', 'groen', 'zwart', 'oranje', 'paars', 'wit'. Daarna overhoorde mevrouw Burroughs ons, kind voor kind, door grote stukken karton op te houden en te vragen wat er in zwarte letters op gedrukt stond. Ik keek op een dag toe hoe de meisjes en jongens die ik net had leren kennen gingen staan en zich met wisselend resultaat door de kleurenkaarten heen werkten en te horen kregen dat ze weer moesten gaan zitten als ze niet verder konden. Het was bedoeld als een soort spelletje, denk ik, zoals een spelwedstrijd een spelletje is, maar je kon toch ook zien dat er subtiel gesorteerd werd en dat de kinderen die niet verder kwamen dan 'rood', dat als een vernedering voelden. Dit was natuurlijk wel 1969 op een openbare school in de South Side van Chicago. Niemand had het over eigenwaarde of de ontwikkeling van het denken. Als je thuis al een goede start had gehad, dan werd je daar op school voor beloond en werd je 'slim' of 'begaafd' genoemd, hetgeen je zelfvertrouwen nog eens vergrootte. De voordelen stapelden zich snel op. De twee slimste kinderen in mijn kleuterklas waren Teddy, een Koreaans-Amerikaans jongetje, en Chiaka, een Afro-Amerikaans meisje, die de jaren daarna beiden tot de besten van de klas zouden blijven behoren.

Ik was gedreven ze bij te houden. Toen het mijn beurt was de woorden op de kaarten van de juf voor te lezen, stond ik op en deed ik mijn uiterste best. Ik raffelde 'rood', 'groen' en 'blauw' probleemloos af. 'Paars' kostte echter heel even en 'oranje' was moeilijk. Maar toen de letters W-I-T opdoemden, stond ik als verlamd, was mijn keel direct droog, voelde mijn mond raar en was ik niet in staat de klanken te vormen terwijl mijn brein zijn best deed om op een kleur te komen die op 'wiehie' leek. Het werd een snik. Ik voelde een vreemde ontspanning in mijn knieën, alsof ze zouden bezwijken. Maar voordat ze dat deden, zei mevrouw Burroughs dat ik weer moest gaan zitten. En precies op dat moment kwam het woord weer in me op. *Wit. Wiiiit.* Het woord was 'wit'.

In bed die avond tussen al mijn knuffels dacht ik alleen maar aan 'wit'. Ik spelde het in gedachte, vooruit en achteruit, mopperend op mezelf voor mijn domheid. De schaamte voelde als een last, als iets wat ik nooit zou kunnen afschudden, ook al wist ik dat het mijn ouders niets kon schelen of ik elke kaart nu correct las of niet. Ik wilde gewoon presteren. Of misschien wilde ik niet worden weggezet als een kind dat niet in staat was om te presteren. Ik was ervan overtuigd dat de juf me nu beschouwde als iemand die niet kon lezen of, erger nog, het niet probeerde. Ik was geobsedeerd door de goudpapieren sterren zo groot als een *dime* die mevrouw Burroughs die dag aan Teddy en Chiaka had gegeven om op hun borst te dragen als embleem voor hun prestatie, of misschien als teken dat zij waren aangewezen om uitmuntend te zijn en de rest van ons niet. Zij tweeën hadden zonder enige hapering alle kleurenkaarten voorgelezen.

De volgende morgen vroeg ik in de klas of ik het over mocht doen.

Toen mevrouw Burroughs 'nee' zei en er opgewekt aan toevoegde dat wij kleuterleerlingen andere dingen te doen hadden, eiste ik het.

Nog steeds heb ik medelijden met de kinderen die toe moesten kijken toen ik voor de tweede keer de kaarten zag en ik iets langzamer ging, doelbewust na elk woord even pauzerend om adem te halen en om te voorkomen dat mijn zenuwen kortsluiting zouden veroorzaken in mijn hersenen. En het werkte, bij 'zwart', 'oranje', 'paars' en vooral bij 'wit'. Ik schreeuwde het woord 'wit' bijna nog voordat ik de letters op de kaart had gezien. Ik stel me nu graag voor dat mevrouw Burroughs onder de indruk was van dit kleine, zwarte meisje dat de moed had gehad zo voor zichzelf op te komen. Ik weet niet of Teddy en Chiaka het zelfs maar gezien hebben. Maar ik claimde niettemin direct mijn trofee en ging die middag naar huis met mijn kin in de lucht en een van die goudpapieren sterren op mijn shirt.

Thuis leefde ik in een wereld van drama en intriges en dompelde ik me onder in een zich steeds verder ontwikkelende soap met poppen. Er waren geboortes en vetes en er was verraad. Er was hoop, haat en ook weleens seks. Het liefst bracht ik de tijd tussen school en avondeten door in de gemeenschappelijke speelhoek voor mijn kamertje en dat van Craig en spreidde daar mijn barbies op de grond uit. Ik verzon scenario's die ik zo reëel vond als het leven zelf en nam soms de G.I. Joe-figuren van Craig op in de plot. Ik bewaarde de kleding van mijn poppen in een kunststoffen kinderkoffertje met bloemenprint. Ik gaf elke Barbie en elke G.I. Joe een eigen persoonlijkheid. Ook nam ik de versleten letterblokken waarmee mijn moeder ons jaren eerder had leren lezen op in het spel. En ook zij kregen namen en een zielenleven.

Slechts zelden ging ik met de kinderen uit de buurt buiten spelen en ook nam ik geen schoolvriendjes mee naar huis, deels omdat ik een pietluttig kind was en niet wilde dat iemand anders met zijn vingers aan mijn poppen zat. Ik was wel bij andere kinderen thuis geweest en had de horrorscenario's daar gezien: barbies waarvan het haar was afgerukt of het gezicht met een markeerstift was bewerkt. En wat ik op school had geleerd, was dat de dynamiek tussen kinderen smerig kon zijn.

Welke zoete scènes je ook in de speeltuin kunt zien, daaronder ligt een tirannie van verschuivende machtsverhoudingen en verbonden. Er zijn koninginnetjes, pestkoppen en meelopers. Ik was niet verlegen, maar ik wist ook niet of ik iets van die smerigheid wel in mijn leven buiten school wilde toelaten. In plaats daarvan stopte ik mijn energie helemaal in de bezielende kracht van het kleine universum dat mijn gemeenschappelijke speelhoekje vormde. Als Craig kwam opdagen en het lef had om ook maar een enkel blok te verschuiven, begon ik al te schreeuwen. Ik was ook niet bang hem te slaan als dat nodig was – gewoonlijk een stomp midden op zijn rug. Het punt was dat de poppen en de blokken me nodig hadden om tot leven gewekt te worden en ik deed dat plichtsgetrouw en legde ze de ene na de andere persoonlijke crisis op. Zoals elke goede godheid was ik er om toe te zien hoe ze leden en groeiden.

Intussen kon ik vanuit het raam van mijn slaapkamertje het grootste gedeelte zien van wat er in de echte wereld aan Euclid Avenue gebeurde. Aan het einde van de middag zag ik altijd hoe meneer Thompson, een grote Afro-Amerikaanse man die het gebouw met de drie woningen aan de overkant bezat, zijn basgitaar achter in zijn Cadillac legde om naar een gig te gaan in een of andere jazzclub. Ik zag de Mendoza's, de Mexicaanse familie die naast ons woonde, thuiskomen in hun pick-up vol ladders na een lange dag waarop ze huizen hadden geschilderd, en verwelkomd worden door hun keffende honden.

Onze buurt bestond voornamelijk uit de middenklasse en was raciaal gemengd. Kinderen troffen elkaar niet op grond van de kleur van hun huid, maar wie er buiten was en wilde meespelen. Mijn vriendinnetjes waren Rachel, van wie de moeder wit was en een Brits accent had; Susie, met rode krullen; en de kleindochter van de Mendoza's als ze bij hen op bezoek was. We hadden een mengelmoesje van achternamen: Kansopant, Abuasef, Yacker, Robinson, en waren te jong om te beseffen dat onze omgeving snel veranderde. In 1950, vijftien jaar voordat mijn ouders naar South Shore verhuisden, was de buurt voor 96 procent wit. Toen ik in 1981 ging studeren, was die ongeveer 96 procent zwart.

Craig en ik zijn te midden van die stroming en alle tegenstromingen opgevoed. In de blokken rondom het onze woonden Joodse gezinnen, immigrantengezinnen, witte en zwarte gezinnen, welvarende en minder welvarende mensen. In het algemeen maaiden de mensen hun gazon en hielden ze in de gaten wat hun kinderen uitvoerden. Ze schreven cheques uit voor Robbie zodat hun kinderen piano konden leren spelen. Ons gezin behoorde vermoedelijk tot de arme kant van de buurt. We behoorden tot de weinigen van wie we wisten dat ze het huis waarin ze woonden niet bezaten, samengepropt op de verdieping boven Robbie en Terry. South Shore had nog niet de omslag meegemaakt die andere buurten hadden ondergaan – waaruit de welvarender gezinnen al lang waren vertrokken naar de voorsteden, waar de buurtwinkels een voor een gesloten werden, waar de verloedering had ingezet – maar die omslag was duidelijk aanstaande.

We begonnen de gevolgen van die omslag al te voelen, vooral op school. Mijn tweede klas was een grote rotzooi met onhandelbare kinderen en door de lucht vliegende gummetjes, hetgeen in Craigs en mijn ervaring niet gebruikelijk was. Dit leek allemaal de schuld van een onderwijzeres die maar niet begreep hoe zij gezag moest uitoefenen, die kinderen niet eens mocht, zo leek het. Buiten dat was duidelijk dat niemand het iets kon schelen dat ze incompetent was. De leerlingen gebruikten het als excuus om zich te misdragen en zij leek ons verschrikkelijk te vinden. In haar ogen waren we een klas 'slechte kinderen', hoewel we geen leiding en geen structuur hadden en veroordeeld waren tot een akelig, slecht verlicht klaslokaal in de kelder van de school. Elk uur daar was afschuwelijk en lang. Ik zat ongelukkig aan mijn tafeltje op mijn kotsgroene stoeltje – kotsgroen was de officiële kleur van de jaren zeventig – en leerde niets, maar wachtte op de middagpauze waarin ik naar huis ging om een boterham te eten en tegen mijn moeder te klagen.

Als ik boos was als kind, dan ging ik daarmee bijna altijd naar mijn moeder. Terwijl ik me kwaad maakte over mijn nieuwe onderwijzeres, luisterde ze onbewogen en zei dingen als 'O jé!' en 'Nee, echt?' Nooit ging ze mee in mijn woede, maar ze nam mijn frustraties wel serieus. Als mijn moeder iemand anders was geweest, dan was ze waarschijnlijk beleefd geweest en had ze dingen gezegd als: 'Ga nu maar en doe je best.' Maar zij kende het verschil. Zij wist wat het verschil was tussen gejammer en oprechte zorgen. Zonder het me te vertellen ging ze naar school en begon ze een wekenlang durend proces van lobbyen achter de schermen waardoor ik en nog een paar goede leerlingen zonder veel omhaal uit de klas werden gehaald, een hele reeks tests ondergingen en ongeveer een week later werden overgeplaatst naar een lichtere en keurigere klas boven, waar een glimlachende no-nonsensejuf de baas was en wist wat ze deed.

Het was een kleine, maar ingrijpende verandering. Ik kon maar niet ophouden me af te vragen wat er zou gaan gebeuren met al die kinderen die in de kelder waren achtergebleven met een leerkracht die geen les kon geven. Nu ik volwassen ben, begrijp ik dat kinderen al op heel jonge leeftijd weten wanneer ze ondergewaardeerd worden, wanneer volwassenen niet betrokken genoeg zijn om ze te helpen leren. Hun boosheid daarover kan zich manifesteren als onhandelbaarheid. Het is nauwelijks hun fout. Ze zijn geen 'slechte kinderen'. Ze proberen slechts te overleven in slechte omstandigheden. Op dat moment was ik echter alleen maar blij dat ik eraan was ontsnapt. Maar vele jaren later hoorde ik dat mijn moeder, die van nature laconiek is en rustig maar in het algemeen ook de openhartigste van elk gezelschap, nog eens naar mijn onderwijzeres van de tweede klas is gestapt om haar te vertellen, zo vriendelijk als maar mogelijk is, dat ze in het onderwijs niets te zoeken had en beter achter de kassa kon gaan zitten bij de drogist.

In de loop van de tijd begon mijn moeder er zachtjes bij me op aan te dringen dat ik naar buiten moest om met kinderen uit de buurt te spelen. Ze hoopte dat ik net zo sociaal zou worden als mijn broer. Craig had een maniertje, zoals ik al zei, om moeilijke dingen er makkelijk uit te laten zien. In die tijd werd hij steeds bekender als sensatie op de basketbalpleintjes, goed gehumeurd en lenig en behoorlijk in de groei. Mijn vader pushte hem om mee te doen in de zwaarste competitie die hij kon vinden, wat betekende dat hij Craig later in zijn eentje naar de andere kant van de stad stuurde om met de beste jongens te spelen. Maar nu liet hij hem nog strijden tegen de talenten uit de buurt. Craig nam de bal en stak de straat over naar het Rosenblum Park, langs het klimrek en de schommel waar ik graag speelde, en dan over een onzichtbare lijn om door een sluier van bomen te verdwijnen naar de andere kant van het park, waar de basketbalvelden lagen. Voor mij was het daar een mysterieuze plek, een mythisch donker woud vol dronkaards en boeven en misdaad, maar toen Craig regelmatig aan die kant van het park was geweest, corrigeerde hij me en zei dat er aan die kant echt niemand erg misdadig was.

Basketbal leek voor mijn broer elke deur te openen. Hij leerde hoe hij vreemden moest benaderen als hij mee wilde doen met hun partijtje basketbal. Hij leerde hoe hij een vriendelijke vorm van beledigen moest gebruiken tegen zijn grotere, snellere tegenstanders op het veld. Het hielp ook dat hij allerlei mythen over wie wie in de buurt was en wat wat, tot de juiste proporties terugbracht waarmee hij de mogelijkheid versterkte – iets wat lange tijd een credo van mijn vader was – dat de meeste mensen goede mensen waren, als je ze maar goed tegemoet trad. Zelfs de nietsnutten die rondhingen voor de drankzaak op de hoek glimlachten als ze Craig zagen, riepen zijn naam en gaven high fives als we langs ze liepen.

'Hoe ken je zelfs die lui?' vroeg ik vol ongeloof.

'Ik weet niet, ze kennen mij gewoon,' zei hij dan schouderophalend.

Ik was tien toen ik me eindelijk rijp genoeg achtte om me naar buiten te wagen, een beslissing die vooral werd ingegeven door verveling. Het was zomer en de school was dicht. Craig en ik namen elke dag de bus naar het Michiganmeer om deel te nemen aan een vakantiekamp dat door de stad was georganiseerd op een strand in het park, maar we waren al om vier uur terug en dan waren er nog vele uren daglicht om iets in uit te voeren. Mijn poppen waren minder interessant aan het worden en zonder airconditioning was het aan het einde van de middag ondraaglijk heet in ons appartement. Daarom ging ik met Craig mee de buurt in en ontmoette ik kinderen die ik niet van school kende. Aan de andere kant van de steeg achter ons huis stond een klein complex van zo'n vijftien woningen rond een gemeenschappelijke tuin, Euclid Parkway. Het was een soort paradijs zonder auto's maar vol kinderen die softbalden en touwtjesprongen of op de veranda niets zaten te doen. Maar voordat ik werd geaccepteerd door de meisjes van mijn leeftijd die in de Parkway rondhingen, moest ik eerst een test ondergaan. Die kreeg ik in de vorm van DeeDee, een meisje dat op de nabijgelegen katholieke school zat. DeeDee was atletisch en leuk om te zien, maar keek altijd ontevreden en stond altijd klaar om met haar ogen te rollen. Vaak zat ze op de veranda van hun huis naast een ander, populairder meisje dat Deneen heette.

Deneen was altijd aardig, maar DeeDee leek me niet zo te mogen. Ik weet niet waarom. Elke keer als ik naar de Euclid Parkway ging, maakte ze kalm van die snijdende opmerkingen, alsof ik door alleen maar langs te lopen, ieders dag verpestte. In de loop van de zomer gingen DeeDee's opmerkingen steeds luider klinken. Mijn zelfvertrouwen begon te wankelen. Ik begreep dat ik kon kiezen. Ik kon gewoon doorgaan als dat nieuwe meisje dat je te grazen moest nemen, ik kon de Parkway opgeven en teruggaan naar mijn poppen thuis, of ik kon proberen DeeDee's respect te verdienen. En in die laatste keuze zat een andere: ik kon proberen met DeeDee te praten, haar voor me te winnen met woorden of een andere vorm van kinderdiplomatie, of haar de mond snoeren.

De volgende keer dat DeeDee weer eens iets opmerkte, stormde ik op haar af en wierp alles in de strijd wat mijn vader me had geleerd over hoe je een stoot uitdeelt. We vielen op de grond, armen zwaaiend door de lucht, benen schoppend, en ieder kind in de Euclid Parkway stond direct in een kringetje om ons heen, hun kreten aangewakkerd door opwinding en de bloeddorst van een basisschoolleerling. Ik herinner me niet wie ons uiteindelijk uit elkaar haalde, of het Deneen was of mijn broer of misschien een ouder die erbij was geroepen, maar toen het achter de rug was, was er een soort stille doop geschied. Ik was nu officieel lid van de buurtbende. DeeDee en ik waren ongedeerd, vies en uitgeput en zouden nooit goede vriendinnen worden, maar haar respect had ik wel verdiend.

Mijn vaders Buick was nog altijd onze schuilhut, ons venster op de wereld. Op zondag en op zomeravonden maakten we tochtjes, niet met een of ander doel, maar gewoon omdat het kon. Soms kwamen we in een buurt verder naar het zuiden terecht, in een wijk die bekendstond als Pill Hill omdat er blijkbaar een groot aantal Afro-Amerikaanse artsen woonde. Het was een van de mooiere, welvarender delen van de South Side, waar twee auto's op de oprijlaan stonden en overal bloeiende bloembedden langs de paden waren aangelegd.

Mijn vader bezag rijke mensen altijd met enig wantrouwen. Hij had het niet zo op arrogante mensen en had gemengde gevoelens over huisbezit in het algemeen. Er werd door hem en mijn moeder heel even overwogen om een huis te kopen dat niet ver van Robbies huis te koop stond en ze gingen er op een dag zelfs een keer naartoe met een makelaar om het van binnen te bekijken, maar besloten uiteindelijk om het niet te doen. Op dat moment was ik er helemaal voor. Volgens mij zou het iets betekenen als ons gezin kon wonen in een huis van meer dan één verdieping. Maar mijn vader was uitermate voorzichtig van aard, besefte wat hij ervoor moest inleveren en zag in dat hij wat spaargeld moest hebben voor wanneer het minder goed ging. 'Je wilt nooit huisarm eindigen,' zei hij tegen ons en hij legde uit dat sommige mensen al hun spaargeld in een huis staken en te veel leenden, om te eindigen in een mooi huis maar zonder enige vrijheid.

Onze ouders praatten met ons alsof we volwassenen waren. Ze preekten niet, maar gaven antwoord op elke vraag die we stelden, hoe kinderlijk misschien ook. Nooit kapten ze een discussie af omdat dat beter uitkwam. Onze gesprekken konden uren duren, vaak omdat Craig en ik elke gelegenheid aangrepen om door te zagen over dingen die we niet begrepen. Toen we klein waren, stelden we vragen als 'Waarom gaan mensen naar de wc?' of 'Waarom moet je een baan hebben?' om dan eindeloos vervolgvragen te stellen. Een van mijn eerste socratische overwinningen volgde op een vraag die was ingegeven door eigenbelang: 'Waarom moeten we eieren eten bij het ontbijt?' Waarop een uitleg volgde over de noodzaak van eiwitten, waarop ik vroeg waarom pindakaas niet telde als eiwitten, hetgeen er uiteindelijk, na nog meer discussie, toe leidde dat mijn moeder haar standpunt over de eieren herzag, die ik om te beginnen al niet lekker vond. De daaropvolgende negen jaar maakte ik, omdat ik vond dat ik het verdiend had, elke ochtend een dik met pindakaas en jam belegde boterham voor ontbijt en at ik geen enkel ei.

Toen we ouder werden hadden we het vaker over drugs en seks en levensvragen, over ras en ongelijkheid en politiek. Mijn ouders verwachtten niet van ons dat we heiligen waren. Mijn vader, herinner ik me, maakte er een punt van dat seks leuk was en moest zijn. Ook maakten ze de harde, dagelijkse werkelijkheid nooit mooier dan die was. Zo kreeg Craig eens in de zomer een nieuwe fiets en reed ermee naar het Michiganmeer ten oosten van ons, naar het verharde pad langs Rainbow Beach, waar je het briesje van het water kon voelen. Hij werd daar direct opgepakt door een politieman die hem ervan verdacht dat hij die fiets gestolen had, niet bereid om te accepteren dat een zwarte jongen op eerlijke wijze aan een nieuwe fiets was gekomen. (De agent, zelf een Afro-Amerikaanse man, kreeg een scheldkanonnade van mijn moeder over zich heen en moest Craig zijn verontschuldigingen aanbieden.) Wat er was gebeurd, legden onze ouders ons uit, was onrechtvaardig maar jammer genoeg heel gebruikelijk. De kleur van onze huid maakte ons kwetsbaar. Het was iets waar we altijd mee om hadden te gaan.

Mijn vaders gewoonte om met ons door Pill Hill te rijden, had ook iets te maken met ambitie, denk ik, een gelegenheid om ons te laten zien wat een goede opleiding kon opleveren. Mijn ouders hadden bijna hun hele leven binnen enkele vierkante kilometers van Chicago gewoond, maar ze hadden niet de illusie dat Craig en ik daar ook zouden blijven. Voor hun huwelijk hadden ze allebei korte tijd op een openbaar college gezeten, maar waren daar lang voor hun eindexamen weer vanaf gegaan. Mijn moeder had geleerd voor onderwijzeres, maar besefte al gauw dat ze liever secretaresse werd. Mijn vader had domweg geen geld meer om het schoolgeld te betalen en ging in militaire dienst. Er was niemand in zijn familie die hem over kon halen weer naar school te gaan, hij had geen enkel voorbeeld van hoe het leven er daarna uit zou zien. In plaats daarvan diende hij twee jaar op verschillende bases. Als het afronden van een studie en kunstenaar worden al een droom van mijn vader was geweest, dan gaf hij die droom gauw op en gebruikte hij zijn soldij om zijn jongere broer te helpen om af te studeren als architect.

En toen mijn vader eind dertig was, richtte hij zich helemaal op sparen voor zijn kinderen, voor ons. Ons gezin zou nooit huisarm worden, omdat we nooit een huis zouden bezitten. Mijn vader had een praktisch standpunt ingenomen, met het gevoel dat de financiën beperkt waren, en zijn tijd misschien ook. Als hij niet in de auto reed, liep hij met een stok.

Voordat ik van de basisschool af was, zou die stok een kruk worden en kort daarop twee krukken. Wat er ook aan het verslijten was in mijn vader, zijn spieren aantastte en zijn zenuwen kaal vrat, hij beschouwde het als zijn privéprobleem, als iets wat je zwijgend moest verdragen.

Als gezin genoten we van kleine genoegens. Als Craig en ik ons schoolrapport hadden gekregen, vierden onze ouders dit door pizza's te bestellen bij Italian Fiesta, ons favoriete restaurant. Als het erg warm was, kochten we zorgvuldig uitgekozen ijs – een grote beker chocolade, een grote beker *butter pecan* en een grote beker zwarte bessen – en deden er dagen mee. Voor de Air and Water Show die jaarlijks werd gehouden, pakten we een picknickmand in en reden we noordwaarts langs het Michiganmeer naar het afgesloten schiereiland waar het drinkwaterbedrijf lag waar mijn vader werkte. Het was een van de weinige keren per jaar dat familieleden van de werknemers door de poort mochten om op het grasveld langs het meer te zitten, waar het uitzicht op de straaljagers die in formatie over het water scheerden kon concurreren met dat van welk penthouse aan Lake Shore Drive dan ook.

Elk jaar nam mijn vader in juli een week vrij van zijn werk als onderhoudsmonteur van de ketels van het bedrijf en persten we ons met een tante en haar kinderen, met ons zevenen, in de tweedeurs Buick en reden urenlang over de Skyway Chicago uit langs het zuidelijke puntje van het Michiganmeer, en dan verder totdat we aankwamen in White Cloud, Michigan, bij iets wat het Dukes Happy Holiday Resort heette. Er waren een spelletjeshal, een frisdrankautomaat en, het belangrijkste voor ons, een groot openluchtzwembad. We huurden een huisje met een kitchenette en brachten de dagen in en aan het water door.

Mijn ouders barbecueden, rookten sigaretten en kaartten met mijn tante, maar mijn vader nam ook lange pauzes om ons kinderen gezelschap te houden in het zwembad. Hij was knap, mijn vader, met een snor die als een zeis langs zijn mondhoeken afboog. Zijn brede borst en stevige armen waren gespierd, getuigenissen van de sportman die hij ooit was. Gedurende die lange middagen in het zwembad zwom hij en lachte hij en gooide hij onze kleine lichaampjes in de lucht, zijn benen zaten hem hier ineens minder in de weg.

Verval is vaak moeilijk meetbaar, vooral als je er zelf middenin zit. Elk jaar in september als Craig en ik terugkwamen op de Bryn Mawr Elementary, troffen we minder witte kinderen aan op het plein. Sommigen waren overgestapt naar een katholieke school in de buurt, maar velen waren naar een andere buurt verhuisd. Eerst had je de indruk dat alleen witte families vertrokken, maar dat veranderde. Het bleek al gauw dat iedereen die de middelen had om te vertrekken dat ook deed. Meestal werd het vertrek niet aangekondigd en niet uitgelegd. Dan zagen we een bord 'Te koop' voor het huis van de familie Yacker staan of een verhuiswagen voor dat van Teddy en wisten we hoe het verder zou gaan.

De grootste klap voor mijn moeder was misschien wel toen haar vriendin Velma Stewart aankondigde dat zij en haar man een aanbetaling hadden gedaan op een huis in een voorstad genaamd Park Forest. De Stewarts hadden twee kinderen en woonden een blok verderop aan Euclid Avenue. Net als wij hadden ze het appartement gehuurd. Mevrouw Stewart had een gemeen soort gevoel voor humor en een brede, aanstekelijke lach waardoor mijn moeder zich tot haar aangetrokken voelde. Ze wisselden recepten en nieuwtjes uit, maar behoorden nooit tot het roddelcircuit van de andere moeders. De zoon van de Stewarts, Donny, was even oud als Craig en net zo sportief, waardoor zij zich direct verbonden voelden. Haar dochter, Pamela, was al een tiener en had voor mij niet zoveel belangstelling, maar ik vond alle tieners intrigerend. Van meneer Stewart herinner ik me niet veel, behalve dat hij in een bestelauto reed van een van de grote bakkerijen in de stad en dat hij en zijn vrouw en hun kinderen tot de allerlichtste zwarte mensen behoorden die ik ooit heb ontmoet.

Van hoe ze zich een huis in een voorstad konden veroorloven, had ik geen idee. Park Forest, zo bleek, was een van Amerika's volledig geplande gemeenschappen – niet alleen een woonwijk, maar het hele dorp was ontworpen voor ongeveer dertigduizend inwoners, compleet met winkelcentra, kerken, scholen en parken. De in 1948 gestichte stadswijk was in veel opzichten bedoeld als toonbeeld van leven in een voorstad, met prefab woningen en standaardtuintjes. En er golden quota voor het aantal zwarte gezinnen dat in elk blok mocht wonen, hoewel het quotasysteem tegen de tijd dat de Stewarts erheen gingen, blijkbaar was losgelaten.

Niet lang nadat ze waren verhuisd, nodigden de Stewarts ons uit om op een vrije dag van mijn vader op bezoek te komen. Wij vonden het geweldig. Voor ons zou het een nieuw soort uitje zijn, een kans om een glimp op te vangen van de vermaarde voorstad. We reden met ons vieren in de Buick over de snelweg naar het zuiden en verlieten Chicago; na ongeveer veertig minuten gingen we de snelweg af om uit te komen bij een steriel uitziend winkelplein. Al gauw slingerden we op de routebeschrijving van mevrouw Stewart door een netwerk van stille straten en kwamen we langs het ene na het andere zo goed als identieke blok. Park Forest leek wel een miniatuurstadje van plattelandshuizen – bescheiden boerderijachtige woningen met grijze dakpannen en aan de voorkant net geplante boompjes en struiken.

'Waarom zou iemand nou helemaal hier willen wonen?' vroeg mijn vader zich hardop af, terwijl hij over het dashboard tuurde. Ik zag er ook de zin niet van in. Zo ver ik kon zien stonden nergens hoge bomen zoals de reusachtige eik die voor mijn slaapkamerraam thuis stond. Alles in Park Forest was nieuw en weids en stil. Op geen enkele hoek was een drankzaak waarvoor haveloze kerels rondhingen. Er waren geen toeterende auto's of sirenes. Er klonk uit geen enkele keuken muziek. Het leek wel of alle ramen van de huizen dicht zaten.

Craig zou zich ons bezoek herinneren als fantastisch, omdat hij de hele dag had gebasketbald op de kale pleintjes onder de blauwe hemel met Donny Stewart en zijn nieuwe clubje voorstadbroeders. Mijn ouders praatten gezellig bij met de Stewarts en ik liep achter Pamela aan, vergaapte me aan haar haren, haar lichte huid en haar tienersieraden. Op een gegeven tijdstip aten we samen het middageten.

Het was al avond toen we afscheid namen. Daarna liepen we in de schemering naar de stoeprand waar mijn vader de auto geparkeerd had. Craig was zweterig en bekaf na al dat geren van hem. Ook ik was moe en klaar om naar huis te gaan. Er was iets aan die plaats waardoor ik gespannen was. Ik hield niet van voorsteden, maar ik kon niet precies uitleggen waarom niet.

Later zou mijn moeder iets over de Stewarts en hun nieuwe gemeenschap opmerken op basis van het gegeven dat zo'n beetje al hun buren wit leken te zijn.

'Ik vraag me af,' zei ze, 'of niemand wist dat ze een zwart gezin zijn, totdat wij op bezoek kwamen.'

Ze dacht dat wij hen misschien onbedoeld hadden ontmaskerd zoals we uit de South Side waren gekomen met een housewarminggeschenk en onze overduidelijk zwarte huid. Zelfs als de Stewarts niet moedwillig hun ras wilden verbloemen, dan zouden ze er vermoedelijk ook niet over praten met hun nieuwe buren. Welke sfeer er ook in hun blok heerste, zij hadden die niet duidelijk verstoord. Ten minste niet totdat wij op bezoek waren gekomen.

Keek er iemand achter een raam toe toen mijn vader die avond naar onze auto liep? Was er ergens achter een gordijn een schaduw te zien van iemand die wachtte op wat er ging gebeuren? Ik zal het nooit weten. Ik herinner me alleen hoe mijn vaders lichaam enigszins verstarde toen hij aan de bestuurderskant kwam en het zag. Iemand had een kras gemaakt langs de zijkant van zijn geliefde Buick, een smalle, lelijke gleuf die over de deur tot de vin van de auto liep. Het was gedaan met een sleutel of een steen en zeker niet per ongeluk.

Ik zei al dat mijn vader een verdraagzaam man was, iemand die nooit klaagde over kleine of grote dingen, die vrolijk dingen at die hij vies vond als ze werden opgediend, die na het horen van wat goed beschouwd een doodvonnis was gewoon doorging. Dit met de auto was niet anders. Als er een manier was om ertegen te strijden, als er een deur was om die als reactie in te trappen, dan zou mijn vader dat toch niet hebben gedaan.

'Wel verdorie,' zei hij voordat hij de deur van het slot deed.

We reden die avond terug naar de stad zonder veel discussie over wat er was gebeurd. Het was misschien ook wel te vermoeiend om het te analyseren. Hoe dan ook, met de voorsteden waren we helemaal klaar. Mijn vader moest de volgende dag naar zijn werk met de auto zoals die eruitzag en ik weet zeker dat hem dat niet lekker zat. Maar de kras in de lak zat er niet lang. Zo gauw hij er tijd voor had, bracht hij de auto naar de spuiterij van Sears en liet hem weghalen.

3

Mijn gewoonlijk zo relaxte broer begon zich op een gegeven moment zorgen te maken. Ik kan niet precies aangeven wanneer of waarom dit begon, maar Craig, die jongen die met high fives en 'Hoe gaat het' overal thuis was, die een dutje deed als hij tien minuten over had, ongeacht wat er om hem heen gebeurde, werd thuis kribbig en waakzaam; hij was ervan overtuigd dat een ramp in aantocht was. 's Avonds oefende hij in ons appartement voor elke mogelijke catastrofe en verdiepte hij zich in hypothetische mogelijkheden die wij bizar vonden. Hij was bang dat hij blind zou worden en begon in huis een blinddoek te dragen om te leren op gevoel zijn weg te vinden in de woonkamer en de keuken. Hij was bang dat hij doof zou worden en ging zichzelf gebarentaal leren. Blijkbaar dreigde er ook een amputatie, want Craig worstelde zich door verschillende maaltijden en zijn huiswerk met zijn rechterarm vastgebonden op zijn rug. Want je wist maar nooit.

Maar Craigs grootste angst was vermoedelijk ook de meest realistische, en dat was brand. Branden in woonhuizen deden zich herhaaldelijk voor in Chicago, deels de schuld van de huisjesmelkers die hun gebouwen lieten verkrotten en maar al te blij waren als ze de uitkering van de verzekering konden opstrijken als hun pand afbrandde, en deels omdat rookmelders een betrekkelijk nieuwe uitvinding waren en nog steeds duur voor mensen uit de arbeidersklasse. Hoe dan ook, in onze dichtbebouwde stad hoorde brand bijna bij het leven van alledag, een willekeurige maar aanhoudende sluipmoordenaar van huizen en mensenlevens. Mijn grootvader Southside was naar onze buurt verhuisd nadat een brand zijn oude huis in de West Side had verwoest, waarbij gelukkig niemand gewond was geraakt. (Volgens mijn moeder stond Southside op de stoep voor het brandende huis tegen de brandweermannen te schreeuwen dat ze hun spuiten weg moesten houden van zijn kostbare jazzplaten.) Korter geleden was een van mijn klasgenoten uit de vijfde – een jongen met een lief gezicht en een enorm afrokapsel genaamd Lester McCullom, die bij ons om de hoek woonde in een huis aan 74th Street – omgekomen in een brand waarbij ook zijn broer en zus omkwamen, omdat ze in hun slaapkamers boven niet aan de vlammen hadden kunnen ontkomen.

Het was de eerste wake die ik meemaakte, ieder kind uit de buurt snikkend in de rouwzaal met op de achtergrond zacht muziek van een album van de The Jackson 5, de volwassenen zwijgend in verbijstering, geen gebed of gemeenplaats die de leegte kon opvullen. Er stonden drie gesloten grafkisten voor in de zaal, met op het deksel van elke kist een ingelijste foto van een glimlachend kind. Mevrouw McCullom, die met haar man aan de brand had weten te ontsnappen door uit een raam te springen, zat vooraan, zo ineengezakt en gebroken dat het pijn deed om in haar richting te kijken.

De dagen erna bleef het geraamte van het afgebrande huis van de McCulloms sissen en inzakken, het deed veel langer over doodgaan dan de jonge bewoners. In de buurt hing de geur van rook.

Craigs angsten werden in de loop van de tijd alleen maar groter. Op school hadden we de verschillende stappen doorlopen van een door een leerkracht geleide evacuatieoefening, waarbij we plichtmatig de lessen doorstonden van stilstaan (als je kleren vlamgevat hebben), vallen (gaan liggen en met je handen je gezicht beschermen) en rollen (om het vuur te doven). Met als resultaat dat Craig besloot dat we dit ook thuis moesten doen, waarbij hij zichzelf uitkoos als brandweercommandant en mij als zijn ondergeschikte, klaar om vluchtwegen te ontruimen tijdens oefeningen of onze ouders te bevelen als dat nodig was. We waren er niet zozeer van overtuigd dat er brand zou uitbreken, maar we waren er meer op gericht er klaar voor te zijn mocht het zover komen. Voorbereiding was alles. Ons gezin was niet gewoon punctueel. We kwamen altijd overal te vroeg, in de wetenschap dat dat mijn vader minder kwetsbaar maakte. Hij hoefde zich dan geen zorgen te maken over het vinden van een parkeerplaats zodat hij niet al te ver hoefde te lopen, of om een bereikbare plaats te bemachtigen op de tribune bij een van Craigs basketbalwedstrijden. De les van dit alles is dat je moet beheersen wat je kunt.

Om deze reden namen we als kinderen al onze mogelijke ontsnappingsroutes door en probeerden we uit te vinden of we in geval van brand vanuit een raam in de eik voor het huis konden springen of op het dak van een van de buren. We stelden ons voor wat er kon gebeuren als vet in de keuken vlam vatte of als er kortsluiting ontstond in de kelder of als de bliksem insloeg. Craig en ik maakten ons weinig zorgen om mijn moeder in noodgevallen. Ze was klein en lenig en een van de mensen die, als haar adrenaline begon te stromen, misschien wel liggend op haar rug met haar benen een auto van een baby af kon duwen. Moeilijker bespreekbaar was mijn vaders handicap; de overduidelijke maar onuitgesproken waarheid was dat hij niet uit een raam kon springen zoals wij en het was jaren geleden dat we hem hadden zien hardlopen.

Mocht het gevaarlijk worden, beseften we, dan zou onze redding zich niet zo afspelen als in die keurige jeugdfilms die we na schooltijd op tv zagen. Het zou niet onze vader zijn die ons met herculische gratie over zijn schouder zou gooien en ons in veiligheid zou brengen. Als iemand dat kon, dan was het Craig, die later boven mijn vader uit zou torenen maar toen nog smalle schouders en spillebenen had en leek te begrijpen dat heldendaden van zijn kant oefening vergden. En daarom begon hij tijdens de brandoefeningen van het gezin worstcasescenario's te verzinnen, gaf hij mijn vader bevel bewegingloos op de grond te gaan liggen, alsof hij bewusteloos was geraakt door het inademen van rook.

'O mijn god,' zei vader dan hoofdschuddend. 'Wil je dat echt?'

Mijn vader was er niet aan gewend dat hij hulpeloos was. Hij leefde zijn leven, het vooruitzicht ten spijt, zorgde nauwgezet voor onze auto, betaalde de rekeningen op tijd, sprak nooit over zijn multiple sclerose en verzuimde geen dag van zijn werk. Integendeel, mijn vader vond het heerlijk het steunpunt te zijn voor anderen. Wat hij lichamelijk niet kon, deed hij met emotionele en psychische begeleiding en steun, en juist daarom genoot hij zo van zijn werk als districtshoofd van de plaatselijke afdeling van de Democratische Partij. Hij bezette die post jarenlang, ook al omdat trouwe dienst aan de partijmachine min of meer verwacht werd van de ambtenaren van de stad. Eigenlijk was hij gedwongen die functie te aanvaarden, maar hij vond het heerlijk, wat mijn moeder verbaasde omdat het zo ontzettend veel tijd kostte. Hij ging in de weekenden naar een nabijgelegen buurt om te zien hoe het met de kiezers ging, vaak met mij met tegenzin op sleeptouw. We parkeerden de auto en liepen door de straten tussen bescheiden huisjes, kwamen tot op de drempel van een krom lopende weduwe of een dikke arbeider die met een blik Michelobbier in de hand door de hordeur tuurde. Vaak vonden ze het heerlijk om mijn breed glimlachende vader te zien op hun veranda, leunend op zijn stok.

'Hé, Fráser!' zeiden ze dan. 'Wat een verrassing. Kom binnen.'

Voor mij was dat geen goed nieuws. Het betekende dat we naar binnen gingen. Het betekende dat mijn hele zaterdagmiddag was verpest omdat ik geparkeerd werd op een schimmelige bank of met een 7up aan de keukentafel terwijl mijn vader feedback verzamelde – klachten eigenlijk – die hij dan doorgaf aan de gekozen vertegenwoordiger van de wijk. Als iemand problemen had met het ophalen van vuilnis of het wegschuiven van sneeuw of boos was over een gat in het wegdek, dan was mijn vader er om daarnaar te luisteren. Het was zijn doel dat mensen zich geholpen voelden door de Democraten en op grond daarvan bij de volgende verkiezingen op de partij zouden stemmen. Tot mijn ongenoegen haastte hij zich bij niemand. Tijd, zo vond mijn vader, was een geschenk dat je doorgaf aan anderen. Hij keek goedkeurend naar foto's van leuke kleinkinderen, verdroeg geduldig geroddel en lange litanieën van gezondheidsproblemen, en knikte begrijpend bij verhalen over hoe weinig geld iemand had. Hij omhelsde oude vrouwtjes als we eindelijk hun huis verlieten, terwijl hij ze verzekerde dat hij zijn uiterste best zou doen om van nut te zijn – om dat wat op te lossen viel, op te laten lossen.

Mijn vader had vertrouwen in zijn eigen nut. Het was een kwestie van trots. Daarom wilde hij thuis tijdens onze brandoefeningen ook liever niet tot de passieve rekwisieten behoren, zelfs niet in een zogenaamde crisis. Hij wilde onder geen beding een blok aan het been zijn, spelen dat hij die bewusteloze man op de grond was. Maar ondanks dat, leek iets in hem te begrijpen dat dit belangrijk was voor ons, voor Craig vooral. Als we hem vroegen te gaan liggen, dan gaf hij ons onze zin, viel op zijn knieën, dan op zijn achterste, ging behulpzaam languit op zijn rug op de vloerbedekking van de woonkamer liggen. Hij wisselde blikken uit met mijn moeder, die het allemaal wel leuk vond, alsof ze wilde zeggen: 'Die kinderen toch.'

Met een diepe zucht deed hij dan zijn ogen dicht en wachtte hij tot hij voelde hoe Craigs handen zich stevig in elkaar haakten onder zijn schouders om met de reddingsactie te beginnen. Mijn moeder en ik keken toe hoe mijn broer het, met vreselijk veel moeite en vreselijk onhandig, voor elkaar kreeg om mijn vader, een kleine tachtig kilo zwaar, achterwaarts weg te slepen door het denkbeeldige inferno dat in zijn jeugdige brein woedde, over de vloer en om de bank heen om aan te komen bij de trap.

Vanaf dat punt dacht Craig dat hij mijn vaders lichaam wel over de treden naar beneden kon laten glijden om hem via de zijdeur in veiligheid te brengen. Mijn vader weigerde altijd om hem dit gedeelte te laten oefenen en zei dan vriendelijk: 'Zo is het wel genoeg.' Hij wilde per se opstaan voordat Craig zelfs maar ging proberen hem de trap af te zeulen. Maar het punt was duidelijk voor de kleine man en de volwassen man. Als het ooit zo ver zou komen, zou het makkelijk noch erg plezierig zijn en er was natuurlijk geen enkele garantie dat een van ons zou overleven. Maar mocht het ergst denkbare scenario werkelijkheid worden, dan hadden we tenminste een plan.

Geleidelijk aan werd ik extraverter en socialer, bereidwillig om mezelf open te stellen voor de chaos die de buitenwereld was. Mijn aangeboren weerstand tegen chaos en spontaniteit was iets gesleten door al die uren die ik achter mijn vader aan had gesjouwd tijdens zijn bezoekjes aan het kiesdistrict en alle uitjes die we om het weekend maakten naar een of meer van onze tientallen tantes en ooms en neven en nichten, waarbij we in iemands achtertuin in de dikke barbecuerook zaten of met buurtkinderen rondrenden in een omgeving die niet de onze was.

Mijn moeder was een van zeven kinderen, mijn vader de oudste van vijf. Mijn moeders familieleden kwamen vaak op bezoek bij Southside om de hoek, aangetrokken door mijn grootvaders kookkunst, de eindeloze spelletjes *bid whist* en de uitbundig klinkende jazz. Southside trok ons allemaal aan als een magneet. Hij wantrouwde de hele wereld buiten zijn eigen tuintje – hij maakte zich vooral zorgen om ieders veiligheid en gezondheid – en stak ten gevolge daarvan al zijn energie in het creëren van een omgeving waarin wij altijd voldoende te eten kregen en waar we vermaakt werden, waarschijnlijk in de hoop dat we er nooit weg wilden. Hij gaf me zelfs een hond, een lieve, kaneelkleurige bastaardherder die we Rex noemden. Van mijn moeder mocht Rex niet in ons huis wonen, maar ik bezocht hem de hele tijd bij Southside, waar ik op de grond lag met mijn gezicht in zijn zachte vacht en hoorde hoe zijn staart, elke keer als Southside voorbijliep, op de vloer sloeg. Southside verwende de hond net als hij mij verwende, met eten en liefde en verdraagzaamheid, dit alles als stilzwijgend verzoek nooit bij hem weg te gaan.

Mijn vaders familie woonde verspreid over heel Chicago's South Side en omvatte ook een heel scala aan oudtantes en achterneven en achternichten, plus nog wat personen van wie de verwantschap vaag was. We bezochten ze allemaal. In stilte berekende ik naar wie we gingen aan de hand van het aantal bomen dat ik aan de straatkant zag. In de armere buurten stonden vaak helemaal geen bomen. Maar voor mijn vader was ieder familielid gelijk. Zijn ogen begonnen te schitteren als hij zijn oom Calio zag, een magere kleine man met golvend haar die op Sammy Davis jr. leek en bijna permanent dronken was. Hij aanbad zijn tante Verdelle, die met haar acht kinderen in een verwaarloosd appartementencomplex woonde naast de Dan Ryan Expressway, in een buurt waarvan Craig en ik begrepen dat de regels om te overleven, daar heel anders waren.

Op zondagmiddagen maakten we gewoonlijk met ons vieren het tien minuten durende ritje noordwaarts naar Parkway Gardens om 's avonds te eten met mijn vaders ouders, die we Dandy en Grandma noemden, en met de drie jongste kinderen van het gezin, Andrew, Carleton en Francesca, die meer dan tien jaar na mijn vader geboren waren en dus voor ons eerder op broers en zus leken dan op ooms en tante. En ik vond dat mijn vader zich ten opzichte van hen meer als een vader gedroeg dan als een broer, zoals hij ze raad gaf en geld toestopte als ze dat nodig

. Francesca was slim en mooi en liet me soms haar lange haren n. Andrew en Carleton waren begin twintig en oogverblindend hip. Ze droegen strakke broeken met wijd uitlopende pijpen en coltruien. Ze hadden leren jasjes, hadden vriendinnetjes en ze spraken over onderwerpen als Malcolm X en '*soul power*'. Craig en ik zaten uren in hun slaapkamer aan de achterkant van het appartement waar we hun *cool* op probeerden te zuigen.

Mijn grootvader, die ook Fraser Robinson heette, was absoluut minder leuk om bij in de buurt te zijn: een sigaren rokende oude man die in zijn leunstoel zat met de krant open op schoot en het avondnieuws schallend uit de tv die vlak bij hem stond. Zijn levenshouding leek niet op die van mijn vader. Voor Dandy was alles irritant. Hij raakte geïrriteerd door de krantenkoppen, door de toestand in de wereld zoals die op tv werd getoond, door de jonge zwarte mannen – '*boo-boos*' noemde hij ze – van wie hij meende dat ze doelloos in de buurt rondhingen, waardoor zwarte mensen overal een slechte naam kregen. Hij schreeuwde naar de televisie. Hij schreeuwde naar mijn grootmoeder, een lieve, zacht sprekende vrouw en vrome christen met de naam LaVaughn. (Ter ere van haar hebben mijn ouders mij de naam Michelle LaVaughn Robinson gegeven.) Overdag runde mijn grootmoeder een bloeiende evangelische boekwinkel aan de Far South Side, maar daarbuiten met Dandy was ze zo gedwee dat ik het verbazingwekkend vond, zelfs als klein meisje. Ze maakte zijn eten en liet de stortvloed van gemopper over zich heen komen en sprak hem nooit tegen. Toen ik nog heel klein was, voelde ik al iets in de zwijgzaamheid en passiviteit in haar relatie met Dandy wat mij vreselijk ergerde.

Volgens mijn moeder was ik de enige van de hele familie die Dandy van repliek diende als hij schreeuwde. Ik deed dat geregeld, al van kleins af aan, en bleef het nog jaren doen, deels omdat ik er gek van werd dat mijn grootmoeder nooit eens voor zichzelf opkwam, deels omdat verder iedereen bij hem in de buurt zijn mond hield, en ten slotte omdat ik evenveel van Dandy hield als hij mij in verwarring bracht. Zijn koppigheid was iets wat ik herkende, iets wat ik had geërfd, hoewel ik hoopte in een minder agressieve vorm. Dandy had ook een zachte kant, waarvan ik soms een glimp zag. Dan wreef hij liefdevol in mijn nek als ik tegen zijn leunstoel aan zat. Hij glimlachte als mijn vader iets leuks zei of als een van ons kinderen erin slaagde een deftig woordje in een gesprek te wurmen. Maar dan was er weer iets en begon hij opnieuw te snauwen.

'Hou eens op met tegen iedereen te schreeuwen, Dandy,' zei ik dan. Of: 'Wees niet zo gemeen tegen Grandma.' Vaak voegde ik eraan toe: 'Waarom ben je trouwens zo boos?'

Het antwoord op die vraag was tegelijkertijd ingewikkeld en eenvoudig. Dandy zelf liet hem onbeantwoord, als reactie op mijn bemoeienis haalde hij nors zijn schouders op en ging hij verder met zijn krant. Thuis probeerden mijn ouders het me echter uit te leggen.

Dandy was opgegroeid in Georgetown, een vochtige zeehaven in de lage landen van South Carolina, waar ooit duizenden slaven op enorme plantages werkten, waar ze rijst en indigo verbouwden en hun eigenaren rijk maakten. Mijn grootvader, geboren in 1912, was de kleinzoon van slaven, de zoon van een fabrieksarbeider en de oudste van de tien kinderen die het gezin zou tellen. Hij was vlug van begrip, intelligent en had als bijnaam 'de professor' en kreeg al jong de ingeving om op een dag te gaan studeren. Maar niet alleen was hij zwart en afkomstig uit een arme familie, ook werd hij volwassen tijdens de Grote Depressie. Nadat hij high school had afgemaakt, ging hij werken in een houtzagerij, maar hij wist dat hij nooit een andere mogelijkheid zou krijgen als hij in Georgetown zou blijven. Toen de zagerij haar deuren sloot, greep hij zoals zoveel Afro-Amerikanen van zijn generatie zijn kans en sloot zich aan bij wat bekend zou worden als de Grote Migratie, waarin zes miljoen zwarten uit het zuiden in de loop van vijf decennia naar de grote steden in het noorden trokken, op de vlucht voor raciale onderdrukking en op jacht naar een fabrieksbaan. Hij ging naar Chicago.

Als dit zo'n verhaal over de American Dream was, dan zou Dandy, die begin jaren dertig in Chicago aankwam, een goede baan hebben gevonden en was hij gaan studeren. Maar de werkelijkheid was heel anders. Aan een baan was moeilijk te komen, mede omdat bedrijfsleiders van enkele van de grote fabrieken in Chicago liever Europese immigranten in dienst namen dan Afro-Amerikaanse arbeiders. Dandy pakte elk baantje aan dat hij maar kon krijgen: hij zette de kegels rechtop in een bowlinghal en werkte als klusjesman. Geleidelijk stelde hij zijn verwachtingen bij en liet hij het idee om te gaan studeren vallen; hij wilde in plaats daarvan opgeleid worden tot elektricien. Maar ook dat bleek niet mogelijk. Als je aan de slag wilde als elektricien (of staalarbeider, timmerman of loodgieter) bij een van de grote bouwprojecten in Chicago, dan moest je je vakbondskaart laten zien. En als je zwart was, dan was de kans enorm groot dat je die niet kreeg.

Vooral deze vorm van discriminatie bestemde het lot van hele generaties Afro-Amerikanen, onder wie veel mannen binnen mijn familie, doordat daarmee hun inkomen, hun kansen en uiteindelijk hun idealen werden beperkt. Southside mocht als timmerman niet werken voor de grotere aannemers, die een vast inkomen boden bij langetermijnprojecten, omdat hij geen lid kon worden van een vakbond. Mijn oudoom Terry, Robbies man, had zijn carrière als loodgieter om dezelfde reden opgegeven en was bediende geworden bij Pullman. En dan had je nog oom Pete aan mijn moeders kant, die geen lid kon worden van de bond van taxichauffeurs en daarom in een *jitney* reed, een goedkope taxi zonder vergunning, waarmee hij klanten ophaalde in de minder veilige delen van de West Side, waar gewone taxichauffeurs liever niet kwamen. Dit waren bijzonder intelligente, vaardige mannen die geen vaste, goed betaalde banen konden krijgen, waardoor ze niet in staat waren een huis te kopen, hun kinderen naar de universiteit te sturen of te sparen voor hun pensioen. Het deed ze pijn, weet ik, om aan de kant geschoven te worden, om vast te komen zitten in baantjes waarvoor ze veel te hoog gekwalificeerd waren, om te zien hoe witte mensen hen inhaalden op het werk, en soms om nieuwe werknemers op te leiden van wie ze wisten dat die ooit boven hen zouden staan. En het legde in ieder van hen de kiem van wrevel en wantrouwen: je wist nooit zeker wat anderen dachten dat je was.

Voor Dandy was het leven nog niet eens zo slecht. Hij ontmoette mijn grootmoeder in een kerk in de South Side en vond uiteindelijk werk via de federale Works Progress Administration, het hulpprogramma dat tijdens de Grote Depressie ongeschoolde arbeiders aannam voor de aanleg van openbare werken. Aansluitend werkte hij dertig jaar bij de posterijen en ging hij met pensioen met een uitkering die hoog genoeg was om vanuit zijn luie leunstoel aan een stuk door te schreeuwen naar de boo-boos op tv.

Hij kreeg vijf kinderen, die net zo slim en gedisciplineerd waren als hij. Nomenee, zijn tweede kind, zou afstuderen aan Harvard Business School. Andrew en Carleton leerden verder voor respectievelijk treinconducteur en technicus. Francesca werkte enige tijd als creative director in de reclamewereld en werd uiteindelijk lerares op een basisschool. Maar Dandy was niet in staat de prestaties van zijn kinderen te zien als een soort verlengstuk van die van hem. Zoals we elke zondag zagen als we in Parkway Gardens aankwamen voor het eten, leefde mijn grootvader met het bittere restje van zijn eigen nooit uitgekomen dromen.

Misschien waren mijn vragen aan Dandy hard en niet te beantwoorden, maar ik leerde al gauw dat veel vragen dat waren. In mijn eigen leven stuitte ik nu ook op vragen die ik niet direct kon beantwoorden. Een daarvan kwam van een meisje van wie ik me de naam niet kan herinneren – een van de verre nichtjes die met ons speelden in de achtertuin van het huis van een van mijn oudtantes die ten westen van ons woonde, iemand van de massa van verwanten die verscheen als wij er op bezoek kwamen. Terwijl de volwassenen in de keuken koffie dronken en lachten, ontvouwde zich buiten een parallelle scène als Craig en ik ons aansloten bij welke kinderschaar dan ook, die met de volwassenen meegekomen was. Soms liep het niet lekker en deden we allemaal gedwongen kameraadschappelijk, maar meestal ging het goed. Craig verdween bijna altijd voor een potje basketbal. Ik ging touwtjespringen of probeerde mee te doen met welk spelletje ze ook maar speelden.

Op een zomerse dag toen ik ongeveer tien was, zat ik op een stoep te praten met een groepje meisjes van dezelfde leeftijd. We hadden allemaal staartjes in ons haar en shorts aan en deden weinig anders dan de tijd doorbrengen. Waar hadden we het over? Dat kan alles zijn geweest: school, oudere broers, een mierennest.

Op een gegeven moment keek een van de meisjes, een nichtje of achternichtje of achterachternichtje, me van opzij aan en zei, ietsje te fel misschien: 'Hoe komt het dat jij als een wit meisje praat?'

Dat was een venijnige vraag, bedoeld als belediging of minstens een uitdaging, maar had ook een serieuze ondertoon. Er zat een kern in van iets wat ons beiden in verwarring bracht. We schenen familie van elkaar te zijn, maar uit twee werelden te komen.

'Dat doe ik niet,' zei ik en keek geschokt dat ze het zelfs maar had durven suggereren en gekwetst door de wijze waarop de andere meisjes me nu aanstaarden.

Maar ik wist wat ze bedoelde. Het viel niet te ontkennen, ook al had ik dat zojuist wel gedaan. Ik praatte anders dan sommige van mijn familieleden, net als Craig. Onze ouders hadden het er bij ons ingestampt om goed te praten, en *'going'* te zeggen in plaats van *'goin'*, en *'isn't'* in plaats van *'ain't'*. Ons was geleerd dat we de woorden af moesten maken. Ze hadden een woordenboek voor ons gekocht en de complete *Encyclopaedia Britannica*, die op een plank in het trappenhuis naar ons appartement stond, de titels in goud gegrift. Elke keer als we een vraag hadden over een woord, een denkbeeld of een episode uit de geschiedenis, verwezen ze ons naar die boeken. Ook Dandy had invloed wanneer hij nauwkeurig ons taalgebruik verbeterde of ons aanspoorde om de woorden goed uit te spreken als we bij hem waren voor het avondeten. Het idee was dat wij zouden uitblinken, dat wij verder zouden komen. Dat hadden ze zo gepland. Dat moedigden ze aan. Van ons werd verwacht dat we niet alleen slim waren, maar ons ook bewust waren van onze slimheid – dat die ons met trots vervulde – en dit had zijn neerslag op hoe we spraken.

Het kon echter ook problemen geven. Praten op een bepaalde manier – de 'witte' manier, zoals sommigen zeggen – werd opgevat als verraad, als streberig, als het op een of andere manier ontkennen van onze cultuur. Jaren later, toen ik mijn echtgenoot had leren kennen en met hem was getrouwd – een man die licht is volgens sommigen en donker volgens anderen, die praat als een zwarte Hawaïaan die van een van de topuniversiteiten komt en opgevoed is door een vrouw uit Kansas uit de witte middenklasse – zag ik hoe deze verwarring zich op het nationale toneel afspeelde onder witten en zwarten, de behoefte om iemand ergens in zijn of haar eigen etniciteit te plaatsen en de frustratie die ontstaat als dat niet zo eenvoudig blijkt. Amerika zou Barack Obama dezelfde vragen stellen als mijn nichtje mij die dag op die stoep onbewust voorlegde: Ben jij wel wat je lijkt? Vertrouw ik jou of niet?

De rest van de dag probeerde ik zo min mogelijk tegen mijn nichtje te zeggen, van streek door haar vijandigheid, terwijl ik tegelijkertijd wilde dat ze me als echt beschouwde en ik probeerde geen enkele superioriteit uit te stralen. Ik wist niet zo goed wat ik moest doen. Al die tijd hoorde ik stukjes van de gesprekken tussen de volwassenen in de keuken vlakbij doorsijpelen, het lachen van mijn ouders dat luid door de tuin schalde. Ik keek naar mijn broer die op de hoek van de straat helemaal opging in een zweterig wedstrijdje met een groepje jongens. Iedereen leek hierin te passen, behalve ik. Als ik nu terugkijk op het ongemakkelijke gevoel van dat moment, dan herken ik het universele probleem van het in overeenstemming met elkaar brengen van wie je bent met waar je vandaan komt en waar je naartoe wilt. Ik besef nu ook dat ik toen nog ver, heel ver af was van het vinden van mijn eigen stem.

4

De middagpauze op school duurde een uur. Omdat mijn moeder geen baan had en ons appartement zo dichtbij was, liep ik gewoonlijk met vier of vijf meisjes in een groepje naar huis, waar we onderuitzakten op de keukenvloer om een spelletje te spelen en naar *All My Children* te kijken terwijl mijn moeder belegde boterhammen uitdeelde. Dit was het begin van een gewoonte waar ik de rest van mijn leven op heb gesteund: het onderhouden van een groep van heel goede en ondernemende vriendinnen, een veilige haven van vrouwelijke wijsheid. In mijn lunchgroepje analyseerden we alles wat er die ochtend op school was gebeurd, elke onenigheid met leerkrachten, elke opdracht die we zinloos vonden. Onze meningen werden grotendeels gezamenlijk gevormd. We verafgoodden de Jackson 5 en wisten nog niet wat we vonden van The Osmonds. Watergate was geweest, maar geen van ons had het begrepen. Het kwam op ons over als een heleboel witte mannen die in microfoons spraken in Washington DC, wat voor ons gewoon een stad ver weg was vol witte gebouwen en witte mensen.

Mijn moeder bediende ons intussen met plezier. Het gaf haar op eenvoudige wijze een kijk in onze wereld. Terwijl mijn vriendinnetjes en ik aten en roddelden, was ze in stilte vlakbij bezig met een of ander huishoudelijk werkje en verborg ze niet dat ze elk woord hoorde. In ons gezin, met ons vieren opeengepakt op tachtig vierkante meter, hadden we toch al nooit enige privacy. Dat was maar zelden een probleem. Craig, die ineens belangstelling had voor meisjes, was gaan telefoneren achter de dichte deur van de badkamer, het lange, gekrulde snoer van de hoorn dwars door de gang uitgerekt van het toestel tegen de keukenmuur tot de hoorn in de badkamer.

Zoals dat met scholen in Chicago zo vaak het geval was, was Bryn

Mawr geen goede en geen slechte school. Gedurende de jaren zeventig gingen de raciale en economische veranderingen in de South Shore door, wat betekende dat de leerlingenpopulatie per jaar zwarter en armer werd. Een tijdlang was sprake van een stedelijke integratiebeweging om kinderen met de bus naar nieuwe scholen te brengen, maar de ouders van Bryn Mawr hadden zich hier met succes tegen verzet met het argument dat het geld beter besteed kon worden aan verbetering van de school zelf. Als kind had ik er geen enkel benul van of de faciliteiten verouderd waren of dat het ertoe deed dat er nog nauwelijks witte kinderen over waren. De school ging van de kleuterschool tot en met groep acht, wat betekende dat ik, toen ik eenmaal in de hoogste groepen zat, elke lichtknop, elk schoolbord en elke barst in de vloer van de gangen kende. Ik kende bijna alle leerkrachten en de meeste kinderen. Bryn Mawr was voor mij bijna het verlengde van thuis.

Toen ik in groep zeven kwam, stond er in de *Chicago Defender*, een weekblad dat populair was onder Afro-Amerikaanse lezers, een bijtend opiniestuk waarin werd beweerd dat Bryn Mawr binnen een paar jaar van een van de beste openbare scholen van de stad verworden was tot een 'uitgeleefd krot' waar een 'gettomentaliteit' heerste. Ons schoolhoofd, dr. Lavizzo, sloeg direct terug met een open brief waarin hij de gemeenschap van ouders en leerlingen verdedigde en het stuk in de krant 'een schandelijke leugen' noemde 'die slechts bedoeld lijkt om het gevoel van mislukking en wegvluchten op te roepen'.

Dr. Lavizzo was een gezette, vrolijke man met een afrokapsel dat aan beide kanten van een kale plek uitstak, die het grootste deel van de tijd doorbracht in een kantoor vlak bij de hoofdingang. Uit zijn brief bleek duidelijk dat hij exact begreep waartegen hij streed. Falen is een gevoel dat zich aandient lang voordat het werkelijkheid wordt. Het is kwetsbaarheid die gepaard gaat met onzekerheid en dan, vaak moedwillig, verhevigd wordt door angst. Het 'gevoel van mislukking' dat hij benoemde, was al overal in mijn buurt te bespeuren: ouders die het financieel niet konden bolwerken, kinderen die begonnen te vermoeden dat hun leven niet anders zou gaan verlopen, gezinnen die hun buren die het beter hadden zagen vertrekken naar de voorsteden of hun kinderen overgeplaatst zagen worden naar katholieke scholen. Er waren roofzuchtige makelaars die constant door de South Side zwierven en huiseigenaren influisterden dat ze moesten verkopen voordat het te laat was, dat ze hen zouden helpen *te ontsnappen zolang het nog kan*. Met de onuitgesproken implicatie dat het falen aanstaande was, dat het onoverkomelijk was, dat het er al bijna was. Je kon gevangen komen te zitten in een ruïne of je kon er nu aan ontsnappen. Ze gebruikten het woord dat iedereen het meest vreesde, 'getto', en lieten het vallen als een brandende lucifer.

Mijn moeder moest er niets van hebben. Ze woonde al tien jaar in de South Side en zou er uiteindelijk nog veertig jaar wonen. Ze moest niets hebben van het zaaien van angst en leek tegelijkertijd net zo fel te vechten tegen allerlei luchtkastelen. Ze stond met beide benen op de grond, was een realist en controleerde datgene wat ze kon controleren.

Op Bryn Mawr werd ze een van de actiefste leden van de ouderraad die hielp bij het inzamelen van geld voor nieuwe lesbenodigdheden, etentjes organiseerde voor de leerkrachten om hun waardering te laten blijken, en lobbyde voor het instellen van een speciale klas voor hoogbegaafde kinderen uit verschillende groepen. Dit laatste was bedacht door dr. Lavizzo, die een avondstudie had gevolgd en was gepromoveerd in onderwijskunde en die een nieuwe trend had bestudeerd om leerlingen bij elkaar te zetten op grond van vermogens in plaats van leeftijd – in wezen dus om slimme kinderen bij elkaar te zetten zodat ze sneller zouden leren.

Het idee was controversieel en werd bekritiseerd als ondemocratisch, zoals alle programma's voor 'begaafde en getalenteerde' leerlingen per definitie zijn. Maar ook werd het een groeiende beweging in het hele land en gedurende de laatste drie jaar op Bryn Mawr profiteerde ik ervan. Ik kwam in een klas van zo'n twintig leerlingen uit verschillende groepen. We werden in een apart lokaal ondergebracht en hadden onze eigen pauze, middageten, muziek en gymles. We kregen extra's zoals een wekelijks uitje naar een *community college* om er een schrijfworkshop voor gevorderden te volgen of een rat te ontleden in het biologielab. In de klas werkten we vaak zelfstandig, stelden we zelf onze doelen en leerden we met de snelheid die het best bij ons paste.

We kregen toegewijde leraren, eerst meneer Martinez en daarna meneer Bennett, allebei vriendelijke en goedgehumeurde Afro-Amerikanen die echt luisterden naar wat hun leerlingen te zeggen hadden. Het was voor iedereen duidelijk dat de school in ons investeerde en ik denk dat dit ervoor zorgde dat wij nog beter ons best deden en heel tevreden met onszelf waren. Het zelfstandig leren voedde mijn competitieve instelling. Ik leerde snel, hield in stilte bij hoe ver ik was in vergelijking met mijn klasgenoten als we onze vorderingen in kaart brachten van staartdelingen tot algebra, van het schrijven van een enkele alinea tot het inleveren van complete werkstukken. Voor mij was het een spel. En zoals bij elk spel was ik het gelukkigst, zoals bijna ieder kind, als ik voor lag.

Ik vertelde mijn moeder over alles wat er op school voorviel. De update bij het middageten werd gevolgd door nog een update, die ik 's middags gehaast gaf vanaf dat ik binnenkwam, mijn schooltas op de grond smeet en op zoek ging naar iets te eten. Ik realiseer me dat ik niet precies wist wat mijn moeder deed in de uren die ik op school zat, vooral omdat ik, egocentrisch als ik zoals ieder kind was, er nooit naar vroeg. Ik wist niet wat ze ervan dacht, wat ze ervan vond dat ze een traditionele huisvrouw was in tegenstelling tot het hebben van een andere baan. Ik wist alleen dat er, als ik thuiskwam, eten in de koelkast stond en niet alleen voor mij, maar ook voor mijn vriendinnen. Ik wist dat als mijn klas op excursie ging, mijn moeder bijna altijd aanbood mee te gaan als begeleidster en in een mooie jurk en met donkere lippenstift met ons meereed in de bus naar het community college of de dierentuin.

Thuis hadden we een bepaald budget, maar waar de grenzen lagen kwam niet vaak ter sprake. Mijn moeder vond allerlei manieren om zuinig te zijn. Ze deed zelf haar nagels, verfde zelf haar haren (die ooit per ongeluk groen werden) en kreeg alleen nieuwe kleren als mijn vader ze voor haar kocht als verjaardagscadeau. Rijk zou ze nooit worden, maar ze was altijd handig. Toen we klein waren, toverde ze oude sokken om tot poppen die sprekend op de Muppets leken. Ze haakte zelf placemats. Ze naaide een heleboel van mijn kleren, ten minste tot de middelbare school, toen het plotseling van het grootste belang was dat er op de zak voorop je spijkerbroek het logo met de zwaan zat van Gloria Vanderbilt en ik erop stond dat ze ermee ophield.

Zo nu en dan veranderde ze de inrichting van onze woonkamer, deed ze een nieuwe hoes over de bank en verwisselde ze de foto's en ingelijste prenten die aan de muur hingen. Als het warmer werd, begon ze aan de rituele voorjaarsschoonmaak en viel ze op alle fronten aan: ze stofzuigde de meubels, waste de gordijnen en haalde de voorzetramen weg om het glas te poetsen en de kozijnen te boenen om ze vervolgens te vervangen door schermen, waardoor de voorjaarslucht in ons kleine, bedompte appartement kon binnendringen. Vaak ging ze daarna naar Robbie en Terry beneden, zeker toen die ouder en strammer werden, om ook hun verdieping een schoonmaakbeurt te geven. Het komt door mijn moeder dat ik me, als ik het schoonmaakmiddel Pine-Sol ruik, tot op de dag van vandaag automatisch beter voel.

Met kerstmis was ze bijzonder creatief. Ze had een keer verzonnen hoe ze de vierkante verwarmingsradiator kon bedekken met golfkartonnen dozen bedrukt met bakstenen, die ze opstapelde tot aan het plafond zodat we een namaakschoorsteen hadden met onderaan een open haard, compleet met schoorsteenmantel. Daarna liet ze mijn vader – *artist in residence* van het gezin – oranje vlammen schilderen op stukken flinterdun rijstpapier die, als er een lamp achter brandde, een niet helemaal overtuigend vuur voorstelden. Voor oudejaarsavond kocht ze traditioneel een speciale hors-d'oeuvremand vol kaasblokjes, blikken gerookte oesters en verschillende soorten worst. Ze nodigde Francesca, de zus van onze vader, uit om spelletjes te komen spelen. Voor het avondeten bestelden we pizza en aten de hele avond lekkere dingen, die mijn moeder doorgaf, zoals saucijzenbroodjes, gebakken garnalen en Ritz-crackers met gesmolten kaas erop. En om middernacht dronken we een klein glaasje champagne.

Mijn moeder had een bepaalde ouderlijke instelling die ik nu briljant vind en die bijna onmogelijk is om na te doen, een soort onverstoorbare zenneutraliteit. Ik had vriendinnen van wie de moeders helemaal meegingen in alle stemmingen van hun dochters en ik kende een heleboel andere kinderen van wie de ouders zo opgingen in hun eigen problemen dat ze er evengoed niet konden zijn. Mijn moeder was gewoon gelijkmatig. Ze had niet snel een oordeel en bemoeide zich niet snel ergens mee. In plaats daarvan peilde ze onze stemming en leefde welwillend mee met welke beproevingen of triomfen dan ook die we die dag hadden meegemaakt. Als iets niet goed gegaan was, liet ze slechts een beetje medelijden blijken. Als we iets fantastisch hadden gedaan, dan kregen we net voldoende lof om te weten dat ze blij voor ons was, maar nooit zo blij dat het voor ons de reden werd om te doen wat we deden.

Als ze raad gaf, dan was dat raad van de harde en pragmatische variant. 'Je hoeft je lerares niet te mógen,' zei ze eens toen ik thuis kwam met een litanie aan klachten. 'Maar die vrouw heeft het soort wiskunde in haar hoofd dat jij in het jouwe moet zien te krijgen. Richt je daarop en negeer de rest.'

Ze hield onvoorwaardelijk van ons, van Craig en van mij, maar we werden niet doodgeknuffeld. Het was haar doel ons de wereld in te duwen. 'Ik voed niet op tot baby's,' zei ze tegen ons. 'Ik voed op tot volwassenen.' Zij en mijn vader gaven eerder richtlijnen dan regels. Dat betekende dat we als tieners nooit op een bepaalde tijd thuis moesten zijn. 'Wat is voor jullie een fatsoenlijke tijd om thuis te komen?' En dan vertrouwden ze erop dat we ons daaraan hielden.

Craig vertelde me het verhaal van een meisje in groep acht dat hij leuk vond en dat ze hem op een dag een spannende uitnodiging stuurde om bij haar thuis langs te komen, waarbij ze hem te verstaan gaf dat haar ouders dan niet thuis waren en ze alleen zouden zijn. Mijn broer stond in de kwellende tweestrijd of hij erop in moest gaan of niet, opgewonden door deze kans maar wetend dat het laag en achterbaks zou zijn, het soort gedrag dat mijn ouders nooit goed zouden vinden. Dit weerhield hem er echter niet van mijn moeder vooraf de halve waarheid te vertellen door haar wel over het meisje te vertellen, maar dat ze elkaar zouden ontmoeten in het park.

Nog voor het zover was, voelde Craig zich al schuldig, zelfs om de gedachte alleen al, en hij bekende het hele plannetje dat ze alleen thuis zouden zijn in de verwachting, of misschien wel de hoop, dat mijn moeder woedend zou worden en hem zou verbieden om te gaan.

Maar dat deed ze niet. Dat zou ze nooit doen. Zo zat ze niet in elkaar. Ze luisterde, maar ze koos niet voor hem. Ze liet hem met het schijnbaar zorgeloos ophalen van haar schouders zijn tweestrijd zelf uitvechten. 'Doe wat je het beste vindt,' zei ze, voordat ze zich weer omdraaide naar de borden in de gootsteen of de stapel wasgoed die moest worden opgevouwen.

Dat was weer zo'n kleine duw de wereld in. Ik wist zeker dat mijn moeder van binnen allang wist dat hij de juiste keus zou maken. Alles wat ze deed, besef ik nu, werd gesteund door het stille zelfvertrouwen dat ze ons had opgevoed om volwassen te zijn. Onze beslissingen waren aan ons. Het was ons leven, niet het hare, en dat zou het altijd zijn.

Toen ik veertien was, vond ik me trouwens eigenlijk al half volwassen, misschien zelfs wel twee derde volwassen. Ik was ongesteld geworden, wat ik direct opgewonden rondbazuinde aan iedereen in huis, omdat dat nu eenmaal het soort huishouden was dat we hadden. Ik was gepromoveerd van een oefen-bh naar een die er iets vrouwelijker uitzag, wat ik net zo geweldig vond. In plaats van thuis te komen voor het middageten at ik nu met mijn klasgenoten in het lokaal van meneer Bennett op school. En in plaats van op zaterdagmiddag binnen te vallen bij Southside om te luisteren naar zijn jazzplaten en met Rex te spelen, reed ik op mijn fiets voorbij en ging zes blokken verder in oostelijke richting naar een huis aan Oglesby Avenue, waar de zusjes Gore woonden.

De zusjes Gore waren mijn beste vriendinnen en ook een beetje mijn idolen. Diane zat bij mij in de klas, Pam een klas lager. Ze waren allebei heel knap – Diane met een lichte huidskleur, Pam wat donkerder – en ieder had een soort beheerste elegantie die ze van nature leken te hebben. Zelfs hun zusje Gina, die een paar jaar jonger was, straalde een stoer soort vrouwelijkheid uit die ik eenvoudigweg Gore-achtig ging noemen. In hun huishouden waren maar weinig mannen aanwezig. Hun vader woonde er niet en er werd zelden over hem gesproken. Er was een veel oudere broer die er nauwelijks bij hoorde. Mevrouw Gore was een vrolijke, aantrekkelijke vrouw die fulltime werkte. Ze had een toilettafel die vol stond met parfumflesjes en poederdoosjes en allerlei zalfjes in potjes, die gezien mijn moeders bescheiden gebruik, net zo exotisch op me overkwamen als juwelen. Ik was graag bij hen thuis. Pam, Diane en ik praatten eindeloos over welke jongens we leuk vonden. We deden lipgloss op en probeerden een voor een elkaars kleren, en werden ons er plotseling van bewust dat sommige broeken onze heupen er ronder uit deden zien dan andere. In die tijd besteedde ik een groot deel van mijn energie aan mijn eigen gedachten als ik alleen in mijn kamertje naar muziek luisterde en lag te dagdromen over een langzame dans met een leuke jongen of naar buiten keek in de hoop dat een leuke knul op zijn fiets langs ons blok stoof. Het was dus een zegen dat ik een paar zusters had gevonden om samen die jaren door te komen.

Het huis van de familie Gore was verboden terrein voor jongens, maar ze zoemden er rond als vliegen. Ze reden op hun fietsen heen en weer over de stoep. Ze zaten op de veranda in de hoop dat Diane of Pam naar buiten kwam om mee te flirten. Het was leuk om in die sfeer van verwachtingen te zijn, ook al wist ik niet precies wat het allemaal betekende. Overal waar ik keek, veranderden lichamen. Jongens van school waren plotseling zo lang als mannen en onhandig, nerveus druk en met lage stem. Intussen zagen sommige van mijn vriendinnen eruit alsof ze achttien waren, liepen rond in heel korte broekjes en haltertops, hun gezichtsuitdrukking cool en vol zelfvertrouwen alsof ze een of ander geheim kenden, alsof ze nu op een ander level zaten terwijl de rest van ons onzeker en wat onwetend bleef, wachtend op de oproep van de wereld van de volwassenen, veulenachtig op onze steeds langer wordende benen en jong op een wijze die geen enkele dikke laag lipgloss kon verbergen.

Zoals zoveel meisjes was ik me al vroeg bewust van de verantwoordelijkheid voor mijn lichaam, lang voordat ik er zelfs maar als vrouw ging uitzien. Ik liep nu zelfstandiger door onze buurt, minder gebonden aan mijn ouders. Ik nam de stadsbus om aan het einde van de middag naar dansles te gaan op de Mayfair Academy aan 79th Street, waar ik jazzdansen en aerobics deed. Soms deed ik een boodschap voor mijn moeder. Met die nieuwe vrijheid kwam nieuwe kwetsbaarheid. Ik leerde dat ik altijd strak voor me uit moest blijven kijken als ik op een straathoek een groepje mannen passeerde, nauwlettend hun vorsende blik over mijn borsten en benen ontwijkend. Ik wist dat ik het fluiten moest negeren toen dat begon. Ik leerde welke blokken van onze buurt gevaarlijker waren dan andere. Ik wist dat ik 's nachts nooit alleen op straat moest lopen.

Thuis gaven mijn ouders op een belangrijk punt toe dat ze twee opgroeiende tieners in huis hadden en renoveerden de veranda die aan de achterkant aan de keuken grensde. De veranda werd omgebouwd tot slaapkamer voor Craig, die nu in de tweede klas van high school zat. De dunne afscheiding die Southside jaren geleden voor ons had gemaakt, ging eruit. Ik verhuisde naar de voormalige slaapkamer van mijn ouders, zij gingen naar de vroegere kinderkamer en voor het eerst hadden mijn broer en ik ieder ruimte voor zich. Mijn nieuwe slaapkamer was beeldig, compleet met een blauw met witte sprei en kussenslopen met bloemen, een nieuw marineblauw tapijt en een wit meisjesbed met bijpassende kledingkast en lamp, een bijna volmaakte replica van de slaapkamer op een paginagrote foto die ik zo mooi had gevonden in de catalogus van Sears en nu mocht hebben. We kregen ieder een eigen telefoontoestel – mijn telefoon was lichtblauw om te passen bij de nieuwe inrichting, die van Craig was mannelijk zwart – wat betekende dat we onze persoonlijke zaken nu semiprivé af konden handelen.

Mijn eerste echte kus regelde ik zelfs via de telefoon. Dat was met een jongen genaamd Ronnell. Ronnell zat niet op mijn school en woonde niet vlak in de buurt, maar hij zong in het Chicago Children's Choir, net als mijn klasgenootje Chiaka, en met Chiaka als tussenpersoon hadden we op een of andere manier besloten dat we elkaar mochten. Onze telefoongesprekken verliepen een beetje ongemakkelijk, maar dat kon me weinig schelen. Ik hield van het idee dat iemand me mocht. Elke keer als de telefoon ging, kreeg ik een rilling van verwachting. *Zou het Ronnell zijn?* Ik herinner me niet wie van ons voorstelde dat we elkaar op een middag voor ons huis zouden ontmoeten om zoenen te proberen, maar enige nuance zat er niet bij. We gingen niet 'rondhangen' of 'een wandeling maken'. We gingen het doen. En we gingen er allebei helemaal voor.

En zo belandde ik op het stenen bankje naast de voordeur van ons huis, in het volle zicht van de op het zuiden gerichte ramen en midden tussen de bloembedden van mijn tante, opgaand in een warme spetterende zoen met Ronnell. Er was niets schokkends of inspirerends aan, maar het was wel leuk. Omgaan met jongens, daar kwam ik nu achter, was leuk. De uren die ik doorbracht als toeschouwer bij Craigs wedstrijden op de tribune of in een of andere sportzaal, begonnen minder te voelen als zusterlijke plicht. Want was een spelletje basketbal niet gewoon een presentatie van een stel jongens? Ik droeg mijn krapste jeans en deed wat extra armbanden om en nam soms een van de zusjes Gore mee om de aandacht voor mij op de tribune iets te vergroten. En ik genoot dan van elke minuut van het zweterige schouwspel voor me – het springen en aanvallen, het heen en weer rennen, de hartslag van mannelijkheid en al haar geheimen uitgestald. Als een jongen van Craigs highschoolteam bij het verlaten van het veld naar me glimlachte, dan glimlachte ik terug. Ik kreeg het idee dat mijn toekomst aan het beginnen was.

Ik was me langzaam aan het losmaken van mijn ouders, geleidelijk aan steeds minder geneigd alles wat in me opkwam direct eruit te flappen. Ik zat zwijgend op de achterbank van de Buick als we van die basketbalwedstrijden naar huis reden, mijn gedachten te diep of te verward om te delen. Ik zat gevangen in de eenzame sensatie van de tiener, ervan overtuigd dat de volwassenen om me heen dit zelf nooit hadden meegemaakt.

Soms kwam ik 's avonds de badkamer uit waar ik mijn tanden had gepoetst en zag dat het donker was in ons appartement, de lampen in de woonkamer en de keuken al uit voor de nacht, iedereen teruggetrokken in zijn eigen sfeer. Ik zag licht onder Craigs deur uitkomen en wist dat hij zijn huiswerk aan het maken was. Ik ving geflikker op van de tv in de slaapkamer van mijn ouders en hoorde hen zachtjes praten, lachen. Net zoals ik me nooit had afgevraagd hoe het voor mijn moeder moet zijn geweest om fulltime huismoeder te zijn, vroeg ik me ook nooit af hoe het was om getrouwd te zijn. Het huwelijk van mijn ouders was er gewoon. Het was het simpele, onweerlegbare feit waarop de levens van ons vieren waren gestoeld.

Veel later vertelde mijn moeder me eens dat ze elk jaar als de lente kwam en de lucht in Chicago opwarmde, de gedachte koesterde om mijn vader te verlaten. Ik weet niet of die ingeving een uur duurde of een dag of zo'n beetje het hele voorjaar, maar voor haar was het een terugkerende fantasie, iets wat gezond voelde en misschien zelfs het overpeinzen aanwakkerde, bijna als een ritueel.

Ik begrijp nu dat zelfs een gelukkig huwelijk moeilijke tijden kan hebben, dat het een contract is dat het beste keer op keer hernieuwd kan worden, zelfs in stilte en heimelijk – zelfs alleen. Ik denk niet dat mijn moeder haar twijfels en ergernissen, welke dat ook waren, rechtstreeks aan mijn vader heeft meegedeeld en ik denk niet dat ze hem heeft laten weten over welk alternatief leven ze in die tijd droomde. Zag ze zichzelf ergens op een tropisch eiland? Met een ander soort man, of in een ander soort huis, of met een eigen kantoor in plaats van kinderen? Ik weet het niet en ik veronderstel dat ik het mijn moeder, die nu in de tachtig is, zou kunnen vragen, maar ik geloof dat het er niet toe doet.

Als je nog nooit een winter hebt meegemaakt in Chicago, laat me die dan voor je beschrijven. Je kunt honderd dagen achtereen gevangenzitten onder een ijzergrauwe hemel die als een stolp over de stad is neergedaald. IJskoude, bijtende wind komt over het meer. Sneeuw valt in elke denkbare vorm: in zware buien 's nachts, in sneeuwstormen overdag, in demoraliserende ijzel en sprookjesachtige vlokken. Meestal is er ijs, heel veel ijs, dat de trottoirs bedekt en de voorruiten van de auto's, die schoongekrabd moeten worden. Dan klinkt 's morgens vroeg het krabben – *hak, hak, hak* – van de mensen die vroeg naar hun werk moeten. De buren, onherkenbaar in dikke lagen kleren tegen de kou, houden hun gezicht omlaag tegen de wind. Sneeuwploegen denderen door de straten en werpen bergen maagdelijk sneeuw op, die zwart wordt tot niets nog schoon is.

Uiteindelijk gebeurt er iets. Langzaam begint de omkering. Die kan subtiel zijn, een zweempje vocht in de lucht, het iets lichter worden van de hemel. Eerst voel je het van binnen, de mogelijkheid dat de winter voorbij is. In het begin vertrouw je het niet, maar dan opeens wel. Omdat de zon nu schijnt en er kleine knopjes aan de bomen zitten en je buren hun winterjassen niet meer aan hebben. En misschien komt er een nieuwe luchtigheid in je gedachten op de ochtend dat je besluit elk voorzetraam van je appartement weg te halen zodat je de ramen kunt wassen en de kozijnen boenen. Het geeft je de mogelijkheid om na te denken, om je af te vragen of je een of andere kans hebt gemist door de vrouw te worden van deze man in zijn huis met deze kinderen.

Misschien loop je wel de hele dag na te denken over nieuwe manieren van leven voordat je ten slotte elk raam weer hebt teruggezet en je je emmer sop hebt leeggegooid in de gootsteen. En misschien komt al je zekerheid dan weer terug, omdat ja, echt, het lente is en je opnieuw ervoor hebt gekozen om te blijven.

5

Rond de tijd dat ik naar high school ging, ging mijn moeder weer werken, waarbij ze zichzelf uit het huis en de buurt lanceerde naar het met wolkenkrabbers volgebouwde centrum van Chicago, waar ze een baan vond als directieassistente bij een bank. Ze kocht de bij het werk behorende kleding en ging forenzen, nam de bus van Jeffery Boulevard in noordelijke richting of reed met mijn vader mee in de Buick, als ze rond dezelfde tijd moesten beginnen. Voor haar was de baan een welkome verandering van routine en voor ons gezin was het ook min of meer financieel noodzakelijk. Mijn ouders hadden voor Craig schoolgeld moeten betalen toen hij naar de katholieke school ging. Nu begon hij over college te denken en ging ik hem achterna.

Mijn broer was uitgegroeid tot een gracieuze reus met buitengewone sprongkracht en hij werd beschouwd als een van de beste basketbalspelers van de stad. Hij at en dronk thuis heel veel. Hij leegde hele melkpakken, verslond enorme pizza's en at nog van alles tussen het avondeten en bedtijd. Net als altijd slaagde hij erin zowel ontspannen als geconcentreerd te zijn en had hij massa's vrienden en goede cijfers terwijl mensen naar hem opkeken als sportman. Hij had in de Midwest met een team in een zomercompetitie gespeeld waarin ook de opkomende superster Isiah Thomas speelde, die later een grote carrière had en het tot de Hall of Fame bracht. Toen Craig naar high school ging, was hij al benaderd door enkele coaches van topscholen van Chicago die op zoek waren naar aanvulling voor hun team. Deze teams trokken zowel grote rumoerige menigten toeschouwers als scouts van colleges, maar mijn ouders stonden erop dat Craig zijn intellectuele ontwikkeling niet opofferde voor de kort durende glorie van een basketbaluitblinker op high school.

Mount Carmel met zijn sterke basketbalteam in de katholieke competitie en zijn strenge onderwijsprogramma had de beste oplossing geleken; de duizenden dollars waard die mijn ouders ervoor moesten neertellen. Craigs leerkrachten waren priesters in bruine pijen die aangesproken werden met 'pater'. Ongeveer 80 procent van zijn klasgenoten was wit, de meesten van hen Ierse jongens uit afgelegen witte arbeiderswijken. Tegen het einde van zijn eerste jaar was hij al benaderd door verscheidene teams uit de hoogste collegedivisie, waarvan sommige hem vermoedelijk een aanbod zouden doen waardoor hij voor het onderwijs niets hoefde te betalen. Toch hielden mijn ouders nog altijd vast aan de gedachte dat hij al zijn opties open moest houden en zich erop moest richten dat hij naar het allerbeste college moest gaan. Alleen zij zouden zich zorgen maken om wat dat kostte.

Gelukkig kostte mijn high school ons helemaal niets, behalve het kaartje voor de bus. Ik had het geluk dat ik slaagde voor het toelatingsexamen voor Chicago's eerste *magnet high school*, de Whitney M. Young High School, die gevestigd was in wat toen een verlopen buurt was net ten westen van de Loop en al binnen een paar jaar na oprichting tot de beste openbare scholen van de stad hoorde. Een *magnet school* is een school die leerlingen aantrekt van buiten de grenzen van het schooldistrict, omdat het een speciaal onderwijsprogramma te bieden heeft, bijvoorbeeld voor hoogbegaafde kinderen. Whitney Young is genoemd naar een burgerrechtenactiviste en was in 1975 geopend als een positief ingesteld alternatief voor scholen die vooral leerlingen met een bepaalde huidskleur trokken. De school, die precies op de grens stond tussen het noordelijke en het zuidelijke deel van de stad en vooruitstrevende leerkrachten en splinternieuwe gebouwen had, was ontworpen als een soort nirwana voor gelijke kansen met de bedoeling om goed presterende kinderen van alle huidskleuren aan te trekken. De schoolcommissie van de stad had toelatingsquota vastgesteld – 40 procent van de leerlingenpopulatie moest zwart zijn, 40 procent wit, en 20 procent latino of anders. Maar in werkelijkheid was de verdeling toch anders. Toen ik er op school kwam, was 80 procent niet-wit.

Naar school gaan voor mijn eerste dag in groep negen, de eerste van high school, was een geheel nieuwe avontuurlijke reis voor mij, die bestond uit een negentig minuten durende, zenuwslopende reis met twee verschillende lijnbussen met een overstap in het centrum. Ik had mezelf die ochtend om vijf uur uit bed moeten hijsen, had allemaal nieuwe kleren aangetrokken en een stel mooie oorringen, totaal niet zeker hoe dit aan het einde van mijn bustocht zou worden ontvangen. Ik had ontbeten en geen idee waar ik tussen de middag zou eten. Ik zei mijn ouders gedag zonder te weten of ik aan het einde van die dag nog wel mezelf zou zijn. High school zou vormend moeten zijn. En Whitney Young was voor mij de grens die moest worden overgestoken.

De school zelf was opvallend en modern, zoals geen enkele school die ik ooit had gezien. Ze bestond uit drie grote, kubusvormige gebouwen, waarvan er twee met elkaar verbonden waren door een kunstig uitziende glazen luchtbrug over Jackson Boulevard, een drukke verkeersweg. De klassen waren van het *open concept*, dat wil zeggen met zo min mogelijk muren en afscheidingen, en met aandacht ontworpen. Een heel gebouw was toegewezen aan creatieve vakken met speciale ruimtes waar koren konden zingen en bands konden spelen, terwijl andere vertrekken waren ingericht voor fotografie of pottenbakken. Het hele complex was gebouwd als onderwijstempel. Leerlingen stroomden binnen via de hoofdingang, vastberaden vanaf de eerste dag.

Er zaten zo'n 1900 leerlingen op Whitney Young en voor zover ik kon zien waren ze allemaal ouder en zelfverzekerder dan ik ooit zou worden, elke hersencel onder controle, gedreven door elke multiplechoicevraag van het gestandaardiseerde toelatingsexamen die ze goed hadden. Ik keek om me heen en voelde me klein. Op Bryn Mawr was ik een van de oudste kinderen geweest en nu behoorde ik tot de jongste. Toen ik uit de bus stapte, zag ik dat veel meisjes naast hun boekentas een echt handtasje droegen.

De zorgen die ik me maakte over high school konden onder één noemer worden gebracht: *ben ik goed genoeg?* Het was een vraag die me de hele eerste maand achtervolgde, zelfs nog toen ik me er thuis ging voelen, zelfs nog toen ik gewend geraakt was aan het vroege opstaan en het heen-en-weer lopen tussen de gebouwen voor de verschillende vakken. De leerlingen van Whitney Young waren verdeeld over vijf *houses*, die fungeerden als thuisbasis voor de leden en bedoeld waren om intimiteit te brengen in die enorm grote school. Ik zat in het Gold House, waar aan het hoofd assistent-directeur de heer Smith stond, die toevallig ook aan Euclid Avenue woonde, op slechts enkele deuren van ons huis. Ik deed al jaren klusjes voor meneer Smith en zijn gezin, van babysitten, het geven van pianolessen aan de kinderen tot het africhten van een niet af te richten puppy. Dat ik meneer Smith op school tegenkwam, bracht enige troost, een brug tussen Whitney Young en mijn buurt, maar voor mijn zorgen betekende het niet veel.

Uit mijn buurt gingen maar een paar kinderen naar Whitney Young. Mijn buurjongen en vriend Terri Johnson was toegelaten, evenals mijn klasgenootje Chiaka, die ik al kende sinds de kleuterschool en met wie ik op vriendelijke wijze wedijverde, en nog een of twee jongens. Sommige van ons gingen 's morgens samen met de bus naar school en 's middags weer naar huis, maar op school zagen we elkaar zelden, omdat we verspreid waren over de huizen en daar in de meeste gevallen alleen zaten. Ook ondernam ik nu voor het eerst van mijn leven stappen zonder de stilzwijgende bescherming van mijn oudere broer. Craig zou op zijn ontspannende en glimlachende wijze al het ijs voor me hebben gebroken. Op Bryn Mawr had hij alle leerkrachten voor zich gewonnen met zijn vriendelijkheid en op het schoolplein had hij het respect gekregen van de coole jongen. Hij had zonneschijn geschapen waar ik alleen maar in hoefde te lopen. Ik was altijd en zo'n beetje overal waar ik kwam, bekend als Craig Robinsons kleine zusje.

Maar nu was ik slechts Michelle Robinson, zonder Craig eraan geplakt. Op Whitney Young moest ik het helemaal zelf doen. In het begin was mijn strategie om me op de achtergrond te houden en eerst te proberen mijn nieuwe klasgenootjes te observeren. Wie waren die kinderen eigenlijk? Het enige wat ik wist, was dat ze slim waren. Aantoonbaar slim. Selectief slim. De slimste kinderen van de stad, zo leek het. Maar was ik dat niet ook? Waren we hier niet allemaal – Terri en Chiaka en ik – terechtgekomen juist omdat we even slim waren als zij?

De waarheid is dat ik het niet wist. Ik had geen idee of we even slim waren als zij.

Ik wist alleen dat wij de beste leerlingen waren die afkomstig waren van wat beschouwd werd als een tweederangs, voornamelijk zwarte school in een tweederangs, voornamelijk zwarte buurt. Maar wat als dat niet voldoende was? Wat als we, na alle drukte, alleen de besten waren van de slechtsten?

Dat was de twijfel die ik had tijdens de kennismakingstijd, tijdens mijn eerste lessen biologie en Engels, tijdens mijn wat onhandige ik-wil-je-leren-kennen-gesprekjes met nieuwe vrienden in de kantine. *Niet voldoende. Niet voldoende.* Het was onzekerheid over waar ik vandaan kwam en wat ik tot op dat moment van mezelf had gedacht. Het was als een kwaadaardige cel die dreigde zich te delen en te delen, totdat ik een manier had gevonden om het te stoppen.

Chicago, zo leerde ik nu, was een veel grotere stad dan ik me ooit had voorgesteld. Dit was een openbaring die ik deels had gekregen door de drie uren die ik nu dagelijks in de bus zat. Te beginnen aan 75th Street en met horten en stoten door een doolhof van straten met talloze haltes, vaak staand omdat er geen zitplaats meer vrij was.

Door het raam kreeg ik lang uitzicht op de South Side in wat een eeuwigheid leek, de hoekwinkeltjes en de barbecuetentjes nog gesloten in het grijze licht van de vroege ochtend, de basketbalpleintjes en met tegels bestrate speeltuintjes nog leeg. We reden noordwaarts over Jeffery en dan westwaarts over 67th Street, dan weer noordwaarts zigzaggend en om de twee blokken halt houdend om nog meer mensen mee te nemen. We reden door de Jackson Park Highlands en Hyde Park, waarin de campus van de University of Chicago verborgen lag achter een enorm smeedijzeren hek. Na wat een eeuwigheid leek gaven we dan eindelijk gas op Lake Shore Drive en volgden we de bocht van het Michiganmeer naar het noorden, naar het centrum.

Je kunt je niet haasten in de bus, dat weet ik wel. Je stapt op en je ondergaat de rit. Elke ochtend stapte ik in het centrum over op Michigan Avenue op het hoogtepunt van het spitsuur om de bus westwaarts over Van Buren Street te nemen, waar het uitzicht dan tenminste boeiender was terwijl we langs banken reden met hun grote gouden deuren en langs de deftige hotels met piccolo's voor de deur. Door de ramen zag ik mannen en vrouwen in mooie kleren – in pakken en jurken en op tikkende hakken – die met een air van belangrijkheid hun koffie naar hun werkplek droegen. Ik wist toen nog niet dat dit soort mensen 'professionals' werden genoemd. Ik had nog niet ontdekt welke graden ze behaald moesten hebben om toegang te krijgen tot die hoge bedrijfskastelen aan Van Buren. Maar ik vond het wel mooi hoe vastberaden ze eruitzagen.

Intussen verzamelde ik op school in stilte kleine beetjes info en probeerde ik mijn plaats te bepalen tussen de slimste kinderen. Tot dan toe was mijn ervaring met kinderen uit andere buurten beperkt gebleven tot bezoekjes aan verschillende neefjes en nichtjes en enkele door de stad georganiseerde dagkampen in de zomer op Rainbow Beach, waar iedere kampeerder uit willekeurig welk deel van de South Side kwam en niemand rijk was. Op Whitney Young ontmoette ik witte kinderen die in de North Side woonden, een deel van Chicago als de achterkant van de maan, een plaats waar ik nooit aan had gedacht en waarvoor ik geen enkele reden had om naartoe te gaan. Intrigerender was mijn vroege ontdekking dat er zoiets bestond als een Afro-Amerikaanse elite. De meeste van mijn nieuwe highschoolvriendinnen waren zwart, maar dat betekende niet noodzakelijkerwijs, zo bleek, dat iets in ons verleden overeenkwam. Een aantal van hen had juristen of artsen als ouders en zij leken elkaar te kennen via een Afro-Amerikaanse gezelligheidsvereniging genaamd Jack and Jill. Ze gingen op wintersport en maakten reizen waar een paspoort voor nodig was. Ze hadden het over dingen die mij totaal vreemd waren, zoals zomerstages en historisch zwarte colleges. Een van mijn zwarte klasgenoten, een wat naïeve jongen die altijd tegen iedereen vriendelijk was, had ouders die een groot bedrijf in schoonheidsproducten hadden opgericht en in een van de chicste woontorens in het centrum woonde.

Dit was mijn nieuwe wereld. Dat wil niet zeggen dat iedereen op school rijk was of overdreven mondain, want dat was niet het geval. Er waren ook veel kinderen afkomstig uit buurten zoals de mijne, die met veel meer problemen worstelden dan ik ooit zou moeten doen. Maar mijn eerste paar maanden op Whitney Young boden me een glimp van iets wat daarvoor onzichtbaar voor me was geweest: het mechanisme van voorrechten en connecties, dat een netwerk leek van half verborgen ladders en sleeptouwen die boven ons hoofd gespannen waren, klaar om sommige van ons, maar niet allemaal, de hemel in te trekken.

De cijfers die ik aan het einde van het eerste semester haalde, waren behoorlijk goed, en dat gold ook voor die van het tweede. In de loop van de eerste en tweede klas kreeg ik langzaamaan net zoveel zelfvertrouwen als ik op Bryn Mawr had gehad. Met elke kleine prestatie en met elke typische highschoolblunder die ik wist te vermijden, verdween iets van mijn twijfel. Ik mocht de meeste leerkrachten wel. Ik was niet bang mijn hand op te steken in de klas. Op Whitney Young maakte het niet uit dat je slim was. Aangenomen werd dat iedereen zijn best deed op college te komen en dat betekende dat je nooit hoefde te verbergen dat je intelligent was uit angst dat iemand tegen je zei dat je praatte als een wit meisje.

Ik vond elk vak waarbij ik moest schrijven leuk en werkte me door de inleiding kansberekening. Ik was niet slecht in Frans. Enkele van mijn klasgenoten waren me altijd een paar passen voor, ze leken nergens moeite mee te hebben, maar ik probeerde me dat niet aan te trekken. Ik begon te begrijpen dat als ik meer zou studeren, ik ze gemakkelijk in kon halen. Ik haalde niet alleen maar hoge cijfers, maar er waren semesters dat ik dicht in de buurt kwam.

Craig zat inmiddels op Princeton University. Hij was vertrokken uit zijn kamer op de veranda aan de achterkant van het huis aan Euclid Avenue, en had een twee meter lang en negentig kilo zwaar gat achtergelaten in ons dagelijkse leven. Onze koelkast was aanmerkelijk minder vol vlees en melk, en de telefoon was niet langer bezet door meisjes die met hem wilden babbelen. Grote universiteiten hadden hem benaderd en beurzen aangeboden, wat bijna neer zou komen op een leven als professioneel basketballer. Maar aangemoedigd door mijn ouders had hij gekozen voor Princeton, dat weliswaar meer kostte maar in hun ogen ook meer beloofde. Mijn vader zwol van trots toen Craig in zijn tweede jaar al in de basis stond van Princetons basketbalteam. Mijn vader, slecht ter been en met inmiddels twee stokken om te lopen, hield nog steeds van lange autoritten. Hij had zijn oude Buick ingeruild voor een nieuwe, weer een 225, deze was diep kastanjebruin. Als hij vrij kon krijgen van zijn werk bij het waterbedrijf, dan reed hij twaalf uur lang door Indiana, Ohio, Pennsylvania en New Jersey om een wedstrijd van Craig te zien.

Omdat mijn reis naar en van Whitney Young zo lang duurde, zag ik mijn ouders minder en nu ik erop terugkijk, denk ik dat het voor hen een eenzame tijd moet zijn geweest, of dat ze zich minstens hebben moeten aanpassen. Ik was nu meer tijd per dag weg dan dat ik thuis was. Terri Johnson en ik, moe van het negentig minuten moeten staan in de bus naar school, hadden een trucje bedacht: we gingen 's morgens een kwartier eerder van huis en namen de bus in de tegengestelde richting van die naar school. Dan reden we een paar haltes zuidwaarts naar een stillere buurt, gingen er daar uit, staken de straat over en namen daar onze gewone bus naar het noorden, die daar altijd leger was dan wanneer hij op 75th stopte, waar we gewoonlijk opstapten. Blij met ons slimmigheidje konden we nu zitten en de hele weg naar school praten of leren.

's Avonds sleepte ik mezelf rond een uur of zes, zeven naar binnen, op tijd om snel te eten en de gelegenheid te nemen om even met mijn ouders te praten over wat er die dag was gebeurd. Maar was de afwas eenmaal gedaan, dan verdween ik om huiswerk te maken. Vaak nam ik mijn boeken mee naar beneden, naar de plank met de encyclopedie in het trappenhuis naast het appartement van Robbie en Terry voor wat privacy en stilte.

Mijn ouders hebben nooit een woord laten vallen over de stress die het schoolgeld voor college hen bezorgde, maar ik wist voldoende om er zeker van te zijn dat die er was. Toen mijn lerares Frans aankondigde dat ze in een van onze vakanties een reisje naar Parijs zou organiseren voor hen die het konden betalen, begon ik er thuis niet eens over. Dit was het verschil met de kinderen van Jack and Jill, van wie er nogal wat goede vriendinnen van me waren geworden. Ik had een liefdevol en opgeruimd huis, geld voor de bus om me door de stad naar school te brengen en 's avonds een warme maaltijd thuis. En ik wilde mijn ouders verder nergens om vragen.

Maar op een avond riepen mijn ouders me tot mijn verbazing bij zich.

Mijn moeder had van Terri Johnsons moeder gehoord over het reisje naar Frankrijk.

'Waarom heb je ons dat niet verteld?' zei ze.

'Omdat het veel te duur is.'

'Dat is feitelijk niet aan jou om dat te besluiten, Miche,' zei mijn vader vriendelijk, bijna beledigd. 'En hoe kunnen wij daarover besluiten als we het zelf niet eens weten?'

Ik keek naar ze en wist niet wat ik moest zeggen. Mijn moeder keek me met vochtige ogen aan. Mijn vader had zijn werkkleding verruild voor een schoon, wit overhemd. Ze waren begin veertig en bijna twintig jaar getrouwd. Geen van beiden was ooit in Europa op vakantie geweest. Ze gingen nooit samen naar het strand of uit eten. Ze hadden geen eigen huis. Wij, Craig en ik, waren hun investering. Alles ging naar ons.

Een paar maanden later stapte ik met mijn lerares Frans en een stuk of tien klasgenoten van Whitney Young het vliegtuig in. We zouden in een jeugdherberg logeren en een bezoek brengen aan het Louvre en de Eiffeltoren. We zouden *crêpes au fromage* eten van een stalletje op straat en langs de oever van de Seine wandelen. We zouden Frans spreken als een stelletje kinderen uit Chicago, maar we spraken tenminste Frans. Terwijl het vliegtuig die dag wegreed van de gate, keek ik uit het raampje achterom naar de vertrekhal, ik wist dat mijn moeder in haar winterjas ergens achter de donkere ramen stond en naar me zwaaide. Ik herinner me dat de vliegtuigmotoren een vreselijke herrie maakten en we over de startbaan hobbelden en schuin naar achteren hingen terwijl ik in mijn stoel werd gedrukt op het moment vlak voordat je voelt dat je de lucht in gaat.

Zoals alle middelbarescholieren overal ter wereld hielden mijn vriendinnen en ik ervan om rond te hangen. We deden het luidruchtig en we deden het in het openbaar. Op dagen waarop we vroeg uit waren of weinig huiswerk hadden gingen we met z'n allen van Whitney Young naar het centrum van Chicago, naar het acht verdiepingen tellende winkelcentrum aan Water Tower Place. Daar gingen we met de lift op en neer, gaven ons geld uit aan popcorn van Garrett's en zaten in de McDonald's veel langer aan tafeltjes dan redelijk was, als je zag hoe weinig we bestelden. We grasduinden door de designerjeans en de handtasjes in Marshall Field's, vaak onopvallend gevolgd door bewakers die onze aanwezigheid niet op prijs stelden. Soms gingen we naar een film.

We waren blij – blij met onze vrijheid, blij met elkaar, blij met de manier waarop de stad leek te schitteren op dagen waarop we niet aan school dachten. We waren stadskinderen die leerden door de stad te zwerven.

Ik bracht veel tijd door met Santita Jackson die bij me in de klas zat en 's morgens een paar haltes later op dezelfde bus stapte als ik en die een van mijn beste vriendinnen op high school werd. Santita had prachtige donkere ogen, volle wangen en de uitstraling van een wijze vrouw, zelfs op zestienjarige leeftijd. Op school was ze een van de leerlingen die zich inschreef voor elke extra cursus die maar werd aangeboden en ze ook nog eens allemaal met de hoogste cijfers leek te halen. Ze droeg rokken als verder iedereen spijkerbroeken droeg en had een zo heldere en luide stem dat ze later jarenlang als achtergrondzangeres optrad met Roberta Flack. Ze had ook iets ondoorgrondelijks. Dat vond ik nog het fijnst aan Santita. Net als ik kon ze frivool en maf zijn als we met een groepje waren, maar samen konden we zwaarmoedig worden en emotioneel, twee meisjes-filosofen die samen de vraagstukken des levens probeerden op te lossen, grote en kleine. We zaten urenlang onderuitgezakt op de vloer van Santita's kamer op de eerste verdieping van het witte huis in tudorstijl van haar familie in het district Jackson Park Highlands, een welvarender deel van South Shore, te praten over dingen die ons ergerden en waar ons leven ons heen zou voeren en wat we wel en niet begrepen van de wereld. Als vriendin was ze een goede luisteraar en begripvol, en dat probeerde ik ook voor haar te zijn.

Santita's vader was beroemd. Dat was de allerbelangrijkste, onoverkomelijke werkelijkheid. Haar vader was dominee Jesse Jackson, de vurige baptistenpredikant en steeds machtiger wordende politicus. Jackson had nauw samengewerkt met Martin Luther King jr. en was begin jaren zeventig zelf op de voorgrond getreden als oprichter van de politieke organisatie Operation PUSH, die opkwam voor de burgerrechten van achtergestelde Afro-Amerikanen. Toen wij op high school zaten, was hij een beroemdheid – charismatisch, met goede connecties en altijd onderweg. Hij reisde door het hele land, hypnotiseerde menigten met donderende oproepen aan zwarte mensen om die ondermijnende gettostereotypen af te werpen en de hun zo lang onthouden politieke macht te grijpen. Hij preekte een boodschap van meedogenloze zelfverwezenlijking, neem-het-heft-in-eigen-hand. 'Weg die dope! Nu de hoop!' schreeuwde hij naar zijn toehoorders. Hij liet schoolkinderen beloftes ondertekenen dat ze de tv zouden uitzetten en elke avond twee uur aan hun huiswerk gingen besteden. Hij liet ouders beloven betrokken te blijven. Hij bood weerstand aan de gevoelens van mislukking waarvan zoveel Afro-Amerikaanse gemeenschappen doordrenkt waren, drong er bij mensen op aan op te houden met zelfmedelijden en hun eigen lot in handen te nemen. 'Niemand, helemaal niemand,' schreeuwde hij, 'is te arm om de tv 's avonds twee uur uit te zetten.'

Rondhangen bij Santita thuis kon opwindend zijn. Het huis van het gezin met vijf kinderen was groot en een beetje chaotisch, en het stond vol victoriaans meubilair en antiek glaswerk, dat Santita's moeder, Jacqueline, verzamelde. Mevrouw Jackson, zoals ik haar noemde, was extravert en lachte graag. Ze droeg kleurrijke, ruimvallende kleding en diende maaltijden op aan een enorme tafel in de eetkamer, waar iedereen die binnenviel, meestal mensen van wat zij 'de beweging' noemde, welkom was. Dat waren zakenlieden, politici en dichters, plus een samenraapsel van beroemdheden, van zangers tot atleten.

Als dominee Jackson thuis was, heerste er een heel ander soort drukte. Alle routines verdwenen; conversaties die tijdens het eten waren begonnen, duurden vaak tot diep in de nacht. Adviseurs kwamen en gingen. Altijd werden er plannen gemaakt. In ons appartement aan Euclid Avenue verliep het leven ordelijk en voorspelbaar en gingen de zorgen van mijn ouders zelden verder dan hoe ze het gezin gelukkig moesten houden en op de route naar succes, maar de Jacksons leken betrokken bij iets groters, iets rommeligers en klaarblijkelijk iets invloedrijkers. Hun betrokkenheid was naar buiten gericht; hun gemeenschap was groot, hun missie belangrijk. Santita en haar broertjes en zusjes werden opgevoed om politiek actief te zijn. Ze wisten hoe en wat te boycotten.

Ze marcheerden voor de doelen van hun vader. Ze vergezelden hem op zijn werkreizen en gingen naar Israël en Cuba, New York en Atlanta. Ze stonden op podia voor enorme menigten en leerden de angst en verdeeldheid in zich op te nemen die meekwamen met een vader, misschien wel vooral een zwarte vader, die zich in het openbare leven ophield. Dominee Jackson had lijfwachten – grote, stille mannen die met hem meereisden. Op dat moment drong het nauwelijks tot me door dat hij doodsbedreigingen had ontvangen.

Santita aanbad haar vader en was trots op wat hij deed, maar probeerde ook haar eigen leven te leiden. Zij en ik stonden vierkant achter het versterken van het karakter van de zwarte jeugd in heel Amerika, maar ook wilden we wanhopig graag naar Water Tower Place voordat de uitverkoop van de K-Swiss-sneaker voorbij was. Vaak probeerden we een lift te krijgen of een auto te lenen. Omdat ons gezin maar één auto bezat en mijn beide ouders werkten, was de kans op een ritje bij de Jacksons een stuk groter. Mevrouw Jackson had zowel een met hout beklede stationcar als een sportautootje. Soms kregen we een lift van een van de stafleden of bezoekers die kwamen en gingen. Wat we opofferden, was de controle over ons dagelijks leven. Dit zou een van mijn eerste, onbewuste lessen worden over het politieke leven: schema's en plannen hielden nooit stand. Zelfs als je helemaal aan de buitenkant van een maalstroom staat, voel je de draaiing. Santita en ik stonden vaak te wachten vanwege een of ander oponthoud dat met haar vader te maken had – een vergadering die uitliep of een vliegtuig dat nog niet kon landen – of we moesten op het laatste moment eerst nog een hele reeks tussenstops ondergaan. We dachten dat we een lift kregen van school naar huis of van huis naar het winkelcentrum, maar in plaats daarvan kwamen we bij een politieke bijeenkomst in de West Side of zaten we urenlang vast in het hoofdkwartier van Operation PUSH aan Hyde Park.

Op een dag eindigden we zo met een menigte aanhangers van Jesse Jackson in de Bud Billiken Day Parade. Deze optocht, genoemd naar een fictief figuur uit een column in een al lang verdwenen krant, is een van de mooiste tradities van de South Side die elk jaar in augustus wordt gehouden, een spectaculair optreden van muziekkorpsen en met praalwagens die zo'n drie kilometer lang over de Martin Luther King Jr. Drive gaat, door het centrum van de Afro-Amerikaanse buurt die ooit de Black Belt werd genoemd, maar die herdoopt werd in Bronzeville. De Bud Billiken Day Parade bestaat al sinds 1929 en heeft alles te maken met Afro-Amerikaanse trots. Als je een of andere gemeenschapsleider of politicus was, dan was het – en is het tot op de dag van vandaag – min of meer verplicht om op te komen dagen en mee te lopen.

Op dat moment wist ik het nog niet, maar de maalstroom rond Santita's vader begon steeds sneller te draaien. Het was nog een paar jaar voordat Jesse Jackson formeel zou proberen president van de Verenigde Staten te worden, wat betekent dat hij het idee vermoedelijk echt ging overwegen in de tijd dat wij op high school zaten. Er moest geld worden ingezameld. Er moesten relaties worden aangegaan. Proberen te worden gekozen tot president van de Verenigde Staten, zo weet ik nu, is een alles opeisende, totale inspanning voor iedere betrokkene en goede campagnes beginnen meestal al jaren van tevoren met de voorbereidingen en het leggen van de basis. Jesse Jackson, die zich richtte op de verkiezingen van 1984, zou de tweede Afro-Amerikaan zijn die serieus een landelijke campagne voerde om president te worden, na de mislukte poging van Congreslid Shirley Chisholm in 1972. Ik denk dat hiervan minstens al iets in zijn hoofd speelde ten tijde van de optocht.

Wat ik zeker wist, was dat ik het persoonlijk niet fijn vond om daar te staan onder de hete zon tussen de ballonnen en de megafoons, tussen de trombones en de massa juichende mensen. De drukte zelf was leuk en zelfs verslavend, maar er was iets aan de optocht, en aan politiek in het algemeen, wat me een ongemakkelijk gevoel gaf. Zo was ik iemand die wilde dat alles keurig verliep zoals gepland, en voor zover ik kon zien was er niets bepaald keurig aan een leven in de politiek. En de optocht had geen deel uitgemaakt van mijn plan. Zover ik me herinner waren Santita en ik niet van plan om aan de optocht deel te nemen. We werden op het laatste moment gerekruteerd, mogelijk door haar moeder of vader of door iemand anders in de beweging, die ons te pakken had voordat we konden gaan doen waar we die dag zin in hadden. Maar ik hield erg van Santita en was een beleefd meisje dat meestal deed wat volwassenen zeiden en daarom was ik erbij. Ik stortte me diep in de hete, draaikolk van herrie van de Bud Billiken Day Parade.

Toen ik die avond thuiskwam in het appartement aan Euclid Avenue, stond mijn moeder al te lachen.

'Ik zag je daarnet op tv,' zei ze.

Ze had naar het nieuws gekeken en me zien lopen naast Santita, zwaaiend en glimlachend. Wat haar zo deed lachen, denk ik, was dat ze mijn ongemak had gezien – misschien het feit dat ik werd meegesleept met iets waar ik liever niet aan had meegedaan.

Toen het moment was aangebroken om ons te oriënteren op een vervolgstudie, wilde zowel Santita als ik naar een school aan de oostkust. Zij ging eerst kijken op Harvard, maar werd totaal ontmoedigd toen iemand van de toelatingscommissie haar fel aanviel over de politieke standpunten van haar vader, terwijl zij op haar eigen kwaliteiten beoordeeld wilde worden. Ik ging een weekeindje naar Craig in Princeton, waar hij het efficiënte ritme scheen te hebben opgepikt van basketballen, lessen volgen en rondhangen in een centrum voor studenten uit minderheden op de campus. De campus was groot en mooi, een echte school van de Ivy League begroeid met *ivy*, klimop, en Craigs vrienden waren erg aardig. Niemand uit mijn nabije omgeving had enige ervaring met studeren, dus was er niemand om mee te overleggen. Zoals al zo vaak het geval was geweest, dacht ik dat wat Craig goed vond, ik ook goed zou vinden en dat wat hij presteerde, ik ook kon presteren. En daarmee kwam Princeton bovenaan mijn lijstje van mogelijke colleges.

Aan het begin van mijn laatste jaar aan Whitney Young had ik het eerste, verplichte gesprek met de schooldecaan die me was toegewezen.

Over die decaan kan ik weinig vertellen omdat ik deze ervaring doelbewust en bijna direct heb uitgewist. Ik herinner me niet hoe oud ze was of welke huidskleur ze had of hoe ze naar me heeft gekeken op het moment dat ik op de drempel van haar kantoor verscheen, trots op het feit dat ik op schema lag om bij mijn eindexamen aan Whitney Young tot de beste 10 procent van mijn klas te horen, dat ik was gekozen tot penningmeester van de examenklas, was gekozen in de National Honor

Society en in staat was geweest zo goed als elke twijfel waarmee ik als zenuwachtige leerling op de school was aangekomen, te bedwingen. Ik herinner me niet of ze mijn inschrijfformulier heeft bekeken voordat of nadat ik had laten weten dat ik me komende herfst bij mijn broer op Princeton wilde voegen.

Het is mogelijk dat de decaan tijdens ons korte gesprek dingen heeft gezegd die positief en goedbedoeld waren, maar ik herinner me er niets van. Omdat ik terecht of ten onrechte bleef hangen aan één zinnetje dat de vrouw uitsprak.

'Ik weet niet zeker,' zei ze terwijl ze me een vluchtige, paternalistische glimlach toewierp, 'of jij wel Princeton-materiaal bent.'

Haar oordeel was net zo vluchtig als laatdunkend, vermoedelijk gebaseerd op een snelle rekensom op grond van mijn cijfers. Het was een van de versies, stel ik me voor, van wat deze vrouw de hele dag en met in de praktijk aangeleerde efficiëntie deed, namelijk examenleerlingen vertellen waar ze wel en niet behoorden. Ik weet zeker dat ze zichzelf alleen maar realistisch vond. Ik betwijfel of ze nog ooit één seconde aan ons gesprek heeft gedacht.

Maar, zoals ik al zei, is falen een gevoel dat er veel eerder is dan het werkelijke gevolg. En voor mij voelde het alsof ze precies dat zaadje geplant had – een suggestie van falen lang voordat ik zelfs maar had geprobeerd te slagen. Ze zei dat ik minder hoog moest reiken en dat was precies het tegenovergestelde van wat mijn ouders altijd tegen me hadden gezegd.

Als ik had besloten haar te geloven, dan zou haar uitspraak mijn zelfvertrouwen weer helemaal onderuit hebben gehaald en het aloude deuntje *niet voldoende, niet voldoende* weer hebben opgerakeld.

Maar drie jaar de ambitieuze leerlingen van Whitney Young hebben weten bij te houden hadden me geleerd dat ik meer was dan niet voldoende. Ik zou door de mening van één iemand niet alles wat ik dacht dat ik van mezelf wist, overhoop laten halen. In plaats daarvan veranderde ik van methode maar niet van doel. Ik zou een aanvraag indienen bij Princeton en een willekeurig aantal andere colleges, maar zonder verdere input van de decaan. In plaats daarvan vroeg ik de hulp van iemand die ik kende. Meneer Smith, de assistent-directeur en mijn buurman, had mijn sterke punten als leerling gezien en vertrouwde me bovendien zijn eigen kinderen toe. Hij wilde graag een aanbevelingsbrief voor me schrijven.

Ik heb in mijn leven het geluk gehad om uiteenlopende buitengewone en talentvolle mensen te ontmoeten – wereldleiders, uitvinders, musici, astronauten, atleten, professoren, ondernemers, beeldend kunstenaars en schrijvers, baanbrekende artsen en onderzoekers. Sommige (maar niet genoeg) van hen zijn vrouwen. Sommige (maar niet genoeg) zijn zwart of anders gekleurd. Sommige zijn arm geboren of hebben een leven geleid waarvan velen van ons zouden denken dat het vol tegenslagen was, en toch lijken zij hun werk te doen alsof ze elk voordeeltje hebben gehad dat er maar te halen viel. Wat ik hiervan heb geleerd is dit: het zijn allemaal twijfelaars. Sommigen hebben nog steeds talloze hard roepende criticasters en tegenstanders die bij elk misstapje of vergissinkje roepen: *ik heb het toch gezegd*. Het kabaal verdwijnt niet, maar de succesvolste mensen die ik ken, hebben geleerd ermee te leven, om te vertrouwen op mensen die wel in hen geloven, en verder streven naar hun doel.

Toen ik die dag uit het kantoor kwam van de decaan van Whitney Young, was ik woedend, mijn ego meer gekwetst dan wat dan ook. Mijn enige gedachte op dat moment was: *dat zal ik je laten zien.*

Maar toen kalmeerde ik en ging aan het werk. Ik had nooit gedacht dat het gemakkelijk zou zijn op het college van mijn keuze te komen, maar ik leerde hoe ik moest focussen en vertrouwen moest hebben in mijn eigen verhaal. Ik probeerde alles uit te leggen in mijn toelatingsessay. Ik vertelde hierin niet dat ik bijzonder intellectueel was en dacht dat ik uitstekend binnen de met klimop begroeide muren van Princeton zou passen, maar over mijn vaders MS en het ontbreken van enige ervaring in mijn familie met hoger onderwijs. Ik gaf toe dat ik hoog reikte. Gezien mijn achtergrond was omhoog reiken feitelijk het enige wat ik kon doen.

En uiteindelijk denk ik dat ik het die decaan duidelijk heb kunnen maken, want zes of zeven maanden later viel er in onze brievenbus aan Euclid Avenue een brief waarin stond dat ik toegelaten werd tot

Princeton. Mijn ouders en ik vierden dat die avond met pizza van Italian Fiesta. Ik belde Craig en schreeuwde het goede nieuws door de hoorn. De volgende dag klopte ik op de deur van meneer Smith om hem te vertellen dat ik was aangenomen en om hem te bedanken voor zijn hulp. Bij de decaan ben ik nooit meer naar binnengegaan om haar te vertellen dat ze zich had vergist – dat ik toch Princeton-materiaal was. Het zou voor ons beiden geen enkel nut hebben gehad. Per slot van rekening hoefde ik haar niets te bewijzen. Ik bewees het alleen voor mezelf.

6

In de zomer van 1981 bracht mijn vader me met de auto naar Princeton over de snelwegen tussen Illinois en New Jersey. Maar het was meer dan een eenvoudig autoritje van vader en dochter. Mijn vriendje David reed ook mee. Ik was uitgenodigd om in de zomer een speciaal, drie weken durend oriëntatieprogramma te volgen dat bedoeld was om de 'voorbereidingskloof' te dichten, waardoor bepaalde eerstejaars wat extra tijd kregen om zich thuis te voelen op college. Het was niet duidelijk op grond waarvan wij uitgekozen waren, welk deel van het toelatingsformulier de universiteit het idee had gegeven dat wij zouden kunnen profiteren van lessen over hoe je een syllabus moest lezen of in het vinden van onze weg tussen de gebouwen op de campus, maar Craig had hetzelfde twee jaar eerder gedaan en het leek een kans die ik moest grijpen. Dus pakte ik mijn spullen in, zei tot ziens tegen mijn moeder, waarbij geen van ons beiden in tranen of sentimenteel was, en stapte in de auto.

Dat ik zo graag de stad de rug toekeerde, werd deels ingegeven door het feit dat ik de laatste maanden aan de lopende band had gestaan en een lijmpistool van fabrieksafmetingen had bediend in een kleine boekbinderij in het centrum van Chicago, een geestdodende routine die maar doorging, acht uur per dag, vijf dagen per week, en die me er met alle kracht aan herinnerde dat naar college gaan een uitstekend idee was. Davids moeder werkte bij de boekbinderij en had ons tweeën geholpen met het krijgen van het vakantiebaantje. We werkten de hele zomer schouder aan schouder, wat het helse werk iets verteerbaarder maakte. David was slim en aardig, een lange, knappe jongen die twee jaar ouder was dan ik. Een paar jaar eerder was hij bevriend geraakt met Craig op het basketbalpleintje bij ons in de buurt, in Rosenblum Park, waar hij meedeed aan de wedstrijdjes als hij bij familie op Euclid Avenue op bezoek kwam. Na verloop van tijd kwam hij echter voor mij. Tijdens het schooljaar zat David op een college in een andere staat, waardoor hij er gelukkig van werd weerhouden mij af te leiden van mijn studie. Maar in de vakanties kwam hij thuis en verbleef hij bij zijn moeder in het uiterste zuidwesten van de stad en kwam hij me bijna elke dag met de auto ophalen.

David was relaxt en volwassener dan al mijn eerdere vriendjes. Hij zat op de bank en keek basketbal met mijn vader. Hij dolde wat met Craig en voerde beleefde gesprekken met mijn moeder. We hadden ook echte dates, waarbij we voor onze standaarden chic uit eten gingen in de Red Lobster en naar de film gingen. We lummelden wat en rookten wiet in zijn auto. Overdag lijmden we ons in de boekbinderij samen in de vergetelheid, zeiden we gevatte dingen tot er niets meer te zeggen viel. Geen van ons was bijzonder betrokken bij het werk, behalve dan dat we wilden sparen voor na de vakantie. Ik zou de stad toch al gauw verlaten en had niet de bedoeling ooit nog terug te keren naar de boekbinderij. In zekere zin was ik al half vertrokken, mijn geest was al afgedwaald naar Princeton.

Wat wil zeggen dat toen het vader-dochter-vriendje-drietal eindelijk Route 1 verliet en de brede met bomen omzoomde laan opreed die naar de campus voerde, ik helemaal klaar was om te beginnen. Ik was klaar om mijn twee koffers het meisjeshuis voor de zomercursussen binnen te brengen, klaar om de handen te schudden van de andere kinderen die arriveerden (vooral van studenten uit de minderheden en uit gezinnen met lage inkomens, en enkele sportlieden). Ik was klaar om het eten in de eetzaal te proeven, de plattegrond van de campus uit mijn hoofd te leren en klaar voor welke syllabus dan ook die ze me wilden toewerpen. Ik was er. Was gearriveerd. Ik was zeventien jaar oud en mijn leven stond op de rails.

Er was maar één probleem en dat was David, die zodra we de staatsgrens van Pennsylvania over waren, een beetje treurig ging kijken. Terwijl we mijn bagage uit de kofferbak van mijn vaders auto haalden, zag ik dat hij zich al eenzaam voelde. We hadden al ruim een jaar een relatie.

We waren openlijk verliefd geweest, maar het was verliefdheid in de context van Euclid Avenue en de Red Lobster en de basketbalpleintjes in Rosenblum Park. Het was verliefdheid in de context van de plaats die ik nu juist achter me had gelaten. Terwijl mijn vader zijn gebruikelijke minuut extra nam om op te staan uit de bestuurdersstoel en zich op te richten op zijn wandelstokken, stonden David en ik zwijgend in de avondschemering uit te kijken over het vlekkeloze diamantvormige gazon dat voor de deur van mijn studentenhuis lag. Het kwam plotseling in ons beiden op, neem ik aan, dat er misschien belangrijke dingen waren die we niet hadden besproken, dat we misschien uiteenlopende ideeën hadden over of dit nu een tijdelijk afscheid was of een definitief, door de geografie veroorzaakt einde. Gingen we bij elkaar op bezoek? Liefdesbrieven schrijven? Hoe hard gingen we hieraan werken?

David hield mijn hand stevig vast. Het was verwarrend. Ik wist wel wat ik wilde, maar kon de juiste woorden niet vinden. Ik hoopte dat mijn gevoelens voor een man me op een dag achterover zouden doen slaan, dat ik meegezogen zou worden in dat alles op z'n kop zettende, overdonderende gevoel uit de beste liefdesverhalen. Mijn ouders waren tieners toen ze verliefd werden. Mijn vader ging zelfs al mee naar haar eindexamenfeest. Ik wist dat tieneraffaires soms echt bleken en blijvend waren. Ik wilde geloven dat er een jongen was die ooit voor mij zou opdoemen en alles voor me zou betekenen, die sexy zou zijn en betrouwbaar en wiens invloed zo onmiddellijk en ingrijpend was dat ik bereid zou zijn mijn prioriteiten bij te stellen.

Alleen was dat niet de jongen die nu voor me stond.

Mijn vader verbrak de stilte tussen mij en David en zei dat het tijd was om mijn spullen naar de slaapzaal te brengen. Hij had in de stad een motelkamer voor hen beiden geboekt. Ze waren van plan de volgende dag terug naar Chicago te gaan.

Op de parkeerplaats omhelsde ik mijn vader stevig. Zijn armen waren altijd al sterk dankzij het vele boksen en zwemmen in zijn jeugd en nu bleven ze zo sterk omdat hij zich met krukken voortbewoog.

'Gedraag je, Miche,' zei hij toen hij me losliet, met op zijn gezicht geen enkele andere emotie dan trots.

Hij stapte weer in de auto om mij en David enige privacy te gunnen.

Zo stonden we op de stoep, allebei schaapachtig en talmend. Mijn hart bonkte van genegenheid toen hij voorover boog om me een kus te geven. Dit gedeelte voelde altijd goed.

En toch wist ik het. Ik wist dat, terwijl ik mijn armen om een goedaardige Chicagoman geslagen had die echt om me gaf, er ook direct achter ons een verlicht pad liep van de parkeerplaats af en een heuveltje op naar de *quad*, de studentenhuizen, die nu mijn nieuwe omgeving zouden gaan vormen, mijn nieuwe wereld. Ik was voor de eerste keer zenuwachtig over leven zo ver van huis, over het achter me laten van het enige leven dat ik tot dan toe had gekend. Maar iets in me begreep dat ik beter een schone, snelle breuk kon forceren en nergens aan vast moest houden. De volgende dag zou David me bellen in het studentenhuis om te vragen of we elkaar nog konden ontmoeten voor een snel hapje of een wandelingetje door de stad voor hij vertrok, en zou ik iets mompelen over hoe druk ik het nu al had en dat ik niet dacht dat het een goed idee was. Ons afscheid die avond was echt en definitief. Ik had het vermoedelijk op dat moment direct tegen hem moeten zeggen, maar ik was laf en wist dat het pijn zou doen, zowel om te zeggen als om te horen. In plaats daarvan liet ik hem gewoon gaan.

Er waren nog heel veel dingen die ik over het leven moest leren, zo bleek, of dan in elk geval over het leven op Princeton begin jaren tachtig. Nadat ik er een paar inspannende weken had doorgebracht als zomerstudent, te midden van enkele tientallen medestudenten die op mij toegankelijk en vertrouwd overkwamen, begon het najaarssemester officieel en gingen de sluisdeuren open voor de studentenpopulatie in haar geheel. Ik had mijn spullen verhuisd naar een ander studentenhuis, een driepersoonskamer in Pyne Hall, en keek vanuit het raam op de tweede verdieping toe hoe enkele duizenden, voornamelijk witte studenten de campus overstroomden, stereotorens en dekbedden en hele kledingrekken met zich mee sjouwend. Sommige van hen kwamen aan in limo's. Eén meisje kwam zelfs in twee streched limo's om al haar spullen mee te vervoeren.

Princeton was bijzonder wit en bijzonder mannelijk. Die feiten konden niet worden ontkend. Er waren bijna twee keer zoveel mannen als vrouwen op de campus. Zwarte studenten vormden minder dan 9 procent van alle eerstejaars. Tijdens het oriëntatieprogramma waren we ons een beetje thuis gaan voelen in deze omgeving, nu waren we een opvallende anomalie – maanzaadjes in een kom rijst. Whitney Young was nog enigszins divers geweest en ik had dan ook nooit eerder deel uitgemaakt van een overwegend witte gemeenschap. Ik was nooit opgevallen in een menigte of in een klas vanwege de kleur van mijn huid. Nu schuurde het en voelde het ongemakkelijk, althans in het begin, alsof ik was gedropt in een vreemd nieuw terrarium, een leefomgeving die niet voor mij was gebouwd.

Maar zoals met alles leer je je aanpassen. Een deel van die aanpassing verliep gemakkelijk, was bijna een opluchting. Zo leek niemand zich erg druk te maken om diefstal. Studenten deden hun kamer niet op slot, lieten hun fiets niet op slot voor de deur staan, en lieten hun gouden oorringen gewoon liggen in de badkamer van het studentenhuis. Hun vertrouwen in de wereld leek oneindig, hun vooruitgang erin gegarandeerd. Ik moest eraan wennen. Jarenlang had ik heel goed op mijn spullen gepast in de bus van en naar Whitney Young. Als ik 's avonds naar huis aan Euclid Avenue liep, dan had ik de huissleutel vastgeklemd tussen twee knokkels en naar buiten gericht, voor het geval ik me moest verdedigen.

Op Princeton was het enige waar ik op moest letten, zo leek het, mijn studie. Verder was alles gericht op ons welzijn als studenten. In de eetzalen werden vijf soorten ontbijt geserveerd. Er stonden enorme eikenbomen om onder te zitten en er waren grasvelden waar we met frisbees konden gooien om de stress te verlichten. De universiteitsbibliotheek leek op een kathedraal uit de oude wereld, met hoge plafonds en glanzende hardhouten tafels waarop we onze leerboeken open konden neerleggen en in stilte konden studeren. We werden beschermd, afgeschermd, verzorgd. Een heleboel kinderen, begon ik nu te beseffen, hadden hun hele leven niet anders gekend.

Verbonden met dit alles was een geheel nieuw vocabulaire, dat ik moest gaan beheersen. Wat was een grondregel? Wat was een leesperiode?

Niemand had me uitgelegd wat 'extra lange' lakens waren die op de paklijst stonden, waardoor ik te korte lakens had gekocht en mijn hele eerste jaar met mijn voeten op het plastic sliep dat om de matrassen in het studentenhuis zat. Waar het sport betrof, was er nog een heel aparte leercurve om de terminologie te begrijpen. Ik was opgevoed met football, basketbal en honkbal, maar het bleek dat kinderen van de oostkust meer deden dan dat. Lacrosse bijvoorbeeld, of hockey op een grasveld. Ze deden zelfs aan squash. Voor een kind van de South Side kan het wat verwarrend zijn. 'Je roeiploeg?' Wat betekent dat in hemelsnaam?

Er was één ding dat voor mij sprak, hetzelfde als toen ik naar de kleuterschool ging: ik was nog altijd het kleine zusje van Craig Robinson. Craig was nu derdejaars en zat in het eerste universiteitsteam. Hij was, zoals het altijd al was geweest, een man met fans. Zelfs de campusbewakers begroetten hem met zijn voornaam. Craig had een druk sociaal leven en ik slaagde erin daar enigszins in door te dringen. Ik leerde zijn teamgenoten kennen en hun vriendinnen. Op een avond ging ik met hem naar een diner buiten de campus in een mooi ingericht huis van een sponsor van een teamgenoot, waar ik aan tafel iets verwarrends kreeg opgediend, iets wat als zoveel op Princeton een lesje etiquette vereiste: een stekelige groene artisjok, uitgespreid op een wit porseleinen bord.

Craig had een uitstekende huurovereenkomst voor het hele jaar geregeld: hij woonde gratis als huisbewaarder in een kamer boven in het Third World Center, een goedbedoeld maar slecht benoemd initiatief van de universiteit om studenten met een andere huidskleur dan wit te steunen. (Het zou nog twintig jaar duren voordat het Third World Center werd omgedoopt tot Carl A. Fields Center for Equality and Cultural Understanding, genoemd naar de eerste Afro-Amerikaanse decaan van Princeton.) Het centrum was gevestigd in een bakstenen gebouw op een hoek van Prospect Avenue, waaraan de huizenblokken werden overheerst door grootse, op landhuizen lijkende en in tudorstijl gebouwde eetclubs die studentensociëteiten vervingen.

Het Third World Center of TWC, zoals de meesten van ons het noemden, werd al gauw een soort thuisbasis voor me. Er werden feestjes en etentjes gegeven. Er waren vrijwilligers om te helpen met huiswerk en plekken om te chillen. Ik had tijdens het zomerprogramma direct een handvol vrienden gekregen en velen van ons werden in onze vrije tijd door het centrum aangetrokken. Een van hen was Suzanne Alele. Suzanne was lang en slank en had dikke wenkbrauwen en weelderig donker haar dat in glimmende golven langs haar rug omlaag hing. Ze was geboren in Nigeria en opgegroeid in Kingston, Jamaica, en toen ze tiener was, met het gezin verhuisd naar Maryland. Wellicht als gevolge daarvan leek ze niet in te delen bij een bepaalde culturele identiteit. Mensen werden naar Suzanne toegetrokken. Dat kon ook bijna niet anders. Ze had een brede glimlach en sprak met een beetje Caribisch accent, dat meer naar voren kwam als ze moe was of een beetje dronken. Ze ging door het leven met wat ik denk dat een zekere Caribische opgewektheid was, een onbezorgdheid waarmee ze opviel binnen de hard studerende studentenpopulatie van Princeton. Ze was niet bang binnen te vallen bij een feestje waar ze niemand kende. Ook al deed ze de voorbereiding voor de studie medicijnen, ze volgde ook lessen pottenbakken en danslessen om de doodeenvoudige reden dat ze er blij van werd.

Later, in ons tweede jaar, verzon Suzanne iets nieuws; ze besloot te gaan kibbelen bij een eetclub genaamd Cap and Gown. *To bicker*, 'kibbelen', heeft op Princeton een heel eigen betekenis. Het duidt op hospiteren van studenten als de clubs nieuwe leden zoeken. Ik vond de verhalen waarmee Suzanne terugkwam van de banketten en feestjes van de eetclub waar ze naartoe ging fantastisch om te horen, maar zelf had ik er geen enkele belangstelling voor. Ik was gelukkig met de gemeenschap van zwarte en latino studenten die ik had leren kennen via het TWC en was tevreden in de marge van Princetons sociale leven. Onze groep was klein maar hecht. We hielden feestjes en dansten de halve nacht. Bij het eten zaten we vaak samen met tien of meer aan tafel, lachend en ontspannen. Ons avondeten samen kon uren duren, het had wel iets van de gemeenschappelijke maaltijden van mijn familie in het huis van Southside.

Ik denk dat de leiding van Princeton liever niet zag dat studenten met een kleur samenklitten. Zij hoopten dat we ons allemaal zouden mengen in één heterogene harmonie en de kwaliteit van het studentenleven in haar geheel zou verbeteren. Het was een eerzaam doel. Ik begrijp dat het, als het over diversiteit op de campus gaat, ideaal zou zijn om iets te bereiken wat lijkt op wat vaak op de brochures staat: glimlachende studenten die in keurige, etnisch gemengde groepen werken en met elkaar omgaan. Maar nu er nog steeds meer witte studenten rondlopen op campussen van colleges, ligt de last van het assimileren grotendeels op de schouders van studenten uit de minderheden. In mijn ervaring is dat heel veel gevraagd.

Op Princeton had ik mijn zwarte vriendinnen nodig. We gaven elkaar troost en steun. Velen van ons waren zich niet eens bewust van onze achterstand toen ze aan een studie begonnen. Je komt er pas geleidelijk aan achter dat je nieuwe jaargenoten speciale bijlessen hadden gevolgd of op high school college-achtig onderwijs hadden gekregen of op een kostschool hadden gezeten en dus geen problemen hadden met voor de eerste keer weg zijn van huis. Het was alsof je voor je eerste optreden het podium opgaat om er dan achter te komen dat je nooit op een andere piano hebt gespeeld dan die met kapotte toetsen. Je wereld verschuift, maar aan jou wordt gevraagd om je aan te passen en iets te overwinnen, om je muziek te spelen zoals ieder ander.

Dat is te doen, natuurlijk – studenten van minderheden en minderbedeelden staan altijd voor die uitdaging – maar het vereist energie. Het vereist energie om de enige zwarte persoon te zijn in een collegezaal of een van de weinige niet-witten die auditie doen voor een toneelstuk of mee willen spelen met een schoolteam. Het vereist inspanning, een extra niveau van zelfvertrouwen, om in die omstandigheden voor jezelf op te komen en je aanwezigheid in de zaal te laten blijken. En daarom was het een zekere opluchting als mijn vriendinnen en ik elkaar elke avond bij het eten troffen, en bleven we zo lang aan tafel zitten en lachten zoveel we konden.

Mijn twee witte kamergenoten in Pyne Hall waren allebei echt aardig, maar ik was niet vaak genoeg in het studentenhuis om een goede vriendschap met ze op te bouwen. Ik had eigenlijk niet zoveel witte vriendinnen. Achteraf gezien was het zeker net zozeer mijn schuld als die van ieder ander. Ik was voorzichtig. Ik hield vast aan wat ik kende. Het is moeilijk onder woorden te brengen wat je weleens voelt, de stille, wrede nuances van er niet bij horen – de subtiele signalen die je zeggen niets te riskeren, je eigen mensen op te zoeken en het daarbij te houden.

Cathy, een van mijn kamergenoten, kwam jaren later in het nieuws toen ze schaamtevol iets beschreef wat ik niet heb geweten toen we de kamer deelden: dat haar moeder, onderwijzeres uit New Orleans, het zo afschuwelijk had gevonden dat haar dochter een kamer toegewezen had gekregen die ze moest delen met een zwarte kamergenoot, dat ze de universiteit had gesmeekt ons uit elkaar te halen. Haar moeder gaf ook een interview, waarin ze het bevestigde en van enige context voorzag. Ze was opgegroeid in een gezin waar het *n*-woord tot het normale taalgebruik behoorde, met een grootvader die sheriff was geweest en opschepte over het verjagen van zwarte mensen uit zijn stad, en dat ze daarom 'geschokt' was, zoals ze het uitdrukte, door het gegeven dat ik nu zo dicht bij haar dochter zat.

Alles wat ik toen wist, was dat Cathy halverwege ons eerste jaar uit onze driepersoonskamer verdween en verhuisde naar een eenpersoonskamer. Gelukkig had ik toen geen idee waarom.

Mijn beurs voor Princeton maakte het wel noodzakelijk dat ik naast mijn studie werkte. Ik kreeg een heel goed baantje als assistente van de directeur van het TWC. Naast de colleges werkte ik ongeveer tien uur per week voor haar. Ik zat achter een bureau naast Loretta, de secretaresse, en typte memo's, beantwoordde de telefoon en vertelde studenten wat ze moesten doen als ze binnenkwamen met vragen over het laten vallen van een vak of het intekenen voor het gezamenlijke eten. Het kantoor zat op een hoek aan de voorkant van het gebouw, waar de zon naar binnen scheen en waar willekeurig meubilair stond, waardoor het er eerder huiselijk uitzag dan als kantoor. Ik hield ervan om er te zijn, om kantoorwerk te doen. Ik hield van het schokje van tevredenheid dat ik elke keer weer kreeg, als ik een of ander organisatorisch taakje af had. Maar meer dan van wat ook hield ik van mijn baas, Czerny Brasuell.

Czerny was een slimme en mooie zwarte vrouw, nauwelijks dertig jaar oud, een vlotte en levendige New Yorkse die wijd uitlopende spijkerboeken droeg en sandalen met sleehakken en die altijd vier of vijf ideeën tegelijk leek te hebben. Voor gekleurde studenten op Princeton was ze een soort übermentor, onze ultrahippe en altijd uitgesproken hoofdverdedigster, en hiervoor werd ze door iedereen gewaardeerd. Op kantoor goochelde ze met verscheidene projecten tegelijk – ze lobbyde bij het bestuur voor een inclusiever beleid voor minderheden, kwam op voor individuele studenten en hun behoeften, en werkte nieuwe ideeën uit voor de verbetering van het lot van ons allemaal. Ze kwam vaak te laat, vloog op volle snelheid de voordeur uit met onder haar arm een stapel losse papieren, een brandende sigaret in haar mond en een tasje aan haar schouder terwijl ze Loretta en mij opdrachten toeschreeuwde. Bij haar in de buurt verkeren was een bedwelmende ervaring, zo dicht bij een onafhankelijke vrouw als ik ooit was geweest met een baan die ze fantastisch vond. Ze was ook, niet toevallig, een alleenstaande moeder met een lief, vroegwijs zoontje genaamd Jonathan, op wie ik vaak paste.

Czerny zag iets in me, ook al ontbrak het me duidelijk aan levenservaring. Ze ging met me om als volwassene, vroeg mijn mening, luisterde goed als ik vertelde over de verschillende zorgen en administratieve problemen waarmee studenten naar ons toe gekomen waren. Ze leek vastbesloten om wat doortastendheid in me wakker te schudden. Nogal wat van haar vragen begonnen met: 'Heb je ooit...?' Had ik bijvoorbeeld ooit een boek gelezen van James Cone? Had ik ooit gevraagd naar Princetons investeringen in Zuid-Afrika en of er meer gedaan kon worden aan het rekruteren van studenten uit minderheden? Bijna altijd was het antwoord nee, maar als ze het eenmaal had genoemd, was ik direct geïnteresseerd.

'Ben je ooit in New York geweest?' vroeg ze op een gegeven moment.

Het antwoord was opnieuw nee, maar daar zou Czerny spoedig wat aan doen. Op een zaterdagmorgen klommen we in haar auto – de jonge Jonathan, een vriendin die ook in het TWC werkte en ik – en reden we met Czerny aan het stuur, de hele weg pratend en rokend, op topsnelheid naar Manhattan. Je kon bijna voelen hoe er iets van haar afviel tijdens het rijden, een afwikkelen van spanning terwijl de paardenfokkerijen met hun witte hekken rondom Princeton plaatsmaakten voor overvolle snelwegen en uiteindelijk zagen we voor ons de skyline van de stad. New York was waar Czerny thuis was, zoals ik in Chicago. Je beseft niet echt hoezeer je eraan gehecht bent totdat je er een keer vertrekt, totdat je hebt meegemaakt wat het betekent te zijn losgeraakt, een kurk drijvend op een oceaan van een andere plaats.

Voordat ik het wist, zaten we in het kloppende hart van New York, vast in een stroom gele taxi's en getoeter van auto's terwijl Czerny plankgas gaf tussen twee verkeerslichten en pas op het allerlaatste moment remde voor het rode licht. Ik herinner me niet precies wat we die dag hebben gedaan: ik weet dat we pizza aten. We zagen Rockefeller Center, reden door Central Park en vingen een blik op van het Vrijheidsbeeld met zijn hoopvol omhooggestoken fakkel. Czerny leek haar ziel te herladen met een reeks alledaagse boodschappen. Ze moest dingen ophalen en dingen wegbrengen. Ze parkeerde dubbel in drukke straten terwijl ze gebouwen in en uit rende, waarmee ze een stortvloed van getoeter over ons afriep van andere chauffeurs, terwijl wij hulpeloos in de auto zaten. New York overweldigde me. Alles ging snel en luidruchtig, een minder geduldige plaats dan Chicago. Maar Czerny leefde er ten volle, niet in de war gebracht door zomaar overstekende voetgangers en de geur van urine en de bergen afval die stinkend op de stoeprand lagen.

Ze stond op het punt opnieuw dubbel te parkeren toen ze in haar achteruitkijkspiegel het verkeer zag en zich bedacht. Nu gebaarde ze naar mij in de passagiersstoel dat ik naar de bestuurdersplaats moest opschuiven en haar plaats achter het stuur in moest nemen.

'Je hebt toch een rijbewijs?' vroeg ze. Toen ik knikte, zei ze: 'Mooi. Pak het stuur. Rijd langzaam om het blok. Twee keer misschien. Tot je hier weer bent. Ik ben vijf minuutjes weg of nog niet eens, dat beloof ik je.'

Ik keek haar aan alsof ze gestoord was. Ze wás ook gestoord, volgens mij, om te denken dat ik in Manhattan kon rijden, ik, een tiener, een vreemdeling in deze ordeloze stad, onervaren en volledig onbekwaam, zoals ik het zag, om niet alleen haar auto maar ook haar zoontje mee te nemen voor een onzeker ritje om de tijd door te komen in het verkeer aan het einde van de middag. Maar mijn twijfel maakte bij Czerny alleen iets los wat ik voor altijd in verband zal brengen met New Yorkers – een aangeboren en directe weerstand tegen klein denken. Ze stapte de auto uit en gaf me geen andere keus dan te rijden. *Doe nou maar en leef een beetje meer*, was haar boodschap.

Ik leerde constant. Ik leerde op de voor de hand liggende manier als student, deed actief mee tijdens de colleges, studeerde meestal in een rustig kamertje in het Third World Center of op een plek in de bibliotheek. Ik leerde hoe ik efficiënt moest schrijven en kritisch moest denken. Ik had me achteloos ingeschreven voor een theologiecollege dat te hoog gegrepen was voor een eerstejaars en ploeterde om erdoorheen te komen, waarvoor ik uiteindelijk slaagde dankzij het schrijven van een paper op het allerlaatste moment. Het was niet leuk, maar ik vond het uiteindelijk bemoedigend, het bewijs dat ik me uit bijna elk probleem wel zou kunnen redden. Met welke tekortkomingen van een high school in de binnenstad ik dan mocht zijn aangekomen, het leek alsof ik ze kon compenseren door er extra tijd in te stoppen, door om hulp te vragen als ik die nodig had, en door te werken en niets uit te stellen.

Het was echter toch onmogelijk om een zwarte student te zijn aan een bijna volledig witte universiteit en niet de schaduw te voelen van positieve discriminatie. Je kon in de blik van bepaalde studenten en zelfs enkele medewerkers bijna de kritiek aflezen, alsof ze wilden zeggen: ‘Ik weet waarom jíj hier zit.’ Die momenten konden enorm demoraliserend werken, ook al ben ik ervan overtuigd dat ik me een deel ervan inbeeldde. Het zaadje van twijfel was echter gezaaid. Was ik hier alleen vanwege een sociaal experiment?

Geleidelijk aan begon ik echter te begrijpen dat er heel veel verschillende versies van quota door de universiteit werden gehanteerd. Als minderheden waren wij het meest zichtbaar, maar het werd duidelijk dat speciale dispensaties werden verleend om allerlei studenten toe te kunnen laten van wie de cijfers of prestaties misschien niet voldeden aan de geaccepteerde maatstaven. Het was nauwelijks een rechttoe, rechtaan meritocratie. Je had bijvoorbeeld de sporters. Of de erfgenamen, van wie de vaders en grootvaders ook *Tigers* waren geweest en die betaald hadden voor een gebouw of een studentenhuis of een bibliotheek. Ik leerde ook dat rijk zijn je niet beschermde tegen mislukken. Overal om me heen zag ik studenten uitvallen – witte en zwarte, bevoorrecht of niet. Sommigen waren in de verleiding gekomen van doordeweekse zuipfestijnen, anderen waren stuk gegaan aan de stress van het proberen om aan een of ander academisch ideaal te voldoen, weer anderen waren gewoon lui of voelden zich zo niet op hun plaats dat ze ervandoor moesten gaan. Het was mijn taak, vond ik, om rustig door te gaan, de hoogst mogelijke cijfers te halen en het af te maken.

In mijn tweede jaar, toen Suzanne en ik een tweepersoonskamer deelden, had ik uitgedokterd hoe ik me het best kon handhaven. Ik was er nu aan gewend dat ik in een volle collegezaal een van de weinige gekleurde studenten was. Ik probeerde me niet geïntimideerd te voelen als de discussies tijdens de colleges gedomineerd werden door mannelijke studenten, wat vaak het geval was. Als ik ze zo hoorde, besefte ik dat ze helemaal niet slimmer waren dan de rest van ons. Ze waren er eenvoudigweg toe aangemoedigd, drijvend op een oude stroming van superioriteit, gesteund door het feit dat de geschiedenis hun nooit iets anders had verteld.

Sommige van mijn groepsgenoten voelden hun anders zijn scherper dan ik. Mijn vriend Derrick herinnert zich hoe witte studenten weigerden een stukje opzij te gaan als hij ze tegenkwam op het trottoir. Een meisje dat we kenden had zes vrienden uitgenodigd op haar kamer in een studentenhuis om haar verjaardag te vieren en werd de volgende dag ontboden naar het kantoor van de decaan te komen, waar ze te horen kreeg dat haar kamergenoot zich duidelijk niet op haar gemak had gevoeld met 'grote zwarte kerels' in de kamer. Er waren zo weinig kinderen van minderheden op Princeton, dat onze aanwezigheid, denk ik, altijd opviel. Ik vatte dit op als een vrijbrief om te overdrijven met mijn studie, om al het mogelijke te doen om niet achterop te raken bij de meer bevoorrechte mensen om me heen of ze zelfs te passeren. Net als op Whitney Young kwamen mijn inspanningen minstens ten dele voort uit een gevoel van: *dat zal ik je laten zien.* Op high school had ik het gevoel gehad dat ik mijn buurt vertegenwoordigde, nu op Princeton vertegenwoordigde ik mijn ras. Elke keer als ik iets gezegd had tijdens een werkgroep of een tentamen had gehaald, hoopte ik in stilte dat ik een belangrijk punt had gemaakt.

Suzanne, zo leerde ik, dacht liever niet al te veel na. Ik gaf haar de bijnaam Screwzy vanwege het onpraktische, slingerende verloop van haar dagen. Ze baseerde de meeste van haar beslissingen – met wie ze een afspraakje zou maken, welke vakken ze zou gaan doen – voornamelijk op hoe leuk het zou kunnen worden. En als het niet leuk was, ging ze snel een andere kant op. Terwijl ik me aansloot bij de Organization for Black Unity en gewoonlijk in het Third World Center te vinden was, ging Suzanne hardlopen op de atletiekbaan en kwam ze in het vrouwenvoetbalteam, waar ze ervan genoot dat ze zo dicht bij leuke, atletische mannen was. Via de eetclub had ze vriendinnen die wit en rijk waren, onder wie een echte tienerfilmster en een Europese studente, van wie gezegd werd dat ze een prinses was. Suzanne had enige druk gevoeld van haar ouders, die wilden dat ze medicijnen zou gaan studeren, maar dat had ze opgegeven omdat die studie haar plezier in de weg stond. Op een gegeven moment mocht ze voorwaardelijk op Princeton blijven, maar zelfs daarover leek ze zich weinig zorgen te maken. Ze was Mork en ik Mindy, zij Ernie en ik Bert. Onze kamer was een ideologisch strijdtoneel, waarin Suzanne heerste over een ruïneus landschap van bergen kleren en overal vellen papier aan haar kant, terwijl ik me op mijn bed genesteld had in mijn keurig opgeruimde hoekje.

'Moet dat echt?' vroeg ik, als Suzanne terugkwam van haar hardlooptraining en naar de douche liep, terwijl ze haar zweterige trainingspak uittrok en op de grond gooide, waar het dan de rest van de week zou blijven liggen tussen haar schone kleren en onvoltooide studieopdrachten.

'Moet wat?' antwoordde ze, terwijl ze mij haar brede glimlach toewierp.

Soms moest ik me afsluiten voor Suzannes chaos zodat ik helder kon denken. Soms kon ik wel naar haar schreeuwen, maar ik heb het nooit gedaan. Suzanne was wie ze was. Zij zou niet veranderen. Als het me te veel werd, pakte ik alles op en legde het zonder commentaar op haar bed.

Ik begrijp nu dat ze me op de juiste wijze provoceerde en me liet wennen aan het idee dat niet iedereen zijn of haar mappen van een etiket voorzag en op alfabet bewaarde, of zelfs maar mappen had. Jaren later zou ik verliefd worden op een man die, net als Suzanne, zijn eigendommen in stapels bewaarde en geen enkele noodzaak zag, maar dan ook geen enkele, om zijn kleren op te vouwen. Maar ik kon daarmee leven, dankzij Suzanne. En ik leef tot op de dag van vandaag met die man. Dit is wat een controlfreak in de samengeperste wereld die je studententijd is, misschien wel meer leert dan wat dan ook: er zijn gewoon ook andere manieren van bestaan.

'Heb jij ooit overwogen,' zei Czerny op een dag tegen me, 'om kleine buitenschoolse activiteiten voor kinderen te organiseren?'

Ze vroeg het uit aardigheid, zou ik zeggen. In de loop van de tijd was ik zo verknocht geraakt aan Jonathan, die nu op de basisschool zat, dat ik nogal wat middagen door Princeton wandelde met hem naast me of in het Third World Center doorbracht waar we duetten speelden op de matig gestemde piano of lazen op een doorgezakte bank. Czerny betaalde me voor mijn tijd, maar vond blijkbaar dat het niet genoeg was.

'Ik ben serieus,' zei ze. 'Ik ken nogal wat medewerkers die altijd op zoek zijn naar opvang na school. Je kunt het vanuit het centrum doen. Probeer het eens, dan kun je zien hoe het gaat.'

Met Czerny's mond-tot-mondreclame duurde het niet lang of ik had een babbelend stelletje van drie of vier kinderen om bezig te houden. Het waren kinderen van zwarte administratieve en wetenschappelijke medewerkers van Princeton, die zelf een opvallende minderheid vormden en net als wij aangetrokken leken te worden door het TWC. Verschillende middagen per week kregen de kindjes, nadat ze uit waren van de basisschool, van mij gezonde hapjes en speelde ik met ze op het gras. Als ze huiswerk hadden, maakten we dat samen.

Voor mij vlogen die uren voorbij. Met kinderen bezig zijn had een wonderlijk ontspannend effect op me. De studiestress verdween, ik werd gedwongen te stoppen met piekeren en alleen op het hier en nu te letten. Als jong meisje had ik hele dagen 'mama' gespeeld voor mijn poppen, terwijl ik deed alsof ik wist hoe ze zich moesten aankleden en te eten geven, hun haren borstelde en liefdevol pleisters op hun plastic knietjes plakte. Nu deed ik het echt en vond ik het hele gedoe een stuk ongeregelder, maar niet minder bevredigend dan ik me had voorgesteld. Na een paar uur op de kinderen te hebben gepast, ging ik uitgeput maar gelukkig terug naar mijn studentenkamer.

Ongeveer eenmaal per week, als ik een rustig moment kon vinden, nam ik de hoorn van de haak en draaide het nummer van ons appartement aan Euclid Avenue. Als mijn vader vroege dienst had, kon ik hem aan het einde van de middag aan de lijn krijgen, als hij met zijn benen omhoog in de leunstoel in onze woonkamer zat, zo stelde ik me hem tenminste voor, tv kijkend en wachtend tot mijn moeder van haar werk kwam. 's Avonds was het meestal mijn moeder die de telefoon opnam. Ik vertelde over mijn leven op college als een kolonist die plichtsgetrouw boodschappen van de frontlinie naar de achterban stuurde. Ik vertelde hun alles wat me was opgevallen, dat ik mijn leraar Frans niet mocht, ik vertelde over de capriolen van de kinderen in mijn naschoolse opvang, en ik vertelde zelfs dat Suzanne en ik beiden vielen voor een Afro-Amerikaanse student techniek met hypnotiserende groene ogen die, hoewel we hardnekkig al zijn bewegingen volgden, nauwelijks leek te beseffen dat we bestonden.

Mijn vader moest altijd grinniken om mijn verhalen. 'Is dat zo?' zei hij, en 'Hoe bestaat het?' en 'Misschien verdient die techniekjongen jullie meisjes wel geen van beiden.'

Als ik klaar was met praten, gaf hij me het nieuws van thuis. Dandy en Grandma waren teruggegaan naar Dandy's geboortestad Georgetown in South Carolina en Grandma, zo vertelde hij, voelde zich wat eenzaam. Hij vertelde hoe mijn moeder overwerk deed door voor Robbie te zorgen, die nu in de zeventig en weduwe was en die worstelde met een heleboel gezondheidsproblemen. Over zijn eigen problemen had hij het nooit, maar ik wist dat hij ze had. Toen Craig eens op een zaterdag een thuiswedstrijd speelde, kwamen mijn ouders helemaal naar Princeton rijden om te kijken en kreeg ik voor de eerste keer iets te zien van hun verschuivende werkelijkheid, van wat nooit gezegd werd door de telefoon. Nadat hij had geparkeerd op de enorme parkeerplaats bij de Jadwin Gym, liet mijn vader zich met tegenzin in een rolstoel zakken en stond hij mijn moeder toe hem de zaal in te duwen.

Ik kon bijna niet aanzien wat mijn vader overkwam. Ik kon het niet verdragen. Ik had in de bibliotheek van Princeton wat onderzoek gedaan naar multiple sclerose en artikelen uit medische tijdschriften gekopieerd en naar mijn ouders gestuurd. Ik had erop aangedrongen dat ze een afspraak zouden maken met een specialist of pa zouden inschrijven voor fysiotherapie, maar zij – mijn vader vooral – wilden er niets van weten. Want gedurende al die uren die we aan de telefoon doorbrachten in de tijd dat ik studeerde, was zijn gezondheid een onderwerp waar hij het niet over wilde hebben.

Als ik vroeg hoe het met hem ging, was het antwoord altijd: 'Het gaat goed met me.' En dat was het dan.

Ik liet me op mijn gemak stellen door zijn stem. Er was geen spoortje pijn of zelfmedelijden in te bespeuren, alleen zijn goede humeur en vriendelijkheid en hij maakte het maar een heel klein beetje mooier. Ik leefde erop als was het zuurstof. Het hield mij gaande en het was altijd voldoende. Voordat we ophingen, vroeg hij altijd of ik nog iets nodig had, geld bijvoorbeeld, maar ik zei nooit ja.

7

Thuis begon langzaamaan steeds verder weg te voelen, bijna als een plaats in mijn fantasie. Tijdens mijn studietijd hield ik contact met een paar vriendinnen van high school, en vooral met Santita, die aan de Howard University in Washington DC studeerde. Ik ging een lang weekend bij haar op bezoek, waarin we gelachen hebben en diepgaande gesprekken gevoerd, net als we altijd hadden gedaan. De campus van Howard lag in de stad – 'Meisje, je zit nog steeds in de *hood*,' plaagde ik haar nadat een reusachtige rat ons vlak bij haar studentenhuis voorbijgerend was – en zijn studentenpopulatie, twee keer zo groot als die van Princeton, was bijna helemaal zwart. Ik benijdde Santita om het feit dat ze niet geïsoleerd was van haar ras, maar ik was blij dat ik terug mocht naar de smaragdgroene gazons en de gewelfde poorten van Princeton, ook al waren daar weinig mensen die in verband te brengen waren met mijn achtergrond.

Mijn hoofdvak was sociologie en ik haalde goede cijfers. Ik ging daten met een footballspeler die slim en spontaan was en die plezier wilde maken. Suzanne en ik deelden onze kamer nu met een derde meisje, Angela Kennedy, een pezig, snel pratend kind uit Washington DC. Angela was snel en heel gevat en ze deed haar best ons aan het lachen te krijgen. Ondanks dat ze een zwart stadsmeisje was, kleedde ze zich als een *preppy*, zo uit de kaartenbak van figuranten, met kleurige schoenen en roze truien, waar ze op een of andere manier mee wegkwam.

Ik kwam uit een bepaalde wereld en leefde nu in een geheel andere wereld, een waarin mensen zich druk maakten om hun resultaten van het toelatingsexamen rechten of hun spelletjes squash. De spanning daartussen verdween nooit helemaal. Als iemand op Princeton vroeg waar ik vandaan kwam, dan antwoordde ik: 'Chicago.' En om duidelijk te maken dat ik niet een van die kinderen was uit de rijke noordelijke voorsteden als Evanston of Winnetka, voegde ik eraan toe, een beetje trots en uitdagend: 'de South Side.' Als die woorden al iets opriepen, dan waren het vermoedelijk stereotiepe beelden van een zwart getto, aangezien de bendeoorlogen en het geweld in de appartementencomplexen nu eenmaal het vaakst het nieuws haalden. Maar alweer probeerde ik, al was het maar een beetje bewust, het alternatief te vertegenwoordigen. Ik hoorde op Princeton, net zozeer als iedereen. En ik kwam van de South Side van Chicago. Het voelde belangrijk om dat hardop te zeggen.

Voor mij was de South Side iets heel anders dan wat op tv werd getoond. Het was thuis. En thuis was ons appartement aan Euclid Avenue, met zijn verkleurde vloerbedekking en lage plafonds, mijn vader die ontspannen in zijn luie leunstoel zat. Het was ons tuintje met Robbies bloemen en de stenen bank waarop ik, het leek wel eeuwen geleden, met Ronnell had gezoend. Thuis was mijn verleden, met ragfijne draden verbonden met waar ik me nu bevond.

Een familielid van ons woonde in Princeton. Het was Dandy's jongere zus, die we kenden als tante Sis. Het was een simpele, pientere vrouw die woonde in een eenvoudig, leuk huis aan de rand van de stad. Ik weet niet wat tante Sis naar Princeton had gebracht, maar ze woonde er al heel lang. Ze deed huishoudelijk werk voor plaatselijke families en was het accent van Georgetown – dat het midden hield tussen het lijzige van het lage land van South Carolina en het zangerige van Gullah (de zwarte bevolking daar) – nooit helemaal kwijtgeraakt. Tante Sis was net als Dandy opgegroeid in Georgetown, dat ik me herinnerde van een paar bezoekjes die we daar 's zomers hadden gebracht toen ik klein was. Ik herinnerde me de drukkende warmte van die plaats en het zware groene gordijn van Spaans mos dat aan de takken van de eiken hing, de cipressen die oprezen uit het moeras en de oude mannen die visten in de modderige kreken. Er waren insecten in Georgetown, angstaanjagende hoeveelheden, die als helikoptertjes zoemden en bromden in de avondlucht.

Tijdens onze bezoekjes logeerden we bij mijn oudoom Thomas, een broer van Dandy. Hij was de sympathieke directeur van een high school die me meenam naar zijn school waar ik aan zijn bureau mocht zitten, die zo aardig was speciaal voor mij een pot pindakaas te kopen als ik mijn neus ophaalde voor de enorme ontbijten van spek, beschuit en *yellow grits*, griesmeel van mais, die zijn vrouw, tante Dot, elke morgen opdiende. Ik vond het heerlijk én haatte het om in het zuiden te zijn, om de eenvoudige reden dat het zo anders was dan wat ik kende. Op de wegen buiten de stad reden we langs toegangspoorten naar waar ooit de plantages lagen waar slaven werkten, maar ze stonden daar nu eenmaal altijd al en niemand die er iets van zei. Aan het einde van een lange, stille zandweg door het bos aten we gebraden wild in een vervallen hut die eigendom was van een paar verre familieleden. Een van hen nam Craig mee naar de achterkant en leerde hem daar hoe je met een geweer schiet. Terug in het huis van oom Thomas konden we 's avonds laat moeilijk in slaap komen in de diepe stilte die er heerste, alleen onderbroken door de cicaden die zongen in de bomen.

Het gezoem van de insecten en de kronkelende takken van de eiken bleven ons nog lang bij toen we weer naar het noorden waren vertrokken. Die beelden klopten bijna als een soort tweede hart in me. Zelfs als kind begreep ik al onbewust dat ik met het zuiden verweven was, dat het deel uitmaakte van mijn verleden, dat het voldoende betekenis had voor mijn vader om er af en toe naar terug te gaan om zijn mensen daar te bezoeken. De herinnering aan het verleden was sterk genoeg voor Dandy om terug te gaan naar Georgetown, ook al had hij er als jongeman uit willen ontsnappen. Toen hij terug was, woonde hij niet in een of ander idyllisch hutje aan de rivier met een wit hek en een keurig bijgehouden achtertuin, maar in een (zoals ik zag toen Craig en ik er eens op bezoek gingen) saai doorsneehuis bij een drukke winkelstraat.

Het zuiden was geen paradijs, maar het betekende iets voor ons. Het trok zowel aan en stootte af, een duidelijke vertrouwdheid boven op een dieper en lelijker verleden. Veel mensen die ik kende in Chicago – de kinderen die met mij op Bryn Mawr zaten, veel van mijn vriendinnen op Whitney Young – kenden ook zoiets, al werd er nooit openlijk over gesproken. Kinderen gingen gewoon elke zomer 'naar het zuiden', soms werden ze de hele zomer weggestuurd om te spelen met hun achternichtjes en achterneefjes in Georgia of Louisiana of Mississippi. Het lijkt waarschijnlijk dat ze grootouders of andere familieleden hadden die met de Grote Migratie naar het noorden getrokken waren, net als Dandy had gedaan vanuit South Carolina en de moeder van Southside vanuit Alabama. En ergens op de achtergrond was iets wat meer was dan waarschijnlijk: dat zij, net als ik, afstamden van slaven.

Hetzelfde gold voor veel van mijn vrienden en vriendinnen op Princeton, maar ik leerde nu ook dat er andere versies waren van zwart zijn in Amerika. Ik ontmoette medestudenten uit steden aan de oostkust met wortels in Puerto Rico, Cuba of de Dominicaanse Republiek. Czerny's familie kwam uit Haïti. Een van mijn beste vrienden, David Maynard, behoorde tot een rijke familie op de Bahama's. En dan had je Suzanne met haar Nigeriaanse geboortebewijs en al haar geliefde tantes in Jamaica. We waren allemaal anders, onze afstamming half begraven of misschien wel half vergeten. We hadden het nooit over onze afkomst. Waarom zouden we? We waren jong, uitsluitend gericht op de toekomst. Hoewel we natuurlijk niet wisten wat er voor ons lag.

Een of twee keer per jaar nodigde tante Sis Craig en mij uit om te komen eten in haar huis aan de andere kant van Princeton. Ze stapelde ons bord vol malse, vette spareribs en dampende kool, en liet een mand keurig gesneden maisboterhammen rondgaan, die wij dik besmeerden met boter. Ze schonk almaar onze glazen vol met onmogelijk zoete thee en drong aan op een tweede portie, en een derde. Zover ik me kan herinneren, bespraken we nooit iets belangrijks met tante Sis. Het was een uur beleefd babbelen over niets, onder het genot van een hete, stevige maaltijd in de stijl van South Carolina die we, genoeg als we hadden van het eten in de campuseetzaal, met genoegen naar binnen werkten. Ik beschouwde tante Sis domweg als een vriendelijke, gedienstige oudere dame, maar ze gaf ons iets waarvoor we nog te jong waren om te begrijpen: ze dompelde ons onder in het verleden – dat van ons, van haar, van onze ouders en grootouders – zonder dat het ook maar één keer nodig was dat te benoemen. We aten slechts, hielpen met de afwas en liepen met volle maag terug naar de campus, blij met de wandeling.

Hier volgt nog een herinnering die, zoals de meeste herinneringen, niet volmaakt en subjectief is, maar lang geleden opgedaan en als een kiezelsteentje in de zak van mijn geheugen gestopt. Het was in mijn tweede jaar en heeft te maken met Kevin, mijn vriendje de footballspeler.

Kevin komt uit Ohio en is groot, lief en ruig, een bijna onmogelijke combinatie. Hij is een vaste kracht van de Tigers, loopt hard en is keihard met zijn tackles, en doet tegelijkertijd de *Pre-Med school*, als voorbereiding op een studie medicijnen. Hij zit in dezelfde klas als mijn broer, twee klassen hoger dan ik, en studeert spoedig af. Als hij lacht, krijgt hij leuke kuiltjes in zijn wangen en door hem voel ik me bijzonder. We hebben het allebei druk en we hebben een heel andere vriendenkring, maar we zijn graag samen. We halen pizza en in weekenden gaan we brunchen. Kevin geniet van allerlei soorten eten, deels omdat hij op gewicht moet blijven voor football, maar daarnaast ook omdat hij nooit stil kan zitten. Hij is rusteloos, altijd rusteloos, en impulsief op een manier die ik leuk vind.

'Laten we gaan rijden,' zegt Kevin op een dag. Misschien zei hij het over de telefoon, maar het is ook mogelijk dat we al bij elkaar waren toen het idee in hem opkwam. Hoe dan ook, we zitten al gauw in zijn kleine, rode auto en rijden over de campus naar een afgelegen, onbebouwde hoek van Princetons grondgebied en hij slaat af naar een bijna onzichtbaar zandpad. Het is lente in New Jersey, een warme, wolkeloze dag.

Praten we? Zitten we hand in hand? Ik herinner het me niet, maar het gevoel is er een van rust en onbekommerdheid. Een minuut later trapt Kevin op de rem. We staan stil naast een groot veld, waarop het hoge gras geknakt is en droog als stro, maar met daartussen kleine, vroeg bloeiende wilde bloemen. Hij stapt uit.

'Kom op,' zegt hij en gebaart dat ik hem moet volgen.

'Wat gaan we doen?'

Hij kijkt me aan alsof dat volstrekt logisch is. 'We gaan over dit veld rennen.'

En dat doen we. We rennen over dat veld. We spurten van de ene naar de andere kant, zwaaien met onze armen als kleine kinderen, doorbreken de stilte met onze vrolijke kreten. We vliegen door het droge gras en springen over de bloemen. In het begin was het me misschien niet duidelijk, maar nu wel. *We worden verondersteld over dit veld te rennen. Natuurlijk worden we dat!*

Als we neerploffen in onze stoelen, moeten Kevin en ik hijgen en lachen, vol van de gekte van wat we zojuist hebben gedaan.

En dat is het. Een enkel ogenblik, uiteindelijk onbenullig. Maar ik weet het nog om een andere reden dan de gekte, omdat het me even weghaalde van de serieuze agenda waar ik me elke dag aan had te houden. Hoewel ik dan wel een sociale studente was die haar tijd doorbracht met de gemeenschappelijke maaltijden en er geen moeite mee had de dansvloer onveilig te maken op de feesten in het Third World Center, ik liet me nog altijd stiekem leiden door mijn agenda. Onder mijn relaxte houding van een studente leefde ik als een directeur met een semi geheime agenda, in stilte maar onwrikbaar gericht op prestaties, vastbesloten elk vakje aan te kruisen. Mijn to-dolijst zat in mijn hoofd en ging overal mee naartoe. Ik stelde doelen, analyseerde mijn resultaten, telde mijn successen. Als er een kans was om iets te halen, dan greep ik die. De ene gelegenheid iets te proberen ontsloot de volgende. Dat is het leven van een meisje dat zich af blijft vragen, *ben ik goed genoeg?* en maar blijft proberen dat voor zichzelf te bewijzen.

Kevin was iemand die afdwaalde, die het heerlijk vond af te dwalen. Aan het einde van mijn tweede jaar studeerden hij en Craig af aan Princeton. Craig zou vertrekken naar Manchester in Engeland om daar als professional basketbal te gaan spelen. Ik had gedacht dat Kevin medicijnen zou gaan studeren, maar hij dwaalde af, hij besloot niet verder te studeren maar in plaats daarvan een carrière na te streven als mascotte van een sportclub.

Ja, echt waar. Hij had zijn zinnen gezet op de Cleveland Browns, en dan niet als speler maar als rivaal van het knuffeldier met de wijd uiteenstaande ogen en open mond: Chomps. Dat is wat hij wilde. Het was zijn droom, een ander veld om over te rennen, want waarom eigenlijk niet?

Die zomer kwam Kevin van het huis van zijn ouders buiten Cleveland naar Chicago om mij op te zoeken, maar ook, zoals hij kort na aankomst liet doorschemeren, omdat Chicago het soort stad was waar een eerzuchtige mascotte het juiste knuffeldierenpak kon vinden voor zijn aanstaande auditie. We brachten een hele middag door in winkels waar we samen kostuums bekeken en beoordeelden of ze wijd genoeg waren om een handstandoverslag mee te doen. Ik herinner me niet of Kevin die middag het perfecte pak heeft gevonden. Ik weet ook niet of hij de baan als mascotte heeft gekregen, maar wel dat hij uiteindelijk toch arts is geworden, en nog een heel goede ook, en trouwde met een klasgenoot van mij op Princeton.

Op dat moment veroordeelde ik hem voor dat afdwalen; naar ik nu denk onterecht. Ik had niet het vermogen te begrijpen waarom iemand een dure opleiding aan Princeton zou volgen en die niet direct om zou zetten in het soort steun in de rug in de wereld die zo'n graad van Princeton verondersteld werd te zijn. Als je medicijnen kunt gaan studeren, waarom zou je dan een hond willen zijn die handstandoverslagen doet?

Maar dat was typisch ik. En zoals ik al zei, ik ben een vakjesaankruiser, marcherend op de strakke beat van inspanning/resultaat, een toegewijde volger van het gebaande pad, al was het alleen maar omdat niemand van mijn familie (op Craig na) ooit een voet op dat pad had gezet. Ik was niet bepaald fantasierijk als het ging om mijn toekomst, wat een andere manier is om te zeggen dat ik aan de studie rechten dacht.

Het leven aan Euclid Avenue had me geleerd, of me gedwongen te leren, oplettend en praktisch te zijn met tijd en geld. De grootste afdwaling waaraan ik me ooit heb bezondigd, was het besluit het eerste deel van de zomer na mijn tweede jaar voor zo goed als niets te gaan werken als kampleidster in het Hudsondal in de staat New York en te passen op stadskinderen die voor het eerst in een bos kwamen. Ik vond het een heerlijk baantje, maar was daarna zo goed als bankroet en financieel afhankelijker van mijn ouders dan ik had gewild. Hoewel ze er nooit over hebben geklaagd, voelde ik me er nog jaren schuldig om.

Dit was ook de zomer waarin mensen die ik liefhad overleden. Robbie, mijn oudtante, mijn strenge leermeester van het pianospel, overleed in juni. Ze liet haar huis na aan mijn ouders, die nu voor het eerst huiseigenaar waren. Een maand later overleed Southside, die al een tijd longkanker had; zijn wantrouwen ten aanzien van artsen had ervoor gezorgd dat hij veel te laat was voor welke behandeling dan ook. Na zijn begrafenis propte mijn moeders zeer uitgebreide familie zich in zijn huisje samen met wat vrienden en buren. Ik voelde een warm verlangen naar het verleden en de melancholie van afwezigheid – enigszins beklemmend, gewend als ik geraakt was aan de gesloten en jeugdige wereld op en rondom Princeton. Het was iets diepers dan ik gewoonlijk voelde op Princeton, het langzaam verschuiven van de generaties. Mijn neefjes en nichtjes waren volwassen geworden, mijn tantes stokoud. Er waren nieuwe baby's en nieuwe mannen en vrouwen. Een jazzplaat dreunde uit de zelfgebouwde stereokast in de eetkamer en we aten wat iedereen had meegebracht: gebakken ham, stoofschotel, gelatinepudding. Maar Southside zelf was heengegaan. Het deed pijn, maar tijd duwde ons allemaal voort.

Elk voorjaar daalden recruiters van allerlei bedrijven en organisaties neer op de campus van Princeton en benaderden ze de studenten die dat jaar zouden afstuderen. Dan zag je een klasgenoot die altijd slordige spijkerbroeken en een los shirt droeg plotseling de campus oversteken in een streepjespak en begreep je dat hij of zij op weg was naar een wolkenkrabber in Manhattan. Het ging snel, deze uitsplitsing naar beroepskeuze – de bankiers, juristen, artsen en bestuurders van morgen die haastig overstapten op de volgende springplank, of het nu een universiteit was of een comfortabele baan in een trainingsprogramma van een Fortune 500-bedrijf. Ik weet zeker dat er onder ons ook anderen waren die gingen doen wat hun hart hun ingaf en bijvoorbeeld aan een carrière in het onderwijs, de kunsten of non-profitorganisaties begonnen of zelfs aan missies van het Peace Corps deelnamen of in militaire dienst gingen, maar van hen kende ik er maar weinig. Ik was druk bezig met het beklimmen van mijn eigen ladder, die robuust en praktisch was, en kaarsrecht de lucht in stak.

Als ik even stil had gestaan en erover nagedacht, dan zou ik hebben beseft dat ik was opgebrand door college, door de routine van werkgroepen, papers en examens, en dat eens iets heel anders doen me vermoedelijk goed zou hebben gedaan. Maar in plaats daarvan deed ik een toelatingsexamen rechten, schreef mijn afstudeerscriptie en reikte plichtsgetrouw naar de volgende sport door me aan te melden bij de beste rechtenstudies in het land. Ik vond mezelf slim, analytisch en ambitieus. Ik was opgevoed met stevige discussies met mijn ouders aan de eettafel. Ik kon een gesprekspunt terugbrengen tot zijn theoretische essentie en was trots dat ik in een conflict nooit onnodig toegaf. Was dit niet waar juristen van gemaakt waren? Volgens mij wel.

Nu kan ik toegeven dat ik niet alleen gedreven werd door logica, maar ook door een of andere hunkering naar goedkeuring van anderen. Toen ik klein was, koesterde ik in stilte de warmte die mijn kant op stroomde als ik tegen een juffrouw of meester, een buurman of buurvrouw of een van de leden van Robbies kerkkoor verkondigde dat ik kinderarts wilde worden. *Jee, is dat niet indrukwekkend?* zei hun gezichtsuitdrukking dan en ik genoot ervan. Jaren later was het in wezen niet anders. Als professoren, familieleden, willekeurige mensen die ik ontmoette, me vroegen wat ik na college ging doen en ik zei dat ik rechten wilde gaan studeren – aan Harvard Law School, zo zou blijken – dan was de bevestiging overweldigend. Ik werd toegejuicht voor het slagen voor de toelating alleen al, ook al was de waarheid dat ik eerst op een wachtlijst had gestaan en het me maar net gelukt was. Mensen keken naar me alsof ik hiermee al wat had betekend voor de wereld.

Dit kan weleens het fundamentele probleem zijn als je je druk maakt om wat anderen denken: het kan je op het gebaande pad zetten, het *jee-is-dat-niet-indrukwekkend*-pad en je daar lange tijd houden. Misschien hou je dan op met afdwalen, met het zelfs maar overwegen om af te dwalen, omdat wat je riskeert te verliezen in termen van het hoge aanzien dat je van anderen geniet, te kostbaar kan zijn. Misschien breng je wel drie jaar door in Massachusetts waar je staatsrecht doet en discussieert over de relatieve merites van uitsluitend verticale overeenkomsten in antitrustzaken. Sommigen zullen dit echt interessant vinden, maar jij niet. Misschien dat je in die drie jaar vrienden maakt die je voor altijd liefhebt en waardeert, mensen die echt geroepen lijken door de saaie gecompliceerdheid van de wet, maar die roeping voel jij niet. Jouw passie blijft laag, maar onder geen beding wil je minder presteren dan je kunt. Je leeft, zoals je altijd hebt gedaan, volgens de code inspanning/resultaat en zo blijf je presteren totdat je denkt dat je de antwoorden kent op alle vragen, inclusief de allerbelangrijkste: *ben ik goed genoeg? Ja, dat ben ik.*

Wat daarna gebeurt, is dat de beloningen werkelijkheid worden. Je reikt naar de volgende sport van de ladder en deze keer is het een baan met een salaris in de vestiging in Chicago van een zeer exclusief advocatenkantoor, Sidley & Austin. Je bent terug waar je bent begonnen, in de stad waar je bent geboren, alleen werk je nu op de zesenveertigste verdieping van een gebouw in het centrum met een groot plein en een beeldhouwwerk ervoor. Je reed er altijd voorbij toen je als kind uit de South Side met de bus naar high school ging en zwijgend uit het raam staarde naar de mensen die als titanen naar het werk beenden. Nu ben je er zelf een. Je hebt jezelf die bus uit gewerkt en bent het plein overgestoken en hebt de lift genomen die geluidloos is zodat het lijkt of je zweeft. Je hebt je aangesloten bij de stam. Je bent vijfentwintig en hebt een assistente. Je verdient meer dan je ouders ooit hebben verdiend. Je collega's zijn beleefd, beschaafd en voor het grootste deel wit. Je draagt een pak van Armani en neemt een abonnement op een wijnpakket bij een leverancier. Je betaalt elke maand de lening af die je bent aangegaan voor je rechtenstudie en gaat na je werk naar stepaerobics. Omdat je het je kunt veroorloven, koop je een Saab.

Is er iets niet goed gegaan? Zo lijkt het niet. Je bent nu jurist. Je hebt alles aangenomen wat je is aangeboden – de liefde van je ouders, het vertrouwen van je leerkrachten, de muziek van Southside en Robbie, de maaltijden bij tante Sis, de woorden die erin zijn gehamerd door Dandy – en het hierin omgezet. Je hebt de berg beklommen. En het maakt deel uit van je baan om naast het analyseren van abstracte zaken over intellectueel eigendom voor grote bedrijven, de volgende groep jonge advocaten te helpen bewerken, omdat de firma ze graag wil rekruteren. Een senior partner vraagt of je mentor zou willen zijn van een nieuwe tijdelijke medewerker voor de zomer en het antwoord is: natuurlijk wil ik dat. Wat je nog moet leren begrijpen is de wijzigingskracht van een eenvoudig ja. Je weet niet dat, als er een memo komt waarin deze opdracht bevestigd wordt, een diepe en onzichtbare breuklijn in je leven is ontstaan, dat een houvast al is gaan loslaten. Naast je naam staat nog een naam, die van een of andere bekwame rechtenstudent die bezig is zijn eigen ladder te beklimmen. Net als jij is hij zwart en komt van Harvard. Meer dan dat weet je niet van hem – alleen zijn naam, en die is raar.

8

Barack Obama was op de eerste dag al te laat. Ik zat in mijn kantoor op de zesenveertigste verdieping wel en niet te wachten op zijn komst. Net als de meeste beginnende juristen had ik het druk. Ik maakte lange dagen bij Sidley & Austin, at vaak zowel middag- als avondeten aan mijn bureau terwijl ik in een strijd verwikkeld was met een continue stroom documenten, allemaal geschreven in die precieze en gepaste juristentaal. Ik las memo's, ik schreef memo's, ik redigeerde andermans memo's. Ik sprak drie talen. Ik kende het ontspannen taaltje van de South Side en de verheven dictie van de Ivy League-scholen, en dan sprak ik ook nog eens juridisch. Ik was aangenomen bij de praktijkgroep marketing en intellectueel eigendom van de firma, die men intern beschouwde als de meest ontspannen en creatieve van alle groepen, ik denk omdat we ons tenminste een deel van de tijd bezighielden met de reclamewereld. Mijn taak bestond deels uit teksten beoordelen van radio- en tv-spotjes die cliënten wilden laten uitzenden, om ervoor te zorgen dat ze de regels van de Federal Communications Commission niet overtraden. Later zou ik de eer krijgen om de juridische zaken van Barney the Dinosaur te behartigen. (Ja, dit is wat doorgaat voor ontspannen je gang gaan in een advocatenkantoor.)

Het probleem was dat mijn werkzaamheden als junior medewerker niet veel directe wisselwerking met cliënten behelsden en ik was een Robinson, opgevoed in het rumoer van mijn uitgebreide familie, gevormd door mijn vaders aangeboren liefde voor een menigte. Ik hunkerde naar interactie, wat voor interactie dan ook. Om de eenzaamheid te verdrijven, maakte ik grapjes met Lorraine, mijn assistente, een hypergeorganiseerd, goedgehumeurde Afro-Amerikaanse vrouw die enkele jaren ouder was dan ik, en die voor mijn kantoor zat en mijn telefoon opnam. Ik onderhield vriendelijk professionele relaties met enkele van de senior partners en fleurde op bij elke kans die ik kreeg om met mijn collega's te kletsen, maar meestal was iedereen overbelast met werk en zorgde iedereen ervoor dat geen minuut van de dag die in rekening kon worden gebracht, verspild werd. Dus was ik snel weer terug was aan mijn bureau, alleen met mijn documenten.

Als ik ergens zeventig uur per week door moest brengen, was mijn kantoor de best denkbare plek. Ik had een leren bank, een vaalgeel notenhouten bureau en brede ramen met uitzicht naar het zuidoosten. Ik kon uitkijken over de warboel die de zakenwijk is en zag in de verte de witte koppen op de golven van het Michiganmeer, met in de zomer de witte zeilen van de boten. Als ik op een bepaalde manier schuin keek, kon ik de kustlijn volgen en een glimp opvangen van de South Side, met de daken van de laagbouw en groepjes bomen daartussen. Vanwaar ik zat, leken de wijken rustig, bijna als speelgoed, maar de werkelijkheid was in veel gevallen heel anders. Stukken van de South Side waren vervallen nadat winkels waren gesloten en gezinnen bleven vertrekken. De staalfabrieken die ooit zekerheid verschaften, ontsloegen duizenden arbeiders. De crack-epidemie, die al had huisgehouden in Afro-Amerikaanse gemeenschappen in plaatsen als Detroit en New York, was pas net in Chicago gearriveerd, waar haar verloop niet minder verwoestend was. Bendes vochten om marktaandeel, rekruteerden jonge jongens om hun straathandel te drijven en dat was weliswaar gevaarlijk, maar veel lucratiever dan naar school gaan. Het moordcijfer van de stad begon te stijgen, een teken dat er nog meer moeilijkheden op komst waren.

Ik verdiende goed bij Sidley maar was pragmatisch genoeg om wat mijn onderdak betreft die ene kans te grijpen die ik had. Sinds ik was afgestudeerd, woonde ik weer in mijn oude buurt South Shore, die nog redelijk onaangetast was door de bendes en de drugs. Mijn ouders waren naar beneden verhuisd, waar Robbie en Terry hadden gewoond, en op hun uitnodiging had ik de bovenverdieping van hen overgenomen, waar ik als kind had gewoond en die ik aankleedde met een spierwitte bank en ingelijste batiks aan de muur. Af en toe schreef ik een cheque uit voor mijn ouders die ongeveer mijn deel van de kosten dekte. Huur kon je het nauwelijks noemen, maar volgens hen was het meer dan genoeg. Hoewel mijn appartement een eigen ingang had, stampte ik meestal de keuken beneden binnen als ik van mijn werk kwam, enerzijds omdat de achterdeur van mijn ouders in de garage uitkwam en anderzijds omdat ik nu eenmaal een Robinson was en altijd zou blijven. Zelfs nu ik mezelf beschouwde als het soort pakken dragende, Saab rijdende, *young professional* waarvan ik altijd had gedroomd die te willen zijn, was ik nog steeds niet graag alleen. Ik zocht daarom steun door dagelijks bij te praten met mijn vader en moeder. Ik had ze die morgen zelfs nog omhelsd voordat ik de deur uit ging en door een hevige regenbui naar mijn werk reed. Om, wil ik hieraan toevoegen, op tijd op mijn werk te zijn.

Ik keek op mijn horloge.

'Al enig teken van die kerel?' riep ik naar Lorraine.

Haar zucht was hoorbaar. 'Meisje, nee,' riep ze terug. Ze was geamuseerd, dat hoorde ik. Ze wist dat te laat komen me gek maakte, dat ik het aanmatigend vond en niets anders.

Barack Obama had al voor enige reuring gezorgd binnen de firma. Zo had hij pas net zijn eerste jaar rechten achter de rug, terwijl we gewoonlijk alleen studenten na hun tweede jaar inhuurden als zomermedewerker. Maar er werd gezegd dat hij briljant was. Het gerucht ging dat een van zijn hoogleraren aan Harvard – de dochter van een van de partners van het kantoor – beweerde dat hij een van de meest begaafde rechtenstudenten was die ze ooit had ontmoet. Enkele van de secretaresses die hem binnen hadden zien komen voor zijn sollicitatiegesprek, zeiden dat hij behalve briljant, ook nog eens heel leuk was.

Ik was nogal sceptisch. Het was mijn ervaring dat als je een niet zo intelligente zwarte man een pak aantrok, witten helemaal doordraaiden. Ik betwijfelde serieus of hij de hype wel verdiende. Ik had zijn foto bekeken in de zomereditie van onze lijst medewerkers – een niet zo vleiend, slecht belicht portret van een man met een brede glimlach en iets sulligs over zich – en het deed me niets. Volgens zijn cv kwam hij oorspronkelijk van Hawaï, wat hem dan tenminste een naar verhouding exotisch tintje gaf. Verder stond er niets opvallends in. Het enige verrassende had ik een paar weken eerder meegemaakt toen ik een kort telefoongesprek met hem had om me voor te stellen. Aangenaam verrast was ik door de stem aan de andere kant van de lijn, een diepe, zelfs sexy bariton die in het geheel niet bij zijn foto leek te passen.

Het duurde nog tien minuten voordat hij zich bij de receptie op de begane grond meldde en ik naar hem toe ging om hem te ontvangen. Hij was op een bank gaan zitten: ene Barack Obama, gekleed in een donker pak en nog wat vochtig van de regen. Hij grinnikte schaapachtig en verontschuldigde zich dat hij te laat was, terwijl hij me een hand gaf. Hij had die brede glimlach en was langer en slanker dan ik me had voorgesteld – een man die duidelijk geen grote eter was, en die er ook uitzag alsof hij niet gewend was zakelijke kleding te dragen. Als hij al wist dat hij aankwam met de reputatie van een whizzkid, liet hij dat niet merken. Terwijl ik met hem door de gangen naar mijn kantoor liep en hem kennis liet maken met de fijne kanten van het werken voor bedrijven – ik liet hem het tekstverwerkingscentrum zien en de koffiemachine, en legde ons systeem uit voor het vastleggen van declareerbare uren voor de rekeningen – was hij stil en respectvol en luisterde hij aandachtig. Na een minuut of twintig leverde ik hem af bij de senior partner die die zomer zijn supervisor zou zijn en ging ik terug naar mijn bureau.

Later die dag ging ik met Barack lunchen in het deftige restaurant op de begane grond van het kantoorgebouw, dat vol zat met machtige, verzorgd uitziende bankiers en juristen die lunches aten met de prijs van diners. Dit was het leuke als je mentor was van een zomermedewerker: het was een excuus om buiten de deur te eten en goed ook, en dat op kosten van de firma. Als Baracks adviseur was ik eerder een sociaal begeleider dan iets anders. Mijn taak was ervoor te zorgen dat hij gelukkig was met de baan, dat hij iemand had om naartoe te gaan als hij raad nodig had en dat hij zich verbonden voelde met het hele team. Het was het begin van een breder proces om naar iemands gunst te dingen; het idee was, zoals met alle zomermedewerkers, dat de firma hem mogelijk zou willen aannemen voor een fulltimebaan zo gauw hij was afgestudeerd.

Ik kwam er al heel gauw achter dat Barack weinig nodig had als het op advies aankwam. Hij was drie jaar ouder dan ik, bijna achtentwintig. Hij had, wat ik niet had gedaan, na een bachelor aan Columbia University, New York, eerst een paar jaar gewerkt voordat hij rechten was gaan studeren. Wat me opviel was hoe zelfverzekerd hij leek waar het de richting van zijn leven betrof. Hij leek niet te twijfelen, al was het op het eerste gezicht moeilijk in te zien waarom. Vergeleken met mijn mars naar succes, het kaarsrechte traject van Princeton via Harvard naar mijn bureau op de zesenveertigste verdieping, was Baracks pad een lukraak zigzaggen geweest door onvergelijkbare werelden. Tijdens de lunch kwam ik erachter dat hij een kruising was in elke zin van het woord – zoon van een Keniaanse vader en een witte moeder uit Kansas, die jong trouwden en kort daarop weer uit elkaar gingen. Hij was geboren en getogen in Honolulu, maar had vier jaar van zijn jeugd doorgebracht in Indonesië, waar hij vooral vliegerde en krekels ving. Na high school had hij twee naar verhouding rustige jaren doorgebracht aan Occidental College in Los Angeles voordat hij overging naar Columbia waar hij zich naar eigen zeggen helemaal niet had gedragen als een studentje die in de jaren tachtig was losgelaten in Manhattan, maar in plaats daarvan leefde als een zestiende-eeuwse heremiet, die hoogstaande literaire en filosofische werken las in een groezelig appartement aan 109th Street, slechte poëzie schreef en op zondag vastte.

We lachten daar allemaal om en wisselden verhalen uit over onze achtergrond en vertelden wat ons naar rechten had gevoerd. Barack was serieus zonder zichzelf te serieus te nemen. Hij was luchtig in zijn manieren, maar sterk van geest. Het was een vreemde, inspirerende combinatie. Evenzeer verrassend voor mij was dat hij Chicago zo goed kende.

Barack was de eerste persoon die ik bij Sidley tegenkwam, die tijd had doorgebracht in de kapperszaken, de barbecuetentjes en de op de Bijbel hamerende zwarte kerkelijke parochies in de Far South Side. Voordat hij rechten ging studeren, had hij drie jaar lang gewerkt als buurtwerker bij een non-profitorganisatie van een verbond van kerkgemeenschappen, waarmee hij $12.000 per jaar verdiende. Het was zijn taak wijken weer op te bouwen en banen terug te halen. Zoals hij het omschreef, was het twee delen frustratie en een deel beloning: hij was weken bezig met het organiseren van een buurtbijeenkomst en dan kwamen er tien mensen opdagen. Zijn inspanningen werden bespot door vakbondsleiders en bekritiseerd door zowel zwarten als witten. Maar in de loop van de tijd behaalde hij steeds meer successen en dat had hem aangemoedigd. Hij was rechten gaan studeren, legde hij uit, omdat het organiseren van bijeenkomsten op het niveau van de mensen zelf hem had laten zien dat voor een betekenisvolle verandering in de gemeenschap niet alleen werk van mensen aan de basis nodig was, maar ook een beter beleid en meer actie van de overheid.

Ondanks mijn verzet tegen de hype die hem voorafgegaan was, kreeg ik bewondering voor Barack vanwege zowel zijn zelfverzekerdheid als zijn enthousiasme. Hij was verfrissend, onconventioneel en opmerkelijk elegant. Maar niet één keer dacht ik aan hem als iemand met wie ik een date zou willen hebben. Op de eerste plaats was ik zijn mentor bij de firma. En ik had zojuist het daten helemaal afgezworen omdat ik het te druk had met mijn werk om daar ook nog energie in te stoppen. En ten slotte stak Barack, tot mijn grote afschuw, aan het einde van de lunch een sigaret op, wat voldoende zou zijn elke belangstelling van mijn kant te doven, mocht ik die al hebben.

Hij zou, zo dacht ik bij mezelf, een goede zomermedewerker zijn.

In de weken daarna ontwikkelden we een soort routine. Aan het einde van de middag wandelde Barack door de gang naar mijn kantoor en liet zich op een van de stoelen vallen, alsof hij me al jaren kende. Soms voelde dat ook zo. We maakten wat grappen, hadden vaak dezelfde ideeën. We wierpen elkaar steelse blikken toe als mensen om ons heen zo gestrest waren dat ze bijna doordraaiden, als partners opmerkingen maakten die neerbuigend overkwamen of niet op hun plaats waren. Wat onuitgesproken bleef maar duidelijk was, was dat hij een *brother* was en in ons kantoor, waar meer dan vierhonderd juristen werkten, waren er niet meer dan een stuk of vijf van Afro-Amerikaanse afkomst. Onze wederzijdse aantrekkingskracht lag voor de hand en was makkelijk te begrijpen.

Barack leek totaal niet op zo'n gewone, streberige zomermedewerker (zoals ik twee jaar eerder zelf bij Sidley was geweest), die furieus netwerkte en zich angstig afvroeg of hem of haar wel die goudgerande baan zou worden aangeboden. Hij kuierde rond met een kalme onverschilligheid, die zijn aantrekkingskracht alleen maar leek te vergroten. Binnen de firma bleef zijn reputatie groeien. Nu al werd hij gevraagd aanwezig te zijn bij bijeenkomsten van partners op hoog niveau. Er werd al aangedrongen op zijn inbreng, ongeacht het onderwerp van gesprek. Op een gegeven moment aan het begin van de zomer ramde hij er een memo van dertig bladzijden uit over *corporate governance*, fatsoenlijk ondernemingsbestuur, dat klaarblijkelijk zo diepgaand en overtuigend was dat het direct legendarisch werd. Wat was dit voor man? Iedereen leek geïntrigeerd.

'Ik heb een exemplaar voor je meegenomen,' zei Barack op een dag, terwijl hij zijn memo met een glimlach over mijn bureau schoof.

'Dank je,' zei ik en pakte het mapje. 'Kijk ernaar uit.'

Toen hij vertrokken was, legde ik het in een la.

Wist hij dat ik het nooit zou lezen? Ik vermoed van wel. Hij had het me min of meer als grap overhandigd. We zaten in groepen met verschillende specialismen en er was dus geen inhoudelijke overlap in onze werkzaamheden. Ik had genoeg andere stukken om me doorheen te worstelen. En ik hoefde niet geïmponeerd te worden. We waren nu vrienden, Barack en ik, wapenbroeders. We lunchten minstens eenmaal per week buiten de deur en soms vaker dan dat, en lieten Sidley & Austin uiteraard betalen voor dat genoegen. Langzaamaan leerden we elkaar beter kennen. Hij wist dat ik in hetzelfde huis woonde als mijn ouders en dat mijn mooiste herinneringen aan mijn studie aan Harvard Law School teruggingen naar het werk dat ik had gedaan voor het Bureau Rechtshulp. Ik wist dat hij dikke boeken over politieke filosofie tot zich nam alsof het vakantieliteratuur was en dat hij elke dollar aan boeken besteedde. Ik wist dat zijn vader was omgekomen bij een auto-ongeluk in Kenia en dat hij daarnaartoe was gegaan om te proberen beter te begrijpen wie de man was geweest. Ik wist dat hij van basketbal hield, in het weekend lange stukken hardliep en met weemoed sprak over familie en vrienden op het Hawaïaanse eiland Oahu. Ik wist dat hij veel vriendinnen had gehad, maar er op dit moment geen had.

Dat laatste was iets waarvan ik dacht dat ik daar wel verandering in kon brengen. Mijn leven in Chicago zat vol talentvolle en begerenswaardige zwarte vrouwen. Ondanks de lange uren die ik maakte, hield ik van gezelschap. Ik had vriendinnen van Sidley, vriendinnen van high school, vriendinnen uit professionele netwerken en vriendinnen die ik had gekregen via Craig, die net getrouwd was en zijn geld verdiende als bankier in de stad. We vormden een gezellige club vrouwen en kwamen samen in een of andere bar in het centrum en praatten elkaar bij tijdens lange, overdadige etentjes in het weekend. Toen ik nog studeerde, was ik met een paar jongens uit geweest, maar ik had voor mijn terugkeer naar Chicago niet een speciaal iemand ontmoet en had trouwens ook niet veel belangstelling. Ik had tegen iedereen gezegd, ook tegen potentiële kandidaten, dat mijn carrière boven alles ging. Maar ik had genoeg vriendinnen die op zoek waren naar iemand om mee uit te gaan.

Op een avond aan het begin van de zomer nam ik Barack mee naar een happy hour in een bar in het centrum, die diende als officieuze plek voor een maandelijkse bijeenkomst van zwarte professionals, waar ik vaak met vriendinnen naartoe ging. Ik zag dat hij zijn werkkleding had verruild voor een witte linnen blazer, die rechtstreeks uit de kledingkast van *Miami Vice* afkomstig leek. Nou ja.

Het viel niet te betwisten dat Barack, zelfs met zijn uitdagende kledingstijl, een aantrekkelijke partij was. Hij was knap, slim en succesvol. Hij was atletisch, interessant en aardig. Wat kan iemand nog meer wensen? Ik liep de bar binnen, ervan overtuigd dat ik iedereen een plezier zou doen – hem en alle vrouwen. Hij werd zo goed als direct geclaimd door een kennis van me, een prachtige en machtige vrouw die in de financiële wereld werkte. Ze fleurde helemaal op, zag ik, tijdens haar gesprek met Barack. Tevreden met deze ontwikkeling haalde ik een drankje en sloot me aan bij een paar bekenden.

Twintig minuten later zag ik Barack aan de andere kant van de bar in de greep van een schijnbaar eindeloze conversatie met de vrouw, die van hen beiden het meeste praatte. Hij wierp me een blik toe die inhield dat hij graag gered wilde worden. Maar hij was een volwassen man. Hij moest zichzelf maar redden.

'Weet je wat ze me vroeg?' zei hij de volgende dag toen hij mijn kantoor binnenliep, nog steeds vol ongeloof. 'Ze vroeg of ik wilde gaan rijden. Ze bedoelde te paard.' Hij vertelde dat ze over hun favoriete films hadden gepraat, wat ook niet al te goed was verlopen.

Barack was een verstandsmens, vermoedelijk te zeer een verstandsmens voor de meeste mensen om mee om te kunnen gaan. (Dit was overigens precies wat mijn vriendin over hem zei toen we elkaar de volgende keer spraken.) Hij was geen man voor een happy hour en misschien had ik me dat eerder moeten realiseren. Mijn wereld zat vol hoopvolle, hardwerkende mensen die bezeten waren van hun eigen opwaartse mobiliteit. Ze hadden nieuwe auto's en kochten hun eerste flat en praatten daar na het werk graag over met een martini in de hand. Barack bracht de avond liever alleen door lezend over het sociale-woningbouwbeleid. Als buurtwerker had hij weken, maanden geluisterd naar de beschrijvingen die arme mensen gaven van hun problemen. Ik ging inzien dat zijn aandringen op hoop en de potentie van mobiliteit van een heel andere en niet makkelijk te bereiken plaats kwam.

Er was een tijd geweest, zo vertelde hij me, waarin hij losser was, wilder. De eerste vijfentwintig jaar van zijn leven had hij de roepnaam Barry. Als tiener rookte hij wiet in de weelderig begroeide heuvels onder aan de vulkaan van Oahu. Toen hij op Occidental zat, laafde hij zich aan de steeds minder wordende energie van de jaren zeventig en omhelsde hij Hendrix en de Stones. En ergens in die tijd werd hij zich pas echt bewust van zijn volledige naam die hij bij zijn geboorte had gekregen – Barack Hussein Obama – en de gecompliceerde categorie waar zijn identiteit in viel. Hij was wit en zwart, Afrikaan en Amerikaan. Hij was bescheiden en leefde bescheiden, maar kende de rijkdom van zijn geest en de bevoorrechte wereld die zich ten gevolge daarvan voor hem zou ontsluiten. Hij nam dat allemaal bijzonder serieus, merkte ik. Hij kon luchthartig en jolig zijn, maar nooit dwaalde hij ver af van het grotere gevoel van verplichting. Hij was op een of andere zoektocht, maar wist niet waar die hem naartoe zou voeren. Het enige wat ik wist was dat het bij een drankje niet overkwam. Toen het volgende happy hour zich aandiende, liet ik hem achter op kantoor.

Toen ik klein was, rookten mijn ouders. Ze staken 's avonds een sigaret op als ze in de keuken bespraken hoe hun werkdag was geweest. Ze rookten tijdens de afwas later op de avond en zetten soms een raam open om frisse lucht binnen te laten. Ze waren geen zware rokers, maar gewoonterokers en ook nog eigenwijs. Ze rookten nog lang nadat onderzoek had uitgewezen dat het slecht voor je was.

Ik werd er gek van, en Craig ook. We voerden een hele show op van gekuch als ze er een opstaken. We saboteerden hun voorraden. Toen Craig en ik nog heel klein waren, haalden we een vol pakje Newports van een plank om de sigaretten kapot te maken – we kraakten ze als bonen boven de gootsteen. Een andere keer staken we de uiteinden van hun sigaretten in hete saus en deden ze daarna terug in het pakje. We lazen onze ouders de les over longkanker en vertelden over de verschrikkelijke dingen die we op filmpjes hadden gezien die op school tijdens de les verzorging waren vertoond: beelden van de longen van rokers, uitgedroogd en zwart als kool, de dood in de maak, de dood in je borst. Als tegenstelling lieten we ook plaatjes zien van roze, gezonde longen die niet door rook waren aangetast. De tegenstelling was eenvoudig en bedoeld om hen aan het twijfelen te brengen: goed/slecht, gezond/ziek. Je kiest je eigen toekomst. Dat was exact wat onze ouders ons hadden geleerd. En toch zou het nog jaren duren voordat ze er uiteindelijk mee stopten.

Barack rookte zoals mijn ouders rookten: na het eten, tijdens een wandeling op straat of als hij zenuwachtig was en iets met zijn handen moest doen. In 1989 werd er veel meer gerookt dan tegenwoordig en behoorde het meer tot het gewone leven. Er werd naar verhouding pas kort onderzoek gedaan naar de effecten van meeroken. Mensen rookten toen nog in restaurants, kantoren en luchthavens. Maar ik had die filmpjes gezien. Voor mij, en voor ieder verstandig mens die ik kende, was roken zuivere zelfvernietiging.

Barack wist precies wat ik ervan vond. Onze vriendschap was gebouwd op een uitgesproken openhartigheid die we beiden waardeerden.

'Waarom zou iemand die zo slim is als jij, iets doen wat zo dom is als dat?' liet ik me op de dag van onze eerste ontmoeting ontvallen toen ik zag dat hij onze lunch afsloot met een sigaret. Het was een eerlijke vraag.

Ik herinner me dat hij slechts zijn schouders ophaalde en toegaf dat ik gelijk had. Er kwam geen ruzie van, geen argument werd naar voren gebracht. Roken was het enige onderwerp waarover Barack niet logisch was.

Maar of ik het nu wilde toegeven of niet, iets tussen ons was aan het veranderen. Op dagen dat we het te druk hadden om elkaar te zien, betrapte ik mezelf erop dat ik me afvroeg wat hij aan het doen was. Ik praatte mezelf aan dat ik niet teleurgesteld was als hij niet in mijn deuropening verscheen. Ik praatte mezelf aan dat ik niet opgewonden was als hij het wel deed. Ik voelde iets voor die man, maar het was latent, diep verborgen onder mijn besluit mijn leven en carrière voorop te plaatsen, zonder enig drama. Mijn jaarlijkse beoordelingen waren uitstekend. Ik was op weg partner te worden van Sidley & Austin, vermoedelijk nog voordat ik tweeëndertig was. Het was precies wat ik had gewild – of daarvan probeerde ik mezelf tenminste te overtuigen.

Ik mag dan wel hebben genegeerd wat er tussen ons aan het groeien was, maar hij niet.

'Volgens mij moeten we eens uitgaan,' kondigde Barack op een middag aan het einde van een lunch aan.

'Wat, jij en ik?' Ik deed alsof ik geschokt was dat hij de mogelijkheid zelfs maar overwoog. 'Ik heb je toch verteld dat ik niet date. En ik ben je mentor.'

Hij schonk me een droog lachje. 'Alsof dat ertoe doet. Je bent mijn baas niet,' zei hij. 'En je bent behoorlijk leuk.'

Barack had een glimlach die de hele breedte van zijn gezicht in beslag leek te nemen. Hij was een dodelijke combinatie van vleiend en redelijk. De dagen daarop toonde hij meer dan eens aan waarom we samen uit moesten gaan. We vulden elkaar aan. We maakten elkaar aan het lachen. We waren allebei vrijgezel en bovendien bekenden we dat we eigenlijk geen enkele belangstelling hadden in wie we verder ook ontmoetten. Voor niemand van de firma, beweerde hij, was het een probleem als wij zouden daten. Misschien werd het zelfs wel beschouwd als positief. Hij nam aan dat de partners wilden dat hij over enige tijd bij het bedrijf zou komen werken. Als hij en ik een stelletje waren, vergrootte dat de kans dat hij dit daadwerkelijk deed.

'Je bedoelt dat ik een soort lokaas ben?' zei ik lachend. 'Je vleit jezelf.'

In de loop van de zomer organiseerde de firma een paar evenementen en uitjes voor de medewerkers, waarvoor een intekenformulier werd rondgestuurd waarop iedereen kon aangeven of hij ernaartoe wilde. Een daarvan was een opvoering van *Les Misérables* in een theater niet ver van kantoor. Ik schreef ons beiden in, hetgeen gebruikelijk was voor een junior medewerker die mentor was van een zomermedewerker. We werden geacht samen aanwezig te zijn bij bijeenkomsten die de firma organiseerde. Ik werd geacht ervoor te zorgen dat hij een leuke en positieve ervaring op zou doen bij Sidley & Austin. Dat was waar het om draaide.

We zaten in het theater naast elkaar, allebei uitgeput na een lange dag werken. Het doek ging omhoog en het zingen begon, en we kregen een grijs, naargeestig Parijs te zien. Ik weet niet of het mijn stemming was of dat het aan *Les Misérables* lag, maar het volgende uur voelde ik me hopeloos verpletterd door de Franse ellende. Gegrom en ketens. Armoede en verkrachting. Miljoenen mensen overal ter wereld waren verliefd geworden op deze musical, maar ik zat onrustig in mijn stoel en probeerde uit te stijgen boven de onverklaarbare pijn die ik voelde, elke keer als de melodie terugkwam.

Toen het licht aanging voor de pauze, wierp ik een blik op Barack. Hij zat ingezakt en zat met zijn rechterelleboog op de armleuning en zijn wijsvinger op zijn voorhoofd, zijn gezichtsuitdrukking neutraal.

'Wat vind je ervan?' vroeg ik.

Hij keek me van opzij aan. 'Vreselijk, nietwaar?'

Ik lachte, opgelucht dat hij er ook zo over dacht.

Barack ging rechtop zitten. 'Als we eens vertrokken?' zei hij. 'We kunnen toch gewoon weggaan.'

Gewoonlijk zou ik er niet vandoor gaan. Zo iemand was ik niet. Ik vond het te belangrijk wat de andere juristen van me vonden, en wat ze zouden denken als ze onze lege stoelen zagen. Ik vond het in het algemeen te belangrijk af te maken waaraan ik was begonnen, om alles tot het absolute adembenemende einde uit te zitten, zelfs als het een opgeklopte Broadwaymusical was op een verder prachtige woensdagavond. Dat was jammer genoeg de vakjesaankruiser in me. Ik verdroeg ellende omdat ik de schijn op wilde houden. Maar nu, zo leek het, had ik iemand getroffen die dat niet deed.

We ontweken iedereen die we van werk kenden – de andere mentoren en hun zomermedewerkers die in de lobby uitbundig stonden te stralen – en slopen het theater uit de zwoele avond in. Het laatste licht verdween net uit de paarse hemel. Ik ademde uit, mijn opluchting was zo tastbaar dat Barack in de lach schoot.

'En waar gaan we nu naartoe?' vroeg ik.

'Als we eens wat gingen drinken?'

We liepen naar een bar in de buurt op dezelfde manier als we altijd leken te lopen: ik een stapje voor hem, hij een stapje achter mij. Barack kuierde. Hij bewoog zich met Hawaïaanse ongedwongenheid, had nooit haast, zelfs en juist niet als hem werd gezegd dat hij zich moest haasten. Ik daarentegen liep altijd door, zelfs tijdens mijn vrije uurtjes, en kon me moeilijk inhouden. Maar ik herinner me hoe ik mezelf die avond ertoe zette iets langzamer te lopen, een klein beetje maar, net voldoende om te kunnen verstaan wat hij zei, omdat het in me op begon te komen dat alles wat hij zei, me iets kon schelen.

Tot dan toe had ik mijn bestaan zorgvuldig opgebouwd en elk los en onordelijk eindje opgevouwen en opgeborgen, alsof ik een strak en onbeweeglijk origamimodel aan het maken was. Ik had mijn uiterste best gedaan om dat model te maken. Ik was trots op hoe het eruitzag. Maar het was kwetsbaar. Als een hoekje losging, kon ik er weleens achter komen dat ik rusteloos was. Als een ander hoekje losschoot, dan onthulde dat misschien dat ik helemaal niet zo zeker was van het carrièrepad dat ik zelf zo doelbewust had gekozen, van al die dingen waarvan ik mezelf had wijsgemaakt dat ik die wilde. Nu denk ik dat dit de reden was waarom ik mezelf zo goed bewaakte, waarom ik nog steeds niet klaar was om me voor hem open te stellen. Hij was als een storm die alles omver dreigde te blazen.

Een dag of twee later vroeg Barack of ik hem een lift wilde geven naar een barbecue voor zomermedewerkers, die dat weekend zou plaatsvinden in het huis van een senior partner in een van de dure wijken langs de oevers van het meer ten noorden van de stad. Zover ik me herinner was het een mooie dag en schitterde het meer aan de rand van het goed onderhouden gazon. Een cateraar serveerde het eten terwijl muziek door luidsprekers klonk en mensen commentaar gaven op de smaakvolle grandeur van het huis. De hele sfeer ademde rijkdom en comfort, een niet zo subtiel geheugensteuntje aan de beloning die je krijgt als je je volledig op je werk stort. Ik wist dat Barack nog altijd worstelde met wat hij met zijn leven wilde gaan doen, welke richting zijn carrière zou nemen. Hij had een ongemakkelijke verhouding met rijkdom. Net als ik had hij die nooit gekend en verlangde hij er ook niet naar. Hij wilde veel liever iets betekenen dan dat hij rijk wilde zijn, maar hij was nog steeds op zoek naar wat.

We wandelden nog net niet als een stelletje op het feestje rond, maar we waren wel bijna de hele tijd bij elkaar, zwervend tussen groepjes collega's terwijl we bier en limonade dronken en hamburgers en aardappelsalade van plastic borden aten. We verloren elkaar uit het oog en vonden elkaar terug. Het voelde zo heel natuurlijk. Hij flirtte wat met me en ik flirtte terug. Een paar van de mannen begonnen te basketballen en ik zag hoe Barack op zijn slippers naar het veldje kuierde om mee te doen. Hij had een goede verstandhouding met iedereen in de firma. Hij sprak alle secretaresses met hun voornaam aan en kon met iedereen goed overweg, van de oude, conventionele juristen tot de ambitieuze jonge kerels die nu aan het basketballen waren. *Hij is een goed iemand*, dacht ik bij mezelf en zag ik hoe hij de bal naar een collega passte.

Ik had tijdens high school en college tientallen wedstrijden gezien en herkende een goede speler zo gauw ik hem zag, en Barack slaagde snel voor de test. Hij speelde een atletische, kunstige vorm van basketbal, zijn slungelachtige lijf bewoog snel en toonde een kracht die me niet eerder was opgevallen. Hij was vlug en gracieus, zelfs op zijn Hawaïaanse schoeisel. Ik deed alsof ik luisterde naar wat iemands ontzettend aardige vrouw tegen me stond te vertellen, maar mijn ogen bleven gericht op Barack. Ik werd voor de eerste keer getroffen door wat ik zag, door deze vreemde mengeling-van-alles-man.

Toen we aan het begin van de avond terugreden, voelde ik een nieuwe hunkering, een net gezaaid zaadje van verlangen. Het was juli. Barack zou ergens in augustus vertrekken, verdwijnen naar een *law school* en wat het leven verder voor hem in petto had. Van buiten was er niets veranderd – we maakten grapjes, zoals we altijd al deden, roddelden over wie wat had gezegd tijdens de barbecue – maar er kroop een bepaald soort warmte langs mijn ruggengraat omhoog. Ik was me bijzonder bewust van zijn lichaam in de beperkte ruimte van mijn auto, zijn elleboog op de armleuning tussen ons in, zijn knie binnen bereik van mijn hand. Terwijl we de bocht van de Lake Shore Drive in zuidelijke richting namen en fietsers en hardlopers op de stoep voorbijreden, ging ik in stilte bij mezelf te rade. Was er een manier om dit niet serieus aan te pakken? Hoe slecht kon het zijn voor mijn baan? Ik had op geen van deze vragen echt een duidelijk antwoord – wat fatsoenlijk was, wie erachter zou kunnen komen en of dat ertoe deed – maar ik besloot dat ik klaar was met wachten op duidelijkheid.

Hij woonde in Hyde Park, waar hij een appartement van een vriend in onderhuur had. Tegen de tijd dat we de buurt in reden, was de spanning tussen ons om te snijden, alsof iets onvermijdelijks, of iets wat voorbestemd was, eindelijk zou gaan gebeuren. Of beeldde ik me dat in? Misschien had ik hem te vaak afgewezen. Misschien had hij het opgegeven en zag hij me nu als een goede, trouwe vriendin, een vriendin met een Saab met airco die hem overal naartoe reed als hij erom vroeg.

Ik hield halt voor het gebouw waar hij woonde, mijn geest nog steeds besluiteloos rondtollend. Het was even ongemakkelijk stil, de een wachtte tot de ander gedag zou gaan zeggen. Barack boog zijn gezicht naar me toe.

'Moeten we wat ijs kopen?' zei hij.

Dat was het moment waarop ik wist dat het begonnen was, een van de weinige keren dat ik besloot op te houden met piekeren en gewoon te leven. Het was een warme zomeravond in de stad waar ik van hield. De lucht voelde zacht. Er zat een Baskin-Robbins in het blok vlak bij Baracks appartement en we namen twee hoorntjes, die we buiten op gingen eten, naast elkaar op de stoeprand. We zaten met opgetrokken knieën vlak bij elkaar, aangenaam moe na een dag in de buitenlucht terwijl we snel en zwijgend ons ijsje aten en probeerden het op te likken voordat het gesmolten was. Misschien zag Barack het op mijn gezicht of leidde hij het af uit mijn houding – het feit dat ik alles los begon te laten en uit elkaar begon te vouwen.

Hij keek me vragend aan, met een spoortje van een glimlach.

'Mag ik je kussen?' vroeg hij.

Toen besloot ik ervoor te gaan en was alles duidelijk.

Hoe ik Obama werd

Becoming us

9

Zo gauw ik toegaf dat ik iets voor Barack voelde, werd ik overdonderd door emoties, door een alles omverblazende storm van lust, dankbaarheid, vervulling en verwondering. Alle zorgen die ik had gekoesterd over mijn leven en carrière en zelfs over Barack, leken met die eerste kus te verdwijnen; ze werden vervangen door een onweerstaanbare behoefte hem beter te leren kennen, alles van hem zo snel mogelijk te ontdekken en te ervaren.

Misschien omdat hij over een maand al werd terugverwacht op Harvard verspilden we geen tijd aan verplichtingen. Ik was nog niet klaar om een vriendje onder het dak van mijn ouders te laten slapen en bracht daarom nachten door in Baracks appartement, een benauwd flatje boven een winkel aan een druk gedeelte van 53rd Street. De jongen van wie hij het in onderhuur had, was er die zomer niet. Die studeerde rechten aan de University of Chicago en had het ingericht zoals iedere goede student zou doen, namelijk met niet bij elkaar passende meubels die hij in tweedehandswinkels had gekocht. Er stonden een paar gammele stoelen en een kleine tafel en er lag een behoorlijk groot matras op de grond. Overal lagen stapels boeken en kranten van Barack, ook een groot deel van de vloer was ermee bedekt. Hij had zijn colberts over de rugleuningen van de keukenstoelen gehangen en de koelkast was zo goed als leeg. Erg gezellig was het er niet, maar nu ik alles zag door de lens van onze zich snel ontwikkelende relatie, voelde het als thuis.

Barack intrigeerde me. Hij leek niet op iemand met wie ik eerder een relatie had gehad, vooral omdat hij zo zeker van zijn zaak leek. Hij was openlijk lief voor me. Hij zei me dat ik mooi was. Hij gaf me een fijn gevoel. Voor mij was hij een soort eenhoorn – zo ongewoon dat hij bijna onwerkelijk was. Hij had het nooit over materiële zaken, zoals het kopen van een huis of een auto of zelfs maar nieuwe schoenen. Zijn geld ging grotendeels op aan boeken, die voor hem wel heilig leken en zijn geest van bagage voorzagen. Hij las tot laat in de nacht, vaak nog lang nadat ik in slaap was gevallen, en werkte zich door geschiedenisboeken en biografieën, maar las ook Toni Morrison. Elke dag las hij verschillende kranten van begin tot eind. Hij hield de recensies van de nieuwste boeken, de uitslagen van de nationale honkbalcompetitie en de plannen van de bestuurders van de South Side bij. Hij kon met net zoveel bezieling praten over de Poolse verkiezingen als over welke films criticus Roger Ebert had afgekraakt en waarom.

Het appartement had geen airconditioning en in de zomerse hitte moesten we dus wel met het raam open slapen. Wat we daarmee wonnen aan comfort, leverden we in aan lawaai. In die tijd was 53rd Street een centrum van nachtelijke drukte, een doorgaande weg voor cruisende lowriders, auto's waarvan de carrosserie bijna het wegdek raakte, zonder knaldempers. Zo'n beetje om het uur, zo leek het, kwam er een politieauto met loeiende sirenes voorbij of begon iemand te schreeuwen en klonk er gescheld en gevloek waardoor ik verschrikt overeindkwam van het matras. Het bracht mij van mijn stuk, maar Barack niet. Ik had het gevoel dat hij zich meer op zijn gemak voelde bij de onbeheersbaarheid van de wereld dan ik, dat hij alles tot zich liet komen zonder erdoor te worden verstoord. Op een nacht werd ik wakker en zag ik dat hij naar het plafond lag te staren, zijn profiel belicht door de gloed van de straatverlichting. Hij keek zorgelijk, alsof iets heel persoonlijks hem dwars zat. Was het onze relatie? Het verlies van zijn vader?

'Hé daar, waar lig jij aan te denken?' fluisterde ik.

Hij draaide zijn gezicht naar me toe en keek me met een wat schaapachtige glimlach aan. 'O,' zei hij. 'Ik lag na te denken over de inkomensongelijkheid.'

Dit, zo leerde ik, was hoe Baracks geest werkte. Hij fixeerde zich op grote, abstracte zaken, gevoed door een of ander idioot gevoel dat hij in staat zou zijn er iets aan te kunnen doen. Ik moet zeggen dat dit nieuw voor me was. Tot dan toe was ik omgegaan met keurige mensen die zich ook wel zorgen maakten om belangrijke zaken, maar toch op de eerste plaats bezig waren met het opbouwen van hun carrière en het zorgen voor hun gezin. Barack was anders. Hij was ook wel verbonden met de alledaagse eisen van het leven, maar op hetzelfde moment, en dan vooral 's nachts, leek zijn geest rond te dwalen in een veel groter gebied.

Het grootste deel van onze tijd besteedden we natuurlijk nog steeds aan ons werk in de overdadige rust van het kantoor van Sidley & Austin, waar ik elke morgen al mijn dromerigheid van me afwierp en mezelf terugschoot naar mijn bestaan als junior medewerker, waar ik plichtsgetrouw terugging naar mijn stapel documenten en de eisen van bedrijfscliënten die ik nooit had ontmoet. Intussen werkte Barack aan zijn eigen documenten in een gedeelde kantoorruimte beneden in de hal, waar hij meer en meer werd aanbeden door partners die onder de indruk van hem waren.

Ik maakte me nog steeds zorgen om wat gepast was en wat niet en stond erop dat we onze ontluikende liefde verborgen hielden voor onze collega's, al lukte dat nauwelijks. Lorraine, mijn assistente, schonk Barack elke keer als hij in mijn kantoor verscheen een veelbetekenend glimlachje. We werden zelfs de allereerste avond waarop we kort na onze eerste kus als stelletje uitgingen, betrapt. We waren naar het Art Institute geweest en gingen aansluitend naar de film *Do the Right Thing* van Spike Lee in de Water Tower Place, toen we daar in de rij voor popcorn opbotsten tegen een van de hoogste partners, Newt Minow, en zijn vrouw, Josephine. Ze begroetten ons allerhartelijks, goedkeurend zelfs, en zeiden niets over het feit dat we samen waren. Maar toch, het was gebeurd.

Werken voelde in deze periode als afleiding, iets wat we moesten doen voordat we ons weer helemaal op elkaar konden richten. Als we niet op kantoor waren, spraken Barack en ik eindeloos met elkaar tijdens ontspannen wandelingen door Hyde Park in shorts en T-shirt en tijdens maaltijden die snel voorbij leken te gaan maar in werkelijkheid uren duurden. We bespraken alle albums van Stevie Wonder en waarom ze zo goed waren, en deden daarna hetzelfde met die van Marvin Gay. Ik was smoorverliefd. Ik hield van zijn trage stem en hoe zijn blik ontspande als ik een leuk verhaal vertelde. Ik ging waarderen hoe hij van de ene naar de andere plaats slenterde en zich nooit zorgen maakte om de tijd.

Elke dag bracht kleine ontdekkingen. Ik was fan van de Cubs, hij van de White Sox. Ik hield van cheeseburgers, hij vond ze verschrikkelijk. Hij hield van duistere, dramatische films, terwijl ik voor romantische komedies ging. Hij was linkshandig en had een onberispelijk handschrift, ik rechtshandig en schreef in hanenpoten. In de maand voordat hij terugging naar Cambridge, vertelden we elkaar elke herinnering en elke inval, gingen we langs de gekkigheid van onze jeugd, de blunders van onze tienerjaren en de ingehouden aantrekkingskracht in het begin. Barack was vooral geïntrigeerd door mijn opvoeding, de onveranderlijkheid van jaar tot jaar, van decennium tot decennium aan Euclid Avenue, waar Craig en pa en ma en ik de vier hoeken vormden van een onverwoestbaar vierkant. Barack had veel tijd doorgebracht in kerken in zijn periode als buurtwerker, waardoor hij waardering had gekregen voor kerkgenootschappen, maar hij was toch minder traditioneel gebleven. Het huwelijk, zo vertelde hij me al vroeg, was volgens hem een onnodig en overbejubeld instituut.

Ik herinner me niet of ik Barack die zomer aan mijn familie heb voorgesteld, al zegt Craig van wel. Volgens hem kwamen we op een avond over Euclid Avenue naar huis lopen. Craig was er op bezoek en zat voor het huis op de veranda met mijn ouders. Barack was aardig en vol zelfvertrouwen, herinnert hij zich, en praatte een paar minuutjes over koetjes en kalfjes voordat we naar mijn appartement gingen om iets op te halen.

Mijn vader mocht Barack direct, maar dacht dat hij niet veel kans zou maken. Hij had per slot van rekening gezien hoe ik mijn highschoolvriendje David aan de poorten van Princeton had gedumpt. Hij had gezien hoe ik Kevin de footballspeler had afgewezen zo gauw ik hem in zijn harige mascotteoutfit had gezien. Mijn ouders wisten wel beter dan zich te snel te hechten. Ze hadden me opgevoed om mijn eigen leven te leiden en dat is in wezen wat ik deed. Ik was te gefocust en had het te druk, zo had ik mijn ouders maar al te vaak gezegd, om ruimte te maken voor een man.

Volgens Craig schudde mijn vader zijn hoofd en lachte hij, toen hij mij en Barack zag vertrekken.

'Aardige knul,' zei hij. 'Jammer dat hij niet zal blijven.'

Als ons gezin een vierkant was, dan was dat van Barack toch een ingewikkelder stuk meetkunde, een die over oceanen reikte. Zelf had hij jarenlang geprobeerd alle lijnen te begrijpen. Zijn moeder, Ann Dunham, was zeventien toen ze in 1960 op college zat op Hawaï en viel voor haar Keniaanse medeleerling met de naam Barack Obama. Hun huwelijk duurde maar kort en was een chaos – vooral gezien het feit dat haar nieuwbakken echtgenoot, zo bleek, ook al een vrouw had in Nairobi. Na hun scheiding trouwde Ann met een Javaanse geoloog, Lolo Soetoro, en verhuisde naar Jakarta met Barack Obama junior – míjn Barack Obama – die toen zes jaar oud was.

Barack vertelde me dat hij gelukkig geweest was in Indonesië en goed overweg had gekund met zijn stiefvader, maar dat zijn moeder zich zorgen maakte om het onderwijs in het land. Daarom stuurde Ann Dunham haar zoon naar Oahu waar hij bij haar ouders woonde en naar een particuliere school ging. Ann had een vrije geest, en vloog jarenlang heen en weer tussen Hawaï en Indonesië. Zijn vader, een man die volgens de verhalen een goed verstand had en een groot drankprobleem, maakte één lange reis naar Hawaï toen Barack tien was, maar hield zich verder afzijdig en voelde zich niet erg bij de opvoeding van zijn zoon betrokken.

Toch was Barack zeer geliefd: zijn grootouders waren dol op hem en op zijn jongere halfzusje Maya. Zijn moeder woonde weliswaar nog steeds in Jakarta, maar ze was hartelijk en steunde hem op afstand. Barack sprak ook teder over nog een halfzusje in Nairobi, Auma. Hij was met veel minder zekerheden opgegroeid dan ik, maar klaagde er nooit over. Zijn verleden was zijn verleden. Zijn familieleven had hem onafhankelijk gemaakt en merkwaardig optimistisch. Het feit dat hij zijn ongebruikelijke opvoeding succesvol had weten door te komen, leek slechts het idee te versterken dat hij nog wel meer aankon.

Op een broeierige avond ging ik met hem mee toen hij een oude vriend een plezier ging doen. Een van zijn voormalige collega-buurtwerkers had hem gevraagd een training te geven voor een zwarte kerkgemeente in Roseland in de Far South Side, een wijk die zwaar getroffen werd toen de staalfabriek daar midden jaren tachtig de deuren sloot. Voor Barack was het een welkome terugkeer voor één avond naar zijn oude baan en naar het deel van Chicago waar hij ooit had gewerkt. Terwijl we de kerk in liepen, nog steeds in onze kantooroutfit, had ik er nooit bij stilgestaan wat een buurtwerker eigenlijk precies doet. We gingen een trap af naar een met tl-lampen verlichte kelder met een laag plafond, waar een stuk of vijftien gemeenteleden, vooral vrouwen herinner ik me, op opklapstoelen zaten in een vertrek dat klaarblijkelijk ook dienstdeed als dagopvang, en zichzelf koelte toewuifden. Ik ging achterin zitten terwijl Barack naar voren liep en hallo zei.

Voor hen moet hij er jong en als jurist hebben uitgezien. Ik zag hoe ze hem opnamen en probeerden te beoordelen of hij een betweterige buitenstaander was of iemand die echt iets te bieden had. De sfeer kende ik maar al te goed. Toen ik opgroeide ben ik talloze keren mee geweest naar de wekelijkse Operetta Workshop van mijn oudtante Robbie in een Afrikaans-methodistische episcopale kerk, die veel weg had van deze. De vrouwen in dit zaaltje waren niet anders dan de dames die zongen in Robbies koor of die waren komen opdagen met hun stoofschotels toen Southside was overleden. Het waren goedbedoelende vrouwen, vaak alleenstaande moeders of grootmoeders, het type dat altijd naar voren stapt als niemand zich als vrijwilliger meldt, die het beste met de gemeenschap voor hadden.

Barack hing zijn colbert over de rugleuning van zijn stoel en deed zijn horloge af, dat hij voor zich op tafel legde om de tijd in de gaten te houden. Nadat hij zichzelf had voorgesteld, begon hij een gesprek met de aanwezigen dat ongeveer een uur duurde. Hij vroeg de mensen met hun verhaal naar voren te komen en hun zorgen te uiten over het leven in de buurt. Barack op zijn beurt vertelde over zijn eigen verleden en verbond dat met de principes van het buurtwerk. Hij was er om hen ervan te overtuigen dat onze verhalen ons met elkaar verbonden en dat het via deze lijnen mogelijk was onvrede te benutten en om te zetten in iets nuttigs. Zelfs zij, zei hij, een kleine groep binnen een kleine gemeente in wat wel een vergeten buurt leek, konden echte politieke macht opbouwen. Dat zou moeite kosten, waarschuwde hij. Het vereiste het ontwerpen van een strategie en luisteren naar je buren en vertrouwen in gemeenschappen waar vertrouwen vaak ontbrak. Het betekende dat je mensen die je nog nooit had ontmoet, vroeg om een beetje van hun tijd of een beetje van hun loon. Het betekende dat je tien keer 'nee' te horen kreeg of misschien wel honderd keer, voordat je het 'ja' hoorde dat het grote verschil ging maken. (Dit, zo leek het, was een groot deel van wat een buurtwerker deed.) Maar hij verzekerde hen dat zij invloed konden hebben. Zij konden voor verandering zorgen. Hij had het zien gebeuren in het sociale-woningbouwproject Altgeld Gardens, zij het niet altijd even vlot. Daar had een groep als deze het voor elkaar gekregen dat nieuwe kiezers zich lieten registreren, ze hadden bewoners opgetrommeld om met stadsfunctionarissen te praten over asbestvervuiling en ze hadden de burgemeester overgehaald een bijdrage te leveren voor een centrum waar mensen werd geleerd hoe ze moesten solliciteren.

De zwaargebouwde vrouw naast me liet een kleuter paardje rijden op haar knie en deed niets om haar scepsis te verbergen. Ze bekeek Barack met haar kin in de lucht en haar onderlip naar voren, alsof ze wilde zeggen, *wie ben jij dan wel om ons te vertellen wat wij moeten doen?*

Maar om scepsis maakte hij zich niet druk, net als hij zich er niet druk om maakte dat de kans iets te bereiken bijzonder klein was. Per slot van rekening was Barack een eenhoorn, gevormd door zijn ongewone naam, zijn vreemde erfenis, zijn moeilijk te bepalen etniciteit, zijn ontbrekende vader, zijn unieke geest. Hij was eraan gewend dat hij zich, bijna overal waar hij kwam, moest bewijzen.

Het idee dat hij hier presenteerde, was niet eenvoudig over te brengen en dat hoefde ook niet. Roseland had de ene na de andere klap gekregen, van de exodus van witte families en het verdwijnen van de staalindustrie tot de achteruitgang van de scholen en de bloei van de drugshandel. Barack had me verteld dat hij als buurtwerker nog het vaakst had moeten strijden tegen de grote lusteloosheid van mensen, vooral zwarte mensen, een cynisme dat voortgekomen was uit duizenden kleine teleurstellingen die ze in de loop van de tijd hadden moeten verwerken. Ik begreep dat. Ik had het gezien in mijn eigen buurt, in mijn eigen familie. Verbittering, verdwijnen van vertrouwen. Mijn beide grootvaders hadden het gekend, voortgekomen uit elke droom die ze hadden moeten laten schieten en elk compromis dat ze hadden moeten sluiten. Het zat in de gekwelde lerares van de tweede klas van Bryn Mawr die feitelijk had opgegeven ons nog iets te leren. Het zat in de buurvrouw die haar grasveldje niet meer maaide en niet meer in de gaten hield wat haar kinderen na school uitvoerden. Het zat in elk stuk afval dat achteloos werd weggegooid op het gazon in het park in onze wijk en in elke slok drank die nog voor het donker was, achterover werd geslagen. Het zat in elk ding dat we als onherstelbaar beschouwden, inclusief onszelf.

Barack praatte niet neerbuigend tegen de mensen van Roseland en hij probeerde ze ook niet voor zich te winnen door zijn bevoorrechte positie te verbergen en zich 'zwarter' voor te doen. Tussen de angsten en frustraties van de gemeenteleden, het verdwijnen van hun rechten en hun groeiende hulpeloosheid, wees hij ferm in de andere richting.

Ik was nooit iemand geweest die lang stilstond bij de meer demoraliserende kanten van het Afro-Amerikaans zijn. Mij was geleerd positief te denken. Ik had de liefde van onze familie en de overtuiging van mijn ouders om ons te doen slagen, helemaal geabsorbeerd. Ik had naast Santita Jackson gestaan tijdens bijeenkomsten van Operation PUSH waarop haar vader zwarte mensen opriep te denken aan hun zelfrespect. Altijd was het mijn doel geweest voorbij mijn buurt te kijken, vooruit te kijken en eraan te ontsnappen. En dat had ik bereikt. Ik was afgestudeerd aan twee universiteiten van de Ivy League. Ik had invloed bij Sidley & Austin. Ik had ervoor gezorgd dat mijn ouders en grootouders trots op me waren. Maar toen ik naar Barack luisterde, begon ik te begrijpen dat zijn versie van hoop veel verder ging dan de mijne: het was één ding om jezelf uit een vastgelopen buurt te werken, realiseerde ik me nu, het was iets heel anders om te proberen de buurt zelf los te trekken en daarin ook te slagen.

Ik was weer helemaal in de ban van hoe bijzonder hij was. En de gemeenteleden om me heen begonnen nu ook een voor een te knikken van instemming en zijn zinnen te beamen met uitingen als 'Mmm-mmm' en 'That's right!'

Naarmate hij dichter bij het einde van zijn praatje kwam, werd zijn stem intenser. Hij was geen preker, maar hij preekte wel degelijk iets: een visioen. Hij deed een beroep op onze betrokkenheid. De keuze, zoals hij die zag, was deze: je geeft het op of je werkt aan verandering. 'Wat is beter voor ons?' zei Barack tegen alle mensen in het vertrek. 'Leggen we ons neer bij de wereld zoals die is, of werken we toe naar de wereld zoals die zou moeten zijn?'

Het was een zin die hij gelezen had in een boek dat hij las toen hij begon als buurtwerker, en die zou me nog jaren bijblijven. Dichter bij het begrijpen van wat Barack motiveerde, zou ik nooit komen. *De wereld zoals die zou moeten zijn.*

De vrouw met de kleuter op schoot naast me ontplofte bijna. 'That's right!' schreeuwde ze, eindelijk overtuigd. 'Amen!'

Amen, dacht ik bij mezelf. Omdat ik ook overtuigd was.

Voordat hij ergens midden augustus terugging naar Harvard zei Barack tegen me dat hij van me hield. Dat gevoel was zo snel en natuurlijk tussen ons opgebloeid dat het moment zelf niets bijzonder gedenkwaardigs had. Ik herinner me niet wanneer of hoe precies het gebeurd was. Het was niet meer dan een uiting, lief en betekenisvol, van dat wat ons beiden had overvallen. Hoewel we elkaar pas een paar maanden kenden en hoewel het erg onpraktisch was, hielden we van elkaar.

Maar nu dienden we onze weg te vinden in de 1400 kilometers die tussen ons in kwamen te liggen. Barack moest nog twee jaar studeren en zei dat hij hoopte zich na afloop te kunnen vestigen in Chicago. Er was geen enkele verwachting dat ik de stad in de tussentijd zou verlaten. Ik was nog steeds een nieuwe medewerker bij Sidley en begreep dat de volgende fase in mijn carrière beslissend zou zijn; dat wat ik nu ging presteren, zou bepalen of ik partner werd of niet. Ik had zelf rechten gestudeerd en wist dus hoe druk Barack het zou gaan krijgen. Hij was verkozen tot een van de redacteuren van de *Harvard Law Review*, een maandblad dat door studenten werd gerund en dat werd beschouwd als een van de beste juridische tijdschriften in het land. Het was een eer te worden gekozen voor de redactie, maar het was ook als het aanvaarden van een fulltimebaan naast de toch al zware last van de studie.

Dus wat bleef er voor ons over? De telefoon. Vergeet niet dat het 1989 was, toen er nog geen telefoons in onze zakken zaten. Sms'en bestond niet, geen emoji kon staan voor een kus. Voor de telefoon was tijd nodig en beschikbaarheid van beide partners. Persoonlijke gesprekken werden gewoonlijk thuis gevoerd, 's avonds, als je doodmoe was en eigenlijk moest gaan slapen.

Barack vertelde me voor zijn vertrek dat hij liever brieven schreef.

'Ik ben niet zo'n telefoneerder,' was hoe hij het uitdrukte. Alsof het daarmee afgesproken was.

Maar hiermee was niets afgesproken. We hadden net een hele zomer pratend doorgebracht. Ik ging onze liefde niet overlaten aan de slakkengang van de postbode. Dat was een ander klein verschil tussen ons: Barack kon zijn hart luchten via zijn pen. Hij was opgevoed met brieven, steun die kwam in de vorm van vliesdunne luchtpostenveloppen van zijn moeder in Indonesië. Ik was echter een direct iemand, van aangezicht tot aangezicht, opgevoed tijdens de etentjes op zondag bij Southside, waar je soms moest schreeuwen om gehoord te worden.

In mijn familie babbelden we. Mijn vader die kort hiervoor zijn auto had ingeruild voor een aan zijn handicap aangepaste bestelwagen, zorgde er nog steeds voor dat hij, zo vaak hij kon, voor een persoonlijk bezoek op de drempel van een familielid verscheen. Vrienden, buren, neven en nichten kwamen ook vaak langs om zich in de woonkamer neer te laten zakken naast mijn vaders leunstoel om hun verhaal te doen en hem om advies te vragen. Zelfs David, mijn oude highschoolvriendje, kwam weleens langs voor raad. Mijn vader had ook geen enkel probleem met de telefoon. Jarenlang heb ik hem bijna dagelijks met mijn grootmoeder in South Carolina zien bellen en haar om nieuws horen vragen.

Ik vertelde Barack dat, als hij wilde dat onze relatie standhield, hij maar beter kon wennen aan de telefoon. 'Als ik niet met je praat,' zo kondigde ik aan, 'dan heb ik misschien een ander gevonden die wel wil luisteren.' Ik maakte een grapje, maar wel met een duidelijke ondertoon.

En zo kwam het dat Barack een telefoneerder werd. In de loop van die herfst spraken we zo vaak met elkaar als we maar konden, beiden gevangen in onze eigen werelden en agenda's, maar we vertelden elkaar de kleine details van onze dagen, met hem meelevend om de stapel bedrijfsbelastingzaken die hij moest lezen, of lachend om mijn aerobics na het werk om mijn kantoorfrustraties uit te zweten. In de loop van die maanden bleven onze gevoelens hetzelfde en betrouwbaar. Voor mij was dat één ding minder in het leven om aan te twijfelen.

Bij Sidley & Austin behoorde ik tot het rekruteringsteam van de vestiging in Chicago met als taak gesprekken te voeren met studenten van Harvard Law School die solliciteerden naar een baan als zomermedewerker. Het was in feite een verleidingsproces. Als student had ikzelf de macht en verleiding ervaren van het industrieel complex van het bedrijfsrecht, toen ik een ordner zo dik als een woordenboek had gekregen met daarin advocatenkantoren uit het hele land en de mededeling dat die stuk voor stuk geïnteresseerd waren in het aannemen van aan Harvard opgeleide juristen. Het leek dat je, met het goedkeuringsstempel van een juridische graad van Harvard, in elke stad en op elk juridisch terrein kon gaan werken, of het nu een advocatenkantoor in Dallas was of een exclusief makelaarskantoor in New York. Als je nieuwsgierig was naar een van die bedrijven, dan vroeg je een gesprek aan op de campus. Verliep dat goed, dan werd je getrakteerd op een *fly-out*, wat neerkwam op een vliegticket, een kamer in een vijfsterrenhotel en gesprekken op het kantoor van de firma, gevolgd door een of ander extravagante *wine-and-dine* met recruiters zoals ik. Toen ik nog aan Harvard studeerde, had ik fly-outs aangenomen naar San Francisco en Los Angeles, deels om te kijken naar de praktijk van het recht van de entertainmentindustrie, maar eerlijk gezegd deels ook omdat ik nog nooit in Californië was geweest.

Nu ik bij Sidley aan de andere kant van de rekrutering zat, was het mijn doel om rechtenstudenten aan te nemen die niet alleen slim en gedreven waren, maar ook iets anders waren dan man en wit. Er zat nog een andere Afro-Amerikaanse vrouw in het rekruteringsteam, senior medewerkster Mercedes Laing. Mercedes was zo'n tien jaar ouder dan ik en werd een goede vriendin en mentor. Net als ik had ze twee graden van Ivy League-universiteiten en zat ze regelmatig aan tafels waar niemand eruitzag zoals zij. Het ging er niet om, daar waren we het over eens, eraan gewend te raken of het te accepteren. Tijdens vergaderingen over het rekruteren hamerde ik er keer op keer op – en volgens sommigen ongetwijfeld schaamteloos – dat de firma een breder net moest uitwerpen als die nieuw talent wilde vinden. De al zo oude praktijk was om studenten aan te nemen van een select groepje *law schools*, vooral van Harvard, Stanford, Yale, Northwestern, de University of Chicago en de University of Illinois, de plaatsen waar de meeste juristen van de firma zelf waren afgestudeerd. Het was een circulair proces: de ene generatie juristen nam nieuwe juristen aan van wie de levenservaring die van hen weerspiegelde, waardoor weinig ruimte over was voor welke diversiteit dan ook. Dit lag niet zozeer aan Sidley; het was een probleem, erkend of niet, dat bij zo goed als elke grote firma in het land speelde. Uit een onderzoek van het *National Law Journal* uit die tijd bleek dat het aantal Afro-Amerikanen bij grote firma's nog geen 3 procent van de juridische medewerkers betrof en nog geen procent van alle partners.

Om die onevenwichtigheid te helpen bestrijden drong ik erop aan om ook naar rechtenstudenten te kijken die van andere universiteiten kwamen en van historisch zwarte opleidingen, zoals Howard University. Als het rekruteringsteam in een vergaderzaal in Chicago bijeenkwam om een stapel cv's van studenten door te nemen, protesteerde ik elke keer als een student automatisch werd afgewezen omdat hij een keer ergens niet het hoogste cijfer voor had behaald of als hij een minder prestigieus programma had gevolgd. Als we serieus overwogen juristen uit minderheden aan te nemen, verzekerde ik, dan moesten we holistischer naar kandidaten kijken. We moesten dan nadenken over hoe ze gebruik hadden gemaakt van de kansen die het leven hun had geboden in plaats van hen eenvoudigweg langs een elitaire academische meetlat te leggen. Het ging er natuurlijk niet om de hoge standaard van de firma te verlagen. Het ging erom dat beseft werd dat we, door vast te houden aan de meest rigide en ouderwetse wijze van het inschatten van de potentie van een nieuwe jurist, allerlei soorten mensen over het hoofd zagen die zouden kunnen bijdragen aan het succes van de firma. Met andere woorden: we moesten met meer studenten praten voor we ze afschreven.

Om deze reden vond ik het fijn om rekruteringsreisjes te maken naar Cambridge, Massachusetts, omdat ik dan enige invloed kon uitoefenen op welke studenten van Harvard werden uitgekozen voor een gesprek.

En het gaf me natuurlijk ook een excuus om Barack te zien. De eerste keer haalde hij me op in zijn auto, een banaangele Datsun die hij tweedehands had gekocht van zijn toch al krappe studielening. Toen hij de sleutel omdraaide, sloeg de motor aan en bonkte heftig op en neer voordat hij overging in een luid, aanhoudend schudden waardoor wij in onze stoelen zaten te trillen. Ik keek Barack vol ongeloof aan.

'Rij jij in dit ding?' zei ik, met stemverheffing om boven het kabaal uit te komen.

Hij wierp me zijn kwajongensachtige ik-weet-waar-ik-mee-bezig-ben glimlach toe die me elke keer deed smelten. 'Wacht maar een minuutje of twee,' zei hij terwijl hij schakelde. 'Het gaat over.' Een paar minuten later, toen we op de drukke weg hadden ingevoegd, voegde hij eraan toe: 'En misschien kun je ook beter niet naar beneden kijken.'

Maar ik had al gezien wat hij niet wilde dat ik zag: een roestgat van tien centimeter in de bodem, waardoor ik het wegdek onder ons door kon zien schieten.

Leven met Barack zou nooit saai zijn. Dat wist ik toen al. Het zou een of andere versie zijn van banaangeel en een beetje huiveringwekkend. Ook kwam het in me op dat het heel goed mogelijk was dat de man nooit een cent zou verdienen.

Hij woonde in een spartaans eenkamerappartement in Somerville, maar voor mijn rekruteringsreisjes boekte Sidley een kamer voor me in het luxueuze Charles Hotel naast de campus, waar we tussen heerlijke lakens sliepen en waar Barack, die zelden zelf eten klaarmaakte, zich vol kon eten aan het warme ontbijt voordat hij naar college ging. 's Avonds ging hij in mijn hotelkamer zitten en studeerde hij, frivool gekleed in een van de dikke badstoffen kamerjassen van het hotel.

Voor de kerstvakantie dat jaar vlogen we naar Honolulu. Ik was nog nooit op Hawaï geweest, maar wist betrekkelijk zeker dat ik het er heerlijk zou vinden. Per slot van rekening kwam ik uit Chicago, waar de winter tot in april liep, waar het normaal was dat je een sneeuwschuiver in je kofferbak had. Ik was in het bezit van een onrustbarende berg wollen kleding. Weggaan in de winter voelde voor mij altijd als een joyride. Toen ik nog studeerde, ben ik eens naar de Bahama's geweest met mijn klasgenoot David die daarvandaan kwam en een keer naar Jamaica met Suzanne. Beide keren had ik genoten van de zachte bries op mijn huid en de opgewektheid die me overviel als ik in de buurt van de oceaan kwam. Misschien was het niet toevallig dat ik me aangetrokken voelde tot mensen die op een eiland waren opgegroeid.

In Kingston had Suzanne me meegenomen naar stranden van wit, fijn zand waar we in de golven doken van het jadegroene water. Ze gidste ons handig over een chaotische markt, waar ze met de straatverkopers kletste.

'Probeer dit!' schreeuwde ze naar me, helemaal in lokaal accent, terwijl ze me enthousiast stukken gegrilde vis aanreikte om te proeven, gefrituurde yam, suikerrietstengels en stukjes mango. Ze wilde per se dat ik alles probeerde met de bedoeling me te laten zien hoeveel er was om van te houden.

Met Barack was het niet anders. Hij zat nu al meer dan tien jaar op het vasteland, maar Hawaï was nog ontzettend belangrijk voor hem. Hij wilde dat ik alles in me opzoog, van de zich uitspreidende bladeren van de palmbomen langs de straten van Honolulu en de baai van Waikiki Beach tot de groene deken van de heuvels rond de stad. Ongeveer een week lang zaten we in een appartement waarin we van vrienden van zijn familie mochten logeren en gingen we elke dag naar de oceaan om te zwemmen en te luieren in de zon. Ik maakte kennis met zijn halfzus Maya, negentien jaar, aardig en slim, op weg naar een diploma aan Barnard College, New York. Ze had ronde wangen en grote, bruine ogen en zwart haar dat breed uitwaaierend over haar schouders viel. Ik maakte kennis met zijn grootouders Madelyn en Stanley Dunham, 'Toot' en 'Gramps', zoals hij ze noemde. Ze woonden nog steeds in het flatgebouw waarin ze Barack hadden opgevoed, in een klein appartement, versierd met Indonesisch textiel dat Ann in de loop der jaren naar huis gestuurd had.

En ik werd voorgesteld aan Ann zelf, een mollige, energieke vrouw met donkere krullen en dezelfde hoekige kin als Barack. Ze droeg grove zilveren sieraden, een felgekleurde gebatikte jurk en het soort stevige sandalen waarvan ik me voorstelde dat een antropoloog die zou dragen. Ze was aardig tegen me en nieuwsgierig naar mijn achtergrond en loopbaan. Duidelijk was dat ze haar zoon aanbad, hem bijna vereerde, en ze wilde maar al te graag met hem praten over het werk aan haar dissertatie en adviezen voor boeken uitwisselen, alsof het een oude vriend was die ze lang niet had gezien.

Iedereen van de familie noemde hem Barry, wat ik vertederend vond. Hoewel ze al in de jaren veertig vertrokken waren uit hun geboortestaat Kansas, kwamen zijn grootouders op me over als verdwaalde inwoners van de Midwest, precies zoals Barack ze altijd had beschreven. Gramps was een beer van een vent en vertelde altijd gekke moppen. Toot, een gezette, grijze vrouw die zich had opgewerkt tot adjunct-directeur van een plaatselijke bank, maakte sandwiches met tonijnsalade voor ons voor de lunch. 's Avonds serveerde ze Ritz-crackers met bergen sardines als voorafje en zette ze de borden met het avondeten op tv-bladen op schoot, zodat iedereen naar het nieuws kon kijken of een heftig spelletje scrabble kon spelen. Het was een bescheiden middenklassefamilie, in veel opzichten niet erg verschillend van die van mij.

Het geheel had iets gerieflijks voor ons, voor zowel Barack als voor mij. Hoe verschillend we verder ook waren, we pasten op een interessante manier bij elkaar. Het was alsof de oorzaak van de ongedwongenheid en de aantrekkingskracht tussen ons nu was verklaard.

Op Hawaï kwam Baracks intense en nadenkende kant wat tot rust, terwijl zijn relaxte kant opbloeide. Hier was hij thuis. En thuis was waar hij niet de behoefte had iets te bewijzen voor wie dan ook. We waren laat met alles wat we deden, maar het kon ons niets schelen – zelfs mij niet. Baracks highschoolmaatje Bobby, een beroepsvisser, nam ons een dag mee uit om te snorkelen en zomaar wat rond te varen. Op dat moment zag ik Barack zo ontspannen als ik hem nooit eerder had gezien, luierend onder de blauwe hemel met een koud biertje en een oude vriend, niet langer gefixeerd op het nieuws van de dag of aan het studeren of wat er gedaan moest worden aan inkomensongelijkheid. De door de zon gebleekte mildheid van het eiland maakte ruimte voor ons, en gaf ons tijd die we niet eerder hadden gehad.

Zo veel van mijn vriendinnen beoordeelden potentiële partners van buiten naar binnen en richtten zich eerst op het uiterlijk en de financiële vooruitzichten. Als dan bleek dat degene die ze hadden gekozen, niet zo goed kon communiceren of zich niet graag kwetsbaar opstelde, leken ze te denken dat tijd of huwelijksgeloften dat probleem wel voor ze zou oplossen. Maar toen Barack in mijn leven kwam, was hij al een geheel gevormd persoon. Vanaf ons eerste gesprek had hij me laten zien dat hij niet zo zelfverzekerd was waar het aankwam op het uiten van angsten of zwaktes en dat hij eerlijkheid waardeerde. Op kantoor had ik meegemaakt hoe bescheiden hij kon zijn en zijn bereidheid gezien om zijn eigen wensen en verlangens op te offeren voor een hoger doel.

En nu op Hawaï zag ik zijn karakter weerspiegeld in andere, kleine dingen. Zijn langdurige vriendschap met jongens van high school liet zien dat hij relaties aanhield. In zijn toewijding aan zijn wilskrachtige moeder zag ik zijn grote respect voor vrouwen en voor hun onafhankelijkheid. Ik wist, zonder de behoefte te hebben er rechtstreeks over te praten, dat hij om kon gaan met een partner die haar eigen passies en stem had. Dit waren dingen die je niet kon leren in een relatie, dingen die zelfs liefde niet echt kon inbrengen of veranderen. Met het voor mij openstellen van zijn wereld, liet Barack me alles zien wat ik moest weten over wat voor soort levenspartner hij zou zijn.

Op een middag leenden we een auto en reden we naar de North Shore van Oahu, waar we op een zacht zandstrand gingen zitten en naar de surfers keken die op de huizenhoge golven reden. We zaten er uren te praten terwijl de ene golf over de andere viel, de zon naar de horizon zakte en de andere badgasten inpakten en naar huis gingen. We praatten terwijl de hemel roze kleurde en paars en uiteindelijk donker, toen insecten begonnen te bijten, toen we honger kregen. Misschien was ik naar Hawaï gekomen om iets te weten te komen over Baracks verleden, maar nu zaten we aan de kust van een reusachtige oceaan en probeerden we ons een toekomst in te beelden, bespraken we het soort huis waarin we ooit zouden willen wonen, wat voor soort ouders we zouden willen zijn. Het was nogal speculatief en een beetje voorbarig om het erover te hebben, maar het was ook geruststellend, omdat het daardoor leek alsof we misschien nooit meer wilden stoppen, dat dit gesprek tussen ons misschien wel levenslang door kon gaan.

Terug in Chicago en opnieuw gescheiden van Barack, ging ik nog weleens naar de gezellige happy hours, maar lang bleef ik nog maar zelden. Door Baracks toewijding aan het lezen had ik me opnieuw op boeken gestort. Ik lag nu op een zaterdagavond heel tevreden met een goede roman op de bank.

Als ik me verveelde, belde ik oude vriendinnen. Zelfs nu ik een serieuze relatie had, waren het mijn vriendinnen op wie ik aan kon. Santita Jackson reisde het land door als achtergrondzangeres van Roberta Flack, maar we spraken elkaar zo vaak we konden. Een jaar of wat eerder zat ik met mijn ouders in de woonkamer en gloeiden we van trots toen Santita en haar broertjes en zusjes hun vader aankondigden tijdens de Democratische Nationale Conventie van 1988. Dominee Jackson had zeer eervol meegedaan aan de strijd om de nominatie voor het presidentschap en had een stuk of tien voorverkiezingen gewonnen voordat hij de nominatie aan Michael Dukakis moest laten. Onderwijl had hij huishoudens als het onze vervuld met een nieuwe, vergaande mate van hoop en opwinding, hoewel we diep in ons hart wel begrepen dat hij toen nog kansloos was geweest.

Ik sprak regelmatig met Verna Williams, een goede vriendin uit mijn studietijd, die tot kort hiervoor was blijven wonen in Cambridge. Ze had Barack een paar keer ontmoet en mocht hem graag, maar plaagde mij ermee dat ik mijn ongezond hoge maatstaf had losgelaten door een roker toe te laten in mijn leven. Angela Kennedy en ik moesten nog altijd vreselijk hard lachen samen, ook al werkte zij nu in New Jersey als onderwijzeres en moest ze een zoontje grootbrengen en probeerde ze stevig in haar schoenen te blijven staan terwijl haar huwelijk op de klippen liep. We hadden elkaar leren kennen toen we malle, halfvolwassen studentes waren en nu waren we volwassen, met volwassen levens en volwassen zorgen. Dat idee alleen al vonden we bij vlagen heel erg grappig.

Suzanne was nog steeds dezelfde vrije geest die ze was toen we op Princeton een kamer deelden; ze fladderde in en uit mijn leven met een zekere voorspelbaarheid, terwijl ze de waarde van haar dagen nog steeds uitsluitend afmat aan hoe leuk die dag was geweest. We spraken elkaar soms lange tijd niet, om dan de draad van onze vriendschap met het grootste gemak weer op te pakken. Zoals altijd noemde ik haar Screwzy en zij mij Miche. Onze werelden waren nog steeds zo verschillend als ze in onze studietijd waren geweest, toen ze eetclubfeestjes bezocht en haar vieze was onder het bed schopte terwijl ik mijn aantekeningen van het college sociologie uitwerkte. Maar zelfs toen was Suzanne als een zus van wie ik het leven alleen van afstand kon volgen, over de golf van onze aangeboren verschillen heen. Ze was gestoord, charmant en altijd belangrijk voor me. Ze vroeg me om raad en negeerde die dan bewust. Zou het slecht zijn om te daten met een sjansende, een beetje beroemde popster? Jazeker, dat zou het zeker zijn, maar ze deed het dan toch, want *waarom niet?* Wat me nog het meest irriteerde was dat ze een uitnodiging had afgeslagen om na haar studie bedrijfskunde te gaan studeren aan een business school van de Ivy League, omdat dat te veel werk zou betekenen en dat was niet leuk. In plaats daarvan behaalde ze haar MBA op een staatsuniversiteit met een minder stressvol studieprogramma, wat ik beschouwde als een soort luiheid.

Soms leken Suzannes keuzes bedoeld om mijn manier van doen af te keuren, een stem om het rustiger aan te doen en me minder in te spannen. Nu kan ik wel zeggen dat ik haar om die keuzes oneerlijk heb beoordeeld. Maar al die tijd dacht ik gewoon dat ik gelijk had.

Niet lang nadat ik begon te daten met Barack, belde ik Suzanne om mijn gevoelens voor hem bij haar uit te storten. Ze vond het zo fantastisch om te horen hoe gelukkig ik was, geluk was immers haar afdeling. Ze had zelf ook een nieuwtje: ze zei haar baan op als computerspecialist bij de Federal Reserve en ging reizen – niet een paar weken, maar maanden. Suzanne en haar moeder zouden al gauw vertrekken voor een of ander de-wereld-rond avontuur. Want *waarom niet?*

Ik heb nooit geweten of Suzanne niet onbewust wist dat er iets raars aan het gebeuren was in de cellen van haar lichaam, dat er al stiekem een kaping aan de gang was. Wat ik in de herfst van 1989 wel wist, terwijl ik dure leren pumps droeg en lange, saaie bijeenkomsten in vergaderzalen bij Sidley uitzat, was dat Suzanne en haar moeder probeerden geen curry te morsen op hun jurkjes in Cambodja en in het ochtendgloren dansten op de brede wandelpaden bij de Taj Mahal. Terwijl ik mijn bankrekening in de gaten hield, mijn kleren van de stomerij haalde en de bladeren zag verdorren en vallen in Euclid Avenue, raasde Suzanne in een tuktuk door het hete, vochtige Bangkok, terwijl ze schaterde van het lachen, zo stel ik me voor. Maar feitelijk weet ik niet hoe haar reizen verliepen of waar ze precies naartoe ging, omdat zij niet iemand was die prentbriefkaarten stuurde of contact onderhield. Ze had het te druk met leven, stopte zich vol met wat de wereld haar te bieden had.

Tegen de tijd dat ze weer thuis was in Maryland en een ogenblikje vrij kon maken om contact met me op te nemen, vertelde ze iets heel anders – zo hard en vals, zo anders dan het beeld dat ik van haar had, dat ik het nauwelijks kon bevatten.

'Ik heb kanker,' vertelde Suzanne me, haar stem hees van emotie. 'Een heleboel.'

Haar artsen hadden net de diagnose gesteld, een agressieve vorm van lymfoom die al huishield in haar organen. Ze beschreef het behandelplan en putte enige hoop uit wat het resultaat zou kunnen zijn, maar ik was te verpletterd om de details te onthouden. Voordat ze ophing, vertelde ze me als wrede gril van het lot dat haar moeder ook ernstig ziek was.

Ik weet niet of ik ooit heb geloofd dat het leven eerlijk was, maar wel heb ik altijd gedacht dat je zo'n beetje elk probleem kon oplossen. Suzannes kanker was de eerste echte test van dat idee, als sabotage van mijn idealen. Want ook al had ik de details nog niet allemaal op een rijtje, ik had wel ideeën over de toekomst. Ik had die lijst die ik sinds mijn eerste jaar op college zo nauwkeurig bijhield, gebaseerd op het nette rijtje vakjes dat ik geacht werd aan te kruisen.

Voor Suzanne en mij had dat als volgt moeten gaan: we zouden bruidsmeisjes op elkaars huwelijk zijn. Onze echtgenoten zouden natuurlijk heel veel van elkaar verschillen, maar ze zouden elkaar hoe dan ook mogen. We zouden rond dezelfde tijd baby's krijgen, familievakanties in Jamaica vieren, elkaar blijven bestoken met milde kritiek op elkaars opvoedingsmethode en de suikertantes zijn van elkaars kinderen als ze ouder waren. Ik zou haar kinderen boeken geven voor hun verjaardag, zij de mijne springstokken. We zouden samen lachen en geheimen delen en met onze ogen rollen om wat we beschouwden als elkaars belachelijke karaktertrekjes, totdat we ons op een dag realiseerden dat we twee oude vrouwtjes waren geworden, die altijd elkaars beste vriendinnen waren gebleven, plotseling verbijsterd door de vraag waar de tijd gebleven was.

Dat was voor mij de wereld zoals die moest zijn.

Wat ik achteraf opmerkelijk vind, is hoe ik die winter en lente gewoon door bleef werken. Ik was jurist en juristen werken. We werken altijd. We waren slechts zo goed als het aantal uren dat we in rekening brachten. Ik had geen keus, maakte ik mezelf wijs. Het werk was belangrijk, maakte ik mezelf wijs. En dus verscheen ik elke morgen in het centrum van Chicago bij de bedrijfsmierenhoop die bekendstond als One First National Plaza. Ik boog me voorover en schreef mijn uren.

In Maryland leefde Suzanne met haar ziekte. Ze hield zich goed bij al haar doktersafspraken en operaties, terwijl ze op hetzelfde moment voor haar moeder probeerde te zorgen, die zelf ook streed tegen een agressieve kanker die, zo benadrukten de artsen, totaal niets te maken had met die van Suzanne. Het was pech, noodlot, zo absurd dat het te angstaanjagend was om erover na te denken. De rest van Suzannes familie was niet bepaald hecht, behalve dan haar twee favoriete nichten die haar zoveel hielpen als ze konden. Angela reed weleens vanuit New Jersey naar haar toe, maar ze moest rekening houden met zowel een baan als een peuter. Ik haalde Verna, mijn vriendin van de rechtenopleiding, over om langs te gaan zo vaak ze kon, als een soort stand-in voor mij. Verna had Suzanne een paar keer ontmoet toen we op Harvard zaten en woonde nu stomtoevallig in Silver Spring in een gebouw precies aan de overkant van een parkeerplaats waaraan Suzanne woonde.

Het was erg veel gevraagd van Verna, die net haar vader had verloren en worstelde met haar eigen verdriet. Maar ze was een echte vriendin en een meelevend iemand. Op een dag in mei belde ze me op kantoor om te vertellen wat er bij haar laatste bezoek was voorgevallen.

'Ik heb haar haar gekamd,' zei ze.

Door het feit dat het nodig was geweest dat iemand Suzannes haar kamde, had ik het moeten weten, maar ik sloot mezelf af voor de waarheid. Een deel van me zei nog steeds dat dit niet gebeurde. Ik hield vast aan het idee dat Suzanne weer beter zou worden, ook al stapelden de bewijzen van het tegendeel zich op.

Ten slotte was het Angela die me in juni opbelde en er niet omheen draaide. 'Als je nog van plan bent te komen, Miche,' zei ze, 'dan kun je dat beter nu doen.'

Suzanne was inmiddels naar een ziekenhuis overgebracht. Ze was te zwak om te praten, was afwisselend bij bewustzijn en bewusteloos. Ik had niets meer om de werkelijkheid te blijven ontkennen. Ik hing op en kocht een ticket, vloog naar het oosten, nam een taxi naar het ziekenhuis, nam de lift naar de juiste verdieping, liep door de gang naar haar kamer waar ik haar in bed aantrof, terwijl Angela en haar andere nicht in stilte over haar waakten. Suzannes moeder, zo bleek, was een paar dagen eerder overleden en nu was Suzanne in coma. Angela maakte plaats voor me aan het bed.

Ik staarde naar Suzanne, naar haar gezicht in die volmaakte hartvorm en haar roodbruine huid, voelde me enigszins getroost door de jeugdige zachtheid van haar wangen en de meisjesachtige ronding van haar lippen. Ze leek merkwaardig onaangetast door haar ziekte. Haar zwarte haar was nog altijd weelderig en lang; iemand had twee vlechten gemaakt, die bijna tot haar middel reikten. Haar hardloopbenen lagen onder de dekens. Ze zag er jeugdig uit, als een lieve, mooie zesentwintigjarige die misschien een dutje deed.

Het speet me dat ik niet eerder gekomen was. Het speet me dat ik zo vaak in de loop van onze op-en-neergaande vriendschap had gezegd dat ze iets verkeerd deed als ze het mogelijk goed had. Ik was plotseling blij met al die keren dat ze mijn raad niet had opgevolgd. Ik was blij dat ze zich niet had overwerkt met een of andere dure bedrijfskundestudie. Dat ze een verloren weekeindje met een 'beetje beroemde' popster was weggeweest, gewoon voor de lol. Ik was blij dat ze tot de Taj Mahal gekomen was om met haar moeder de zonsopkomst te zien. Suzanne had geleefd op een manier die mij vreemd was.

Die dag hield ik haar verlamde hand vast en zag ik hoe haar ademhaling moeizamer ging en het uiteindelijk heel lang duurde voordat ze weer inademde. Op een gegeven moment gaven de verpleegkundigen ons een veelbetekenend knikje. Het gebeurde nu. Suzanne overleed. Mijn geest was leeg. Ik had geen enkele diepe gedachten. Ik had geen openbaringen over leven of verlies. Als ik iets was, dan was het kwaad.

Om te zeggen dat het oneerlijk was dat Suzanne ziek werd en doodging toen ze zesentwintig was, is te simpel. Maar het was een feit, zo koud en lelijk als maar mogelijk. Wat ik dacht toen ik uiteindelijk haar lichaam in die ziekenhuiskamer verliet, was dit: *zij is weg en ik ben er nog*. In de gang liepen mensen in ziekenhuiskleren die er veel ouder en zieker uitzagen dan Suzanne, en zij waren er ook nog. Ik nam een overvolle vlucht terug naar Chicago, reed over de volle snelweg, nam de lift naar mijn kantoor. Ik zag al die mensen blij in hun auto, in hun zomerse kleren wandelend op het trottoir, niks doend in het café of werkend aan hun bureau, allemaal onwetend van wat Suzanne was overkomen – zich er blijkbaar niet van bewust dat ook zij elk moment dood konden gaan. Het voelde pervers, hoe de wereld gewoon doorging. Hoe iedereen er nog was, behalve Suzanne.

10

Die zomer begon ik een dagboek bij te houden. Ik kocht een in zwarte stof gebonden schrift met paarse bloemen op het omslag en legde dat naast mijn bed. Ik nam het mee als ik voor Sidley & Austin op zakenreis ging. Ik schreef er niet dagelijks in en zelfs niet wekelijks; ik pakte mijn pen alleen op als ik de tijd en energie had om mijn verwarde gedachten op een rijtje te zetten. Ik schreef soms een paar keer per week en legde mijn dagboek dan voor een maand of soms nog langer weg. Ik was niet bijzonder introspectief van aard. Het hele gedoe om je gedachten vast te leggen was nieuw voor me, een nieuwe gewoonte veronderstel ik, die ik deels van Barack had overgenomen, die schrijven beschouwde als iets therapeutisch en verklarends en die in de loop der tijd af en toe dagboeken had bijgehouden.

Voor de zomervakantie was hij van Harvard naar Chicago gekomen. Deze keer huurde hij geen kamer onder, maar trok hij direct bij mij in aan Euclid Avenue. Dit betekende niet alleen dat we in de praktijk leerden hoe we als stel samen moesten wonen, maar Barack leerde mijn familie nu op persoonlijker wijze kennen. Hij sprak met mijn vader over sport als die terugkwam van zijn werk bij het waterbedrijf. Soms hielp hij mijn moeder met het sjouwen van de boodschappen uit de garage. Het gaf een goed gevoel. Craig had Baracks karakter al zo grondig en onthullend mogelijk getest, door hem in een weekend mee te laten doen in een bijzonder fel spelletje basketbal met een stelletje maten van hem, van wie de meesten voormalige collegespelers waren. Eigenlijk had hij dat gedaan op mijn verzoek. Craigs mening over Barack was belangrijk voor me en mijn broer kon heel goed beoordelen wat je aan mensen had, zeker in de context van een wedstrijd. Barack slaagde voor de test. Hij bewoog zich soepel over het veld, zei mijn broer, en wist wanneer hij een pass moest geven, maar hij was ook niet bang om te scoren als hij niet verdedigd werd. 'Hij zit niet vastgeplakt aan die bal,' aldus Craig. 'Maar hij heeft lef.'

Barack had een baan als zomermedewerker aangenomen bij een firma in het centrum, waarvan het kantoor niet ver van dat van Sidley's zat, maar hij bleef maar kort in Chicago. Hij was voor het volgende jaar gekozen tot hoofdredacteur van de *Harvard Law Review*, wat betekende dat hij verantwoordelijk was voor het laten verschijnen van acht afleveringen van elk ongeveer driehonderd bladzijden en hij moest snel terug naar Cambridge voor de voorbereidingen. De strijd om het hoofdredacteurschap was elk jaar meedogenloos. De kandidaten werden grondig doorgelicht door de tachtig student-redacteuren, die er daarna over stemden. Hiervoor te worden gekozen was voor iedereen een fantastische prestatie. Het bleek dat Barack de eerste Afro-Amerikaan was in de honderddriejarige geschiedenis van het tijdschrift die voor de baan was uitgekozen – dit was een zo grote mijlpaal dat *The New York Times* erover berichtte, compleet met foto van een glimlachende Barack met sjaal en winterjas.

Mijn vriendje, met andere woorden, was een zwaargewicht. Hij kon vanaf dat moment elke goed betaalde baan bij welk advocatenkantoor dan ook krijgen, maar in plaats daarvan overwoog hij zich na zijn afstuderen te specialiseren in burgerrechten, ook al zou hij dan twee keer zo lang nodig hebben om zijn studielening af te betalen. Zo goed als iedereen die hij kende, drong er bij hem op aan zijn vele voorgangers als hoofdredacteur van de *Review* te volgen en te solliciteren naar de zomaar te verkrijgen positie van griffier van het Hooggerechtshof. Maar Barack had geen belangstelling. Hij wilde in Chicago wonen. Hij ging misschien een boek schrijven over ras in Amerika en wilde, zei hij, een baan vinden die in het verlengde lag van zijn waarden, hetgeen hoogstwaarschijnlijk betekende dat hij geen bedrijfsjurist zou worden. Hij koos een richting met een zelfverzekerdheid die me verbaasde.

Al dat aangeboren zelfvertrouwen was bewonderenswaardig, natuurlijk, maar eerlijk, probeer daar eens mee te leven. Voor mij was samenleven met Baracks doelbewustheid – ermee in hetzelfde bed slapen, ermee aan de ontbijttafel zitten – iets waaraan ik me had aan te passen, niet omdat hij er zozeer mee pronkte, maar omdat het zo aanwezig was. In de omgeving van zijn zelfverzekerdheid, zijn idee dat hij verschil kon maken in de wereld, kon ik het niet helpen dat ik me, vergeleken met hem, een beetje verloren voelde. Zijn doelbewustheid leek een onbewuste uitdaging voor de mijne.

Vandaar het dagboek. Op de eerste pagina schreef ik in keurig handschrift de redenen waarom ik eraan begon:

1. *Omdat ik erg in de war ben over waar ik met mijn leven naartoe wil. Wat voor soort persoon wil ik zijn? Hoe wil ik een bijdrage leveren aan de wereld?*

2. *Omdat ik in mijn verhouding met Barack erg serieus word en ik vind dat ik doelbewuster moet worden.*

Dit boekje met bloemetjes op het omslag heeft enkele decennia en verscheidene verhuizingen overleefd. Het heeft acht jaar lang op een plank in mijn kleedkamer in het Witte Huis gestaan, maar nu heb ik het in mijn nieuwe huis uit een doos gehaald en probeer ik opnieuw vertrouwd te raken met wie ik als jonge juriste was. Ik lees die regels nu en begrijp precies wat ik mezelf probeerde te vertellen, wat een vrouwelijke no-nonsense-mentor me in mijn gezicht gezegd zou hebben. Echt, het was heel eenvoudig.

Het eerste was, dat ik er een hekel aan had dat ik jurist was. Ik was ongeschikt voor dat werk. Ik voelde me leeg als ik ermee bezig was, ook al was ik er goed in. Het was heel verontrustend om dat toe te geven, als ik zag hoe hard ik ervoor gewerkt had en me in de schulden had gestoken. In mijn blinde ambitie om uit te blinken, in mijn drang dingen perfect te doen, had ik de signalen gemist en de verkeerde afslag genomen.

Het tweede was dat ik heel erg en heerlijk verliefd was op een man wiens grote intellect en ambitie mogelijk de mijne op zouden gaan slokken. Ik zag het al aankomen, als een aanstormende golf met een machtige onderstroom. Ik ging die niet uit de weg – ik was toen al te veel aan

Barack toegewijd, te zeer verliefd – maar ik moest wel snel weer met beide benen op de grond komen te staan.

Dit betekende dat ik een nieuw beroep moest zoeken, en wat me hieraan nog het meest schokte, was dat ik geen enkel concreet idee had van wat ik dan wel wilde gaan doen. Op een of andere manier was ik er in al die jaren studie niet in geslaagd mijn eigen passies te doordenken en hoe ze mogelijkerwijs zouden passen bij werk dat ik wel betekenisvol vond. Toen ik jong was, had ik precies niets verkend. Baracks volwassenheid, zo besefte ik, stamde deels uit de jaren waarin hij buurtwerker was en zelfs, daarvoor nog, tijdens een absoluut onbevredigend jaar direct na zijn studie waarin hij als onderzoeker had gewerkt voor een consultancyfirma in Manhattan. Hij had een paar dingen uitgeprobeerd, allerlei soorten mensen leren kennen en onderwijl geleerd waar zijn prioriteiten lagen. En ik was intussen zo bang geweest om te zakken, ik wilde zo graag aanzien en een manier om de rekeningen te betalen, dat ik zonder na te denken de rechtspraktijk was binnengemarcheerd.

Binnen een jaar had ik Barack gewonnen en Suzanne verloren en door die twee dingen samen tolde mijn hoofd. Suzannes onverwachte overlijden had mij bewust gemaakt van het idee dat ik meer plezier moest maken en meer betekenis aan mijn leven moest geven. Ik kon niet verder leven met mijn eigen zelfgenoegzaamheid. Voor de verwarring gaf ik Barack zowel de eer als de schuld. 'Als er geen man in mijn leven zou zijn die me constant vraagt wat me drijft en wat me pijn doet,' schreef ik in mijn dagboek, 'had ik dat dan zelf gedaan?'

Ik mijmerde over wat ik dan wel zou kunnen gaan doen, welke vaardigheden ik mogelijk bezat. Kon ik het onderwijs in? Medewerker worden aan een college? Zou ik een soort naschoolse opvang kunnen beginnen, een professionele versie van wat ik voor Czerny op Princeton had gedaan? Ik wilde misschien wel gaan werken voor een stichting of een non-profitorganisatie. Ik wilde kansarme kinderen helpen. Ik vroeg me af of ik een baan zou kunnen vinden die me intellectueel bezighield en voldoende tijd liet om vrijwilligerswerk te doen, of me in kunst te verdiepen, of kinderen groot te brengen. Eigenlijk wilde ik leven. Ik wilde me compleet voelen. Ik maakte een lijstje van de dingen die me interesseerden: onderwijs, tienerzwangerschappen, eigenwaarde van Afro-Amerikanen. Een deugdzamer baan, wist ik, zou zeker minder inkomen betekenen. Ontnuchterend echter was mijn volgende lijstje, met daarop mijn verplichte uitgaven – wat er over bleef als ik alle luxe die ik me met Sidley's salaris had veroorloofd, had afgezworen, zoals mijn abonnement op een wijnpakket en het lidmaatschap van een fitnessclub. Ik moest maandelijks $600 van mijn studielening afbetalen, $407 voor mijn auto, dan eten, gas en verzekeringen en ik rekende op ongeveer $500 per maand huur voor het geval ik ooit uit het huis van mijn ouders zou verhuizen.

Niets was onmogelijk, maar ook leek niets eenvoudig. Ik begon te informeren naar mogelijkheden in het entertainmentrecht omdat dat misschien interessant zou zijn en me ook de pijn zou besparen van minder salaris. Maar van binnen voelde ik de langzaam groeiende zekerheid: ik was niet geboren als jurist. Op een dag schreef ik in mijn dagboek over een artikel dat ik in *The New York Times* had gelezen over de wijdverbreide vermoeidheid, stress en het niet gelukkig zijn van Amerikaanse juristen – en dan vooral vrouwen. 'Hoe deprimerend,' schreef ik.

Het grootste deel van de maand augustus bracht ik door in een afgehuurde vergaderzaal in een hotel in Washington DC, waarnaar ik was uitgezonden om een rechtszaak voor te bereiden. Sidley & Austin vertegenwoordigde de chemiereus Union Carbide in een antitrustzaak over de verkoop van een van zijn holdings. Ik zat een week of drie in Washington maar kon nauwelijks iets zien van de stad, omdat mijn leven helemaal bepaald werd door mijn aanwezigheid in die zaal met enkele collega's van Sidley, waar ik dossierdozen opende die door het hoofdkantoor waren toegezonden en ik de duizenden bladzijden van de documenten die erin zaten, bestudeerde.

Je zou niet zeggen dat ik het type was om geestelijk rust te vinden in de complexiteit van de handel in urethaanpolyetherpolyol, maar dat was ik wel. Ik was nog steeds met juridische zaken bezig, maar de specificiteit van het werk en de verandering van omgeving leidden me net voldoende af van de grotere vragen die in mijn geest begonnen op te borrelen.

Uiteindelijk werd de chemische zaak buiten de rechter om geschikt, wat inhield dat veel van het documentenonderzoek dat ik had gedaan, voor niets was geweest. Dit was een vervelende maar te verwachten afhandeling op juridisch gebied, waar het niet ongewoon was om je voor te bereiden op een zaak die nooit voor de rechter zou komen. Toen ik 's avonds terugvloog naar Chicago, werd ik bevangen door afgrijzen omdat ik wist dat ik op het punt stond mijn routine van alledag weer op te pakken, en daarmee ook de mist van mijn verwarring.

Mijn moeder was zo lief me op te komen halen van het vliegveld O'Hare. Alleen al haar zien troostte me. Ze was nu begin vijftig en werkte fulltime als uitvoerend assistente bij een bank in het centrum, die ze beschreef als een hoop mannen achter bureaus die in bankzaken waren gegaan omdat hun vaders ook bankier waren geweest. Mijn moeder was een kracht op zich. Ze had weinig compassie met dommeriken. Ze had kort haar en droeg praktische kleren zonder tierelantijnen. Alles aan haar straalde competentie en rust uit. Net als in de tijd toen Craig en ik nog klein waren, bemoeide ze zich niet met ons privéleven. Haar liefde had de vorm van betrouwbaarheid. Ze kwam opdagen als jouw vliegtuig landde. Ze bracht je naar huis en bood je eten aan als je honger had. Haar gelijkmatige humeur was een schuilplaats voor me, een toevluchtsoord.

Terwijl we in de richting van het centrum reden, zuchtte ik diep.

'Gaat het goed met je?' vroeg mijn moeder.

Ik keek naar haar in het flauwe licht van de snelweg. 'Ik weet het niet,' begon ik. 'Het is alleen...'

En toen liet ik al mijn gevoelens gaan. Ik vertelde haar dat ik niet gelukkig was in mijn baan, en zelfs niet met het door mijzelf gekozen beroep, dat ik dus eigenlijk behoorlijk ongelukkig was. Ik vertelde haar over mijn rusteloosheid, hoe ik wanhopig graag een ommezwaai wilde maken, maar me zorgen maakte dat ik niet voldoende geld zou verdienen als ik dat deed. Mijn emoties waren echt. Ik zuchtte opnieuw diep. 'Ik vind gewoon geen voldoening,' zei ik.

Ik begrijp nu hoe dit op mijn moeder moet zijn overgekomen, die al negen jaar een baan had die ze had aangenomen om mee te kunnen betalen aan mijn studie, na jaren dat ze geen baan te hebben gehad zodat ze de tijd had om mijn schoolkleren te naaien, mijn eten te maken en de was te doen voor mijn vader, die acht uur per dag naar metertjes keek op een ketel van het waterbedrijf. Mijn moeder, die zojuist een uur gereden had om mij op te halen van het vliegveld, die me gratis op de bovenverdieping van haar huis liet wonen en die de volgende morgen vroeg op moest staan om mijn gehandicapte vader te helpen zich aan te kleden om naar zijn werk te gaan, was nauwelijks klaar om mijn angst over voldoening in zich op te nemen.

Voldoening, dat was voor haar, dat weet ik zeker, ijdelheid van een rijk iemand. Voldoening, ik betwijfel of mijn ouders het er in hun dertig jaar samenzijn het er ooit over hadden gehad.

Mijn moeder veroordeelde me niet omdat ik zwaar op de hand was. Ze was niet iemand die me de les las of de aandacht vestigde op haar eigen offers. Ze had stilzwijgend elke keuze gesteund die ik ooit had gemaakt. Deze keer keek ze me echter ironisch van opzij aan en grinnikte een beetje. 'Als je het mij vraagt,' zei ze, 'zou ik zeggen verdien eerst het geld en maak je later zorgen over je geluk.'

Er zijn waarheden die we onder ogen zien en waarheden die we negeren. De hierop volgende zes maanden probeerde ik rustig meer voor mezelf op te komen zonder abrupte verandering. Op mijn werk sprak ik met de partner die het hoofd was van mijn afdeling en vroeg om uitdagender opdrachten. Ik probeerde me te richten op projecten die ik van meer betekenis vond, waaronder mijn inspanningen om een meer diverse groep zomermedewerkers te rekruteren. Al die tijd hield ik de personeelsadvertenties in de kranten in de gaten en netwerkte ik onder mensen die geen jurist waren. Ik had gedacht dat ik wel een of andere vorm van voldoening zou kunnen vinden.

Thuis aan Euclid Avenue voelde ik me echter machteloos in het licht van een nieuwe realiteit. Mijn vaders voeten waren zonder aanwijsbare oorzaak gaan opzwellen. Zijn huid zag er merkwaardig gevlekt en donker uit. Maar elke keer als ik vroeg hoe het met hem ging, gaf hij me hetzelfde antwoord met net zoveel klem als hij me al die jaren had gegeven.

'Het gaat goed,' zei hij dan, alsof de vraag nooit de moeite waard was om te stellen. En dan veranderde hij van onderwerp.

Het was weer winter in Chicago. Ik werd 's morgens wakker met het geluid van buren die het ijs van de voorruit van hun auto krabden. Het waaide en de sneeuw hoopte zich op. De zon scheen nauwelijks en dan nog zwak. Door het raam van mijn kantoor bij Sidley op de zesenveertigste verdieping keek ik uit op de grijze ijsvlakte van het Michiganmeer en de ijzergrauwe hemel erboven. Ik droeg mijn wollen kleren en hoopte op dooi. Zoals ik al schreef, is winter in de Midwest een oefening in wachten – op verlichting, op een vogel die zingt, op de eerste paarse krokus die boven de sneeuw uitkomt. Intussen heb je geen andere keus dan tegen jezelf te zeggen dat het wel weer voorbij zal gaan.

Mijn vader was zijn goede humeur en jovialiteit niet kwijtgeraakt. Craig kwam af en toe mee-eten en dan zaten we met ons allen rond de tafel en lachten we als vanouds, alleen nu in gezelschap van Janis, Craigs vrouw. Janis was vrolijk en gedreven, een telecommunicatieanalist die in het centrum werkte en die, net als iedereen, helemaal weg was van mijn vader. Craig was intussen een uithangbord voor de droom van de post-Princeton-professional. Hij was bezig met zijn MBA en had een baan als adjunct-directeur van de Continental Bank, en hij en Janis hadden een leuke flat gekocht in Hyde Park. Hij droeg maatkleding en was voor het avondeten aan komen rijden in zijn rode Porsche 944 Turbo. Op dat moment wist ik het niet, maar niets van dit alles maakte hem gelukkig. Er was, net als bij mij, een crisis aanstaande en hij zou de komende jaren worstelen met vragen of zijn werk wel betekenisvol was en of de beloning die hij zich verplicht voelde na te jagen, wel de beloning was die hij echt wilde. Maar in de wetenschap dat onze vader het geweldig vond wat zijn kinderen hadden bereikt, bespraken we onze ontevredenheid nooit tijdens het eten.

Bij het afscheid na het eten wierp Craig nog een laatste, bezorgde blik op mijn vader en stelde hem de gebruikelijke vraag naar zijn gezondheid, met de vrolijke dooddoener als antwoord. 'Het gaat goed.'

We accepteerden dit, denk ik, omdat het zo rustgevend was en rust was wat we wilden. Pa leefde al jaren met MS en het was altijd goed gegaan. We waren blij dat we zijn rationalisering konden overnemen, ook al ging hij zichtbaar achteruit. Het ging goed, zeiden we tegen elkaar, omdat hij nog steeds elke dag opstond en naar zijn werk ging. Het ging goed, omdat we die avond zagen dat hij voor de tweede keer gehaktbrood opschepte. Het ging goed, zolang je maar niet naar zijn voeten keek.

Ik had enkele ingespannen gesprekken met mijn moeder waarin ik haar vroeg waarom pa toch niet naar de dokter ging. Maar net als ik had ze het helemaal opgegeven nadat ze het al vaak genoeg had gezegd en hij haar elke keer de mond had gesnoerd. Dokters hadden mijn vader nog nooit goed nieuws gebracht, en daarom moesten ze vermeden worden. Hoe graag hij ook praatte, over zijn problemen wilde hij het nooit hebben. Hij beschouwde dat als egoïstisch. Hij wilde er op zijn eigen wijze mee omgaan. Om iets te doen aan zijn opzwellende voeten vroeg hij aan mijn moeder om een maat grotere werklaarzen voor hem te kopen.

De patstelling over een bezoek aan de dokter duurde heel januari en februari van dat jaar. Mijn vader bewoog zich pijnlijk traag, hij gebruikte in huis een aluminium looprek en pauzeerde vaak om op adem te komen. Hij had nu 's morgens meer tijd nodig om van zijn bed in de badkamer te komen, van de badkamer in de keuken en ten slotte bij de achterdeur en drie treden af naar de garage, zodat hij zelf naar zijn werk kon rijden. Ondanks wat er thuis gebeurde, zei hij dat het bij het waterbedrijf goed ging. Hij gebruikte een scooter om van ketel naar ketel te rijden en was trots op zijn onmisbaarheid. In zesentwintig jaar had hij geen dag gemist. Als een ketel oververhit raakte, was hij naar eigen zeggen een van de weinige werknemers met voldoende ervaring om een ramp snel en adequaat te voorkomen. Als een waarlijke afspiegeling van zijn optimisme had hij zichzelf voor een promotie aangemeld.

Mijn moeder en ik trachtten dat wat hij zei, in overeenstemming te brengen met wat we met onze eigen ogen zagen. Maar dat werd steeds moeilijker. Het grootste deel van de avond thuis keek mijn vader naar basketbal- en ijshockeywedstrijden op tv en zat hij zwak en uitgeput in zijn stoel. Behalve zijn voeten leek er nu ook wat in zijn hals op te zwellen. Het zorgde voor een vreemd stemgeluid.

Op een avond hadden we er genoeg van. Craig was nooit iemand geweest om de waarheid te vertellen en mijn moeder bleef bij haar zelf opgelegde wapenstilstand waar het mijn vaders gezondheid betrof. In een gesprek als dit dat gevoerd moest gaan worden, was ik het altijd die de rol van politieagent op me nam. Ik zei tegen mijn vader dat hij het aan ons verplicht was om hulp te zoeken en dat ik van plan was de volgende morgen de dokter te bellen. Met tegenzin legde hij zich hierbij neer en beloofde dat, als ik de afspraak maakte, hij ernaartoe zou gaan. Ik drong er op aan dat hij de volgende ochtend zou uitslapen om zijn lichaam rust te geven.

We gingen die avond naar bed, mijn moeder en ik, met het opgeluchte gevoel dat we eindelijk enige controle hadden verkregen.

Mijn vader had echter verschillende loyaliteiten. Voor hem was uitrusten zoiets als toegeven. Toen ik de volgende morgen beneden kwam, was mijn moeder al naar haar werk en zat mijn vader aan de keukentafel met zijn looprek naast hem. Hij had zijn marineblauwe werkkleding aan en had moeite met het aantrekken van zijn laarzen. Hij ging naar zijn werk.

'Pap,' zei ik, 'ik dacht dat je uit zou rusten. We hebben een afspraak voor je gemaakt bij de dokter...'

Hij haalde zijn schouders op. 'Ik weet het, schatje,' zei hij, zijn stem hees door wat er ook in zijn hals zat. 'Maar op dit moment voel ik me goed.'

Zijn koppigheid lag verborgen onder zo veel lagen trots dat ik onmogelijk kwaad kon zijn. Hij was er niet vanaf te brengen. Mijn ouders hadden ons opgevoed om onze eigen boontjes te doppen, wat betekende dat ik erop moest vertrouwen dat hij dat met de zijne deed, ook al kon hij op dat moment nauwelijks zijn schoenen aankrijgen. Ik liet het er daarom bij. Ik verborg mijn eigen zorgen, gaf mijn vader een kus en ging terug naar boven om me klaar te maken voor mijn eigen werkdag. Ik besloot dat ik mijn moeder maar in de loop van de dag op kantoor moest bellen om met haar te overleggen over een andere strategie om de man te dwingen even vrij te nemen.

Ik hoorde dat de achterdeur dichtging. Een paar minuten later kwam ik terug in de keuken, waar niemand meer was. Mijn vaders looprek stond bij de achterdeur. In een opwelling liep ik erheen en keek door het glazen kijkgaatje in de deur, dat een breedbeeldblik op de trap achter het huis en het paadje naar de garage bood, alleen om te kijken of zijn bestelauto verdwenen was.

Maar de bestelauto was er nog, en mijn vader ook. Hij had een muts op en zijn winterjack aan en zat met zijn rug naar me toe. Hij was maar enkele treden ver gekomen voordat hij moest gaan zitten. Ik kon de uitputting aflezen aan hoe diep hij gebogen zat, aan zijn scheefgezakte hoofd en aan het bijna ingestorte gewicht waarmee hij tegen de houten leuning rustte. Het was niet zozeer een crisis, hij keek eerder zorgelijk om hoe het verder moest. Het leek erop dat hij probeerde voldoende kracht te verzamelen om om te keren en weer naar binnen te gaan.

Ik zag hem, zo realiseerde ik me, op een moment van de totale nederlaag.

Hoe eenzaam moeten die ruim twintig jaar zijn geweest waarin hij leed aan die ziekte, om door te gaan zonder te klagen, terwijl je lichaam langzaam en onomkeerbaar verteerd wordt. Mijn vader zo op die trede te zien zitten deed pijn op een manier die ik niet eerder had gekend. Mijn instinct zei me dat ik naar buiten moest rennen om hem het warme huis binnen te helpen, maar ik weerhield me ervan, omdat dat nog een extra deuk in zijn waardigheid zou betekenen. Ik haalde diep adem en wendde me van de deur af.

Ik zie hem wel als hij binnenkomt, dacht ik. Dan help ik hem uit zijn werklaarzen, geef hem een glas water en help hem in zijn stoel, met de onuitgesproken erkenning dat hij nu toch echt hulp moest accepteren.

In mijn appartement boven zat ik te wachten op de klik van de achterdeur. Ik wachtte vijf minuten, en toen nog vijf minuten voordat ik uiteindelijk naar beneden ging en door het kijkgaatje keek om er zeker van te zijn dat het hem was gelukt weer te gaan staan. Maar de trap was nu leeg. Op een of andere manier was mijn vader, ondanks alles wat er in zijn lichaam opgezwollen was of het niet meer deed, op doorzettingsvermogen de trap afgeklommen en over het gladde paadje naar zijn auto gelopen en was hij nu vermoedelijk al bijna halverwege op weg naar het waterbedrijf. Hij gaf zich niet gewonnen.

Barack en ik speelden nu al maanden met het idee van een huwelijk. We waren anderhalf jaar samen en waren nog steeds, zo leek het, zielsgelukkig met elkaar. Hij zat in zijn laatste semester op Harvard en ging helemaal op in zijn werk aan de *Harvard Law Review*, maar hij zou al gauw weer mijn kant op komen om zich als advocaat in Illinois te vestigen en een baan te zoeken. Het plan was dat hij terug zou komen aan Euclid Avenue, maar deze keer op een manier die wat permanenter aanvoelde. Voor mij was het nog een reden waarom de winter niet snel genoeg voorbij kon zijn.

We hadden al eerder op abstracte manieren gepraat over hoe we het huwelijk zagen en ik maakte me weleens zorgen over hoe verschillend onze visies waren. Voor mij was trouwen een gegeven, opgegroeid in de verwachting dat ik dat ooit zou doen, net als kinderen krijgen altijd een gegeven was geweest, daterend uit de tijd waarin ik als meisje zo veel aandacht besteedde aan mijn poppen. Barack was niet tegen trouwen, maar had er geen enkele haast mee. Voor hem betekende onze liefde alleen al alles. Dat was voldoende basis voor een vol en gelukkig leven, met of zonder ringen.

We waren natuurlijk beiden producten van onze opvoeding. Barack had het huwelijk als iets vluchtigs aanschouwd: zijn moeder was twee keer getrouwd geweest, twee keer gescheiden, en in beide gevallen had ze haar leven en carrière weer op kunnen pakken zonder haar kleine kinderen te beschadigen. Mijn ouders waren jong getrouwd en voor altijd met elkaar verbonden. Voor hen was elke beslissing een gezamenlijke beslissing, elke onderneming een gezamenlijke onderneming. In dertig jaar hadden ze nauwelijks een nacht apart geslapen.

Wat wilden Barack en ik eigenlijk? We wilden een modern partnerschap waarin ieder van ons zich kon vinden. Hij beschouwde het huwelijk als het op liefde gebaseerde verbond van twee mensen die met elkaar konden leven, maar zonder eigen onafhankelijke dromen of ambities op te geven. Voor mij was het huwelijk meer een echte fusie, een hervorming van twee levens tot één, waarbij het welzijn van het gezin boven de agenda of het doel van één van beiden gaat. Niet dat ik precies zo'n leven wilde leiden als mijn ouders. Ik wilde niet voor eeuwig in hetzelfde huis wonen, dezelfde baan hebben en nooit enige ruimte voor mezelf opeisen, maar ik wilde wel de vastigheid die zij jaar in, jaar uit, decennium in, decennium uit hadden. 'Ik erken de waarde van individuen met hun eigen belangstellingen, ambities en dromen,' schreef ik in mijn dagboek. 'Maar ik vind niet dat het streven naar het verwezenlijken van de dromen van de een, moet gaan ten koste van het paar.'

We werken al die gevoelens wel uit, dacht ik, als Barack terug is in Chicago, als het buiten weer warmer wordt, als we de luxe weer kennen van het samen doorbrengen van de weekenden. Ik hoefde alleen maar te wachten, al viel het wachten me zwaar. Ik zocht naar vastigheid. In de woonkamer van mijn appartement hoorde ik weleens het gedempte praten van mijn ouders op de verdieping beneden. Ik hoorde mijn moeder lachen als mijn vader iets vertelde. Ik hoorde ze de tv uitzetten om naar bed te gaan. Ik was nu zevenentwintig jaar oud en er waren dagen waarop ik alleen maar compleet wilde zijn. Ik wilde stuk voor stuk alles pakken waarvan ik hield en het genadeloos kapot maken. Ik had precies voldoende verloren om te weten dat er meer verlies zou volgen.

Ik was degene die voor mijn vader de afspraak met de dokter maakte, maar het was mijn moeder die er uiteindelijk met hem naartoe ging – in een ziekenauto, welteverstaan. Zijn voeten waren zo opgezet en zo gevoelig geworden dat hij ten slotte wel toe moest geven dat erop lopen voelde alsof hij op naalden liep. Toen het tijd was voor de afspraak, kon hij er helemaal niet meer op lopen. Ik was die dag aan het werk, maar mijn moeder beschreef voor me hoe pa het huis werd uitgedragen door twee stevige ambulancebroeders en dat hij onderweg nog grapjes met ze probeerde te maken.

Hij werd direct naar het ziekenhuis van de universiteit gebracht. Wat volgde was een lange reeks verloren dagen in het vagevuur van bloed afnemen, hartslagcontroles, onaangeraakte borden eten, en eskaders artsen die hun rondes doen. En al die tijd bleef mijn vader maar opzwellen. Zijn gezicht werd bol, zijn hals werd dik, zijn stem werd zwak. Het syndroom van Cushing luidde de diagnose, mogelijk verband houdend met zijn MS, mogelijk ook niet. Hoe dan ook, wij waren voorbij het punt van welke noodoplossing dan ook. Zijn endocriene systeem, het stelsel van al zijn interne klieren, lag volledig overhoop. Op een scan was te zien dat het gezwel in zijn hals zo groot was dat hij er bijna door stikte.

'Ik snap niet dat ik dat niet heb gemerkt,' zei mijn vader tegen de dokter op een toon alsof hij echt perplex was, alsof hij tot op dit moment geen enkel symptoom had opgemerkt, alsof hij niet al weken en maanden, zo niet al jaren, zijn pijn had verbeten.

We negeerden de bezoekuren van het ziekenhuis om bij hem te kunnen zijn, mijn moeder, Craig, Janis en ik. We kwamen en gingen terwijl de dokters hem volstopten met medicijnen, terwijl nog meer slangen werden ingebracht en machines werden aangesloten. We probeerden te begrijpen wat de specialisten zeiden, maar snapten er weinig van. We schudden paps kussens op en vertelden hem volstrekt zinloos over basketbal en over het weer, wetend dat hij luisterde, maar praten was nu te uitputtend voor hem. We waren een familie van planners, maar nu leek alles ongepland. Langzaam zonk mijn vader bij ons vandaan, omhuld door een onzichtbare zee. We riepen hem terug met oude herinneringen en zagen hoe die enige helderheid in zijn ogen brachten. Herinner je je nog de *deuce and a quarter* en hoe we op die reusachtige achterbank om en om rolden als we als zomeruitje naar de drive-in gingen? Herinner je je nog de bokshandschoenen die je ons gaf, en het zwembad in Dukes Happy Holiday Resort? En hoe je de achtergronden bouwde voor Robbies Operetta Workshop? En de etentjes in Dandy's huis? Herinner je je dat mama garnalen bakte op oudejaarsavond?

Ik kwam op een avond langs en trof mijn vader alleen aan, mijn moeder was al naar huis voor de nacht, de verpleegkundigen zaten bij elkaar in hun teampost in de gang. Het was stil in zijn kamer. De hele verdieping van het ziekenhuis was stil. Het was de eerste week van maart, de sneeuw was net weggesmolten en de stad leek nu wel in een permanente staat van vochtigheid te verkeren. Mijn vader lag tien dagen in het ziekenhuis. Hij was vijfenvijftig jaar, maar leek wel een oude man, met vergeeld oogwit en armen die te zwaar waren om te bewegen. Hij was wakker, maar niet in staat te praten, of dat nu kwam door het gezwel of door emotie, dat zal ik nooit weten.

Ik zat op een stoel naast zijn bed en zag dat hij moeite moest doen om adem te halen. Toen ik mijn hand in de zijne legde, gaf hij een troostend kneepje. We keken elkaar zwijgend aan. Veel te zeggen was er niet en op hetzelfde moment voelde het alsof we alles al gezegd hadden. Wat over was, was slechts één waarheid. We naderden het einde. Hij zou niet meer beter worden. Hij zou de rest van mijn leven niet meer meemaken. Ik zou zijn standvastigheid, zijn troost, zijn alledaagse blijheid gaan missen. Ik voelde tranen over mijn wangen lopen.

Terwijl hij me bleef aankijken, bracht hij mijn hand naar zijn lippen en kuste die keer op keer op keer. Het was zijn manier om te zeggen, *Stil maar, huil maar niet.* Hij uitte zijn spijt en zijn haast, maar ook iets kalmers en diepers, een boodschap die hij over wilde brengen. Met die kussen zei hij dat hij met heel zijn hart van me hield, dat hij trots was op de vrouw die ik geworden was. Hij zei dat hij wel wist dat hij veel eerder naar de dokter had moeten gaan. Hij vroeg vergeving. Hij zei vaarwel.

Ik bleef bij hem die avond tot hij in slaap viel en verliet het ziekenhuis in de ijzige duisternis en reed naar huis aan Euclid Avenue, waar mijn moeder de lichten al had uitgedaan. Nu waren we alleen in het huis, alleen mijn moeder en ik en wat voor toekomst we nu ook zouden gaan hebben. Omdat hij, tegen de tijd dat de zon opkwam, zou zijn heengegaan. Mijn vader, Fraser Robinson III, kreeg die nacht een hartaanval en overleed, nadat hij ons absoluut alles had gegeven.

11

Verder gaan met leven nadat iemand net is overleden, doet pijn. Het is niet anders. Het doet pijn om door een gang te lopen of de koelkast open te doen. Het doet pijn om je sokken aan te trekken, je tanden te poetsen. Eten smaakt naar niets. Kleuren zijn kleurloos. Muziek doet pijn, evenals herinneringen. Je kijkt naar iets wat je anders prachtig had gevonden – een paarse hemel bij zonsondergang of een speeltuin vol kinderen – en nu verdiept het alleen maar je verlies. Verdriet is op deze wijze zo eenzaam.

De dag nadat mijn vader was overleden, reden wij – mijn moeder, Craig en ik – naar een begrafenisondernemer in de South Side om een kist uit te zoeken en een dienst te plannen. *Om voorzieningen te treffen*, noemen begrafenisondernemers dat. Ik herinner me niet veel van dat bezoek, behalve hoe verdoofd we waren, ieder van ons opgesloten in ons eigen verdriet. En toch kregen Craig en ik, terwijl we door het vreselijke ritueel gingen van het uitzoeken van de juiste kist om pa in te begraven, voor de eerste en enige keer ruzie als volwassen broer en zus.

Waar het op neerkwam, was dit: ik wilde de mooiste, duurste kist uit de hele collectie kopen, compleet met elk mogelijk extra handvat en kussen. Ik had geen enkele goede reden om dat te willen. Het had te maken met dat er verder niets meer was wat ik kon doen. De praktische, pragmatische aard van onze opvoeding zorgde ervoor dat ik niet veel aandacht besteedde aan de aardige, goedbedoelde platitudes waaronder mensen ons een paar dagen later bij de begrafenis bedolven. Ik was nu eenmaal niet gemakkelijk te troosten met de suggestie dat mijn vader naar een betere plaats was gegaan of nu tussen engelen zat. Zoals ik het zag, moest er gewoon een mooie kist komen.

Craig hield echter vol dat pa iets heel primairs wilde – bescheiden en praktisch en verder niets. Dat paste bij pa's persoonlijkheid, zei hij. Al het andere zou te opzichtig zijn.

Het begon rustig, maar het ontplofte al gauw, terwijl de begrafenisondernemer zo vriendelijk was te doen alsof hij niet luisterde en onze moeder onbewogen naar ons staarde door de mist van haar eigen pijn.

We schreeuwden om redenen die niets te maken hadden met de feitelijke onenigheid. Geen van ons had belang bij de uitkomst. Uiteindelijk begroeven we onze vader in een kist tussen de uitersten in, niet te mooi en niet te primair, en hadden het er nooit meer over. We hadden een absurde en ongepaste onenigheid omdat in de nasleep van de dood elk enkel ding op aarde absurd en ongepast voelt.

Daarna reden we ma terug naar Euclid Avenue. We zaten met ons drieën aan de keukentafel beneden, moe en somber, we beleefden onze pijn opnieuw met het zien van de vierde, lege stoel. Al gauw huilden we. We zaten er lang, zo voelde het, te snikken tot we uitgeput waren en geen tranen meer hadden. Mijn moeder die de hele dag niet veel had gezegd, zei er uiteindelijk iets over.

'Moet je ons eens zien,' zei ze, met een beetje spot.

Er zat een zekere lichtheid in hoe ze het zei. Ze wees er zo op dat wij Robinsons waren vervallen tot een echt en absurd zootje, onherkenbaar met onze opgezwollen oogleden en druppende neus, met onze pijn en vreemde hulpeloosheid hier in onze eigen keuken. Wie waren wij? Wisten we dat niet? Had hij het ons niet laten zien? Zij riep ons met enkele woorden terug naar de werkelijkheid, zoals alleen onze moeder dat kon. Ma keek naar mij en ik keek naar Craig en ineens leek het moment een beetje grappig. De eerste gniffel, wisten we, zou gewoonlijk zijn gekomen van de nu lege stoel. We begonnen te giechelden, toen te lachen tot we een hevige lachbui kregen. Ik besef dat dat misschien vreemd overkomt, maar we waren hier zo veel beter in dan in huilen. Het punt was dat hij het leuk gevonden zou hebben, en dus lieten we toe dat we lachten.

Het verlies van mijn vader maakte mijn gevoel dat er geen tijd was om rustig te gaan zitten overdenken wat ik met mijn leven moest gaan doen, alleen maar erger. Mijn vader was pas vijfenvijftig toen hij overleed.

Suzanne was zesentwintig geweest. De les was eenvoudig: het leven is kort en mag niet vergooid worden. Als ik doodging, wilde ik niet dat mensen zich mij herinnerden om de stapels resumés die ik had geschreven of de handelsmerken die ik had helpen verdedigen. Ik wist nu zeker dat ik de wereld wel iets meer te bieden had. Het was tijd voor actie.

Nog steeds niet zeker van waar ik eigenlijk hoopte te belanden, typte ik open sollicitatiebrieven die ik naar allerlei mensen in Chicago stuurde. Ik schreef aan de voorzitters van stichtingen, op de gemeenschap gerichte non-profitorganisaties en grote universiteiten en dan met name naar hun juridische afdeling – niet omdat ik juridisch werk wilde gaan doen, maar omdat ik dacht dat die eerder zouden reageren op mijn cv. Gelukkig reageerden er ook mensen die me uitnodigden voor een lunch of een gesprek als ze niet direct een baan voor me hadden. In de loop van het voorjaar en de zomer van 1991 stelde ik me aan iedereen voor van wie ik dacht dat hij of zij me zou kunnen adviseren. Het punt was niet zozeer dat ik een nieuwe baan zocht, maar meer dat ik beter wilde begrijpen wat de mogelijkheden waren en hoe anderen hun dilemma hadden opgelost. Ik begon me te realiseren dat de volgende fase van mijn reis zich niet vanzelf zou onthullen, dat mijn mooie academische titels me niet automatisch zouden voeren naar bevredigend werk. Het vinden van een carrière in tegenstelling tot een baan, zou niet voortkomen uit het bladeren door de contactpagina's van een gids van afgestudeerden – daar waren meer overwegingen en inspanningen voor nodig. Ik zou hard moeten werken en leren. En dus legde ik keer op keer mijn professionele dilemma voor aan mensen die ik ontmoette, vroeg ik hun wat ze deden en wie ze kenden. Ik stelde vol ijver vragen over wat voor soort werk er zou zijn voor een jurist die eigenlijk geen juridisch werk wilde doen.

Op een middag bracht ik een bezoek aan een vriendelijke, bedachtzame man, Art Sussman, die de interne juridisch adviseur was van de University of Chicago. Het bleek dat mijn moeder ooit een jaar voor hem had gewerkt als secretaresse, zijn brieven had opgenomen en de dossiers van de afdeling had bijgehouden. Dat was toen ik in de tweede klas van de high school zat en voordat zij een baan kreeg bij de bank. Art was verbaasd te horen dat ik haar nooit op haar werk had bezocht, dat ik zelfs nog nooit een voet had gezet op de authentiek gotische campus, ook al woonde ik er maar een paar kilometer vandaan.

Eerlijk gezegd had ik nooit reden gehad om de campus te bezoeken. Mijn buurtschool organiseerde geen bezoekjes aan deze universiteit. Als er culturele evenementen werden gehouden die toegankelijk waren voor het publiek, wisten wij dat niet. We hadden geen vrienden, zelfs geen kennissen, die er studeerden of hadden gestudeerd. De University of Chicago was een elite-universiteit, en voor bijna iedereen die ik kende toen ik klein was, betekende elite *niet voor ons*. De grijze gebouwen stonden bijna letterlijk met hun achterkant naar de straten rondom de campus. Als we langsreden, rolde mijn vader met zijn ogen als hij de massa studenten zag, die kriskras door elkaar over Ellis Avenue liepen terwijl hij zich afvroeg hoe het kwam dat zulke slimme mensen nooit hadden geleerd hoe je een straat moest oversteken.

Zoals zoveel inwoners van de South Side had mijn familie een vage en beperkte visie op de universiteit, ook al had mijn moeder er een jaar naar tevredenheid gewerkt. Toen het voor Craig en mij tijd was om na te gaan denken over naar welk college wij zouden gaan, kwam het niet eens in ons op ons in te schrijven aan de University of Chicago. Om een of andere duistere reden was Princeton op ons overgekomen als toegankelijker.

Nadat Art dit alles had aangehoord, was hij stomverbaasd. 'Ben je hier nooit geweest?' zei hij. 'Nooit?'

'Nope, niet één keer.'

Er school een merkwaardige kracht in het hardop uitspreken. Ik had tot dan toe nauwelijks nagedacht over het idee, maar nu kwam het in me op dat ik een uitstekende student zou zijn geweest aan de University of Chicago, als de kloof tussen toga en stad maar niet zo breed was geweest – als ik van de universiteit had geweten en de universiteit van mij. Toen ik hierover nadacht, voelde ik van binnen een scheut, een onderhuidse prikkel van zingeving. De combinatie van waar ik vandaan kwam en waar ik naartoe was gegaan, gaf me een zeker, mogelijk betekenisvol perspectief. Omdat ik zwart was en afkomstig van de South Side, zo begreep ik nu ineens, herkende ik problemen waarvan een man als Art Sussman niet eens besefte dat ze bestonden.

Binnen een paar jaar zou ik nog wel de kans krijgen om voor de universiteit te werken en enkele van de problemen in de relatie met de buurt aan te pakken, maar op dit moment was Art alleen zo aardig aan te bieden om mijn cv rond te sturen.

'Volgens mij moet je met Susan Sher praten,' zei hij, waarmee hij ongewild een wat ik tot op de dag van vandaag beschouw als geïnspireerde kettingreactie op gang bracht. Susan was een jaar of vijftien ouder dan ik. Ze was partner geweest in een groot advocatenkantoor maar had uiteindelijk ook het bedrijfsleven de rug toegekeerd, net als ik hoopte te gaan doen, ook al stond ze nu het gemeentebestuur van Chicago juridisch bij. Susan had leigrijze ogen, het soort witte huid dat hoort bij een koningin uit de victoriaanse tijd en een lach die vaak eindigde in een ondeugend gesnuif. Ze was vriendelijk zelfverzekerd en bijzonder intelligent en zou een vriendin voor het leven worden. 'Ik zou je zo aannemen,' zei ze toen we elkaar eindelijk hadden gesproken. 'Maar je hebt me net verteld dat je geen advocaat wilt zijn.'

In plaats daarvan stelde Susan een volgende introductie voor, alsof het voorbestemd was, en stuurde mijn cv en mij naar een nieuwe collega van haar in het stadhuis, de volgende bedrijfsjurist die het schip had verlaten en een hang had naar het openbaar bestuur. Ook zij was een dochter van de South Side en zij zou mijn levensloop veranderen, niet één keer, maar herhaaldelijk. 'Degene met wie je echt moet gaan praten,' zei Susan, 'is Valerie Jarrett.'

Valerie Jarrett was zojuist benoemd tot plaatsvervangend hoofd van de staf van de burgemeester van Chicago en had uitstekende connecties in de Afro-Amerikaanse gemeenschap van de stad. Net als Susan was ze zo slim dat ze na haar studie rechten een baan kreeg bij een groot kantoor, om later te beseffen dat ze er weg wilde. Ze was vooral naar het stadhuis gegaan omdat ze was geïnspireerd door Harold Washington die in 1983, toen ik studeerde, was gekozen tot burgemeester en de eerste Afro-Amerikaanse man was op die positie. Washington was een vlot pratende politicus vol vuur. Mijn ouders vonden het geweldig hoe hij een verder gewone toespraak vol kon stoppen met citaten van Shakespeare en om hoe hij op zijn befaamde, enthousiaste wijze gebraden kip naar binnen schrokte tijdens volksevenementen in de South Side. Het belangrijkste was echter dat hij een hekel had aan de ingegraven machinerie van de Democraten die Chicago al zo lang bestuurde, die politieke geldschieters beloonde met lucratieve contracten met de stad en in het algemeen zwarten in dienst van de partij hield, maar hen zelden toeliet tot de officiële, gekozen rollen.

Washington, die zijn campagne had gericht op hervorming van het politieke systeem van de stad en beter onderhoud van de verwaarloosde buurten, won de verkiezingen met een neuslengte. Zijn stijl was brutaal en zijn temperament vurig. Hij kon tegenstanders villen met zijn welsprekendheid en intellect. Hij was een zwarte, slimme superheld. Hij had regelmatig botsingen met de meest witte leden van de oude garde van het stadsbestuur en werd beschouwd als een soort rondwandelende legende, vooral door de zwarte stadsbewoners die zijn leiderschap zagen als het aanwakkeren van een grotere vlam van progressiviteit. Zijn visie was een vroege inspiratiebron geweest van Barack, die in 1985 naar Chicago was gekomen om er te werken als buurtwerker.

Ook Valerie was geïnspireerd door Washington. Ze was dertig toen ze in 1987 bij Washingtons staf kwam, aan het begin van zijn tweede termijn. Ze was moeder van een dochtertje en zou spoedig scheiden, waardoor het wel bijzonder slecht uitkwam om zoveel achteruit te gaan in salaris zoals dat nu eenmaal is als je een duur advocatenkantoor verlaat en in het stadhuis gaat werken. En ze had de baan nog maar een paar maanden of het noodlot sloeg toe: Harold Washington kreeg een hartaanval en overleed achter zijn bureau, een half uur nadat hij een toespraak had gehouden over sociale woningbouw. Een zwarte wethouder werd door het stadsbestuur benoemd tot burgemeester om hem te vervangen, maar zijn ambtsperiode duurde maar kort. De kiezers kozen daarop voor wat veel Afro-Amerikanen beschouwden als een snelle en demoraliserende terugkeer naar de oude witte gewoonten van de politiek van Chicago: ze kozen Richard M. Daley, de zoon van de vroegere burgemeester Richard J. Daley, die algemeen werd beschouwd als de peetvader van de enorme vriendjespolitiek van Chicago.

Hoewel ze haar twijfels had over het nieuwe stadsbestuur, had Valerie besloten in het stadhuis te blijven, maar van de juridische afdeling over te stappen naar het kantoor van burgemeester Daley. Ze was blij dat ze daar zat, vooral vanwege de tegenstelling. Ze vertelde me wat een opluchting haar overgang van een advocatenkantoor naar het openbaar bestuur was geweest, een stimulerende sprong van de oververzorgde onwerkelijkheid van de vooraanstaande advocatuur van de hoogste verdiepingen van de wolkenkrabbers naar de echte wereld, de werkelijke wereld.

Het stad- en provinciehuis van Chicago is een elf verdiepingen tellende monoliet van grijs graniet met een plat dak, dat het hele blok in beslag neemt tussen Clark en LaSalle ten noorden van de Loop. Vergeleken met de hoog oprijzende kantoorgebouwen eromheen was het plomp maar niet zonder grandeur, met hoge Korinthische zuilen aan de voorkant en met galmende marmeren gangen. Het bestuur van de provincie is gevestigd in de oostelijke helft van het gebouw; de stad gebruikt de westelijke helft, waarin de burgemeester en de raadsleden hun kantoor hebben, evenals de gemeentesecretaris. Het stadhuis, hoorde ik op de snikhete zomerdag waarop ik met Valerie een sollicitatiegesprek voerde, zat zowel onrustbarend als opbeurend vol mensen.

Hier trouwden mensen of lieten er een auto overschrijven. Sommigen kwamen klachten indienen over gaten in het wegdek, over hun huurbaas, het riool en al het andere waarvan ze dachten dat de stad er iets aan kon doen. Er kwamen baby's in kinderwagens en oude dames in rolstoelen. Er kwamen journalisten en lobbyisten en daklozen die aan de hitte buiten wilden ontsnappen. Op het trottoir voor het gebouw zwaaiden demonstranten met spandoeken en zongen liederen, maar ik kan me niet meer herinneren waar ze zo boos om waren. Wat ik nog wel weet, is dat ik tegelijkertijd verbaasd en totaal betoverd was door de beheerste chaos. Het stadhuis is van de mensen. Hier heerste een lawaaiige, krachtige indringendheid die ik bij Sidley nooit had gevoeld.

Valerie had twintig minuten van haar tijd vrijgemaakt om met mij te praten, maar ons gesprek duurde uiteindelijk anderhalf uur. Ze was een slanke, lichtgekleurde Afro-Amerikaanse vrouw in een prachtig kostuum, had een zachte stem en was opvallend sereen; de blik in haar bruine ogen was onverstoorbaar en ze wist bijzonder goed hoe de stad functioneerde.

Ze genoot van haar baan, maar probeerde de bureaucratische hoofdpijn van bestuurswerk niet te verbloemen. Iets in haar zorgde ervoor dat ik me direct op mijn gemak voelde. Jaren later zou Valerie me vertellen dat ik het tot haar verrassing die dag voor elkaar had gekregen om het standaard sollicitatiegesprek volledig om te keren – dat ik haar wel enige nuttige basisgegevens over mezelf had verstrekt, maar dat ik haar verder had ondervraagd, dat ik elke twijfel had willen begrijpen over het werk dat ze deed en hoe goed de burgemeester naar zijn personeel luisterde. Eigenlijk was ik dus net zo goed aan het nagaan of de baan geschikt voor mij was als zij mijn geschiktheid voor de baan.

Als ik er nu op terugkijk, weet ik zeker dat ik alleen gebruikmaakte van wat mij een zeldzame gelegenheid leek om te praten met een vrouw met dezelfde achtergrond als de mijne, maar die een paar jaar op me voorliep wat haar carrière betreft. Valerie was rustig, doortastend en wijs op een manier zoals weinig mensen waren die ik ooit had ontmoet. Ze was iemand om van te leren en dicht bij te blijven. Dat zag ik meteen.

Voordat ik vertrok, bood ze me aan bij haar staf te komen als assistent van burgemeester Daley, en te beginnen zo gauw ik er klaar voor was. Ik zou niet langer als jurist werkzaam zijn. Mijn salaris zou $ 60.000 bedragen, ongeveer de helft van wat ik bij Sidley & Austin verdiende. Ze zei me de tijd te nemen en erover na te denken of ik echt wel was voorbereid op een dergelijke verandering. Het was mijn sprong waarover ik na moest denken, mijn sprong om te wagen.

Ik had nooit zo veel achting gehad voor het stadhuis. Ik was zwart en opgegroeid in de South Side en had weinig vertrouwen in politiek. Politiek was traditioneel gebruikt tegen zwarte mensen als een middel om ons geïsoleerd en uitgesloten te voelen, waardoor we te laag opgeleid en werkloos of onderbetaald werden. Mijn grootouders hadden onder de verschrikkingen van de Jim Crow-wetten geleefd en de vernedering van discriminatie op de huizenmarkt en van het fundamentele wantrouwen van elk soort van gezag. (Southside, zoals je misschien nog weet, dacht dat zelfs de witte tandarts hem nog te pakken wilde nemen.) Mijn vader, die het grootste deel van zijn leven gemeenteambtenaar was geweest, was feitelijk gerekruteerd als districtshoofd van de Democratische Partij, omdat hij anders niet eens in aanmerking had kunnen komen voor een baan. Hij vond het sociale aspect van zijn verplichtingen in de buurt geweldig, maar hij walgde altijd weer van de vriendjespolitiek in het stadhuis.

En toch overwoog ik plotseling een baan in het stadhuis. Ik moest even met mijn ogen knipperen bij de achteruitgang in salaris, maar op een of ander intuïtief niveau was ik juist geïntrigeerd. Ik voelde weer zo'n scheut, een duwtje naar een heel andere toekomst dan die, die ik voor me had gezien. Ik was klaar voor de sprong, op één aspect na. Het ging niet langer om mij alleen. Toen Valerie me een paar dagen later belde om te horen hoe het ging, vertelde ik haar dat ik nog steeds nadacht over haar aanbod. Toen stelde ik haar een laatste en vermoedelijk vreemde vraag. 'Mag ik je misschien,' zei ik, 'ook voorstellen aan mijn verloofde?'

Ik denk dat ik hier beter nog een en ander moet aanvullen, even teruggaan door de hitte van die zomer, door de desoriënterende mist van die lange maanden na mijn vaders overlijden. Barack was teruggevlogen naar Chicago om na het overlijden van mijn vader zo lang mogelijk bij me te zijn voordat hij terugging naar Harvard om zijn studie af te ronden. Na zijn afstuderen eind mei pakte hij zijn koffers, verkocht de gele Datsun en vloog weer terug, rechtstreeks naar 7436 South Euclid Avenue en in mijn armen. Ik hield van hem. Ik voelde dat hij van mij hield. We hadden het bijna twee jaar uitgehouden als langeafstandspaar en nu konden we eindelijk een korteafstandspaar worden. Dat betekende dat we in het weekend weer uren in bed konden blijven liggen en de kranten lezen, uit gaan brunchen en elke gedachte delen die ons te binnen viel. We konden maandagavond uit eten gaan, en dinsdag en woensdag en donderdag trouwens ook. We konden boodschappen gaan doen in de supermarkt en voor de tv de was opvouwen. Op de vele avonden dat ik nog huilerig was om het verlies van mijn vader, was Barack er nu om zich om me heen te krullen en een kus te geven boven op mijn hoofd.

Barack was opgelucht dat hij zijn studie achter de rug had, zo graag wilde hij weg uit de abstracte wereld van de universiteit om werk te gaan doen dat boeiender was en werkelijker. Hij had inmiddels zijn idee van een boek over ras en identiteit verkocht aan een uitgever in New York, wat voor iemand die boeken zo vereerde als hij deed, een enorm en deemoed wekkend geschenk was. Hij had een voorschot ontvangen en had ongeveer een jaar om het manuscript te voltooien.

Barack had, zoals het altijd wel leek, vele opties. Zijn reputatie – de dweperige rapporten van zijn Harvard-professoren, het verhaal in *The New York Times* over zijn verkiezing tot hoofdredacteur van de *Harvard Law Review* – leek een stormvloed van mogelijkheden op te leveren. De University of Chicago bood hem een onbetaald medewerkerschap aan voor een jaar met een klein kantoortje, met het idee dat hij daar zijn boek kon schrijven en misschien aansluitend een baan zou aanvaarden om onderwijs te geven als medewerker aan hun rechtenopleiding. Mijn collega's van Sidney & Austin, die nog steeds hoopten dat Barack nu fulltime bij hen zou komen werken, gaven hem een bureau voor de acht weken die het nog duurde voordat hij zijn *bar exam*, zijn advocatenexamen, zou gaan halen in juli. Ook overwoog hij een baan te aanvaarden bij Davis, Miner, Barnhill & Galland, een klein kantoor voor sociale advocatuur dat gespecialiseerd was in burgerrechten en sociale huurwoningen en waarvan de advocaten nauw verbonden waren geweest met Harold Washington, wat een grote aantrekkingskracht had op Barack.

Er zit van nature iets heel bemoedigends in iemand die vindt dat zijn mogelijkheden grenzeloos zijn, die geen tijd of energie verliest aan de vraag of daar ooit een einde aan komt. Barack had hard en plichtsgetrouw gewerkt voor alles wat hem nu werd aangeboden, maar hij hield zijn prestaties niet bij en vergeleek zijn vooruitgang niet met die van anderen, zoals zoveel mensen die ik kende wel deden – inclusief ikzelf weleens. Hij leek soms heerlijk onwetend van de gigantische ratrace van het leven en alle materiële zaken die een advocaat van ergens in de dertig verondersteld werd na te jagen, van een onbeschaamde auto tot een huis met een tuin in een van de voorsteden of een protserige flat aan de Loop. Ik had deze eigenschap al eerder bij hem waargenomen, maar nu we samenwoonden en ik overwoog de eerste echte ommezwaai in mijn leven te gaan maken, ging ik die des te meer waarderen.

Kort gezegd, Barack geloofde in en vertrouwde op dingen waar anderen dat niet deden. Hij had een eenvoudig, standvastig geloof dat, als je je aan je principes hield, dingen goed zouden komen. Ik had op dat moment zoveel voorzichtige, verstandige gesprekken gevoerd met zoveel mensen over hoe ik me zou kunnen terugtrekken uit een carrière waarin ik, van alle kanten bezien, gewoon bloeide. Keer op keer las ik de waarschuwing en de zorg op evenzoveel gezichten als ik het had over de studieleningen die ik moest terugbetalen, dat ik nog niet in staat was om een huis te kopen. Ik kon het niet helpen dat ik almaar dacht aan hoe mijn vader zijn doelen bewust bescheiden had gehouden en elk risico had vermeden om ons thuis vastigheid te kunnen geven. Nog hoorde ik mijn moeder toen ze zei: *verdien eerst het geld en maak je later zorgen over je geluk*. Wat mijn angst vergrootte, was een diep verlangen dat elke stoffelijke wens oversteeg: ik wist dat ik kinderen wilde, liever eerder dan later. En hoe zou dat gaan als ik net begonnen was op een totaal nieuw terrein?

Toen Barack weer in Chicago was gekomen, werd hij een soort rustgevend tegengif. Hij absorbeerde mijn zorgen, luisterde als ik al mijn financiële verplichtingen op een rijtje zette en bevestigde dat hij ook heel graag kinderen wilde. Hij erkende dat er geen enkele manier was om te voorspellen hoe we de zaken precies moesten gaan aanpakken, aangezien geen van ons vast wilde komen zitten in de gerieflijke voorspelbaarheid van het advocatenbestaan. Maar waar het op neerkwam was dat we verre van arm waren en onze toekomst veelbelovend was, misschien wel veelbelovender vanwege het feit dat die niet makkelijk te plannen was.

Hij was de enige die zei dat ik er gewoon voor moest gaan, om alle zorgen te vergeten en iets moest gaan doen waarvan ik dacht dat het me gelukkig zou maken. Het was prima om mijn sprong in het onbekende te nemen, omdat – en dit zou als verbijsterend nieuws worden beschouwd door bijna ieder lid van de familie Shields/Robinson, helemaal teruggaand tot Dandy en Southside – het onbekende me niet zou ombrengen.

Maak je niet druk, zei Barack. *Je kunt het. We komen er wel uit.*

Nog iets over dat bar exam. Het is noodzakelijk en vervelend, een overgangsrite voor iedere net afgestudeerde jurist die voor de rechtbank op wil treden en hoewel inhoud en structuur van het examen van staat tot staat wel iets verschillen, wordt de ervaring van het doen ervan – een tweedaags, twaalf uur durend examen bedoeld om je kennis te testen over van alles, van contractrecht tot de geheimzinnige regels omtrent beveiligde transacties – zo'n beetje overal beschouwd als hels. Net als Barack nu van plan was, had ik drie jaar geleden, in de zomer na afronding van Harvard, het examen voor de balie van Illinois afgelegd. Daarvoor had ik me overgegeven aan een twee maanden durende periode van lange uren van zelfdiscipline als jongste medewerker van Sidley, om tegelijkertijd lessen te volgen voor het examen en een intimiderend dik boek door te worstelen met praktijkvoorbeelden.

Het was ook de zomer waarin Craig met Janis trouwde in haar geboortestad Denver. Janis had me gevraagd als haar bruidsmeisje en om een heleboel redenen – waarvan niet de minste was dat ik daarvóór zeven jaar non-stop aan Princeton en Harvard had gewerkt – wierp ik me vroeg en gretig op mijn taak. Ik bewonderde trouwjurken en hielp bij het plannen van haar vrijgezellenfeest. Er was niets wat ik niet zou doen om de trouwdag nog leuker te maken. Ik vond het, met andere woorden, veel opwindender dat mijn broer in het huwelijk trad dan na te gaan wat nu precies een onrechtmatige daad uitmaakte.

Dit was nog in de tijd waarin de uitslag per post op je huisadres werd afgeleverd. Op een dag ergens in de herfst, met zowel het bar exam als het huwelijk achter de rug, belde ik mijn vader om te vragen of hij wilde kijken of er post was die dag. Die was er. Ik vroeg hem of er een envelop voor mij bij zat. Dat was zo. Was het een brief van de Illinois State Bar Association? Ja, inderdaad, dat stond op de envelop. Daarop vroeg ik hem of hij die voor me wilde openen, waarna ik wat geritsel hoorde en toen een lange, drukkende stilte aan de andere kant van de lijn.

Ik was gezakt.

Ik was nog nooit in mijn leven ergens voor gezakt, behalve als je die keer op de kleuterschool wilt meetellen toen ik het woord 'wit' niet kon lezen op het stuk karton dat de juf omhoog hield. Maar bij de balie had ik het verpest. Ik schaamde me, ik was ervan overtuigd dat ik iedereen die me ooit iets had geleerd, me had aangemoedigd of in dienst genomen, in de steek had gelaten. Ik was niet gewend iets te verknallen. Eerder overdreef ik dingen, vooral als het aankwam op de voorbereidingen op een belangrijke gebeurtenis of een test, maar deze had ik verknoeid. Nu denk ik dat het een neveneffect was van de desinteresse die ik mijn hele rechtenstudie had gehad, overwerkt als ik was van het almaar studeren en verveeld als ik was door onderwerpen die ik vooral esoterisch vond en op grote afstand van het echte leven. Ik wilde tussen mensen zijn, niet tussen boeken, en daarom was mijn vrijwilligerswerk bij het Bureau Rechtshulp van Harvard, waar ik mensen kon helpen die problemen hadden met de sociale dienst of die ruzie hadden met een onfatsoenlijke huisbaas, het leukste van mijn hele studie rechten.

Maar zakken voor iets vond ik verschrikkelijk. Ik voelde de afgang nog maanden, ook al bekenden talloze collega's bij Sidley me dat ook zij niet in één keer voor hun bar exam waren geslaagd. Later die herfst boog ik me opnieuw over de boeken voor de herkansing, die ik met gemak haalde. Uiteindelijk maakte het feit dat ik het de eerste keer had verpest, afgezien van mijn gekrenkte trots, helemaal niets uit.

Een paar jaar later was ik dankzij die herinnering extra nieuwsgierig naar hoe Barack het eraf zou gaan brengen. Hij nam ook speciale lessen en sleepte de boeken voor het examen overal mee naartoe, maar hij leek er toch niet zo vaak in te kijken als ik dacht dat hij zou moeten doen – als ik had moeten doen, nu ik weet wat ik weet. Maar ik ging hem er niet mee lastigvallen of mezelf als voorbeeld stellen van wat er mis kon gaan. We zaten zo anders in elkaar, hij en ik. Zo was Baracks hoofd een overvolle koffer vol informatie, een mainframe waaraan hij, zo leek het, de meest uiteenlopende data kon onttrekken wanneer hij maar wilde. Ik noemde hem dan ook 'de feitenman' want hij leek op elke draai in een conversatie wel een feitelijke reactie paraat te hebben. Zijn geheugen leek wel net-niet-maar-bijna fotografisch. In werkelijkheid maakte ik me helemaal geen zorgen of hij dat bar exam zou halen, en hij ook niet, wat een beetje ergerlijk was.

En we vierden het al vroeg, om precies te zijn op de laatste dag van zijn examen, 31 juli 1991, door een tafel te reserveren in restaurant Gordon in het centrum. Het was een van onze favoriete restaurants, een zaak voor speciale gelegenheden, met gedimde art-decoverlichting en smetteloos witte tafellakens en dingen als kaviaar en artisjokblaadjes op het menu. Het was op het toppunt van de zomer en we waren gelukkig.

Bij Gorden bestelden Barack en ik altijd alle gangen. We dronken martini's en aten ons voorgerecht. We kozen een mooie wijn uit voor bij het hoofdgerecht. We hadden het over ditjes en datjes, vergenoegd, misschien een beetje flauw. Toen we bij het einde van de maaltijd kwamen, glimlachte Barack naar me en bracht trouwen ter sprake. Hij pakte mijn hand en zei dat hij weliswaar met heel zijn wezen van me hield, maar er toch niets in zag. Ik voelde direct hoe het bloed naar mijn wangen steeg. Het was alsof er een knop in mij werd ingedrukt – zo'n soort grote glimmende rode knop die je bij een kernreactor aan kunt treffen waaromheen waarschuwingsborden en evacuatiekaarten hingen. Echt? Moesten we het daar nu over hebben?

Ja, eigenlijk wel. Het gesprek over een mogelijk huwelijk hadden we al zo vaak gevoerd en er leek nooit iets echt te veranderen. Ik was traditioneel en Barack was dat niet. Het leek duidelijk dat we geen van beiden ooit zouden toegeven. Maar dit weerhield ons er niet van – per slot van rekening twee juristen – het onderwerp met veel vuur ter tafel te brengen. Tussen de mannen in colberts en de vrouwen in mooie avondjurken die van hun deftige diner zaten te genieten, deed ik alle mogelijke moeite om rustig te blijven praten.

'Als we dan toch zo aan elkaar zijn gehecht,' zei ik zo vlak als ik maar kon, 'waarom zouden we dat dan niet formaliseren? Welk deel van jouw waardigheid zou daardoor worden opgeofferd?'

Vanaf dit punt namen we weer alle bekende argumenten door. Deed trouwen ertoe? Waarom deed het ertoe? Wat was er mis met hem? Wat was er mis met mij? Wat voor soort toekomst hadden wij als we hier niet eens uitkwamen? We maakten geen ruzie, we bekvechtten in advocatenstijl. We sloegen toe en weerden af, analyseerden en ondervroegen, en duidelijk was dat ik me het meest opwond. Ik was dan ook degene die het meest aan het woord was.

Uiteindelijk kwam de ober met het bord met het nagerecht, afgedekt met een zilveren deksel. Hij schoof het voor me en tilde het deksel eraf. Ik was bijna te boos om zelfs maar omlaag te kijken, maar toen ik dat deed, zag ik een met zwart fluweel bekleed doosje op de plaats waar het chocoladegebak had moeten liggen. Er zat een ring met een diamant in.

Barack keek me met schalkse blik aan. Hij had me alleen zitten pesten. Het was een grap geweest. Het duurde een seconde voordat mijn boosheid gezakt was en vervangen door een vreugdevolle schok. Hij had me op stang gejaagd omdat dit de allerlaatste keer in ons hele leven zou zijn dat hij zijn argumenten tegen het huwelijk op tafel kon leggen. De zaak was gesloten. Hij liet zich op één knie zakken en vroeg met een emotionele hapering in zijn stem ernstig of ik met hem wilde trouwen. Later hoorde ik dat hij al bij mijn moeder en mijn broer was geweest om van tevoren om hun instemming te vragen. Toen ik ja zei, leek het wel alsof iedereen in het hele restaurant begon te applaudisseren.

Twee minuten lang of daaromtrent staarde ik sprakeloos naar de ring aan mijn vinger. Ik keek naar Barack om me ervan te verzekeren dat het echt was. Hij glimlachte. Hij had me totaal verrast. In zekere zin hadden we allebei gewonnen. 'Nou,' zei hij luchtigjes, 'dit zou je de mond moeten snoeren.'

Ik zei ja tegen Barack en kort daarna zei ik ja tegen Valerie Jarrett, waarmee ik haar aanbod aanvaardde om in het stadhuis te komen werken. Maar voordat ik me vastlegde, wilde ik per se dat mijn eerdere verzoek aan Valerie werd ingewilligd om haar kennis te laten maken met Barack en sprak ik een diner af voor ons drieën.

Ik had hier een paar redenen voor. Ten eerste mocht ik Valerie. Ik was onder de indruk van haar en of ik nu uiteindelijk de baan zou nemen of niet, ik wilde haar dolgraag beter leren kennen. Ik wist dat Barack ook onder de indruk zou zijn. Belangrijker was echter dat ik wilde dat hij hoorde wat Valerie te vertellen had. Net als Barack had ze een deel van haar jeugd in een ander land gewoond, in haar geval in Iran, waar haar vader als arts had gewerkt in een ziekenhuis, en was ze naar de Verenigde Staten teruggekeerd voor haar schoolopleiding, waardoor ze hetzelfde soort helder inzicht had dat ik ook bij Barack waarnam. Barack had zijn zorgen over mijn baan in het stadhuis. Net als Valerie werd hij geïnspireerd door het leiderschap van Harold Washington toen die burgemeester was, maar hij had veel minder affiniteit met het oude establishment zoals dat vertegenwoordigd werd door Richard M. Daley. Dat was de buurtwerker in hem. Zelfs in de tijd dat Washington aan het bewind was, moest hij meedogenloos en soms vruchteloos vechten met de stad om zelfs maar het kleinste beetje steun voor projecten aan de basis. Hoewel hij alleen maar positief was geweest over de vooruitzichten van mijn baan, denk ik dat hij in stilte bezorgd was dat ik gedesillusioneerd zou raken of mijn engagement zou verliezen door onder Daley te werken.

Valerie was de juiste persoon om al die zorgen mee te bespreken. Ze had haar hele leven omgegooid om voor Washington te kunnen werken en vlak daarop was hij weg. De leegte die volgde op Washingtons dood, bevatte een soort waarschuwing voor de toekomst, een die ik uiteindelijk zou proberen uit te gaan leggen aan mensen in heel Amerika: in Chicago hebben we de vergissing gemaakt al onze hoop op hervormingen op de schouders van één persoon te leggen zonder tegelijkertijd een politiek apparaat op te bouwen om zijn visie te ondersteunen. Kiezers, vooral linkse en zwarte kiezers, hadden Washington beschouwd als een soort gouden verlosser, een symbool, de man die alles kon veranderen. Hij had die last bewonderenswaardig goed gedragen en mensen als Barack en Valerie geïnspireerd om de particuliere sector te verlaten en buurtwerk te gaan doen of ambtenaar te worden. Maar toen Washington stierf, stierf ook het grootste deel van de energie die hij had opgewekt.

Valerie had wel enige tijd diep moeten nadenken voordat ze besloot om op het kantoor van de burgemeester te blijven werken, maar ze legde ons uit waarom ze dacht dat het de juiste keuze was geweest. Ze vertelde dat ze door Daley werd gesteund en begreep dat ze van nut kon zijn voor de stad. Haar loyaliteit, zei ze, had meer bij de principes van Harold Washington gelegen dan bij de man zelf. Inspiratie alleen gaat niet diep; je moet die zelf verdiepen door hard te werken. Dit idee vond weerklank bij zowel Barack als bij mij en in de loop van één etentje kreeg ik het gevoel dat hier iets was ontstaan: Valerie Jarrett maakte nu deel uit van ons leven. Zonder dat we er een woord aan vuil hadden gemaakt, leek het bijna alsof wij drieën overeengekomen waren nog heel lang met elkaar verder te gaan.

Er was nog één ding te doen nu we verloofd waren, nu ik een nieuwe baan had en nu Barack zich had verbonden aan Davis, Miner, Barnhill & Galland, het kleine kantoor voor sociale advocatuur dat hem had benaderd: we gingen op vakantie, of beter gezegd, we gingen op een soort pelgrimstocht. Op een woensdag eind augustus vertrokken we uit Chicago, hadden een heel lange tussenstop in Frankfurt, Duitsland, en vlogen daarna in nog eens acht uur naar Nairobi, waar we vlak voor zonsopgang in het Keniaanse maanlicht aankwamen in wat een compleet andere wereld voelde.

Ik was in Jamaica geweest en op de Bahama's en een paar keer in Europa, maar dit was de eerste keer dat ik zo ver van huis was. Ik voelde het buitenlandse van Nairobi – of beter gezegd, het buitenlandse van mij in relatie tot de stad – direct, zelfs al in de drukte van die ochtend. Het is een gevoel dat ik heerlijk ben gaan vinden toen ik meer ging reizen, de manier waarop een nieuwe plaats zichzelf meteen en zonder enige pretenties kenbaar maakt. De lucht is anders dan je gewend bent; er hangen geuren die je niet thuis kunt brengen, een vaag sliertje rook van een houtvuur of van diesel, of de zoetige geur van bloesem in een boom. Het is dezelfde zon die opkomt, maar er toch een beetje anders uitziet dan je gewend bent.

Baracks halfzus Auma stond ons op te wachten op het vliegveld en begroette ons allebei even warm. Barack en zij hadden elkaar maar een paar keer eerder ontmoet, de eerste keer zes jaar geleden toen Auma in Chicago op bezoek was, maar hun band was hecht. Auma is een jaar ouder dan Barack. Haar moeder, Grace Kezia, was zwanger van Auma toen Barack sr. in 1959 Nairobi verliet om op Hawaï te gaan studeren. (Ze hadden ook een zoon, Abongo, die toen een kleuter was.) Nadat Barack sr. midden jaren zestig naar Kenia was teruggekeerd, kregen hij en Kezia samen nog twee kinderen.

Auma had een glimmend zwarte huid en glinsterend witte tanden en sprak met een sterk Brits accent. Haar glimlach was breed en geruststellend. Toen ik in Kenia aankwam, was ik zo moe van de reis dat ik nauwelijks een praatje kon maken, maar achter in Auma's aftandse Volkswagen Kever op weg naar de stad zag ik hoe ze net zo snel glimlachte als Barack, hoe de welving van haar hoofd op die van Barack leek. Auma had ook duidelijk de hersenen van de familie geërfd: ze was opgevoed in Kenia en kwam er vaak, maar ze was in Duitsland naar de universiteit gegaan en woonde daar nog steeds, terwijl ze werkte aan haar promotie. Ze sprak vloeiend Engels, Duits, Swahili en de lokale taal van haar familie, Luo. Net als wij was ze hier alleen op bezoek.

Auma had geregeld dat Barack en ik konden verblijven in het leegstaande appartement van een vriend, een spartaans eenkamerflatje in een onopvallend flatgebouw dat helemaal roze geverfd was. De eerste paar dagen hadden we zoveel last van de jetlag dat het voelde alsof we op halve snelheid leefden. Of misschien was het alleen maar het tempo van Nairobi, dat liep op een heel andere logica dan Chicago, met wegen en rotondes in Britse stijl die overvol waren met voetgangers, brommers, auto's en *matatu's* – de informele busjes die beschilderd waren met woeste taferelen en eerbetoon aan God, met op het dak de bagage hoog opgetast en vaak zo vol dat passagiers zich soms vastklampten aan de buitenkant en zo meereden.

Ik was in Afrika. Het was bedwelmend, vermoeiend en totaal nieuw voor me. Auma's hemelsblauwe Kever was zo oud dat hij vaak aangeduwd moest worden. Tegen elk advies in had ik voor de reis witte sneakers gekocht, en binnen een dag waren die na al ons geduw roodbruin, vies van het kaneelkleurige stof van de stad.

Barack was een keer eerder in Nairobi geweest en voelde zich er meer thuis dan ik. Ik liep er met de onbeholpenheid van een toerist, me ervan bewust dat we buitenstaanders waren, zelfs met onze zwarte huid. Op straat staarden mensen ons soms aan. Ik had natuurlijk niet verwacht dat we er meteen zouden passen, maar ik denk dat ik er arriveerde in de naïeve veronderstelling dat ik een instinctieve band zou voelen met het continent, waaraan ik als kind altijd had gedacht als een soort mythisch moederland, alsof een bezoek me een of ander gevoel van compleetheid zou geven. Maar Afrika was ons natuurlijk niets schuldig. Het gevoel ertussen te zitten als Afro-Amerikaan in Afrika is een merkwaardig besef. Ik kreeg er een moeilijk uit te leggen gevoel van droefheid van, een gevoel in geen van beide werelddelen thuis te horen.

Dagen later voelde ik me nog steeds ontheemd en hadden we allebei keelpijn. En kregen Barack en ik ruzie – over wat precies herinner ik me niet. Want hoeveel bijzonders we ook in Kenia zagen, we waren ook moe en dat leidde tot kibbelen en dat kibbelen, over wat dan ook, leidde tot ruzie. 'Ik ben zo boos op Barack,' schreef ik in mijn dagboek. 'Volgens mij hebben we niets gemeen.' Hier dwaalden mijn gedachten af. Uit frustratie trok ik een lange, diepe kras over de rest van de bladzijde.

Net als ieder jong stel moesten we leren hoe we ruzie moesten maken. We hadden niet vaak onenigheid en hadden we die wel, dan ging dat over onbenulligheden, een reeks opgekropte ergernissen die meestal naar boven kwamen als een van ons of wij allebei uitgeput of gestrest waren. Maar ruzie maakten we en of het nu goed is of niet, ik ga schreeuwen als ik boos ben. Als iets me kwaad maakt, kan dat gevoel heel erg lichamelijk zijn, een soort vuurbal die langs mijn ruggengraat omhoog gaat en met zoveel kracht ontploft dat ik me later soms niet eens meer herinner wat ik heb gezegd. Barack blijft meestal cool en rationeel, zijn woordenstroom een welbespraakte (en daardoor des te irritantere) waterval. Het heeft ons tijd gekost, jaren, om in te zien dat dit is hoe we in elkaar steken, dat we ieder de som zijn van onze eigen genetische code plus alles wat in ons is gebracht door onze ouders en door hun ouders vóór hen. In de loop van de tijd zijn we erachter gekomen hoe we onze irritaties en zeldzame woedebuien kunnen uiten en overwinnen. Als we nu nog ruziemaken, is dat veel minder dramatisch en vaak veel efficiënter en altijd met onze wederzijdse liefde, hoe gespannen we ook zijn, in zicht.

De volgende morgen werden we wakker onder de blauwe hemel van Nairobi en met nieuwe energie. Enigszins hersteld van de jetlag, voelden we ons weer ons blije, gewone zelf. We ontmoetten Auma in een treinstation in het centrum waar we gedrieën in een passagierstrein met latten in plaats van ramen klommen om de stad in westelijke richting te verlaten, op weg naar het voorouderlijke huis van de Obama's. Nu ik aan een raam zat in een coupé vol Kenianen, sommigen met manden met kippen, anderen met grote meubels die ze in de stad hadden gekocht, kwam het weer in me op hoe vreemd mijn leven als meisje-van-Chicago, advocaat-met-een-bureau, plotseling geworden was – hoe de man die nu naast me zat, op een dag mijn kantoor binnen was komen lopen met zijn rare naam en zijn merkwaardige glimlach en die alles op zijn kop had gezet. Ik zat vastgenageld bij het raam terwijl het uitgestrekte Kibera, de grootste sloppenwijk van Afrika, voorbij stroomde en ons haar lage krotten met de roestige tinnen daken toonde, haar modderige paden en open riolen en een soort armoede die ik nog nooit had gezien en die ik me nauwelijks had kunnen voorstellen.

De treinreis duurde een paar uur. Barack opende na enige tijd een boek, maar ik bleef gebiologeerd naar buiten staren terwijl de sloppen van Nairobi plaatsmaakten voor een smaragdgroen platteland en de trein noordwaarts afboog naar Kisumu, waar Auma, Barack en ik uitstapten in de broeierige tropische hitte en verder gingen in een hobbelende matatu tussen de maisakkers door naar Kongelo, het dorp van hun grootmoeder.

Ik zal het rood van de grond in dat deel van Kenia nooit vergeten, zo diep van kleur dat het wel oergrond leek, of hoe het stof vastgeplakt zat in het haar van de kinderen die ons langs de kant van de weg begroetten. Ik herinner me hoezeer ik zweette en dorst had terwijl we het laatste stukje naar de compound van Baracks grootmoeder liepen, naar het goed onderhouden betonnen huis waarin ze al jaren woonde, terwijl ze de aangrenzende moestuin en een paar koeien verzorgde. Granny Sarah werd ze genoemd. Ze was een kleine, gezette vrouw met wijze ogen en een gezicht vol rimpeltjes als ze glimlachte. Ze sprak geen Engels, alleen Luo, maar liet weten hoe leuk ze het vond dat we helemaal hiernaartoe gekomen waren om haar te begroeten. Naast haar voelde ik me erg groot. Ze bekeek me met extra geamuseerde nieuwsgierigheid, alsof ze probeerde te bepalen waar ik vandaan kwam en hoe ik op haar drempel was beland. Een van de eerste vragen die ze me stelde, was: 'Welke van je ouders is wit?'

Ik lachte en legde met Auma's hulp uit dat ik door en door zwart ben, zo zwart als wij in Amerika nu eenmaal zijn.

Granny Sarah vond dit grappig. Ze leek alles grappig te vinden en plaagde Barack dat hij haar taal niet eens sprak. Ik was verbluft door hoe leuk ze alles vond. Toen de avond viel, slachtte ze een kip en maakte een stoofschotel, die ze opdiende met *ugali*, maismeelpap. De hele tijd kwamen buren en verwanten binnen om de jongere Obama's goedendag te zeggen en ons te feliciteren met onze verloving. Ik schrokte het eten dankbaar naar binnen terwijl de avond viel en het nacht werd in het dorp, waar geen elektriciteit was en alleen de sterrenpracht aan de hemel licht gaf. Dat ik op deze plek was, leek een wondertje. Ik deelde een primitieve ruimte met Barack en luisterde naar het geluid van de krekels in de maisakkers om ons heen, het geritsel van het vee dat we niet konden zien. Ik herinner me hoe enorm ontzagwekkend ik de weidsheid van het land om me heen vond en hoe ik me tegelijkertijd behaaglijk en beschermd voelde in die kleine hut. Ik had een nieuwe baan, een verloofde en een uitgebreide familie – zelfs een goedkeurende Keniaanse oma. Het was waar: ik was uit mijn wereld geworpen en het was voorlopig goed zo.

12

Barack en ik trouwden op een zonnige zaterdag in oktober 1992 ten overstaan van meer dan driehonderd familieleden en vrienden in de Trinity United Church of Christ in de South Side. Het was een groot huwelijksfeest en groot moest het ook zijn. Als we in Chicago trouwden, was het onmogelijk de gastenlijst in de hand te houden. Ik had niet alleen neven en nichten, maar ook neven en nichten van neven en nichten en al die neven en nichten hadden kinderen, die ik nooit niet zou uitnodigen en die allemaal de dag meer betekenis gaven en meer vrolijkheid.

Mijn vaders jongste broers en zus waren er en natuurlijk de hele familie van mijn moeder. Oude schoolvrienden en buren van me kwamen, mensen van Princeton, mensen van Whitney Young. Mevrouw Smith, de vrouw van de adjunct-directeur van high school die nog steeds een eindje verder aan Euclid Avenue woonde, hielp bij het organiseren van de trouwdag terwijl onze overburen, meneer en mevrouw Thompson, samen met hun jazzband later die dag tijdens onze receptie speelden. Santita Jackson, sprankelend in een zwarte jurk met een diep decolleté, was mijn eerste bruidsmeisje. Ik had oudcollega's van Sidley uitgenodigd en nieuwe van het stadhuis. De partners van Baracks kantoor waren er, evenals voormalige collega-buurtwerkers. Baracks luidruchtige afvaardiging van Hawaï mengde heel goed met een handvol Keniaanse familieleden met hun kleurrijke Oost-Afrikaanse hoofddeksels. Triest genoeg hadden we Gramps, Baracks grootvader, voorgaande winter verloren aan kanker, maar zijn moeder en zijn grootmoeder hadden de reis naar Chicago wel gemaakt, net als Auma en Maya, halfzusters uit verschillende werelddelen, verenigd in hun genegenheid voor Barack. Het was de eerste keer dat de twee families elkaar ontmoetten en de sfeer was vrolijk.

We waren omringd door liefde: de eclectische, multiculturele soort van de Obama's en de onverstoorbare Robinsons-van-de-South-Side soort, nu zichtbaar met elkaar verweven, kerkbank na kerkbank. Ik hield me stevig vast aan Craigs elleboog terwijl hij me door het gangpad leidde. Toen we vooraan waren aangekomen, ving ik de blik van mijn moeder op. Ze zat op de voorste rij, ze zag er vorstelijk uit in haar lange zwart-met-witte lovertjesjurk die we samen hadden gekozen, kin in de lucht en de ogen trots naar voren gericht. Nog elke dag hadden we verdriet om het verlies van papa, al leefden we door, precies zoals hij had gewild.

Barack was die morgen wakker geworden met een vervelende verkoudheid, maar die was op magische wijze verdwenen zodra hij bij de kerk was aangekomen. Nu glimlachte hij naar me met heldere blik vanaf zijn plaats voor het altaar, gekleed in een gehuurde smoking met een paar nieuwe, glimmende schoenen. Het huwelijk was voor hem nog steeds een groter raadsel dan voor mij, maar in de veertien maanden die onze verloving had geduurd, had hij geen enkele twijfel geuit. We hadden alles voor deze dag zorgvuldig gekozen. Barack die eerst had verklaard dat hij geen enkele belangstelling had voor het verloop van de huwelijksdag, had uiteindelijk lief, assertief – en voorspelbaar – zijn mening gegeven over alles, van de bloemstukken tot de hapjes die een uur of wat later opgediend zouden worden in het South Shore Cultural Center. We hadden samen de liedjes uitgezocht en Santita zou met haar geweldige stem iets zingen, begeleid door een pianist.

Het was een nummer van Stevie Wonder, 'You and I (We Can Conquer the World)'. Toen ik het voor de eerste keer hoorde, zat ik in de derde of vierde klas; het stond op het album *Talking Book* dat Southside me had gegeven – mijn eerste, heel erg dierbare album. Ik bewaarde het in zijn huis en mocht het elke keer draaien als ik bij hem op bezoek was. Hij leerde me hoe ik om moest gaan met vinyl, hoe ik stof uit de groeven van de plaat kon halen, hoe ik de arm van de draaitafel moest tillen en voorzichtig op de juiste plaats moest laten zakken. Gewoonlijk liet hij me alleen met de muziek en liet hij zich nauwelijks zien zodat ik in mijn eentje alles wat in het album zat, kon leren, vooral door de teksten keer op keer uit mijn kleine-meisjeslongen te persen. *Well, in my mind, we can conquer the world / In love you and I, you and I, you and I...*

Ik was toen negen jaar oud. Ik wist nog helemaal niets van liefde en toewijding of het veroveren van de wereld. Het enige wat ik kon doen was schimmige ideeën voor mezelf oproepen over hoe liefde eruit zou kunnen zien en wie er ooit voorbij zou kunnen komen om die gevoelens op te wekken. Zou het Michael Jackson zijn? José Cardenal van de Cubs? Iemand als mijn vader? Ik kon niet eens beginnen een voorstelling van hem te maken, echt niet, van degene die de *'you'* moest worden bij mijn *'I'*.

Maar hier waren we dan.

Trinity Church had een dynamische en gevoelvolle reputatie. Barack was er voor het eerst naartoe gegaan toen hij begon als buurtwerker en we waren samen formeel lid geworden in navolging van veel van onze jonge Afro-Amerikaanse collega's en vrienden in de stad. De dominee van de kerk, eerwaarde Jeremiah Wright, stond bekend als een geweldige preker met een passie voor sociale gerechtigheid en hij leidde nu onze huwelijksceremonie. Hij verwelkomde onze familie en vrienden en hield onze trouwringen omhoog zodat iedereen ze kon zien. Hij sprak prachtig over wat het betekende een eenheid te smeden en een hele gemeenschap daarvan getuige te laten zijn, al deze mensen die samen elke kant van Barack kenden en elke kant van mij.

Ik voelde het toen, de kracht van waar we mee bezig waren, de betekenis van het ritueel, terwijl we daar stonden, onze toekomst nog een onbeschreven blad, met al het onbekende nog steeds volslagen onbekend, alleen elkaars hand vasthoudend terwijl we onze huwelijksgeloften uitspraken.

Wat er ook op ons lag te wachten, we zouden er samen instappen. Ik had me helemaal gestort op het plannen van deze dag. De elegantie van de hele aangelegenheid was op een of andere manier belangrijk voor me geweest, maar ik begreep nu dat houvast hetgeen was wat er echt toe deed, wat ik me altijd zou herinneren. Het gaf me het soort rust dat ik nog niet eerder had ervaren. Ik had vertrouwen in deze verbintenis, vertrouwen in deze man. Vertrouwen om te verklaren dat dit wel het makkelijkste in de wereld was. Toen ik naar Baracks gezicht keek, wist ik zeker dat hij er ook zo over dacht. Geen van ons liet die dag een traan. Niemands stem beefde. Hooguit waren we een beetje giechelig. Hier verzamelden we al die honderden getuigen van ons huwelijk en gingen we met ons allen naar de receptie. We aten en dronken en dansten totdat we uitgeput waren van plezier.

Onze huwelijksreis was rustgevend, een eenvoudig autoreisje door Noord-Californië met wijn, slapen, modderbaden en lekker eten. De dag na onze trouwdag vlogen we naar San Francisco, brachten een paar dagen door in Napa en reden toen Highway 1 af naar Big Sur om boeken te lezen, naar de blauwe oceaan te staren en onze geest tot rust te brengen. Het was heerlijk, ondanks dat Baracks verkoudheid opnieuw toesloeg en ook ondanks de modderbaden, die we niet rustgevend maar eigenlijk een beetje vies vonden.

Na een druk jaar waren we meer dan klaar om even gas terug te nemen. Barack was van plan geweest de maanden voor ons huwelijk te besteden aan het voltooien van zijn boek en te werken bij zijn nieuwe advocatenkantoor, maar uiteindelijk stelde hij het meeste hiervan plotseling uit. Ergens begin 1992 was hij benaderd door de leiders van een nationale niet-partijgebonden organisatie genaamd Project VOTE!, die pogingen deed om nieuwe kiezers te registreren in staten waar traditioneel slechts weinig leden van minderheden stemden. Ze vroegen Barack of hij dat proces wilde aanvoeren in Illinois, om een kantoor te openen in Chicago om zwarte kiezers te registreren voor de verkiezingen van november. Geschat werd dat 400.000 Afro-Amerikanen in de staat gerechtigd waren hun stem uit te brengen, maar dat konden ze niet als ze zich niet eerst hadden laten registreren; en de meesten van hen woonden in Chicago.

Het salaris was minimaal, maar de baan raakte aan Baracks diepste overtuiging. In 1983 had een vergelijkbare actie om kiezers zich te laten registreren, ertoe geleid dat Harold Washington werd gekozen tot burgemeester. In 1992 was de inzet hoog: de Afro-Amerikaanse kandidaat Carol Moseley Braun had vriend en vijand verrast door de nominatie voor een zetel in de Amerikaanse Senaat bij de Democraten met een neuslengte verschil te winnen en was nu verwikkeld in de strijd, die uiterst spannend zou gaan worden, om die senaatszetel met haar Republikeinse tegenstander. En Bill Clinton zou de strijdbijl opnemen tegen George H.W. Bush om het presidentschap. Het was nu geen tijd voor minderheden om achterover te leunen en af te wachten.

Om te zeggen dat Barack zich op de baan stortte, zou een understatement zijn. Het doel van Project VOTE! was om in Illinois niet minder dan tienduizend kiezers per week te registreren. Het werk leek op dat wat hij eerder had gedaan als buurtwerker: in de loop van het voorjaar en de zomer hadden zijn stafleden en hij weer al die kerkkelders bezocht en huisbezoeken afgelegd om te praten met niet-geregistreerde kiezers. Hij netwerkte regelmatig met buurtleiders en hield talloze keren zijn pitch voor rijke geldschieters, die meebetaalden aan radioreclames en aan brochures met informatie, die konden worden uitgereikt in zwarte buurten en sociale-woningbouwprojecten. De boodschap van de organisatie was rechtlijnig en helder en een goede afspiegeling van wat ik wist dat Barack van binnen voelde: er zat kracht in stemmen. Als je verandering wilde, kon je op verkiezingsdag niet thuisblijven.

’s Avonds kwam Barack altijd weer thuis naar ons plekje aan Euclid Avenue waar hij zich meestal op de bank liet vallen, terwijl hij rook naar de sigaretten die hij die dag had gerookt als ik er niet bij was. Hij leek moe maar nooit uitgeput. Hij hield de registratie goed bij: midden in de zomer haalden ze het indrukwekkende aantal van zevenduizend per week, maar dat was nog altijd minder dan het doel. Hij bedacht strategieën om de boodschap nog beter over te brengen, hoe hij nog meer vrijwilligers op de been kon krijgen en waar hij nog enclaves kiezers zou kunnen vinden die nog niet geregistreerd waren. Hij leek de uitdagingen aan te gaan alsof het een Rubiks kubus was, die hij kon oplossen door alle blokjes naar de juiste plaats te draaien. Het moeilijkst te bereiken, zo vertelde hij me, waren de jonge mensen van achttien tot dertig, die geen enkel vertrouwen leken te hebben in enig bestuur.

Ik had mezelf inmiddels volledig gestort op het gemeentebestuur. Ik werkte nu een jaar bij Valerie in het kantoor van de burgemeester, waar ik de contactpersoon was van verschillende afdelingen van het stadhuis, waaronder Gezondheidszorg en Sociale Zaken. De werkzaamheden waren veelzijdig en de mensen waren zo gefocust dat ze me stimuleerden en bijna altijd waren ze interessant. Terwijl ik ooit juridische stukken had zitten schrijven in een stil kantoor met dikke vloerbedekking en uitzicht op het meer, werkte ik nu in een kamertje zonder ramen op een van de bovenste verdiepingen van het stadhuis, terwijl op elk uur van de dag burgers met veel kabaal door het gebouw liepen.

Bestuurszaken, zo leerde ik, waren ingewikkeld en eindeloos. Ik rende heen en weer tussen vergaderingen met verschillende afdelingshoofden, werkte samen met stafleden van verschillende wethouders en werd soms uitgezonden naar verschillende buurten buiten het centrum om ter plaatse te luisteren naar klachten die bij de burgemeester waren binnengekomen. Ik ging op missie om te kijken naar omgevallen bomen die weggehaald moesten worden, praatte met dominees die zich zorgen maakten om het verkeer of het ophalen van huisvuil, en vertegenwoordigde vaak het kantoor van de burgemeester bij gemeentelijke bijeenkomsten. Een keer moest ik een einde maken aan een opstootje tijdens een picknick voor senioren aan de North Side. Gewoonlijk deed een bedrijfsjurist niets van dit alles, en juist daarom vond ik het zo fascinerend. Ik ervoer Chicago zoals ik het nog nooit ervaren had.

Ik leerde nog meer waardevols in de vele uren die ik doorbracht in aanwezigheid van Susan Sher en Valerie Jarrett, twee vrouwen die, zo zag ik nu, beiden blaakten van het zelfvertrouwen en toch volstrekt menselijk bleven. Susan zat vergaderingen voor met een stalen gezicht en een onverstoorbare houding. Valerie gaf haar ongezouten mening in een zaal vol zelfverzekerde mannen en slaagde er vaak heel knap in mensen aan haar kant te krijgen, wat ze ook beweerde. Ze was als een snel bewegende komeet, iemand die nog wel ergens zou gaan komen. Kort voor mijn huwelijk werd ze gepromoveerd tot hoofd planning en economische ontwikkeling van de stad en had ze me een baan aangeboden als assistent. Ik zou direct na terugkeer van mijn huwelijksreis beginnen.

Ik zag Valerie meer dan Susan, maar hield nauwlettend in de gaten wat ieder van hen deed, net zoals ik Czerny, mijn mentor tijdens mijn studietijd, in de gaten had gehouden. Dit waren vrouwen die de kracht van hun stem kenden en niet bang waren die te gebruiken. Ze konden humoristisch zijn en ingetogen als de omstandigheden daarom vroegen, maar opscheppers brachten hen niet van de wijs en ze twijfelden geen seconde aan hoe sterk hun eigen standpunten waren. En, niet onbelangrijk, beiden waren werkende moeder. Ik hield hen ook wat dit betreft in de gaten, omdat ik dat immers ook ooit wilde zijn. Valerie vertrok uit een belangrijke vergadering zonder een seconde te aarzelen als er een telefoontje kwam van de school van haar dochter. En Susan kon midden op de dag zomaar vertrekken als een van haar zoontjes koorts had of moest optreden in een muziekklasje op de kleuterschool. Ze verontschuldigden zich er nooit voor dat hun kinderen met hun behoeften op de eerste plaats kwamen, zelfs als dat af en toe betekende dat hun werkzaamheden werden onderbroken, en ze probeerden niet werk en thuis te scheiden zoals ik mannelijke collega's bij Sidley had zien doen. Ik weet niet of het strikt maken van een onderscheid zelfs ook maar een keuze is geweest voor Valerie en Susan, aangezien ze verwachtingen waar moesten zien te maken die voor moeders uniek waren. Bovendien waren ze beiden ook gescheiden, wat zo zijn eigen emotionele en financiële problemen met zich meebracht. Ze streefden niet naar perfectie, maar presteerden het toch op een of andere wijze om te excelleren. Ze onderhielden een hechte vriendschap en hielpen elkaar waar nodig, en ook dat maakte diepe indruk op me. Ze hadden elke hypocrisie van zich afgeworpen en waren geweldig, sterk en leerzaam.

De weken na de huwelijksreis die Barack en ik in Noord-Californië hadden doorgebracht, brachten goed en slecht nieuws. Het goede nieuws was de uitslag van de verkiezingen in november, die een stortvloed van hoopgevende veranderingen met zich mee leek te brengen. Bill Clinton had in Illinois en in de rest van het land met een enorme overmacht gewonnen en president Bush was al na één termijn aan de kant geschoven. Carol Moseley Braun won eveneens overtuigend en was de eerste Afro-Amerikaanse vrouw ooit in de Amerikaanse Senaat. Nog opwindender voor Barack was dat de opkomst niet minder dan episch was: Project VOTE! had ervoor gezorgd dat 110.000 nieuwe kiezers zich hadden laten registreren en de bredere ga-stemmencampagne had vermoedelijk mede voor die hoge opkomst gezorgd.

Voor het eerst in tien jaar waren in Chicago meer dan een half miljoen zwarte kiezers naar de stembus gegaan, waarmee ze bewezen dat ze samen de macht hadden om politieke uitkomsten te bepalen. Dit was een duidelijke boodschap voor de wetgever, dat wil zeggen de huidige politici en toekomstige politici, en herstelde het gevoel dat verdwenen leek met de dood van Harold Washington: de Afro-Amerikaanse stem deed ertoe. Iedereen zou politiek een hoge prijs betalen als hij of zij de zorgen en behoeften van zwarte mensen nu nog steeds zou negeren of onderwaarderen. Maar er lag in de uitslag nog een boodschap besloten voor de zwarte gemeenschap zelf, namelijk dat vooruitgang mogelijk was, dat onze waarde meetbaar was. Dit was bijzonder bemoedigend voor Barack. Hoe vermoeiend het ook was, hij hield van zijn werk vanwege wat het hem leerde over het complexe politieke systeem van Chicago en omdat bewezen was dat zijn organisatorische instinct ook op grotere schaal bleek te werken. Hij had samengewerkt met mensen aan de basis, met gewone burgers en met gekozen vertegenwoordigers en dat had een bijna miraculeus resultaat opgeleverd. Verscheidene media maakten gewag van de indrukwekkende impact van Project VOTE! In het magazine *Chicago* noemde iemand Barack 'een lange, innemende workaholic' met de suggestie dat hij nog weleens aan de presidentsverkiezingen mee zou doen, een idee dat schouderophalend werd afgedaan.

Maar er was ook slecht nieuws. Die lange, innemende workaholic met wie ik net was getrouwd, had de deadline voor zijn boek niet gehaald omdat hij te druk bezig was geweest met de registratie van kiezers en had slechts een onaf manuscript ingeleverd. Toen we terugkwamen uit Californië lag er een boodschap van de uitgever dat hij het contract ontbond en hij liet Baracks literair agent weten dat Barack zijn voorschot van $40.000 diende terug te betalen.

Als hij er al door in paniek raakte, liet hij dat mij niet merken. Ik had het zelf druk genoeg met mijn nieuwe rol in het stadhuis, die inhield dat ik meer dan in mijn vorige functie naar vergaderingen over bestemmingsplannen ging en minder naar picknicks van ouderen. Hoewel ik niet langer de uren maakte van een bedrijfsjurist, was ik 's avonds door alle herrie in het stadhuis zo uitgeput, dat ik me weinig meer aantrok van de stress thuis en liever met een glas wijn op de bank plofte, mijn hersenen afsloot en naar tv keek. Als ik trouwens iets had geleerd van Baracks obsessieve betrokkenheid bij Project VOTE!, dan was het dat het mij niet bijzonder zou helpen als ik me zorgen ging maken om zijn zorgen – deels omdat ik ze zorgelijker vond dan hijzelf. Chaos ergerde mij, maar leek Barack juist te stimuleren. Hij was als een circusartiest die bordjes op stokjes laat draaien: als het te rustig werd, dan beschouwde hij dat als een teken om meer op zich te nemen. Hij was een seriële veeldoener die altijd te veel deed, zoals ik in ging zien, en iets nieuws aannam zonder te letten op beperkingen in tijd en energie. Zo had hij bijvoorbeeld plaatsgenomen in de besturen van enkele non-profitorganisaties en tegelijkertijd een deeltijdbaan aangenomen om het komende voorjaarssemester onderwijs te geven aan de University of Chicago, maar ook om fulltime te gaan werken bij zijn advocatenkantoor.

En dan was er dat boek. Baracks agent was ervan overtuigd dat hij het idee wel aan een andere uitgever kon slijten, maar dan moest er wel snel een synopsis komen. Terwijl zijn onderwijsbaan nog moest beginnen en het advocatenkantoor al een jaar had gewacht tot hij er fulltime ging werken, kwam hij met een oplossing die hem precies leek te passen: hij ging zijn boek schrijven in compleet isolement, hij onttrok zich aan de alledaagse drukte door ergens een huisje te huren om er daar aan een stuk door hard aan te gaan werken. Het was als zo'n fanatieke student die de nacht doorhaalde om een paper te schrijven, alleen schatte Barack dat hij er een paar maanden voor nodig zou hebben om het boek te voltooien. Hij vertelde me dit allemaal op een avond thuis, een week of zes na ons huwelijk, voordat hij voorzichtig nog een tipje van de sluier oplichtte: zijn moeder had het volmaakte huisje al voor hem gevonden. Ze had het eigenlijk al voor hem gehuurd ook. Het was goedkoop, rustig en stond aan het strand. In Sanur. Wat op Bali lag, zo'n vijftienduizend kilometer bij mij vandaan.

Het klinkt enigszins als een slechte grap, nietwaar? Wat gebeurt er als een individualist die van eenzaamheid houdt, trouwt met een extraverte gezinsvrouw die in het geheel niet van eenzaamheid houdt?

Het antwoord, denk ik, is vermoedelijk het beste en misschien wel enige antwoord op zo goed als elke vraag die binnen een huwelijk opkomt, ongeacht wie je bent en wat het probleem is: je vindt een manier om je aan te passen. Als je je voor altijd hebt vastgelegd, heb je geen keus.

Hetgeen betekende dat Barack begin 1993 naar Bali vloog en daar vijf weken lang alleen was met zijn gedachten terwijl hij werkte aan de eerste versie van zijn boek *Dreams from My Father*, schrijfblokken volschreef in zijn kieskeurige handschrift, ideeën uitbroedend gedurende zijn dagelijkse wandeling tussen de kokospalmen en de kabbelende zee. Intussen zat ik thuis in het appartement boven dat van mijn moeder aan Euclid Avenue terwijl opnieuw zo'n loodgrijze winter toesloeg in Chicago, met ijzel op de bomen en spekgladde trottoirs. Ik hield mezelf bezig met het opzoeken van vrienden en het 's avonds bezoeken van de sportschool. In de gewone omgang met mensen op mijn werk of in de stad betrapte ik me op het gebruik van die merkwaardige, nieuwe term: 'mijn echtgenoot'. *Mijn echtgenoot en ik hopen een huis te kunnen kopen. Mijn echtgenoot is schrijver en voltooit nu een boek.* Het klonk vreemd en verrukkelijk en riep herinneringen op aan een man die er gewoon niet was. Ik miste Barack verschrikkelijk, maar ik rationaliseerde onze situatie zo goed als ik kon en begreep dat deze onderbreking, ook al waren we net getrouwd, vermoedelijk de beste oplossing was.

Hij had de chaos van zijn onafgemaakte boek onder de arm genomen en was vertrokken om er de strijd mee aan te gaan. Misschien was dit uit aardigheid ten opzichte van mij, een manier om de chaos uit mijn gezichtsveld te houden. Ik was getrouwd met een buiten-de-box-denker, moest ik tegen mezelf blijven zeggen. Hij handelde zijn zaken af op een manier waarvan hij dacht dat die het verstandigst en efficiëntst was, ook al leek het van buitenaf een strandvakantie, een huwelijksreis in zijn eentje (ik kon het niet helpen dat ik er in mijn eenzamere momenten zo over dacht) na zijn huwelijksreis met mij.

You and I, you and I, you and I. We leerden ons aan te passen, ons met elkaar te verweven tot een stevige en eeuwige vorm van *wij*. Zelfs als we dezelfde twee mensen waren die we altijd waren geweest, hetzelfde stel dat we al jaren waren, hadden we nu nieuwe etiketten, een tweede set identiteiten om mee om te gaan. Hij was mijn echtgenoot. Ik was zijn echtgenote. Toen we daar in die kerk stonden, hadden we het hardop uitgesproken tegen elkaar en tegen de wereld. Het was alsof we elkaar nu nieuwe dingen schuldig waren.

Voor veel vrouwen, onder wie voor mijzelf, kan 'echtgenote' aanvoelen als een beladen term. Het draagt een geschiedenis met zich mee. Als je bent opgegroeid in de jaren zestig en zeventig, zoals ik, lijken echtgenotes een geslacht van witte vrouwen die in tv-series leefden – opgewekt, opgemaakt, afgeslankt. Ze bleven thuis, bemoederden de kinderen en het eten stond klaar op het gasfornuis. Soms zaten ze aan de sherry of flirtten ze met de stofzuigerverkoper, maar daarmee had je alle opwinding wel zo'n beetje gehad. De ironie was natuurlijk dat ik naar die series keek in onze woonkamer aan Euclid Avenue, terwijl mijn moeder zonder een klacht het avondeten maakte en mijn eigen smetteloze vader thuiskwam van zijn dagelijks werk. De arbeidsverdeling tussen mijn ouders was net zo traditioneel als we zagen op tv. Barack maakte zelfs weleens het grapje dat mijn opvoeding een zwarte versie was van *Leave It to Beaver*, met de Robinsons van de South Shore net zo onwankelbaar en fris als het gezin Cleaver uit Mayfield, USA, hoewel we natuurlijk wel een armere versie waren van de Cleavers, met de blauwe overall van de gemeentemedewerker van mijn vader tegenover het pak van mister Cleaver. Barack legde wel enige jaloezie in deze vergelijking, omdat zijn eigen opvoeding zo anders was geweest, maar ook als een manier om tegengas te geven aan de diepgewortelde stereotypie dat Afro-Amerikanen vooral deel uitmaken van gebroken gezinnen, dat we op een of andere manier niet in staat zouden zijn om in dezelfde stabiele middenklassedroom te leven als onze witte buren.

Als kind gaf ik persoonlijk trouwens de voorkeur aan *The Mary Tyler Moore Show*, die ik gefascineerd in me opnam. Mary had een baan, een chique kledingkast en echt fantastisch haar. Ze was zelfstandig en grappig en haar problemen waren, in tegenstelling tot die van andere dames op tv, interessant. Ze voerde gesprekken die niet gingen over de kinderen of het huishouden. Ze liet zich niet commanderen door Lou Grant en ze was niet gefixeerd op het vinden van een man. Ze was jeugdig en tegelijkertijd volwassen. In het pre-pre-pre-internettijdperk, toen de wereld bijna niet anders dan via drie tv-netten tot ons kwam, deed dit ertoe. Als je een meisje was met hersens en het ontluikende gevoel dat je wel iets meer wilde zijn dan echtgenote, dan was Mary Tyler Moore jouw heldin.

En hier zat ik dan, negenentwintig jaar oud, in hetzelfde appartement waar ik al die tv-series had gezien en al die maaltijden had genuttigd die waren opgediend door de geduldige en zichzelf wegcijferende Marian Robinson. Ik had zoveel – een opleiding, een gezonde eigenwaarde, een behoorlijke portie ambitie – en ik was wijs genoeg om vooral mijn moeder de eer te geven me dit te hebben bijgebracht. Zij had me leren lezen voordat ik naar de kleuterschool ging, me geholpen de woorden uit te spreken terwijl ik als een poesje in haar schoot lag en een boek van *Dick and Jane* uit de bibliotheek bestudeerde. Ze had met veel zorg voor ons gekookt en broccoli en spruitjes op ons bord gelegd en gezegd dat we ze moesten opeten. Ze had mijn eindexamenjurk zelf genaaid, in godsnaam. Het punt is dat ze toegewijd alles had gegeven. Ze had haar gezin laten uitmaken wat ze van haar vonden. Ik was nu oud genoeg om te beseffen dat ze al die uren die ze mij en Craig geschonken had, niet aan zichzelf had besteed.

Mijn grote zegeningen in het leven veroorzaakten nu een soort psychische zweepslag. Mijn opvoeding was erop gericht dat ik veel zelfvertrouwen kreeg en geen grenzen kende, om te geloven dat ik achter alles aan kon gaan en alles kon krijgen waar ik mijn zinnen maar op had gezet. En ik wilde alles. Want, zou Suzanne zeggen, *waarom niet?* Ik wilde hetzelfde vuur in me hebben als die uitdagende, onafhankelijke Mary Tyler Moore, terwijl ik me tegelijkertijd aangetrokken voelde tot het stabiliserende, zichzelf opofferende, schijnbaar poeslieve normaal-zijn van het echtgenote zijn en het moederschap. Ik wilde een arbeidsleven en een thuisleven, maar met enige garantie dat het ene het andere niet zou verdringen. Ik hoopte precies hetzelfde te worden als mijn moeder en tegelijkertijd juist helemaal niet. Het was een merkwaardig en verwarrend iets om over na te denken. Kon ik alles krijgen? Zou ik alles krijgen? Ik had geen idee.

Intussen kwam Barack gekleurd door de zon thuis uit Bali met een tas vol schrijfblokken; hij had zijn isolement omgezet in een literaire overwinning. Het boek was feitelijk klaar. Binnen een paar maanden had zijn agent het aan een andere uitgever verkocht, zijn schuld afbetaald en een plan opgesteld voor de publicatie. Belangrijker voor mij was het feit dat we in enkele uren het ongedwongen ritme van ons leven als pasgetrouwd stel weer hadden opgepakt. Barack was hier, zijn isolement achter de rug, terug in mijn wereld. Mijn echtgenoot. Hij glimlachte om de grapjes die ik maakte, wilde weten hoe mijn dag was geweest, kuste me 's nachts in slaap.

In de loop van de daaropvolgende maanden werkten we, kookten we, lachten en planden we. Later dat voorjaar hadden we onze financiën voldoende op orde om een flat te kunnen kopen en verhuisden we van 7436 South Euclid Avenue naar een leuk appartement in *railroad style* – dat wil zeggen een lange gang waar alle vertrekken aan dezelfde kant op uitkomen – in Hyde Park met parket op de vloer en een betegelde haard, een nieuwe springplank voor ons leven. Aangemoedigd door Barack nam ik een risico door opnieuw van baan te veranderen, afscheid te nemen van Valerie en Susan in het stadhuis om eindelijk het soort nonprofitwerk te gaan doen waar ik altijd nieuwsgierig naar was geweest: een leidinggevende functie die me de kans gaf door te groeien. Er was nog steeds heel veel over mijn leven wat ik nog niet wist – het raadsel hoe ik zowel Marian als Mary kon zijn, had ik nog niet opgelost – maar op dit moment schoof ik al deze indringender vragen opzij en dacht ik er even niet aan. Zorgen konden wachten, had ik bedacht, omdat we nu een *ons* waren, en we waren gelukkig. En gelukkig zijn lijkt een beginpunt voor alles.

13

Mijn nieuwe baan maakte me zenuwachtig. Ik was aangenomen als directeur van de net opgerichte vestiging in Chicago van een organisatie genaamd Public Allies, die zelf ook net was gestart. Het was dus iets als een start-up binnen een start-up en dat op een terrein waarop ik nauwelijks enige professionele ervaring had. Public Allies was nog maar een jaar eerder opgericht in Washington DC en was het geesteskind van Vanessa Kirsch en Katrina Browne, die nog maar net waren afgestudeerd en mensen wilden helpen hun weg te vinden in carrières bij de overheid en non-profitorganisaties. Barack had hen ontmoet tijdens een congres en was lid geworden van hun raad van bestuur; hij had hun aangeraden met mij contact op te nemen over de baan.

Het model was vergelijkbaar met dat wat in gebruik was bij Teach for America, dat zelf ook relatief nieuw was: Public Allies rekruteerde talentvolle jonge mensen, gaf hun een intensieve training en toegewijde begeleiding en plaatste hen in een betaalde, tien maanden durende baan als aspirant bij een overheidsorganisatie in de hoop dat ze hierin konden bloeien en een betekenisvolle bijdrage aan de gemeenschap konden leveren. Het grotere doel was dat deze kansen de leerlingen – *Ally's* noemden wij ze, 'bondgenoten' – de ervaring en het enthousiasme zouden geven om de jaren daarna te blijven werken voor non-profit- of overheidsinstellingen en zo een nieuwe generatie te helpen opbouwen van gemeenschapsleiders.

Voor mij had dit idee een bijzondere weerklank. Ik herinnerde me nog goed hoe zovelen van ons tijdens ons laatste jaar aan Princeton MCAT (toelatingsexamen medicijnen) en LSAT (toelatingsexamen rechten) deden of ons kleedden voor sollicitatiegesprekken voor trainingsprogramma's van grote bedrijven zonder ook maar één keer (in mijn geval tenminste) te beseffen dat er ook een heleboel banen bestonden die meer burgergericht waren. Public Allies was bedoeld om dat recht te zetten, een organisatie die de horizon wilde verbreden van jonge mensen die nadachten over hun carrière. Maar wat mij bijzonder aansprak was dat de oprichters niet zozeer gericht waren op het parachuteren van afgestudeerden van de Ivy League-universiteiten in gemeentelijke organisaties, maar meer op het vinden en cultiveren van talent dat er al werkte. Je hoefde geen studie te hebben afgemaakt om een Ally te worden. Je had alleen een highschooldiploma of GED (ongeveer staatsexamen high school) nodig, je moest ouder zijn dan zeventien jaar en jonger dan dertig, en je moest enige leidinggevende vermogens hebben getoond, zelfs als je daar in je leven tot dan toe nauwelijks gebruik van had gemaakt.

Public Allies ging over belofte – over het vinden, het koesteren en het inzetten ervan. Het had de opdracht om jonge mensen te zoeken van wie de kwaliteiten anders niet opgemerkt werden en hun de kans te geven om iets zinvols te doen. Voor mij voelde de baan bijna als een lotsbestemming. Voor elk moment dat ik door het raam van mijn kantoor bij Sidley op de zesenveertigste verdieping weemoedig naar de South Side keek, lag hier nu dan eindelijk een uitnodiging om in te zetten wat ik kende. Ik had wel een idee van hoeveel latente beloftes in buurten als de mijne nog niet ontdekt waren en ik wist betrekkelijk zeker hoe ik die kon vinden.

Terwijl ik mijn nieuwe werk nog overdacht, dwaalden mijn gedachten vaak terug naar mijn jeugd, en dan vooral naar die maand waarin ik in het pandemonium van door de lucht vliegende gummetjes zat in de tweede klas van Bryn Mawr Elementary voordat mijn moeder zo wijs was me daar weg te halen. Op dat moment voelde ik niets dan opluchting vanwege het geluk dat ik had. Maar aangezien mijn leven vanaf dat moment wel een sneeuwbal van geluk leek, dacht ik meer aan de ongeveer twintig kinderen die tot die klas veroordeeld waren, samen met een onverschillige en ongemotiveerde onderwijzeres. Ik wist wel dat ik niet zozeer slimmer was dan zij. Ik had alleen het voordeel dat iemand voor me opkwam. Ik dacht daar vaker aan nu ik volwassen was, vooral als mensen me complimenteerden met wat ik bereikt had, alsof er geen vreemd en wreed toeval aan dit alles ten grondslag lag. Zonder dat het hun schuld was, liepen die tweedeklassers een heel jaar onderwijs achter. Ik had op dit punt al voldoende gezien om te weten hoe snel zelfs een kleine achterstand ook als een sneeuwbal verder kan rollen.

In Washington hadden de oprichters van Public Allies een klasje van vijftien Ally's geformeerd die nu bij verschillende organisaties in de stad werkten. Ook hadden ze voldoende geld opgehaald om een afdeling te beginnen in Chicago en werd het een van de eerste organisaties die geld van de overheid ontving in het kader van AmeriCorps, een overheidsorganisatie die onder president Clinton werd gestart om mensen aan het werk te krijgen bij de overheid en non-profitorganisaties. En daar kwam ik in beeld, net zo opgewonden als ongerust. Tijdens de onderhandelingen over de baan kwam ik achter iets wat eigenlijk bij non-profitorganisaties voor de hand lag: je krijgt er nauwelijks voor betaald. Eerst kreeg ik een salaris aangeboden dat zo laag was, zo veel minder dan ik verdiende op het stadhuis van Chicago, terwijl dat al de helft was van wat ik als advocaat had verdiend, dat ik me letterlijk niet kon veroorloven om ja te zeggen. Wat leidde tot iets anders wat net zozeer voor de hand lag bij non-profitorganisaties, en vooral voor door jonge mensen gedreven start-ups zoals Public Allies en veel van de grootmoedige, onvermoeibaar gepassioneerde mensen die daarvoor werken: het leek alsof zij zich konden permitteren dat werk te doen, terwijl ik dat niet kon, ze werden op een of andere discrete wijze ondersteund, of dat nu was omdat ze geen studielening hadden om af te betalen of misschien een erfenis verwachtten en zich dus geen zorgen hoefden te maken over de toekomst.

Het werd al gauw duidelijk dat ik, als ik bij de club wilde behoren, moest onderhandelen en precies om dat bedrag aan salaris moest vragen dat ik nodig had, en dat was beduidend meer dan Public Allies verwacht had te moeten betalen. Maar het was domweg mijn realiteit. Ik kon niet terughoudend of verlegen zijn waar het mijn behoeften aanging. Ik moest nog steeds maandelijks zo'n $600 afbetalen aan mijn studielening boven op mijn gewone uitgaven, en ik was getrouwd met een man die zijn eigen studieleningen af te betalen had. De leiders van de organisatie geloofden hun oren bijna niet toen ik vertelde hoeveel ik had geleend om te kunnen studeren en wat dat betekende in maandelijkse afbetalingen, maar zij gingen eropuit en vonden nieuwe fondsen om mij binnen te kunnen halen.

En daarmee kon ik van start gaan om de kans te grijpen die me was aangereikt. Dit was de eerste mogelijkheid die ik ooit had gehad om iets van de grond af op te bouwen: succes en falen hingen bijna helemaal af van mijn inspanningen, niet van die van mijn baas of van wie dan ook. Het voorjaar van 1993 werkte ik furieus aan het oprichten van een bureau en het aannemen van een kleine staf, zodat we in het najaar konden beginnen met een klasje Ally's. We vonden goedkope kantoorruimte in een gebouw aan Michigan Avenue en kregen een hele berg tweedehands stoelen en tafels cadeau van een firma in bedrijfsconsultancy, die zijn hele inrichting verving.

Intussen benaderde ik zo'n beetje iedereen die Barack en ik ooit in Chicago hadden leren kennen, op zoek naar geldschieters en mensen die voor langere tijd hulp aan de instelling toezegden, en dan natuurlijk iedereen van de lokale overheid die bereid zou zijn het komende jaar een Ally in hun organisatie op te nemen. Valerie Jarrett hielp me met het regelen van plaatsen in het kantoor van de burgemeester en de gemeentelijke gezondheidsdienst, waar Ally's zouden gaan werken bij een vaccinatieprogramma op wijkniveau. Barack sprak zijn netwerk van buurtwerkers aan om ons in verbinding te brengen met de rechtshulp, de sociale advocatuur en het onderwijs. Verscheidene partners van Sidley schreven een cheque uit en hielpen verder door me te introduceren bij grote geldschieters.

Het spannendste voor mij was het vinden van Ally's. Met hulp van de nationale organisatie zetten we advertenties voor sollicitanten op campussen van colleges in het hele land, terwijl we ook dichter bij huis zelf actief op zoek gingen. Mijn team en ik bezochten lokale colleges en instellingen die met alleenstaande moeders werkten. We vroegen iedereen die we tegenkwamen, van pastors en professoren tot managers van lokale McDonald's, om de interessantste jonge mensen die zij kenden aan te wijzen. Wie waren de aanvoerders? Wie was klaar voor iets groters dan hij of zij nu had? Dat waren de mensen die wij wilden aanmoedigen te solliciteren, er bij hen op aan te dringen even te vergeten wat voor obstakels dit soort dingen gewoonlijk onmogelijk maakten, terwijl we beloofden om als organisatie alles te doen wat we konden – of het nu het regelen van een busabonnement was of een toelage voor kinderopvang – om hun behoeften te dekken.

Toen het herfst werd, hadden we een groep van zevenentwintig Ally's die verspreid over Chicago aan het werk waren of stage liepen, van het stadhuis of een bureau burgerhulp in de South Side tot Latino Youth, een alternatieve high school in de buurt Pilsen. De Ally's vormden een afwisselende, enthousiaste groep vol idealisme en ambities van uiteenlopende achtergronden. Onder hen bevonden zich een voormalig bendelid, een latina vrouw die was opgegroeid in het zuidwesten van Chicago en op Harvard had gezeten, een vrouw van begin twintig die in het socialewoningbouwcomplex de Robert Taylor Homes woonde en een kind grootbracht terwijl ze probeerde te sparen om te gaan studeren, en een zesentwintigjarige man van Grand Boulevard die vroegtijdig van high school was gegaan, maar zijn onderwijs had bijgehouden met boeken uit de bibliotheek en later was teruggegaan om zijn eindexamen te doen.

Elke vrijdag kwam de groep Ally's bijeen in een van de kantoren van een gastbedrijf om de hele dag te vertellen, elkaar te leren kennen en een reeks professionele ontwikkelingsworkshops te volgen. Van alle dagen van de week vond ik deze dag het mooist. Ik hield van hoe het vertrek rumoeriger werd naarmate er meer Ally's binnendruppelden, hun rugzak in een hoek gooiden en lagen winterkleding uittrokken en dan in een rondje gingen zitten. Ik vond het heerlijk hen te helpen hun problemen uiteen te zetten, of het nu ging om het leren van Excel, uit te vinden hoe ze zich moesten kleden voor een kantoorbaan of waar ze de moed vandaan moesten halen zich te roeren in een zaal vol beter opgeleide, zelfverzekerder mensen. Soms moest ik een Ally minder leuke feedback geven. Als ik had gehoord over Ally's die te laat kwamen of die hun werkzaamheden niet serieus namen, dan liet ik ongezouten weten dat we beter verwachtten. Als Ally's gefrustreerd raakten vanwege slecht georganiseerde wijkbijeenkomsten of problematische cliënten bij de instelling waarvoor ze werkten, raadde ik aan dat in het juiste perspectief te zien door ze eraan te herinneren dat zij naar verhouding de gelukkigen waren.

Maar bovenal vierden we alle nieuwe beetjes leren en vooruitgang.

En die waren er veel. Niet alle Ally's zouden terechtkomen in een non-profitorganisatie of overheidsinstelling en niet iedereen zou de horden overwinnen die meegekomen waren met hun geboorte in een niet erg bevoorrechte achtergrond, maar in de loop van de tijd verbaasde ik me erover hoeveel van onze rekruten wel slaagden en het algemeen belang gingen dienen. Sommigen kwamen bij de staf van Public Allies zelf terecht, anderen zijn nu zelfs hoofd binnen overheidsinstellingen of nationale non-profitorganisaties. Vijfentwintig jaar na aanvang gaat het nog steeds uitstekend met Public Allies, met afdelingen in Chicago en nog zo'n vijfentwintig steden, en met duizenden voormalige Ally's over het hele land. De wetenschap dat ik daarin een rolletje heb gespeeld, dat ik behulpzaam ben geweest bij iets blijvends, is een van de dankbaarste gevoelens die ik in mijn professionele leven heb gekend.

Ik zorgde voor Public Allies met de halfuitgeputte trots van een jonge ouder. Ik ging 's avonds naar bed met de gedachte aan wat er nog allemaal moest gebeuren en opende elke morgen mijn ogen met mijn mentale checklist voor die dag, die week en die maand al gereed. Nadat onze eerste klas van zevenentwintig dat voorjaar was afgestudeerd, verwelkomden we een nieuwe groep van veertig in het najaar en bleven we daarna verder groeien. Achteraf gezien denk ik dat dit de beste baan was die ik ooit heb gehad, alleen al omdat ik me zo geweldig effectief voelde en omdat zelfs een kleine overwinning – of het nu een goede plaatsing was voor een Spaanstalige jongere of het wegnemen van iemands angst voor het werken in een vreemde buurt – echt verdiend moest worden.

Voor de eerste keer in mijn leven had ik het gevoel iets te doen wat direct betekenis had, wat direct invloed had op de levens van anderen, terwijl ik ook verbonden bleef met mijn stad en mijn cultuur. Ook begreep ik er beter door hoe Barack zich had gevoeld toen hij als buurtwerker werkte of aan Project VOTE!, verwikkeld in het alles verterende frontgevecht tegen de helling op – het enige soort gevecht waar Barack van hield, het soort waar hij altijd van zou blijven houden – in de wetenschap dat het je kan uitputten terwijl het je op hetzelfde moment alles geeft wat je ooit nodig hebt.

Terwijl ik me helemaal richtte op Public Allies, was voor Barack een periode van een zekere rust en voorspelbaarheid – naar zijn maatstaven tenminste – ingegaan. Hij gaf colleges over racisme en de wet aan rechtenstudenten van de University of Chicago en werkte overdag op zijn advocatenkantoor, voornamelijk aan zaken met betrekking tot stemrecht en arbeidsdiscriminatie. Ook leidde hij nog weleens workshops van buurtwerkers en enkele vrijdagbijeenkomsten van mijn groep bij Public Allies. Ogenschijnlijk was het het volmaakte evenwicht voor een intellectueel, geëngageerd iemand van in de dertig, die lucratiever en lonender opties had afgewezen en zijn principes voorrang had verleend. Het was hem gelukt, wat mij betreft. Hij had zijn nobele evenwicht gevonden. Hij was advocaat, leraar en ook nog buurtwerker. En binnenkort zou hij ook nog auteur zijn met een boek in de boekhandel.

Nadat Barack uit Bali was teruggekeerd, was hij meer dan een jaar bezig geweest met het herschrijven van zijn manuscript in de uren waarin hij niet bezig was met een van zijn andere verplichtingen. Hij werkte tot 's avonds laat in een kamertje aan de achterkant van ons appartement, dat we tot studeerkamer hadden bestempeld, een hok vol boeken dat ik liefdevol het Hol noemde. Ik kwam er weleens, stapte over de stapels papier en nam plaats op een voetenbankje voor zijn bureaustoel terwijl hij aan het werk was en probeerde hem dan met mijn lasso te vangen met een grapje en een glimlach, om hem weg te slepen uit welke afgelegen terreinen ook waarin hij galoppeerde. Hij bleef altijd goedgehumeurd als ik binnendrong, als ik maar niet te lang bleef.

Barack, zo begon ik te begrijpen, is zo'n soort iemand die een hol nodig heeft, zo'n afgesloten plekje voor zichzelf waar hij ongestoord kan lezen en schrijven. Het is als een luikje dat direct uitkomt op het weidse uitspansel van zijn brein. De tijd die hij er doorbrengt, lijkt hem van brandstof te voorzien. En om dat te eerbiedigen, hebben we in elk huis waarin we ooit hebben gewoond, zo'n hol ingericht, waarvoor een rustig hoekje of alkoof al voldoet. Tot op de dag van vandaag gaat Barack, zo gauw we zijn aangekomen in een gehuurd huis op Hawaï of op Martha's Vineyard, op zoek naar een lege kamer die kan dienen als zijn vakantiehol. Daar kan hij dan de zes of zeven boeken neergooien die hij op dat moment tegelijkertijd aan het lezen is en zijn kranten op de grond uitspreiden. Voor hem is het Hol een soort heilige plaats, waar inzichten geboren worden en klaarheid op bezoek komt. Voor mij is het een afstotelijke en wanordelijke bende. Een eis waaraan altijd moet worden voldaan, is dat het Hol, waar het dan ook is, een deur heeft zodat ik die kan sluiten. Om voor de hand liggende redenen.

Dreams from My Father verscheen eindelijk in de zomer van 1995. Het kreeg goede recensies, maar werd slechts matig verkocht, maar dat was niet erg. Het belangrijkste was dat Barack zijn levensgeschiedenis had kunnen verwerken, dat hij al die gescheiden stukjes van zijn Afro-Kansas-Indonesische-Hawaïaanse-Chicago-identiteit aan elkaar had kunnen knopen, waarmee hij voor zichzelf een soort eenheid had geschapen. Ik was trots op hem. Door middel van het verhaal had hij als het ware literair vrede gesloten met zijn ongrijpbare vader. Het werk om daar aan te komen, was natuurlijk eenzijdig geweest, met Barack die in zijn eentje probeerde elke kloof te dichten en alle mysteries te doorgronden die Obama senior ooit had gecreëerd. Maar dit was ook in lijn met hoe hij het altijd had gedaan. Al sinds hij een kleine jongen was, zo realiseerde ik me, had hij geprobeerd alles alleen te dragen.

Nu het boek af was, was er nieuwe ruimte in zijn leven gekomen en – ook in lijn met wie hij altijd was geweest – voelde Barack zich gedwongen die onmiddellijk op te vullen. Persoonlijk had hij echter slecht nieuws te verwerken gekregen: bij zijn moeder Ann was eierstokkanker vastgesteld en ze was voor behandeling terugverhuisd van Jakarta naar Honolulu. Voor zover wij wisten kreeg ze de juiste medische zorg en leek de chemotherapie aan te slaan. Maya en Toot zorgden voor haar op Hawaï en Barack meldde zich vaak. Maar de diagnose was laat gesteld en de kanker was al vergevorderd en het was moeilijk te voorspellen hoe het verder zou gaan. Ik wist dat dit Barack enorm bezighield.

Intussen kwam het politieke gedoe in Chicago weer op gang. Burgemeester Daley was in het voorjaar van 1995 herkozen voor zijn derde termijn en nu bereidde iedereen zich voor op de verkiezingen van 1996, waarbij Illinois een nieuwe senator ging kiezen en president

Clinton ging proberen te worden herkozen voor zijn tweede termijn. Er zat echter een afgevaardigde van Illinois in het Congres die vervolgd werd voor seksuele misdrijven, waardoor er een opening kwam voor een nieuwe uitdager van de Democraten in het tweede district van de staat, en daarbinnen viel een groot deel van de South Side. Een populaire senator, Alice Palmer, die Hyde Park en de South Shore vertegenwoordigde in de senaat van de staat Illinois en die Barack had leren kennen bij Project VOTE!, was privé gaan rondbazuinen dat zij het plan had zich kandidaat te stellen. Daardoor zou haar plaats in de senaat van de staat vacant komen en daarmee kreeg Barack de gelegenheid om te proberen die te veroveren.

Had hij belangstelling? Zou hij zich verkiesbaar stellen?

Ik wist het toen natuurlijk nog niet, maar deze vragen zouden het volgende decennium van ons leven gaan domineren, kloppend als de hartslag achter bijna alles wat we deden. *Zou hij het doen? Kon hij het doen? Ging hij het doen? Zou hij het moeten doen?* Maar daaraan vooraf ging altijd een andere vraag, gesteld door Barack zelf, voortijdig en verondersteld voorbarig als het neerkwam op het zich verkiesbaar stellen voor welke functie dan ook. De eerste keer dat hij hem stelde, was op de dag dat hij vertelde over Alice Palmer en haar vacante zetel en het idee dat hij had dat hij misschien niet alleen advocaat/professor/buurtwerker/auteur kon zijn, maar al die dingen en ook nog volksvertegenwoordiger: 'Wat denk jij ervan, Miche?'

Voor mij was het antwoord helemaal niet zo moeilijk. Ik vond het geen geweldig idee van Barack om zich verkiesbaar te stellen. Mijn specifieke antwoord was misschien elke keer als de vraag werd gesteld een beetje anders, maar mijn houding in het algemeen veranderde niet, stond als een huis, al kun je weten dat dat niets uitmaakte.

In het geval van de zetel in de senaat van Illinois was mijn redenatie als volgt. Ik had weinig waardering voor politici en vond het idee dat mijn man er een zou worden, dan ook maar niks. Het meeste wat ik wist van de politiek op het niveau van de staat had ik uit kranten en niets daarvan leek bijzonder gunstig of productief. Mijn vriendschap met Santita had me de indruk gegeven dat politici vaak van huis waren. In het algemeen zag ik volksvertegenwoordigers bijna als schildpadden: gepantserd, traag, dik van eigenbelang. Barack was te serieus, had naar mijn mening te veel waardevolle ideeën om de marginale, opgeklopte rancune te verdragen die in het parlementsgebouw met zijn koepel in Springfield werd geuit.

Diep van binnen dacht ik dat er betere manieren waren voor een goed iemand om impact te hebben. Eerlijk gezegd dacht ik dat hij totaal zou afgaan.

Maar ergens in mijn achterhoofd vormde zich ook een tegenargument. Als Barack dacht dat hij iets in de politiek kon doen, wie was ik dan om hem in de weg te staan? Wie was ik om een idee af te keuren voordat hij het zelfs maar had geprobeerd? Per slot van rekening was hij de enige geweest die me had aangemoedigd toen ik mijn carrière als advocaat vaarwel wilde zeggen, die zich bezorgd had gemaakt over mijn overgang naar het stadhuis maar me daarbij toch had gesteund en die nu een paar banen naast elkaar had, deels ter compensatie van mijn verlies aan salaris omdat ik wereldverbeteraar wilde worden bij Public Allies. In de zes jaar dat wij samen waren, had hij niet een keer mijn instinct of capaciteiten in twijfel getrokken. Het refrein was iedere keer hetzelfde geweest: *maak je niet druk. Je kunt het. We komen er wel uit.*

En dus stemde ik in met zijn eerste kandidaatstelling, al liet ik dat vergezeld gaan van een beetje behoedzaamheid zoals een echtgenote betaamt. 'Ik denk dat je gefrustreerd raakt,' waarschuwde ik. 'Als je toch gekozen wordt, dan ga je erheen en bereik je niets, hoe hard je ook probeert. Je zult er gek van worden.'

'Misschien,' antwoordde Barack en haalde wat afwezig zijn schouders op. 'Maar misschien kan ik ook wel wat goeds doen. Wie weet?'

'Dat is waar,' zei ik en haalde op mijn beurt mijn schouders op. Het was niet mijn taak zijn optimisme te temperen. 'Wie weet?'

Het is geen nieuws als ik zeg dat mijn man politicus werd. Hij was een goed iemand die impact wilde hebben op de wereld en ondanks mijn scepsis besloot hij dat dit de beste manier was om dat te bereiken. Dat is de aard van zijn zelfvertrouwen.

In november 1996 werd Barack gekozen in de senaat van Illinois en twee maanden later, aan het begin van het nieuwe jaar, ingezworen. Tot mijn verrassing zag ik met genoegen hoe de campagne verliep. Ik had geholpen de handtekeningen bij elkaar te krijgen die nodig waren zodat hij zich verkiesbaar kon stellen, waarvoor ik op zaterdag op deuren klopte in mijn oude buurt, luisterde naar wat de bewoners te zeggen hadden over de staat en het staatsbestuur, over alles waarvan zij dachten dat ervoor gezorgd moest worden. Het deed me denken aan de weekenden die ik, toen ik klein was, had doorgebracht met mijn vader die zijn plicht vervulde als districtshoofd en al die veranda's opklom. Verder hoefde ik niets te doen en dat kwam me uitstekend uit. Ik kon campagne voeren zien als vrijetijdsbesteding en me eraan wijden als het me uitkwam, er plezier aan beleven en me dan weer met mijn eigen werk bezighouden.

Kort nadat Barack zijn kandidatuur bekendgemaakt had, overleed in Honolulu zijn moeder. Ze was zo snel achteruitgegaan dat hij niet eens afscheid van haar had kunnen nemen. Hij was er kapot van. Het was Ann Dunham geweest die hem kennis had laten maken met de rijkdom van de literatuur en met de kracht van een goed beredeneerd argument. Zonder haar had hij nooit de moessonbuien gevoeld in Jakarta of de tempels in het water gezien op Bali. Hij zou misschien nooit hebben geleerd te waarderen hoe makkelijk het was en hoe spannend om van het ene naar het andere werelddeel te springen of om het onbekende te omarmen. Zij was een ontdekkingsreiziger die onverschrokken haar hart volgde. Ik zag haar geest in Barack, in kleine en in grote dingen. De pijn van haar verlies zat als een mes vast in ons beiden, direct naast het mes dat in ons gestoken was toen ik mijn vader verloor.

Nu het winter was en de wetgevende macht vergaderde, waren we een groot deel van de week van elkaar gescheiden. Op maandagavond reed Barack in vier uur naar Springfield en nam daar een kamer in een goedkoop hotel, waar ook veel andere volksvertegenwoordigers logeerden, om meestal donderdagavond laat terug te keren. Hij had een kantoortje in het senaatsgebouw en een deeltijdmedewerker in Chicago. Hij ging minder werken bij het advocatenkantoor, maar om onze schulden te kunnen blijven betalen, ging hij op de dagen dat hij niet in Springfield zat meer onderwijs geven aan de rechtenstudenten en dat deed hij ook op andere dagen als de senaat met reces was. Als hij niet thuis was, belden we elkaar iedere avond, wisselden we ideeën uit en vertelden we over onze dag. We hadden een vaste afspraak op vrijdag om, als we allebei in Chicago waren, uit te gaan en dan spraken we gewoonlijk af in restaurant Zinfandel in het centrum, waar we elkaar na ons werk ontmoetten.

Ik heb de warmste herinneringen aan die avonden, aan het gedimde, warme licht in het restaurant en hoe voorspelbaar het was dat ik, die zo punctueel wilde zijn, er altijd als eerste was. Ik wachtte dan op Barack en omdat het het einde van de werkweek was en omdat ik er inmiddels aan gewend geraakt was, stoorde het me niet als hij te laat arriveerde. Ik wist dat hij zou komen en dat mijn hart een keer extra sloeg zoals het altijd deed op het moment dat ik hem door de deur zag lopen en zijn winterjas aan de gastvrouw gaf voordat hij zoekend tussen de tafels door liep en grinnikte zo gauw hij me eindelijk had gevonden. Dan gaf hij me een kus en trok zijn colbert uit, dat hij over de rugleuning van zijn stoel hing voordat hij ging zitten. *Mijn echtgenoot.* Bijna elke vrijdag bestelden we hetzelfde – rundvlees, spruitjes en aardappelpuree – en we aten ons bord altijd helemaal leeg.

Dit waren gouden tijden voor ons, voor de evenwichtigheid in ons huwelijk, hij met zijn levensdoel en ik met het mijne. In één enkele week toen hij net in de senaat in Springfield zat, diende Barack zeventien wetsvoorstellen in – mogelijk een record, en op zijn minst een maatstaf voor zijn streven iets voor elkaar te krijgen. Sommige werden uiteindelijk aangenomen, maar de meeste werden afgeschoten door de kamer waarin de Republikeinen de meerderheid hadden, neergehaald door de partijgeest en door een cynisme van zijn nieuwe collega's, dat door moest gaan voor uitvoerbaarheid. Ik zag in die eerste maanden hoe politiek, net als ik had voorspeld, een gevecht was en dat het vechten vermoeiend was, compleet met impasses en verraad, koehandel en compromissen die soms pijnlijk waren. Maar ik zag ook dat Baracks voorspelling evenzeer uitkwam. Hij was merkwaardig geschikt voor dat gevecht om wetgeving, kalm midden in die maalstroom, eraan gewend dat hij outsider was, nederlagen slikkend op ontspannen Hawaïaanse wijze. Hij bleef hoopvol, hardnekkig hoopvol, ervan overtuigd dat zijn visie ooit door velen gedeeld zou gaan worden. Er werd op hem ingebeukt, maar dat deed hem niets. Het leek wel alsof hij hiervoor gebouwd was. Hij werd besmeurd maar bleef glanzend, als een oude koperen ketel.

Zelf zat ik nu ook midden in een overgang. Ik had een nieuwe baan aangenomen, en mezelf enigszins verrast door weg te gaan bij Public Allies, de organisatie waarvan ik het bureau in Chicago had geleid en dat ik zorgvuldig had laten groeien. Drie jaar lang had ik alles gegeven, de verantwoordelijkheid genomen voor de grootste en de kleinste taken, tot het aanvullen van het papier in de fotokopieermachine aan toe. Nu Public Allies bloeide en haar bestaan op lange termijn verzekerd was dankzij meerjarige overheidssubsidie en sponsoren, vond ik dat ik er met vertrouwen kon vertrekken. En toevallig ontstond in de herfst van 1996 zo goed als uit het niets een nieuwe mogelijkheid. Art Sussman, de jurist van de University of Chicago die ik een paar jaar eerder had gesproken, belde me om me te vertellen dat er een nieuwe functie was geschapen.

De universiteit zocht een decaan die zich moest richten op relaties met de gemeenschap, die zich eindelijk moest wijden aan de integratie van de universiteit met de stad en dan vooral met de South Side waarin ze gevestigd was, onder meer door een programma op te stellen ten dienste van de gemeenschap om studenten kennis te laten maken met vrijwilligersbanen in de buurt. Net als mijn functie bij Public Allies hield deze nieuwe baan verband met een werkelijkheid waarin ikzelf was opgegroeid. Zoals ik Art jaren eerder al had verteld, was de University of Chicago altijd minder bereikbaar en minder geïnteresseerd in mij dan de deftige universiteiten aan de oostkust die ik had bezocht, ze had altijd met haar rug naar de buurt gestaan. De kans om muren te slechten, om meer studenten bij de stad te betrekken en meer stadsbewoners bij de universiteit, vond ik bijzonder inspirerend.

Maar behalve inspiratie waren er achterliggende redenen om de overgang te maken. De universiteit bood een soort institutionele stabiliteit die een nog steeds nieuwe non-profitorganisatie niet kon bieden. Mijn salaris was beter, mijn uren redelijker en er waren mensen die ervoor zorgden dat er papier in de kopieermachine zat en die de laserprinter weer aan de praat kregen als die ermee ophield. Ik was nu tweeëndertig en begon steeds meer na te denken over wat ik op mijn schouders wilde nemen. Tijdens onze afspraakjes op vrijdagavond bij Zinfandel vervolgden Barack en ik vaak een gesprek dat we in een of andere vorm al jaren voerden – over impact, over hoe en waar ieder van ons een verschil kon maken, over waaraan we onze tijd en energie het beste konden besteden.

Bij mij kwamen enkele van die oude vragen over wie ik was en wat ik in het leven wilde zijn, weer bovendrijven om zich in mijn geest vast te zetten. Ik had deze nieuwe baan onder andere genomen omdat ik een beetje meer tijd in ons leven wilde creëren, en ook omdat de ziektekostenverzekering er beter was dan ik ooit eerder had gekend. En dat zou nog belangrijk worden. Terwijl Barack en ik weer op zo'n vrijdagavond bij Zinfandel in het kaarslicht zaten, elkaars hand vasthielden over de tafel, tussen de rundvleesschotel en het dessert in, zat er één grote rimpel in ons geluk. We probeerden zwanger te worden en dat lukte maar niet.

Het blijkt dat zelfs twee toegewijde doorzetters met een grote liefde voor elkaar en een robuuste werkhouding zichzelf niet kunnen dwingen zwanger te worden. Vruchtbaarheid is niet iets wat je verovert. Er loopt nu eenmaal geen rechte lijn tussen inspanning en beloning. Voor mij en Barack was dit net zo verrassend als teleurstellend. Hoe fanatiek we het ook probeerden, een zwangerschap konden we niet afdwingen. Een tijdlang zei ik tegen mezelf dat het gewoon een kwestie was van bereikbaarheid, het gevolg van Baracks komen en gaan van en naar Springfield. Onze pogingen tot voortplanting werden niet verricht volgens die belangrijke maandelijkse hormonale signalen, maar eerder volgens het programma van de wetgevende macht van Illinois. Dit, zo dacht ik, was iets waar we wat aan konden doen.

Maar onze aanpassingen hadden geen enkel resultaat, zelfs niet als Barack plankgas gaf op de snelweg om binnen mijn vruchtbare periode thuis te zijn en zelfs tijdens het zomerreces van de senaat als hij de hele dag thuis was en alle tijd had. Na al die jaren zorgvuldig voorzorgsmaatregelen te hebben genomen om zwangerschap te voorkomen, was ik nu uitsluitend bezig met het tegenovergestelde. Ik ging ermee om als was het een opdracht. Op een gegeven moment was een zwangerschapstest positief en vergaten we even alle zorgen en waren we in vervoering van geluk, maar een paar weken later had ik een miskraam, waarna ik me lichamelijk een wrak voelde en al het optimisme dat we hadden de bodem werd ingeslagen. Als ik vrouwen en hun kinderen blij over straat zag lopen, voelde ik een steek van verlangen, gevolgd door de pijn van mijn tekortkoming. De enige troost die Barack en ik hadden, was dat we maar één blok verwijderd woonden van Craig en zijn vrouw, die nu twee prachtige kinderen hadden, Leslie en Avery. En ik vond er troost in bij ze langs te gaan om met ze te spelen en verhaaltjes voor te lezen.

Als ik een dossier aan zou willen gaan leggen over dingen die niemand je vertelt totdat je er middenin zit, zou ik beginnen met miskramen. Een miskraam is eenzaam, pijnlijk en ontmoedigend tot bijna op celniveau. Als het je overkomt, dan zul je waarschijnlijk jezelf per ongeluk de schuld geven, en het is niet jouw schuld. Of het als een tragedie beschouwen, en dat is het ook niet, hoe verpletterend het op dat moment ook voelt. Wat niemand je vertelt, is dat miskramen aan de lopende band voorkomen, bij meer vrouwen dan je ooit had kunnen denken, gezien de relatieve stilte eromheen. Ik hoorde dit pas nadat ik over mijn miskraam had verteld aan een paar vriendinnen, die reageerden door me te overstelpen met liefde en steun en ook met hun miskraamverhalen. Het nam de pijn niet weg, maar door te vertellen over hun eigen worsteling, kalmeerden ze mij tijdens de mijne, hielpen ze mij in te zien dat wat ik had doorgemaakt, niet meer was dan een normaal biologisch probleempje, een bevrucht eitje dat om een vermoedelijk heel goede reden besloten had er de brui aan te geven.

Een van die vriendinnen wees me ook op een gynaecoloog, naar wie zij en haar man waren geweest. Barack en ik brachten hem een bezoek en deden de tests, waarna hij ons kon vertellen dat er met geen van ons beiden iets mis was. Het mysterie waarom we niet zwanger werden, bleef onopgelost. Hij stelde voor dat ik een paar maanden Clomid nam, een medicijn dat de ovulatie bevordert. Als dat niet werkte, raadde hij in-vitrofertilisatie aan. We waren bijzonder gelukkig dat mijn ziektekostenverzekering bij de universiteit het grootste deel van de rekening zou betalen.

Het leek wel op een soort loterij met een hoge inzet, alleen nu op grond van wetenschap. Tegen de tijd dat het voorbereidende medische werk achter de rug was, was het zomerreces van de senaat ten einde en werd mijn lieve, zorgzame echtgenoot er weer helemaal door opgeslokt, om mij grotendeels in mijn eentje achter te laten om mijn voortplantingssysteem tot de allerhoogste efficiëntie aan te zetten. Daartoe moest ik enkele weken lang mezelf dagelijks medicijnen toedienen. Volgens schema moest ik eerst iets injecteren om mijn eierstokken tot rust te brengen en later iets om ze te stimuleren, wat dan tot gevolg moest hebben dat ze een hele lawine aan geschikte eitjes zouden loslaten.

Al het werk en de onzekerheid maakten me wat terughoudend, maar ik wilde nu eenmaal een baby. Het was een behoefte die ik altijd had gehad. Toen ik nog een meisje was en genoeg had van het kussen van de plastic huid van mijn poppen, had ik mijn moeder gesmeekt om nog een baby te krijgen, een echte, speciaal voor mij. Ik beloofde dat ik al het werk zou doen. Toen ze niet mee wilde werken aan dit plan, had ik in haar la met ondergoed gezocht naar haar anticonceptiepillen met de gedachte dat, als ik die in beslag zou nemen, dat misschien het gewenste resultaat zou opleveren. Dat bleek duidelijk niet het geval, maar het punt is dat ik hier al zo lang op wachtte. Ik wilde een gezin en Barack wilde ook een gezin en nu zat ik hier in mijn eentje in de badkamer van ons appartement om in naam van al dat verlangen te proberen de moed op te brengen om een injectienaald in mijn dijbeen te prikken.

Misschien was het op dat moment dat ik een vlaag van afkeer voelde voor politiek en Baracks onwrikbare betrokkenheid bij dat werk. Of misschien voelde ik alleen de zware last van het vrouw-zijn. Hoe dan ook, hij was weg en ik was hier met alle verantwoordelijkheid. Ik voelde nu al dat alle opofferingen meer van mij zouden komen dan van hem. De weken hierna ging hij zijn normale gang, terwijl ik dagelijks echo's liet maken om mijn eitjes te monitoren. Van hem werd geen bloed afgenomen. Hij hoefde geen vergadering af te zeggen vanwege baarmoederhalsonderzoek. Hij was lief en betrokken, mijn echtgenoot, en deed wat hij kon. Hij las alles wat er te lezen viel over ivf en praatte er de hele avond met me over, maar zijn enige plicht was om zich te melden in het kantoor van de dokter en een beetje sperma achter te laten. En als hij wilde, kon hij daarna een glaasje martini krijgen. Niets hiervan was zijn fout, maar helemaal gelijk verdeeld was het ook niet en voor iedere vrouw die leeft met de mantra dat gelijkheid belangrijk is, kan dit een beetje verwarrend zijn. Ik was degene die alles moest veranderen, die mijn passies en carrièredromen uit moest stellen om dit deel van onze droom werkelijkheid te laten worden. Heel even maakte ik de balans op. Wilde ik dit wel? Ja, ik wilde het heel graag. En toen pakte ik de naald en duwde die in mijn huid.

Ongeveer acht weken later hoorde ik het geluid dat alle sporen van wrevel wegnam: een suizende, flauwe hartslag in de warme diepte van mijn lichaam. We waren zwanger. Het was echt. Plotseling kregen de verantwoordelijkheid en relatieve opofferingen een heel andere betekenis, als een landschap dat van kleur verschiet, of als de meubels in een huis die allemaal verplaatst worden zodat nu alles volmaakt op zijn plaats leek. Ik liep rond met dit geheim in me. Dit was mijn voorrecht, het geschenk van het vrouw-zijn. Ik voelde me stralen van de belofte die ik in me droeg.

Zo zou ik me de hele tijd voelen, zelfs toen ik uitgeput was na de eerste drie maanden, aangezien mijn baan druk bleef en Barack zijn wekelijkse tocht naar de hoofdstad van Illinois ondernam. We hadden ons leven aan de buitenkant, maar nu gebeurde er ook iets van binnen, een baby groeide, een meisje. (Omdat Barack iemand van feiten is en ik een planner ben, moesten we wel het geslacht te weten komen.) We konden haar niet zien, maar ze was er wel en groeide in lichaam en geest toen het van herfst winter werd en toen voorjaar. Dat wat ik had gevoeld – jaloezie op Baracks afstand tot het proces – was nu totaal omgekeerd. Hij stond aan de buitenkant, terwijl ik het proces doormaakte. Ik wás het proces, onlosmakelijk verbonden met dit kleine, ontluikende leven dat met ellebogen stootte en met haar hielen in mijn blaas prikte. Ik was nooit alleen, nooit eenzaam. Zij was er, altijd, terwijl ik naar mijn werk reed of groenten sneed voor een salade of 's nachts in bed lag en voor de negenhonderdste keer door *What to Expect When You're Expecting* bladerde.

Zomer in Chicago is heel bijzonder voor me. Ik vind het heerlijk hoe de hemel tot laat in de avond licht blijft, hoe de zeilboten verschijnen op het Michiganmeer en de temperatuur zo hoog wordt dat je je bijna niet meer de worstelingen van de winter kunt voorstellen. Ik vind het heerlijk hoe de politieke drukte in de zomer langzaam afneemt en het leven leuker wordt.

Hoewel we er geen enkele controle over hadden, voelde het aan het einde alsof we het allemaal volmaakt hadden gepland. Op 4 juli 1998, Independence Day, 's morgens heel vroeg, voelde ik zacht de eerste wee. Barack en ik meldden ons bij het ziekenhuis van de University of Chicago; we hadden Maya, die vanuit Honolulu was komen vliegen om er in de uitgerekende week bij te zijn, en mijn moeder meegebracht ter ondersteuning. Het duurde nog uren voordat de houtskool van de barbecues in de stad zou gaan gloeien en mensen hun dekens uitspreidden op het gras langs de oever om te genieten van het vuurwerk dat boven het meer zou schitteren. We zouden het dat jaar toch allemaal missen, verloren als we waren in een heel nieuwe gloed en schittering. We dachten even niet aan het land, maar aan ons gezin toen Malia Ann Obama, een van de twee volmaaktste baby's die ooit iemand heeft gekregen, ter wereld kwam.

14

Het moederschap werd nu mijn grote motivator. Het dicteerde alles wat ik deed, al mijn besluiten, het ritme van de dag. Het kostte me geen enkele bedenktijd, geen enkele twijfel, ik werd meteen helemaal in beslag genomen door mijn nieuwe rol als moeder. Ik ben een op details gericht iemand en een baby is niets anders dan een vergaarbak van details. Barack en ik bestudeerden de kleine Malia, namen het geheim van haar rozerode lippen in ons op, haar donkere kroeskopje en ongerichte blik, de willekeurige bewegingen van haar kleine ledematen. We stopten haar in bad en wikkelden haar in en klemden haar tegen onze borst. We hielden in de gaten wat ze at, hoelang ze sliep, ieder boertje. We ontleedden de inhoud van elke vieze luier alsof dat ons al haar geheimen kon onthullen.

Ze was een klein persoontje, iemand die aan ons was toevertrouwd. Ik was bezeten van de verantwoordelijkheid voor haar, ik werd volledig door haar beheerst. Ik kon een uur met niets anders bezig zijn dan kijken naar hoe ze ademhaalde. Als er een baby in huis is, kan de tijd langzamer gaan lopen of sneller, gehoorzaamt hij aan geen van de normale regels. Een enkele dag kan eindeloos lijken te duren en zes maanden zijn zo voorbij.

Barack en ik moesten lachen om wat het ouderschap met ons deed. Waar we eerst de etenstijd hadden besteed aan het ontwarren van de complexiteit van het jongerenrecht, waarbij we dat wat ik had opgedaan bij Public Allies legden naast een paar ideeën die hij wilde opnemen in een wetsvoorstel, bespraken we nu met niet minder vuur of Malia niet te afhankelijk was geworden van haar fopspeen en vergeleken we onze verschillende methoden om haar in slaap te krijgen. We waren, zoals de meeste nieuwe ouders, bezeten en een beetje saai en niets kon ons gelukkiger maken. We namen Malia in haar kinderwagen mee naar Zinfandel voor onze vrijdagavondafspraak en rekenden uit wat we het beste konden bestellen zodat we snel weer buiten zouden staan, voordat zij te onrustig werd.

Een paar maanden na Malia's geboorte ging ik weer terug naar mijn werk aan de University of Chicago. Ik had afgesproken dat ik slechts halve dagen zou gaan werken aangezien dat een soort win-winsituatie opleverde; nu kon ik zowel carrièrevrouw zijn als de perfecte moeder, zowel Mary Tyler Moore als Marian Robinson, wat ik altijd had gehoopt. We hadden een babysitter gevonden, Glorina Casabal, een lieve, ervaren verzorgster die ongeveer tien jaar ouder was dan ik. Ze was geboren op de Filipijnen en opgeleid tot verpleegster en had zelf twee kinderen grootgebracht. 'Glo' was een kleine, drukke vrouw met een kort, praktisch kapsel en een bril met goudkleurig montuur, die binnen twaalf seconden een vieze luier kon vervangen door een schone. Ze was hypercompetent en was nooit ergens te moe voor en zou een onmisbaar en zeer geliefd lid van het gezin worden. Haar belangrijkste kwaliteit was dat ze hartstochtelijk van mijn baby hield.

Wat ik me niet realiseerde – en ook dit zou in mijn mapje gaan met dingen die velen van ons te laat leren – is dat een parttimebaan, vooral als die bedoeld is als een afgeschaalde versie van je eerdere fulltimebetrekking, een valkuil kan zijn. Dat is tenminste waar het voor mij op neer ging komen. Op mijn werk bezocht ik nog steeds alle vergaderingen zoals altijd, terwijl ik ook nog de meeste werkzaamheden bleef doen. Het enige echte verschil was dat ik nog maar de helft ontving van mijn eerdere salaris en probeerde alles in een werkweek van twintig uur te persen. Als een vergadering uitliep, dan racete ik naar huis om Malia te halen zodat we op tijd waren (Malia onstuimig en blij, ik zweterig en hyperventilerend) voor het middagklasje van de Wiggleworms, muziekonderwijs voor de allerkleinsten, in een muziekstudio in de North Side. Voor mij leek het een gezondheidsslopend dubbel dilemma. Ik voelde me schuldig als ik thuis telefoontjes van mijn werk opnam. Ik voelde me ook schuldig als ik op kantoor afgeleid was door het idee dat Malia weleens allergisch zou kunnen zijn voor pinda's. Parttime werken moest me meer vrije tijd geven, maar het grootste deel van de tijd had ik het gevoel dat ik alles maar half deed, dat alle lijntjes in mijn leven wazig waren geworden.

Intussen leek Barack nauwelijks van zijn pad af te wijken. Enkele maanden na Malia's geboorte werd hij met 89 procent van de stemmen in de senaat van de staat herkozen voor een termijn van vier jaar. Hij was populair en succesvol en hij begon nu, ambitieus als hij was, te denken aan hogere dingen, en wel aan het Huis van Afgevaardigden in de hoop de zetel te kunnen veroveren van Democraat Bobby Rush die aan zijn vierde termijn bezig was. Vond ik het een goed idee van hem om zich kandidaat te stellen voor het Congres? Nee, dat vond ik niet. Het leek me zeer onwaarschijnlijk dat hij zou winnen, aangezien iedereen Rush kende en Barack eigenlijk nog onbekend was. Maar hij was nu eenmaal politicus en had de wind mee binnen de afdeling van de Democratische Partij in Illinois. Hij had adviseurs en supporters, van wie enkelen er bij hem op aandrongen het te proberen. Iemand had een enquête gehouden waaruit bleek dat hij misschien weleens kon winnen. En dit weet ik zeker van mijn man: je houdt hem geen kans voor, een gelegenheid om meer impact te hebben, en dat hij zich dan omkeert. Want dat doet hij niet. Echt niet.

Eind 1999, toen Malia bijna achttien maanden was, namen we haar in de kerstvakantie mee naar Hawaï om op bezoek te gaan bij haar overgrootmoeder Toot, die nu zevenenzeventig was en nog steeds in het appartement woonde waar ze al decennialang had gewoond. Het was een familiebezoek, de enige keer in het jaar dat Toot haar kleinzoon en haar achterkleindochter kon zien. De winter had Chicago weer in zijn greep, de warmte uit de lucht gezogen en het blauw uit de hemel. We hadden het allebei druk gehad thuis en op het werk en hadden een kamer geboekt in een bescheiden hotel bij Waikiki Beach; nu telden we de dagen af tot we zouden vertrekken. Baracks onderwijsverplichtingen bij de rechtenopleiding waren voorbij tot het nieuwe semester en ik had vakantie genomen. Maar toen zat de politiek in de weg.

De senaat van Illinois zat vast in een marathondebat over een ontwerp voor een belangrijke wet tegen de misdaad. In plaats van te schorsen voor de vakantie werd de vergadering verlengd met het doel nog voor kerstmis overeenstemming te bereiken. Barack belde me vanuit Springfield om te zeggen dat we ons reisje een paar dagen moesten uitstellen. Dat was geen vrolijk nieuws, maar ik begreep dat hij er niets aan kon doen. Het enige wat ik wilde, was dat we ernaartoe zouden gaan. Ik wilde niet dat Toot kerstmis alleen zou moeten doorbrengen en buiten dat waren Barack en ik toe aan een vakantie. Het reisje naar Hawaï, had ik bedacht, zou ons allebei even afstand laten nemen van ons werk en ons een kans geven even tot rust te komen.

Hij was nu officieel kandidaat voor het Huis van Afgevaardigden en dat betekende dat hij zelden rust nam. Later gaf hij een interview aan een lokale krant waarin hij zei dat hij dacht dat hij in de zes maanden of daaromtrent waarin hij campagne voerde voor zijn Congreszetel, nog geen vier volle dagen thuis bij Malia en mij was geweest. Dit was de pijnlijke realiteit van het campagnevoeren. Boven op zijn andere verplichtingen leefde Barack met een tikkende klok, een die hem onophoudelijk herinnerde aan de minuten en de uren die nog te gaan waren tot de voorverkiezingen in maart. Hoe hij al die minuten en uren besteedde kon, in theorie althans, gevolgen hebben voor de uitslag. Wat ik toen ook leerde was dat gezien vanuit de campagne, elke minuut en elk uur die de kandidaat privé doorbracht met zijn gezin, beschouwd werden als kostbaar tijdverlies.

Ik had inmiddels voldoende ervaring om te weten dat ik mezelf beter niet kon bemoeien met de dagelijkse gang van zaken van de wedloop. Ik had Baracks besluit om zich kandidaat te stellen met tegenzin mijn zegen gegeven en mezelf een loop-niet-in-de-weg-houding aangemeten ten aanzien van het hele circus. Ik dacht dat hij de landelijke politiek misschien niet zou halen en dat dat hem zou bewegen iets heel anders te willen gaan proberen. In een ideale wereld (in mijn wereld tenminste) zou Barack directeur worden van een stichting of zoiets, waar hij invloed kon hebben op iets wat ertoe deed en ook 's avond voor het eten thuis kon zijn.

We vlogen op 23 december naar Hawaï, toen de senaat eindelijk met reces was gegaan voor de kerstperiode, ook al was er nog geen overeenstemming bereikt over het wetsvoorstel. Maar tot mijn opluchting lukte het. Waikiki Beach was een openbaring voor de kleine Malia. Ze scharrelde langs het water, schopte naar de golven en was uitgeput van plezier. We brachten een fijne, kalme kerstmis door met Toot in haar appartement, maakten pakjes open en verbaasden ons over hoe fanatiek ze bezig was met het leggen van een legpuzzel van vijfduizend stukjes op een tafeltje. Zoals altijd hielp de trage, groene golfslag en de vrolijke bevolking van Oahu om ons los te maken van onze alledaagse beslommeringen en konden we heerlijk genieten van de warme wind op onze huid en de verrukking van ons dochtertje over absoluut alles. De krantenkoppen herinnerden ons er constant aan dat we aan de vooravond stonden van een nieuw millennium. En wij zaten op een heerlijke plaats om de laatste dagen van 1999 door te brengen.

Alles ging uitstekend totdat Barack een telefoontje kreeg van iemand in Illinois. Onverwacht was besloten dat de senaat direct weer bijeen zou komen om het werk aan het wetsvoorstel af te ronden. Als hij van plan was zijn stem uit te brengen, dan had hij nog ongeveer achtenveertig uur om terug te keren naar Springfield. Nu tikte er een andere klok. Moedeloos keek ik toe hoe Barack in actie kwam, onze vlucht omboekte om de volgende dag te vertrekken en zo een einde maakte aan onze vakantie. We moesten wel gaan, we hadden geen keus. Ik veronderstel dat ik wel alleen met Malia had kunnen blijven, maar wat was daar nu aan? Ik vond het niet leuk dat we weg moesten, maar ik begreep opnieuw dat politiek nu eenmaal zo werkte. De stemming was belangrijk – in het wetsvoorstel waren maatregelen opgenomen tegen vuurwapenbezit, waar Barack hartgrondig voorstander van was – en gebleken was dat de verdeeldheid zo groot was dat de afwezigheid van één senator kon betekenen dat de wet niet werd aangenomen. We gingen naar huis.

Maar toen gebeurde er iets onverwachts. Die nacht kreeg Malia hoge koorts. Aan het einde van de middag had ze nog uitgelaten naar de golven geschopt, maar nu, nog geen twaalf uur later, was ze een warm, lusteloos hoopje kleutervormige ellende, met glazige ogen en kermend van de pijn, maar nog te klein om ons te vertellen wat er aan de hand was. We gaven haar paracetamol, maar veel hielp dat niet. Ze trok almaar aan één oor waardoor ik dacht dat ze misschien een oorontsteking had. Het begon ons te dagen wat dat precies betekende. We zaten op bed en

Dit is ons gezin eind 1964, gekleed voor een feest. Let op de zorgzame uitdrukking op het gezicht van mijn broer Craig, die ook mijn polsje stevig vasthoudt.

We groeiden op in het appartement boven het huis van mijn oudtante Robbie Shields, hier op de foto met mij op de arm. In de jaren waarin ze me pianoles gaf, stonden we vaak koppig tegenover elkaar, maar ze haalde altijd het beste in me naar boven.

Mijn vader Fraser Robinson werkte meer dan twintig jaar voor de stad Chicago, waarvoor hij de ketels onderhield van een waterzuiveringsinstallatie. Zelfs toen de multiple sclerose het lopen steeds moeilijker maakte, bleef hij nog geen dag thuis.

De Buick Electra 225, de *deuce and a quarter* zoals wij hem noemden, was mijn vaders trots, waar veel goede herinneringen aan kleven. Elke zomer reden we in de vakantie naar Dukes Happy Holiday Resort in Michigan, waar deze foto genomen is.

Toen ik in 1969 naar de kleuterschool ging, bestond de bevolking van onze buurt in de South Side van Chicago uit een raciaal gevarieerd mengsel van middenklassegezinnen. Maar toen veel van de welvarendere gezinnen naar de buitenwijken verhuisden – iets wat algemeen bekend is als de *white flight* – veranderde de bevolkingssamenstelling snel. Toen ik in de vijfde klas zat, was de diversiteit verdwenen. *Boven:* Mijn kleuterschoolklas; ik sta op de derde rij van onder, tweede van rechts. *Onder:* Mijn vijfde klas; ik sta op de derde rij van onder in het midden.

Dit ben ik toen ik op Princeton zat (*links*). Ik was wel zenuwachtig toen ik naar college ging, maar had al gauw een paar goede vriendinnen, zoals Suzanne Alele (*boven*), die me veel heeft geleerd over plezier maken in het leven.

Een tijdlang woonden Barack en ik in het appartement aan de Euclid Avenue. We waren allebei jong en advocaat. Ik begon net te twijfelen aan mijn voorgenomen carrière en vroeg me af hoe ik betekenisvol werk kon gaan doen en trouw kon blijven aan mijn waarden.

Onze huwelijksdag, 3 oktober 1992, was een van de gelukkigste dagen van mijn leven. Mijn vader was anderhalf jaar eerder overleden, en daarom was het Craig die me naar het altaar begeleidde.

Ik wist al gauw nadat ik met Barack had kennisgemaakt, dat hij een goede vader zou zijn. Hij houdt onvoorwaardelijk van zijn kinderen. We waren zo blij toen Malia in 1998 werd geboren. Ons leven zou nooit meer hetzelfde zijn.

Zo'n drie jaar na Malia werd Sasha geboren, die ons gezin met haar bolle wangetjes en eigenzinnig karakter compleet maakte. Onze reisjes in de kerstvakantie naar Baracks geboortestaat Hawaï werden een belangrijke traditie. We konden daar samen zijn met zijn familie en genieten van het warme weer.

De band tussen Malia en Sasha is altijd hecht geweest. En nog steeds smelt mijn hart als ik zie hoe leuk ze zijn.

Drie jaar lang was ik directeur van de afdeling Chicago van Public Allies, een organisatie gericht op het helpen van jonge mensen bij het opbouwen van een carrière in het openbaar bestuur. Hier sta ik (rechts) met een groepje jonge buurtwerkers bij een bijeenkomst waar burgemeester Richard M. Daley van Chicago spreekt.

Later ging ik naar het medisch centrum van de University of Chicago, waar ik ernaar streefde de relaties tussen het ziekenhuis en de gemeenschap te verbeteren en een dienst startte die zorgde voor een betaalbare ziektekostenverzekering voor duizenden bewoners van de South Side.

Als fulltime werkende moeder met een echtgenoot die vaak van huis was, werd ik maar al te bekend met het gejongleer dat veel vrouwen wel kennen: proberen de behoeften van het gezin in evenwicht te brengen met de eisen van de baan.

Valerie Jarrett (links) ontmoette ik voor het eerst in 1991, toen ze plaatsvervangend hoofd was van het kantoor van de burgemeester van Chicago. Ze werd al gauw een gewaardeerde vriendin en adviseur van Barack en mij. Deze foto is gemaakt tijdens de campagne voor verkiezingen voor de Senaat in 2004.

Af en toe kwamen onze kinderen Barack opzoeken tijdens de campagne. Dit is Malia in 2004 die door het raam van de campagnebus ziet hoe haar vader zijn zoveelste toespraak houdt.

Barack kondigde op een ijskoude dag in februari 2007 zijn kandidatuur voor het presidentschap aan in Springfield, Illinois. Ik had voor Sasha voor de gelegenheid een te grote roze muts gekocht en maakte me almaar zorgen dat die van haar hoofd zou vallen, maar wonderlijk genoeg hield ze hem op.

Een foto tijdens de campagne, zoals altijd begeleid door tientallen verslaggevers en fotografen.

Ik hield wel van campagne voeren, ik werd gestimuleerd door de contacten die ik legde met kiezers in heel Amerika. Maar het tempo was vaak moordend en ik rustte zoveel ik kon.

In de maanden voor de verkiezingen kreeg ik een campagnevliegtuig tot mijn beschikking, waardoor mijn werk efficiënter verliep en het reizen zoveel leuker werd. Met mij op de foto staat mijn hechte team medewerkers (van links naar rechts): Kristen Jarvis, Katie McCormick Lelyveld, Chawn Ritz (onze stewardess die dag) en Melissa Winter.

Joe Biden was een fantastische *running mate* voor Barack om verscheidene redenen, al was het maar omdat beide echtparen zo goed met elkaar overweg konden. Jill en ik spraken er al vroeg over hoe we de gezinnen van militairen konden helpen. Deze foto is uit 2008 tijdens een pauze in de campagne in Pennsylvania.

Na een zware campagne in de lente en zomer van 2008 sprak ik tijdens de Democratische Nationale Conventie in Denver, waar ik voor de eerste keer op *primetime* mijn verhaal vertelde voor een enorm publiek. Daarna kwamen Sasha en Malia bij me staan op het podium om via een videoverbinding dag te zeggen tegen hun vader.

Op de avond van 4 november 2008, verkiezingsdag, zat mijn moeder Marian Robinson naast Barack te kijken naar de tv, waar de uitslagen binnenkwamen.

In januari 2009 was Malia tien en Sasha pas zeven toen hun vader werd beëdigd als president. Sasha was zo klein dat ze op een speciale verhoging moest staan om tijdens de ceremonie gezien te kunnen worden.

Barack en ik, nu officieel POTUS en FLOTUS, bezochten die avond tien inauguratiebals en openden op elk daarvan het bal. Na een dag vol festiviteiten was ik uitgeput, maar deze fantastische japon van Jason Wu gaf me nieuwe energie en mijn man – mijn beste vriend en partner – zorgde ervoor dat we ons elk moment samen zeer intiem voelden.

Laura Bush was zo aardig mij en de kinderen al vroeg uit te nodigen in het Witte Huis. Haar eigen dochters Jenna en Barbara waren er ook en lieten Malia en Sasha de leuke dingen van het huis zien, zoals hoe je in deze schuin aflopende gang naar beneden kon glijden.

We moesten wel wennen aan de constante aanwezigheid van agenten van de geheime dienst in ons leven, maar in de loop van de tijd zijn velen van hen vrienden geworden.

Dit beeld van Sasha's gezichtje achter het kogelwerende glas van de auto waarmee ze op de eerste dag naar haar nieuwe school werd gebracht, zal ik nooit vergeten. En de hele tijd vroeg ik me bezorgd af welke invloed deze ervaring op onze kinderen zou hebben.

Wilson Jerman, de man links op de foto, werkte vanaf 1957 in het Witte Huis. Zoals veel butlers en andere stafleden van het Witte Huis diende hij waardig onder verscheidene presidenten; Barack was zijn elfde.

De moestuin van het Witte Huis was aangelegd om een symbool te worden van gezond eten en gezond leven, een springplank vanwaar ik een groter initiatief kon lanceren, zoals Let's Move! Maar ik hield er ook van omdat ik er met kinderen mijn handen vuil kon maken met wroeten in de grond.

Ik wilde dat het Witte Huis een plaats zou zijn waar iedereen zich thuis kon voelen en kinderen zichzelf konden zijn. Ik hoopte dat ze hun verhaal weerspiegeld zagen in het onze en misschien ook een kans kregen om touwtje te springen met de first lady.

Barack en ik raakten bijzonder gesteld op koningin Elizabeth, die Barack deed denken aan zijn no-nonsense grootmoeder. In de loop van vele bezoeken liet ze me zien dat vriendelijkheid belangrijker is dan protocol en formaliteit.

Mijn ontmoeting met Nelson Mandela gaf me het juiste perspectief toen ik een paar jaar in het Witte Huis woonde, namelijk dat echte verandering geleidelijk gebeurt, niet in een paar maanden of jaren, maar in decennia en levens.

Voor mij is een omhelzing iets om pretenties te laten verdwijnen en domweg te verbinden. Hier ben ik in een zaal van Oxford University met meisjes van de Elizabeth Garrett Anderson School uit Londen.

Ik zal nooit de geest van optimisme en veerkracht vergeten die heerste onder de militairen en hun gezinnen die ik ontmoette in het Walter Reed Medical Center.

Hadiya Pendletons moeder, Cleopatra Cowley-Pendleton, had alles goed gedaan maar kon toch haar kind niet beschermen tegen de vreselijke willekeur van vuurwapengeweld. Toen ik haar ontmoette voor Hadiya's begrafenis in Chicago, werd ik overweldigd door hoe oneerlijk het was.

Ik probeerde zo vaak mogelijk thuis te zijn als de meisjes uit school kwamen. Dat was een van de voordelen van wonen boven de zaak.

Barack handhaafde altijd een gezonde scheiding tussen werk en gezin en was bijna elke avond op tijd boven om mee te eten en er dan ook helemaal voor ons te zijn. In 2009 doorbraken de meisjes en ik die scheiding door hem op zijn verjaardag te verrassen in het Oval Office.

We hielden ons aan onze belofte aan Malia en Sasha dat, als Barack president zou worden, we een hond zouden nemen. Het werden er zelfs twee. Bo (op de foto) en Sunny maakten alles een beetje lichter.

Elk voorjaar hoopte ik mijn afstudeertoespraken te kunnen gebruiken om leerlingen te inspireren en hen te helpen inzien wat de kracht is van hun eigen verhaal. Hier bereid ik me voor op mijn speech aan Virginia Tech in 2012. Op de achtergrond zit Tina Tchen, vijf jaar lang mijn onvermoeibare stafchef, bezig met wat ze zo vaak deed: multitasken op haar mobiel.

De honden mochten overal in het Witte Huis komen. Het liefst zaten ze in de tuin of ook wel in de keuken. Hier zitten ze in de voorraadkamer met Jorge Davila, vermoedelijk in de hoop dat ze iets lekkers van hem krijgen.

We zijn alle personeelsleden die ervoor hebben gezorgd dat ons dagelijks leven in het Witte Huis acht jaar lang zorgeloos is verlopen zeer dankbaar. We zijn van alles te weten gekomen over hun kinderen en kleinkinderen en vierden ook hun mijlpalen, zoals hier op de verjaardag van assistent-huisknecht Reggie Dixon in 2012.

Als *first family* krijg je ongewone voorrechten maar ook wel ongewone uitdagingen. Barack en ik probeerden voor onze meisjes toch ook een zekere mate van normaal zijn te behouden. *Linksboven:* Malia, Barack en ik juichen voor Sasha's basketbalteam, de Vipers. *Rechtsboven:* De meisjes ontspannen in de Bright Star, het vliegtuig van de first lady.

We zorgden ervoor dat onze meisjes gelegenheid kregen te doen wat tieners nu eenmaal doen, zoals leren autorijden. Ook al betekende dit dat iemand van de geheime dienst ze les zou geven.

Op 4 juli hebben we veel te vieren, aangezien dat niet alleen Independence Day is, maar ook Malia's verjaardag.

Als ik iets heb geleerd, dan is het wel de kracht van het gebruiken van je stem. Ik heb zo vaak mogelijk geprobeerd de waarheid te spreken en licht te werpen op verhalen van mensen die vaak ruw terzijde worden geschoven.

In 2015 herdacht ons hele gezin samen met het lid van het Huis van Afgevaardigden John Lewis en andere iconen van de beweging voor burgerrechten de vijftigste verjaardag van de mars over de Edmund Pettus Bridge in Selma, Alabama. Het werd me die dag weer duidelijk hoe ver we als land zijn gekomen – en hoe ver we nog te gaan hebben.

zagen hoe Malia wegzonk in een rusteloze, ongemakkelijke slaap. Nog maar een paar uur en ons vliegtuig naar huis zou vertrekken. Ik zag dat Baracks blik steeds zorgelijker werd, worstelend met het dilemma van twee tegengestelde verplichtingen. Wat we nu zouden besluiten, had veel verder reikende gevolgen dan alleen dit moment.

'Ze kan niet vliegen,' zei ik, 'dat is wel duidelijk.'

'Ik weet het.'

'We moeten weer omboeken.'

'Ik weet het.'

Niet uitgesproken werd het feit dat hij gewoon kon gaan. Hij kon de deur uitlopen en een taxi nemen naar het vliegveld en op tijd in Springfield aankomen voor de stemming. Hij kon zijn zieke dochtertje en ongeruste vrouw in het midden van de Stille Oceaan achterlaten en zich aansluiten bij zijn collega's. Het was een mogelijkheid. Maar ik ging mezelf niet kwellen door het voor te stellen. Ik was kwetsbaar, geef ik toe, omdat ik zo onzeker was over wat er aan de hand was met Malia. Wat als de koorts verergerde? Wat als ze naar het ziekenhuis moest? Intussen waren er overal ter wereld meer paranoïde mensen dan wij die atoomkelders hadden gebouwd, contant geld opgespaard en jerrycans water verzameld in geval de ergste van de voorspellingen over het nieuwe millennium uit zouden komen, als de millenniumbug zou toeslaan en de energiecentrales en de communicatielijnen zouden uitvallen doordat computernetwerken niet met het jaartal van het nieuwe millennium om konden gaan. Dat ging niet gebeuren, maar stel je voor. Overwoog hij echt om te vertrekken?

Het bleek dat hij dat niet overwoog. In geen geval. Dat zou hij nooit doen.

Ik luisterde niet naar het telefoongesprek dat hij die dag voerde met zijn assistent, waarin hij uitlegde dat hij niet aanwezig zou zijn als er gestemd werd. Het kon me niet schelen. Ik was helemaal gericht op ons dochtertje. En vanaf het moment dat hij klaar was met telefoneren, was Barack dat ook. Zij was ons mensje. We waren alles allereerst aan haar verschuldigd.

Het jaar 2000 begon zonder millenniumbugproblemen. Na enkele dagen rust en antibiotica knapte Malia op van wat inderdaad een ernstige oorontsteking bleek te zijn en was onze kleuter weer net zo druk als anders. Het leven ging door, dat was nu eenmaal zo. Op weer een perfecte dag onder de blauwe hemel van Honolulu gingen we aan boord van een vliegtuig en vlogen we terug naar Chicago, naar de kilte van de winter en naar wat zich voor Barack leek te ontwikkelen tot een politieke ramp.

De wet tegen de misdaad haalde het niet, in de stemming kwamen de voorstanders vijf stemmen tekort. Ik hoefde daar niet lang over na te denken: zelfs als Barack op tijd terug geweest was van Hawaï, dan had zijn stem aan de uitslag niets veranderd. Toch werd hij voor zijn afwezigheid gestraft. Zijn tegenstanders in de voorverkiezingen voor het Huis van Afgevaardigden maakten van de gelegenheid gebruik om Barack af te schilderen als een soort losbollige volksvertegenwoordiger die op vakantie was – op Hawaï nog wel – en niet eens de moeite had genomen om terug te komen om te stemmen over iets wat zo belangrijk was als vuurwapenbeheersing.

Bobby Rush, het zittende Congreslid, had slechts enkele maanden daarvoor in Chicago een familielid verloren aan vuurwapengeweld, hetgeen Barack in een nog kwader daglicht stelde. Niemand leek te weten dat hij uit Hawaï kwam, dat hij zijn grootmoeder, een weduwe, had bezocht of dat zijn dochter daar ziek geworden was. Het enige wat telde, was de stemming. De pers hamerde er wekenlang op. De *Chicago Tribune* leverde kritiek op de senatoren die die dag niet hadden kunnen stemmen en noemde hen 'een kudde lafhartige schapen'. Baracks andere tegenstander, staatssenator Donne Trotter, deed een eigen duit in het zakje door tegen een verslaggever te zeggen dat 'het gebruiken van je kind als excuus om niet naar je werk te gaan, iets negatiefs zegt over het karakter van de man'.

Ik was aan dit soort dingen niet gewend. Ik had nooit tegenstanders gehad en mijn gezinsleven was nooit ontleed in de krant. Nooit eerder had ik gehoord dat het karakter van mijn echtgenoot in twijfel getrokken werd. Het deed pijn te horen dat een goede beslissing – de juiste beslissing, wat mij betreft – hem zoveel leek te kosten. In een column die hij schreef voor ons wekelijkse buurtblad, verdedigde Barack rustig zijn keuze om bij mij en Malia op Hawaï te blijven. 'We horen veel van politici over hoe belangrijk gezinswaarden zijn,' schreef hij. 'Hopelijk begrijpen jullie het als jullie staatssenator probeert zo goed mogelijk volgens die waarden te leven.'

Het leek wel alsof met de onverwachte oorontsteking van een kind, Baracks drie jaren hard werken in de senaat in één klap werden weggevaagd. Hij had de herziening geleid van de staatswetten op campagnefinanciering, waardoor strenge ethische regels voor gekozen volksvertegenwoordigers waren ingevoerd. Hij had gevochten voor belastingverlaging en leningen voor de armere arbeiders en richtte zich op het omlaag brengen van de kosten van medicijnen voor ouderen. Hij had het vertrouwen weten te winnen van vertegenwoordigers uit alle delen van de staat, zowel onder Democraten als Republikeinen. Maar niets van dit alles leek er nu nog iets toe te doen. De wedloop was uitgelopen op een reeks stoten onder de gordel.

Vanaf het begin van de campagne hadden Baracks tegenstanders en hun aanhangers onbehoorlijke ideeën de wereld ingestuurd met de bedoeling angst en wantrouwen te zaaien onder Afro-Amerikaanse kiezers. Zo suggereerden ze dat Barack behoorde bij de agenda van witte bewoners van Hyde Park – lees: Joodse bewoners – om de kandidaat van hun voorkeur op te dringen aan de South Side. 'Barack wordt in een deel van onze gemeenschap beschouwd als een witte met een zwart gemaakt gezicht,' zei Donne Trotter tegen de *Chicago Reader*. Tegen hetzelfde blad zei Bobby Rush: 'Hij ging naar Harvard en werd een gestudeerde idioot. We zijn niet onder de indruk van deze mensen met hun diploma's van de oostkustelite.' Met andere woorden, hij is niet één van ons. Barack was niet een echte zwarte man, zoals zij – iemand die praatte zoals hij, eruitzag zoals hij en al die boeken las, die kon dat nooit zijn.

Wat me nog het meest stoorde was dat Barack het typische voorbeeld was van alles wat ouders van de South Side vaak hadden gezegd dat ze voor hun kinderen wilden. Hij was precies waar mensen als Bobby Rush en Jesse Jackson en zoveel zwarte leiders al die jaren over hadden gepraat: hij had een opleiding en in plaats van de Afro-Amerikaanse gemeenschap te verlaten probeerde hij haar juist te dienen. Dit waren verhitte verkiezingen, zeker, maar Barack werd aangevallen om de verkeerde dingen. Ik was verbijsterd te zien hoe onze leiders hem alleen zagen als een bedreiging van hun macht en wantrouwen zaaiden door zich te verlaten op achterlijke, anti-intellectuele ideeën over ras en klasse.

Ik werd er ziek van.

Barack stapte er makkelijker overheen dan ik; hij had in Springfield al gezien hoe smerig politiek kon zijn en hoe de waarheid zo vaak geweld werd aangedaan ten dienste van iemands politieke doeleinden. Gekwetst maar niet bereid op te geven, voerde hij de hele winter campagne en ging hij wekelijks op en neer naar Springfield terwijl hij op serieuze wijze de storm probeerde te weerstaan, ook al begonnen de donaties terug te lopen en kreeg Bobby Rush meer en meer steun. Terwijl de klok naar de voorverkiezing tikte, zagen Malia en ik hem nauwelijks, maar hij belde wel elke avond om goedenacht te zeggen.

Ik was dankbaarder dan ooit voor die paar gestolen dagen op het strand. Ik wist dat Barack dat in zijn hart ook was. Wat in al dat kabaal, in al die avonden dat hij niet bij ons was, nooit verloren ging, was dat hij om ons gaf. Hij nam niets luchthartig op. Bijna elke keer voordat hij ophing, hoorde ik iets van pijn in zijn stem. Het was alsof hij elke dag weer gedwongen werd opnieuw te kiezen, tussen gezin en politiek, politiek en gezin.

In maart verloor Barack de voorverkiezing van de Democraten in wat een klinkende overwinning werd voor Bobby Rush.

En al die tijd bleef ik gewoon ons meisje omhelzen.

En toen kwam ons tweede meisje. Natasha Marian Obama werd geboren op 10 juni 2001 in het medisch centrum van de University of Chicago na één ivf-behandeling, een geweldig eenvoudige zwangerschap en een probleemloze bevalling, terwijl Malia, drie jaar oud, thuis bij mijn moeder wachtte. Onze nieuwe baby was fantastisch, een kind als een lammetje met een dikke bos donker haar en wakkere bruine ogen – het vierde hoekje van ons vierkant. Barack en ik waren dolgelukkig.

Sasha, zo wilden we haar gaan noemen. Ik had de naam gekozen omdat ik vond dat die stoer klonk. Een meisje dat Sasha heette, kon geen dwazen verdragen. Net als alle ouders wilde ik zoveel voor onze kinderen en bad ik dat niets hen ooit pijn zou doen. Ik hoopte dat ze slim zouden zijn en energiek, optimistisch als hun vader en gedreven als hun moeder. Maar meer dan dat wilde ik dat ze sterk zouden zijn, wilskracht zouden hebben, de kracht om rechtop te blijven staan en door te zetten, wat er ook gebeurde. Ik wist natuurlijk niet waar we nog allemaal tegenop zouden lopen, hoe ons gezinsleven zich zou ontwikkelen, of alles goed zou gaan of juist slecht, of dat we, zoals de meeste mensen, een mengsel van beide voor onze kiezen zouden krijgen. Mijn taak was het om ervoor te zorgen dat ze er klaar voor waren.

Mijn baan aan de universiteit gaf me het gevoel dat ik uitgeput was. Mijn gegoochel met werk en thuis was verre van volmaakt, terwijl ik ook een zware aanslag deed op onze financiën vanwege de kosten van de kinderopvang. Nadat Sasha was geboren, vroeg ik me af of ik wel terug wilde naar mijn baan; misschien was het gezin wel beter af als ik fulltime thuis bleef, dacht ik. Glo, onze geliefde babyoppas, had een beter betaalde baan als verpleegster aangeboden gekregen en had met tegenzin besloten dat ze verder moest. Ik kon het haar natuurlijk niet kwalijk nemen, maar het verliezen van Glo veranderde wel van alles in het hart van deze werkende moeder. Glo's investering in ons gezin had het voor mij mogelijk gemaakt mijn investering in een baan te behouden. Ze hield van onze kinderen alsof het haar eigen kinderen waren. De avond dat ze opzei, heb ik gehuild en gehuild; ik wist hoe moeilijk het voor ons zou zijn om het zonder haar te redden. We waren natuurlijk ontzettend gelukkig geweest dat we het geld hadden om haar in dienst te nemen. Maar nu ze weg was, voelde het alsof de wereld was ingestort.

Ik vond het heerlijk om bij mijn dochtertjes te zijn. Ik begreep de waarde van elke minuut en elk uur dat ik thuis was, vooral nu Baracks programma zo onregelmatig was. Weer moest ik denken aan mijn moeders beslissing om thuis te blijven bij Craig en mij. Zeker, ik maakte me schuldig aan het romantiseren van haar leven – ik stelde me voor dat het echt leuk was geweest om de ramen te lappen en onze kleren te naaien – maar vergeleken met mijn manier van leven leek het schilderachtig en overzichtelijk en mogelijk de moeite waard het eens te proberen. Het idee trok me aan de baas te zijn over één ding in plaats van twee, om in mijn hoofd eens niet de strijd te hoeven voeren tussen concurrerende verhalen van thuis en werk. En het leek dat we het financieel konden redden. Barack was bij de rechtenopleiding gepromoveerd van medewerker tot hoofdmedewerker waardoor we gebruik mochten maken van de Lab School van de universiteit, waar Malia al gauw aan de peuterzaal kon beginnen.

Maar toen kwam er een telefoontje van Susan Sher, mijn voormalige mentor en collega in het stadhuis die nu algemeen adviseur en adjunct-directeur was van het medisch centrum van de University of Chicago, waar kort daarvoor Sasha was geboren. Het medisch centrum had een nieuwe directeur over wie iedereen jubelde en een van zijn prioriteiten was het verbeteren van de banden met de buurt. Hij zocht daarom een uitvoerend directeur gemeenschapszaken, een baan die mij op het lijf geschreven was. Of ik wilde solliciteren.

Ik vroeg me af of ik mijn cv wel wilde insturen. Het klonk als een geweldige gelegenheid, maar ik had net voor mezelf duidelijk gemaakt dat het beter voor me zou zijn – voor ons allemaal – als ik thuisbleef. Hoe dan ook, dit was voor mij geen moment van glitter en glamour, niet de tijd waarin ik me mijn haar zag föhnen en me mijn zakenkostuum aan zag trekken. Ik was een paar keer per nacht wakker om Sasha te voeden, waardoor ik slaap tekort kwam en daardoor gezond verstand. Terwijl ik nog steeds gefocust was op netheid, was ik die strijd aan het verliezen. Onze flat lag vol kinderspeelgoed, kleuterboeken en pakken luierdoekjes. Elk tochtje buitenshuis vereiste een enorme wandelwagen en een onmodieuze luiertas vol onmisbare zaken: hersluitbare plastic zakken met Cheerio's, een paar speelgoedjes en een extra verschoning – voor iedereen.

Maar het moederschap had ook een aantal fantastische vriendschappen opgeleverd. Ik had me aan kunnen sluiten bij een groep vrouwelijke professionals, een gezellig kringetje dat ook van aanpakken wist. De meesten van ons waren ver in de dertig en hadden uiteenlopende carrières bij banken, overheid of non-profitorganisaties. Velen van ons hadden min of meer op hetzelfde moment kinderen gekregen. Hoe meer kinderen er kwamen, hoe hechter de groep werd. We spraken elkaar bijna elk weekend. We pasten op elkaars baby's, maakten groepsuitjes naar de dierentuin en kochten als groep tickets voor Disney on Ice. Soms zetten we op een zaterdagmiddag al die kinderen bij elkaar in iemands speelkamer en openden wij een fles wijn.

Ieder van deze vrouwen was hoogopgeleid, ambitieus, aan haar kinderen toegewijd en over het algemeen net zo onwetend als ik over hoe je dat allemaal combineert. Waar het neerkwam op werken en kinderen grootbrengen deden we het ieder op onze eigen manier. Sommigen werkten fulltime, anderen parttime, sommigen bleven thuis bij de kinderen. Sommigen vonden het goed dat hun peutertjes hotdogs en maischips aten, anderen gaven alles als het maar volkoren was. Sommigen hadden superbetrokken echtgenoten, anderen hadden mannen als de mijne, die op te veel dingen ja zeiden en veel weg waren. Sommige van mijn vriendinnen waren ongelooflijk gelukkig, anderen probeerden te veranderen, een nieuw soort evenwicht te vinden. De meesten van ons leefden in een staat van constante afweging, waarbij we trachtten het ene terrein van ons leven te veranderen in de hoop meer stabiliteit te brengen in het andere.

Onze middagen samen leerden me dat er geen formule was voor moederschap. Geen enkele benadering kon als goed of slecht worden beschouwd. Dit was nuttig om in te zien. Ongeacht wie op welke manier leefde en waarom, van ieder kind in die speelkamer werd gehouden en ieder kind maakte het prima. Ik voelde dat elke keer als we bij elkaar kwamen, de collectieve kracht van al deze vrouwen die het juiste probeerden te doen via hun kinderen: uiteindelijk, wist ik, zouden we elkaar helpen, wat er ook gebeurde, en zouden we het allemaal redden.

Nadat ik erover had gepraat met Barack en met mijn vriendinnen besloot ik te solliciteren naar die ziekenhuisbaan om ten minste te horen wat die inhield. Mijn gevoel was dat ik geschikt was voor de baan. Ik wist dat ik de juiste vaardigheden bezat en een heleboel passie had. Maar als ik de baan zou aannemen, zou ik ook vanuit een positie van sterkte moeten werken, op voorwaarden die bij mijn gezinssituatie pasten. Ik kon het doen, dacht ik, als ik niet werd overladen met overbodige vergaderingen en de speelruimte kreeg mijn eigen tijd in te delen, thuis te werken wanneer ik dat nodig vond, het kantoor uit kon rennen om mijn kinderen uit de opvang te halen of de kinderarts te bezoeken wanneer dat noodzakelijk was.

En ik wilde niet meer parttime werken. Daar was ik klaar mee. Ik wilde een fulltimejob met bijpassend salaris zodat we ons makkelijk kinderopvang en huishoudelijke hulp konden veroorloven, zodat ik de schoonmaakmiddelen kon laten staan waar ze stonden en in mijn vrije tijd met de meisjes kon spelen. Intussen was ik niet van plan te proberen de chaos van mijn bestaan te verstoppen, van een baby aan de borst en een driejarige in de kinderopvang tot het feit dat ik, met het chaotische politieke programma van mijn man, min of meer elk aspect van ons huishouden regelde.

Enigszins schaamteloos, denk ik, legde ik dit alles op tafel tijdens mijn gesprek met Michael Riordan, de nieuwe directeur van het ziekenhuis. Ik had zelfs de drie maanden oude Sasha bij me. Ik kan me niet meer precies herinneren waarom, of ik die dag geen babysitter kon krijgen of dat ik het niet eens had geprobeerd. Sasha was maar klein en had me nog hard nodig. Ze was nu eenmaal een onontkoombaar feit in mijn leven – een lief, murmelend, niet te negeren feit – en iets dwong me om haar bijna letterlijk op tafel te leggen om over te praten. *Hier ben ik*, bedoelde ik te zeggen, *en mijn baby is er ook.*

Het was een wonder dat mijn eventuele toekomstige baas het scheen te snappen. Als hij al enige reserves had bij het aanhoren van mijn uitleg dat een flexibele tijdsindeling voor mij noodzakelijk was terwijl ik Sasha op schoot wipte, almaar hopend dat haar luier niet zou gaan doorlekken, liet hij die niet merken. Ik kwam met een tevreden gevoel uit het sollicitatiegesprek en was er betrekkelijk zeker van dat ik die baan zou krijgen. Maar hoe het ook af zou lopen, ik wist dat ik in elk geval iets goeds voor mezelf had gedaan door mijn behoeften uit te spreken. Er zat macht, voelde ik, in het hardop uitspreken alleen al. Met een goed gevoel en een baby die zich nu duidelijk liet horen, haastte ik me terug naar huis.

De nieuwe rekensom binnen ons gezin zag er nu als volgt uit: we hadden twee kinderen, drie banen, twee auto's, een flat en wat voelde als geen vrije tijd. Ik had de baan in het ziekenhuis aanvaard en Barack bleef senator en college geven. We zaten allebei in besturen van non-profitorganisaties en hoezeer het verliezen van de voorverkiezing voor het Huis van Afgevaardigden Barack ook stak, hij bleef denken aan iets hogers. George W. Bush was president. Als land hadden we de schok en tragedie meegemaakt van de terreuraanvallen van 11 september. Er was een nieuwe kleurencode ingevoerd voor terreurdreigingen en we voerden oorlog in Afghanistan, terwijl Osama bin Laden zich blijkbaar ergens in een grot verborgen hield. Zoals altijd nam Barack elk nieuwsfeitje in zich op en deed hij gewoon zijn werk, terwijl hij er het zijne van dacht.

Ik herinner me niet precies wanneer hij voor de eerste keer de mogelijkheid opperde om te proberen een zetel te bemachtigen in de Amerikaanse Senaat. Het idee was nog pril en de daadwerkelijke beslissing zou nog maanden op zich laten wachten, maar het kreeg duidelijk gestalte in Baracks geest. Wat ik me wel herinner, is mijn reactie: ik keek hem vol ongeloof aan, alsof ik wilde zeggen, *vind je niet dat we het al druk genoeg hebben?*

Mijn afschuw van politiek werd alleen maar groter, niet zozeer om wat er omging in Springfield of Washington, maar omdat Barack nu vijf jaar senator was in Illinois en zijn overvolle agenda me nu echt ging ergeren. Hoe groter Sasha en Malia werden, hoe meer ik me moest haasten en hoe langer mijn to-dolijstjes werden, waardoor ik permanent in de hoogste versnelling stond. Barack en ik deden alles om het leven van de meisjes rustig en beheersbaar te houden. We hadden een nieuwe babysitter die thuis hielp. Malia was heel blij op de peuterspeelzaal, ze had vriendinnetjes en haar agenda stond boordevol verjaardagsfeestjes en zwemles in de weekenden. Sasha was nu ongeveer een jaar, waggelde op twee benen en begon haar eerste woordjes te zeggen en ons hart brak elke keer als ze haar megawatt-glimlach liet zien. Ze was ontzettend nieuwsgierig en wilde Malia met haar vierjarige vriendinnen bijhouden. Mijn baan bij het ziekenhuis liep goed, al was ik er inmiddels achter dat de beste manier om alles bij te houden was om om vijf uur 's morgens op te staan, mijn computer op te starten en een paar uur te gaan werken voordat de anderen wakker werden.

’s Avonds was ik dan ook enigszins gesloopt en kreeg ik ruzie met mijn nachtbrakerman, die op donderdagavond naar verhouding fitter uit Springfield terugkwam en zich helemaal in het gezinsleven wilde storten en de tijd inhalen die hij er eerder niet voor had. Maar tijd was nu echt een probleem voor ons geworden. Baracks gebrek aan punctualiteit was ooit iets waarmee ik hem plaagde, maar nu was het ronduit ergerlijk. Ik wist dat donderdagen hem gelukkig maakten. Ik hoorde de opwinding in zijn stem als hij belde om te zeggen dat hij zijn werk achter de rug had en op weg naar huis ging. Ik begreep dat het alleen maar goedbedoeld was als hij dingen zei als ‘Ik ben onderweg!’ of ‘Bijna thuis!’ En een tijdlang geloofde ik die woorden ook. Ik had de meisjes zoals iedere dag in bad gedaan, maar stelde het naar bed brengen nog even uit zodat ze op konden blijven om hun vader een kusje te geven. Of ik gaf ze alvast avondeten en bracht hen naar bed, maar wachtte zelf nog even, stak een paar kaarsen aan en keek ernaar uit om samen met Barack te dineren.

En dan wachtte ik. Had ik Malia en Sasha wakker gehouden, dan zag ik hun oogleden zwaar worden en dichtvallen en droeg ik ze naar bed. Of ik wachtte alleen, hongerig, en steeds bozer, terwijl mijn eigen ogen dichtvielen en kaarsvet op de tafel druppelde. ‘Onderweg’, zo leerde ik, was het product van Baracks eeuwige optimisme, een indicatie van hoe graag hij thuis wilde zijn, maar die niets zei over wanneer hij precies thuis zou komen. ‘Bijna thuis’ was geen geografische aanduiding van waar hij was, maar eerder een geestestoestand. Soms was hij echt onderweg, maar moest hij nog even binnenvallen bij een collega voor een gesprekje van drie kwartier voordat hij weer in de auto zat. Soms was hij echt bijna thuis, maar vergat hij te zeggen dat hij eerst nog even snel een training ging doen in de sportschool.

In ons leven voor de kinderen waren dergelijke frustraties misschien kinderachtig, maar als fulltime werkende moeder met een parttime-echtgenoot en een wekker die ruim voor het ochtendgloren ging, voelde ik mijn geduld langzaam wegglijden totdat het op een gegeven moment van de helling gleed. Als Barack thuiskwam, vond hij me woedend of niet aanspreekbaar, had ik alle lampen in huis uitgedaan en was nors gaan slapen.

We leven naar de voorbeelden die we kennen. Toen Barack klein was, verdween zijn vader terwijl zijn moeder kwam en ging. Ze was aan hem toegewijd, maar niet aan hem verknocht en wat hem betreft was er niets verkeerd aan deze houding. Hij had heuvels, stranden en zijn eigen geest om hem gezelschap te houden. Onafhankelijk zijn deed ertoe in Baracks wereld. Dat was altijd zo geweest en zou altijd zo blijven. Ik was opgevoed in het hechte weefsel van onze eigen familie in ons besloten appartement in onze besloten buurt South Shore in de South Side met mijn grootouders en tantes en ooms allemaal vlakbij en allemaal tegen elkaar aan gepropt aan dezelfde tafel voor de avondmaaltijd op zondag. Na dertien jaar van elkaar houden, moesten we maar eens goed nadenken over wat dit betekende.

Waar het op neerkwam was dat ik me kwetsbaar voelde als hij er niet was. Niet dat hij ons huwelijk niet belangrijk vond – dat is altijd de grote, betekenisvolle zekerheid in mijn leven met Barack geweest – maar omdat ikzelf was opgegroeid in een gezin waar iedereen zich altijd liet zien en in de steek gelaten voelde als iemand weg bleef. Ik voelde me snel eenzaam en was kwaad omdat ik ook nog eens volledig opdraaide voor de meisjes. We wilden hem dicht bij ons hebben. We misten hem als hij weg was. Ik was bang dat hij niet begreep hoe dit voor ons was. Ik was bang dat het pad dat hij voor zichzelf had uitgestippeld – en nog altijd overduidelijk wilde volgen – zou eindigen met het platwalsen van onze behoeften. Toen hij jaren geleden voor het eerst bij me kwam met het plan om zich kandidaat te stellen voor de staatssenaat, hoefden we alleen rekening te houden met ons tweeën. Ik had geen enkele voorstelling van wat ja zeggen tegen de politiek voor ons zou kunnen inhouden, als we twee kinderen aan ons leven toevoegden. Maar ik wist nu voldoende om te begrijpen dat politiek niet bepaald iets fijns is voor gezinnen. Ik had er al iets van opgevangen toen ik nog op high school zat door mijn vriendschap met Santita Jackson en had het weer gezien toen Baracks tegenstanders misbruik maakten van zijn besluit om bij Malia op Hawaï te blijven toen ze ziek was.

Ik betrapte me er weleens op dat ik, als ik op het nieuws of in de krant naar de gezichten keek van mensen die zich helemaal in het politieke leven hadden gestort – de Clintons, de Gore's, de Bushes, de Kennedy's op oude foto's – naar ze staarde en me afvroeg wat hun achtergrondverhalen waren. Was iedereen normaal? Gelukkig? Waren die glimlachjes wel echt?

Thuis kwamen onze frustraties steeds vaker tevoorschijn en ze werden steeds intenser. Barack en ik hielden erg veel van elkaar, maar het leek wel alsof er in het centrum van onze relatie plotseling een knoop was ontstaan die we te strak hadden aangetrokken. Ik was achtendertig jaar oud en had huwelijken zien stranden op een manier die mij ertoe hadden aangezet het onze nog beter te beschermen. Ik had goede vriendinnen die in rampzalige scheidingen verzeild waren geraakt, veroorzaakt door kleine probleempjes die niet opgelost werden of misverstanden in de communicatie, die uiteindelijk leidden tot een onherstelbare breuk. Enkele jaren eerder was mijn broer Craig tijdelijk in het appartement getrokken waarin we waren opgegroeid en woonde hij boven onze moeder nadat zijn huwelijk geleidelijk en pijnlijk op een scheiding was uitgelopen.

Barack wilde in het begin liever niet naar een relatietherapeut. Hij loste ingewikkelde problemen altijd op door ze zelf helemaal door te beredeneren. Bij een vreemde gaan zitten praten leek hem ongemakkelijk, om niet te zeggen ietwat dramatisch. Kon hij niet gewoon naar de boekwinkel rennen en een paar boeken kopen over relaties? Konden we die gesprekken niet zelf voeren? Maar ik wilde echt praten en echt luisteren en niet 's avonds laat of in de uren waarin we ook bij de kinderen konden zijn. De weinige mensen die ik kende die relatietherapie hadden gevolgd en die voldoende open waren om erover te praten, zeiden dat het ze goed had gedaan. En dus maakte ik een afspraak met een psycholoog in het centrum die was aangeraden door een vriend, waarna Barack en ik hem een aantal keren bezochten.

Onze therapeut – laten we hem dr. Woodchurch noemen – was een zacht pratende witte man die aan goede universiteiten had gestudeerd en altijd een kakibroek droeg. Ik had aangenomen dat hij zou luisteren naar wat Barack en ik te zeggen hadden en dan direct al mijn grieven terecht zou vinden. Omdat al die grieven, zoals ik het zag, stuk voor stuk absoluut terecht waren. Ik denk trouwens dat Barack hetzelfde dacht over zijn grieven.

Dit bleek voor mij de grote openbaring over relatietherapie: niets werd terecht gevonden. Er werd geen kant gekozen. Als we onenigheid hadden, was dr. Woodchurch nooit de beslissende stem. In plaats daarvan was hij een empathische en geduldige luisteraar die ons ieder door ons doolhof van gevoelens leidde, onze wapens van onze wonden scheidde. Hij waarschuwde ons als we al te advocaterig werden en stelde voorzichtige vragen bedoeld om ons hard na te laten denken over waarom we ons voelden zoals we ons voelden. Heel langzaam begon in de loop van die uren de knoop losser te worden. Elke keer als Barack en ik zijn kantoor verlieten, voelden we ons iets meer met elkaar verbonden.

Ik begon in te zien dat er manieren waren waarop ik gelukkiger kon zijn en dat die niet hoefden te volgen uit Baracks beslissing de politiek te verlaten om ergens een van-negen-tot-vijf-baan aan te nemen. (Als de therapie me al iets duidelijk had gemaakt, was het wel dat dat een onrealistische verwachting was.) Ik begon in te zien dat ik de negatiefste gevoelens bij mezelf had opgestookt, dat ik vast was komen te zitten in het idee dat alles oneerlijk was om dan vlijtig, als een echte aan Harvard opgeleide jurist, bewijzen te gaan verzamelen om die hypothese te onderbouwen. Nu probeerde ik een nieuwe hypothese: mogelijk was ik meer de baas van mijn geluk dan ik mezelf toestond. Ik was bijvoorbeeld te zeer bezig het Barack kwalijk te nemen dat hij work-outs in de sportschool in zijn agenda opnam om te bedenken hoe ik ook zelf regelmatig naar de sportschool kon gaan. Ik stak zoveel energie in mijn zorg of hij er met het eten zou zijn of niet, dat eten met of zonder hem helemaal niet leuk meer was.

Dit was mijn scharnierpunt, het moment om even stil te staan. Als een bergbeklimmer die van het ijs weg dreigt te glijden, joeg ik hier mijn houweel in de grond. Dat wil niet zeggen dat Barack zich niet ook aanpaste – de therapie hielp hem in te zien wat de misverstanden in onze communicatie waren en hij probeerde die nu te voorkomen – maar ik paste me ook aan en dat hielp mij, waarna dat ook ons hielp. Om te beginnen richtte ik me weer op mijn eigen gezondheid. Barack en ik gingen naar dezelfde sportschool, die geleid werd door de joviale en motiverende atletiektrainer Cornell McClellan. Ik had een paar jaar onder Cornell mijn trainingen gedaan, maar het hebben van kinderen had mijn dagprogramma veranderd. De oplossing kwam van mijn onbaatzuchtige moeder, die nog steeds fulltime werkte maar aanbood om een paar dagen in de week 's morgens om kwart voor vijf naar ons huis te komen zodat ik naar Cornell kon rennen om samen met een vriendin om vijf uur een work-out te doen om dan om half zeven weer thuis te zijn om de meisjes te wekken en klaar te maken voor hun dag. Dit nieuwe dagprogramma veranderde alles: rust en kracht, twee dingen waarvan ik bang was dat ik ze kwijt was, waren weer terug.

Wat betreft het thuis-voor-het-eten-dilemma stelde ik nieuwe grenzen, die voor mij en de meisjes heel goed werkten. We spraken een tijd af en hielden ons daaraan. We aten 's avonds om half zeven. Om zeven uur was het badtijd, dan volgden boekjes en knuffelen en het licht ging om precies acht uur uit. Aan deze routine werd niet getornd, wat het gewicht van de verantwoordelijkheid helemaal bij Barack legde om op tijd thuis te zijn. Voor mij was dit zo veel verstandiger dan te wachten met eten of de meisjes slaperig te laten wachten op zijn kusje. Dit paste veel beter bij mijn wens dat ze sterk en gefocust opgroeiden en zich ook nooit zouden neerleggen bij enige vorm van ouderwetse man-vrouwverhoudingen: ik wilde niet dat zij ooit zouden denken dat het leven begon als de heer des huizes thuiskwam. We wachtten niet langer op papa. Het was nu zijn taak om op tijd bij ons te zijn.

15

Aan Clybourn Avenue in Chicago, net ten noorden van het centrum, zat een vreemd paradijs, klaarblijkelijk geschapen voor de werkende ouder, klaarblijkelijk voor mij: een standaard, bijzonder Amerikaans, compleet winkelcentrum. Van alle grote ketens zaten er vestigingen, zoals een BabyGap, een Best Buy, een Gymboree en een CVS-drogist, plus nog een handvol andere winkels, kleine en grote, allemaal bedoeld om elke urgente klantbehoefte direct te bevredigen, of het nu ging om een afvoerontstopper, een rijpe avocado of een kinderbadmuts. Vlakbij zaten ook een Container Store en een Chipotle, wat het paradijs nog paradijselijker maakte. Dit was mijn plekje. Ik kon parkeren, twee of drie winkels binnenrennen, een kom burrito's meepikken en binnen zestig minuten terug zijn achter mijn bureau. Ik schitterde in de middagpauzeblitz – het vervangen van verdwenen sokken, het aanschaffen van cadeautjes voor welke vijfjarige dan ook die zaterdag een partijtje gaf, het aanvullen van de voorraad vruchtensappakken en eenpersoonsbekertjes appelmoes.

Sasha en Malia waren nu drie en zes jaar oud, pittig, slim en in de groei. Ik was buiten adem van hun energie. Wat de incidentele aantrekkingskracht van een winkelcentrum alleen maar groter maakte. Het kwam voor dat ik alleen in mijn auto zat en mijn fastfood at en naar de radio luisterde, overmand door opluchting, onder de indruk van mijn eigen efficiëntie. Zo was het leven met kleine kinderen. Dit ging weleens door voor een kunststukje. Ik had de appelmoes. Ik at een maaltijd. Iedereen leefde nog.

Kijk eens hoe goed ik het voor elkaar heb, wilde ik op die momenten zeggen tegen mijn nul toehoorders. *Ziet iedereen wel dat het me lukt?*

Dit was ik toen ik veertig was, een beetje June Cleaver, een beetje Mary Tyler Moore. Op mijn betere dagen gaf ik mezelf de eer dat ik hiervoor had gezorgd. De balans in mijn leven was alleen van afstand in orde, en alleen als je niet zo goed keek, maar er was tenminste iets wat op balans leek. De baan in het ziekenhuis was een goede baan gebleken, uitdagend en bevredigend, en een die aansloot op mijn overtuigingen. Het verbaasde me eigenlijk dat de meeste medewerkers van een grote, gerespecteerde instelling als het medisch centrum van een universiteit, dat met negenenvijftighonderd werknemers traditioneel werd geleid door vooral academici die medisch onderzoek deden en artikelen schreven, de buurt rondom het ziekenhuis blijkbaar zo angstaanjagend vonden dat ze nog geen straat buiten de campus durfden over te steken. Voor mij was die angst een stimulans. Daarvoor stond ik 's morgens op.

Het grootste deel van mijn leven had ik met die barrières geleefd, had ik gezien hoe zenuwachtig witte mensen waren in mijn buurt, nam ik alle subtiele manieren in me op van mensen met enige invloed, die weg wilden komen uit de gemeenschap waarin ik geboren ben en naar welvarender woonwijken wilden verhuizen, die steeds verder weg leken te ontstaan. Dit was een uitnodiging om er iets aan te doen, om die barrières te slechten waar ik kon, vooral door mensen aan te moedigen elkaar te leren kennen. Ik kreeg veel steun van mijn nieuwe baas, de vrijheid om mijn eigen programma op te stellen en een sterkere band te smeden tussen het ziekenhuis en de omliggende gemeenschap. Ik begon met één medewerker, maar had al gauw een team van tweeëntwintig. Ik begon programma's om ziekenhuispersoneel en bestuursleden mee te nemen naar de buurten van de South Side, liet hen bezoeken brengen aan buurthuizen en scholen, liet hen zich opgeven als tutors, mentoren of juryleden van natuurkundewedstrijden, haalde hen over om de plaatselijke barbecuetentjes eens te proberen. We haalden jongeren het ziekenhuis binnen om ze mee te laten lopen met personeelsleden, maakten een programma om meer mensen uit de buurt vrijwilligerswerk in het ziekenhuis te laten doen en werkten samen met een zomercursus van de geneeskundeopleiding om middelbareschoolleerlingen in de buurt aan te moedigen medicijnen te gaan studeren. Nadat ik me was gaan realiseren dat het ziekenhuis een beter beleid kon voeren waar het ging om het inhuren van bedrijven van minderheden en vrouwen voor verschillende werkzaamheden, was ik ook nog betrokken bij de oprichting van het Office of Business Diversity.

En dan was er nog het probleem van de opname van mensen die dringend medische hulp nodig hadden. De South Side had ruim een miljoen inwoners en een enorm gebrek aan medische voorzieningen, terwijl de bevolking onevenredig zwaar werd getroffen door uiteenlopende chronische kwalen die vooral armen lijken te treffen – astma, diabetes, hoge bloeddruk, hartaandoeningen. Een enorm aantal van deze mensen had geen ziektekostenverzekering en velen waren afhankelijk van Medicaid, een door de federale overheid en de staten gefinancierd programma van medische hulpverlening aan de allerarmsten. De afdeling spoedeisende hulp zat dan ook regelmatig overvol patiënten, die vaak helemaal geen noodhulp nodig hadden of die zo lang niets hadden gedaan om hun kwaal te voorkomen, dat ze nu direct hulp nodig hadden. Het probleem was groot, duur, inefficiënt en stressvol voor iedereen die ermee te maken had. Een bezoek aan de spoedeisende hulp bracht ook geen enkele verbetering in iemands gezondheid op langere termijn. Het aanpakken van dit probleem werd voor mij een belangrijk aandachtspunt. We begonnen met het aannemen en opleiden van patiëntvertegenwoordigers – voornamelijk vriendelijke, behulpzame mensen uit de buurt – die bij patiënten op de spoedeisende hulp gingen zitten om hen te helpen met het maken van vervolgafspraken in gezondheidscentra in de wijk en hen te leren waar ze fatsoenlijke en betaalbare zorg konden krijgen.

Mijn werk was boeiend en bevredigend en ik moest dan ook oppassen dat het me niet totaal in beslag nam. Ik vond dat ik dat mijn meisjes schuldig was. Ons besluit om Barack zijn carrière verder te laten ontwikkelen – hem de vrijheid te geven zijn dromen vorm te geven en na te jagen – bracht mij ertoe op mijn werk wat gas terug te nemen. Bijna doelbewust had ik mijn ambities enigszins bijgesteld, een stapje teruggedaan waar ik anders een stapje vooruit had gezet. Ik weet niet of iemand in mijn omgeving gezegd zou hebben dat ik niet voldoende deed, maar ik was me maar al te zeer bewust van wat ik allemaal gedaan kon hebben en niet had doorgezet. Er waren bepaalde projecten op kleine schaal waaraan ik weloverwogen niet begon. Er waren jonge werknemers die ik beter had kunnen begeleiden. Je hoort de hele tijd over wat je inlevert als werkende moeder. Dat gold ook voor mij. Ooit was ik iemand die zich volledig op elke taak stortte, maar nu was ik voorzichtiger, hield ik mijn tijd in de gaten omdat ik voldoende energie over moest houden voor het leven thuis.

Mijn doelstellingen waren voornamelijk het bewaren van de normale situatie en de stabiliteit, maar die zouden nooit die van Barack worden. We waren beter in staat dit te erkennen en het zo te laten. De een yin, de ander yang. Ik verlangde routine en netheid, hij niet. Hij kon in de oceaan leven, ik had een boot nodig. Als hij thuis was, was hij er ook helemaal, speelde hij op de grond met de meisjes, las hij Malia *Harry Potter* voor, lachte hij om mijn grapjes en omhelsde hij me om ons te herinneren aan zijn liefde en steun voordat hij weer voor een halve week of langer vertrok. We profiteerden van de lege plekken in zijn agenda door uit eten te gaan en op bezoek te gaan bij vrienden. Hij gaf me (weleens) mijn zin door mee te kijken naar *Sex and the City*. Ik gaf hem (weleens) zijn zin en keek mee naar *The Sopranos*. Ik had me neergelegd bij het feit dat afwezig zijn een deel van zijn baan was. Leuk vond ik het niet, maar ik had het gevecht ertegen zo goed als opgegeven. Barack kon de dag in een of ander hotel ver weg afsluiten terwijl de politieke strijd broeide en zaken nog niet waren afgerond. Ik leefde voor de bescherming van thuis, voor het besef van compleetheid dat ik elke avond voelde als ik Sasha en Malia in hun bedjes had gestopt en de afwasmachine stond te draaien in de keuken.

Ik had trouwens geen andere keus dan me aan te passen aan Baracks periodes van afwezigheid, aangezien er toch nooit een einde aan zou komen. Naast zijn gewone werk was hij weer eens campagne gaan voeren, deze keer voor een zetel in de Senaat van de VS voor de verkiezingen van najaar 2004.

In Springfield was hij langzaamaan rusteloos aan het worden, gefrustreerd door het kronkelige pad van de overheid van Illinois en ervan overtuigd dat hij in Washington meer kon bereiken. Ik had talloze redenen om tegen een wedloop te zijn om een zetel in de Senaat te verwerven en ik wist dat hij tegenargumenten had – daarom waren we halverwege 2002 overeengekomen om een informele brunchbijeenkomst te houden met een stuk of tien van onze beste vrienden bij Valerie Jarrett thuis om het hele idee op tafel te leggen en te kijken wat zij ervan vonden.

Valerie woonde in een torenflat niet ver bij ons vandaan in Hyde Park. Haar flat was netjes en modern, met witte muren en witte meubels en bossen prachtige orchideeën die kleur gaven aan het geheel. Op dat moment was ze adjunct-directeur van een onroerendgoedmaatschappij en bestuurslid van het medisch centrum van de University of Chicago, het ziekenhuis waar ik werkte. Ze had me gesteund bij Public Allies en geholpen bij het binnenhalen van sponsoren voor alle campagnes van Barack, waarbij ze haar hele netwerk inzette om elke onderneming van onze kant te helpen slagen. Hierdoor, en door haar warme, wijze instelling, was Valerie een heel merkwaardige plaats gaan innemen in ons leven. Onze vriendschap was net zo persoonlijk als zakelijk. En ze was net zozeer mijn vriendin als die van Barack, wat naar mijn ervaring zeldzaam is bij echtparen. Ik had mijn eigen machtige moedersteuntroepen en Barack speelde de weinige vrije tijd die hij had, basketbal met zijn maten. We hadden een paar fantastische vrienden die ook stellen waren, hun kinderen waren vriendjes en vriendinnetjes van onze kinderen, gezinnen waarmee we graag op vakantie gingen. Maar Valerie was van een heel andere orde, een grote zus van ieder van ons en iemand die ons hielp afstand te nemen en onze dilemma's aan te pakken wanneer ze zich voordeden. Ze begreep ons, ze zag onze doelen helder, en ze was beschermend naar ons beiden.

Ze had me al eerder in vertrouwen gezegd dat ze er niet van overtuigd was dat Barack zich kandidaat moest stellen voor de Senaat, en dus ging ik die dag naar de brunch met het idee dat mijn argumenten alle steun zouden krijgen.

Maar ik had me vergist.

Deze strijd om een zetel in de Senaat bood een unieke kans, legde Barack die dag uit. Hij had het gevoel dat hij echt een kans maakte. De zittende senator, Peter Fitzgerald, was een conservatieve Republikein in een steeds Democratischer wordende staat en had moeite de steun te behouden van zijn eigen partij. Vermoedelijk zouden er meer kandidaten meedoen aan de voorverkiezing, hetgeen betekende dat Barack slechts de meeste stemmen nodig had om de Democratische nominatie te winnen. Wat de financiering betreft verzekerde hij me dat hij niets nodig had van onze persoonlijke bankrekeningen. Toen ik hem vroeg waar we van moesten leven als we huizen moesten hebben in Washington en in Chicago, zei hij: 'Nou, dan schrijf ik nog een boek en dan wordt dat een dik boek, een boek dat geld opbrengt.'

Ik schoot in de lach. Barack was de enige persoon die ik kende met zoveel zelfvertrouwen dat hij dacht dat een boek elk probleem kon oplossen. Hij was net het jongetje uit 'Sjaak en de bonenstaak', plaagde ik hem, die het hele vermogen van zijn familie verkoopt voor een handjevol toverbonen omdat hij ervan overtuigd is dat ze iets op gaan brengen, ook al gelooft verder niemand erin.

Op alle andere fronten was Baracks logica onthutsend solide. Ik keek naar Valeries gezicht terwijl hij sprak en zag in dat hij snel bij haar scoorde, dat hij een antwoord had op elke vraag van onze kant die begon met: 'Ja maar, hoe zit het met...?' Ik wist dat wat hij zei, steekhoudend was, ook al verzette ik me tegen de dwang al die extra uren bij elkaar op te tellen die hij niet bij ons zou zijn, om nog maar niet te spreken over het vooruitzicht van een verhuizing naar Washington. Hoewel we het al jaren hadden over de aanslag die zijn politieke carrière deed op ons als gezin, hield ik van Barack en vertrouwde ik hem. Hij was al een man met twee gezinnen die zijn aandacht verdeelde tussen mij en de meisjes enerzijds, en zijn tweehonderdduizend kiezers in de South Side anderzijds. Zou hem delen met de hele staat Illinois heel anders zijn? Er was geen manier waarop ik dat kon weten, maar ik kon mezelf er ook niet toe brengen zijn ambities te dwarsbomen, die dingen die altijd aan hem trokken om te proberen hoger te reiken.

Dus sloten we die dag een deal. Valerie werd penningmeester van Baracks campagneteam voor de Senaat. Een aantal goede vrienden stemde in met het schenken van tijd en geld aan Baracks campagne. Ik steunde hem op alle fronten, maar maakte een voorbehoud, dat ik hardop herhaalde waar iedereen bij was: als hij verloor, dan trok hij zich helemaal terug uit de politiek en zocht hij een andere baan. Als het op de dag van de verkiezingen op een fiasco uitdraaide, dan was het voorgoed afgelopen.

Werkelijk waar, dat zou echt het einde zijn.

Maar toen gebeurden er een heleboel dingen die voor Barack gunstig uitpakten. Eerst besloot Peter Fitzgerald zich niet herkiesbaar te stellen, zodat de weg openlag voor de uitdagers en relatieve nieuwelingen zoals mijn echtgenoot. En toen, merkwaardig genoeg, raakte zowel de Democraat die voorop lag in de peilingen als de belangrijkste Republikeinse uitdager betrokken in schandalen met hun ex-vrouwen. Met nog maar enkele maanden te gaan voor de verkiezingen had Barack niet eens een Republikeinse tegenstander.

Overigens had hij een uitstekende campagne gevoerd; hij had veel geleerd van zijn mislukte gooi naar een zetel in het Huis van Afgevaardigden. Hij had in de voorverkiezingen zeven tegenstanders verslagen en kreeg meer dan de helft van de stemmen wat hem de nominatie bezorgde. Tijdens zijn reizen door Illinois en het omgaan met kiezers die op hem zouden kunnen stemmen, was hij dezelfde man die ik van thuis kende: grappig en charmant, slim en voorbereid. Zijn woordenrijke antwoorden op vragen voor forums in gemeentehuizen en tijdens campagnedebatten leken alleen maar steeds duidelijker te maken dat hij in de Senaat thuishoorde. Hoe dan ook, en niettegenstaande deze inspanningen, leek Baracks pad naar Washington geplaveid met klavertjesvier.

En dit was ook nog eens voordat John Kerry hem uitnodigde de keynote-speech te houden tijdens de Democratische Nationale Conventie van 2004, die gehouden zou worden in Boston, Massachusetts. Kerry, die uit die staat kwam, was in een spannend gevecht gewikkeld om het presidentschap met de Republikeinse kandidaat George W. Bush.

Mijn man was in al dit geweld de grote onbekende – een nederige volksvertegenwoordiger in de staat Illinois, die nog nooit voor een menigte van vijftienduizend mensen had gestaan, zoals die in Boston verwacht werd. Hij had nog nooit gebruikgemaakt van een teleprompter die zijn tekst voor hem projecteerde en was nog nooit primetime live op televisie geweest. Hij was een nieuwkomer, een zwarte man op wat historisch een wit toneel was met een rare naam en een vreemde achtergrond, tevoorschijn gekomen uit de duisternis, die hoopte een snaar te kunnen raken bij de gewone Democraat. Later zouden de experts van de tv-zenders zeggen dat het kiezen van Barack Obama om te praten voor een miljoenenpubliek, een enorme gok was geweest.

Maar op zijn merkwaardige en omslachtige wijze leek hij voorbestemd voor precies dit moment. Omdat ik het van dichtbij had meegemaakt, wist ik hoe zijn geest non-stop doorging. In de loop der jaren heb ik hem boeken, kranten en ideeën zien opslaan, hoe hij opveerde als hij met iemand sprak die een flard van een nieuwe ervaring of kennis met hem deelde. Hij had elk stukje in zich weggestopt. Wat hij aan het opbouwen was, begrijp ik nu, was een visie – en geen kleine ook. Het was precies datgene waarvoor ik ruimte had geschapen in ons gedeelde leven, om mee samen te leven, zij het met tegenzin. Het ergerde me soms mateloos, maar het was ook dat wat ik in Barack nooit zou loochenen. Hij had hieraan gewerkt, rustig en nauwlettend, zo lang ik hem kende. En de omvang van het publiek zou nu misschien eindelijk passen bij de reikwijdte van wat hij geloofde dat mogelijk was. Hij was klaar voor die roep. Het enige wat hij nog moest doen, was die toespraak houden.

'Moet een goede speech geweest zijn,' werd mijn refrein daarna. Het was een grapje tussen Barack en mij, een grapje dat ik nog vaak en met veel ironie zou herhalen na de avond van 27 juli 2004.

Ik had de meisjes bij mijn moeder thuisgelaten en was met hem meegevlogen naar Boston voor de toespraak. Ik stond in de coulissen van het conventiecentrum toen Barack in de warmte van de schijnwerpers stapte en in het zicht van miljoenen mensen. Hij was een beetje nerveus, net als ik, hoewel we beiden vastbesloten waren er niets van te laten merken. Dit was hoe Barack trouwens altijd te werk ging. Hoe meer hij onder druk stond, hoe kalmer hij leek te worden. Wat hij wilde zeggen, had hij in de loop van enkele weken geschreven, tussen de stemmingen in de senaat van Illinois door. Hij leerde zijn woorden uit het hoofd en repeteerde ze zorgvuldig, zodat hij helemaal geen teleprompter nodig had, tenzij zijn zenuwen op hol zouden slaan en hij alles vergat. Maar dat gebeurde in het geheel niet. Barack keek naar het publiek en in de tv-camera's en alsof een startmotor hem in gang zette glimlachte hij en begon.

Hij sprak die avond zeventien minuten, legde uit wie hij was en waar hij vandaan kwam – zijn grootvader een soldaat die zich aansloot bij Pattons leger, zijn grootmoeder die tijdens de oorlog aan een lopende band stond, zijn vader die als jongen geiten hoedde in Kenia, de onwaarschijnlijke liefde tussen zijn ouders, hun vertrouwen in wat goed onderwijs kon betekenen voor een zoon die niet rijk geboren was of met de juiste connecties. Serieus en knap wierp hij zichzelf niet op als een outsider, maar eerder als de letterlijke belichaming van het verhaal van Amerika. Hij herinnerde het publiek eraan dat het land niet eenvoudigweg kon worden verdeeld in rood (de kleur van de Republikeinen) en blauw (die van de Democraten), dat we verenigd waren als mensheid en verplicht zorg te dragen voor de samenleving als geheel. Hij riep op tot hoop boven cynisme. Hij sprak met hoop, projecteerde hoop, zong het bijna, echt.

Het waren zeventien minuten van Baracks knappe en makkelijke omgang met woorden, zeventien minuten van zijn diepe, indrukwekkende optimisme, voor iedereen te horen. Toen hij na een laatste aanbeveling voor John Kerry en zijn *running mate* John Edwards klaar was, stond de menigte op en juichte, een donderend applaus klonk. Ik liep het podium op en op mijn hoge hakken en in mijn witte jurk het licht van de schijnwerpers in om Barack even te omhelzen als felicitatie om daarna met hem naar de opgezweepte menigte te zwaaien.

De energie die in de lucht hing, was opwindend, het geluid oorverdovend. Dat Barack een goed iemand was met goede bedoelingen en een absoluut geloof in democratie was niet langer een geheim. Ik was trots op wat hij had gedaan, maar het verbaasde me niet. Dit was de man met wie ik getrouwd was. Ik wist al die tijd al wat hij in zijn mars had. Terugkijkend denk ik dat het toen was dat ik langzaam het idee begon te laten varen dat hij van zijn koers af te brengen zou zijn, dat hij er ooit alleen zou zijn voor mij en de meisjes. Ik kon het bijna horen in de hartslag van het applaus. *Meer hiervan, meer hiervan, meer hiervan.*

In de media waren het vooral superlatieven. 'Ik heb zojuist de eerste zwarte president gezien,' verklaarde Chris Matthews tegen zijn medecommentatoren op NBC. De kop op de voorpagina van de *Chicago Tribune* de volgende dag luidde slechts: 'Het fenomeen'. Baracks mobieltje ging non-stop. De wijzen van de kabel-tv-zenders noemden hem een 'rockster' en een 'instantsucces', alsof hij niet jarenlang had toegewerkt naar dit moment op het podium, alsof de speech hem had gemaakt in plaats van andersom. Maar de speech was wel het begin van iets nieuws, niet alleen voor hem, maar ook voor ons, het hele gezin. We werden naar een ander niveau van aandacht getrokken en meegezogen in de snelle stroom van andermans verwachtingen.

Het was allemaal onwerkelijk. En het enige wat ik kon doen, was er een grapje over maken.

'Moet een goede speech geweest zijn,' zei ik schouderophalend als mensen Barack op straat aanhielden en hem om een handtekening vroegen of om hem te zeggen dat ze het fantastisch vonden wat hij had gezegd. 'Moet een goede speech geweest zijn,' zei ik toen we uit een restaurant in Chicago kwamen en een menigte hem op de stoep stond op te wachten. Hetzelfde zei ik toen journalisten Baracks mening begonnen te vragen over belangrijke nationale zaken, toen grote politiek strategen hem begonnen te benaderen en toen negen jaar na het verschijnen van het tot dan toe obscure *Dreams from My Father* een heruitgave als pocket verscheen die op de bestsellerlijst van *The New York Times* belandde.

'Moet een goede speech geweest zijn,' zei ik toen een stralende, drukke Oprah Winfrey op de drempel van ons huis verscheen om ons de hele dag te interviewen voor haar tijdschrift.

Wat gebeurde er met ons? Ik kon het bijna niet volgen. In november werd Barack gekozen in de Amerikaanse Senaat met 70 procent van de stemmen van Illinois, de grootste overwinning in de geschiedenis van de staat en de grootste aardverschuiving van alle senaatsverkiezingen in het hele land. Hij had een aanmerkelijke meerderheid gekregen onder zwarten, witten en latino's, onder mannen en vrouwen, onder armen en rijken, in steden en voorsteden en op het platteland. Toen we op een gegeven moment naar Arizona gingen voor een korte vakantie, werd hij omstuwd door mensen die hem gelukwensten. Voor mij voelde dit als een echte en merkwaardige maatstaf voor zijn faam: zelfs witten daar herkenden hem nu.

Ik pakte wat over was van mijn normale leventje en wikkelde me erin. Als we thuis waren, was alles nog hetzelfde. Als we met vrienden en familie waren, was alles nog hetzelfde. Met onze kinderen was alles nog hetzelfde. Maar buiten was alles anders. Barack vloog nu de hele tijd heen en weer tussen Chicago en Washington. Hij had een kantoor in het gebouw van de Senaat en een flatje in een armzalig gebouw op Capitol Hill, een eenkamerappartement dat al gauw vol lag met boeken en kranten, zijn Hol buitenshuis. Elke keer als de meisjes en ik op bezoek kwamen, deden we niet eens of we daar wilden logeren en boekten we een kamer voor ons vieren in een hotel.

In Chicago hield ik me aan mijn routine: sportschool, werk, thuis – herhaal. Afwas in de afwasmachine, zwemlessen, voetbal, ballet. Ik hield me aan mijn ritme, zoals ik altijd had gedaan. Barack had nu een eigen leven in Washington en deed dat af en toe met de plechtstatigheid die erbij kwam kijken als je senator bent, maar ik bleef mezelf en leidde mijn eigen, normale leventje.

Op een gegeven moment zat ik in mijn auto op een parkeerplaats bij het winkelcentrum aan Clybourn Avenue toen mijn secretaresse van het ziekenhuis me belde op mijn mobiel om te vragen of ze een gesprek kon doorverbinden. Het was een mevrouw in Washington, iemand die ik nog nooit had ontmoet, de vrouw van een andere senator, die al een paar keer had geprobeerd me te bereiken.

'Zeker, verbind haar maar door,' zei ik.

En daar klonk de stem van de vrouw van de senator, aangenaam en warm.

'Hé, hallo!' zei ze. 'Ik ben blij dat ik u eindelijk aan de lijn heb!'

Ik zei haar dat ik ook blij was haar te spreken.

'Ik bel u alleen om u te verwelkomen,' zei ze, 'en u te laten weten dat we u willen uitnodigen om mee te doen aan iets heel speciaals.'

Ze had me opgebeld om te vragen of ik lid wilde worden van een soort besloten organisatie, een clubje dat, voor zover ik dat begreep, vooral bestond uit de vrouwen van belangrijke mensen in Washington. Ze kwamen regelmatig bij elkaar om te lunchen en actuele zaken te bespreken. 'Het is een prettige manier om mensen te leren kennen en ik weet dat

dat lang niet altijd makkelijk is als je nieuw bent in de stad,' zei ze.

In mijn hele leven was ik nog nooit gevraagd lid te worden van een club. Ik had gezien hoe vriendinnen op high school met hun exclusieve groepjes op skivakantie gingen. Op Princeton was ik weleens opgebleven tot Suzanne opgewonden babbelend thuiskwam van haar eetclubfeestjes. De helft van de juristen van Sidley, zo leek het, was lid van countryclubs. Ik had in de loop van de tijd een heleboel van die clubs bezocht toen ik geld ophaalde voor Public Allies en voor Baracks campagnes. Al heel snel leer je dat clubs in het algemeen vergeven waren van het geld. Erbij horen betekende meer dan er alleen maar bij horen.

Het was heel vriendelijk van haar om me dit te vragen, oprecht, maar toch was ik maar al te blij dat ik het kon afwijzen.

'Dank u,' zei ik. 'Het is erg aardig van jullie om aan me te denken. Maar we hebben besloten dat ik niet naar Washington verhuis.' Ik vertelde haar dat we twee dochtertjes hadden die in Chicago naar school gingen en dat ik nogal gehecht was aan mijn betrekking. Ik legde uit dat Barack zich in Washington had gesetteld en heen en weer vloog wanneer hij kon. Wat ik niet vermeldde was dat we zo gehecht waren aan Chicago dat we een nieuw huis zochten dat we zouden betalen met het geld van de royalty's, dat binnenstroomde na de enorme verkoop van de heruitgave van zijn boek en het feit dat hij nu een genereus aanbod had gekregen voor een tweede boek – de verrassende oogst van Baracks toverbonen.

De vrouw van de senator zei even niets, liet een gevoelige stilte vallen. Toen ze weer sprak, was ze allervriendelijkst. 'Dat kan heel moeilijk zijn voor een huwelijk, weet u,' zei ze. 'Gezinnen vallen uit elkaar.'

Ik voelde haar oordelen. Zelf zat ze al vele jaren in Washington. Wat ze bedoelde te zeggen was dat ze het verkeerd af had zien lopen als de echtgenote achterbleef. Wat ze bedoelde te zeggen was dat ik een gevaarlijke keuze maakte, dat er slechts één correcte manier is om de vrouw van een senator te zijn en dat ik de verkeerde koos.

Ik dankte haar opnieuw, beëindigde het gesprek en zuchtte diep. In de eerste plaats had ik hier niet voor gekozen. Ik had hier helemaal niet voor gekozen. Ik was nu, net als zij, de vrouw van een senator van de Verenigde Staten – mevrouw Obama noemde ze me gedurende het hele gesprek – maar dat betekende niet dat ik alles moest laten vallen om hem te steunen. Ik wilde echt helemaal niets laten vallen.

Ik wist dat er meer senatoren waren van wie de echtgenotes ervoor hadden gekozen in hun thuisbasis te blijven wonen. Ik wist ook dat de Senaat, waar van de honderd leden er veertien vrouwen waren, niet meer zo ouderwets was als hij ooit was geweest. En toch vond ik het nogal aanmatigend dat een vrouw mij ging vertellen dat het onjuist van me was dat ik wilde dat mijn kinderen op de hun bekende school bleven en dat ik mijn baan wilde houden. Een paar weken na de verkiezingen was ik naar Washington gegaan met Barack voor een oriëntatiedag voor nieuw gekozen senatoren en hun echtgenotes. Er waren er die keer maar een paar komen opdagen en na een korte inleiding gingen de politici de ene kant op en werd de aanhang naar een andere zaal geleid. Ik was gekomen om vragen te stellen, op de hoogte van het feit dat van politici en hun echtgenotes werd verwacht dat ze zich zouden houden aan het strikte federale beleid waar het ethiek aanging, van het aannemen van geschenken en van wie, tot hoe ze voor hun reizen van en naar Washington betaalden. Ik dacht dat we het misschien konden hebben over hoe om te gaan in het openbaar met lobbyisten of wat de wettelijke regels waren voor het inzamelen van geld voor toekomstige campagnes.

Wat we echter kregen was een uitvoerige uiteenzetting over de geschiedenis en de architectuur van het Capitool en we mochten een blik werpen op het speciaal voor de Senaat gemaakte servies, gevolgd door een keurige lunch om met elkaar te babbelen. Dat alles duurde uren. Het had leuk geweest kunnen zijn, ware het niet dat ik hiervoor een dag vrij had genomen en mijn kinderen bij mijn moeder had achtergelaten. Als ik de echtgenote van een politicus moest zijn, dan wilde ik dat ook serieus benaderen. De politiek op zich kon me niet zoveel schelen, maar ik wilde ook niets verkeerd doen.

De waarheid was dat Washington me in verwarring bracht, met zijn beschaafde tradities en zijn sobere zelfrespect, zijn witheid en mannelijkheid, en de dames die samen ergens lunchten. De kern van mijn verwarring was een soort angst, want hoezeer ik er ook niet voor had gekozen erbij betrokken te zijn, ik werd erin meegezogen. Ik was al meer dan twaalf jaar mevrouw Obama, maar dat kreeg nu een andere betekenis. In minstens drie situaties was ik nu mevrouw Obama op een wijze die kleinerend aanvoelde, een *missus* die werd gedefinieerd door haar *mister*. Ik was de vrouw van Barack Obama, de politieke rockster, de enige zwarte in de Senaat – de man die zo aangrijpend en zo krachtig had gesproken over hoop en tolerantie dat er nu een zwerm van verwachtingen achter hem aan vloog.

Mijn man was senator, maar mensen leken daar op een of andere manier aan voorbij te willen gaan. Iedereen wilde ineens graag weten of hij zich in 2008 kandidaat zou gaan stellen voor het presidentschap. De vraag kon niet worden genegeerd. Iedere journalist stelde hem. Bijna iedereen die op straat naar hem toe kwam, stelde hem. Mijn collega's in het ziekenhuis stelden zich op in mijn deuropening en lieten de vraag achteloos vallen, hopend op een nieuwtje. Zelfs Malia, die zesenhalf jaar oud was op de dag dat ze een roze fluwelen jurk droeg en naast Barack stond toen hij werd ingezworen in de Senaat door Dick Cheney, wilde het weten. In tegenstelling tot vele anderen was onze eersteklasser echter slim genoeg om te voelen hoe prematuur dit was.

'Pappie, ga jij proberen president te worden?' vroeg ze. 'Denk je niet dat je misschien eerst vicepresident moet zijn of zoiets?'

Hier was ik het helemaal met Malia eens. Ik was mijn hele leven al pragmatisch en ik zou altijd de langzame benadering kiezen, het methodisch aankruisen van de vakjes. Ik was geboren als aanhanger van het lange en voorzichtige afwachten. Wat dit betreft voelde ik me elke keer weer iets beter als ik Barack zijn ondervragers hoorde antwoorden met een schuchter soort bescheidenheid en vragen over het presidentschap afweren, waarbij hij zei dat hij van plan was hard te gaan werken in de Senaat. Vaak herinnerde hij mensen eraan dat hij onder in de hiërarchie van de minderheidspartij stond, een echte backbencher. En, voegde hij er soms aan toe, hij had twee kinderen om op te voeden.

Maar de trom werd al geroerd en het was moeilijk die te stoppen. Barack was bezig met het schrijven van wat *The Audacity of Hope* zou worden; hij overdacht zijn overtuigingen en zijn vergezichten voor het land, kneedde ze tot diep in de nacht op zijn blocnotes tot woorden en zinnen. Hij was echt tevreden, zei hij me, met waar hij nu was, met het geleidelijk uitbreiden van zijn invloed, rustig wachtend tot het zijn beurt was in de kakofonie van overleg in de Senaat. Maar toen stak er een storm op.

Eind augustus 2005 trof de orkaan Katrina de Amerikaanse Golfkust. De dijken rondom New Orleans begaven het, laag liggend land kwam onder water te staan, waardoor mensen – voornamelijk zwarte mensen – op de daken van hun huizen moesten klimmen om niet te verdrinken. De nasleep was afgrijselijk, met mediareportages over ziekenhuizen zonder elektriciteit, angstige gezinnen die in het Superdome-stadion bijeen waren gebracht, reddingswerkers die niets konden doen vanwege gebrek aan alles. Uiteindelijk stierven zo'n achttienhonderd mensen en meer dan een half miljoen anderen werden van huis en haard verdreven, een tragedie die nog eens werd verergerd door de volstrekt ontoereikende reactie van de federale regering. Het was een pijnlijke ontmaskering van de structurele scheidslijnen in ons land, waardoor vooral Afro-Amerikanen en armen van alle rassen kwetsbaar blijken in moeilijke tijden.

Waar was nu de hoop?

Ik volgde de berichtgeving over Katrina met een knoop in mijn maag, ervan bewust dat als een ramp Chicago zou treffen, veel van mijn tantes en ooms, van mijn neven en nichten en buren, een vergelijkbaar lot zou treffen. Baracks reactie was niet minder emotioneel. Een week na de orkaan vloog hij naar Houston om met voormalig president George H.W. Bush en Bill en Hillary Clinton, de laatste nu een collega van hem in de Senaat, de tienduizenden evacués uit New Orleans te bezoeken die hier in een ander stadion, de Astrodome, onderdak hadden gevonden. Deze ervaring maakte iets in hem los, het knagende gevoel dat hij nog steeds niet genoeg deed.

Dit schoot me bijna een jaar later te binnen toen de trom zich steeds harder roerde, toen de druk op ons beiden bijna ondraaglijk werd. Wij deden gewoon wat we altijd deden, maar de vraag of Barack zich kandidaat zou stellen voor het presidentschap zoemde constant om ons heen.

Zou hij het doen? Zal hij het doen? Zou hij het moeten doen? In de zomer van 2006 noemden respondenten in een enquête met open vragen hem als mogelijke president, maar was Hillary Clinton absoluut de eerste keus. Maar in de herfst begonnen Baracks kansen te stijgen, mede dankzij het verschijnen van *The Audacity of Hope* en door een heleboel mediaoptredens tijdens de tour met het boek langs boekhandels. Volgens de opiniepeilingen stond hij nu ineens gelijk met of lag hij zelfs voor op Al Gore en John Kerry, de twee voorgaande genomineerden van de Democraten – een bewijs van zijn mogelijkheden. Ik wist dat hij met vrienden, adviseurs en mogelijke geldschieters apart sprak en iedereen zo liet weten dat hij erover nadacht. Maar er was één gesprek dat hij zorgvuldig vermeed en dat was het gesprek met mij.

Hij wist natuurlijk wat ik ervan vond. We hadden het er indirect weleens over gehad, als we eigenlijk over iets anders spraken. We leefden al zo lang met de verwachtingen van anderen dat die bijna in elk gesprek dat we hadden, genoemd werden. Baracks potentieel zat bij het gezin aan de eettafel. Baracks potentieel reed met de meisjes mee naar school en met mij naar mijn werk. Het was er zelfs als we niet wilden dat het er was, wat aan alles een vreemde energie toevoegde. Vanuit mijn gezichtspunt deed mijn man al voldoende. Als hij zelfs maar overwoog om zich kandidaat te stellen voor het presidentschap, hoopte ik dat hij de voorzichtige route zou kiezen, zich er langzaam op voorbereidde, zijn tijd in de Senaat zou uitzitten en wachtte tot de meisjes iets ouder waren – tot 2016 misschien.

Sinds ik hem ken, had ik het idee dat Barack zijn blik altijd had gericht op een of andere verre horizon, op zijn idee van hoe de wereld zou moeten zijn. En nu, voor slechts één keer, wilde ik dat hij tevreden was met het leven zoals het was. Ik begreep niet hoe hij naar Sasha en Malia kon kijken, nu vijf en acht, met staartjes in hun haar en vol vrolijk enthousiasme, en iets anders kon voelen. Het deed me weleens pijn als ik bedacht dat hij dat deed.

We zaten op een wip, de *mister* aan de ene kant en de *missus* aan de andere. We woonden nu in een mooi bakstenen huis in Georgiaanse stijl in de buurt Kenwood, met een brede veranda en hoge bomen in de tuin, precies het soort huis waaraan Craig en ik ons hadden vergaapt tijdens de zondagmiddagritjes in de Buick van mijn vader. Ik dacht vaak aan mijn vader en wat hij in ons had geïnvesteerd. Ik had dolgraag gewild dat hij nog leefde, zodat hij kon zien waar dat toe had geleid. Craig was gelukkig; hij had een echte carrièreswitch gemaakt, zijn baan als zakenbankier opgegeven en teruggegaan naar zijn eerste grote liefde: basketbal. Hij was een paar jaar assistent-coach geweest van het team van Northwestern University en nu was hij de hoofdcoach van Brown University in Rhode Island en ging hij weer trouwen, met Kelly McCrum, een heel mooie, nuchtere studentendecaan van de oostkust. Zijn twee kinderen waren groot en vol zelfvertrouwen, levendige modellen van hoe de volgende generatie kon zijn.

Ik was de vrouw van een senator, maar buiten dat en belangrijker voor mij was dat ik een carrière had waar ik om gaf. In het voorjaar was ik gepromoveerd tot adjunct-directeur van het medisch centrum van de universiteit. De laatste paar jaar had ik aan het hoofd gestaan van een programma genaamd het South Side Healthcare Collaborative, waarin al meer dan vijftienhonderd patiënten die bij onze spoedeisende hulp waren verschenen, in contact waren gebracht met hulpverleners die ze regelmatig konden bezoeken, ongeacht of ze het nu konden betalen of niet. Mijn werk voelde als persoonlijk. Ik zag zwarte mensen de spoedeisende hulp binnenstromen met aandoeningen die lang waren verwaarloosd – diabetespatiënten van wie problemen met de bloedsomloop genegeerd waren en van wie nu een been moest worden geamputeerd bijvoorbeeld – en moest dan denken aan elke afspraak met een arts die mijn vader niet gemaakt had, elk symptoom van MS dat hij had gebagatelliseerd om geen nodeloze drukte te maken, geen geld aan uit te hoeven geven of papierwerk voor in te hoeven vullen, of zichzelf het gevoel te besparen te worden gekleineerd door een rijke, witte dokter.

Ik hield van mijn werk en, hoewel het niet volmaakt was, ook van mijn leven. Nu Sasha op het punt stond naar de basisschool te gaan, had ik het gevoel dat ik aan het begin stond van een nieuwe fase, op de drempel van het aanwakkeren van mijn ambities en het stellen van nieuwe doelen. Wat zou een campagne voor het presidentschap inhouden? Het zou dat alles kapen. Ik wist voldoende om dit alles ruim van tevoren in te zien.

Barack en ik hadden vijf campagnes gevoerd in elf jaar en elke campagne had me gedwongen iets harder te vechten voor mijn eigen prioriteiten. Elke campagne had een deukje geslagen in mijn ziel en in mijn huwelijk. Een presidentscampagne, zo vreesde ik, zou pas echt deuken gaan slaan. Barack zou nog veel vaker weg zijn dan hij was geweest toen hij in Springfield werkte en nu in Washington: niet meer halve weken maar hele, niet meer periodes van vier tot acht weken met daartussen reces, maar maanden achtereen. Wat zou dat voor ons gezin betekenen? Wat zou de publiciteit doen met onze meisjes?

Ik probeerde zo veel mogelijk de wervelstorm rondom Barack te negeren, ook al was er geen enkel teken dat die zou gaan liggen. De autoriteiten van de tv-netwerken bespraken zijn vooruitzichten. David Brooks, de conservatieve columnist van *The New York Times*, publiceerde een verrassend doe-het-nu-maar-pleidooi onder de kop 'Run, Barack, run'. Bijna overal waar hij kwam, werd hij nu herkend, terwijl ik gelukkig nog onzichtbaar was. Toen ik op een ochtend in de rij stond in een buurtwinkel viel mijn blik op het omslag van *Time Magazine* en moest ik mijn hoofd wegdraaien: er stond een extreme close-up op van het gezicht van mijn man naast de kop: 'Waarom Barack Obama de volgende president kan worden'.

Wat ik hoopte was dat Barack op een gegeven moment zelf een einde zou maken aan de speculaties en zou verklaren dat hij niet beschikbaar was om zo de aandacht van de media naar elders te leiden. Maar dat deed hij niet. Dat zou hij niet doen. Hij wilde wel voor het presidentschap gaan en ik wilde het niet.

Elke keer als een journalist vroeg of hij mee zou gaan doen aan de strijd om het presidentschap, aarzelde Barack en zei hij eenvoudigweg: 'Ik denk er nog over na. Het is een besluit van het hele gezin.' Hetgeen geheimtaal was voor: 'Alleen als Michelle zegt dat ik het mag.'

Als Barack in Washington was en ik 's nachts in bed lag in Chicago, leek het alsof ik het opnam tegen de hele wereld. Ik wilde Barack voor ons gezin. Ieder ander wilde hem voor het land. Hij had een raad van adviseurs – David Axelrod en Robert Gibbs, de twee campagnestrategen die onmisbaar waren geweest om hem in de Senaat te krijgen; David Plouffe, een consultant bij Axelrods firma; zijn stafchef, Pete Rouse; en

Valerie – die hem allemaal voorzichtig steunden. Maar ze maakten ook duidelijk dat je een campagne voor het presidentschap niet half kunt doen. Barack en ik moesten ons er allebei volledig voor inzetten. De eisen die aan hem zouden worden gesteld, waren onvoorstelbaar. Zonder ook maar iets van zijn verplichtingen in de Senaat te mogen missen, moest hij een campagne van kust tot kust op poten zetten, een beleidsplatform ontwikkelen en ook nog eens een verbijsterende hoeveelheid geld bijeen zien te krijgen. Mijn job zou niet beperkt zijn tot het stilzwijgend verlenen van steun aan de campagne, maar ik moest eraan deelnemen. Ik had verwacht dat ik mezelf en de kinderen af en toe beschikbaar zou moeten stellen voor interviews, goedkeurend te glimlachen en een heleboel handen te schudden. Alles zou om hem draaien, besefte ik, ten behoeve van het hogere doel.

Zelfs Craig, die me vanaf de dag waarop ik geboren werd zo gretig had beschermd, werd meegesleurd in de opwinding van een mogelijke kandidatuur. Hij belde me op een avond uitdrukkelijk om me over te halen. 'Luister, Miche,' zei hij, en uitte zich zoals zo vaak in basketbaltermen. 'Ik weet dat je je er zorgen om maakt, maar als Barack de kans krijgt op een schot, dan moet hij die pakken. Dat zie je toch ook wel, niet?'

De beslissing was aan mij. Uitsluitend aan mij. Was ik bang of alleen maar moe?

Ik was, of ik het nu wilde of niet, verliefd geworden op een man met een visie die optimistisch was zonder naïef te zijn, zich door een conflict niet uit het veld liet slaan en geïntrigeerd was door hoe gecompliceerd de wereld in elkaar stak. Hij was vreemd genoeg helemaal niet geïntimideerd door de hoeveelheid werk die moest worden verricht. Hij vond de gedachte vreselijk mij en de meisjes voor langere periodes alleen te moeten laten, zei hij, maar hij bleef me er maar aan herinneren hoe sterk onze liefde was. 'We kunnen dit aan, niet?' zei hij op een avond boven in zijn studeerkamer terwijl hij mijn hand in de zijne hield en er eindelijk serieus over was begonnen. 'We zijn sterk en we zijn slim en dat geldt ook voor onze kinderen. We redden het prima. We kunnen ons dit permitteren.'

Wat hij bedoelde was: ja, een campagne zou veel gaan kosten. Er waren dingen die we moesten opgeven – tijd, samenzijn, privacy. Het was nog te vroeg om te voorspellen hoeveel van dat alles opgeëist zou worden, maar het zou zeker veel zijn. Het had voor mij wel iets van geld uitgeven zonder dat je wist wat er op je bankrekening stond. Hoeveel krediet hadden we? Wat was onze limiet? Wat was er aan het einde van over? Alleen al die onzekerheid voelde als een dreiging, iets wat ons ten onder kon doen gaan. Ik was per slot van rekening opgevoed in een gezin dat geloofde in vooruitdenken – dat thuis brandoefeningen deed en altijd en overal te vroeg arriveerde. Toen ik opgroeide in een arbeidersgemeenschap met een gehandicapte vader, had ik geleerd dat plannen maken en je eraan houden er veel toe deed. Het kon het verschil betekenen tussen stabiliteit en armoede. De marges waren altijd maar smal. Eén maand geen loon en je zat zonder stroom; één keer huiswerk niet gemaakt en je liep achter en werd mogelijk van school gestuurd.

Het verlies van een klasgenootje in de vijfde aan een brand in zijn huis en het zien sterven van Suzanne voordat ze nog maar de kans had gehad echt volwassen te worden hadden me geleerd dat het leven wreed en willekeurig kon zijn, dat hard werken niet altijd leidde tot een positieve uitkomst. Mijn inzicht wat dit betreft zou in de toekomst alleen maar groeien, maar zelfs nu, terwijl ik in ons rustige huis in een rustige straat zat, kon ik er niets tegen doen maar wilde ik beschermen wat we hadden – voor onze meisjes zorgen en de rest vergeten, tenminste tot ze wat groter waren.

Maar hieraan zat nog een kant, en Barack en ik wisten dat maar al te goed. We hadden vanaf prettige afstand de verwoestingen gezien van Katrina. We hadden gezien hoe ouders hun baby's boven het stijgende water hielden en hoe Afro-Amerikaanse families elkaar probeerden vast te houden in de ontmenselijkende ontaarding in de Superdome. Mijn verschillende betrekkingen, van het stadhuis via Public Allies tot het ziekenhuis, hadden me laten inzien hoe het voor sommige mensen kon zijn om dingen veilig te stellen zoals basisgezondheidszorg en onderdak. Ik had de dunne lijn gezien die overleven scheidde van ten onder gaan. Barack had veel tijd doorgebracht met het luisteren naar ontslagen fabrieksarbeiders, naar jonge legerveteranen die probeerden te leven met ongeneeslijke handicaps, naar moeders die klaar waren met het sturen van hun kinderen naar slecht functionerende scholen. Wij begrepen, met andere woorden, hoe belachelijk fortuinlijk wij waren en we voelden beiden de verplichting ons er niet bij neer te leggen.

Beseffend dat ik eigenlijk geen andere keus had dan erover na te denken, deed ik eindelijk de deur open en stond toe dat dit ding binnenkwam. Barack en ik spraken over het idee, niet een keer maar vele keren, tot en tijdens onze reis met kerstmis naar Toot op Hawaï. Sommige van onze gesprekken verliepen met ruzie en tranen, andere waren ernstig en positief. Het was het verlengde van een dialoog die we al meer dan zeventien jaar voerden: *wie waren wij? Wat vonden we belangrijk? Wat konden wij doen?*

Uiteindelijk kwam het hierop neer: Ik zei ja omdat ik geloofde dat Barack een geweldige president kon zijn. Hij was zelfverzekerd op een manier die maar weinig mensen gegeven is. Hij had de hersens en de discipline om de baan aan te kunnen, het temperament om alles te doorstaan wat de baan moeilijk zou maken en de zeldzame mate van empathie waarmee hij constant de behoeften van het land kon aanvoelen. Hij werd omringd door goede, slimme mensen die klaarstonden om hem te helpen. Wie was ik om hem tegen te houden? Hoe kon ik mijn eigen behoeften, en zelfs die van de kinderen, tegenover de mogelijkheid zetten dat Barack het soort president kon zijn die het leven van miljoenen mensen kon verbeteren?

Ik zei ja omdat ik van hem hield en vertrouwen had in wat hij kon doen.

Ik zei ja, ook al schoot tegelijkertijd een pijnlijke gedachte door me heen, een die ik nog met niemand wilde delen: Ik steunde hem bij het campagnevoeren, maar ook omdat ik dacht dat hij niet helemaal tot de top zou komen. Hij sprak zo vaak en met zoveel passie over het wegvagen van de scheidslijnen in dit land, zich beroepend op een set hogere idealen waarvan hij geloofde dat de meeste mensen die van nature in zich hadden. Maar ik had van die scheidslijnen voldoende gezien om mijn eigen hoop te temperen. Barack was per slot van rekening een zwarte man in Amerika. Ik dacht echt niet dat hij zou kunnen winnen.

16

We hadden nog niet besloten dat hij voor het presidentschap zou gaan of Barack werd een soort menselijke vlek, een beeldpuntjesversie van de man die ik kende – een man die plotseling overal tegelijk moest zijn, gedreven door en verplicht aan de kracht van de inspanning als geheel. Het duurde nog geen jaar voordat de voorverkiezingen begonnen met als eerste die in de staat Iowa. Barack moest snel mensen aannemen, het type geldschieters voor zich trachten te winnen dat cheques voor grote bedragen kon uitschrijven en uitzoeken hoe hij zijn kandidatuur op de meest aansprekende manier bekend kon maken. Het doel was op de radar van mensen te komen en daar te blijven tot de verkiezingsdag. Campagnes konden al bij de allereerste zet verloren worden.

De hele operatie zou onder toezicht staan van twee zeer betrokken Davids: Axelrod en Plouffe. Axe, zoals iedereen hem noemde, had een zachte stem, hoffelijke manieren en een brede, borstelige snor. Hij had als verslaggever bij de *Chicago Tribune* gewerkt voordat hij politiek consultant was geworden en hij zou verantwoordelijk zijn voor de sociale en de andere media. Plouffe, die negenendertig was en een jongensachtige glimlach en een grote liefde voor getallen en strategie had, zou de campagne als geheel leiden. Het team groeide snel, onder andere met ervaren mensen die op het geld moesten letten en van tevoren evenementen planden.

Iemand had de wijsheid te suggereren dat Barack zijn kandidatuur formeel in Springfield zou moeten aankondigen. Iedereen was het erover eens dat dat een passende achtergrond zou zijn, kenmerkend voor het midden van de Verenigde Staten, voor wat we hoopten dat een ander soort campagne zou worden – een die van onderaf werd geleid en vooral door mensen die nog niets wisten van het politieke proces. Dit was de hoeksteen van Baracks hoop. In zijn jaren als buurtwerker had hij gezien hoeveel mensen zich niet gehoord en buitenspel gezet voelden in onze democratie. Project VOTE! had hem helpen zien wat mogelijk was als die mensen ertoe aangezet konden worden juist aan die democratie deel te nemen. Zijn kandidatuur voor het presidentschap zou een nog grotere test zijn van dat idee. Zou zijn boodschap ook op grotere schaal werken? Zouden er voldoende mensen komen helpen? Barack wist dat hij een ongebruikelijke kandidaat was. Hij wilde dan ook een ongebruikelijke campagne voeren.

Het plan kwam erop neer dat Barack zijn kandidatuur bekend zou maken op de trappen van de Old State Capitol, een historisch monument dat natuurlijk visueel veel aantrekkelijker was dan een conferentiecentrum of een stadion. Maar dan stond hij wel buiten, midden in Illinois, midden februari, als de buitentemperatuur vaak onder het vriespunt ligt. Het besluit kwam op me over als goedbedoeld maar bijzonder onpraktisch en mijn vertrouwen in het campagneteam, dat nu min of meer ons leven runde, werd er niet groter op. Ik was er niet blij mee en stelde me voor hoe de meisjes en ik moesten glimlachen in een sneeuwstorm of ijzige wind terwijl Barack probeerde inspirerend over te komen in plaats van half bevroren. Ik dacht ook aan al die mensen die besloten die dag maar thuis te blijven, in plaats van urenlang in de kou te gaan staan. Ik kwam uit de Midwest, ik wist dat het weer alles kon verpesten. Ik wist ook dat Barack zich geen miskleun kon veroorloven.

Ongeveer een maand eerder had Hillary Clinton barstensvol zelfvertrouwen haar kandidatuur bekendgemaakt. John Edwards, Kerry's voormalige running mate uit North Carolina, was weer een maand daarvoor begonnen met campagne voeren, waarbij hij in New Orleans voor een huis was gaan staan dat door de orkaan Katrina was verwoest. In totaal waren er onder de Democraten negen kandidaten die streden om de nominatie. Het werd vol in de ring en de strijd zou hard zijn.

Baracks team nam een enorme gok met die bekendmaking in de openlucht, maar het was niet mijn plaats te zeggen wat ik ervan vond. Ik stond er wel op dat het voorbereidingsteam ten minste Baracks katheder van een warmte-element zou voorzien zodat hij er niet al te ongemakkelijk uitzag in de nationale nieuwsuitzendingen. Verder hield ik mijn mond. Ik had weinig meer te zeggen. Er werden bijeenkomsten gepland, strategieën in kaart gebracht, vrijwilligers gerekruteerd. De campagne was begonnen en er was geen enkele manier om eraan te ontsnappen.

In wat vermoedelijk een onbewuste daad van zelfbehoud was, richtte ik me op iets wat ik wel in de hand had, en dat was het vinden van een acceptabele hoofdbedekking voor Sasha en Malia om te dragen tijdens de aankondiging. Ik had wel nieuwe winterjassen voor ze gekocht, maar ik was mutsen vergeten tot het al bijna te laat was.

De dag van de aankondiging naderde en ik maakte gehaast ritjes naar de winkels aan Water Tower Place, waar ik door de gekrompen voorraad winterkleding ging, maar tevergeefs. Het duurde niet lang meer voordat ik me minder zorgen maakte over hoe Sasha en Malia eruitzagen als dochters van de toekomstige president, dan dat ze eruitzagen alsof ze geen moeder hadden. Eindelijk, in de derde winkel denk ik, vond ik iets – twee gebreide mutsen, wit voor Malia en roze voor Sasha, allebei in de kleinste damesmaat, wat prima paste op Malia's hoofd, maar veel te wijd rond Sasha's vijfjarige hoofdje hing. Het was geen haute couture, maar ze zagen er goed genoeg uit en belangrijker was dat ze de meisjes warm hielden, wat de winter in Illinois ook in petto had. Het was een kleine triomf, maar toch een triomf, en hij was van mij.

De dag van de aankondiging, 10 februari 2007, bleek een heldere, wolkeloze ochtend, het soort stralende midwinterzaterdag die er een stuk beter uitziet dan hij aanvoelt. Het was ongeveer min elf graden en er waaide een briesje. Ons gezin was al een dag eerder in Springfield gearriveerd en logeerde in een driekamersuite in het centrum van de stad op een verdieping die in zijn geheel door het campagneteam was afgehuurd, om er enkele tientallen familieleden en vrienden in onder te brengen die ook uit Chicago gekomen waren.

Nu al begonnen we de druk te voelen van een nationale campagne. Baracks aankondiging viel onbedoeld op dezelfde dag als de State of the Black Union, een forum dat elk jaar werd georganiseerd door tv-persoonlijkheid Tavis Smiley, die hier duidelijk kwaad om was. Hij had zijn ongenoegen laten blijken aan de campagnestaf, met de suggestie dat de aankondiging een teken van minachting was ten aanzien van de Afro-Amerikaanse gemeenschap en dat dit schadelijk zou zijn voor Baracks kandidatuur. Het verbaasde me dat de eerste schoten die op ons werden afgevuurd, afkomstig waren uit de zwarte gemeenschap. En toen publiceerde *Rolling Stone* de dag voor de aankondiging een stuk over Barack, waarvoor de verslaggever ook naar de Trinity Church in Chicago was geweest. We waren nog steeds lid van de kerk, maar we kwamen er na de geboorte van de meisjes nog maar zelden. In het stuk werd geciteerd uit een boze en vlammende preek die eerwaarde Jeremiah Wright jaren eerder had gehouden over de behandeling van zwarten in ons land, waarbij hij zei dat Amerikanen meer gaven om het behoud van de witte suprematie dan om God.

Hoewel het profiel zelf grotendeels positief was, had het blad op het omslag gezet: 'De radicale wortels van Barack Obama' en we wisten dat dat snel munitie zou worden voor de conservatieve media. Een ramp diende zich aan, vooral aan de vooravond van de lancering van de campagne en vooral omdat op het programma stond dat eerwaarde Wright het gebed voorafgaand aan Baracks speech zou leiden. Barack moest daarom een moeilijk telefoongesprek voeren met de dominee om hem te vragen buiten de schijnwerpers te blijven en ons zijn zegen in de coulissen te geven. De eerwaarde Wright was gekwetst, vertelde Barack, maar hij leek ook te begrijpen wat er op het spel stond en liet ons geloven dat hij ons steunde zonder verder zijn teleurstelling te laten blijken.

Die ochtend daagde het me dat we het moment hadden bereikt waarop we niet meer terug konden. We zetten nu letterlijk ons gezin in voor het Amerikaanse volk. Deze dag was bedoeld als een groot feest ter gelegenheid van de aanvang van de campagne, aan de voorbereiding waarvan mensen al wekenlang bezig waren. En net als iedere paranoïde gastvrouw kon ik maar niet mijn angst verdrijven dat niemand zou komen opdagen. In tegenstelling tot Barack kon ik een twijfelaar zijn. Nog steeds maakte ik me om dezelfde dingen zorgen als in mijn jeugd. Wat als we niet goed genoeg waren? Misschien was alles wat ons verteld was, wel overdreven. Misschien was Barack wel minder populair dan zijn mensen dachten.

Misschien was het zijn tijd nog niet. Ik probeerde al die twijfels van me af te zetten toen we door een zijdeur in een kleedruimte kwamen in het oude parlementsgebouw en ik nog steeds niet kon zien wat er voor het gebouw plaatsvond. Ik wilde door de staf worden ingelicht en gaf daarom Sasha en Malia over aan mijn moeder en Kaye Wilson, 'Mama Kaye', een voormalige mentor van Barack die de laatste jaren de rol van tweede grootmoeder van onze meisjes op zich had genomen.

De menigte zag er goed uit, werd me verteld. De eerste mensen waren er al voordat het licht werd. Het plan was dat Barack eerst naar buiten zou gaan en dat de meisjes en ik ons even later bij hem zouden voegen op het bordes. Eerst moesten we een paar treden opklimmen voordat we naar de menigte zouden zwaaien. Ik had al duidelijk gemaakt dat we niet gedurende zijn hele toespraak van twintig minuten op dat bordes konden blijven. Het was te veel gevraagd van twee kinderen om zo lang stil te zitten en te doen alsof het hen boeide. Als ze verveeld keken of als ze moesten hoesten of als ze begonnen te frunniken, deed dat Baracks zaak geen goed. Hetzelfde gold voor mij. Ik kende het stereotype dat ik geacht werd te spelen, de smetteloos geklede poppenechtgenote met de namaakglimlach die bewonderend naar haar man opkijkt, alsof ze elk woord van hem opzuigt. Dat was ik niet en zou ik ook nooit worden. Ik kon best een steun zijn, maar geen robot.

Na de briefing en een kort gebed met dominee Wright ging Barack naar buiten om het publiek te begroeten en in het parlementsgebouw kon ik het gejuich horen dat opklonk. Ik liep terug naar Sasha en Malia, maar werd nu toch echt een beetje zenuwachtig. 'Zijn jullie klaar meisjes?' vroeg ik.

'Mama, ik heb het warm,' zei Sasha en trok haar roze muts van haar hoofd.

'O lieverd, die moet je ophouden. Het vriest buiten.' Ik pakte de muts en zette hem weer op haar hoofd.

'Maar we zijn niet buiten, we zijn binnen,' zei ze.

Dat was Sasha, die met haar onschuldige gezicht ons altijd de waarheid zei. Ik had weinig in te brengen tegen haar logica. Ik keek naar een van de stafleden en probeerde deze jonge medewerkster die bijna zeker zelf nog geen kinderen had, de boodschap over te brengen: *lieve God, als we nu niet gauw beginnen, raken we de steun van deze twee kwijt.*

Als uit medeleven knikte ze en gebaarde ons richting de deur. Het was tijd.

Ik was inmiddels al bij behoorlijk wat van Baracks politieke evenementen geweest en had hem al vele keren zien communiceren met grote groepen kiezers. Ik was eerder bij de aanvang van campagnes geweest, bij fondsenwerfacties en bij feestjes op de avond van verkiezingen. Ik had publiek gezien met oude vrienden en oude supporters. Maar Springfield was iets heel anders.

Mijn zenuwen verdwenen op het moment dat ik het bordes opstapte. Ik was helemaal gericht op Sasha om ervoor te zorgen dat ze glimlachte en niet zou struikelen over de laarzen aan haar voeten. 'Kijk recht vooruit, liefje,' zei ik terwijl ik haar handje vasthield. 'Glimlach!' Malia liep al voor ons met haar kin in de lucht en een brede glimlach terwijl ze naar haar vader liep en zwaaide. Pas toen we de treden opklommen, was ik in staat de menigte in me op te nemen, althans, dat probeerde ik. Het gedrang was enorm. Meer dan vijftienduizend mensen, zo bleek, waren die dag komen opdagen. Ze vormden een breed uitwaaierende menigte voor het bordes van het parlementsgebouw en omhulden ons met hun enthousiasme.

Ik had er zelf nooit voor gekozen om een zaterdag door te brengen bij een politieke bijeenkomst. De aantrekkingskracht om in een sportzaal te staan of in de aula van een high school om loze beloftes en platitudes aan te horen, had ik nooit als iets zinnigs beschouwd. Waarom, vroeg ik me af, waren al die mensen hier? Waarom zouden ze een extra paar sokken hebben aangetrokken om daarmee uren in de kou te gaan staan? Ik kon me mensen voorstellen die zich dik inpakten en gingen staan wachten om een band te horen spelen waarvan ze elk nummer konden meezingen of om in de sneeuw naar een Super Bowl te gaan voor een ploeg die ze al volgden sinds hun jeugd, maar politiek? Dit leek op niets wat ik ooit had meegemaakt.

Het begon nu tot me door te dringen dat wij de band waren. Wij waren de ploeg die het veld opkwam. Wat ik plotseling in me voelde opkomen, was een gevoel van verantwoordelijkheid. We waren ieder van deze mensen iets schuldig. We vroegen om hun vertrouwen en nu moesten wij leveren voor wat zij ons hadden gebracht: zij hadden het enthousiasme meegenomen dat nog twintig maanden en vijftig staten zou aanhouden tot in het Witte Huis. Ik had nooit geloofd dat dat mogelijk was, maar misschien moest ik er nu wel in geloven. Dit was vraag-en-antwoord van de democratie, besefte ik, een contract dat met persoon voor persoon wordt afgesloten. *Jij komt voor ons opdagen, wij zullen voor jou komen opdagen.* Ik had nu vijftienduizend redenen meer om te willen dat Barack won.

Nu was ik echt helemaal betrokken. Ons hele gezin was betrokken, ook al was het een beetje angstaanjagend. Ik kon me nog geen enkele voorstelling maken van wat ons te wachten stond. Maar daar stonden we, buiten, gevieren voor een menigte en de camera's, open en bloot op die winterjassen na en een iets te grote roze muts op een klein hoofdje.

Hillary Clinton was een serieuze en geduchte tegenstander. Poll na poll onder de Democraten die bij de voorverkiezingen kiesgerechtigd waren, ging ze aan de leiding, gevolgd door Barack op een achterstand van tien tot twintig punten en een paar punten daarachter Edwards. Democratische kiezers kenden de Clintons en ze wilden maar al te graag winnen. Veel minder mensen konden zelfs maar de naam van mijn man uitspreken. We begrepen allemaal – Barack en ik en ook het hele campagneteam – dat ongeacht zijn politieke gaven, een zwarte man met de naam Barack Hussein Obama maar een heel kleine kans had.

Het was een horde die we ook in de zwarte gemeenschap nog moesten nemen. In het begin hadden veel zwarte mensen hetzelfde idee als ik over Baracks kandidatuur en konden ze niet geloven dat mijn man een reële kans had om te winnen. Velen moesten er nog van overtuigd worden dat een zwarte man kon winnen in overwegend witte gebieden, wat betekende dat ze vaak voor hun tweede, maar zekerder keus gingen. Eén kant van de uitdaging waar Barack voor stond, was om zwarte kiezers over te halen hun jarenlange trouw aan Bill Clinton te verbreken, die altijd opmerkelijk gemakkelijk was omgegaan met de Afro-Amerikaanse gemeenschap en daarin dan ook veel goede connecties had. Barack had al goodwill opgebouwd binnen uiteenlopende groepen kiesgerechtigden in heel Illinois, ook in de gebieden met de witte boeren in het zuidelijke deel van de staat. Hij had al bewezen dat hij alle bevolkingsgroepen kon bereiken, maar veel mensen zagen dit nog niet in.

Barack zou meer dan een ander onder een vergrootglas komen te liggen. We wisten dat hij zich als zwarte kandidaat geen enkele misstap kon veroorloven. Hij moest alles twee keer zo goed doen als een ander. Voor Barack, en voor iedere andere kandidaat die niet Clinton heette, was de enige hoop op het winnen van de nominatie het ophalen en snel uitgeven van veel geld om zo bij de eerste voorverkiezingen sterk te kunnen optreden; daarmee kon misschien de campagne voldoende momentum krijgen om de Clinton-machinerie te passeren.

Onze hoop was dan ook gevestigd op Iowa. We moesten daar winnen, anders konden we er evengoed mee ophouden. Iowa is grotendeels platteland en 90 procent van de bevolking is wit. Het is dan ook een merkwaardige plek en misschien niet de meest voor de hand liggende plaats voor een zwarte man uit Chicago om te proberen zichzelf neer te zetten, maar dit was nu eenmaal de realiteit.

In Iowa worden al sinds 1972 de eerste voorverkiezingen gehouden. Leden van beide partijen brengen er hun stem midden in de winter uit op bijeenkomsten op districtsniveau, de *caucuses,* en het hele land kijkt aandachtig toe. Als je was opgevallen in Des Moines en Dubuque, dan deed jouw kandidatuur er automatisch ook toe in Orlando en Los Angeles. We wisten ook dat we, als we goed voor de dag kwamen in Iowa, een boodschap uitzonden naar zwarte kiezers in het hele land dat ze erin konden gaan geloven. Het feit dat Barack senator was in buurstaat Illinois, waardoor hij al enige naamsbekendheid had en op de hoogte was van problemen die over de staatsgrenzen heen gingen, had David Plouffe ervan overtuigd dat we ten minste een klein voordeeltje hadden in Iowa – een voordeeltje dat we nu moesten zien uit te buiten.

Dat betekende dat ik bijna elke week naar Iowa zou gaan. Dan vertrok ik 's morgens vroeg met United Airlines van O'Hare en maakte op een dag drie of vier campagnestops. Ik had Plouffe al direct verteld dat ik best campagne wilde voeren, maar dat ze er ook voor moesten zorgen dat ik op tijd terug was in Chicago om de meisjes in bed te kunnen stoppen. Mijn moeder was minder gaan werken zodat ze vaker bij de kinderen kon zijn als ik op campagne was. Ook Barack bracht talloze uren in Iowa door, maar we traden daar – of ergens anders – zelden samen op. Ik was nu wat ze een surrogaat-kandidaat noemden, een stand-in die met de kiezers sprak in een buurthuis in Iowa City terwijl de kandidaat campagne voerde in Cedar Falls of fondsen wierf in New York. Alleen als het echt belangrijk leek, stopte de campagnestaf ons in hetzelfde vertrek.

Barack trok nu rond met een hele zwerm oplettende assistenten terwijl ik geld kreeg toegewezen om voor mezelf een staf van twee aan te nemen. Aangezien ik van plan was mij slechts twee of drie dagen per week ter beschikking te stellen van de campagne, leek me dit nogal veel. Ik had geen idee wat ik nodig had in termen van ondersteuning. Melissa Winter, de eerste die ik aannam en die later mijn stafchef zou worden, was me aangeraden door Baracks planner. Ze had op Capitol Hill gewerkt in het kantoor van senator Joe Lieberman en was betrokken geweest bij diens campagne in 2000 om vicepresident te worden. Ik hield het sollicitatiegesprek met Melissa – blond, bril, achter in de dertig – in onze woonkamer in Chicago en was onder de indruk van haar ongeremde gevatheid en bijna obsessieve aandacht voor details, waarvan ik wist dat het belangrijk zou zijn als ik probeerde het campagnevoeren te integreren met mijn toch al overvolle programma in het ziekenhuis. Ze was scherp, bijzonder efficiënt en snel. Ze had het politieke bedrijf lang genoeg van dichtbij meegemaakt om niet meer verbaasd op te kijken over het tempo en de intensiteit. Melissa was maar een paar jaar jonger dan ik en voelde zich meer leeftijdgenoot en bondgenoot dan de veel jongere campagnemedewerkers die ik tot dan toe had ontmoet. Ze werd iemand die ik ging vertrouwen – wat ik nog steeds doe, tot op de dag van vandaag – bij letterlijk elk onderdeel van mijn leven.

Katie McCormick Lelyveld maakte ons trio compleet door aan boord te stappen als mijn manager communicatie. Ze was nog geen dertig, maar had al meegewerkt aan een campagne voor het presidentschap en gewerkt voor Hillary Clinton toen zij first lady was, waardoor haar ervaring haar dubbel zo relevant maakte. Katie, pittig, intelligent en altijd perfect gekleed, had de taak om journalisten en tv-ploegen bij elkaar te halen en ervoor te zorgen dat er uitvoerig verslag werd gedaan van onze bijeenkomsten. Ze zorgde er ook voor – met hulp van een leren aktetas die ze volgestopt had met vlekkenverwijderaar, pepermuntjes, een naaisetje en een extra paar panty's – dat ik er netjes uit bleef zien terwijl we van vliegtuig naar evenement renden en andersom.

In de loop der jaren had ik in nieuwsuitzendingen gezien hoe presidentskandidaten rondreisden door Iowa, onhandig aanschoven aan tafel bij gewone burgers bij de koffie na het eten, of sullig poseerden voor een uit boter gebeeldhouwde koe of iets aan een stokje aten tijdens een of andere jaarmarkt. Wat echter van betekenis was voor de kiezers en wat uiterlijk vertoon, wist ik niet precies.

Baracks adviseurs hadden geprobeerd Iowa voor me te ontraadselen. Ze legden me uit dat mijn missie op de eerste plaats bestond uit het doorbrengen van tijd met Democraten in elke uithoek van de staat, om kleine groepen toe te spreken, vrijwilligers te ronselen en te proberen leiders uit de gemeenschap voor ons te winnen. *Iowans,* zeiden ze, namen hun rol als politieke trendsetters heel serieus. Ze deden hun huiswerk over de kandidaten en stelden serieuze vragen over beleid. Gewend als ze waren aan maandenlange hofmakerij waren ze niet zomaar naar onze kant over te halen met een glimlach en een handdruk. Sommigen stelden hun beslissing maanden uit, vertelden de adviseurs me, omdat ze eerst iedere kandidaat persoonlijk wilden spreken. Wat ze me niet vertelden was wat mijn boodschap in Iowa precies moest zijn. Ik kreeg geen script, geen onderwerpenlijstje, geen enkele raad. Ik moest het zelf maar uitzoeken, dacht ik.

Mijn eerste solo-optreden tijdens de campagne vond begin april plaats in een bescheiden woning in Des Moines. In de woonkamer zaten enkele tientallen mensen op banken en op klapstoelen die er voor de gelegenheid waren neergezet, terwijl anderen met gekruiste benen op de grond zaten. Terwijl ik mijn blik door de kamer liet dwalen en me voorbereidde op wat ik wilde gaan zeggen, zag ik iets wat me niet had moeten verbazen maar dat toch deed, een beetje tenminste. Op bijzettafeltjes lag hetzelfde soort witte gehaakte kleedjes die mijn grootmoeder Shields ook in haar huis gebruikte. Ik zag aardewerken beeldjes die precies leken op die, die Robbie onder ons aan Euclid Avenue in haar boekenkast had staan. Een man op de voorste rij glimlachte vriendelijk naar me. Ik was in Iowa, maar ik had het onmiskenbare gevoel thuis te zijn. Iowans, realiseerde ik me, waren als de Shieldsen en de Robinsons. Ze lieten zich niet in de luren leggen. Ze vertrouwden bekakte figuren niet. Ze konden een huichelaar op kilometers afstand ruiken.

Mijn taak was het, besefte ik nu, om te praten als mezelf. En dat deed ik.

> *'Laat me iets over mijzelf vertellen. Ik heet Michelle Obama. Ik ben opgegroeid in de South Side van Chicago in een klein appartement op de bovenste verdieping van een huis van twee verdiepingen, dat net zo aanvoelde als dit huis. Mijn vader was monteur van de drinkwaterpompen van de stad. Mijn moeder bleef thuis om mij en mijn broer Craig op te voeden.'*

Ik praatte over van alles – over mijn broer en over de waarden waarmee we waren opgevoed, over de kei van een jurist die ik in mijn werk had ontmoet, de man die mijn hart gestolen had met zijn onverstoorbaarheid en zijn visioen voor de wereld, de man die zijn sokken die ochtend overal in huis had laten slingeren en die soms snurkte in zijn slaap. Ik vertelde hun dat ik mijn baan bij het ziekenhuis wilde houden, dat mijn moeder onze meisjes die dag van school haalde.

Ik verbloemde niet wat ik vond van politiek. De politieke wereld was geen plek voor goede mensen, zei ik, en ik legde uit hoe ik in tweestrijd had verkeerd over of Barack zich wel kandidaat moest stellen of niet, bezorgd als ik was om de schijnwerpers die op ons gezin gericht zouden worden. Maar ik stond nu voor hen omdat ik geloofde in mijn man en in wat hij kon betekenen. Ik wist hoeveel hij las en hoe diep hij over dingen nadacht. Ik zei dat hij precies de soort intelligente, beschaafde president was die ik voor dit land zou kiezen, zelfs als ik hem uit egoïsme liever al die jaren dichter bij huis had.

In de loop van de volgende weken vertelde ik keer op keer hetzelfde verhaal – in Davenport, Cedar Rapids, Council Bluffs, in Sioux City, Marshalltown, Muscatine – in boekwinkels, vakbondszaaltjes, een tehuis voor oudere veteranen en toen het warmer werd, op veranda's en in parken. Hoe vaker ik mijn verhaal vertelde, hoe beter het me afging. Ik vond het een goed verhaal. Ik vertelde het graag. En ik vertelde het aan mensen die me, ondanks het verschil in huidskleur, herinnerden aan mijn familie: postbodes die grotere dromen hadden gehad, net als mijn grootvader Dandy; beschaafde pianoleraressen als Robbie; niet-werkende moeders die actief waren in de ouderraad van de school van hun kinderen, zoals mijn moeder; fabrieksarbeiders die alles overhadden voor hun gezin, zoals mijn vader. Ik hoefde dit niet te repeteren of op te schrijven. Ik zei alleen wat ik echt voelde.

Verslaggevers, en zelfs een paar kennissen, begonnen me gedurende de campagne op verschillende manieren dezelfde vraag te stellen: hoe was het om als een één meter tachtig lange, aan universiteiten van de Ivy League opgeleide zwarte vrouw te praten in kamers vol voornamelijk witte Iowans? Voelde dat niet raar?

Ik vond het een nare vraag. Hij leek altijd vergezeld te gaan van een schaapachtige halve glimlach en een toon van neem-het-alsjeblieft-niet-verkeerd-op die mensen vaak bezigen als het over het onderwerp ras gaat. Het was een idee, vond ik, dat ons allen tekortdeed, als je aannam dat het alleen de verschillen waren die iemand zag.

Maar ik maakte me vooral kwaad omdat de vraag zo tegengesteld was aan wat ik meemaakte en wat de mensen die ik ontmoette, ook leken mee te maken – de man met het maiskorrellogo op zijn borst, de student in zijn zwart-met-gouden trui, de gepensioneerde die een schepijsemmer vol koekjes meebracht waarop ze in glazuur ons campagnelogo had aangebracht. Deze mensen spraken me na mijn praatje aan omdat ze graag wilden praten over wat we deelden – om te zeggen dat hun vader ook MS had gehad, of dat ze grootouders hadden gehad die precies zo waren als de mijne. Velen zeiden dat ze zich nooit eerder hadden ingelaten met politiek, maar dat iets aan onze campagne hun het gevoel had gegeven dat het nu de moeite waard kon zijn. Ze waren van plan zich op te geven als vrijwilliger bij het plaatselijke kantoor, zeiden ze, en zouden een echtgenoot of buurman of -vrouw proberen over te halen mee te komen.

Deze gesprekken voelden natuurlijk, echt. Intuïtief omhelsde ik mensen en werd ik stevig omhelsd.

Het was ook in deze tijd dat ik Malia meenam naar de kinderarts voor een routinebezoekje, dat we elke drie tot zes maanden aflegden om in de gaten te houden hoe het ging met haar astma, dat ze al had sinds ze een baby was. De astma was onder controle, maar de dokter wees me op iets anders – Malia's body mass index, een maatstaf voor gezondheid waarin lengte, gewicht en leeftijd met elkaar in verband worden gebracht, was aan het stijgen. Het was niet alarmerend, zei hij, maar wel een trend om in de gaten te houden. Als we niet iets aan onze gewoonten veranderden, dan kon het over enige tijd een echt probleem worden en bestond het risico op hoge bloeddruk en diabetes type 2. Toen hij zag hoe verslagen ik hierdoor was, verzekerde hij me dat het probleem veel voorkwam en op te lossen was. Het aantal kinderen met obesitas nam in het hele land toe. Hij had al veel gevallen gezien in zijn praktijk, waar voornamelijk patiënten uit de Afro-Amerikaanse arbeidersklasse kwamen.

Het nieuws sloeg in als een bom. Ik deed zo mijn best om ervoor te zorgen dat mijn dochters gelukkig en gezond waren. Wat had ik fout gedaan? Wat voor moeder was ik dat ik die verandering niet eens had opgemerkt?

Tijdens de rest van het gesprek met de dokter begon ik het patroon te herkennen waarin we zaten. Nu Barack almaar weg was, was gemak de allesoverheersende factor geworden in mijn keuzes thuis. We waren meer buitenshuis gaan eten. Nu ik minder tijd had om te koken, nam ik vaak een afhaalmaaltijd mee op weg van werk naar huis. 's Morgens stopte ik de lunchdoosjes van de meisjes vol kant-en-klare Lunchables en Capri Suns. In de weekenden reden we gewoonlijk langs een McDonald's drive-through na ballet en voor voetbal. Niets hiervan, zei de dokter, was heel buitengewoon of erg verschrikkelijk als je ze stuk voor stuk bekeek. Maar te veel hiervan was wel een probleem.

Er moest duidelijk iets veranderen, maar ik zou niet weten hoe dat moest. Elke oplossing leek meer tijd te kosten – tijd in de winkel, tijd in de keuken, tijd om groenten te snijden of een kip te bereiden – en dit precies op het moment dat in mijn wereld tijd op uitsterven leek te staan.

Toen herinnerde ik me een gesprek dat ik enkele weken eerder had gehad met een vriendin van vroeger die ik tegenkwam in een vliegtuig. Ze vertelde dat zij en haar man een jongeman hadden ingehuurd, Sam Kass, om regelmatig voor hen gezonde maaltijden thuis te bereiden. Toevallig bleek dat Barack en ik Sam jaren eerder al eens hadden ontmoet in een heel ander kringetje vrienden.

Ik had nooit gedacht dat ik iemand zou worden die een ander in mijn huis zou toelaten om eten voor mijn gezin te koken. Het voelde een beetje burgerlijk, iets wat sceptische scheve blikken zou opwekken bij mijn familieleden in de South Side. Barack, de man van de Datsun met een gat in de bodem, vond het ook niet zo'n geweldig idee; het paste niet bij zijn ingesleten zuinigheid als buurtwerker, noch bij het imago dat hij als presidentskandidaat wilde uitstralen. Maar het leek mij de enige verstandige zet. Iets moest worden opgegeven. Niemand anders kon mijn programma's in het ziekenhuis op zich nemen. Niemand anders kon campagne voeren als Barack Obama's echtgenote. Niemand anders kon de plaats innemen van de moeder van Malia en Sasha bij het naar bed brengen. Maar misschien kon Sam Kass af en toe voor ons koken.

Ik nam Sam aan om een paar keer per week te komen koken en dan een maaltijd te maken waarvan we die avond konden genieten, en ook nog een andere die ik de volgende avond uit de koelkast kon halen en opwarmen. Hij was in het Obama-huishouden wel een beetje een buitenstaander – een witte zesentwintigjarige met een glanzend kaalgeschoren schedel en een permanente stoppelbaard – maar de meisjes vonden zijn flauwe grapjes leuk en dat gold ook voor hoe hij eten maakte. Hij liet ze zien hoe je worteltjes fijnsneed en groenten blancheerde en liet ons gezin van de supermarkt waar alles onder tl-licht er hetzelfde uitzag, overgaan naar het ritme van de seizoenen. Hij kon met eerbied praten over de komst van verse erwtjes in het voorjaar of over het moment waarop de frambozen rijp werden in de zomer. Hij wachtte tot de perziken zoet en sappig waren voordat hij ze de meisjes te eten gaf, omdat hij wist dat ze alleen dan konden concurreren met snoep. Sam had ook een wijze visie op eten en gezondheidszaken, namelijk hoe de voedingsindustrie van tevoren bereid voedsel aan de man bracht onder de noemer van gemak en hoe dat ernstige consequenties had voor de volksgezondheid. Ik was geïntrigeerd omdat het verband leek te houden met wat ik had gezien in het ziekenhuis en met de compromissen die ikzelf had gesloten als werkende moeder, die probeerde ook haar gezin te voeden.

Op een avond zaten Sam en ik een paar uur in mijn keuken te praten en ideeën door te nemen over hoe ik, als Barack ooit president zou worden, mijn rol als first lady zou kunnen gebruiken om dit soort problemen aan te pakken. Het ene idee leidde tot het andere. Wat als ik bij het Witte Huis groente ging verbouwen om daarmee het gebruik van vers voedsel te bepleiten? Wat als we dat dan zouden gebruiken als hoeksteen voor iets groters, een initiatief ter bevordering van de gezondheid van kinderen dat ouders kon helpen enkele van de valkuilen te ontwijken waarin ik was getrapt?

We praatten tot laat in de avond. Ik keek Sam aan en zuchtte diep. 'Het enige punt is dat onze man in de polls dertig punten achterstaat,' zei ik terwijl we opstonden. 'Hij gaat nooit winnen.'

Het was een droom, maar een mooie droom.

Wat campagne voeren betreft was elke dag opnieuw een wedloop. Ik probeerde nog steeds vast te houden aan een of andere vorm van normaliteit en stabiliteit, niet alleen voor de meisjes, maar ook voor mijzelf. Ik had twee BlackBerry's bij me, een voor mijn werk, de andere voor mijn persoonlijke leven en politieke verplichtingen die nu, of ik het leuk vond of niet, nauw met elkaar verbonden waren. Mijn dagelijkse telefoongesprekjes met Barack waren meestal maar kort, we wisselden slechts nieuwtjes uit: *waar ben je? Hoe gaat het? Hoe gaat het met de kinderen?* We waren er beiden aan gewend geraakt niet te praten over vermoeidheid of persoonlijke behoeften. Dat had geen zin, want we konden er toch niets aan doen. Het leven bestond slechts uit tikkende klokken.

Voor mijn werk deed ik wat ik kon om bij te blijven en belde ik mijn staf in het ziekenhuis vanaf de rommelige achterbank van de Toyota Corolla van de antropologiestudent die vrijwilligerswerk deed in Iowa of vanuit een rustig hoekje in een Burger King in Plymouth, New Hampshire. Een paar maanden na Baracks aankondiging in Springfield en met de steun van mijn collega's had ik besloten parttime te gaan werken, omdat dat de enige manier was om dit leven vol te houden. Melissa, Katie en ik, die twee of drie dagen per week samen onderweg waren, waren een efficiënte familie geworden. We ontmoetten elkaar 's morgens op het vliegveld en haastten ons langs de bewakers, die me allemaal bij naam kenden. Ik werd nu ook vaker herkend, vooral door Afro-Amerikaanse vrouwen die 'Michelle! Michelle!' riepen terwijl ik langs hen naar de gate liep.

Er was iets aan het veranderen, maar het ging zo geleidelijk dat het moeilijk waar te nemen was. Soms had ik het gevoel dat ik door een vreemd universum zweefde, zwaaiend naar vreemden die deden alsof ze me kenden, aan boord ging van vliegtuigen die me uit mijn normale wereld haalden. Ik werd bekend. En ik werd bekend als iemands vrouw en als iemand die betrokken was bij politiek, wat het dubbel en driedubbel zo raar maakte.

Langs een rij toeschouwers achter een touw schuifelen tijdens campagne voeren was gaan lijken op proberen rechtop te blijven staan tijdens een orkaan, had ik ontdekt, met goed bedoelende mensen die naar mijn hand reikten en mijn haar wilden aanraken, mensen die zonder te waarschuwen pennen en camera's en baby's onder mijn neus duwden. Ik glimlachte, schudde handen en luisterde naar hun verhalen, terwijl ik almaar langs de rij verder wilde lopen. Uiteindelijk kwam ik tevoorschijn met andermans lipstick op mijn wang en afdrukken van handen op mijn bloes en zag ik eruit alsof ik net uit een windtunnel kwam.

Ik had weinig tijd om erover na te denken, maar ik maakte me in stilte zorgen dat, nu mijn zichtbaarheid als Barack Obama's vrouw toenam, andere facetten van mij uit het zicht begonnen te raken. Als ik met journalisten sprak, vroegen ze zelden naar mijn werk. Ze zetten wel ergens 'aan Harvard opgeleid' in hun beschrijving, maar lieten het daar meestal bij. Een paar media hadden verhalen gepubliceerd waarin gespeculeerd werd dat ik in het ziekenhuis promotie had gemaakt niet vanwege mijn harde werken en mijn eigen verdienste, maar vanwege de groeiende politieke statuur van mijn echtgenoot, wat pijnlijk was om te lezen. Op een dag in april belde Melissa me thuis op om te vertellen over een nare column geschreven door Maureen Dowd van *The New York Times*. Hierin verwees ze naar mij als een 'prinses van Zuid-Chicago', suggererend dat ik Barack als een slappeling neerzette als ik het er openlijk over had dat hij zijn sokken niet opruimde of de boter niet terugzette in de koelkast. Voor mij was het juist altijd belangrijk geweest dat mensen Barack zagen als mens en niet als een of andere buitenaardse verlosser. Maureen Dowd had blijkbaar liever gehad dat ik een namaakglimlach en de bewonderende blik had aangenomen. Ik vond het raar en verdrietig dat een dergelijke harde opmerking moest komen van een andere professionele vrouw, iemand die geen enkele moeite had gedaan me te leren kennen, maar nu probeerde mijn verhaal op cynische wijze af te breken.

Ik probeerde dit soort dingen niet persoonlijk op te vatten, maar soms viel dat niet mee.

Na elke campagne-evenement, elk artikel waarin dan ook, elk signaal dat de resultaten beter werden, kwamen we iets meer in de schijnwerpers te staan en volgden meer aanvallen. De idiootste geruchten werden over Barack verspreid: dat hij was onderwezen in een radicale madrassa, een islamitische school, en dat hij de eed voor de Senaat had afgelegd op een koran. Dat hij had geweigerd trouw te zweren aan de vlag. Dat hij tijdens het spelen van het volkslied zijn hand niet op zijn hart wilde leggen. Dat hij een goede vriend had die vanaf de jaren zeventig een terrorist was. De leugens werden weerlegd in fatsoenlijke nieuwsmedia, maar werden verder verspreid op anonieme sites en in anonieme e-mails, die niet alleen werden doorgestuurd door idiote complotdenkers, maar ook door ooms en collega's en buren die online-feit niet van online-fictie konden onderscheiden.

Baracks veiligheid was iets waar ik niet eens over na wilde denken, laat staan over praten. Zovelen van ons waren opgegroeid met nieuws over moorden. De gebroeders Kennedy waren doodgeschoten. Martin Luther King jr. was doodgeschoten. Ronald Reagan was neergeschoten, maar had het overleefd. John Lennon was doodgeschoten. Als je te veel aandacht trok, dan liep je een zeker risico. Maar ja, Barack was een zwarte man. Het risico was niet nieuw voor hem. 'Hij kan al worden doodgeschoten op weg naar het tankstation,' zei ik weleens tegen mensen om hen daaraan te herinneren als ze het onderwerp ter sprake brachten.

Vanaf mei had Barack wel bescherming door de geheime dienst toegewezen gekregen. Het was het allervroegste moment ooit dat een presidentskandidaat bescherming kreeg, anderhalf jaar voordat hij zelfs maar gekozen kon worden, hetgeen voldoende zei over de aard en de ernst van de dreigementen. Barack reisde nu in glanzend zwarte SUV's die door de overheid ter beschikking waren gesteld en werd gevolgd door een team van mannen en vrouwen in pak met oortjes en pistolen. Thuis hield een agent de wacht op onze veranda.

Ik voelde me zelden onveilig, ondanks dat ik steeds meer publiek aantrok. Ik was begonnen met gesprekken met twintig aanwezigen in iemands woonkamer, maar nu sprak ik voor honderden mensen in een gymzaal van een high school. De staf in Iowa wist te melden dat mijn praatjes een heleboel steunbetuigingen opleverden (gemeten in ondertekende 'supporterskaarten', die de campagne verzamelde en nauwlettend bijhield). Op een gegeven moment begon de campagne me 'de closer' te noemen vanwege de manier waarop ik anderen hielp besluiten te nemen.

Elke dag leerde ik een nieuwe les over hoe efficiënter te bewegen, hoe niet te worden opgehouden door ziekte of chaos van welke aard dan ook. Nadat ik in sommige, overigens alleraardigste wegrestaurants enigszins twijfelachtige gerechten voorgeschoteld had gekregen, leerde ik de smakeloze zekerheid van een cheeseburger van McDonald's te waarderen. Ik leerde op hobbelige wegen tussen kleine plaatsjes hoe ik mijn kleding kon beschermen tegen vlekken door snacks te kiezen die verkruimelen in plaats van druppen, wetend dat ik niet gefotografeerd moest worden met een veeg hummus op mijn jurk. Ik leerde het drinken van water te beperken omdat ik wist dat er tijdens pauzes onderweg zelden tijd was voor wc-bezoek. Ik leerde te slapen door het geluid van de vrachtwagens heen die na middernacht de autowegen van Iowa afdenderden en (zoals eens gebeurde in een motel met dunne wandjes) het gelukkige stel te negeren dat genoot van hun huwelijksnacht in de kamer naast de mijne.

Hoe optimistisch of pessimistisch ik me soms ook voelde, dat eerste jaar campagne voeren roept vooral warme herinneringen en lachbuien bij me op. Ik nam zo vaak ik kon Malia en Sasha mee op pad. Ze waren stoere, gelukkige reizigers. Op een drukke dag was ik praatjes gaan maken en handen gaan schudden met kiezers op een jaarmarkt ergens in New Hampshire en had ik de meisjes achtergelaten bij iemand van de campagnestaf om langs de stalletjes te gaan en de ponyritjes te maken voordat we weer bij elkaar zouden komen voor een fotoshoot voor een tijdschrift. Een uurtje later zag ik Sasha en raakte ik in paniek. Haar wangen, neus en voorhoofd waren zorgvuldig en totaal beschilderd met zwarte en witte gezichtsverf. Ze was getransformeerd tot een panda en vond het geweldig. Ik dacht echter direct aan de mensen van het tijdschrift die op ons stonden te wachten, aan het programma dat volledig in de war ging raken. Maar toen keek ik naar haar blije pandagezichtje en ademde weer uit. Mijn dochter was blij en tevreden. Ik kon er eigenlijk alleen maar om lachen en de verf onder het dichtstbijzijnde kraantje afboenen.

Heel af en toe trokken we op als gezin, met ons vieren. In Iowa had de campagne voor een paar dagen een camper gehuurd zodat we langs bijeenkomsten in schuren in kleine plaatsjes konden gaan, met spannende spelletjes Uno tijdens de camperritten. Zo brachten we een hele middag door op de Iowa State Fair. We reden in botsautootjes en schoten met waterpistolen om knuffeldieren te winnen terwijl fotografen elkaar verdrongen om de beste plaats en hun lenzen in onze gezichten duwden. Het werd pas echt leuk toen Barack naar zijn volgende bestemming werd weggevoerd en de meisjes en ik bevrijd waren van de hele wervelstorm van de pers, bewaking en staf die met hem meeging en in zijn spoor de drukte met zich meenam. Toen hij eenmaal weg was, konden we de kermis verder zelf ontdekken en voelden we de wind terwijl we op jutezakken van een enorme gele glijbaan roetsjten.

Week na week ging ik naar Iowa, zag ik door het vliegtuigraampje hoe de seizoenen wisselden, hoe de aarde langzaam groen werd en hoe de sojabonen en de mais in lange kaarsrechte rijen boven de grond kwamen. Ik hield van de strakke geometrie van die velden, de kleurvlekjes die schuren bleken te zijn, de snelwegen die recht naar de horizon liepen. Ik was van die staat gaan houden, ook al leek het er ondanks al onze inspanningen niet op dat we hier zouden kunnen winnen.

Al bijna een jaar hadden Barack en zijn team geld in Iowa gestoken, maar volgens de meeste polls lag hij nog steeds op de tweede of derde plaats achter Hillary Clinton en John Edwards. Het scheelde niet veel, maar Barack lag achter. Op nationaal niveau was het beeld slechter: Barack lag elke keer weer een volle vijftien of twintig punten achter Hillary, de harde werkelijkheid waarmee ik elke keer als ik op een vliegveld of in een restaurant tijdens de campagne langs een televisie liep, werd geconfronteerd.

Maanden eerder had ik zo genoeg van het niet-aflatende, schreeuwerige commentaar op CNN, MSNBC en Fox News dat ik die kanalen thuis permanent op de zwarte lijst had gezet en trakteerde ik mezelf in plaats daarvan op het wat kalmerender dieet van E! en HGTV. Laat ik je vertellen dat er aan het einde van een drukke dag niets beters bestaat dan kijken hoe een jong echtpaar zijn droomhuis vindt in Nashville of een jonge toekomstige bruid die ja zegt tegen haar jurk.

Eerlijk gezegd geloofde ik de grote tv-commentatoren niet en was ik ook niet overtuigd van de polls. Diep van binnen wist ik zeker dat ze het verkeerd hadden. Het klimaat dat werd beschreven in steriele stadsstudio's was niet het klimaat dat ik proefde in de kerkzaaltjes en recreatiecentra in Iowa. Zij hadden geen ontmoetingen met highschoolteams die zich de 'Barack Stars' noemden, die vrijwilligerswerk deden na de footballtraining of de toneelclub. Zij hielden niet de hand vast van een witte grootmoeder die zich een betere toekomst voorstelde voor haar kleinkinderen van gemengd bloed. Noch leken zij zich bewust van de snel groeiende reus die onze organisatie ter plaatse nu was. We zaten in het proces van het opbouwen van een campagnenetwerk van gewone mensen, dat uiteindelijk uitgroeide tot tweehonderd stafleden in zevenendertig kantoren, de grootste in de geschiedenis van de caucuses in Iowa.

We hadden de jeugd aan onze kant. Onze organisatie dreef op het idealisme en de energie van tweeëntwintig- tot vijfentwintigjarigen die alles hadden laten vallen en naar Iowa waren gekomen om zich aan te sluiten bij de campagne, ieder van hen behept met een of andere mutatie van het gen dat Barack jaren geleden in Chicago had genoopt die organisatorische taak op zich te nemen. Ze hadden het enthousiasme en de vaardigheden die in de polls nog niet waren meegenomen. Ik voelde het elke keer weer als ik in Iowa was, een vlaag van hoop die kwam van de interactie met diegenen die er echt in geloofden, die elke avond vier of vijf uur achter elkaar langs deuren gingen en kiezers opbelden, netwerken van medestanders opbouwden in zelfs de kleinste en conservatiefste plaatsen, terwijl ze de details uit het hoofd leerden van het standpunt van mijn man over varkensstallen of zijn plan om het immigratiesysteem te veranderen.

Voor mij vertegenwoordigden de jonge mensen die in onze kantoren ter plaatse zaten, de belofte van de volgende generatie leiders. Ze waren niet afgestompt, ze waren opgewekt en verenigd. Zij legden een directere band tussen kiezers en hun democratie, of dat nu was in het kantoor van de organisatie in de straat of een website waarmee ze hun eigen bijeenkomsten en telefoonteams konden organiseren. Zoals Barack zo vaak zei, ging wat we nu deden, niet om die ene verkiezing. Het ging erom het beleid voor de toekomst te verbeteren: minder op geld gericht, toegankelijker en uiteindelijk hoopvoller. Zelfs als we niet als winnaars uit de bus zouden komen, hadden we toch vooruitgang geboekt die ertoe deed. Hoe het ook afliep, hun werk was belangrijk.

Toen het weer kouder begon te worden, wist Barack dat hij in feite nog maar één kans had om de wedloop in Iowa te winnen, en dat was met een sterk optreden tijdens het Jefferson-Jackson-diner, een jaarlijks terugkerend ritueel van de Democraten in elke staat. In Iowa werd dit tijdens de periode van de presidentsverkiezingen begin november gehouden, een week of acht voor de caucuses van eind januari, en de nationale media zouden erbij zijn. Van iedere kandidaat werd verwacht dat hij of zij een speech zou houden – zonder aantekeningen en zonder teleprompter – en zou proberen zo veel mogelijk aanhangers mee te nemen. Het was in feite een reusachtige en competitieve oppepbijeenkomst.

Al maandenlang hadden de nieuwscommentatoren van de tv-zenders betwijfeld of de Iowans wel achter Barack zouden gaan staan als de caucuses plaatsvonden, insinuerend dat hoe dynamisch en hoe ongewoon hij als kandidaat ook was, hij de kiezers toch niet enthousiast zou weten te krijgen. De menigte bij het Jefferson-Jackson-diner was ons antwoord hierop. Vanuit alle hoeken van de staat waren zo'n drieduizend van onze aanhangers komen opdagen, wat aantoonde dat we zowel goed georganiseerd als actief waren – beter dan iedereen had gedacht.

Op het podium nam John Edwards Clinton onder vuur en zei hij in bedekte termen hoe belangrijk ernst en betrouwbaarheid waren. Grinnikend erkende Joe Biden de indrukwekkende en luidruchtige opkomst van Obama-supporters met het sardonische 'Hallo, Chicago!' Hillary, die verkouden was, nam ook de gelegenheid te baat om Barack aan te vallen. '"Verandering" is maar een woord,' zei ze, 'als je niet de kracht en de ervaring hebt om die door te voeren.'

Barack was de laatste die die avond sprak en hij gaf een bezielende verdediging van zijn centrale boodschap: dat ons land op een beslissend moment was aangekomen, dat er nu een kans was om niet alleen de angst en het falen van de regering-Bush achter ons te laten, maar de hele gepolariseerde wijze waarop politiek al veel langer werd bedreven, ook, natuurlijk, ten tijde van de regering-Clinton. 'Ik wil niet het komende jaar of de komende vier jaar bezig zijn met dezelfde strijd die we in de jaren negentig uitvochten,' zei hij. 'Ik wil niet rood Amerika opzetten tegen blauw Amerika. Ik wil president worden van de Verenigde Staten van Amerika.'

De zaal barstte los in gejuich. Ik keek vanuit het publiek enorm trots toe.

'Amerika, ons moment is nu,' zei Barack. 'Ons moment is nu.'

Zijn optreden die avond gaf de campagne precies wat nodig was en schoot hem omhoog in de race. Hij nam de leiding in ongeveer de helft van de polls in Iowa en kwam met het naderen van de caucuses steeds beter op stoom.

In de dagen na kerstmis, met nog maar een week campagne voeren te gaan in Iowa, leek het alsof de halve South Side naar het steenkoude Des Moines, de hoofdstad van Iowa, was getrokken. Mijn moeder en Mama Kay waren komen opdagen, mijn broer en Kelly kwamen met hun kinderen. Sam Kass was er. Valerie, die zich al in de herfst bij de campagne had aangesloten als een van Baracks adviseurs, was er samen met Susan en mijn hulpgroepje vriendinnen en hun mannen en kinderen waren er allemaal. Ik was geroerd toen collega's van het ziekenhuis kwamen opdagen, vrienden van ons van Sidley & Austin, collega's van Barack van de rechtenfaculteit. En helemaal in lijn met de maak-gebruik-van-elk-moment-ethiek van de campagne verklaarden ze allemaal dat ze wilden helpen met dat laatste zetje, meldden ze zich bij een kantoor, gingen in de vrieskou langs de deur om Barack aan te prijzen en herinnerden mensen aan de komende caucuses. De campagne werd ook nog eens versterkt door honderden anderen die vanuit het hele land naar Iowa waren gekomen voor de laatste week, waar ze overnachtten in logeerkamers bij lokale aanhangers en elke dag op weg gingen naar de kleinste dorpen en de gehuchten die alleen via grindwegen te bereiken waren.

Zelf was ik nauwelijks in Des Moines te vinden. Ik bezocht elke dag vijf of zes bijeenkomsten verspreid over de hele staat, waar ik naartoe reed in een gehuurd busje met Melissa en Katie, dat werd bestuurd door een groepje elkaar afwisselende vrijwilligers. Barack deed hetzelfde, hij werd er hees van.

Ongeacht het aantal kilometers dat we moesten rijden zorgde ik ervoor dat we elke avond op tijd terug waren in de Residence Inn in West Des Moines, onze thuisbasis, om Malia en Sasha om acht uur goedenacht te kunnen zeggen. Ze leken natuurlijk nauwelijks op te merken dat ik er niet was nu ze de hele dag omringd waren door neefjes en nichtjes en vriendjes en vriendinnetjes en babysitters, die spelletjes met ze deden in de hotelkamer en uitstapjes maakten in de stad. Op een avond deed ik de kamerdeur open in de hoop even in stilte op bed te kunnen liggen, maar onze hele kamer lag vol keukengerei. Er lagen deegrollen op de beddensprei, vieze snijplanken op het tafeltje, een keukenschaar op de grond. De lampenkappen en het tv-scherm waren bedekt met een dun laagje... was dat *meel?*

'Sam heeft ons geleerd hoe je pasta moet maken!' riep Malia blij. 'We werden iets te enthousiast.'

Ik moest lachen. Ik had me bezorgd gemaakt over wat de meisjes zouden vinden van hun eerste kerstvakantie die ze niet bij hun overgrootmoeder op Hawaï doorbrachten. Maar gelukkig bleek een zak meel in Des Moines een prima vervanger voor een strandlaken in Waikiki.

Enkele dagen later, op een donderdag, vonden de caucuses plaats. Barack en ik gingen in het centrum van Des Moines lunchen in een tentje in een winkelcentrum en daarna naar verschillende stembureaus om zoveel kiezers te ontmoeten als we konden. Later die avond gingen we eten met een groep familieleden en vrienden en bedankten we hen voor hun steun gedurende de afgelopen elf krankzinnige maanden sinds de aankondiging in Springfield. Ik verliet het etentje voor de anderen om op tijd in onze hotelkamer te zijn om me voor te bereiden op Baracks toespraak, of hij nu gewonnen had of niet. Binnen enkele tellen kwamen Katie en Melissa binnenstormen met het laatste nieuws uit het campagnecentrum: 'We hebben gewonnen!'

We waren gek van vreugde en schreeuwden zo hard dat de geheime dienst op de deur bonsde om te vragen wat er aan de hand was.

Op een van de koudste avonden van het jaar was een recordaantal Iowans eropuit gegaan om te stemmen, bijna twee keer zoveel als vier jaar eerder. Barack had gewonnen onder witten, zwarten en jongeren. Meer dan de helft van de kiezers had nooit eerder meegedaan aan een caucus en juist die groep had er vermoedelijk voor gezorgd dat Barack won. De presentatoren van de grote tv-zenders hadden eindelijk de weg gevonden naar Iowa en prezen nu alleen nog maar dit politieke wonderkind, dat met ruime voorsprong zowel de Clinton-machinerie als de voormalige vicepresident had verslagen.

Toen wij vieren, Barack, Malia, Sasha en ik, die avond tijdens Baracks overwinningsspeech op het podium stonden van de Hy-Vee Hall, voelde ik me geweldig, zelfs een beetje gelouterd. Misschien, dacht ik bij mezelf, was alles waar Barack al die jaren over had gepraat, echt mogelijk. Al die ritten naar Springfield, al zijn frustraties over dat hij onvoldoende impact had, al zijn idealisme, zijn ongewone en diepe overtuiging dat mensen voorbij de dingen konden gaan die hen scheidden, dat politiek uiteindelijk kon werken – misschien had hij al die tijd gelijk gehad.

We hadden iets historisch bereikt, iets monumentaals – niet alleen Barack, niet alleen ik, maar Melissa en Katie en Plouffe, Axelrod en Valerie en iedere jonge helper, iedere vrijwilliger, iedere leerkracht en boer en gepensioneerde en highschoolleerling die die avond waren opgestaan voor vernieuwing.

Het was na middernacht toen Barack en ik naar het vliegveld gingen om uit Iowa te vertrekken en we wisten dat we in geen maanden terug zouden komen. De meisjes en ik gingen terug naar Chicago, terug naar huis, terug naar school en werk. Barack vloog naar New Hampshire, waar over nog geen week de volgende voorverkiezing werd gehouden.

Iowa had ons allemaal veranderd. De staat had met name mij echt vertrouwen gegeven. Onze opdracht was nu dit te delen met de rest van het land. In de volgende dagen zouden onze mensen uitwaaieren naar andere staten – naar Nevada en South Carolina, naar New Mexico, Minnesota en Californië – om de boodschap te blijven verspreiden dat het nu bewezen was, dat verandering mogelijk was.

17

Toen ik in de eerste klas zat, stompte een jongen in mijn klas me op een dag recht in mijn gezicht, zijn vuist kwam als een komeet op me af, met enorme kracht en zomaar. We stonden in de rij voor onze lunch en bespraken wat zes- en zevenjarigen nu eenmaal belangrijk vinden – wie kon het hardste lopen of waarom de kleuren van krijtjes van die rare namen hadden – toen *bam*, kreeg ik een stomp. Ik weet niet waarom. Ik ben de naam van de jongen vergeten, maar ik herinner me hoe ik hem stomverbaasd aankeek en dat het pijn deed, dat mijn onderlip direct dik werd en tranen opwelden. Ik was te geschokt om boos te zijn en rende naar huis, naar mijn moeder.

De jongen kreeg een standje van onze juf. Mijn moeder ging naar de school om zelf te zien wat voor ventje het was, om zelf te beoordelen wat voor soort bedreiging hij vormde. Southside, die die dag bij ons op bezoek moet zijn geweest, had zijn grootvaderlijke nekharen overeind gezet en erop gestaan dat hij met haar meeging. Ik was er niet bij, maar er vond een gesprek plaats tussen de volwassenen. Er werd een soort straf uitgedeeld. Ik kreeg een beschaamde verontschuldiging van het jongetje en er werd me gezegd dat ik me verder geen zorgen over hem hoefde te maken.

'Die jongen was bang en boos om dingen die niets met jou te maken hadden,' vertelde mijn moeder me later in de keuken terwijl ze in de pan met avondeten op het fornuis roerde. Ze schudde haar hoofd alsof ze duidelijk wilde maken dat ze meer wist dan ze bereid was me te vertellen. 'Hij heeft zelf een heleboel problemen.'

Zo spraken we over pestkoppen. Toen ik klein was, was dat makkelijk te begrijpen: pestkoppen zijn bange mensen die zich verstoppen tussen bange mensen. Ik zou het later zien bij DeeDee, dat stoere meisje in mijn buurt, en zelfs bij Dandy, mijn eigen grootvader, die grof en een dwingeland kon zijn, zelfs tegen zijn eigen vrouw. Zij haalden uit omdat ze zich overweldigd voelden. Je meed ze als je kon en verzette je tegen hen als het niet anders kon. Volgens mijn moeder, die waarschijnlijk een slogan als 'leven en laten leven' op haar grafsteen zou willen hebben, was de oplossing om de beledigingen of agressie van een pestkop nooit persoonlijk te nemen.

Deed je dat wel, nou ja, dan kon je pas echt geraakt worden.

Pas later in mijn leven zou dit echt een uitdaging voor me worden. Toen ik begin veertig was en probeerde mijn man te helpen om te worden gekozen tot president, dacht ik nog eens terug aan die keer in de rij voor de lunch in de eerste klas en herinnerde ik me hoe verwarrend het was onverwachts te worden aangevallen, hoeveel pijn het had gedaan toen ik zonder enige waarschuwing in mijn gezicht was gestompt.

Een groot deel van 2008 probeerde ik me geen zorgen te maken over de stompen.

Laat ik vooruit lopen naar een fijne herinnering uit dat jaar, omdat ik er daar veel van heb. Op 4 juli, toevallig ook de tiende verjaardag van Malia, bezochten we Butte, Montana; het was precies vier maanden voor de presidentsverkiezingen. Butte is een robuust, historisch kopermijnstadje in de beboste zuidwesthoek van Montana met aan de horizon in de verte de donkere lijn van de Rocky Mountains. Butte was een onbesliste stad in wat onze campagne hoopte een onbesliste staat: het kon beide kanten op gaan. Bij de laatste verkiezingen was Montana naar George W. Bush gegaan, maar hadden de kiezers wel een Democratische gouverneur gekozen. Het leek een goede plaats voor Barack om een bezoek aan te brengen.

Meer dan ooit daarvoor werd zorgvuldig berekend hoe Barack elke minuut van de dag besteedde. Hij werd bekeken, getaxeerd en geëvalueerd. Mensen zagen welke staten hij bezocht, in welke restaurant hij ontbeet, wat voor soort vlees hij bij zijn eieren bestelde. Er reisden nu zo'n vijfentwintig persmensen permanent met hem mee achter in het campagnevliegtuig, ze verstopten de doorgangen en ontbijtzalen van de hotelletjes in de kleinere steden, ze volgden hem van plaats naar plaats, hun pennen legden alles vast. Als een presidentskandidaat kou vatte, werd erover geschreven. Als iemand bij een dure kapper was geweest of om mosterd uit Dijon had gevraagd in een restaurant van TGI Fridays (zoals Barack jaren eerder eens naïef had gedaan, wat hem een kop opleverde in *The New York Times*), werd dat doorgegeven en op honderden manieren op internet geanalyseerd. Was de kandidaat een zwakkeling? Was hij een snob? Een huichelaar? Een echte Amerikaan?

Dit hoorde nu eenmaal bij het proces, dat begrepen we wel – een test om te zien wie de moed had om als leider en tegelijkertijd als symbool van het land op te treden. Het was alsof je ziel elke dag werd doorgelicht, gescand en opnieuw gescand op zoek naar enig teken van feilbaarheid. Je werd niet gekozen als je niet eerst toegaf aan het bijzonder nauwkeurige, volledige onderzoek door de Amerikaanse blik, een onderzoek dat je complete verleden besloeg, inclusief je sociale contacten, beroepskeuzes en belastingaangiftes. En die blik was absoluut intenser en makkelijker te manipuleren dan ooit tevoren. We waren net het tijdperk binnengegaan waarin muisklikken werden bijgehouden en geanalyseerd. Facebook was net in opmars. Twitter was relatief nieuw. De meeste Amerikaanse volwassenen bezaten een mobiele telefoon en in de meeste mobieltjes zat een camera. We stonden op de rand van iets waarvan ik niet zeker wist of iemand van ons het wel precies begreep.

Barack probeerde niet langer alleen de steun van de Democratische kiezers te winnen, hij richtte zich nu tot alle Amerikanen. Na de caucuses in Iowa hadden Barack en Hillary in een proces dat zowel hard en lelijk was als bemoedigend en bepalend, de winter en lente van 2008 vechtend in elke staat en streek doorgebracht, stem voor zuur verdiende stem winnend om het voorrecht die baanbrekende kandidaat te worden. (John Edwards, Joe Biden en de andere rivalen hadden zich eind januari allemaal teruggetrokken.) De twee kandidaten hadden elkaar enorm op de proef gesteld, waarbij Barack midden februari een klein, maar beslissend voordeeltje had behaald. ‘Is hij nou president?’ vroeg Malia me soms in de maanden die volgden, waarin we op een of ander podium stonden terwijl overwinningsmuziek rondom ons schalde en haar jonge verstand er nog niets anders van begreep dan het grotere doel.

‘Oké, is hij dan nú president?’

'Nee, schatje, nog niet.'

Pas in juni erkende Hillary dat ze te weinig gedelegeerden achter zich had staan om nog te kunnen winnen. Dat ze dat niet eerder toe had willen geven, had veel campagnegeld gekost en had Barack onvoldoende tijd gegeven de strijd te richten op zijn Republikeinse tegenstander, John McCain. De lang zittende senator van Arizona was al in maart genomineerd als de kandidaat van de Republikeinse Partij en voerde campagne als een onafhankelijke oorlogsheld met een verleden van lidmaatschap van beide partijen en grote ervaring in de nationale veiligheid, wat impliceerde dat hij het land heel anders zou gaan leiden dan George W. Bush.

Wij waren in Butte op 4 juli met een dubbel doel, omdat bijna alles nu een dubbel doel had. Barack had de vier voorgaande dagen campagne gevoerd in Missouri, Ohio, Colorado en North Dakota. Het zou kostbaar tijdverlies zijn als hij Malia's verjaardag kwam vieren in Chicago en hij mocht niet uit het oog van de kiezers verdwijnen tijdens de meest symbolische vrije dag van het jaar. Dus in plaats daarvan vlogen wij naar hem toe voor wat een soort poging zou zijn om zowel het een als het ander te hebben: een dagje uit met de familie, maar grotendeels in het volle zicht van het publiek. Baracks halfzus Maya en haar man Konrad kwamen met ons mee, samen met hun dochtertje Suhaila, een leuke kleine vierjarige.

Iedere ouder van een kind dat is geboren op een belangrijke feestdag weet dat er een wankel evenwicht is tussen een individueel feestje en meer algemene festiviteiten. De goede mensen van Butte leken dat te begrijpen. Er waren stroken papier met 'Hartelijk gefeliciteerd, Malia!' geplakt op ramen van etalages aan Main Street. Toeschouwers schreeuwden haar de beste wensen toe boven de dreunende bastrommen en de fluiten uit die de 'Yankee Doodle' speelden terwijl we met ons allen vanaf de tribunes keken naar de Fourth of July-optocht. De mensen die we tegenkwamen, waren aardig voor de meisjes en respectvol voor ons, zelfs als ze bekenden dat stemmen op een Democraat een halfdwaze afwijking zou zijn van de traditie.

Later die dag had de campagne een picknick georganiseerd op een open veld met uitzicht op de bergpieken daar waar de waterscheiding boven op de Rocky Mountains loopt. De bijeenkomst was bedoeld voor enige honderden lokale supporters, maar ook als een soort verjaarspartijtje voor Malia. Ik was ontroerd door al die mensen die kwamen opdagen om ons te begroeten, maar tegelijkertijd voelde ik iets persoonlijkers en dringender dat niets te maken had met waar we waren. Ik werd die dag getroffen door de verpletterende gevoeligheid die komt als je een ouder bent, die vreemde samendrukking van tijd die je meemaakt als je plotseling tot de ontdekking komt dat je baby's inmiddels half volgroeid zijn, hun ledematen niet meer mollig zijn maar slank, hun ogen wijzer.

Voor mij was 4 juli 2008 de belangrijkste drempel die we zijn overgegaan: tien jaar geleden waren Barack en ik verschenen op de kraamafdeling in de overtuiging dat we al veel wisten van de wereld, terwijl we er in werkelijkheid niets van wisten.

Van dat laatste decennium was zoveel tijd besteed aan het zoeken naar het evenwicht tussen mijn gezin en mijn werk, aan het bedenken hoe ik aanwezig kon zijn voor Malia en Sasha en ze lief kon hebben en tegelijkertijd mijn werk goed kon doen. Maar het middelpunt was verschoven: ik probeerde nu het ouderschap in evenwicht te brengen met iets heel anders en verwarrenders: politiek, Amerika, Baracks zoektocht naar iets belangrijks doen. De impact daarvan op Baracks leven, de eisen die de campagne stelde, de schijnwerpers op ons gezin, alles leek snel toe te nemen. Ik had me voorgenomen na de caucuses in Iowa enige tijd verlof te nemen van het ziekenhuis, omdat ik wist dat het onmogelijk zou zijn om te blijven en mijn werk goed te doen. De campagne slokte geleidelijk aan alles op. Ik had het na Iowa te druk om zelfs maar naar mijn kantoor toe te gaan, mijn spullen te pakken en fatsoenlijk afscheid te nemen. Ik was nu fulltime moeder en vrouw, zij het een vrouw met een doel en een moeder die haar kinderen wilde beschermen tegen opgeslokt worden door dat doel. Het was vervelend om weg te gaan van mijn werk, maar er was echt geen keus: mijn gezin had me nodig, en dat was belangrijker.

En dus zat ik hier op een campagnepicknick in Montana en dirigeerde ik een groep voornamelijk onbekenden die 'Happy Birthday' zongen voor Malia, die glimlachend op het gras zat met een hamburger op haar bordje. Kiezers vonden onze dochtertjes lief, dat wist ik, en de gehechtheid van ons gezin vertederend. Maar ik dacht vaak aan hoe dit alles moest overkomen op onze dochters, hoe zij ernaar keken. Ik probeerde elk schuldgevoel weg te stoppen. We hadden een echt verjaarspartijtje voor haar gepland in het volgende weekend, waarbij een heleboel van haar vriendinnetjes bij ons thuis in Chicago kwamen slapen, en niks geen politiek. Die avond zouden we, terug in ons hotel, nog even als gezin samen zijn. Maar de middag was nog niet voorbij en de meisjes renden over het picknickveld terwijl Barack en ik handen schudden en potentiële stemmers omhelsden en ik me afvroeg of die twee zich dit uitje later zouden herinneren als leuk.

Ik keek deze dagen naar Malia en Sasha met hernieuwde intensiteit. Net als naar mij riepen vreemden nu hun naam, mensen wilden ze aanraken en een foto van hen maken. In de winter had de overheid besloten dat de meisjes en ik voldoende in de schijnwerpers stonden om ons beveiliging door de geheime dienst toe te wijzen, wat betekende dat Malia en Sasha in een auto met gewoonlijk mijn moeder achter het stuur, naar school gingen of naar een dag op zomerkamp, maar dat de geheime dienst in een volgauto meereed.

Tijdens de picknick stond naast ieder van ons een eigen agent, die de menigte afspeurde naar enig teken van dreiging en die subtiel tussenbeide kwam als iemand die geluk kwam wensen, iets te enthousiast werd. Gelukkig leken de meisjes deze agenten meer te beschouwen als volwassen vrienden, nieuwe leden van het groeiende netwerk van aardige mensen met wie we reisden, alleen van anderen te onderscheiden door hun oortjes en rustige waakzaamheid. Sasha noemde hen meestal 'de geheime mensen'.

De meisjes zorgden voor ontspanning tijdens het campagnevoeren, al was het alleen al omdat ze weinig belangstelling hadden voor de uitkomst. Zowel Barack als ik vond het heerlijk om ze om ons heen te hebben, om ons eraan te herinneren dat ons gezin uiteindelijk meer betekende dan de aantallen aanhangers of een dipje in de polls. Geen van beide dochters trok zich veel aan van alle rumoer rond hun vader. Zij waren niet gefocust op een betere democratie in de toekomst of het veroveren van het Witte Huis. Het enige wat zij wilden (echt, echt wilden), was een puppy.

Ze vonden het leuk om op de rustiger momenten tikkertje of kaartspelletjes te spelen en zochten in elke nieuwe plaats die we aandeden, een nieuwe ijssalon. Al het andere was alleen maar ruis.

Tot op de dag van vandaag schieten Malia en ik in de lach om het feit dat ze acht jaar oud was toen Barack, met duidelijk een gevoel van verantwoordelijkheid, op een avond toen hij haar naar bed bracht, de vraag stelde: 'Wat zou jij ervan vinden als papa probeerde president te worden? Is dat een goed idee volgens jou?'

'Natuurlijk, papa!' antwoordde ze en gaf hem een zoen op zijn wang. Zijn besluit zich kandidaat te stellen zou bijna haar leven op zijn kop zetten, maar hoe kon zij dat weten? Ze draaide zich om en viel in slaap.

Die dag in Butte bezochten we een mijnbouwmuseum, hielden een waterpistoolgevecht en schopten een voetbal rond op het gras. Barack hield zijn campagnetoespraak en schudde het gebruikelijke aantal handen, maar ook kwam hij af en toe terug in ons kringetje. Sasha en Malia klommen op en over hem, terwijl ze giechelden en ze hem onthaalden op hun gedachten. Ik zag de vrolijkheid in zijn glimlach en bewonderde hem om zijn vermogen zich af te sluiten voor afleidingen in de omgeving en dan gewoon een vader te zijn als hij de kans kreeg. Hij babbelde met Maya en Konrad en sloeg een arm om mijn schouder als we ergens naartoe liepen.

We waren nooit alleen. Om ons heen waren stafleden, beveiligers, mensen van de pers die wachtten op interviews, toeschouwers die van een afstandje foto's maakten. Maar dit was nu gewoon voor ons. In de loop van de campagne raakten onze dagen zo volgepropt dat onze privacy en zelfstandigheid uit onze handen glipten en Barack en ik bijna elk aspect van ons leven overlieten aan een clubje van een stuk of twintig bijzonder intelligente en bekwame mensen, maar die niet konden weten hoeveel pijn het deed om de controle over mijn leven op te moeten geven. Als ik iets uit een winkel nodig had, moest ik iemand vragen het voor me te gaan halen. Als ik Barack wilde spreken, moest ik vaak een verzoek indienen via een van zijn jongere stafleden. Evenementen en activiteiten waarvan ik niets wist, verschenen ineens in mijn agenda.

Maar geleidelijk aan begonnen we te leren, als een manier om te overleven, hoe we ons leven meer in de openbaarheid moesten leiden en de werkelijkheid te aanvaarden zoals die nu eenmaal was.

Voor het einde van de middag in Butte gaven we met ons vieren nog een tv-interview, Barack, de meisjes en ik, iets wat we nog nooit eerder hadden gedaan. Gewoonlijk stonden we erop dat de mensen van de pers afstand hielden van onze meisjes en dat ze alleen foto's mochten nemen en dan nog uitsluitend tijdens openbare campagnebijeenkomsten. Ik weet niet zeker meer waarom we deze keer ja hadden gezegd. Zover ik me herinner leek het de campagnestaf deze keer een leuk idee om het publiek meer te laten zien van de Barack als vader en op dat moment zag ik er geen kwaad in. Hij hield per slot van rekening van onze kinderen. Hij hield van alle kinderen. Dat was precies waarom hij zo'n geweldige president zou zijn.

Het interview met Maria Menounos van *Access Hollywood* duurde ongeveer een kwartier. We zaten in het park op een bank waar een of andere deken overheen was gedrapeerd zodat het er een beetje feestelijker uitzag. Malia had vlechtjes in haar haar, Sasha droeg een rood jurkje. Zoals altijd waren ze ontwapenend schattig. Menounos was heel vriendelijk en hield het gesprek leuk, terwijl Malia, de denker van het gezin, over elke vraag nadacht. Ze zei dat ze zich weleens schaamde voor haar vader als hij probeerde haar vriendinnetjes een hand te geven en ook dat hij ons allemaal ergerde als hij al zijn campagnekoffers thuis in de gang liet staan. Sasha deed haar best stil te blijven zitten luisteren – ze onderbrak het interview maar één keer toen ze zich naar me omdraaide en vroeg: 'Hé, wanneer gaan we een ijsje halen?' Verder luisterde ze naar haar zus en voegde ze af en toe een semirelevant detail toe dat in haar opkwam. 'Papa heeft vroeger een afro gehad!' riep ze aan het eind en we moesten allemaal lachen.

Dagen later werd het interview in vier afleveringen uitgezonden door ABC; het werd enthousiast ontvangen en andere media namen delen eruit over met koppen als: 'Gordijn gaat open voor Obama's meisjes in tv-interview' en 'De twee kleine meisjes van de Obama's vertellen alles'. Plotseling verschenen de kinderopmerkingen van Malia en Sasha in kranten overal ter wereld.

Barack en ik hadden direct spijt van wat we hadden gedaan. Er was niets verkeerds gezegd tijdens het interview. Er was geen enkele dubbelzinnige vraag gesteld, er was geen enkel onthullend detail geopenbaard. Toch vonden we dat we de verkeerde keus hadden gemaakt door hun stemmen in de openbaarheid te brengen lang voordat zij echt konden begrijpen wat dit alles betekende. Niets in de opname zou Malia of Sasha kwaad doen. Maar het was openbaar en zou voor eeuwig te vinden zijn op internet. We hadden twee meisjes die niet voor dit leven hadden gekozen, opgepakt en zonder erover na te denken gevoed aan het beest.

Ik wist nu iets van dat beest. We leefden met zijn blik op ons gericht. Het voorzag alles van een merkwaardige energie. Oprah Winfrey stuurde me bemoedigende tekstjes. Stevie Wonder, mijn jeugdidool, kwam optreden op campagne-evenementen, maakte grapjes en noemde me bij mijn voornaam alsof we elkaar al jaren kenden. De hoeveelheid aandacht was verwarrend, vooral omdat ik het gevoel had dat we eigenlijk niet zoveel hadden gedaan dat we die verdienden. We werden opgetild door de kracht van de boodschap die Barack bracht, maar ook, zo begreep ik, door de belofte en de symboliek van het moment. Als Amerika zijn eerste zwarte president koos, zou dat niet alleen iets zeggen over Barack, maar ook over het land. Voor zoveel mensen en om zoveel redenen was dat belangrijk.

Barack kreeg natuurlijk de meeste aandacht – zowel de ophemeling door het publiek als de kritiek die daar onvermijdelijk aan kleefde. Hoe populairder je werd, hoe meer haters je kreeg. Het leek bijna een ongeschreven regel, vooral in de politiek, waar tegenstanders geld staken in allerlei onderzoek, waar onderzoekers werden aangenomen om elk stukje van de achtergrond van de kandidaat uit te vlooien op zoek naar iets wat misschien op een vlekje leek.

We zitten verschillend in elkaar, mijn man en ik, en daarom is een van ons de politiek ingegaan en de ander niet. Hij was zich bewust van de geruchten en het onbegrip dat als giftige dampen de campagne werd ingeblazen, maar zelden bracht het hem uit zijn evenwicht. Barack had al eerder campagnes meegemaakt. Hij had politieke geschiedenis gestudeerd en zich bewapend met de context die dat bood. En in het algemeen is hij gewoon niet iemand die makkelijk op stang te jagen is of van zijn stuk te brengen door iets zo abstracts als twijfel of kwaadsprekerij.

Ik daarentegen leerde nog steeds over het openbare leven. Ik beschouwde mezelf als een zelfverzekerde, succesvolle vrouw, maar ik was in wezen ook nog steeds hetzelfde kind dat mensen vertelde dat ze kinderarts wilde worden en aanwezigheidsrecords wilde vestigen op school. Met andere woorden: ik vond het belangrijk wat mensen van mij dachten. Toen ik klein was, had ik gestreefd naar goedkeuring, had ik plichtsgetrouw hoge punten verzameld en was ik vervelende sociale situaties uit de weg gegaan. In de loop van de tijd had ik afgeleerd mijn eigenwaarde uitsluitend af te meten in termen van standaardsuccessen, keurig volgens het boekje behaald, maar ik geloofde ergens nog steeds dat ik, als ik maar hard en eerlijk werkte, de pestkoppen kon vermijden en altijd als mezelf kon worden beschouwd.

Maar dit geloof stond nu op instorten.

Na Baracks overwinning in Iowa werd mijn boodschap op het campagnepad steeds bezielder, bijna in verhouding tot de toenemende omvang van de menigten die naar de evenementen kwamen. Ik was nu gegaan van een publiek van honderden naar bijeenkomsten van duizenden mensen of meer. Ik herinner me hoe ik met Melissa en Katie naar zo'n evenement reed in Delaware en de rij mensen, vijf naast elkaar, tot om de hoek van het blok zag staan wachten. Ze wilden allemaal naar binnen in de toch al overvolle zaal. Het overweldigde me op de meest gelukkige manier. Ik liet dit iedere menigte weten: ik was compleet verrast door wat mensen aan Baracks campagne toevoegden in termen van enthousiasme en betrokkenheid. Ik voelde me nederig bij wat zij investeerden, het werk dat ik mensen elke dag zag doen om hem te helpen te worden gekozen.

Ik had voor mijn verkiezingstoespraak, voortbouwend op de theorie van campagne voeren die in Iowa zo goed had gewerkt, een losse structuur ontwikkeld. Een teleprompter gebruikte ik niet en ik maakte me niet bezorgd als ik eens afdwaalde. Mijn woorden waren niet gepolijst en ik zou nooit zo welbespraakt worden als mijn man, maar ik sprak vanuit mijn hart. Ik vertelde dat mijn aanvankelijke twijfels over het politieke proces week na week waren afgenomen en vervangen door iets bemoedigenders en hoopvollers. Ik was gaan beseffen dat zovelen van ons dezelfde problemen hadden, dezelfde zorgen als wij om onze kinderen en om de toekomst. En dat zovelen met mij geloofden dat Barack de enige kandidaat was die echte verandering teweeg kon brengen.

Barack wilde dat de Amerikaanse troepen uit Irak werden teruggetrokken. Hij wilde de belastingverlagingen ongedaan maken die George W. Bush had doorgevoerd voor de superrijken. Hij wilde dat de gezondheidszorg betaalbaar werd voor alle Amerikanen. Het was een ambitieus programma, maar elke keer als ik een zaal binnenkwam vol enthousiaste aanhangers, kreeg ik de indruk dat we als natie misschien klaar stonden om over onze verschillen heen te stappen en zijn programma uit te voeren. Er heerste trots in die zalen, een geest van eenheid die ieders huidskleur oversteeg. Het optimisme was groot en stimulerend. Ik liet me meevoeren als op een golf. 'Hoop maakt een comeback!' riep ik in elke plaats.

Op een dag in februari, toen ik in Wisconsin was geweest, kreeg Katie een telefoontje van iemand uit Baracks communicatieteam die zei dat er misschien een probleem was. Ik had blijkbaar iets controversieels gezegd in een toespraak die ik een paar uur eerder had gehouden in een theater in Milwaukee. Katie begreep het niet, net zomin als ik. Wat ik in Milwaukee had gezegd, was in wezen niet anders dan wat ik net nog had gezegd tegen een menigte in Madison, en dat was niet anders dan wat ik de afgelopen maanden tegen iedere menigte had gezegd. Er was nooit een probleem mee geweest. Waarom zou dat er dan nu wel zijn?

Later die dag bekeken we het probleem zelf. Iemand had opnames gemaakt van mijn toespraak van ongeveer veertig minuten en daaruit een clip gemaakt van tien seconden en woorden uit hun context gelicht en de nadruk gelegd op enkele daarvan.

Plotseling circuleerden er clips van zowel mijn toespraak in Milwaukee als die in Madison met stukjes uit het gedeelte waarin ik praatte over hoe ik me bemoedigd voelde. De volledige versie van wat ik had gezegd, was als volgt: 'Wat we dit afgelopen jaar hebben geleerd, is dat hoop een comeback maakt! En laat me jullie iets vertellen; voor de eerste keer in mijn leven als volwassene ben ik echt trots op mijn land. Niet alleen omdat Barack het goed doet, maar omdat de mensen volgens mij naar verandering hunkeren. Ik wilde zo graag dat ons land in die richting bewoog en dat ik me niet alleen zou voelen met mijn frustraties en mijn teleurstellingen. Ik heb mensen gezien die ernaar hunkerden om verenigd te zijn rond enkele centrale thema's, en daar ben ik trots op. Ik voel me bevoorrecht dat ik daar zelfs maar getuige van heb mogen zijn.'

Maar hiervan was bijna alles weggeknipt, waaronder mijn verwijzingen naar hoop en eenheid en hoe geroerd ik was. De nuance was weg, de blik gericht op maar één ding. Wat de clips inhielden – die nu werden rondgepompt door conservatieve radiozenders en talkshows op tv, zo werd ons verteld – was dit: 'Voor de eerste keer in mijn leven als volwassene ben ik echt trots op mijn land.'

Ik hoefde niet naar het nieuws te kijken om te weten wat ervan werd gemaakt. *Ze is niet vaderlandslievend. Ze heeft Amerika altijd gehaat. Dit is wie ze echt is. De rest is alleen maar show.*

Dit was de eerste stomp. En die had ik klaarblijkelijk aan mezelf te danken. In mijn poging zomaar wat te kletsen, was ik vergeten hoezeer elk zinnetje op een goudschaaltje gewogen kon worden. Onbedoeld had ik de haters een zestien woorden tellend feestmaal voorgezet. Net als in de eerste klas van school, had ik deze niet zien aankomen.

Toen ik die avond naar Chicago terugvloog, voelde ik me schuldig en ontmoedigd. Ik wist dat Melissa en Katie het negatieve nieuws volgden op hun BlackBerry's, maar ze deelden het niet met mij omdat ze begrepen dat dat mijn humeur alleen nog maar verder zou verpesten. Op dit moment hadden we al bijna een jaar intensief samengewerkt en meer kilometers afgelegd dan een van ons had kunnen bijhouden, almaar gewikkeld in een race tegen de klok zodat ik 's avonds terug kon zijn bij mijn kinderen. We waren overal in het land langs zalen getrokken, hadden meer fastfood gegeten dan we ooit hadden gewild en waren voor fondsenwervingsacties in huizen geweest die zo rijk waren ingericht dat we ons eraan moesten herinneren dat we niet met onze mond open werden betrapt. Terwijl Barack en zijn campagneteam in gecharterde vliegtuigen en luxe touringcars reisden, moesten wij nog steeds onze schoenen uittrekken in langzaam schuifelende rijen voor de vliegveldbeveiliging, zaten we op lijnvluchten van United of Southwest Airlines en moesten we vertrouwen op de bereidwilligheid van vrijwilligers om ons naar evenementen te brengen en ons er weer op te halen, terwijl ze soms meer dan honderd kilometer van elkaar plaatsvonden.

Ik had het idee dat we onze klus over het algemeen uitstekend hadden geklaard. Ik had Katie op een stoel zien staan om bevelen naar fotografen te schreeuwen die twee keer zo oud waren als zij en verslaggevers zien afbekken die impertinente vragen stelden. Ik had gezien hoe Melissa elk detail van mijn programma uitdacht en uitermate kundig verscheidene campagne-evenementen in één dag propte, ik had haar op haar BlackBerry zien rammen om potentiële problemen de kop in te drukken en er tegelijkertijd voor te zorgen dat ik geen toneelstukjes op school, geen verjaardag van een goede vriendin of de kans om naar de sportschool te gaan, miste. Zij hadden allebei alles opgegeven om dit te kunnen doen, hun persoonlijke leven opgeofferd zodat ik kon proberen iets van het mijne te bewaren.

Ik zat in het licht van het lampje boven de stoel van het vliegtuig, bezorgd dat ik het met die zestien stomme woorden had verknald.

Nadat ik thuis de meisjes naar bed had gebracht en mijn moeder naar haar eigen huis aan Euclid Avenue had gestuurd om uit te rusten, belde ik Barack op zijn mobiel. Het was aan de vooravond van de *primary*, de voorverkiezing in Wisconsin en volgens de polls was het een nek-aan-nekrace. Barack had een kleine, maar groeiende voorsprong wat betreft het aantal gedelegeerden naar de nationale conventie, maar Hillary had advertenties geplaatst waarin ze Barack bekritiseerde op zo'n beetje alles, van zijn plan voor de volksgezondheid tot zijn weigering vaker met haar in debat te gaan. De inzet leek hoog. Baracks campagne kon het zich niet permitteren te verliezen. Ik verontschuldigde me voor wat er met mijn toespraak was gebeurd. 'Ik had geen idee dat ik iets verkeerds deed,' zei ik. 'Ik zeg hetzelfde al maanden.'

Die avond reisde Barack tussen Wisconsin en Texas. Ik kon bijna horen hoe hij aan de andere kant van de verbinding zijn schouders ophaalde. 'Kijk, het komt omdat de menigten die voor jou komen, zo groot zijn,' zei hij. 'Je bent nu echt een kracht geworden in de campagne, en dat betekent dat mensen nu ook een beetje achter jou aangaan. Zo gaan die dingen gewoon.'

Zoals zo goed als elke keer als we elkaar spraken, bedankte hij me voor de tijd die ik erin stak, en deze keer voegde hij eraan toe dat het hem speet dat ik met dergelijke bijverschijnselen te maken kreeg. 'Ik hou van je, lieveling,' zei hij voor hij ophing. 'Ik weet dat dit gedoe vervelend is, maar het gaat voorbij. Het gaat altijd voorbij.'

In dat laatste had hij gelijk en ongelijk. Op 19 februari 2008 won Barack de primary in Wisconsin met ruime voorsprong, wat leek te suggereren dat ik hem daar geen kwaad had gedaan. Dezelfde dag nam Cindy McCain, de vrouw van de Republikeinse presidentskandidaat, me onder vuur tijdens een verkiezingsbijeenkomst met de woorden: 'Ik ben trots op mijn land. Ik weet niet hoe dat met jullie zit, of jullie die woorden eerder hebben gehoord – ik ben heel trots op mijn land.' CNN dacht dat we in 'patriottische paniek' waren en bloggers deden wat bloggers doen. Maar binnen een week of daaromtrent was de meeste commotie weggeebd. Barack en ik reageerden in de pers en verklaarden dat ik trots was als ik zag hoeveel Amerikanen telefoongesprekken voerden voor de campagne en er met hun buren over spraken en dat ik steeds meer vertrouwen kreeg in hun macht binnen onze democratie, en dat leek me al een overwinning. En toen gingen we verder. In mijn campagnetoespraken probeerde ik beter te letten op hoe de woorden opgevat zouden kunnen worden, maar mijn boodschap bleef precies dezelfde. Ik was nog steeds trots en nog steeds bemoedigd. Daaraan was niets veranderd.

Toch was er een kwaadaardig zaadje geplant – een beeld van mij als humeurig en ietwat vijandig, met gebrek aan het verwachte niveau van gratie. Of het nu afkomstig was van Baracks politieke tegenstanders of ergens anders, dat wisten we niet, maar de geruchten en de smadelijke opmerkingen hadden bijna altijd een niet erg subtiele boodschap over ras, met de bedoeling het diepste en smerigste soort angst op te wekken onder het kiezerspubliek. *Laat de zwarten het niet overnemen. Ze zijn niet zoals jij. Hun visie is niet de jouwe.*

Wat hierbij niet hielp was dat ABC News met een stofkam door negenentwintig uur preken was gegaan van eerwaarde Jeremiah Wright en daaruit een schokkende video in elkaar gedraaid had van de dominee met woedeaanvallen en haat tegen wit Amerika, alsof witte mensen de schuld hadden van alle rampspoed. Barack en ik waren verbijsterd toen we dit zagen, een weerspiegeling van de slechtste en meest paranoïde citaten van een man die ons in de echt verbonden had en onze kinderen gedoopt. We waren allebei opgegroeid met familieleden die ras bekeken door een lens van zuur wantrouwen. Ik had Dandy's sluimerende wrok meegemaakt van de tientallen jaren dat hij in zijn werk gepasseerd werd vanwege zijn huidskleur, en Southside's zorgen dat zijn kleinkinderen niet veilig waren in witte buurten. Barack had op zijn beurt gehoord hoe zijn witte grootmoeder Toot achteloos etnische generalisaties debiteerde en zelfs aan haar zwarte kleinzoon bekende dat ze weleens bang was als ze een zwarte man tegenkwam op straat. We hadden jarenlang geleefd met de bekrompenheid van sommige van onze voorouders en geaccepteerd dat niemand volmaakt is, zeker niet als ze waren opgegroeid in de tijd van de rassenscheiding. Misschien was dit er de oorzaak van dat we de meer absurde kanten van de vurige preken van dominee Wright hadden genegeerd, als we al bij die preken aanwezig waren geweest. Maar we waren ontsteld toen we zagen hoe een extreme versie van zijn vitriool werd uitgezonden bij het nieuws. De hele zaak herinnerde er maar weer eens aan hoe de verdraaiingen in ons land over ras twee kanten hadden, dat de achterdocht en de stereotypering aan beide kanten werkten.

Intussen had iemand mijn afstudeerscriptie van Princeton opgedoken, die ik meer dan twee decennia eerder had geschreven, een stuk waarin ik had onderzocht wat Afro-Amerikaanse afgestudeerden vonden van ras en identiteit na Princeton. Om redenen die ik nooit zal kunnen bevroeden, behandelden de conservatieve media mijn paper alsof het een of ander geheim manifest voor black power was, een bedreiging die nu was opgegraven. Het was alsof ik op de leeftijd van eenentwintig in plaats van te proberen het hoogste cijfer te halen in sociologie en een plaatsje te veroveren aan Harvard Law School, een plan had uitgebroed zoals de slaaf Nat Turner begin negentiende eeuw had gedaan, om de witte meerderheid te onderwerpen en dat ik nu, via mijn echtgenoot, een kans kreeg om dat waar te maken. 'Is Michelle Obama verantwoordelijk voor het Jeremiah Wright-fiasco?' was de ondertitel van een online-column van de schrijver Christopher Hitchens. Hij gaf op mij als student af en suggereerde dat ik in hoge mate zou zijn beïnvloed door zwarte radicale denkers en bovendien een slechte schrijver was. 'Het beschrijven als moeilijk te lezen zou een vergissing zijn,' schreef hij. 'De scriptie kan helemaal niet "gelezen" worden in de strikte betekenis van het woord. Dat komt doordat ze niet in een bekende taal geschreven is.'

Ik werd niet zozeer afgeschilderd als een outsider, maar als een volledig 'andere', zo vreemd dat zelfs mijn taal niet herkend kon worden. Het was natuurlijk een kleinzielige en belachelijke belediging, maar het bespotten van mijn intellect, het marginaliseren van mij toen ik jong was droeg een grotere minachting in zich. Barack en ik waren nu veel te bekend om onzichtbaar te zijn, maar als mensen ons gingen zien als een soort aliens en indringers, dan kon onze kracht weleens wegstromen. De boodschap leek vaak te worden verspreid, maar nooit hardop uitgesproken: *deze mensen horen hier niet.* Een foto van Barack met tulband op en gekleed in traditionele Somalische kleding die hem was geschonken tijdens een officieel bezoek dat hij als senator aan Kenia had gebracht, kwam terecht op *Drudge Report*, een conservatieve nieuwssite, en liet oude theorieën herleven dat hij in het geheim een moslim was. Een paar maanden later boerde internet opnieuw een anoniem en ongefundeerd gerucht op, waarin Baracks staatsburgerschap in twijfel werd getrokken door het idee de wereld in te helpen dat hij niet op Hawaï was geboren maar in Kenia, waardoor hij geen president zou kunnen worden.

Terwijl we verdergingen met de primary's in Ohio en Texas, in Vermont en Mississippi, bleef ik praten over optimisme en eenheid en voelde ik hoe de positiviteit van mensen bij de campagne-evenementen samensmolt rond het idee van verandering. Maar de hele tijd leek de valse tegenaanval op mij alleen maar erger te worden. Op Fox News werd gediscussieerd over mijn 'militante boosheid'. Op internet verschenen steeds meer geruchten dat er een video zou bestaan waarop ik witte mensen *whiteys* noemde, 'bleekscheten', wat bizar was en domweg onwaar. In juni, toen Barack de nominatie van de Democraten eindelijk in handen kreeg, begroette ik hem op het podium tijdens een evenement in Minnesota met een speelse boks, wat de krantenkoppen haalde en door een commentator bij Fox werd uitgelegd als een 'terroristische vuistslag', opnieuw suggererend dat we gevaarlijk waren. Op hetzelfde netwerk werd ik in een tekst 'Obama's baby mama' genoemd, waarbij clichés uit zwarte getto's in Amerika waren samengetrokken en een anders-zijn in mij werd geïmpliceerd waarmee ik zelfs buiten mijn eigen huwelijk werd geplaatst.

Ik raakte uitgeput, niet fysiek, maar emotioneel. De stompen deden pijn, al begreep ik heel goed dat ze weinig te maken hadden met wie ik was als mens. Het leek wel alsof een of andere tekenfilmversie van mij rotzooi aan het schoppen was, een vrouw van wie ik maar bleef horen, maar die ik niet kende – een te grote, te sterke, klaar-om-te-ontmannen Godzilla van een politiek wijf genaamd Michelle Obama. Ook vervelend was dat vriendinnen me af en toe belden en lieten weten hoe bezorgd ze waren, om me dan te bedelven onder goede raad waarvan ze dachten dat ik die door moest geven aan Baracks campagnemanager of wilden dat ik ze geruststelde nadat ze de negatieve verhalen hadden gehoord over mij of Barack of de situatie waarin de campagne verkeerde. Toen geruchten gingen circuleren over de zogenaamde bleekscheetvideo, belde een vriendin die me heel goed kende, duidelijk bezorgd op met de vraag of het gerucht waar was. Ik had ruim een half uur nodig om haar ervan te overtuigen dat ik niet ineens racist geworden was en toen ik na afloop van het gesprek ophing, was ik door en door van streek.

In het algemeen had ik het gevoel dat ik niet kon winnen, dat geen enkele hoeveelheid zelfvertrouwen of hard werken me voorbij die kwaadsprekers en hun pogingen om me onschadelijk te maken, zou krijgen. Ik was vrouw, zwart en sterk, wat door sommige mensen met een zekere denkrichting alleen te vertalen was als 'boos'. Het was opnieuw zo'n lasterlijk cliché, een gemeenplaats die altijd werd gebruikt om vrouwen uit minderheden aan de kant te schuiven, een onbewust signaal om niet te luisteren naar wat wij te zeggen hebben.

Ik begon me nu ook enigszins boos te maken, waardoor ik me nog slechter ging voelen, alsof ik een of andere profetie liet uitkomen die de haters hadden gedaan, alsof ik het had opgegeven. Het is opmerkelijk hoe een stereotype kan dienen als een val. Hoeveel 'boze zwarte vrouwen' zijn niet in de cirkellogica van die uitdrukking getrapt? Als niemand naar je luistert, waarom zou je dan niet luider gaan praten? Als je wordt afgeschreven als boos of emotioneel, veroorzaakt dat dan niet meer van hetzelfde?

Ik was uitgeput door de laagheid, van mijn stuk gebracht door hoe persoonlijk het allemaal was geworden, en ook door het gevoel dat er geen enkele manier was waarmee ik ermee op kon houden. Ergens in mei vertoonde de Republikeinse Partij van Tennessee online een video waarin mijn opmerkingen in Wisconsin werden afgezet tegen clips van kiezers die dingen zeiden als: 'Tjonge, ik ben er al trots op dat ik Amerikaan ben sinds mijn geboorte.' Op de website van de NPR, de publieke omroep, was een verhaal te vinden met de kop: 'Is Michelle Obama een aanwinst of een blok aan het been?' Daaronder stond in vette letters wat blijkbaar discussiepunten waren over mij: 'Verfrissend eerlijk of te direct?' en 'Haar uiterlijk: koninklijk of intimiderend?'

Ik zal je vertellen, dit soort dingen doet pijn.

Soms gaf ik Baracks campagne de schuld van de positie waarin ik nu verkeerde. Ik wist wel dat ik actiever was dan veel echtgenotes van andere kandidaten, waardoor ik eerder een doelwit was van dergelijke aanvallen. Mijn instinct zei dat ik terug moest slaan, dat ik de leugens en de oneerlijke generalisaties moest weerleggen of dat ik Barack iets moest laten zeggen, maar zijn campagneteam bleef er maar op hameren dat het beter was helemaal niet te reageren, om door te marcheren en de slagen maar te incasseren. 'Zo werkt politiek nu eenmaal,' was altijd de mantra, alsof we er niets aan konden doen, alsof we allemaal waren verhuisd naar een nieuwe stad op een nieuwe planeet genaamd Politiek, waar geen van de normale regels van toepassing is.

Elke keer als ik weer inzakte, strafte ik mezelf nog meer met een hele sleep ontmoedigende gedachten: Ik had hier niet voor gekozen. Ik heb politiek nooit leuk gevonden. Ik had mijn baan opgegeven en mijn hele identiteit in handen gelegd van deze campagne en nu was ik een blok aan het been? Waar was mijn kracht gebleven?

Toen we op een zondagavond in Chicago aan onze keukentafel zaten toen Barack er eens een nachtje was, liet ik al mijn frustraties gaan.

'Ik hoef dit niet te doen,' zei ik tegen hem. 'Als ik de campagne kwaad doe, waarom in godsnaam doe ik het dan nog?'

Ik legde uit dat Melissa, Katie en ik vonden dat de hoeveelheid media-verzoeken en alle moeite die we deden om te reizen met het weinige geld dat we hadden, te veel voor ons werd. Ik wilde niets in de war sturen en ik wilde hem blijven steunen, maar het ontbrak ons aan de tijd en het geld om meer te doen dan te reageren op wat zich voordeed. En wat betreft de wijze waarop er met mij werd omgegaan, was ik het zat om me niet te kunnen verdedigen, om gezien te worden als iemand die totaal anders was dan degene die ik werkelijk was. 'Ik kan ook gewoon thuisblijven bij de kinderen, als dat beter is,' zei ik tegen Barack. 'Ik zal net zo zijn als een gewone vrouw die alleen komt opdraven bij grote evenementen en glimlacht. Misschien is dat voor iedereen een stuk gemakkelijker.'

Barack luisterde meelevend. Ik zag dat hij moe was, dat hij graag naar boven wilde voor wat broodnodige slaap. Ik haatte het soms hoe de lijn tussen ons gezinsleven en het politieke leven vervaagd was. Zijn dagen waren gevuld met het direct oplossen van problemen en honderden ontmoetingen. Ik wilde niet nog een extra probleem zijn dat hij af te handelen had, maar ja, mijn bestaan was volledig verweven met het zijne.

'Je bent veel meer een aanwinst dan een blok aan het been, Michelle, dat moet je toch weten,' zei hij; hij zag er bedroefd uit. 'Maar als je wilt ophouden of minder wilt doen, dan begrijp ik dat helemaal. Hier kun je doen wat je maar wilt.'

Hij zei me dat ik me nooit verplicht moest voelen aan hem of aan de machinerie van de campagne. En als ik door wilde gaan maar meer steun en geld nodig had, dan zou hij uitzoeken hoe ik daaraan kon komen.

Ik was hierdoor getroost, maar slechts een beetje. Ik voelde me als die eersteklasser die in de rij voor het middageten een stomp kreeg.

Maar hiermee lieten we de politiek voor wat ze was en sleepten we ons vermoeid naar bed.

Niet lang hierna ging ik naar het kantoor van David Axelrod in Chicago om met hem en Valerie te kijken naar een video met een paar van mijn optredens. Het was, besef ik nu, een soort interventie, een poging om me te laten zien welke stukjes in dit proces ik kon controleren. Van beiden kreeg ik complimenten voor hoe hard ik had gewerkt en hoe effectief ik Baracks aanhangers bijeen kon brengen. Maar toen zette Axe het geluid zachter en speelde hij mijn campagnetoespraak opnieuw af, zonder mijn stem, zodat we goed op mijn lichaamstaal konden letten, vooral op mijn gezichtsuitdrukking.

Wat zag ik? Ik zag mezelf praten met intensiteit en overredingskracht en gaf dat niet op. Ik sprak altijd over de zware tijden voor veel Amerikanen en over de ongelijkheid in onze scholen en in ons zorgstelsel. Mijn gezicht weerspiegelde de ernst van wat ik geloofde dat op het spel stond, hoe belangrijk de keuze waar onze natie voor stond, echt was.

Maar het was te ernstig, te streng – althans in het licht van wat mensen hadden geleerd dat ze van een vrouw te verwachten hadden. Ik zag mijn gezicht zoals het over zou komen op een vreemde, zeker als dit plaatje gepaard ging met een onaangename boodschap. Ik begreep nu hoe de oppositie die beelden in stukjes had kunnen snijden en me aan het publiek had kunnen voeren als een kwade feeks. Het was natuurlijk ook een stereotype, ook een val. De makkelijkste manier om de stem van een vrouw af te doen, is haar af te doen als een krijsende feeks.

Niemand leek Barack kwalijk te nemen dat hij te serieus overkwam of niet genoeg glimlachte. Nu was ik natuurlijk een vrouw en geen kandidaat, dus misschien werd van mij verwacht dat ik meer lichtheid bracht, meer lucht. En toch, als er enige vraag was naar hoe vrouwen in het algemeen zich redden op Planeet Politiek, dan hoefde je maar te kijken naar hoe Nancy Pelosi, de slimme en gedreven voorzitter van het Huis van Afgevaardigden, vaak als heks werd neergezet, of naar wat Hillary Clinton allemaal te verduren had gehad van de tv-commentatoren en de opiniemakers die keer op keer inhakten op elke stap in haar campagne. Hillary's sekse werd meedogenloos tegen haar gebruikt, met alle slechtst denkbare stereotypen. Ze werd dominant genoemd, een zeurkous, een teef. Haar stem werd krassend genoemd, haar lach gegiechel. Hillary was toen Baracks tegenstander, wat betekende dat ik in die tijd niet bepaald sympathiek tegenover haar stond, maar ik kon haar vermogen om ertegen op te staan en te blijven vechten te midden van al die vrouwonvriendelijkheid alleen maar bewonderen.

Toen ik de video die dag met Axe en Valerie had bekeken, voelde ik tranen opwellen. Ik was geschokt. Ik kon nu zien dat er een soort van optreden verbonden was met politiek die ik niet volledig onder de knie had. Terwijl ik al meer dan een jaar toespraken hield. Ik communiceerde het best, besefte ik nu, in kleinere ruimtes zoals die, waar ik in Iowa in had opgetreden. Het was moeilijk in grote zalen warmte over te brengen. Voor grotere menigten waren duidelijkere gezichtsuitdrukkingen noodzakelijk, en dat was iets waaraan ik moest werken. Ik was nu bezorgd of het daarvoor al niet bijna te laat was.

Valerie, al bijna vijftien jaar een van mijn beste vriendinnen, stak haar arm uit om mijn hand te pakken.

'Waarom hebben jullie dit niet eerder tegen mij gezegd?' vroeg ik. 'Waarom heeft niemand geprobeerd mij te helpen?'

Het antwoord was dat niemand daarop had gelet. De indruk binnen Baracks campagne leek te zijn dat ik het prima deed totdat dat niet meer zo was. Pas nu, nu ik een probleem was geworden, was ik naar het kantoor van Axe geroepen.

Voor mij was dit een keerpunt. Het campagneapparaat was er uitsluitend om de kandidaat te dienen, niet zijn echtgenote of het gezin. En hoezeer Baracks stafleden me ook respecteerden en mijn bijdrage waardeerden, in de vorm van begeleiding hadden ze me nooit veel geboden. Tot op dat moment had niemand van de campagne de moeite genomen een keer met me mee te reizen of op te komen dagen bij een van mijn manifestaties. Ik had nooit mediatraining gekregen of les in het houden van toespraken. Niemand, zo besefte ik, lette op mij, behalve als ik er zelf op aandrong.

In de wetenschap dat de blik op mij alleen maar intenser zou worden bij het ingaan van de laatste zes maanden van de campagne waren we het er eindelijk over eens dat ik echt hulp nodig had. Als ik door zou gaan met campagne voeren alsof ik een kandidaat was, dan moest ik ook ondersteund worden als een kandidaat. Ik zou mezelf beschermen door efficiënter te werk te gaan en door aan te dringen op de fondsen die ik nodig had om mijn taak goed te doen. In de laatste weken van de primary's breidde Baracks campagneteam mijn team uit met een planner en een persoonlijk assistent, Kristen Jarvis, een warm, voormalig staflid van Baracks kantoor in de Senaat wier onverstoorbaarheid mij tot kalmte kon brengen op stressvolle momenten, plus de no-nonsense, politiek gewiekste communicatiespecialist Stephanie Cutter. In samenwerking met Katie en Melissa hielp Stephanie mij mijn boodschap en mijn presentatie wat scherper te maken in de aanloop naar een toespraak die ik aan het einde van de zomer zou houden tijdens de Democratische Nationale Conventie. Ook kregen we eindelijk toegang tot het campagnevliegtuig, waardoor ik efficiënter kon reizen. Ik kon nu interviews geven tijdens de vlucht, mijn haar en make-up laten verzorgen onderweg naar een evenement, of zonder extra kosten Sasha en Malia meenemen.

Dat was een opluchting. Dit alles was een opluchting. En ik denk echt dat ik hierdoor meer kon glimlachen, minder op mijn hoede hoefde te zijn.

Terwijl we mijn optredens planden, adviseerde Stephanie me om mijn sterke punten meer te benadrukken en te bedenken welke dingen ik het leukst vond om over te vertellen, waaruit de liefde voor mijn man en mijn kinderen bleek, wat mijn band was met werkende moeders en wat mijn trots op mijn wortels in Chicago. Ze had gezien dat ik graag grapjes maakte en raadde me aan mijn humor niet in te houden. Met andere woorden: het was prima om mezelf te zijn. Kort na afloop van de primary's stemde ik erin toe op te treden in de live uitgezonden talkshow *The View*. Ik had een leuk en geanimeerd uur samen met Whoopi Goldberg, Barbara Walters en de andere gasten, waarin we het hadden over de aanvallen op mij, maar ook lachten om de meisjes en de eerste klappen die ik had gekregen en het vervelende van panty's. Ik voelde hier een nieuw soort gemak, een nieuwe beheersing van mijn stem. De commentaren op de uitzending waren over het algemeen positief. Ik had een zwart-met-witte jurk gedragen van $148 waar vrouwen nu in de winkel om vochten.

Ik had impact en begon me op hetzelfde moment te amuseren, voelde me opener en optimistischer. Ook probeerde ik te leren van de Amerikanen die ik overal in het land tegenkwam, hield rondetafelgesprekken met als onderwerp de balans tussen gezin en werk, iets wat me mateloos boeide. De meest deemoedige lessen kreeg ik bij het bezoeken van legerbases waar ik ontmoetingen had met echtgenotes van soldaten – groepen van voornamelijk vrouwen en een paar mannen.

'Vertel me over jullie leven,' begon ik. En dan luisterde ik naar de verhalen die deze vrouwen, sommige met hun baby op schoot, sommige nog maar tieners, vertelden. Ze beschreven hoe ze acht keer of meer waren overgeplaatst naar andere bases in evenveel jaar en dat ze elke keer opnieuw moesten beginnen met het laten wennen van de kinderen, het zoeken naar muziekles of andere buitenschoolse activiteiten. Ze legden ook uit hoe moeilijk het was om bij al die overplaatsingen een eigen carrière op te bouwen. Zo kon een leerkracht geen baan vinden omdat de nieuwe staat het onderwijzersdiploma van de vorige staat niet erkende; pedicures en fysiotherapeuten liepen tegen vergelijkbare problemen met hun diploma's op. Veel jonge ouders hadden problemen met het vinden van betaalbare kinderopvang. En dit alles werd natuurlijk overschaduwd door de logistieke en emotionele last als hun geliefde twaalf maanden of langer was uitgezonden naar Kabul of Mosul of een vliegdekschip in de Zuid-Chinese Zee. Praten met deze echtgenotes maakte elke pijn die ik voelde ineens naar verhouding onbenullig. Hun opofferingen waren veel groter dan de mijne. Ik zat bij deze bijeenkomsten en voelde me diep betrokken en enigszins van mijn stuk gebracht door het feit dat ik niets wist van het soldatenleven. Ik beloofde mezelf dat ik, als Barack zo gelukkig was te worden gekozen, een manier zou vinden om meer steun te verlenen aan deze gezinnen.

Dit alles stimuleerde me om Barack en Joe Biden, de innemende senator uit Delaware van wie op korte termijn zou worden aangekondigd dat hij de running mate zou worden, te helpen met de laatste loodjes. Ik voelde me gesterkt om mijn instinct weer meer te gaan volgen, omgeven door mensen die me hielpen. Bij openbare evenementen richtte ik me op het aangaan van persoonlijke banden met de mensen die ik ontmoette, of het nu kleine groepjes waren of menigten van duizenden, tijdens rustige praatjes achter de schermen of als ze gespannen in de rij stonden. Als kiezers me gingen zien als mens, begrepen ze dat de karikaturen onwaar waren. Ik heb geleerd dat het moeilijker is om iemand van dichtbij te haten.

In de zomer van 2008 reisde ik meer en werkte ik harder, overtuigd dat ik een positief verschil kon maken voor Barack. Nu de conventie dichterbij kwam, werkte ik voor de eerste keer met een speechschrijver, een getalenteerde jonge vrouw, Sarah Hurwitz, die me hielp mijn ideeën om te zetten in een toespraak van zeventien minuten. Na weken van zorgvuldige voorbereiding betrad ik eind augustus het podium van het Pepsi Center in Denver en stond ik voor een menigte van zo'n twintigduizend man en een tv-publiek van miljoenen om de wereld te vertellen wie ik echt was.

Mijn broer Craig introduceerde me die avond. Mijn moeder zat op de voorste rij in een skybox, ze leek wat overdonderd door hoe gigantisch het platform van ons leven was geworden. Ik sprak over mijn vader – over zijn nederigheid, zijn veerkracht, en hoe dat ons, mijn broer Craig en mij, had gevormd. Ik probeerde Amerikanen de intiemst mogelijk blik te geven op Barack en zijn nobele inborst. Toen ik klaar was, klapten en klapten de mensen en voelde ik een enorme vlaag van opluchting; misschien had ik dan nu eindelijk iets gedaan om dat wat mensen van me dachten, te veranderen.

Het was een belangrijk moment, zeker – groots en openlijk en tot op de dag van vandaag te vinden op YouTube. Maar de waarheid is dat het, om precies dezelfde redenen, ook een merkwaardig soort klein moment was. Mijn kijk op zaken begon langzaam om te keren, als een trui die langzaam binnenstebuiten wordt gekeerd. Podia, publiek, schijnwerpers, applaus. Deze dingen werden normaler dan ik me had kunnen voorstellen. Waar ik nu voor leefde waren juist de niet-gerepeteerde, niet-gefotografeerde tussenmomentjes waarin niemand toneelspeelde en niemand oordeelde en echte verrassingen nog mogelijk waren; waar je soms zonder waarschuwing een klein deurtje voelde opengaan in je hart.

Hiervoor moeten we terug naar Butte, Montana, op 4 juli. Het was het einde van de dag, de zomerzon zakte eindelijk weg achter de bergen in het westen, in de verte de knallen van rotjes. We maakten ons gereed voor ons eigen avondje in een Holiday Inn Express langs de autoweg. Barack zou de volgende dag vertrekken naar Missouri, de meisjes en ik zouden teruggaan naar Chicago, naar huis. We waren moe, allemaal. We hadden de optocht gezien en waren bij de picknick geweest. We hadden gesproken met iedere inwoner van Butte, zo leek het althans. En nu, eindelijk, hadden we ons eigen feestje voor Malia.

Als je het me toen had gevraagd, had ik gezegd dat we haar tekort hadden gedaan, dat haar verjaardag achteraf pas bij ons opgekomen was in de maalstroom van de campagne. We kwamen bij elkaar in een met tl-lampen verlichte vergaderzaal met laag plafond in de kelder van het hotel, met Konrad, Maya en Suhaila plus nog een handvol stafleden met wie Malia goed overweg kon en natuurlijk de geheim agenten, die altijd dichtbij waren. We hadden een paar ballonnen, een taart uit de supermarkt, tien kaarsjes en een beker ijs. Iemand had een paar cadeautjes gekocht en onderweg ingepakt – ik was dat niet. De stemming was niet bedrukt, maar toch ook niet uitbundig. Het was gewoon een te lange dag geweest. Barack en ik keken elkaar somber aan, we wisten dat we dit niet goed hadden aangepakt.

Uiteindelijk was het echter, zoals zoveel dingen, een zaak van perceptie, van hoe we besloten aan te kijken tegen wat zich voor ons afspeelde. Barack en ik waren uitsluitend gefocust op onze eigen fouten en tekortkomingen, die we weerspiegeld zagen in dat treurige zaaltje en geïmproviseerde feestje. Maar Malia zocht iets heel anders. En vond het. Zij zag aardige gezichten, mensen die van haar hielden, een taart met een dikke laag glazuur, een zusje en een nichtje naast zich, een nieuw jaar voor zich. Ze was de hele dag buiten geweest. Ze had de optocht gezien. Morgen volgde nog een vlucht in een vliegtuig.

Ze liep naar waar Barack zat en sprong op zijn schoot. ‘Dit,’ verklaarde ze, ‘is de beste verjaardag óóit!’

Ze zag niet dat zowel haar moeder als haar vader tranen in de ogen kreeg of dat de helft van de mensen in dat vertrek een brok in de keel had. Omdat ze gelijk had. En plotseling zagen we het allemaal. Ze was tien jaar geworden die dag, en alles was het beste geweest.

18

Vier maanden later, op 4 november 2008, stemde ik voor Barack. We gingen die ochtend samen naar het stembureau, dat gevestigd was in de gymzaal van de Beulah Shoesmith Elementary School, slechts enkele blokken van ons huis in Chicago. Sasha en Malia liepen mee, beiden gekleed en klaar voor school. Zelfs op de verkiezingsdag, of misschien wel juist op de verkiezingsdag, vond ik gewoon naar school gaan een goed idee. School was routine. School was fijn. Terwijl we bij de ingang van de gymzaal tussen de rijen fotografen en tv-camera's door liepen, terwijl de mensen om ons heen het hadden over het historische karakter van de gebeurtenis, was ik blij dat ik de lunchdoosjes had ingepakt.

Wat voor dag zou dit gaan worden? Een lange dag in elk geval. Maar verder wist niemand van ons het.

Zoals altijd op de meest stressvolle dagen was Barack kalmer dan ooit. Hij begroette de medewerkers van het stembureau, pakte zijn stembiljet en schudde handen met iedereen die hij tegenkwam en zag er ontspannen uit. Het was niet onlogisch, denk ik. De hele onderneming was nu bijna uit zijn handen.

We stonden naast elkaar in onze stemhokjes terwijl de meisjes dichtbij stonden te kijken naar wat ieder van ons aan het doen was.

Ik had al vaak voor Barack gestemd, bij primary's en bij algemene verkiezingen, op het niveau van de staat en op landelijk niveau, en deze wandeling naar het stembureau voelde niet anders. Stemmen was voor mij een gewoonte, een gezond ritueel dat met aandacht moest worden gedaan, elke keer als de gelegenheid zich voordeed. Mijn ouders hadden me als kind meegenomen naar het stembureau en ik had er een gewoonte van gemaakt om Sasha en Malia ook elke keer mee te nemen in de hoop te laten zien hoe makkelijk het is maar ook hoe belangrijk.

Dankzij de carrière van mijn man had ik de machinaties van de politiek en de macht van dichtbij kunnen volgen. Ik had gezien dat slechts een handjevol stemmen in een kiesdistrict het verschil kon betekenen tussen niet alleen de ene en de andere kandidaat, maar ook tussen het ene waardesysteem en het andere. Als in elke buurt een paar mensen thuis bleven, kon dat beslissen wat onze kinderen leerden op school, welke opties voor de gezondheidszorg beschikbaar waren en of we onze troepen al dan niet een oorlog in zouden sturen. Stemmen was eenvoudig en tegelijkertijd enorm effectief.

Die dag keek ik een paar seconden langer naar het kleine vakje naast de naam van mijn man als kandidaat-president van de Verenigde Staten. Na bijna eenentwintig maanden campagne voeren, aanvallen en uitputting was dit het dan, het allerlaatste wat ik nog kon doen.

Barack keek mijn kant op en lachte. 'Nog steeds niet besloten op wie?' zei hij. 'Heb je nog wat extra tijd nodig?'

Als het niet zo spannend was, was deze verkiezingsdag een soort minivakantie, een onwerkelijke pauze tussen alles wat gebeurd is en wat er nog voor je ligt. Je hebt gesprongen, maar bent nog niet neergekomen. Je hebt nog geen idee wat je van de toekomst zult gaan vinden. Na maanden waarin alles te snel ging, vertraagt de tijd tot een gekmakend gekruip. Thuis speelde ik gastvrouw voor familie en vrienden die langskwamen voor een praatje en hielpen de tijd door te komen.

Op een gegeven moment die ochtend ging Barack basketballen met Craig en een paar vrienden in een gymzaal in de buurt, wat een gewoonte was geworden op verkiezingsdag. Barack deed niets liever dan een stevig potje basketbal om zijn zenuwen te kalmeren.

'Zorg dat niemand zijn neus breekt,' zei ik tegen Craig toen ze samen weggingen. 'Hij moet vanavond nog op tv, weet je.'

'Ook een manier om mij verantwoordelijk te maken voor alles,' antwoordde Craig, zoals alleen een broer dat kan. En weg waren ze.

Als je de polls mocht geloven, leek Barack de gedoodverfde winnaar, maar ik wist dat hij twee toespraken had voorbereid voor die avond: een voor als hij mocht winnen, een voor als hij had verloren. We begrepen voldoende van politiek en opiniepeilingen om niets zomaar aan te nemen. We kenden het verschijnsel van het Bradley-effect, genoemd naar de Afro-Amerikaanse kandidaat Tom Bradley die begin jaren tachtig campagne voerde voor het gouverneurschap van Californië. Terwijl de polls almaar lieten zien dat Bradley voorlag, verloor hij tot ieders verrassing op verkiezingsdag toch. Het verschafte de wereld een lesje over onverdraagzaamheid: het patroon zou zich nog jaren in heel het land herhalen bij belangrijke verkiezingen waarbij een van de kandidaten zwart was. De theorie is dat als kandidaten uit minderheden meedoen, kiezers vaak hun vooroordelen verbergen voor de opiniepeilers en die alleen laten blijken in de beslotenheid van het stemhokje.

Tijdens de campagne had ik me keer op keer afgevraagd of Amerika wel klaar was voor het kiezen van een Afro-Amerikaanse man als president, of het land sterk genoeg was om door ras heen te kijken en voorbij vooroordelen. Nu zouden we daar eindelijk achter gaan komen.

De algemene verkiezing is minder slopend dan de strijd tijdens de primary's. John McCain had zichzelf geen dienst bewezen met het kiezen van de gouverneur van Alaska, Sarah Palin, als running mate. Ze was onervaren en onvoorbereid en werd al gauw het favoriete onderwerp van satirische programma's. En toen kwam er midden september rampzalig nieuws. De Amerikaanse economie begon aan een neerwaartse spiraal toen Lehman Brothers, een van de grootste investeringsbanken van het land, plotseling failliet ging. De reuzen van Wall Street, begreep de wereld nu, hadden jarenlang mooie winstcijfers getoond op basis van rommelhypotheken. Aandelen stortten in. Kredietmarkten bevroren. Kapitalen van pensioenfondsen losten op.

Barack was de juiste persoon voor dit moment in de geschiedenis voor een baan die nooit makkelijk zou zijn maar die, als gevolg van de financiële crisis, bijzonder veel moeilijker zou worden dan hij al was. Ik had het al meer dan anderhalf jaar overal in Amerika rondgebazuind: mijn man was rustig en voorbereid. Complexiteit schrikte hem niet af. Met zijn hersens kon hij dat wat ingewikkeld was, doorgronden. Ik was bevooroordeeld, natuurlijk, en persoonlijk zou ik er vrede mee hebben gehad als hij de verkiezingen verloor en we terug konden keren naar een of andere versie van ons oude leventje, maar ik wist ook dat we als land zijn hulp echt nodig hadden. Het was tijd op te houden met denken over iets zo arbitrairs als huidskleur. We zouden wel gek zijn hem op dit moment niet in het Witte Huis te zetten. Maar hij zou wel een rotzooi erven.

Terwijl de avond steeds dichterbij kwam, voelde ik mijn vingers gevoelloos worden en een nerveuze rilling door mijn lichaam gaan. Eten kon ik niet echt. Ik had geen zin meer in babbeltjes met mijn moeder of de vrienden die langskwamen. Op een gegeven moment ging ik naar boven om even alleen te zijn.

Barack, zo bleek, had zich daar ook al teruggetrokken, ook omdat hij een moment voor zichzelf nodig had.

Ik trof hem achter zijn bureau waar hij nog eens door zijn overwinningsspeech ging in het kleine kantoortje vol boeken naast onze slaapkamer – zijn Hol. Ik liep naar hem toe en begon zijn schouders te masseren.

'Gaat het nog met je?' zei ik.

'Yep.'

'Moe?'

'Nope.' Hij glimlachte naar me, alsof hij wilde bewijzen dat het echt zo was. De dag daarvoor hadden we het bericht gekregen dat Toot, Baracks zesentachtig jaar oude grootmoeder op Hawaï, was overleden nadat ze maandenlang aan kanker had geleden. Omdat Barack geen afscheid had kunnen nemen van zijn moeder, stond hij erop dat hij Toot bezocht. We waren aan het einde van de zomer met de meisjes bij haar op bezoek geweest en hij was er tien dagen geleden nog eens naartoe gevlogen, een dag van het campagnepad gestapt om bij haar te zitten en haar hand vast te houden. Het kwam nu in me op hoe treurig dit moest zijn. Barack had zijn moeder aan het begin van zijn politieke carrière verloren, twee maanden nadat hij had aangekondigd dat hij gekozen wilde worden in de senaat van de staat. En nu, bij het bereiken van het hoogtepunt, zou zijn grootmoeder er niet zijn om het te aanschouwen. De mensen die hem hadden opgevoed, waren heengegaan.

'Ik ben trots op je, wat er ook gebeurt,' zei ik. 'Je hebt het zo goed gedaan.'

Hij hees zich uit zijn stoel omhoog en sloeg zijn armen om me heen. 'Dat heb jij ook,' zei hij en trok me naar zich toe. 'We hebben het allebei goed gedaan.'

Het enige waar ik aan kon denken was dat hij nog zoveel te dragen had.

Na het gezamenlijk eten thuis die avond kleedden we ons om en reden we naar het centrum om de verkiezingsuitslagen met een kleine groep familie en vrienden te volgen in een suite in het Hyatt Regency, die het campagneapparaat voor ons had afgehuurd. De campagnestaf had zichzelf afgezonderd in een ander deel van het hotel in een poging ons enige privacy te geven. Joe en Jill Biden hadden hun eigen suite met vrienden en familie tegenover ons in de gang.

Rond zes uur in Chicago kwamen de eerste resultaten binnen. Kentucky ging naar McCain en Vermont naar Barack. Toen ging West Virginia naar McCain evenals South Carolina. Mijn vertrouwen kreeg een schokje, hoewel niets van dit alles een verrassing was. Volgens Axe en Plouffe, die voortdurend de kamer binnenvielen om elk snippertje informatie dat zij ontvingen te komen vertellen, liep het precies zoals voorspeld. Hoewel de updates over het algemeen positief waren, was het politieke gekakel wel het laatste waar ik op zat te wachten. We hadden toch nergens enige controle over, dus wat had het voor zin? We hadden gesprongen en nu zouden we hoe dan ook neerkomen. Op tv konden we zien dat duizenden mensen zich aan het verzamelen waren in Grant Park, anderhalve kilometer verderop langs het meer, waar de verkiezingsuitslagen geprojecteerd werden op Jumbotron-schermen en waar Barack later deze avond zou komen opdagen om een van zijn twee toespraken te houden. Op bijna elke hoek stond politie, de kustwacht patrouilleerde in boten op het meer, helikopters vlogen over. Heel Chicago hield de adem in, zo leek het, in afwachting van het nieuws.

Connecticut ging naar Barack. Toen ging New Hampshire naar Barack. En Massachusetts, Maine, Delaware en DC. Toen bekend werd dat Illinois naar Barack ging, konden we in de straat beneden auto's horen toeteren en mensen horen juichen. Ik vond een stoel bij de deur van de suite en ging zitten om in mijn eentje de scène in me op te nemen. In de kamer was het nu betrekkelijk rustig, de nerveuze updates van het politieke team hadden plaatsgemaakt voor een verwachtingsvol, bijna sereen soort rust. Rechts van mij zaten de meisjes in hun rode en zwarte jurkjes op een bank en links had Barack, het jasje van zijn pak ergens opgehangen, op een andere bank plaatsgenomen naast mijn moeder, die die avond een elegant zwart mantelpakje en zilveren oorringen droeg.

'Ben jij hier klaar voor, oma?' hoorde ik Barack tegen haar zeggen.

Mijn moeder, nooit een te emotioneel iemand, wierp hem een blik toe en haalde haar schouders op, waar ze beiden om moesten glimlachen. Later vertelde ze me echter hoezeer ze zich toen overmand voelde, getroffen net als ik door zijn kwetsbaarheid. Amerika was Barack gaan beschouwen als zelfverzekerd en sterk, maar mijn moeder herkende ook de ernst van deze uitwisseling, de eenzaamheid van de taak die voor hem lag. Dit was die man die geen vader en geen moeder meer had, maar op het punt stond te worden gekozen tot leider van de vrije wereld.

Toen ik even later nogmaals naar hen keek, zag ik dat zij en Barack elkaars hand vasthielden.

Het was precies tien uur toen de landelijke tv-zenders beelden uitzonden van mijn glimlachende echtgenoot, terwijl ze verklaarden dat Barack Hussein Obama de vierenveertigste president van de Verenigde Staten zou worden. We sprongen op en begonnen te schreeuwen. Onze campagnestaf kwam de kamer binnengestroomd, net als de Bidens en iedereen wierp zich van de ene omhelzing in de andere. Het was onwerkelijk. Ik had het gevoel alsof ik mijn eigen lichaam ontsteeg en zag hoe ik reageerde.

Het was hem gelukt. Het was ons allemaal gelukt. Het leek nauwelijks mogelijk, maar de overwinning stond vast.

Op dat moment had ik het gevoel dat ons gezin uit een kanon geschoten was naar een of ander vreemd onderwateruniversum. Alles leek traag en stroperig te verlopen en een beetje vervormd, zelfs toen we snel en onder begeleiding wegliepen en door de geheim agenten naar een goederenlift werden gebracht, via een donkere achteruitgang het hotel werden uitgeloodst een zwarte SUV in. Haalde ik wel adem toen we buitenkwamen? Bedankte ik degene die de deur openhield toen we voorbijkwamen? Glimlachte ik? Ik weet het niet. Het was alsof ik nog steeds probeerde terug naar de werkelijkheid te springen. Iets hiervan, nam ik aan, moest vermoeidheid zijn. Het was een lange dag geweest, precies zoals voorspeld. Ik zag de vermoeidheid op de gezichten van de meisjes. Ik had ze voorbereid op het volgende gedeelte van de avond en uitgelegd dat wij, of papa nu had gewonnen of niet, naar een groot lawaaiig feest zouden gaan in een park.

Onze stoet auto's reed nu onder politiebegeleiding over Lake Shore Drive snel in zuidelijke richting naar Grant Park. Ik had deze route in mijn leven honderden keren gereden, met de bus van Whitney Young naar huis of met de auto heel vroeg in de ochtend naar de sportschool. Dit was mijn stad, me zo bekend als een stad maar kon zijn, en toch voelde het die avond anders, alsof ze was getransformeerd tot iets merkwaardig stils. Het was alsof we even stilstonden in tijd en ruimte, een beetje als in een droom.

Malia keek uit het raam van de SUV en nam het allemaal in zich op.

'Papa,' zei ze, en ze klonk bijna verontschuldigend. 'Er is niemand op straat. Ik denk niet dat er iemand naar jouw feestje komt.'

Barack en ik keken elkaar aan en schoten in de lach. Pas toen viel het ons op dat de onze de enige auto's op straat waren. Barack was nu *president-elect*. De geheime dienst had iedereen weggestuurd, een heel stuk van de Lake Shore Drive afgesloten en alle zijstraten van de route afgezet, een standaardmaatregel voor een president, zouden we al gauw leren. Maar voor ons was het nog nieuw.

Alles was nieuw.

Ik legde een arm om Malia. 'De mensen zijn er al, liefje,' zei ik. 'Maak je maar niet ongerust, ze wachten op ons.'

En dat deden ze. Meer dan tweehonderdduizend mensen waren samengepakt in het park om ons te zien. We hoorden een verwachtingsvol rumoer toen we uit de auto's stapten en naar een rij witte tenten werden geleid, die voor in het park waren opgezet en een tunnel vormden naar het podium. Een groep vrienden en familie had zich daar verzameld om ons te begroeten, maar nu stonden ze, volgens protocol van de geheime dienst, achter een koord. Barack sloeg zijn arm om me heen, bijna om zich ervan te verzekeren dat ik er nog was.

Een paar minuten later betraden we met ons vieren het podium, met Malia's hand in de mijne en een hand van Sasha in die van Barack. Ik zag een heleboel dingen tegelijk. Ik zag dat er een wand van dik, kogelwerend glas was neergezet rondom het podium. Ik zag een zee van mensen, velen zwaaiend met Amerikaanse vlaggetjes. Mijn hersenen konden het allemaal niet verwerken. Het was te groot.

Ik herinner me weinig van Baracks toespraak die avond. Sasha, Malia en ik keken vanuit de coulissen naar hem terwijl hij sprak omgeven door die glazen schermen en gesteund door onze stad en door meer dan negenenzestig miljoen kiezers. Wat me is bijgebleven, is dat gevoel van steun, de ongebruikelijke kalmte van die ongebruikelijk warme novembernacht aan het meer in Chicago. Na al die maanden van het bezoeken van hooggespannen campagnebijeenkomsten met menigten die doelbewust waren opgezweept tot schreeuwend, spreekkoren roepend enthousiasme, was de sfeer in Grant Park heel anders. We stonden voor een reusachtige, juichende massa Amerikanen die ook voelbaar bedachtzaam was. Wat ik hoorde, was relatieve stilte. Het leek wel alsof ik elk gezicht in de menigte kon onderscheiden. In veel ogen stonden tranen.

Misschien was die rust iets wat ik me verbeeldde, of misschien was het voor ons allemaal het gevolg van het late uur. Het was per slot van rekening bijna middernacht. En iedereen had gewacht. We hadden lang, heel lang gewacht.

Hoe ik meer werd

Becoming more

19

Er bestaat geen handboek voor aankomende first lady's van de Verenigde Staten. Technisch gesproken is het geen betrekking, noch is het een officiële overheidstitel. Er is geen salaris aan verbonden en ook geen uitgeschreven set verplichtingen. Het is een merkwaardig soort zijspan van het presidentschap, een zetel die toen ik erop plaatsnam al door meer dan drieënveertig verschillende vrouwen bezet was geweest, die de functie allemaal op hun eigen manier hadden ingevuld.

Ik wist maar weinig van eerdere first lady's en hoe zij de positie benaderd hadden. Ik wist dat Jackie Kennedy zich tot doel had gesteld het hele Witte Huis opnieuw in te richten. Ik herinner me dat Rosalynn Carter bij kabinetszittingen aanwezig was, dat Nancy Reagan zichzelf in moeilijkheden had gebracht door jurken van modeontwerpers als geschenk te accepteren en dat Hillary Clinton belachelijk was gemaakt omdat ze zich een beleidsrol had aangemeten in de regering van haar man. Een paar jaar eerder had ik eens tijdens een lunch voor echtgenotes van senatoren aanschouwd – half in shock, half in ontzag – hoe Laura Bush sereen en met een glimlach poseerde voor ceremoniële foto's met wel honderd verschillende mensen en nooit uit haar rol viel of even moest pauzeren. First lady's kwamen in het nieuws als ze thee dronken met de vrouwen van buitenlandse hoogwaardigheidsbekleders; ze stuurden tijdens vakanties officiële groeten rond en droegen mooie gewaden bij staatsdiners. Ik wist ook dat ze meestal een of twee goede doelen kozen om zich voor in te zetten.

Ik begreep al van tevoren dat ik langs een andere maatstaf zou worden gelegd. Als de eerste Afro-Amerikaanse first lady die het Witte Huis betrad, was ik 'anders', bijna bij gebrek aan beter. Als er een veronderstelde deugdelijkheid aan mijn witte voorgangsters werd toegekend, wist ik dat dat voor mij vermoedelijk niet op zou gaan. Van de struikelingen tijdens de campagne had ik geleerd dat ik beter, sneller, slimmer en sterker moest zijn dan ooit. Mijn deugdelijkheid moest verdiend worden. Ik maakte me zorgen dat veel Amerikanen zichzelf niet in mij weerspiegeld zagen of dat ze niets herkenden in mijn verleden. Ik zou de luxe niet hebben om in mijn nieuwe rol te groeien voordat over mij geoordeeld werd. En als het op oordelen aankwam, was ik net zo kwetsbaar als altijd voor de ongefundeerde angsten en raciale stereotypen die net onder het oppervlak van het bewustzijn van veel burgers lagen, klaar om aan het oppervlak te verschijnen door geruchten en insinuaties.

Ik was deemoedig en vond het tevens geweldig om first lady te zijn, maar het kwam geen seconde in me op dat ik een glanzende, eenvoudige rol zou komen te spelen. In niemand aan wie de woorden 'eerste' en 'zwarte' waren gekoppeld, zou dat ooit opkomen. Ik stond aan de voet van de berg en wist dat ik naar goedgunstigheid moest klimmen.

Bij mij riep het een oud, innerlijk vraag-en-antwoordspel op, een serieus spel dat helemaal terugging naar high school toen ik op Whitney Young aankwam en plotseling de twijfel toesloeg. Zelfvertrouwen, leerde ik toen, moet soms van binnenuit worden opgeroepen. Ik heb tegen mezelf dezelfde woorden zo vaak gezegd, bij zoveel beklimmingen.

Ben ik goed genoeg? Ja, dat ben ik.

De zesenzeventig dagen tussen verkiezing en inauguratie voelden als het juiste moment om de toon te zetten van het soort first lady dat ik wilde zijn. Na alles wat ik had gedaan om mezelf uit het bedrijfsrecht te worstelen om betekenisvoller werk te gaan doen gericht op de gemeenschap, wist ik dat ik het gelukkigst zou zijn als ik actief kon werken en tastbare resultaten kon bereiken. Ik wilde de beloften nakomen die ik had gedaan aan de vrouwen van militairen die ik tijdens de campagne had ontmoet, ik wilde hun verhalen vertellen en manieren vinden om hen te steunen. En dan lag daar nog mijn plan om een moestuin aan te leggen en me op grotere schaal in te zetten voor gezondheid en voeding van kinderen.

Ik wilde met dit alles niet luchthartig omgaan. Ik wilde in het Witte Huis aankomen met een goed uitgedachte strategie en een sterk team achter me. Als ik iets had geleerd van de smerigheid van de campagne, van de talloze manieren die mensen hadden verzonnen om mij neer te zetten als boos of onbehoorlijk, was het dat de publieke opinie binnenviel om elke leegte te vullen. Als je niet naar buiten treedt om jezelf neer te zetten, word je snel en onzorgvuldig door anderen neergezet. Ik wilde niet een of andere passieve rol op me nemen en afwachten welke richting Baracks team voor me had uitgestippeld. Nadat ik de vuurproef van afgelopen jaar had doorstaan, wist ik dat ik mezelf nooit meer zo in mijn gezicht zou laten stompen.

Ik moest nu wel over ontzettend veel tegelijk nadenken. Het plannen van deze overgang was niet eerder mogelijk geweest. Alles wat ik van tevoren zou hebben gedaan, zou zijn overgekomen als voorbarig. Maar voor een planner als ik was het heel moeilijk om achterover te leunen. En nu stonden we dus ineens in de hoogste versnelling. Mijn topprioriteit was de zorg voor Malia en Sasha. Ik wilde dat ze zich zo snel en gerieflijk mogelijk thuis zouden voelen, wat neerkwam op het vastleggen van de details van onze verhuizing en het vinden van een school in Washington, een plek waar de meisjes gelukkig konden zijn.

Ik maakte afspraken met directeuren van een paar scholen en zes dagen na de uitslag vloog ik naar Washington. Onder normale omstandigheden had ik alleen gekeken naar het onderwijs en de cultuur van elke school, maar nu waren we die normale omstandigheden ver voorbij. Er waren allerlei lastige nieuwe factoren om rekening mee te houden en te bespreken – protocollen van de geheime dienst, vluchtplannen, strategieën voor het beschermen van de privacy van de kinderen nu de ogen van de hele natie op hen waren gericht. De variabelen waren exponentieel ingewikkelder geworden. Er waren nu heel veel mensen bij betrokken, heel veel gesprekken moesten worden gevoerd voordat zelfs maar de kleinste beslissing kon worden genomen.

Gelukkig kon ik de voornaamste stafleden van mijn campagne – Melissa, Katie en Kristen – tijdens deze overgang houden om voor me te werken. We bepaalden onmiddellijk de logistiek voor de verhuizing van het gezin terwijl we tegelijkertijd begonnen met het aannemen van personeelsleden voor mijn toekomstige kantoor in de East Wing en sollicitatiegesprekken voerden met mensen voor banen in het woongedeelte. Een van de eersten die ik aannam, was Jocelyn Frye, een vriendin van Harvard met een geweldig analytische geest die wilde komen werken als mijn beleidsdirecteur om me zo te helpen toezicht te houden op mijn initiatieven.

Barack werkte intussen aan het zoeken naar leden van zijn kabinet en voerde beraadslagingen met verschillende specialisten over het redden van de economie. Er waren meer dan tien miljoen Amerikanen werkloos en de auto-industrie bevond zich in een gevaarlijke vrije val. Ik kon zien aan de opeengeperste kaken van mijn man na dergelijke bijeenkomsten dat de situatie ernstiger was dan de meeste Amerikanen beseften. Hij kreeg ook dagelijks rapporten van de inlichtingendiensten nu hij de grootste geheimen van het land moest kennen – de geheime dreigingen, de in stilte gesloten verbonden en de geheime operaties waarvan het publiek zich grotendeels onbewust was.

Nu de geheime dienst ons de komende jaren ging beschermen, kregen we officiële codenamen. Barack was 'Renegade' en ik 'Renaissance'. De meisjes mochten hun eigen naam kiezen uit een lijst van tevoren goedgekeurde alliterende opties. Malia werd 'Radiance' en Sasha koos 'Rosebud'. (Later zou mijn moeder haar eigen informele codenaam krijgen, 'Raindance'.)

Als de agenten van de geheime dienst me rechtstreeks aanspraken, dan noemden ze me bijna altijd *ma'am*, zoals in: 'Deze kant op, ma'am. Een stapje terug alstublieft, ma'am.' En: 'Ma'am, uw auto komt zo.'

Wie is die 'ma'am'? wilde ik eerst nog vragen. Ma'am was voor mij een oudere dame met een keurig tasje, een keurige houding en gezonde schoenen, die misschien ergens vlak bij me zat.

Maar ik was ma'am. Met ma'am werd *ik* bedoeld. Het maakte deel uit van deze grotere verschuiving, de idiote overgang waar we middenin zaten.

Dit alles ging door me heen op de dag waarop ik naar Washington reisde om scholen te bezoeken. Na een van mijn afspraken ging ik naar het Reagan National Airport om Barack te ontmoeten, die met een chartervlucht uit Chicago moest komen. Zoals het protocol voor de president-elect voorschreef waren we uitgenodigd door president Bush en zijn vrouw om een bezoek te brengen aan het Witte Huis en het was zo gepland dat dat samenviel met mijn bezoek aan de scholen. Toen Baracks vliegtuig landde, stond ik al bij de privéterminal op hem te wachten. Naast me stond Cornelius Southall, een van de agenten die behoorde tot de leiding van mijn detachement beveiligers.

Cornelius was een breedgeschouderde, voormalige footballspeler die eerder deel had uitgemaakt van het beveiligingsteam van president Bush. Net als alle commandanten van mijn detachement was hij slim, getraind om op elk moment op alles te letten, een menselijke sensor. Terwijl we samen keken hoe Baracks vliegtuig taxiede en twintig meter bij ons vandaan op het asfalt tot stilstand kwam, merkte hij iets op voordat ik dat deed.

'Ma'am,' zei hij terwijl nieuwe informatie binnenkwam via zijn oortje, 'uw leven gaat vanaf nu volledig veranderen.'

Toen ik hem vragend aankeek, voegde hij hieraan toe: 'Wacht u maar.'

Daarna wees hij naar rechts; ik draaide me die kant op. Precies op dat moment kwam iets massiefs de hoek om: een doodstil voortsluipend leger in slagorde van politieauto's en motoren, een aantal zwarte SUV's, twee gepantserde limousines met Amerikaanse vlaggen op de motorkap, een vrachtwagen die bescherming bood tegen gevaarlijke stoffen, een team met zichtbaar gedragen machinegeweren om een tegenaanval uit te voeren, een ambulance, een radarauto om aankomende projectielen op te sporen, verscheidene passagiersbusjes en nog een politie-escorte. De presidentiële autocolonne. Het waren samen minstens twintig auto's die in formatie voorbijkwamen, auto na auto na auto, voordat de hele stoet met de limo's eindelijk tot stilstand kwam naast Baracks vliegtuig.

Ik draaide me naar Cornelius. 'Is er ook een wagen met clowns?' zei ik. 'Maar serieus, is dit waar hij voortaan mee rijdt?'

Hij glimlachte. 'Elke dag van zijn hele presidentschap, ja,' zei hij. 'Het gaat er de hele tijd zo uitzien.'

Ik nam het spektakel in me op: duizenden en duizenden kilo's ijzer, een peloton commando's, alles kogelwerend. Ik moest toen nog leren dat Baracks bescherming slechts voor de helft te zien was. Ik wist nog niet dat er altijd een helikopter in de buurt was om hem te evacueren, dat scherpschutters zich op de daken opstelden langs de routes waar hij langskwam, dat er altijd een persoonlijke arts bij hem was voor het geval zich een medisch probleem voordeed, en dat er in het voertuig waarin hij reed, altijd een voorraad bloed bewaard werd van de juiste bloedgroep in het geval hij ooit een bloedtransfusie nodig zou hebben. Over een paar weken, maar nog net voor Baracks inauguratie, zou de presidentiële limo worden vervangen door een nieuw model, toepasselijk bijgenaamd het Beest: een zeven ton zware tank vermomd als personenvoertuig, uitgerust met verborgen traangaskanonnen, banden die niet lek konden gaan en een verzegeld ventilatiesysteem bedoeld om een biologische of chemische aanval te kunnen weerstaan.

Ik was nu getrouwd met een van de zwaarst bewaakte menselijke wezens op aarde. Het was tegelijkertijd een opluchting en verontrustend.

Ik keek naar Cornelius, die me in de richting van de limo gebaarde.

'U kunt er nu naartoe, ma'am,' zei hij.

Ik was een keer eerder in het Witte Huis geweest. Een paar jaar geleden had ik mij met Malia en Sasha via Baracks kantoor in de Senaat ingeschreven voor een speciale rondleiding die tijdens een van onze bezoeken aan Washington werd gegeven, omdat ik dacht dat dat leuk zou zijn. Bij een bezoek aan het Witte Huis gaat gewoonlijk geen gids mee, maar die keer ging een conservator mee, die ons door de grootse gangen en verschillende openbare zalen voerde.

We staarden naar de glazen kroonluchters die aan het hoge plafond van de East Room hingen, waar in het verleden de weelderige dansfeesten en ontvangsten werden gehouden en bestudeerden de rode wangen en ernstige uitdrukking van George Washington op het enorme portret in een vergulde lijst aan de muur. We hoorden van onze gids dat first lady Abigail Adams de enorme ruimte aan het einde van de achttiende eeuw in gebruik had om de was te drogen en dat enkele decennia later soldaten van de Unie er ingekwartierd waren. In de East Room waren verscheidene huwelijken van *first daughters* voltrokken. De doodskisten van Abraham Lincoln en John F. Kennedy waren hier opgesteld zodat het publiek erlangs kon lopen om afscheid te nemen.

In mijn geheugen ging ik die dag langs alle presidenten en probeerde ik dat wat ik me herinnerde van de geschiedenisles, te koppelen aan beelden van de presidentsgezinnen die door deze zelfde gangen hadden gelopen. Malia, die bijna acht jaar oud was, leek vooral onder de indruk van de omvang van het bouwwerk, terwijl Sasha, vijf, haar best deed de vele dingen niet aan te raken die niet geacht werden aangeraakt te worden. Ze hield zich heel kranig toen we van de East Room naar de Green Room liepen, waarvan de muren waren bekleed met smaragdgroene zijde en waar een verhaal werd verteld over James Madison en de oorlog van 1812, en naar de Blue Room, met Franse meubels en een verhaal over het huwelijk van Grover Cleveland, maar toen onze gids vroeg of we hem alstublieft wilden volgen naar de Red Room, keek Sasha omhoog en riep terwijl ze me aankeek met de luide stem van een verongelijkte kleuter: 'O, neeee, niet nog een *ROOM*!' Ik legde haar gauw het zwijgen op en gaf haar die moederblik die zei: 'Breng mij nou niet in verlegenheid.'

Maar eerlijk gezegd, wie kon het haar kwalijk nemen? Het is een enorm bouwwerk, het Witte Huis, met 132 vertrekken, 35 wc's en 28 haarden verspreid over zes verdiepingen, en die zijn allemaal vervuld van zoveel geschiedenis dat tijdens elke rondleiding er slechts een beetje over kan worden verteld. Het was eerlijk gezegd nauwelijks te geloven dat er ook nog echt werd gewoond. Ergens op een verdieping lager stroomden ambtenaren het gebouw in en uit terwijl de president en de first lady met hun Schotse terriërs een verdieping hoger woonden in het woongedeelte. Maar wij stonden toen in een heel ander deel van het huis, het in de tijd bevroren, museumachtige deel waar symboliek leefde en ertoe deed, waar de geschiedenis van het land te bezichtigen was.

Twee jaar later kwam ik er weer, deze keer door een andere deur en met Barack. We gingen het bouwwerk nu bekijken als onze toekomstige woning.

President Bush en zijn vrouw ontvingen ons in de Diplomatic Reception Room bij de South Lawn. De first lady pakte hartelijk mijn hand. 'Alsjeblieft, noem me Laura,' zei ze. Haar man was net zo aardig, met die Texaanse grootmoedigheid die elke politieke tegenstelling leek op te heffen. Gedurende de campagne had Barack het leiderschap van de president herhaaldelijk en tot in detail bekritiseerd en de kiezers beloofd dat hij de vele dingen die hij als vergissingen beschouwde, recht zou zetten. Bush had als Republikein natuurlijk de kandidatuur van John McCain gesteund. Maar hij had ook gezworen dat dit de meest probleemloze overgang van een president in de geschiedenis zou worden en dus had hij elke uitvoerende dienst opdracht gegeven ordners samen te stellen met informatie voor de aankomende regering. Zelfs aan de kant van de first lady hadden personeelsleden lijstjes gemaakt met contacten, agenda's en voorbeelden van correspondentie om mij te helpen aan een basis waar het aankwam op sociale verplichtingen die meekwamen met de baan. Achter alles stak vriendelijkheid, een echte liefde voor het land die ik zal blijven waarderen en bewonderen.

Hoewel de president dat niet zei, zweer ik dat ik de eerste trekken van opluchting op zijn gezicht kon zien nu zijn presidentschap er bijna opzat, dat hij de race had volbracht en nu gauw naar huis mocht, naar Texas. Het was tijd de volgende president binnen te laten.

Terwijl onze echtgenoten naar het Oval Office liepen voor een praatje, leidde Laura me naar de met hout beklede lift die was gereserveerd voor de *first family* en die werd bediend door een Afro-Amerikaanse heer in smoking.

We gingen twee verdiepingen omhoog naar het woongedeelte en Laura vroeg hoe het met Malia en Sasha ging. Ze was tweeënzestig jaar en had zelf twee oudere dochters toen zij het Witte Huis betrok. Ze was onderwijzeres en bibliothecaresse geweest en had haar positie als first lady gebruikt om het onderwijs te bevorderen en voor leerkrachten op te komen. Ze keek me met haar blauwe ogen vriendelijk aan.

'Hoe voel je je?' vroeg ze.

'Een beetje overweldigd,' gaf ik toe.

Ze glimlachte met wat voelde als echt medeleven. 'Ik weet het. Vertrouw me, ik weet het.'

Op dat moment was ik niet in staat de betekenis van wat ze zei helemaal te bevatten, maar later zou ik er nog vaak aan denken: Barack en ik gingen nu behoren tot een vreemd en heel klein clubje dat bestond uit de Clintons, twee echtparen Bush, Nancy Reagan en Betty Ford. Dat waren de enige mensen op de wereld die wisten waar Barack en ik voor stonden, die zelf de unieke lusten en lasten van het Witte Huis hadden meegemaakt. Hoe verschillend we ook allemaal waren, deze band zou ons voor altijd verenigen.

Laura leidde me door het woongedeelte en liet me kamer na kamer na kamer zien. Het privédeel van het Witte Huis beslaat een kleine tweeduizend vierkante meter boven de twee verdiepingen van het historische hoofdgebouw, dat deel dat je van foto's direct herkent, met die iconische witte zuilen. Ik liep door de eetkamer waar first family's eten en stak mijn hoofd in de keurige keuken, waar het keukenpersoneel al bezig was met het bereiden van het avondeten. Ik liep door het logeergedeelte op de bovenste verdieping en keek of mijn moeder hier zou kunnen verblijven als we haar over konden halen bij ons in te trekken. (Er was ook een kleine sportzaal, de plek waar zowel Barack als president Bush tijdens de mannentour het enthousiasts over was.) Mijn belangstelling ging echter vooral uit naar de twee slaapkamers waarvan ik dacht dat die het geschiktst zouden zijn voor Malia en Sasha en die in dezelfde gang lagen als de ouderslaapkamer.

Voor mij was het thuisgevoel, het gevoel van gezelligheid van de meisjes het belangrijkste. Als we alle pracht en praal wegdenken, alle sprookjesachtige onwerkelijkheid van het verhuizen naar een groot huis compleet met koks, een bowlingbaan en een zwembad, was wat Barack en ik deden iets wat geen ouder echt wil: je kinderen midden in het schooljaar weghalen van een school die ze leuk vinden, weghalen van hun vriendjes en vriendinnetjes en ze zonder heel veel uitleg in een nieuw huis en een nieuwe school zetten. Deze gedachte nam me volledig in beslag hoewel ik me ook troostte met het idee dat andere moeders en kinderen eerder hetzelfde met succes hadden gedaan.

Laura nam me mee naar een mooie, lichte kamer naast de ouderslaapkamer die traditioneel werd gebruikt als kleedkamer van de first lady. Ze wees me op het uitzicht door het raam op de rozentuin en het Oval Office en vertelde dat het haar geruststelde dat ze naar buiten kon kijken en af en toe een indruk kon krijgen van wat haar man aan het doen was. Hillary Clinton, zei ze, had haar ook gewezen op dit uitzicht toen zij acht jaar geleden in het Witte Huis op bezoek kwam. En acht jaar daarvoor had haar schoonmoeder, Barbara Bush, Hillary gewezen op het uitzicht. Ik keek uit het raam en besefte dat ik deel uitmaakte van een nederig continuüm.

De maanden hierna zou ik de kracht gaan voelen van de band met deze andere vrouwen. Hillary was zo aardig haar kennis telefonisch met me te delen en me haar ervaringen te vertellen met het uitkiezen van een school voor Chelsea. Ik had een ontmoeting met Rosalynn Carter en voerde een telefoongesprek met Nancy Reagan, twee warme vrouwen die me alle steun toezegden. En Laura was zo aardig me met Malia en Sasha uit te nodigen om een paar weken later terug te komen op een dag waarop haar eigen dochters, Jenna en Barbara, er ook waren. Die konden mijn kinderen de 'leukste dingen' van het Witte Huis laten zien, van de met pluche beklede stoelen in de huisbioscoop tot hoe je in een schuin aflopende gang op de bovenverdieping naar beneden kon glijden.

Het was hartverwarmend. Ik keek nu al uit naar de dag waarop ik alle kennis die ik had opgedaan, over kon brengen op de volgende first lady.

We verhuisden direct na onze traditionele kerstvakantie op Hawaï naar Washington zodat Malia en Sasha op hun nieuwe school konden beginnen als hun nieuwe klasgenootjes terugkwamen van de kerstvakantie. Het was nog drie weken tot de inauguratie, wat betekende dat we die tijd ergens anders onderdak moesten zoeken. We huurden kamers op de bovenste verdieping van het Hay-Adams Hotel in het centrum van de stad. Vanuit onze kamers hadden we uitzicht op Lafayette Square en de North Lawn van het Witte Huis, waar we zagen hoe de hoofdtribune en de andere tribunes werden opgebouwd voor de toeschouwers van de inaugurale optocht. Op een gebouw tegenover het hotel had iemand een enorm spandoek opgehangen met de tekst: 'Welkom Malia en Sasha.' Ik kreeg een brok in mijn keel toen ik het zag.

Na veel onderzoek, twee bezoekjes en veel gesprekken schreven we onze dochters in bij Sidwell Friends, een particuliere quakersschool met een uitmuntende reputatie. Sasha kwam in de tweede klas in de vestiging voor de jongere kinderen in de voorstad Bethesda, Maryland, en Malia kwam in de vijfde in het hoofdgebouw, dat op een campus stond in een rustig blok enkele kilometers ten noorden van het Witte Huis. Allebei de kinderen werden naar school en weer naar huis gebracht in een colonne auto's, onder begeleiding van een groepje gewapende agenten van de geheime dienst, van wie er een paar voor de deur van hun klas bleven staan en hen bij elke pauze, elk speelafspraakje en elke sporttraining volgden.

We leefden nu in een soort bubbel, voor een deel afgesloten van de alledaagse wereld. Ik kon me niet herinneren wanneer ik voor het laatste zelf boodschappen had gedaan of zomaar een wandelingetje door het park had gemaakt. Elke stap vereiste overleg over de veiligheid en het programma. De bubbel had zich in de loop van Baracks campagne geleidelijk om ons heen gevormd toen zijn bekendheid toenam en het steeds noodzakelijker werd hindernissen op te werpen tussen ons en het grote publiek – en in sommige gevallen tussen ons en familie en vrienden. Het voelde vreemd, leven in die bubbel, en was niet iets wat ik nu bepaald leuk vond, maar ik begreep ook wel dat het in ons eigen belang was. Met de gebruikelijke politiebegeleiding hoefden onze auto's niet te wachten voor verkeerslichten. We gingen zelden een gebouw in of uit door de voordeur als we door een dienstingang of laaddeur in een zijstraat geloodst konden worden. Hoe minder zichtbaar wij waren, hoe beter het was vanuit het oogpunt van de geheime dienst.

Ik hoopte maar dat de bubbel van Sasha en Malia anders was, dat ze veilig waren maar niet al te beperkt werden, dat ze meer konden doen dan wij. Ik wilde dat ze vriendjes en vriendinnetjes kregen – echte – dat ze kinderen troffen die hen leuk vonden om andere redenen dan dat ze de dochters waren van Barack Obama. Ik wilde dat ze leerden, avonturen beleefden, fouten maakten en er weer bovenop kwamen. Ik hoopte dat de school een soort schuilplaats zou bieden, een plaats waar ze zichzelf konden zijn. Sidwell Friends sprak ons om een heleboel redenen aan, waaronder het feit dat Chelsea Clinton erop gezeten had toen haar vader president was. Het team van de school wist al hoe het de privacy van prominente leerlingen moest beschermen en had eerder al veiligheidsmaatregelen getroffen die nu gebruikt konden worden voor Malia en Sasha, waardoor we geen al te grote aanslag pleegden op de fondsen van de school. Maar bovenal stond de sfeer me aan. In de filosofie van de quakers draait het allemaal om de gemeenschap, om het idee dat niemand geprezen moet worden ten koste van een ander, wat me een gezond tegenwicht leek voor de enorme drukte waar hun vader nu middenin zat.

Op de eerste schooldag ontbeten Barack en ik vroeg in onze hotelsuite met Malia en Sasha voordat we hen in hun winterjas hielpen. Barack kon het niet laten om van alles aan te raden om de eerste dag op een nieuwe school te overleven (blijf glimlachen, wees aardig, luister naar de leerkrachten), om ten slotte, terwijl de meisjes hun paarse rugzak omdeden, te eindigen met: ‘En peuter vooral niet in je neus!’

Mijn moeder voegde zich in de gang bij ons en we stapten in de lift.

Voor het hotel had de geheime dienst een veiligheidstent neergezet die bedoeld was om ons uit het zicht te houden van fotografen en cameraploegen die zich bij de ingang hadden opgesteld om een glimp op te vangen van ons gezin. Barack, die pas de avond ervoor uit Chicago was gearriveerd, had gehoopt dat hij met de meisjes naar school kon rijden, maar hij wist nu wat dat voor gedoe op zou leveren. Zijn autocolonne was te groot. Hij was te belangrijk geworden. Ik kon aan zijn gezicht zien hoe hij eronder leed terwijl Malia en Sasha hem bij hun vertrek omhelsden.

Mijn moeder en ik begeleidden de meisjes in wat hun vorm van de schoolbus zou worden: een zwarte SUV met getinte, kogelwerende ramen. Ik probeerde die ochtend zelfvertrouwen uit te stralen en lachte met de kinderen en maakte grapjes. Vanbinnen voelde ik echter een kloppende nervositeit, dat gevoel dat langzaam naar de uiteinden van je ledematen trekt. Eerst reden we naar de campus, waar Malia en ik ons langs een hele rij tv-camera’s het gebouw in spoedden, beiden begeleid door agenten van de geheime dienst. Nadat ik Malia bij haar nieuwe leerkracht had afgeleverd, bracht de colonne ons naar Bethesda, waar ik hetzelfde deed met de kleine Sasha en haar achterliet in een leuk lokaal met lage tafeltjes en grote ramen, in wat ik hoopte een veilige en gelukkige plaats was.

Ik liep weer naar de auto’s en reed in mijn bubbel terug naar het

Hay-Adams. Er lag een drukke dag vol afspraken voor me, maar mijn geest was alleen maar bezig met mijn dochters. Wat voor soort dag zouden ze hebben? Wat zouden ze eten? Werden ze aangegaapt of op hun gemak gesteld? Later zag ik een foto van Sasha op weg naar school die ochtend, waarvan ik tranen in mijn ogen kreeg. Ik geloof dat hij was gemaakt terwijl ik Malia wegbracht en Sasha in de auto met mijn moeder wachtte. Ze zat met haar ronde gezichtje tegen het raam van de SUV en staarde met wijd open ogen bedachtzaam naar buiten, naar de fotografen en de toeschouwers, haar gedachten onleesbaar, haar uitdrukking ernstig.

We vroegen te veel van hen. Die gedachte bleef me niet alleen die hele dag bij, maar ook nog de daarop volgende maanden en jaren.

Het tempo nam niet af. Ik moest honderden besluiten nemen, die natuurlijk allemaal urgent waren. Ik werd geacht alles uit te kiezen, van badhanddoeken en tandpasta tot afwasmiddel en bier voor het logeergedeelte in het Witte Huis, al mijn kleding voor de inauguratieceremonie en de deftige bals daarna, en de logistiek te bedenken voor de ongeveer honderdvijftig goede vrienden en familieleden die onze gasten waren. Ik delegeerde zo veel mogelijk aan Melissa en andere leden van mijn overgangsteam. Ook huurden we Michael Smith in, een begaafde binnenhuisarchitect die ons was aangeraden door een vriend in Chicago om ons te helpen met het opnieuw inrichten en aankleden van het woongedeelte en het Oval Office.

De president-elect, zo hoorde ik, krijgt de beschikking over $100.000 belastinggeld als bijdrage in de kosten van de verhuizing en de nieuwe inrichting, maar Barack stond erop dat we alles zelf betaalden en daarvoor dat wat nog over was van de royalty's van zijn boek te gebruiken. Zo lang ik hem kende, was hij al zo: extra waakzaam als het ging om financiële en ethische zaken, waarbij hij zich een hogere maatstaf oplegde dan zelfs de wet toestond. Er gaat een oud gezegde rond in de zwarte gemeenschap: *je moet twee keer zo goed zijn om de helft te bereiken*. Als het eerste Afro-Amerikaanse gezin in het Witte Huis werden we gezien als vertegenwoordigers van ons ras. Elk foutje of vergissing zou worden uitvergroot, wisten we, en beschouwd worden als meer dan het was.

In het algemeen was ik minder bezig met de herinrichting van het huis en de planning van de inauguratie dan met bedenken hoe ik mijn nieuwe rol moest invullen. Zoals ik het zag, hóéfde ik niets te doen. Geen taakomschrijving betekende geen verplichtingen en dat bood me de vrijheid mijn agenda zelf in te vullen. Ik wilde er wel zeker van zijn dat wat ik ook deed, dat altijd ten dienste zou zijn van de hogere doelen van de nieuwe regering.

Tot mijn grote opluchting kwamen allebei de kinderen heel blij thuis na hun eerste dag op school, en na de tweede, en na de derde. Sasha had meteen huiswerk meegekregen. Dat had ze nooit eerder gehad. Malia was al opgegeven om mee te zingen in een concert van het schoolkoor. Ze vertelden allebei dat kinderen uit andere klassen hen nog weleens nakeken, maar dat iedereen aardig was. Elke volgende dag werd de rit in de colonne naar Sidwell Friends een beetje routinematiger. Na ongeveer een week voelden de meisjes zich voldoende op hun gemak om zonder mij naar school te gaan en ruilden ze mij als vaste begeleider in voor mijn moeder, waardoor afzetten en ophalen ook met minder omhaal gepaard ging omdat er nu minder agenten, voertuigen en wapens voor nodig waren.

Mijn moeder had helemaal niet met ons mee willen gaan naar Washington, maar ik had erop aangedrongen. De meisjes hadden haar nodig. Ik had haar nodig. En ik wilde graag geloven dat zij ons ook nodig had. De afgelopen jaren was ze zo goed als elke dag bij ons geweest met haar praktische inslag, balsem op ieders zorgen. Maar ze was eenenzeventig en had nooit ergens anders gewoond dan in Chicago. Ze wilde niet weg uit de South Side en haar huis aan Euclid Avenue. ('Ik hou van deze mensen, maar ik hou ook van mijn eigen huis,' vertelde ze een verslaggever na de verkiezingen zonder er doekjes om te winden. 'Het Witte Huis doet me denken aan een museum en dan vraag ik me af, hoe moet je slapen in een museum?')

Ik probeerde uit te leggen dat ze, als ze met ons mee naar Washington verhuisde, allerlei interessante mensen kon ontmoeten, niet zelf hoefde te koken of schoon te maken en dat ze op de bovenste verdieping van het Witte Huis veel meer ruimte zou hebben dan thuis. Dit alles zei haar niets. Mijn moeder was ongevoelig voor iedere vorm van schone schijn en overdrijving.

Uiteindelijk riep ik Craig te hulp. 'Je moet voor mij met ma praten,' zei ik. 'Laat haar alsjeblieft bij ons komen wonen.'

Op een of andere manier werkte dat. Craig was goed in armpje drukken als het moest.

Mijn moeder zou de volgende acht jaar bij ons in Washington blijven, maar ze bleef volhouden dat de verhuizing tijdelijk was en dat ze alleen bleef tot de meisjes hun plaatsje hadden gevonden. Ze weigerde zich in enige bubbel te laten stoppen. Ze wees bescherming door de geheime dienst af en vermeed de media om zo min mogelijk op te vallen en zo min mogelijk invloed te hebben. Ze nam het personeel van het Witte Huis voor zich in door erop te staan dat ze zelf haar was deed en al die jaren kwam en ging ze zoals het haar uitkwam, kreeg ze nieuwe vriendinnen en ging ze regelmatig met hen lunchen. Iedere keer als een vreemde zei dat ze sprekend leek op de moeder van Michelle Obama, dan haalde ze beleefd haar schouders op en zei: 'Ja, dat hoor ik vaak,' voordat ze verder ging met waar ze mee bezig was. Zoals altijd deed mijn moeder de dingen op haar manier.

Mijn hele familie kwam naar de inauguratie. Mijn tantes en ooms, neven en nichten kwamen. Onze vrienden uit Hyde Park kwamen, evenals mijn vriendinnen en hun echtgenoten. Allemaal namen ze hun kinderen mee. We planden in de week van de inauguratie twee feesten tegelijk voor de grote en de kleine mensen, waaronder een kinderconcert, een aparte lunch voor kinderen tijdens de traditionele lunch in het Capitool direct na het afleggen van de eed, en een jacht-op-de-schat en een kinderfeestje in het Witte Huis die gehouden werden terwijl wij dansten op de inauguratiebals.

Een van de verrassende zegeningen van de laatste paar maanden campagne voeren was het organisch en harmonieus samengaan van ons gezin met dat van Joe Biden. Hoewel Barack en Joe een paar maanden eerder nog politieke rivalen waren geweest, hadden ze een goede verstandhouding. Beiden konden gemakkelijk overstappen van de ernst van hun werk naar de lichtheid van hun gezinnen,

Ik mocht Jill, de vrouw van Joe Biden, direct en bewonderde haar kalme vastberadenheid en haar inzet. Ze was in 1977 met Joe getrouwd en daarmee stiefmoeder geworden van zijn twee zoons, vijf jaar nadat zijn eerste vrouw en dochtertje waren omgekomen in een verkeersongeluk. Later hadden ze zelf nog een dochter gekregen. Jill had nog niet lang voor hun huwelijk haar opleiding tot lerares afgerond en was erin geslaagd niet alleen tijdens Joe's jaren als senator, maar ook nog gedurende zijn twee campagnes voor de presidentskandidatuur, Engels te blijven geven aan een college in Delaware. Net als ik wilde zij nieuwe manieren vinden om gezinnen van militairen te helpen. Maar zij had een directe emotionele link met de zaak die ik niet had: Beau Biden, Joe's oudste zoon, diende in Irak bij de National Guard. Hij had korte tijd verlof gekregen om naar Washington te komen en aanwezig te zijn bij de beëdiging van zijn vader tot vicepresident.

En dan waren er nog de kleinkinderen van de Bidens, vijf in totaal, die net zo extravert en pretentieloos waren als Joe en Jill. Ze waren verschenen op de Democratische Nationale Conventie in Denver en hadden Malia en Sasha direct opgenomen in hun onstuimige kudde en onze meisjes meegenomen om te komen slapen in de hotelsuite van Joe, maar al te gelukkig dat ze het hele politieke gedoe om hen heen konden negeren en nieuwe vriendinnen maken. We vonden het altijd fijn om de kinderen van de familie Biden om ons heen te hebben.

Op de dag van de inauguratie zelf was het bitter koud, met temperaturen die nooit boven het vriespunt kwamen en een gure wind waardoor het wel min tien leek. Die ochtend gingen Barack en ik naar de kerk met de meisjes, mijn moeder, Craig en Kelly, Maya en Konrad en Mama Kaye. Al die tijd hoorden we dat zich al voor het licht werd, lange rijen hadden gevormd in de National Mall van dik aangeklede mensen die wachtten tot de activiteiten van de inauguratie begonnen. Ik had het die dag zo koud dat ik altijd zal denken aan al die mensen die die dag nog veel langer dan ik buiten hebben gestaan, ervan overtuigd dat het de moeite waard was de kou te verdragen. Later hoorden we dat bijna twee miljoen mensen de Mall hadden overspoeld; ze kwamen uit alle delen van het land, een zee van diversiteit, energie en hoop die zich ruim anderhalve kilometer uitstrekte vanaf het Capitool langs het Washington Monument.

Na de kerk begaven Barack en ik ons naar het Witte Huis, waar we met Jill en Joe Biden, president Bush en vicepresident Dick Cheney en hun vrouwen koffie en thee dronken voordat we samen in de autocolonne naar het Capitool reden voor de beëdiging. Op een eerder moment had Barack al de autorisatiecodes gekregen waarmee hij toegang had tot het kernarsenaal van het land en was hij ingelicht over de protocollen om ze te kunnen gebruiken. Van nu af aan werd hij, waar hij ook ging, op de voet gevolgd door een militaire adjudant met een twintig kilo zware aktetas waarin de bevestigingscodes voor raketlanceringen zaten en verfijnde communicatieapparatuur, samen vaak ook wel de *nuclear football* genoemd. Ook dat was zwaar.

De ceremonie zelf werd voor mij weer een van die vreemde, vertraagde ervaringen waarvan de reikwijdte zo groot was dat ik niet helemaal kon volgen wat er nu eigenlijk precies gebeurde. We werden voorafgaand aan de ceremonie in het Capitool een aparte kamer binnengeleid waar de meisjes iets konden eten en Barack een paar minuten met mij kon oefenen hoe hij precies zijn hand moest leggen op de kleine rode bijbel, die anderhalve eeuw eerder van Abraham Lincoln was geweest. Op hetzelfde moment zochten veel van onze vrienden, familieleden en voormalige collega's hun plaatsje op op de tribune. Later kwam het in me op dat dit waarschijnlijk de eerste keer in de geschiedenis was dat zoveel gekleurde mensen samen als vips bij een Amerikaanse inauguratie voor de toeschouwers en het wereldwijde tv-publiek te zien waren geweest.

Barack en ik wisten wat deze dag betekende voor veel Amerikanen, vooral voor diegenen die deel hadden uitgemaakt van de burgerrechtenbeweging. Hij had erop gestaan dat de Tuskegee Airmen er als zijn gasten bij waren, de Afro-Amerikaanse piloten en bemanningsleden die in de Tweede Wereldoorlog geschiedenis hadden geschreven. Ook had hij de groep uitgenodigd die bekendstond als de Little Rock Nine, de negen zwarte studenten die in 1957 tot de eersten behoorden die het arrest van het Hooggerechtshof in de zaak *Brown v. Board of Education* hadden getest door zich in te schrijven aan een geheel witte high school in Arkansas, waarna ze maanden van wreedheden en mishandelingen hadden moeten verduren. Ze waren nu allemaal oud, met grijs haar en gebogen schouders, een teken van de decennia en misschien ook wel van de last die ze voor de generaties na hen hebben meegetorst. Barack had vaak gezegd dat hij de treden van het Witte Huis zo graag wilde beklimmen omdat de Little Rock Nine het hadden gewaagd de treden van de Central High School te beklimmen. Van elk continuüm waartoe wij behoorden, was dit misschien wel het belangrijkste.

Op die dag om bijna twaalf uur precies stonden wij met onze twee meisjes voor het land. Ik herinner me eigenlijk alleen allerlei kleine dingetjes – hoe helder het zonlicht op Baracks voorhoofd viel, hoe een eerbiedwaardige stilte over de menigte viel toen de hoogste rechter van het Hooggerechtshof, John Roberts, met de ceremoniële handelingen begon. Ik herinner me hoe Sasha, te klein om op te vallen in deze zee van volwassenen, fier op een voetenbankje stond om zichtbaar te blijven. Ik herinner me de frisheid van de lucht. Ik hield Lincolns bijbel voor me en Barack legde zijn linkerhand erop en zwoer dat hij de Amerikaanse grondwet zou eerbiedigen, met nog een paar korte zinnetjes waarin hij er plechtig mee instemde dat alle problemen van het land de zijne waren. Het was gewichtig en op hetzelfde moment vreugdevol, een gevoel dat werd weerspiegeld in de inaugurele toespraak die Barack daarna hield.

'Op deze dag,' zei hij, 'zijn we bij elkaar gekomen omdat we hoop hebben verkozen boven angst, eensgezindheid in doel boven conflict en onenigheid.'

Ik zag die waarheid opnieuw en opnieuw weerspiegeld op de gezichten van de mensen die stonden te rillen van de kou om hierbij aanwezig te zijn. Aan alle kanten stonden mensen, zo ver mijn oog reikte. Ze stonden op elke centimeter van de National Mall en langs de route van de optocht. Ik had het gevoel dat ons gezin hen bijna in de armen viel. We sloten een verbond, wij allemaal. Jullie hebben ons, wij hebben jullie.

Malia en Sasha leerden snel wat het betekende om in de schijnwerpers te staan. Ik besefte dit toen we in de presidentiële limo stapten en met onze slakkengang naar het Witte Huis begonnen vooraan de inaugurele optocht. Barack en ik hadden George en Laura Bush uitgezwaaid terwijl ze in een marinehelikopter van het Capitool opstegen. We hadden ook geluncht. Barack en ik hadden eendenborstfilet gekregen in de formele marmeren hal in het Capitool met een paar honderd gasten, onder wie zijn nieuwe kabinet, Congresleden en de rechters van het Hooggerechtshof, terwijl de meisjes in een aangrenzend vertrek genoten van hun favoriete lekkernijen – kipfilets en cheeseburgers – met de kinderen van de Bidens en een handvol neefjes en nichtjes.

Ik bewonderde de manier waarop onze dochters zich perfect door de hele inauguratie hadden geslagen zonder één keer onrustig te worden, hun schoudertjes te laten hangen of te vergeten te glimlachen. Nog steeds keken er duizenden mensen naar ons langs de weg en op tv terwijl de autocolonne over Pennsylvania Avenue reed, al maakten de getinte ruiten het moeilijk om naar binnen te kijken. Toen Barack en ik de auto verlieten om een stukje van de route van de optocht te lopen en naar de toeschouwers te zwaaien, bleven Malia en Sasha in de warmte van de langzaam meerijdende auto. Blijkbaar kwam het toen eindelijk in ze op dat ze naar verhouding alleen waren en uit het zicht.

Toen Barack en ik weer in de auto stapten, waren de meisjes buiten adem, ze lachten en hadden de hele ceremoniële waardigheid van zich afgeworpen. Ze hadden hun mutsen weggegooid en elkaars haar door de war gemaakt en waren nu verwikkeld in een partijtje kietelen. Toen ze bekaf waren, lieten ze zich op de autostoelen vallen en reden ze de rest van de route met hun voeten in de lucht en Beyoncé keihard uit de luidsprekers, net als vroeger.

Barack en ik voelden toen een soort zoete opluchting. We waren nu dan wel de first family, we waren ook nog steeds onszelf.

Toen de zon op deze inauguratiedag begon te zakken, zakte ook de temperatuur. Barack en ik stonden de volgende twee uur, samen met de onvermoeibare Joe Biden, op een tribune met enorme glazen ruiten voor het Witte Huis en keken naar showbands en praalwagens van alle vijftig staten die voor ons over Pennsylvania Avenue voorbijkwamen. Op een gegeven moment voelde ik mijn tenen niet meer, zelfs niet nadat iemand me een deken had gegeven om om mijn benen en voeten te slaan. Onze gasten op de tribune verontschuldigden zich een voor een omdat ze zich moesten voorbereiden op de bals die die avond nog zouden volgen.

Het was bijna zeven uur toen de laatste showband voorbij was gekomen en Barack en ik in het donker naar het Witte Huis liepen, waar we nu voor de eerste binnenkwamen als de bewoners. In de loop van de middag had de huishoudelijke dienst een enorme klus geklaard door het hele huis van top tot teen schoon te maken en alle eigendommen van de familie Bush weg te halen en de onze naar binnen te brengen. Binnen ongeveer vijf uur was de vloerbedekking met stoom gereinigd om zo goed mogelijk te voorkomen dat Malia's allergieën actief werden als gevolg van de haren en de huidschilfertjes die de honden van de voormalige president hadden achtergelaten. De meubels waren binnengebracht en op hun plaats gezet, bloemstukken neergezet. Toen we met de lift naar boven gingen, waren onze kleren al netjes in de kasten gehangen. De voorraadkasten in de keuken waren volgestopt met wat wij het liefst aten. De butlers van het woongedeelte van het Witte Huis, voornamelijk Afro-Amerikaanse mannen van onze leeftijd of ouder, stonden klaar om ons te helpen met wat we maar nodig hadden.

Ik had het bijna te koud om het allemaal in me op te kunnen nemen. We werden geacht binnen nog geen uur aanwezig te zijn bij het eerste van de tien inauguratiebals. Ik herinner me dat ik buiten de butlers, die nog vreemden voor me waren, boven maar weinig mensen zag. Ik herinner me dat ik me zelfs een beetje eenzaam voelde toen ik door een lange gang langs een hele rij gesloten deuren liep. De voorgaande twee jaar was ik constant omringd geweest door mensen, met Melissa, Katie en Kristen altijd aan mijn zijde. En nu voelde ik me ineens heel erg in mijn eentje. De kinderen waren al naar een ander deel van het huis gegaan voor hun avondje plezier. Mijn moeder, Craig en Maya verbleven bij ons in het woongedeelte, maar waren al in een auto gezet en op weg naar de festiviteiten van die avond. Een kapper wachtte op me, mijn baljurk hing aan een rek. Barack was verdwenen om een douche te nemen en zijn smoking aan te trekken.

Het was een ongelooflijke, symbolische dag geweest voor ons gezin en naar ik hoopte voor het hele land, maar het was ook een soort ultramarathon. Ik had slechts een minuut of vijf om in bad te soppen en mezelf weer op te peppen voor wat er nog ging komen. Daarna nam ik een paar hapjes biefstuk en aardappel die Sam Kass had bereid. Ik liet mijn haar en mijn make-up een beetje bijwerken en toen liet ik de avondjapon van ivoorkleurige zijde die ik voor de avond had uitgekozen om me heen glijden; die was speciaal voor mij gemaakt door de jonge ontwerper Jason Wu. De jurk, die tot de grond reikte, had één schouderband en er waren kleine bloemen van organza op geborduurd met in het midden van elke bloem een kristal.

Ik had in mijn leven nog maar weinig avondjaponnen gedragen, maar Jason Wu's creatie verrichtte een wondertje: ik voelde me weer zacht en mooi en open, net toen ik begon te denken dat er niets meer van me over was om te tonen. De jurk liet de droom van de metamorfose van mijn gezin herleven, de belofte dat deze hele ervaring mij dan wel niet precies tot een echte ballroomprinses had getransformeerd, maar toch minstens tot een vrouw die in staat was een ander podium te beklimmen. Ik was nu FLOTUS, *first lady of the United States*, en Barack was POTUS, *president of the United States*. Het was tijd om feest te vieren.

Die avond bezochten Barack en ik het Neighborhood Ball, het eerste inaugurale bal dat voor velen toegankelijk was en betaalbaar voor het grote publiek en waar Beyoncé, *Beyoncé zelf*, een verbijsterende, luidkeels gezongen uitvoering gaf van de R&B-klassieker 'At Last', dat we hadden gekozen als ons 'eerste dansnummer'. Daarna gingen we naar een Home States Ball en naar het Commander in Chief Ball, toen naar het Youth Ball en daarna nog zes. We bleven er elke keer relatief kort en ons bezoek verliep telkens min of meer hetzelfde: een band speelde 'Hail to the Chief', Barack sprak een paar woorden, we bogen uit waardering naar degenen die gekomen waren en terwijl iedereen stond te kijken, dansten we maar weer een keer op 'At Last'.

Ik bleef elke keer vlak bij mijn echtgenoot, mijn ogen vonden rust in de zijne. We waren nog steeds het duo op de wip, yin en yang, dat we al twintig jaar waren en nog steeds verbonden door een diepgewortelde liefde voor elkaar. Dat was iets wat ik altijd graag wilde laten zien.

Maar toen het later en later werd, voelde ik mezelf inzakken.

Terwijl dat wat het beste deel van de avond verondersteld werd te zijn, nog moest komen: een privéfeestje voor een paar honderd vrienden in het Witte Huis. Daar konden we ons eindelijk laten gaan, een beetje champagne drinken en ons niet meer bezorgd hoefden te maken over hoe we eruitzagen. Ik zou er zeker mijn schoenen uittrekken.

Het was bijna twee uur 's nachts toen we er eindelijk waren. Barack en ik liepen over de marmeren vloeren richting East Room waar het feestje in volle gang was, drank vloeide en deftig geklede mensen onder de schitterende kroonluchters dansten. Wynton Marsalis en zijn band speelden jazz op het kleine podium achter in de zaal. Ik zag vrienden uit bijna elke fase van mijn leven: vrienden van Princeton, van Harvard, uit Chicago, en overal Robinsons en Shieldsen. Dit waren de mensen met wie ik plezier wilde maken, tegen wie ik wilde zeggen: *hoe in godsnaam zijn we met ons allen hier terechtgekomen?*

Maar ik was op. Ik had de grens bereikt. Ook dacht ik vooruit, aan de volgende morgen – echt nog maar een paar uur vanaf nu – wanneer we naar de nationale gebedsdienst zouden gaan en dat we daarna tweehonderd mensen uit het publiek zouden gaan begroeten, die een bezoek kwamen brengen aan het Witte Huis. Barack keek me aan en zag wat ik dacht. 'Je hoeft dit niet te doen,' zei hij. 'Het is goed zo.'

Feestvierders kwamen nu op me af, ze wilden graag met me praten. Hier kwam een geldschieter, daar de burgemeester van een grote stad. 'Michelle! Michelle!' riepen mensen. Ik was zo uitgeput dat ik wel kon huilen.

Toen Barack over de drempel stapte en direct de zaal werd ingezogen, stond ik even stil, draaide me toen om en vluchtte. Ik had geen enkele puf meer om een of ander first-lady-excuus te roepen of zelfs maar naar mijn vrienden te zwaaien. Ik liep snel weg over het dikke rode tapijt, negeerde de veiligheidsagenten die achter me aanliepen, negeerde alles tot ik de lift gevonden had en erin stapte, daarna een vreemde gang door en een vreemde kamer in, uit mijn schoenen en uit mijn japon en in ons vreemde nieuwe bed.

20

Mensen vragen vaak hoe het is om in het Witte Huis te wonen. Soms antwoord ik dat het een beetje lijkt op wat ik me voorstel dat wonen in een deftig hotel zou zijn, alleen verblijven er in dit deftige hotel geen andere gasten – alleen jij en je gezin logeren er. Overal staan verse bloemen die bijna elke dag worden vervangen door nieuwe. Het gebouw zelf voelt oud en voelt een beetje bedreigend. De muren en de houten vloeren in het woongedeelte zijn zo dik en stevig dat elk geluid snel geabsorbeerd lijkt te worden. De ramen zijn hoog en breed en voorzien van bomvrij glas; ze mogen om veiligheidsredenen nooit open, wat bijdraagt aan de stilte die er heerst. Het huis wordt smetteloos schoon gehouden. Er is een staf van bedienden, koks, huishoudsters en bloemisten, maar hier horen ook elektriciens, schilders en loodgieters bij, die allemaal kalm en beleefd komen en gaan en hun best doen niet op te vallen, die wachten tot je uit een vertrek bent voordat ze de handdoeken vervangen door schone of een verse gardenia in een vaasje naast je bed zetten.

De kamers zijn stuk voor stuk groot. Zelfs de badkamers en wc's zijn gebouwd op een schaal die anders is dan wat ik ooit elders heb gezien. Barack en ik waren verbaasd over hoeveel meubels we moesten uitzoeken zodat elke kamer een beetje huiselijk aanvoelde. In onze slaapkamer stond een kingsize bed – een prachtig hemelbed met een hemel van beige stof – maar er waren ook nog een open haard en een zithoek met een bank, een salontafel en een paar leunstoelen. Voor ons vijven waren er vijf badkamers in het woongedeelte, plus nog tien extra badkamers. Ik had niet slechts een kledingkast, maar daarnaast een ruime kleedkamer, dezelfde kamer waar Laura Bush me het uitzicht op de rozentuin had laten zien. Na verloop van tijd werd dit mijn feitelijke privékantoor, de plaats waar ik in rust kon zitten lezen, werken of tv kon kijken gekleed in T-shirt en trainingsbroek, heerlijk zonder dat iemand me kon zien.

Ik besefte heel goed dat we gezegend waren dat we zo konden wonen. De woonkamer in het woongedeelte was groter dan het hele appartement op de eerste verdieping aan Euclid Avenue waar ons gezin woonde toen ik klein was. In de gang naast mijn slaapkamerdeur hing een Monet en in onze eetkamer stond een bronzen beeld van Degas. Ik was een kind van de South Side en voedde dochters op in kamers die waren ingericht door een dure binnenhuisarchitect en die hun ontbijt konden bestellen bij een kok.

Dat bedacht ik af en toe en dan duizelde het me.

Ik probeerde op mijn manier het protocol enigszins te verlichten. Ik maakte de huishoudelijke dienst direct duidelijk dat onze meisjes elke morgen hun eigen bed opmaakten, net als in Chicago. Ook vertelde ik Malia en Sasha dat ze moesten doen zoals ze altijd hadden gedaan – beleefd en netjes en niet om meer vragen dan ze nodig hadden of wat ze zelf niet mochten kopen. Maar het was ook voor mijzelf belangrijk dat onze dochters zich bevrijd voelden van een paar van de ingewortelde formaliteiten van het gebouw. *Ja, je mag in de gang met een bal gooien*, zei ik tegen ze. *Ja, je mag best in de voorraadkamer op zoek gaan naar iets lekkers*. Ik zorgde ervoor dat ze geen toestemming hoefden te vragen als ze buiten wilden gaan spelen. Ik werd op een middag heel vrolijk toen ik door een raam zag hoe ze in een sneeuwstorm van de helling van de South Lawn gleden op plastic dienbladen, die het keukenpersoneel ze had geleend.

De werkelijkheid van dit alles is dat de meisjes en ik Baracks aangevers waren en gebruik maakten van de weelde die hem was toebedeeld – belangrijk omdat ons geluk gekoppeld was aan het zijne en we werden beschermd om maar één reden: als onze veiligheid gegarandeerd was, dan was zijn vermogen helder te denken en het land te leiden dat ook. Het Witte Huis, zo ontdek je, werkt met het enige doel om het welbevinden, de efficiëntie en de macht van één persoon zo optimaal mogelijk te maken – en die persoon is de president. Barack werd nu omringd door mensen die de taak hadden hem als een kostbaar juweel te behandelen. Het leek soms wel of je teruggeworpen was in een of ander verleden, toen een huishouden uitsluitend draaide om de behoeften van de man en dat was het tegenovergestelde van wat ik wilde dat onze dochters normaal zouden vinden. Ook Barack voelde zich niet op zijn gemak met al die aandacht, hoewel hij er weinig over te zeggen had.

Hij had alleen al zo'n vijftig mensen in dienst die zijn post lazen en beantwoordden. Hij had helikopterpiloten van de marine klaarstaan, die hem overal naartoe vlogen waar hij moest zijn, en een team van zes mensen die dikke boeken met informatie bijhielden zodat hij op de hoogte bleef van actuele zaken en gefundeerde beslissingen kon nemen. Hij had koks die letten op wat hij at en een handvol mensen die boodschappen deden en ons beschermden tegen elke vorm van voedselsabotage door anoniem bij verschillende winkels inkopen te doen zonder ooit te laten merken voor wie ze werkten.

Zo lang ik hem kende had Barack winkelen, koken of iets aan het huishouden doen nooit leuk gevonden. Hij is niet iemand die zijn eigen gereedschap in de kelder heeft of de spanning van zijn werk van zich afschudt met het bereiden van een risotto of het knippen van de heg. Het wegnemen van alle verplichtingen en zorgen om het huis maakte hem ronduit blij, alleen al omdat hij dan ongehinderd over grotere zaken na kon denken, waarvan er voldoende waren.

Het leukste vond ik nog wel dat hij nu drie soldaten als persoonlijke bedienden had, die als taak hadden zijn kledingkast in de gaten te houden: dat zijn schoenen gepoetst waren, zijn overhemden gestreken, zijn sportkleding altijd schoon en opgevouwen. Het leven in het Witte Huis was heel anders dan dat in zijn Hol.

'Zie je wel hoe netjes ik geworden ben?' zei Barack een keer vrolijk kijkend tegen me tijdens het ontbijt. 'Heb je wel in mijn klerenkast gekeken?'

'Dat heb ik,' zei ik en glimlachte terug. 'En jij krijgt de eer daarvan helemaal niet.'

In zijn eerste maand als president ondertekende Barack de Lilly Ledbetter Fair Pay Act, een wet die werknemers moet beschermen tegen loondiscriminatie op grond van factoren als geslacht, ras en leeftijd. Hij beval beëindiging van martelpraktijken bij ondervragingen en begon pogingen (uiteindelijk zonder succes) om het gevangenenkamp op Guantánamo Bay binnen een jaar te sluiten. Hij herzag de ethische regels voor werknemers van het Witte Huis in hun omgang met lobbyisten en, het allerbelangrijkst, slaagde erin een wetsvoorstel aangenomen te krijgen door het Congres, dat moest zorgen voor een enorme prikkel voor de economie, ook al stemde niet één Republikein in het Huis voor. Van waar ik zat leek hij alleen maar successen te boeken. De verandering die hij had beloofd, werd bewaarheid.

En als bonus verscheen hij op tijd voor het eten.

Voor mij en de meisjes was dit een verrassende, gelukkige verandering die het gevolg was van het wonen in het Witte Huis met de president van de Verenigde Staten in tegenstelling tot wonen in Chicago met een vader die in een senaat ergens ver weg zat en vaak op campagne was voor een hogere positie. Eindelijk was hij nu toegankelijk voor ons. Zijn leven was ordelijker. Hij werkte nog steeds een belachelijk aantal uren, zoals hij altijd had gedaan, maar om 18.30 uur precies nam hij de lift naar boven om met zijn gezin te kunnen eten, ook al ging hij daarna vaak weer meteen naar het Oval Office beneden. Mijn moeder at ook weleens mee, ook al had ze al gauw haar eigen routine opgebouwd en kwam ze naar beneden om goedendag te zeggen voordat ze Malia en Sasha naar school bracht, maar meestal liet ze ons 's avonds alleen en at ze haar avondeten in een zijkamertje naast haar slaapkamer en keek ze naar *Jeopardy!* Als we haar vroegen te blijven, dan wuifde ze dat weg. 'Jullie hebben allemaal jullie eigen tijd nodig,' zei ze dan.

Gedurende de eerste paar maanden in het Witte Huis vond ik dat ik overal op moest letten. Een van mijn eerste lessen was dat het naar verhouding kostbaar kon zijn daar te wonen. We betaalden geen huur en alle voorzieningen en al het personeel werden voor ons betaald, maar voor ons levensonderhoud betaalden we zelf en dat liep snel op, gezien de superieure hotelkwaliteit van alles. Maandelijks kregen we de rekening voor alles wat we hadden gegeten en elke rol wc-papier. We betaalden voor iedere gast die een nachtje kwam logeren of met ons meeat. En met een culinaire staf van Michelin-sterrenniveau en een grote bereidheid de president van dienst te zijn, moest ik in de gaten houden wat er op tafel kwam. Als Barack eens terzijde opmerkte dat hij een of andere exotische vrucht als ontbijt lekker vond of een keer sushi als avondeten, pikte het keukenpersoneel dat op en zette het op het regelmatig terugkerende menu. Pas later, als we de rekening bekeken, zagen we dat sommige van die dingen tegen hoge kosten van ver moesten komen.

Waar ik die eerste maanden echter het meest op moest letten, waren Malia en Sasha. Ik lette op hun stemming, vroeg wat ze overal van vonden en hoe hun omgang was met andere kinderen. Ik probeerde niet te overdrijven als ze vertelden dat ze een nieuw vriendinnetje hadden, maar van binnen juichte ik. Ik begreep inmiddels dat er geen gewone manier is om een afspraakje te maken om met een ander kind in het Witte Huis te spelen of om met de kinderen een uitje te maken, maar geleidelijk aan bedachten we daar iets op.

Ik mocht mijn persoonlijke BlackBerry gebruiken, maar ik had de raad gekregen het aantal contacten te beperken tot een stuk of tien van mijn intiemste vrienden – de mensen die van me hielden en die me onvoorwaardelijk steunden. Het grootste deel van mijn communicatie ging via Melissa, die nu het adjunct-hoofd van mijn personeel was en de contouren van mijn leven beter kende dan wie ook. Zij onderhield het contact met al mijn neven en nichten, met al mijn studievrienden en studievriendinnen. We gaven haar telefoonnummer en e-mailadres in plaats van de mijne en stuurden alle verzoeken naar haar door. Dat deden we deels omdat oude bekenden en verre familieleden uit het niets opdoken en allerlei verzoeken deden. Kon Barack komen spreken bij iemands afstuderen? Kon ik alsjeblieft een toespraak komen houden voor een of ander goed doel? Wilden we misschien aanwezig zijn bij dit feest of die geldinzamelingsactie? Het meeste was goedbedoeld, maar veel te veel voor mij om allemaal tegelijk te kunnen verwerken.

Wat het dagelijks leven van onze meisjes betrof, moest ik vaak vertrouwen op jonge personeelsleden om me te helpen met de logistiek. Mijn team had al in het begin kennisgemaakt met de leerkrachten en het andere personeel van Sidwell en belangrijke data van schoolevenementen in de agenda gezet, werkwijzen vastgesteld in het geval van mediaverzoeken aan de school en vragen beantwoord van leerkrachten over het omgaan met onderwerpen in de klas zoals politiek of het nieuws van de dag. Toen de meisjes buiten de school met vriendinnetjes wilden gaan spelen, werd mijn persoonlijke assistente (mijn 'body person', in politiek taalgebruik) het aanspreekpunt; zij verzamelde de telefoonnummers van de andere ouders en regelde het ophalen en wegbrengen van de kinderen. Ik wilde wel, net als in Chicago, de ouders van nieuwe vriendjes of vriendinnetjes leren kennen, nodigde een paar moeders uit voor de lunch en stelde me aan andere voor tijdens evenementen op school. Toegegeven, deze ontmoetingen waren weleens pijnlijk. Ik begreep dat het soms even duurde voordat nieuwe kennissen bepaalde ideeën die ze van mij of Barack hadden, van zich af konden zetten, wat ze dachten dat ze van me wisten op basis van tv-programma's of het nieuws, en me eenvoudigweg te zien als de moeder van Malia of Sasha.

Het was lastig om mensen uit te moeten leggen dat voordat Sasha op Julia's verjaarspartijtje kon komen, eerst de geheime dienst langs zou komen om een veiligheidscheck uit te voeren. Het was lastig om van iedere ouder en verzorger die een kind naar ons toe kwam brengen om te spelen, het burgerservicenummer te vragen. Het was allemaal lastig, maar noodzakelijk. Ik vond het vreselijk dat elke keer als ik een onbekende ontmoette, eerst deze vreemde kleine scheidslijn overgestoken moest worden, maar was opgelucht als ik zag dat het voor Sasha en Malia heel anders lag, die renden gewoon naar buiten om een schoolvriendinnetje te verwelkomen als dat afgezet werd bij de Diplomatic Reception Room (de Dip Room, zoals we de zaal later zouden gaan noemen), ze bij de hand grepen en giechelend naar binnen renden. Kinderen geven, zo bleek, slechts een paar minuten om faam. Daarna willen ze het gewoon leuk hebben.

Ik leerde al snel dat het de bedoeling was dat ik met mijn staf samenwerkte bij het plannen en uitvoeren van een hele reeks traditionele feesten en diners, direct te beginnen met het Governors' Ball, een gala in avondkleding dat elk jaar in februari werd gehouden in de East Room. Daarna volgde de eveneens jaarlijkse Easter Egg Roll, een familiefeestje buiten waarmee in 1878 was begonnen en waar duizenden mensen op af kwamen. Dan waren er de voorjaarslunches waar ik bij moest zijn ter ere van de echtgenotes van leden van het Huis van Afgevaardigden en de Senaat – zoals die waar ikzelf Laura Bush had ontmoet die onverstoorbaar glimlachte terwijl ze met iedere gast apart op de foto ging.

Deze gezellige ontmoetingen leidden me weleens af, zo voelde het, van wat ik hoopte dat invloedrijker werk zou zijn, maar ook begon ik te denken aan manieren waarop ik iets kon toevoegen aan deze bijeenkomsten, of een paar ervan tenminste kon moderniseren, om de traditie een kleine draai te geven. In het algemeen vond ik dat het leven in het Witte Huis wel wat moderner kon, zonder iets van zijn gevestigde geschiedenis en traditie tekort te doen. In de loop van de tijd nam Barack stappen in die richting door bijvoorbeeld meer abstracte kunst en werken van Afro-Amerikaanse kunstenaars aan de muur te hangen en hedendaagse meubels te mengen met antieke. In het Oval Office liet Barack een buste van Winston Churchill vervangen door een van Martin Luther King jr. En we boden de butlers die in smoking rondliepen, de mogelijkheid zich minder formeel te kleden als er geen openbare evenementen in het Witte Huis plaatsvonden en introduceerden kakibroek en poloshirt.

Barack en ik wisten dat we er goed aan zouden doen het Witte Huis te democratiseren zodat het minder voor de elite was en opener zou zijn. Als we een evenement organiseerden, wilde ik dat er ook gewone mensen kwamen, niet alleen zij die gewend waren aan een rokkostuum. En ik wilde er meer kinderen bij hebben, want kinderen maken alles beter. Ik hoopte dat ik de Easter Egg Roll voor meer mensen toegankelijk kon maken door meer toegangskaarten te reserveren voor schoolkinderen uit de stad en gezinnen van militairen naast de kaarten die bestemd waren voor de kinderen en kleinkinderen van leden van het Congres en andere vips. En, ten slotte, als ik met (vooral) vrouwen van de leden van Huis en Senaat kon lunchen, kon ik ze dan ook niet vragen met me mee te gaan naar de stad voor een of ander buurtproject?

Ik wist natuurlijk allang wat voor mij belangrijk was. Ik wilde niet een of andere mooi aangeklede versiering zijn die kwam opdagen bij feestjes en lintjes kwam doorknippen. Ik wilde dingen doen die zin hadden en blijvend waren. Mijn eerste onderneming op dit gebied, zo besloot ik, zou de tuin zijn.

Ik was geen tuinier en was dat ook nooit geweest, maar dankzij Sam Kass en de pogingen van het gezin gezonder te eten, wist ik nu dat frambozen het sappigst waren in juni, dat sla met donker blad de meeste voedingsstoffen bevat en dat het helemaal niet zo moeilijk was om boerenkoolchips te maken in de oven. Ik zag mijn dochters dingen eten als lente-erwtensalade en bloemkoolcheeseburgers en begreep dat wat ik wist over eten, vooral afkomstig was uit advertenties van de voedingsindustrie voor alles wat ingemaakt, ingevroren of anderszins was bereid voor ons gemak, of het nu in hapsnap-tv-jingles zat of slim verpakt was, helemaal gericht op de gekwelde moeder die door de supermarkt moet rennen. Echt helemaal niemand maakte reclame voor het verse, gezonde eten – het heerlijke gekraak van een verse wortel of de ongeëvenaarde zoetheid van een vers geplukte tomaat.

Het aanleggen van een moestuin bij het Witte Huis was mijn antwoord op het voedingsvraagstuk en ik hoopte dat het een signaal zou zijn voor iets groters. Baracks regering was gericht op het verbeteren van betaalbare gezondheidszorg en voor mij was de moestuin een manier om parallel daaraan een boodschap uit te dragen over gezond leven. Ik beschouwde het als een vroege test, een proefrondje dat me kon helpen te bepalen wat ik kon bereiken als first lady, letterlijk een manier om wortel te schieten in mijn nieuwe baan. Ik beschouwde het als een soort klaslokaal buiten de deur, een plaats waar kinderen naartoe konden gaan om meer te weten te komen over het verbouwen van voedsel. Aan het oppervlak voelde een tuin elementair en apolitiek, een pijnloze en onschuldige bezigheid voor een dame met een spade, die Baracks adviseurs in de West Wing een plezier deed, omdat zij zich altijd zorgen maakten om *'optics'*, de buitenkant, om hoe alles op het grote publiek overkwam.

Maar er zat meer aan vast dan dat. Ik was van plan het werk dat we in de moestuin deden, te gebruiken om een publieke discussie op gang te brengen over voeding, vooral op scholen en onder ouders, die in het ideale geval zou leiden tot gesprekken over hoe voedsel geproduceerd wordt, geëtiketteerd en aan de man gebracht en hoe dit invloed had op de volksgezondheid. En door over deze onderwerpen in het Witte Huis te praten, daagde ik de grote bedrijven in de voedsel- en frisdrank-industrie en de manier waarop zij al decennia lang zakendeden, impliciet uit.

In werkelijkheid wist ik natuurlijk helemaal niet hoe een en ander zou overkomen. Maar toen ik Sam, die nu in dienst was van het Witte Huis, opdracht gaf de eerste stappen te zetten om een moestuin aan te leggen, wist ik dat ik dat te weten zou gaan komen.

Mijn optimisme van die eerste maanden werd vooral getemperd door één ding, en dat was politiek. We woonden nu in Washington, vlakbij de lelijke rood-versus-blauw dynamiek, die van Republikeinen tegen Democraten, die ik al jaren probeerde te vermijden, zelfs toen Barack ervoor had gekozen er middenin te gaan werken. Nu hij president was, beheersten deze krachten zijn hele dag. Al weken eerder, voor de inauguratie, had de conservatieve radiopresentator Rush Limbaugh botweg geroepen: 'Ik hoop dat Obama faalt.' Ik had met afgrijzen gezien hoe Republikeinen in het Congres dat voorbeeld volgden en elke poging van Barack iets aan de economische crisis te doen, tegenhielden door te weigeren maatregelen te steunen waardoor belastingen verlaagd werden en miljoenen banen werden behouden of gecreëerd. Op de dag dat hij president werd, stortte de Amerikaanse economie even snel of sneller, aldus sommige indicatoren, ineen dan aan het begin van de Grote Depressie in 1929. Alleen al in de maand januari waren 750.000 banen verloren gegaan. En terwijl Barack campagne had gevoerd met het idee dat het mogelijk was consensus tussen de partijen te bereiken, dat Amerikanen in hun hart meer verenigd waren dan gescheiden, deed de Republikeinse Partij alle mogelijke moeite om in deze tijd van een nationale noodsituatie te proberen te bewijzen dat hij het bij het verkeerde eind had.

Dit spookte door mijn hoofd op de avond van 24 februari toen Barack de gezamenlijke vergadering van het Congres, dat wil zeggen van de Senaat en het Huis van Afgevaardigden, toesprak, waar ook de rechters van het Hooggerechtshof, kabinetsleden en generaals bij aanwezig zijn.

De bijeenkomst is vooral bedoeld als een soort vervanging van de State of the Union voor iedere nieuw geïnaugureerde president, een gelegenheid om de doelen voor de komende jaren uiteen te zetten in een toespraak, die op primetime live wordt uitgezonden op tv. De vergadering wordt gehouden in de zaal van het Huis van Afgevaardigden. Het is ook een traditionele praalvertoning waarin de wetgevers op dramatische wijze hun instemming of afkeuring laten blijken met de ideeën van de president door op te springen en hard te klappen of nors te blijven zitten.

Ik nam die avond plaats op het balkon tussen een veertienjarige, die een openhartige brief aan de president had geschreven, en een hoffelijke Irakveteraan en samen wachtten we op de binnenkomst van mijn man. Van waar ik zat, kon ik het grootste deel van de zaal beneden zien. Het was een ongebruikelijk zicht van bovenaf op de leiders van ons land, een zee van witte mannen in donkere pakken. De afwezigheid van diversiteit was oogverblindend – echt, het was beschamend – voor een modern, multicultureel land. Het was nog het indringendst aan de kant van de Republikeinen. Op dat moment zaten er slechts zeven niet-witte Republikeinen in het Congres, geen van hen Afro-Amerikaans en slechts een van hen was een vrouw. Voor het hele Congres gold dat vier op de vijf leden man waren.

Na enkele minuten begon het spektakel met een donderslag: een slag van de voorzittershamer en een luide roep van de ceremoniemeester. Iedereen stond op en applaudisseerde ruim vijf minuten achtereen terwijl de nieuw gekozen leiders hun plaats innamen. Midden in het oog van deze storm, omringd door veiligheidsagenten en een achteruit lopende cameraman, was Barack, handjes schuddend en knikkend terwijl hij langzaam door de zaal naar het podium liep.

Ik had het ritueel in het verleden en met andere presidenten al vaak op televisie gezien. Maar iets in het zien van mijn man daar beneden in het gedrang maakte de zwaarte van zijn baan en het feit dat hij meer dan de helft van het Congres over moest halen om ook maar iets voor elkaar te krijgen, plotseling heel werkelijk.

Baracks toespraak die avond was gedetailleerd en somber, een erkenning van de ernstige situatie waarin de economie verkeerde, de oorlogen die gevoerd werden, de aanhoudende dreiging van terreuraanvallen en de boosheid van veel Amerikanen die vonden dat de financiële injectie die de regering de banken had gegeven, een oneerlijke tegemoetkoming was voor diegenen die verantwoordelijk waren voor de financiële crisis. Hij was zo zorgvuldig om realistisch te zijn, maar met een hoopvolle ondertoon, hij herinnerde de toehoorders aan onze veerkracht als land, aan ons vermogen na moeilijke tijden op te staan.

Ik keek vanaf het balkon toe hoe Republikeinse leden van het Congres gedurende het grootste deel van de toespraak bleven zitten, klaarblijkelijk opstandig en boos, met gevouwen armen en een moedwillige frons, als kleine kinderen die hun zin niet hadden gekregen. Ze gingen alles bestrijden wat Barack maar ging voorstellen, besefte ik, of het nu goed was voor het land of niet. Het was net alsof ze waren vergeten dat het een Republikeinse president was geweest die ons in deze chaos had gestort. Maar ze wilden meer dan wat ook dat Barack zou falen. Ik moet bekennen dat ik me op dat moment, met dat beeld van die zaal beneden, afvroeg of er wel een weg vooruit was.

Toen ik nog een klein meisje was, had ik vage ideeën over hoe mijn leven beter kon. Ik ging naar het huis van de zusjes Gore en was jaloers op de ruimte, op het feit dat hun gezin een heel huis voor zichzelf had. Ik dacht dat het iets zou betekenen als ons gezin zich een mooiere auto kon veroorloven. Ik kon het niet helpen, maar zag wie van mijn vriendinnen meer armbanden of barbies had dan ik, of wie kleren uit het winkelcentrum had kunnen kopen en wie een moeder had die alles heel goedkoop zelf naaide aan de hand van patronen van Butterick. Als kind leer je meten, lang voordat je de grootte of de waarde van iets weet. Als je geluk hebt, leer je uiteindelijk dat je het allemaal verkeerd gemeten hebt.

En nu woonden we in het Witte Huis. Het begon heel geleidelijk vertrouwd aan te voelen, niet omdat ik ooit gewend zou raken aan de uitgestrektheid van de ruimtes of de weelde van de levensstijl, maar omdat dit de plaats was waar mijn gezin sliep, at, lachte en leefde. In de meisjeskamers hadden we de verzameling snuisterijen uitgestald die Barack gewoonlijk meebracht van zijn reizen: sneeuwbollen voor Sasha, sleutelhangers voor Malia. We begonnen nu ook kleine veranderingen aan te brengen in het woongedeelte, zoals moderne verlichting naast de kroonluchters en geurkaarsen waardoor het meer ging voelen als thuis. Ik zou ons geluk of comfort nooit vanzelfsprekend gaan vinden, maar ik begon de menselijkheid van de plek wel steeds meer te waarderen.

Zelfs mijn moeder, die zich had geërgerd aan de museumachtige netheid van het Witte Huis, leerde al gauw dat er meer te meten viel. Het gebouw zat vol mensen die helemaal niet zoveel anders waren dan wij. Een aantal butlers werkte al lange tijd in het Witte Huis en had voor ieder gezin gezorgd dat er gewoond had. Hun kalme waardigheid deed me denken aan mijn oudoom Terry, die onder ons woonde aan Euclid Avenue toen ik klein was, die het gras maaide in gaatjesschoenen en bretels. Ik probeerde ervoor te zorgen dat onze omgang met personeelsleden respectvol was en correct. Ik wilde er zeker van zijn dat ze zich nooit onzichtbaar voelden. Als de butlers om politiek gaven, als ze verbonden waren met de ene of de andere partij, lieten ze dat nooit merken. Ze respecteerden nauwlettend onze privacy, maar stonden ook altijd open en bleven hartelijk, en geleidelijk aan kregen we een goede relatie. Ze voelden aan wanneer ze ons met rust moesten laten of wanneer ik een plagerijtje kon hebben. Vaak kletsten ze wat over hun favoriete sportploeg in de keuken, waar ze mij ook op de hoogte stelden van het laatste geroddel over collega's of wat hun kleinkinderen uitgespookt hadden, terwijl ik de krantenkoppen scande. Was er een basketbalwedstrijd op tv, dan ging Barack weleens bij ze zitten om mee te kijken. Sasha en Malia gingen de gezellige sfeer in de keuken heerlijk vinden en slopen na school weleens naar binnen om smoothies of popcorn te maken. Veel personeelsleden vonden mijn moeder erg aardig en kwamen weleens bij haar binnen in haar zijkamertje.

Het duurde even voordat ik de stemmen van de verschillende telefonisten van het Witte Huis uit elkaar kon houden die me 's morgens wakker belden of me doorverbonden met de kantoren beneden in de East Wing, maar al gauw raakte ik ook met hen vertrouwd. We babbelden wat over het weer of ik grapte dat ik voor een officiële gelegenheid uren eerder op moest dan Barack omdat mijn haar eerst gedaan moest worden. Het waren korte gesprekjes, maar ze zorgden er op de een of andere manier voor dat het leven een beetje normaler leek.

Een van de meer ervaren butlers, een Afro-Amerikaanse man met wit haar genaamd James Ramsey, was al in dienst sinds de tijd van president Carter. Af en toe gaf hij me het laatste nummer van het tijdschrift *Jet* met een foto van mij op de cover, glimlachte trots en zei: '*I got you covered, Mrs. Obama.*'

Het leven was beter, altijd, als je de warmte kon meten.

Al die tijd had ik rondgelopen met het idee dat ons nieuwe huis groot en groots was en eigenlijk over de top, maar toen ging ik in april naar Engeland voor een ontmoeting met hare majesteit de koningin.

Dit was de eerste internationale reis die Barack en ik samen maakten sinds de verkiezingen. We vlogen met de Air Force One naar Londen waar hij aanwezig moest zijn bij een vergadering van de Groep van 20, de G20, die bestond uit de leiders van de landen met de grootste economieën ter wereld. Het was een kritiek moment voor een dergelijke vergadering. De economische crisis in de Verenigde Staten had voor verwoestende golven gezorgd over de hele wereld en de financiële markten waren in een vrije val geraakt. Deze vergadering van de G20 was tevens Baracks debuut op het wereldtoneel als president. En zoals zo vaak het geval was in die eerste maanden van zijn presidentschap, was het zijn voornaamste taak de rotzooi op te ruimen, in dit geval het op zich af laten komen van de frustraties van andere wereldleiders, die vonden dat de Verenigde Staten belangrijke kansen hadden gemist om roekeloze bankiers aan banden te leggen en daarmee de ramp te voorkomen waarmee ze nu allemaal te maken hadden.

Nu ik er steeds meer op kon gaan vertrouwen dat Sasha en Malia zich hielden aan hun routines op school, kon ik mijn moeder wel voor de paar dagen die ik in het buitenland was, de verantwoordelijkheid geven, in de wetenschap dat ze ogenblikkelijk al mijn strakke regels over vroeg naar bed gaan en het opeten van elke groente die op het bord verscheen, ging versoepelen. Mijn moeder vond het heerlijk grootmoeder te zijn, en dan vooral als ze al mijn strengheid overboord kon gooien om dan haar eigen lossere en lichtere stijl in te voeren, die een stuk ontspannener was dan toen Craig en ik de kinderen waren voor wie ze zorgde. De meisjes vonden het altijd fantastisch als oma de baas was.

Gordon Brown, de Britse premier, was de gastheer van de bijeenkomst van de G20, met onder meer een hele dag economische besprekingen in een congrescentrum in het centrum van de stad, maar zoals vaak gebeurde als wereldleiders in Londen verschenen voor een officiële ontmoeting, nodigde de koningin iedereen uit op Buckingham Palace voor een ceremoniële ontvangst. Vanwege de nauwe banden tussen de Verenigde Staten en Groot-Brittannië en ook, veronderstel ik, omdat we nieuw waren op het toneel, werden Barack en ik uitgenodigd om vroeg bij het paleis aan te komen voor een privéaudiëntie bij de koningin voordat de ontvangst van de anderen begon.

Het is natuurlijk volstrekt overbodig om op te merken dat ik geen enkele ervaring had met ontmoetingen met koninklijke personen. Ik werd geïnstrueerd een reverence te maken of de koningin een hand te geven. Ik wist dat we haar aan moesten spreken met 'uwe majesteit' en haar man, prins Philip, de Duke of Edinburgh, met 'uwe koninklijke hoogheid'. Behalve dat wist ik niet wat ik te verwachten had toen onze colonne door het hoge ijzeren toegangshek van het paleis reed langs de toeschouwers die zich tegen de spijlen persten, langs een garderegiment en een koninklijke hoornblazer, onder een boog door het binnenplein op, waar de officiële huismeester wachtte om ons te begroeten.

Buckingham Palace bleek groot, zo groot dat het bijna niet te beschrijven valt. Het heeft 775 vertrekken en is vijftien keer zo groot als het Witte Huis. Barack en ik hadden het geluk dat we er de jaren hierna nog verscheidene keren werden uitgenodigd. Tijdens onze latere reisjes sliepen we in een weelderig ingerichte suite op de begane grond van het paleis, terwijl lakeien in livrei en hofdames ervoor zorgden dat we niets tekort kwamen. We zouden aanzitten aan een formeel banket in de balzaal en eten met vergulde messen en vorken. Tijdens een rondleiding kregen we dingen te horen als 'Dit is onze Blue Room' en maakte de gids een weids gebaar in een zaal die vijf keer zo groot was als onze Blue Room thuis. Het hoofd van de huishouding van de koningin begeleidde mij, mijn moeder en de meisjes op een dag door de rozentuin van het paleis, bijna een halve hectare tuin waar duizenden smetteloze rozen bloeiden en waarbij vergeleken de rozenstruiken die wij bij het Oval Office verzorgden, toch iets minder indrukwekkend overkwamen. Ik vond Buckingham Palace niet te bevatten en tegelijkertijd adembenemend.

Tijdens dat eerste bezoek werden we naar de privévertrekken van de koningin geleid en binnengelaten in een woonkamer, waar zij en prins Philip stonden te wachten om ons te verwelkomen. Koningin Elizabeth II was tweeëntachtig jaar, ze was klein en gracieus en glimlachte vriendelijk, haar witte haar golfde koninklijk over haar voorhoofd naar opzij. Ze droeg een lichtroze jurk en een parelketting en aan een arm hing keurig een zwarte tas. We gaven elkaar een hand en poseerden voor een foto. De koningin informeerde beleefd naar onze jetlag en vroeg ons te gaan zitten. Ik herinner me niet precies waarover we daarna hebben gesproken – een beetje over de economie en de stand van zaken in Engeland en de verschillende ontmoetingen die Barack nog zou hebben, denk ik.

Bijna elke formele ontmoeting is in zekere mate gênant; het is iets waar je je naar mijn ervaring overheen moet zien te zetten. Toen ik daar zat bij de koningin, moest ik mijn gedachten tot rust brengen, ophouden met het verwerken van de pracht en praal van waar we zaten en het verlammende gevoel van me afschudden in aanwezigheid van dit icoon van puurheid. Ik had het gezicht van hare majesteit al tientallen keren gezien, in geschiedenisboeken, op televisie en op bankbiljetten, maar hier was ze nu in het echt, keek me recht aan en stelde ze vragen. Ze was warm en voorkomend en ik probeerde dat ook te zijn. De koningin was een levend symbool en had ervaring in het daarmee omgaan, maar ze was net zo menselijk als wij allemaal. Ik mocht haar direct.

Later die middag liepen Barack en ik rond tijdens de receptie in het paleis en aten we hapjes met de andere G20-leiders en hun echtgenotes. Ik praatte met Angela Merkel en Nicolas Sarkozy. Ik ontmoette de koning van Saoedi-Arabië, de president van Argentinië en de premiers van Japan en Ethiopië. Ik deed mijn best te onthouden wie uit welk land kwam en welke echtgenoot of echtgenote bij wie hoorde en lette erop dat ik niet te veel sprak, uit angst iets fout te zeggen. In zijn geheel was het een waardige, vriendelijke aangelegenheid en een herinnering om niet te vergeten dat zelfs staatshoofden over hun kinderen kunnen praten en grapjes kunnen maken over het Britse weer.

Tegen het einde van de receptie keek ik op een gegeven moment opzij en bleek dat koningin Elizabeth naast me was komen staan en stonden we daar plotseling samen in een verder volle zaal. Ze droeg een paar smetteloos witte handschoenen en leek net zo opgewekt als een paar uur daarvoor, toen we elkaar voor het eerst hadden gesproken. Ze keek glimlachend naar me op.

'U bent zo lang,' merkte ze op en hield haar hoofd schuin.

'Nou,' zei ik grinnikend, 'de schoenen maken me nog een paar centimeter langer, maar inderdaad, ik ben lang.'

De koningin keek naar beneden naar de zwarte schoenen van Jimmy Choo die ik droeg. Ze schudde het hoofd.

'Die schoenen zitten niet lekker, neem ik aan?' zei ze. Ze gebaarde met enige frustratie naar haar eigen zwarte pumps.

Ik bekende de koningin dat mijn voeten pijn deden. Zij bekende dat de hare ook pijn deden. We keken elkaar aan met dezelfde uitdrukking op ons gezicht, zo van, *wanneer komt er nu eindelijk eens een einde aan dat rondhangen met wereldleiders?* En ze lachte stralend.

Vergeet dat zij af en toe een diamanten kroon droeg en dat ik in een presidentieel vliegtuig naar Londen was komen vliegen, we waren gewoon twee vermoeide dames die last hadden van onze schoenen. Toen deed ik wat ik van nature altijd doe als ik een band voel met iemand die ik net heb ontmoet, en dat is dat ik laat merken wat ik voel. Ik legde hartelijk een hand op haar schouder.

Op dat moment kon ik het nog niet weten, maar dit was een blunder van epische proporties. Ik had de koningin van Engeland aangeraakt en ik zou gauw te horen krijgen dat dat *not done* was. Onze ontmoeting tijdens de receptie was op beeld vastgelegd en in de dagen daarna zou die in alle mogelijke media overal ter wereld worden herhaald: 'Inbreuk op het protocol!' 'Michelle Obama durft de koningin te omhelzen!' Iets van de speculaties kwam terug uit de campagnetijd, toen werd gezegd dat ik in het algemeen ongemanierd was en de elegantie van een first lady miste, en ik maakte me ook wel wat bezorgd dat ik mogelijk afleidde van Baracks werk in het buitenland. Maar ik probeerde me niet ongerust te laten maken door die kritiek. Al had ik dan misschien niet het juiste gedaan daar in Buckingham Palace, ik had tenminste iets menselijks gedaan. En ik durf wel te zeggen dat de koningin er geen probleem mee had, want toen ik haar aanraakte, kwam ze alleen maar dichterbij staan en legde ze haar gehandschoende hand op mijn rug.

Terwijl Barack de volgende dag naar een marathonsessie van vergaderingen over de economie ging, bezocht ik een meisjesschool. Het was een openbare middelbare school in Islington, bij het centrum, niet ver van een wijk vol sociale woningbouw. Meer dan 90 procent van de negenhonderd leerlingen van de school was zwart of afkomstig uit een andere etnische minderheid; 20 procent van hen waren kinderen van immigranten of asielzoekers. Ik werd erdoor aangetrokken omdat het een gemengde school was met beperkte financiële middelen en toch de naam had dat er wat leren betreft, uitstekend werd gepresteerd. Ik wilde ervoor zorgen dat ik, wanneer ik ergens als first lady een bezoek bracht, de kans kreeg de mensen te ontmoeten die er ook echt woonden en niet alleen de personen die er de leiding hadden. Bij reizen naar het buitenland kreeg ik mogelijkheden die Barack niet had. Ik kon ontsnappen aan de geplande multilaterale besprekingen en bijeenkomsten met andere leiders en nieuwe wegen zoeken om wat extra warmte te brengen in die anders zo saaie bezoeken. Ik was van plan dat tijdens alle reizen naar het buitenland te doen, te beginnen in Engeland.

Ik was toch niet helemaal goed voorbereid op wat ik voelde toen ik binnenstapte in de Elizabeth Garrett Anderson School en naar een aula werd begeleid waar zo'n tweehonderd leerlingen bij elkaar zaten te kijken naar het optreden van enkele medeleerlingen en te luisteren naar wat ik kwam zeggen. De school was genoemd naar een arts, tevens de eerste gekozen vrouwelijke burgemeester van Engeland. Het gebouw zelf was niet erg bijzonder, een hoekig bakstenen bouwwerk in een onopvallende straat. Maar toen ik plaatsnam op een vouwstoel op het podium om naar de optredens te kijken – een scène uit een stuk van Shakespeare, een moderne dans en een koor dat een prachtige vertolking gaf van een nummer van Whitney Houston – begon iets in mij te rillen. Ik had het gevoel dat ik in mijn eigen verleden terugviel.

Je hoefde maar om je heen te kijken naar de gezichten in de zaal om te weten dat deze meisjes, ondanks hun sterke kanten, enorm hard zouden moeten werken om op te vallen. Er waren meisjes met een hidjab, meisjes voor wie Engels hun tweede taal was, meisjes met een huid in alle denkbare tinten bruin. Ik wist dat ze hard moesten duwen tegen alle stereotypen waarmee ze te maken zouden krijgen, alle manieren waarop ze gekarakteriseerd zouden worden voordat ze een kans hadden zichzelf te onderscheiden. Ze zouden moeten vechten tegen de onzichtbaarheid die vastzat aan armoede, vrouw-zijn en kleur. Ze zouden eraan moeten werken hun stem te vinden en niet het zwijgen te worden opgelegd, om ervoor te zorgen dat ze niet onderdrukt werden. Ze zouden er alleen al aan moeten werken om te leren.

Maar hun gezichten waren hoopvol en ik was dat nu ook. Voor mij was dit een vreemde, stille openbaring: zij waren mij, zoals ik ooit was geweest. En ik was hen, zoals zij konden zijn. De energie die ik in die school voelde, had niets te maken met hindernissen. Het was de kracht van negenhonderd hard werkende meisjes.

Toen de optredens achter de rug waren en ik naar de katheder liep om mijn woordje te doen, kon ik mijn emoties bijna niet inhouden. Ik keek naar mijn aantekeningen voor me, maar ze interesseerden me plotseling niet meer. Ik keek naar de meisjes en begon gewoon te praten, ik legde uit dat ik dan wel ver gekomen was en nu die merkwaardige titel had van first lady van de Verenigde Staten, maar dat ik meer op hen leek dan ze dachten. Dat ik ook uit een arbeidersbuurt kwam, dat ik was opgevoed in een gezin met weinig geld maar in een sfeer van liefde, dat ik al heel jong had ingezien dat school de plaats was waar ik kon beginnen mezelf te onderscheiden – dat een schoolopleiding de moeite waard was om aan te werken, dat het hen zou helpen een sprong voorwaarts te maken in de wereld.

Op dat moment was ik pas ruim twee maanden first lady. Op andere momenten voelde ik me overweldigd door het tempo, de glamour niet waardig, ongerust over onze kinderen en onzeker over mijn doel. Er zijn kanten aan het openbare leven – het opgeven van je privéleven om een lopend en pratend symbool te worden van een land – die speciaal ontworpen lijken om een deel van jouw identiteit van je af te nemen. Maar hier voelde ik eindelijk, terwijl ik tegen die meisjes sprak, iets heel anders en zuivers – een op één lijn brengen van mijn oude zelf en mijn nieuwe rol. *Zijn jullie goed genoeg? Ja, dat zijn jullie allemaal.* Ik vertelde de leerlingen van de Elizabeth Garrett Anderson School dat ze mij in mijn hart hadden getroffen. Ik vertelde hun hoe waardevol ze waren, omdat ze dat ook echt waren. En toen mijn praatje voorbij was, deed ik wat ik van nature altijd doe: ik omhelsde absoluut ieder meisje dat ik kon bereiken.

Thuis in Washington was het voorjaar geworden. Elke dag kwam de zon een beetje vroeger op en ging een beetje later onder. Ik zag hoe de helling van de South Lawn geleidelijk veranderde in weelderig en levendig groen. Vanuit de ramen van het woongedeelte kon ik de rode tulpen en de blauwe druifjes zien die rond de fontein onder aan de heuvel in bloei stonden. Mijn staf en ik hadden de voorgaande twee maanden ons best gedaan mijn idee voor een moestuin uit te voeren, wat niet gemakkelijk was geweest. Zo hadden we de National Park Service en de hoveniers van het Witte Huis ervan moeten overtuigen dat een stukje van het meest iconische gazon ter wereld moest worden omgeploegd. Er was in het begin grote weerstand tegen het idee alleen al. Het was decennia geleden, in de Tweede Wereldoorlog, dat de Victory Garden van het Witte Huis was aangelegd onder toeziend oog van Eleanor Roosevelt, een moestuin die als voorbeeld moest dienen voor anderen om *victory gardens* aan te leggen, en niemand leek dat nog eens over te willen doen. 'Ze denken dat we gek zijn geworden,' vertelde Sam Kass me op een gegeven moment.

Maar uiteindelijk kregen we onze zin. Eerst kregen we een klein stukje grond toegewezen ergens achter de tennisbanen naast een tuinschuurtje. Maar Sam vocht voor een beter stuk grond en kreeg uiteindelijk een L-vormig stuk van honderd vierkante meter van een zonovergoten deel van de South Lawn, niet ver van het Oval Office en de schommel, die we kort daarvoor neer hadden laten zetten voor de meisjes. We overlegden met de geheime dienst om ervoor te zorgen dat we geen van hun sensoren of zichtlijnen, die zij nodig hadden om het terrein te beveiligen, zouden verstoren. We lieten proeven doen om te zien of de grond voldoende voedingsstoffen bevatte en geen giftige stoffen zoals lood of kwik.

En toen konden we onze gang gaan.

Enkele dagen na terugkeer uit Europa ontving ik een groep leerlingen van de Bancroft Elementary School, een tweetalige basisschool in het noordwestelijk deel van de stad. De weken daarvoor waren we in de weer geweest met spades en schoffels om de grond in gereedheid te brengen. Nu kwamen dezelfde kinderen terug om me te helpen met planten. Ons stukje aarde lag niet ver van het zuidelijke hek aan E Street, waar vaak toeristen samendrommen om naar het Witte Huis te kijken. Ik was blij dat dit nu binnen hun gezichtsveld viel.

Ik hoopte tenminste dat ik er op een gegeven moment blij mee zou zijn. Met een moestuin weet je immers nooit zeker wat er al dan niet gaat gebeuren, of er zelfs wel iets zou gaan groeien. We hadden de media uitgenodigd om verslag te doen van het planten. En we hadden alle koks van het Witte Huis gevraagd ons samen met Tom Vilsack, Baracks minister van Landbouw, te komen helpen. We hadden iedereen gevraagd om te komen kijken naar wat we aan het doen waren. Nu moesten we alleen nog wachten op het resultaat. 'Eerlijk,' zei ik tegen Sam voordat er nog iemand was die morgen, 'dit moet wel gaan werken.'

Die dag knielde ik met een hele club vijfdeklassers op de grond om zorgvuldig zaailingen te planten en de grond rond de kwetsbare stengeltjes aan te drukken. Nadat ik in Europa was geweest en elk kledingstuk dat ik droeg, breed was uitgemeten in de media (bij de ontmoeting met de koningin had ik een gebreide trui gedragen, wat bijna net zo schandelijk was als mijn hand op haar schouder), en daarom was ik opgelucht dat ik nu op de grond op mijn knieën zat in een licht jasje en een vrijetijdsbroek. De kinderen stelden me allerlei vragen, sommige over groenten en wat er moest gebeuren, maar ook dingen als 'Waar is de president?' en 'Waarom helpt hij niet?' Het duurde echter niet lang of ze letten niet meer op mij omdat hun belangstelling zich richtte op de maat van hun tuinhandschoenen en de wormen in de grond. Ik vond het heerlijk om bij kinderen te zijn. Het was balsem voor mijn ziel en zou dat mijn hele periode in het Witte Huis blijven, een manier om even te ontsnappen aan mijn zorgen als first lady, aan het bewuste gevoel dat ik de hele tijd beoordeeld werd. Kinderen lieten me weer voelen wie ik was. Voor hen was ik geen bezienswaardigheid. Ik was gewoon een aardige, beetje lange mevrouw.

In de loop van de ochtend plantten we sla en spinazie, venkel en broccoli. We zaaiden worteltjes en kool en uien en erwten. We plantten bessenstruiken en een heleboel kruiden. Wat zou ervan opkomen? Ik wist het niet, net zomin als ik wist wat nog voor ons lag in het Witte Huis, wat nog voor ons lag voor het land of voor een van deze lieve kinderen om me heen. Alles wat we nog konden doen, was vertrouwen hebben in onze inspanningen en erop vertrouwen dat met regen en zon en tijd iets fatsoenlijks uit de aarde op zou schieten.

21

Op een zaterdagavond eind mei nam Barack me mee uit. In de vier maanden sinds hij president was, had hij zijn dagen vooral doorgebracht met werken aan manieren om zijn verkiezingsbeloften waar te maken; nu maakte hij een belofte aan mij waar. We gingen naar New York voor een etentje en een voorstelling.

In Chicago waren onze avondjes uit jarenlang een onaantastbaar deel van de week, een verzetje dat we in ons leven hadden ingebouwd en dat we koste wat kost beschermden. Ik vind het heerlijk om met mijn man te praten aan een kleine tafel in een ruimte met weinig licht. Ik heb dat altijd heerlijk gevonden en vermoed dat dat zo zal blijven. Barack is een goede luisteraar, geduldig en bedachtzaam. Ik hou van de manier waarop hij zijn hoofd achterover kantelt als hij lacht. Ik hou van de lichtheid in zijn ogen, de vriendelijkheid in zijn hart. Een drankje en een rustig etentje samen is altijd onze weg terug geweest, terug naar die eerste hete zomer toen alles tussen ons nog elektrisch geladen was.

Ik kleedde me voor ons afspraakje in New York in een zwarte cocktailjurk, deed lipstick op en stak mijn haar elegant op. Ik voelde enige opwinding bij het vooruitzicht op een ontsnapping, op een uitje met mijn man. De laatste maanden hadden we diners gegeven en waren we samen naar optredens in het Kennedy Center geweest, maar bijna altijd was dat wel in een officiële hoedanigheid en samen met een heleboel andere mensen. Dit zou een echt avondje uit zijn.

Barack droeg een donker pak zonder das. Aan het einde van de middag gaven we de meisjes en mijn moeder een kus en wandelden we hand in hand over de South Lawn om in de Marine One te klimmen, de presidentiële helikopter die ons naar de Andrews Air Force Base bracht. Daar stapten we over in een klein vliegtuig van de luchtmacht en vlogen naar JFK Airport, vanwaar we met een helikopter naar Manhattan vlogen. Elk onderdeel van de reis was zorgvuldig gepland door onze planningteams en de geheime dienst, zoals altijd bedoeld voor optimale efficiëntie en veiligheid.

Barack had (met de hulp van Sam Kass) een restaurant bij Washington Square Park uitgekozen, waarvan hij wist dat ik het heerlijk zou vinden omdat er de nadruk werd gelegd op lokaal verbouwde groenten, een klein, weggestopt eettentje genaamd Blue Hill. Terwijl we het laatste deel van de reis, van het heliplatform in Manhattan naar Greenwich Village, aflegden in een autocolonne, zag ik dat politieauto's met zwaailichten de zijstraten hadden afgesloten en voelde ik me een beetje schuldig dat onze aanwezigheid in de stad alleen al het gewone zaterdagavondverkeer verstoorde. New York riep altijd enig ontzag bij me op, zo groot en druk als het was om ieders ego in het niet te doen verzinken. Ik herinnerde me hoe verbijsterd ik was toen ik hier decennia geleden voor de eerste keer was met Czerny, mijn baas in Princeton. Ik wist dat Barack nog iets diepers voelde. De woeste energie en de diversiteit van de stad waren al jaren eerder een perfecte broedplaats geweest voor zijn intellect en voorstellingsvermogen, toen hij studeerde aan Columbia University.

In het restaurant werden we naar een tafeltje gebracht in een onopvallend hoekje, terwijl mensen om ons heen probeerden niet te staren. Maar onze komst viel niet te verbergen. Iedereen die na ons binnenkwam, werd door een team van de geheime dienst met een metaaldetector gescand, een proces dat gewoonlijk snel verliep, maar toch ongemakkelijk was. En weer voelde ik me een beetje schuldig.

We bestelden martini's. Ons gesprek bleef licht. We waren nu vier maanden POTUS en FLOTUS en waren ons nog steeds aan het aanpassen, aan het uitzoeken hoe onze ene identiteit samenging met de andere en wat het voor ons huwelijk betekende. Er was dezer dagen nauwelijks iets van Baracks gecompliceerde leven dat niet op de een of andere manier impact had op het mijne, hetgeen betekende dat er een heleboel gemeenschappelijke zaken waren die we hadden kunnen bespreken – het besluit van zijn team om een buitenlandse reis te plannen tijdens de zomervakantie van de meisjes, bijvoorbeeld, of dat er naar mijn stafchef moest worden geluisterd tijdens de stafvergaderingen 's morgens in de West Wing – maar ik probeerde die onderwerpen te vermijden, niet alleen vanavond, maar elke avond. Als ik al een probleem had over iets wat zich in de West Wing afspeelde, vertrouwde ik erop dat mijn staf het opnam met Baracks staf; zo deed ik wat ik kon om zaken met betrekking tot het Witte Huis buiten onze uren samen te houden.

Soms wilde Barack praten over zijn werk, hoewel hij dat meestal vermeed. Een groot deel van zijn baan was gewoon vreselijk, de uitdagingen waren enorm, problemen vaak onoplosbaar. General Motors zou binnen enkele dagen failliet gaan. Noord-Korea had net een kernproef uitgevoerd en Barack zou enkele dagen later naar Egypte gaan om een belangrijke toespraak te houden die bedoeld was als uitgestoken hand naar de moslims overal ter wereld. De grond om hem heen leek nooit op te houden met schudden. Elke keer als goede vrienden op bezoek kwamen in het Witte Huis, waren ze geamuseerd door de intensiteit waarmee zowel Barack als ik hen ondervroeg over hun baan, hun kinderen, hun hobby's, alles. We waren allebei minder geïnteresseerd in praten over hoe ingewikkeld ons nieuwe bestaan was en meer in het opnemen van alle roddels en dagelijks nieuws van thuis. Beiden, zo leek het, verlangden we naar glimpjes van het gewone leven.

Die avond in New York aten, dronken en praatten we bij kaarslicht, genoten we van het gevoel, hoe illusoir ook, dat we er stiekem vandoor waren gegaan. Het Witte Huis is een opmerkelijk mooie en gerieflijke plek, een soort kasteel vermomd als huis, en vanuit het standpunt van de agenten van de geheime dienst die de opdracht hadden ons te bewaken, zou het vermoedelijk ideaal zijn als we het terrein nooit verlieten. Zelfs binnen leken de agenten het gelukkigst als we de lift namen in plaats van de trap zodat het risico dat we struikelden, zo klein mogelijk was. Als Barack of ik een bijeenkomst had in Blair House, dat aan de overkant van een toch al afgesloten gedeelte van Pennsylvania Avenue ligt, vroegen ze ons soms om toch de auto te nemen in plaats van er in de frisse lucht naartoe te wandelen. We respecteerden hun oplettendheid, maar het voelde wel als een vorm van gevangenschap. Ik worstelde er weleens mee als ik probeerde het evenwicht te vinden tussen mijn behoeften en wat voor anderen het makkelijkst was. Als iemand van ons gezin op het Trumanbalkon wilde gaan staan, dat heerlijke halfronde terras met uitzicht op de South Lawn en de enige semi-privéruimte buiten die we in het Witte Huis hadden, moesten we eerst de geheime dienst waarschuwen zodat zij het gedeelte van E Street konden afsluiten vanwaar je uitzicht had op het balkon en de groepen toeristen wegsturen, die dag en nacht voor het hek stonden. Vaak wilde ik op het balkon buiten gaan zitten, maar bedacht me omdat ik me dan realiseerde wat een gedoe dat zou geven en hoeveel vakanties ik verprutste, alleen omdat het me fijn leek buiten een kopje thee te drinken.

Nu onze bewegingsvrijheid zo beperkt was, was het aantal meters dat Barack en ik op een dag liepen, ook erg beperkt. Ten gevolge daarvan waren we beiden totaal afhankelijk geworden van de kleine sportzaal op de bovenste verdieping. Barack rende elke dag wel een uur op de loopband en probeerde zo zijn fysieke rusteloosheid te onderdrukken. Ik werkte elke morgen mijn trainingsprogramma af, vaak met Cornell, die onze trainer was geweest in Chicago en nu ten behoeve van ons parttime in Washington was komen wonen en ons minstens enkele keren per week kwam pushen met sprongtraining en gewichten.

Afgezien van landszaken hadden Barack en ik nooit gebrek aan gespreksstof. Onder het diner die avond spraken we over Malia's fluitles en Sasha's niet aflatende liefde voor haar inmiddels totaal versleten Blankie, dat ze boven haar hoofd legde als ze ging slapen. Toen ik een grappig verhaal vertelde over hoe een styliste had geprobeerd valse wimpers bij mijn moeder aan te brengen voor een fotoshoot, kantelde Barack zijn hoofd achterover en lachte, precies zoals ik wist dat hij zou doen. En we hadden een nieuwe en vermakelijke baby in huis om over te praten: een zeven maanden oude, totaal onbesuisde Portugese waterhond die we Bo hadden gedoopt, een geschenk aan ons gezin van senator Ted Kennedy en het nakomen van de belofte die we de kinderen tijdens de campagne hadden gedaan. Een van de voordelen van dit hondenras is, dat het hypogeen is, dat wil zeggen dat mensen die allergisch zijn voor honden, daar bij dit ras geen last van hebben. De meisjes waren helemaal verslaafd geraakt aan het doen van verstoppertje met hem op de South Lawn, waarbij ze achter bomen kropen en zijn naam riepen terwijl hij over het gras rende en op hun stemmen afkwam. We hielden allemaal van Bo.

Toen we eindelijk klaar waren met eten en opstonden om te gaan, stonden de gasten om ons heen ook op en applaudisseerden, wat ik zowel aardig als onnodig vond. Mogelijk dat sommige van hen blij waren dat we vertrokken.

We waren lastig, Barack en ik, een verstoring van elke normale situatie. Daar konden we niet omheen. We voelden dat heel sterk toen onze rij auto's Sixth Avenue opkwam en richting Times Square reed, waar de politie uren eerder een heel blok voor het theater had afgezet en waar de andere theaterbezoekers nu in de rij moesten staan wachten en door metaaldetectorpoortjes moesten lopen die er gewoonlijk niet stonden. De acteurs moesten als gevolg van deze veiligheidschecks drie kwartier wachten voordat de show kon beginnen.

Het stuk, toen het eindelijk begon, was fantastisch. Het was een drama van August Wilson dat zich afspeelde in een pension in Pittsburgh tijdens de Grote Migratie, toen miljoenen Afro-Amerikanen het zuiden verlieten en de Midwest binnenstroomden, net als mijn voorouders van beide kanten hadden gedaan. Ik werd er, daar naast Barack, volledig door in beslag genomen, een beetje emotioneel zelfs, en ging even helemaal in de voorstelling op en een gevoel van tevredenheid overviel me, dat meekwam met dat beetje vrije tijd en buiten zijn in de echte wereld.

Toen we laat die avond terugvlogen naar Washington, wist ik al dat het lang zou gaan duren voordat we weer zoiets zouden doen. Baracks politieke tegenstanders leverden kritiek op hem omdat hij me meegenomen had naar New York om een voorstelling te zien. De Republikeinse Partij had al een persverklaring uitgegeven nog voordat we thuis waren, waarin werd gesteld dat ons uitje te duur was geweest en de belastingbetaler te veel had gekost, een boodschap die door de kabelmaatschappijen werd opgepikt en in het nieuws besproken. Baracks team zou het punt ook nog eens benadrukken door er bij ons op aan te dringen meer na te denken over de politieke gevolgen, waardoor ik me schuldig en egoïstisch zou gaan voelen voor dat zeldzame uitje alleen met mijn man.

Maar daar zou het niet bij blijven. De critici waren er altijd. De Republikeinen gaven nooit op. De buitenkant zou altijd ons leven beheersen.

Het was alsof Barack en ik met ons uitje een theorie hadden getest en zowel de beste als de slechtste kanten hadden bewezen van wat we altijd al hadden vermoed. De beste kant was dat we even weg kónden gaan voor een romantisch avondje zoals we vroeger altijd deden, jaren geleden, voordat zijn politieke leven de overhand kreeg. We konden ons, als *first couple*, close en verbonden voelen, van een diner en een voorstelling genieten in een stad waar we allebei van hielden. De slechtste kant was het egoïsme dat inherent was aan die keuze, wetende dat er uren van tevoren bijeenkomsten zouden zijn tussen de veiligheidsdiensten en de lokale politie. Het betekende extra werk voor onze teams, voor het theater, voor de kelners in het restaurant, voor de mensen die met hun auto van Sixth Avenue werden gestuurd, voor de politie op straat. Het maakte allemaal deel uit van hoe belangrijk we nu gevonden werden. Er waren gewoon veel te veel mensen bij betrokken, te veel mensen werden erdoor beïnvloed, om nog onbelangrijk te zijn.

Vanaf het Trumanbalkon kon ik zien hoe de moestuin langzaam groen werd en tot bloei kwam in de zuidwestelijke hoek van het gazon. Voor mij was dat een dankbaar gezicht, een miniatuur-Eden in wording, bestaande uit klimmende jonge ranken en nog maar half uitgegroeide scheuten, het loof van wortels en uien kwam net boven de grond, de spinaziebedden waren al dicht en groen en langs de randen groeiden felrode en gele bloemen. We verbouwden ons eigen eten.

Eind juni kwamen onze oorspronkelijke tuinhulptroepen van Bancroft Elementary helpen met de eerste oogst; samen knielden we op de grond om slabladeren te plukken en de peulen van de erwtjes van de stengels te trekken. Deze keer werden ze ook beziggehouden door Bo, onze puppy, die zelf een groot tuinliefhebber bleek te zijn en rond de bomen sprong voordat hij tussen de bedden op zijn rug in de zon ging liggen.

Na het oogsten die dag maakten Sam en de schoolkinderen in de keuken salades van de vers geplukte slabladeren en de erwtjes, die we aten met gebraden kip, gevolgd door cupcakes versierd met bessen uit de moestuin. Binnen tien weken had de tuin meer dan veertig kilo groenten en fruit opgeleverd, terwijl ik niet meer dan $ 200 had besteed aan zaden en mulch.

De moestuin was populair en gezond, maar ik wist heel goed dat dat voor sommige mensen niet voldoende zou zijn. Ik begreep dat ik in de gaten gehouden werd met een bepaald soort verwachting, vooral door vrouwen, misschien vooral door professioneel werkende vrouwen die zich afvroegen of ik mijn opleiding en managementervaring had begraven om me te wijden aan een of ander typisch bezigheidje voor een first lady, een plaats met theeblaadjes op de grond en gevoerd met roze linnengoed. Mensen leken bezorgd dat ik mezelf niet meer zou zijn.

Nog afgezien van het feit dat ik zelf uitmaak wat ik doe, wist ik dat ik altijd wel iemand teleur zou stellen. Van de campagne had ik geleerd dat elke beweging en elke gezichtsuitdrukking op tien manieren werden uitgelegd. Ik was drammerig en boos, of ik was, met mijn moestuin en boodschap over gezond eten, een teleurstelling voor feministen omdat het me zou ontbreken aan een zekere strijdvaardigheid. Een paar maanden voordat Barack werd gekozen, had ik een interviewer van een tijdschrift verteld dat mijn focus in het Witte Huis op de eerste plaats gericht zou zijn op het behouden van mijn rol als 'bevelvoerende moeder' in het gezin. Ik had het terloops laten vallen, maar het zinnetje bleef hangen en werd door de pers nog eens versterkt. Sommige Amerikanen leken het te omhelzen, zij begrepen maar al te goed hoeveel organisatie- en doorzettingsvermogen nodig zijn om kinderen op te voeden. Anderen leken echter enigszins ontzet omdat ze dachten dat dat betekende dat ik als first lady niets anders zou doen dan samen met mijn kinderen knutselen met pijpenragers.

Maar in werkelijkheid was ik van plan alles te gaan doen – doelgericht werken en met zorg opvoeden – zoals ik altijd had gedaan. Het enige verschil was dat er nu zoveel mensen op mijn vingers keken.

Het liefst werkte ik, in het begin althans, in alle stilte. Ik wilde methodisch te werk gaan en een groter plan opstellen, wachten tot ik het volste vertrouwen had in wat ik had gepresteerd voordat ik ermee naar buiten kwam. Zoals ik tegen mijn staf zei, ik ga liever de diepte in dan de breedte als het op problemen aankomt. Ik voelde me soms als een zwaan op een meer, wetende dat het deels mijn taak was om over het water te glijden en er sereen uit te zien, terwijl ik onder water nooit mijn zwemvliezen stil kon houden. De belangstelling en het enthousiasme die we hadden weten op te wekken met de moestuin – de positieve nieuwsberichten, de brieven die binnenstroomden uit het hele land – bevestigden alleen maar dat ik voor geroezemoes kon zorgen rond een goed idee. Nu wilde ik een belangrijker probleem aanpakken en naar oplossingen daarvan streven.

Toen Barack president werd, had bijna een derde van alle Amerikaanse kinderen overgewicht of was zelfs obees. In de voorgaande drie decennia was de mate van jeugdobesitas verdrievoudigd. Kinderen kregen in recordaantallen de diagnose hoge bloeddruk en diabetes type 2. Zelfs hoge militairen gaven aan dat obesitas een van de meest voorkomende gronden was voor afkeuring voor de dienst.

Het probleem was verweven met elk aspect van het gezinsleven, van de hoge prijs voor vers fruit tot de wijdverbreide bezuinigingen op de financiering van de gymles op school. Tv, computers en videospelletjes streden om de tijd van de kinderen en in sommige buurten was binnenblijven een veiliger keus dan buiten gaan spelen, zoals Craig en ik hadden gedaan toen wij klein waren. Veel gezinnen in achterstandswijken van de grote steden hadden geen kruidenierswinkels in de buurt. In grote delen van het platteland hadden klanten evenmin de kans verse producten aan te schaffen. Intussen werden de porties in restaurants steeds groter. Reclameslogans voor gezoete ontbijtgranen, gemaksvoedsel voor in de magnetron en alles supergroot werden direct gedownload in de geest van de kinderen die naar tekenfilms keken.

Proberen om zelfs maar één onderdeel van de voeding te veranderen kon echter stormen van verzet oproepen. Als ik bijvoorbeeld de oorlog zou verklaren aan frisdranken vol suiker waarmee kinderen direct werden benaderd, dan zou dat verzet niet alleen komen van de frisdrankindustrie, maar ook van de boeren die de mais leveren die in veel zoetstoffen wordt gebruikt. Als ik gezonder middageten op de scholen zou propageren, dan zou ik in botsing komen met de lobby van de grote voedselbedrijven die nu vaak dicteerden wat er op het bord van een vierdeklasser in de schoolkantine terechtkomt. Al jarenlang worden specialisten in de gezondheidszorg en voorstanders van beter eten op scholen met succes tegengewerkt door de beter georganiseerde en veel rijkere voedsel- en frisdrankindustrie. Aan schoollunches in de Verenigde Staten werd jaarlijks zes miljard dollar uitgegeven.

Toch dacht ik dat dit het juiste moment was voor verandering. Ik was de eerste noch de enige die zich deze problemen aantrok. In heel Amerika werd een ontluikende beweging voor gezond eten steeds sterker. Stadsboeren experimenteerden in steden in het hele land. Republikeinen én Democraten hadden het probleem aangekaart op het niveau van staten en steden en al geïnvesteerd in een gezondere leefomgeving met bredere trottoirs en meer openbare parken – bewijs dat er een gemeenschappelijke politieke basis was die verder verkend moest worden.

Halverwege 2009 begonnen mijn kleine team en ik te overleggen met beleidsmakers van de West Wing en vergaderden we met specialisten binnen en buiten de overheid om een plan op te stellen. We besloten dat we in ons werk zouden blijven focussen op kinderen. Het valt niet mee en ligt politiek gevoelig om volwassenen hun gewoonten te laten veranderen. We waren ervan overtuigd dat we een grotere kans hadden als we kinderen op andere ideeën konden brengen waar het eten en lichaamsbeweging vanaf jonge leeftijd betrof. En wie kon het ons kwalijk nemen dat we oprecht gaven om de gezondheid van kinderen?

Mijn eigen kinderen hadden op dat moment zomervakantie. Ik had beloofd dat ik drie dagen per week zou besteden aan mijn verplichtingen als first lady en de rest van de tijd aan het gezin. In plaats van de kinderen onder te brengen bij vakantiebezigheden besloot ik Camp Obama te organiseren, zoals ik het noemde. Er werden een paar vriendinnetjes uitgenodigd en we maakten uitstapjes om de omgeving van waar we nu woonden, beter te leren kennen. We gingen naar Monticello en Mount Vernon en dwaalden door de grotten in de Shenandoahvallei. We brachten een bezoek aan het Bureau of Engraving and Printing om te zien hoe dollars worden gemaakt en liepen door het huis van Frederick Douglass in het zuidoosten van Washington om te zien hoe een slaaf een politicus kon worden en een held. De eerste tijd wilde ik dat de meisjes na elk bezoek een kort verslag schreven waarin ze samenvatten wat ze hadden gezien, maar toen ze daartegen gingen protesteren, hield ik ermee op.

Zo vaak we konden planden we deze uitjes vroeg in de ochtend of juist aan het einde van de dag zodat de geheime dienst de plek voor onze aankomst zonder al te veel drukte vrij kon maken of met een koord kon afzetten. We zorgden nog steeds voor overlast, dat wist ik, al was dat al minder omdat Barack er niet bij was. En wat de meisjes betreft, probeerde ik elk schuldgevoel van me af te schudden. Ik wilde dat onze kinderen zich net zo vrij konden bewegen als andere kinderen.

Op een dag eerder in het jaar had ik een meningsverschil met de geheime dienst toen Malia door een stelletje schoolvriendinnen was gevraagd met hen een ijsje te gaan kopen. Omdat ze om veiligheidsredenen niet in de auto van een ander gezin mocht meerijden en omdat Barack en ik die dag al weken tevoren van minuut tot minuut hadden gepland, werd tegen Malia gezegd dat ze een uur moest wachten terwijl de commandant van haar bewakingseenheid ergens uit een buitenwijk werd opgetrommeld, waarna natuurlijk een heleboel telefonische verontschuldigingen volgden en iedereen moest wachten.

Dat was nu precies wat ik niet voor mijn dochters wilde en ik kon mijn irritatie niet bedwingen. Ik zag het nut er niet van in. In bijna elke gang van het Witte Huis stonden bewakers. Als ik naar buiten keek, zag ik voertuigen van de geheime dienst op de rondlopende oprijlaan staan. Maar om de een of andere reden was mijn toestemming niet voldoende om Malia met haar vriendinnen mee te laten gaan. Er kon niets worden gedaan zonder overleg met haar commandant.

'Dit is niet hoe gezinnen werken of hoe een ijsje halen werkt,' zei ik. 'Als je een kind wilt beschermen, dan moet je als kind kunnen gaan en staan waar je wilt.' Ik bleef er maar op aandringen dat de geheime dienst de protocollen zou veranderen zodat Malia en Sasha in de toekomst het Witte Huis veilig en zonder uitvoerige planning van tevoren konden verlaten. Voor mij was het opnieuw het opzoeken van de grenzen. Barack en ik hadden het idee losgelaten dat we spontaan iets konden ondernemen. We hadden ons erbij neergelegd dat er geen ruimte meer was voor opwellingen en impulsiviteit in ons eigen leven. Maar voor de meisjes bleven we ernaar streven.

Op een gegeven moment tijdens Baracks campagne waren mensen op mijn kleding gaan letten. De media deden dat tenminste, waardoor modebloggers het ook gingen doen en dat leek allerlei commentaar los te maken onder internetters. Ik weet niet precies waarom dit gebeurde – misschien omdat ik lang ben en niet bang voor opvallende patronen – maar zo ging het nu eenmaal.

Als ik flatjes droeg in plaats van hoge hakken, werd dat vermeld in het nieuws. Mijn kettingen, mijn ceinturen, mijn jasjes, mijn confectiejurken van J.Crew, mijn blijkbaar moedige keuze van wit voor een inauguratiejapon – alles leek een massa meningen en instantfeedback los te maken. Ik droeg een mouwloze auberginekleurige jurk toen Barack de gezamenlijke vergadering van het Congres toesprak en een mouwloze nauwsluitende zwarte jurk voor mijn officiële Witte Huisfoto en plotseling verschenen mijn armen in de krantenkoppen. Aan het einde van de zomer van 2009 maakten we een familie-uitje naar de Grand Canyon en aansluitend kreeg ik de wind van voren vanwege een klaarblijkelijk gebrek aan waardigheid, want ik was gefotografeerd toen ik de Air Force One uitstapte (en het meer dan veertig graden was, mag ik hieraan toevoegen), gekleed in shorts.

Het leek wel alsof mijn kleren voor veel mensen belangrijker waren dan wat ik ook maar te zeggen had. In Londen stapte ik van het toneel, tot tranen toe bewogen toen ik de meisjes van de Elizabeth Garrett Anderson School had toegesproken, en wat ik hoorde was dat de eerste vraag van een verslaggever aan een van mijn stafleden was: 'Wie heeft haar jurk gemaakt?'

Ik werd moedeloos van dit soort dingen, maar probeerde het toch te zien als een gelegenheid om te leren, om de macht te gebruiken die ik kon vinden in een situatie die ik nooit voor mezelf gekozen zou hebben. Als mensen voornamelijk door een tijdschrift bladerden om te zien wat ik droeg, hoopte ik dat ze ook de vrouw van de soldaat naast me zagen of lazen wat ik te zeggen had over de gezondheid van kinderen. Toen *Vogue* kort nadat Barack was gekozen, voorstelde me op de cover van het blad te zetten, hadden mijn team en ik uitvoerig besproken of ik dan frivool of juist elitair zou overkomen in een tijd van economische zorgen, maar we besloten het te doen. Elke keer dat een vrouw met een kleur op de cover van een tijdschrift verscheen, deed ertoe. Ik stond er wel op dat ik mijn eigen kleren kon uitkiezen en droeg jurken van Jason Wu en Narciso Rodriguez, een getalenteerde latino ontwerper, voor de fotoshoot.

Ik wist wel iets van mode, maar niet veel. Als werkende moeder had ik het te druk gehad om me veel aan te trekken van wat ik droeg. Tijdens de campagne had ik de meeste kleren gekocht in een winkeltje in Chicago, waar ik het geluk had de jonge verkoopmedewerkster Meredith Koop te treffen. Meredith, die was opgegroeid in St. Louis, was slim en wist alles over verschillende ontwerpers en had een speels gevoel voor kleuren en stoffen. Na Baracks verkiezing had ik haar over kunnen halen naar Washington te verhuizen om daar mijn persoonlijke assistente en kledingstyliste te worden. Al gauw was ze een gewaardeerde vriendin.

Een paar keer per maand rolde Meredith een paar grote kledingrekken mijn kleedkamer in het woongedeelte binnen en was ik een uur of twee bezig met passen en het uitkiezen van de juiste kleding voor wat er de komende weken op mijn programma stond. Voor al mijn kleren en accessoires betaalde ik zelf, met uitzondering van enkele kledingstukken als avondjaponnen op haute-coutureniveau die ik op formele bijeenkomsten droeg, die aan me werden uitgeleend door de ontwerpers en die later gedoneerd zouden worden aan de National Archives, precies zoals de ethische regels van het Witte Huis voorschrijven. Wat mijn keuze betreft, wilde ik een beetje onvoorspelbaar zijn, om te voorkomen dat iemand een boodschap zou lezen in wat ik droeg. Het was moeilijk om het goed te doen. Ik werd geacht op te vallen zonder anderen in mijn schaduw te stellen, om in te passen maar niet weg te vallen. Ik wist ook dat ik als zwarte vrouw bekritiseerd zou worden als ik te opzichtig en te duur gekleed zou zijn, maar ook als ik me te informeel vertoonde. Daarom gooide ik alles door elkaar. Ik droeg een dure rok van Michael Kors met een T-shirt van Gap. Ik droeg de ene dag iets van Target en de volgende iets van Diane von Fürstenberg. Ik wilde de aandacht vestigen op Amerikaanse ontwerpers en hen prijzen, vooral zij die nog niet zo gevestigd waren, zelfs als dat af en toe ontwerpers van de oude garde frustreerde, zoals Oscar de la Renta, die herhaaldelijk liet weten dat hij niet blij was dat ik zijn creaties niet droeg. Voor mij waren mijn keuzes domweg een manier om mijn merkwaardige relatie met de blik van het publiek te gebruiken om een afwisselende groep jonge talenten te promoten.

Het uiterlijk regeerde zo'n beetje alles in de wereld van de politiek en ik hield hier bij elke outfit rekening mee. Dat kostte echter tijd, nadenken, en geld, meer geld dan ik ooit aan kleding had uitgegeven. Ook vereiste het zorgvuldig onderzoek door Meredith, vooral bij reizen naar het buitenland. Vaak was ze uren bezig uit te zoeken of we met de door ons gekozen ontwerpers, kleuren en stijlen voldoende rekening hielden met de mensen en landen die we bezochten. Meredith kocht ook de kleren voor Malia en Sasha als die in het openbaar moesten verschijnen, hetgeen nog meer geld kostte, maar ook op hen was de blik van het publiek gericht. Ik zuchtte weleens diep als ik zag dat Barack hetzelfde donkere pak uit zijn kast haalde en aan het werk ging zonder zelfs maar een kam door zijn haar te hoeven halen. Zijn grootste zorg wat mode betreft voor een openbaar optreden was of hij zijn colbertje aan zou houden of uit zou doen, en een das of geen das.

Wij, Meredith en ik, zorgden ervoor dat we altijd op alles waren voorbereid. Als ik in mijn kleedkamer een nieuwe jurk paste, trok ik hem aan en hurkte ik, sloeg ik om me heen en draaide ik met mijn armen als molenwieken om er zeker van te zijn dat ik me vrij kon bewegen. Alles wat te beperkend was, ging terug in het rek. Als ik reisde, had ik back-up outfits bij me, rekening houdend met weersveranderingen of verandering van plannen, om nog maar niet te spreken van nachtmerriescenario's als wijnvlekken en kapotte ritssluitingen. Ik had ook geleerd dat het belangrijk was altijd kleding bij me te hebben die geschikt was voor een begrafenis, want Barack werd weleens op heel korte termijn opgeroepen aanwezig te zijn als militairen, senatoren of wereldleiders naar hun laatste rustplaats werden gebracht.

Ik ging zwaar leunen op Meredith, maar ook op Johnny Wright, mijn snel pratende, hard lachende orkaan van een kapper, en Carl Ray, mijn zacht pratende en nauwkeurige make-upkunstenaar. Zij gedrieën, door mijn team 'de trifecta' genoemd, gaven mij het vertrouwen dat ik nodig had om elke dag in het openbaar te verschijnen, terwijl we alle vier wisten dat de kleinste vergissing zou leiden tot een stroom van spottende en nare commentaren. Ik had natuurlijk nooit verwacht dat ik anderen aan zou nemen om mijn imago te bewaken en in het begin was het idee voor mij ook verwarrend. Maar al gauw kwam ik achter een waarheid waar nooit iemand het over heeft: tegenwoordig heeft bijna iedere vrouw in het openbare leven – politici, beroemdheden, noem maar op – een versie in dienst van Meredith, Johnny en Carl. Het kan niet anders, dat betalen we voor onze sociale dubbele standaard.

Hoe waren andere first lady's omgegaan met het gedoe van hun haar, make-up en kleding? Ik had geen idee. In de loop van het eerste jaar in het Witte Huis heb ik verscheidene keren boeken opengeslagen geschreven over of door first lady's, maar elke keer ook weer dichtgeslagen. Ik wilde eigenlijk helemaal niet weten waarin we overeenkwamen en waarin we verschilden.

In september had ik, eigenlijk veel te laat, een leuke lunch met Hillary Clinton, samen in de eetkamer van het woongedeelte. Na zijn verkiezing en een beetje tot mijn verrassing had Barack Hillary gekozen als zijn minister van Buitenlandse Zaken. Ze hadden de wonden van de campagnestrijd kunnen helen en een productieve werkrelatie opgebouwd. Ze vertelde me eerlijk dat ze de bereidheid van het land om een proactieve vrouw in de rol van first lady te zien, verkeerd had beoordeeld. Als first lady van Arkansas had Hillary haar baan als partner in een advocatenkantoor aangehouden, terwijl ze tegelijkertijd haar mans pogingen actief steunde om de gezondheidszorg en het onderwijs in de staat te verbeteren. Maar toen ze in Washington kwam met dezelfde wens en energie om bij te dragen, werd dat ronduit afgewezen en werd ze gehekeld voor het spelen van een beleidsrol met betrekking tot de hervorming van de gezondheidszorg. De boodschap werd overgebracht met duidelijke, wrede openhartigheid: de kiezers hadden haar echtgenoot gekozen, niet haar. Voor first lady's was geen plaats in de West Wing. Ze had geprobeerd te veel te snel te doen, zo leek het, en was daarmee tegen een muur aangelopen.

Zelf probeerde ik die muur in het oog te houden, ik leerde van andere first lady's en zorgde ervoor me niet te direct of te openlijk te bemoeien met zaken van de West Wing. In plaats daarvan vertrouwde ik erop dat mijn staf dagelijks overlegde met die van Barack, dat ze adviezen uitwisselden, onze agenda's synchroniseerden en elk plan bekeken. De adviseurs van de president konden naar mijn idee weleens te veel nadruk leggen op uiterlijkheden. Toen ik op een gegeven moment, een paar jaar later, besloot mijn haar in een pony te laten knippen, vond mijn staf het noodzakelijk eerst over dat idee te overleggen met Baracks staf om er zeker van te zijn dat dat geen problemen zou geven.

Nu het zo slecht ging met de economie was Baracks team permanent bezig met te voorkomen dat het Witte Huis gezien de sombere tijden het beeld opwekte van frivoliteit of lichtzinnigheid. Ik was het hier niet altijd mee eens. Ik wist uit ervaring dat je zelfs in moeilijke tijden, misschien vooral in moeilijke tijden, nog steeds moest kunnen lachen. Vooral voor de kinderen moest je manieren vinden om plezier te maken. Aan dit front had mijn team moeten worstelen met Baracks afdeling communicatie over een idee van mij om een Halloweenfeestje voor kinderen te organiseren in het Witte Huis. De West Wing, en dan vooral David Axelrod die nu senior adviseur was van de regering, en perssecretaris Robert Gibbs, dacht dat het te protserig zou zijn en te duur en dat Barack zich daarmee zou vervreemden van het publiek. 'De uiterlijkheden zijn gewoon slecht,' was hoe ze het formuleerden. Ik was het daar niet mee eens en vond dat een Halloweenfeest voor kinderen uit de buurt en van militairen die het Witte Huis nog nooit van binnen hadden gezien, juist een uitstekende manier zou zijn om een klein beetje van het entertainmentbudget van het Social Office te gebruiken.

Axe en Gibbs stemden nooit helemaal toe, maar op een gegeven moment gaven ze hun verzet op. Tot mijn grote vreugde verscheen eind oktober een vierhonderdvijftig kilo zware pompoen op het gazon van het Witte Huis. Een band van witte skeletten speelde jazz, terwijl een reusachtige zwarte spin van de noordelijke zuilengang naar beneden klom. Ik stond voor het Witte Huis, gekleed als luipaard – in zwarte broek, gevlekte top en met een haarband met een paar kattenoren – terwijl Barack, die al nooit van verkleedpartijtjes hield al voordat uiterlijkheden ertoe gingen doen, naast me stond in een saaie trui. (Gibbs, ere wie ere toekomt, verscheen als Darth Vader, klaar voor wat lol.) Die avond deelden we zakjes uit met koekjes, gedroogde vruchten en M&M's in een doosje met het presidentiële zegel erin gestanst en kwamen meer dan tweeduizend prinsesjes, magere heinen, piraten, superhelden, spoken en footballspelers het gazon opgelopen om ons te begroeten. Wat mij betreft waren de uiterlijkheden precies goed.

De moestuin leverde elk seizoen nieuwe producten en leerde ons allerlei dingen. We verbouwden kanteloepen die echter bleek en smaakloos waren. We kregen te maken met enorme regenbuien die de bovengrond wegspoelden. Vogels genoten van onze bosbessen, kevers gingen op de komkommers af. Elke keer als er iets misging, pasten we met de hulp van Jim Adams, de tuinman van de National Park Service die bij ons het hoofd van de tuinlieden was, en Dale Haney, toezichthouder op de tuinen van het Witte Huis, iets aan en gingen we door en genoten daarna van de overvloed. Bij ons avondeten in het woongedeelte aten we nu vaak broccoli, worteltjes en kool uit eigen tuin. We schonken een deel van elke oogst aan Miriam's Kitchen, een plaatselijke non-profitorganisatie die maaltijden verzorgde voor daklozen. Ook plukten we groenten om ze ten geschenke te geven aan hoogwaardigheidsbekleders, samen met potjes honing uit onze nieuwe bijenkorven. Onder stafleden was de moestuin een bron van trots geworden en zij die in het begin sceptisch waren geweest, waren nu fans. Voor mij was de tuin simpel, geslaagd en gezond – een symbool van ijver en vertrouwen. De tuin was prachtig en krachtig tegelijk. En maakte mensen gelukkig.

In de voorgaande maanden hadden mijn staf van de East Wing en ik gesproken met specialisten in en voorvechters van de gezondheid van de jeugd en hun gevraagd ons te helpen met het ontwikkelen van een basis waarop we verder konden werken aan een hoger doel. We zouden ouders beter gaan informeren om ze te helpen gezondere keuzes te maken voor hun gezinnen. We zouden gaan werken aan gezondere scholen. We zouden gaan proberen voedzamer eten voor meer mensen bereikbaar te maken. En we zouden naar meer manieren gaan zoeken voor jonge mensen om lichamelijk actief te worden. In de wetenschap dat de manier waarop we ons werk introduceerden ontzettend belangrijk zou zijn, riep ik opnieuw de hulp in van Stephanie Cutter, die als consultant Sam en Jocelyn Frye kwam helpen het initiatief vorm te geven, terwijl mijn communicatieteam de opdracht had om een leuke publiekscampagne te ontwikkelen. Al die tijd maakte de West Wing zich zorgen om mijn plannen, bezorgd als men was dat ik de met het vingertje wijzende belichaming zou worden van de betuttelende verzorgingsstaat in een tijd waarin controversiële reddingsoperaties van banken en autofabrikanten Amerika extra gevoelig had gemaakt voor alles wat ook maar enigszins op overheidsbemoeienis leek.

Het was echter mijn doel hiervan meer te maken dan alleen iets van de overheid. Ik hoopte te leren van wat Hillary me had verteld over haar ervaringen, namelijk de politiek over te laten aan Barack en mijn eigen inspanningen op andere dingen te richten. Als er onderhandeld moest worden met CEO's van frisdrankbedrijven of de leveranciers van schoollunches, leek het mij de moeite waard een beroep op hen te doen in plaats van me te beroepen op regels, om met ze samen te werken in plaats van ruzies te beginnen. En als het ging over de manier waarop gezinnen in werkelijkheid leefden, wilde ik moeders, vaders en vooral kinderen rechtstreeks aanspreken.

Ik hoefde me niet te houden aan de normen van de politieke wereld of verschijnen in de nieuwsshows op zondagochtend. Liever werd ik geïnterviewd door gezondheidsbladen die gericht waren op ouders en kinderen. Ik gaf het voorbeeld met een hoelahoep op de South Lawn om te laten zien dat lichaamsbeweging leuk kon zijn en verscheen als gast in *Sesamstraat* om met Elmo en Pino te praten over groenten. Elke keer als ik met verslaggevers sprak over de moestuin van het Witte Huis, vertelde ik dat veel Amerikanen moeite hadden om aan verse producten te komen en probeerde ik op te merken dat de kosten van de gezondheidszorg verband hielden met stijgende obesitascijfers. Ik wilde er zeker van zijn dat we iedereen die we nodig hadden om van ons initiatief een succes te maken, erbij hadden betrokken en dat we alle bezwaren die er tegenin konden worden gebracht, hadden voorzien. Met dit in ons achterhoofd voerden we in alle stilte week na week gesprekken met zowel bedrijven en groepen voorstanders als leden van het Congres. We formeerden focusgroepen om onze merknaam voor het project te beoordelen en kregen gratis hulp van pr-professionals om de boodschap te verfijnen.

In februari 2010 was ik dan zo ver dat ik mijn visie kon uitdragen. Op een koude dinsdagochtend stond ik, terwijl Washington zich nog aan het uitgraven was na een gigantische sneeuwstorm, achter een katheder in de State Dining Room in het Witte Huis omringd door kinderen en ministers, atleten en burgemeesters en hotemetoten uit de geneeskunde, onderwijs en de voedselproductie plus een heel mediagezelschap om met trots ons nieuwe initiatief aan te kondigen, dat we besloten hadden *Let's Move!* te noemen. Het had maar één doel: binnen één generatie een einde maken aan de obesitasepidemie onder kinderen.

Wat voor mij belangrijk was, was dat we niet alleen een soort luchtkasteel van goede bedoelingen afkondigden. Dit streven was echt en ook al een eind op weg. Niet alleen had Barack eerder die dag een memorandum ondertekend om de eerste federale taskforce ter bestrijding van jeugdobesitas in het leven te roepen, maar de drie grootste leveranciers van schoollunches hadden bekendgemaakt dat ze de hoeveelheden zout, suiker en vet in de maaltijden die ze serveerden, zouden terugbrengen. De Amerikaanse Beverage Association had beloofd op de etiketten duidelijker te vermelden wat er precies in hun frisdranken zat. We hadden de American Academy of Pediatrics in de arm genomen om artsen aan te moedigen het meten van de BMI standaard op te nemen in de kinderzorg en we hadden Disney, NBC en Warner Bros. overgehaald ideële reclameboodschappen uit te zenden en in speciale programma's te investeren die kinderen moesten aanmoedigen gezondere keuzes te maken in hun manier van leven. Ook hadden de bazen van twaalf sportbonden toegezegd om de campagne *60 Minutes of Play a Day* te promoten, '60 minuten spelen per dag', om kinderen over te halen meer te gaan bewegen.

En dat was nog maar het begin. We hadden plannen om groenteboeren te helpen een winkel te openen in stadswijken en plattelandsgebieden die bekendstonden als 'voedselwoestijnen', plannen om aan te dringen op accuratere informatie op voedselverpakkingen, plannen om de oorspronkelijke schijf van vijf realistischer te maken en aan te passen aan de laatste onderzoeksresultaten over voeding. Onderwijl zouden we dan de voedingsbranche verantwoordelijk stellen voor de besluitvorming aangaande zaken die invloed hebben op de gezondheid van de jeugd.

Er zou toewijding en organisatie nodig zijn om dit alles te bewerkstelligen, dat wist ik, maar dat was precies het soort werk waarvan ik hield. We namen een enorme taak op ons, maar nu had ik het voordeel dat ik kon opereren vanaf een enorm podium. Ik begon te beseffen dat alle dingen die ik vreemd vond in mijn nieuwe bestaan – het vreemde van bekend zijn, de vaagheid van mijn taakomschrijving – ingezet konden worden ten dienste van reële doelen. Ik voelde me energiek. Dit was dan eindelijk een manier om mezelf te laten zien.

22

Op een lentemorgen werden Barack en de meisjes en ik in de woning geroepen om naar beneden te komen naar de South Lawn. Op de oprijlaan stond een man die ik nooit eerder had gezien. Hij keek vriendelijk en had een peper-en-zoutkleurige snor, die hem een zekere waardigheid verleende. Hij stelde zich voor als Lloyd.

'Meneer de president, mevrouw Obama,' zei hij. 'Wij dachten dat u en de meisjes misschien wel van een verzetje hielden en dus hebben we een dierentuintje meegenomen.' Hij zond ons een brede glimlach. 'Nog nooit heeft een first family aan zoiets als dit meegedaan.'

De man gebaarde naar links en we keken. Ongeveer dertig meter bij ons vandaan stonden in de schaduw van de ceders vier grote, prachtige katachtigen: een leeuw, een tijger, een glimmende zwarte panter en een slanke, gevlekte jachtluipaard. Vanwaar ik stond zag ik geen hekken of kettingen. Ze leken nergens in te zitten. Ik vond het allemaal maar raar. Een verzetje was het zeker.

'Dank u. Dit is zo attent,' zei ik en ik hoopte dat ik vriendelijk klonk. 'Heb ik het goed, Lloyd, nietwaar?, dat er helemaal geen hek is? Is dat niet een beetje gevaarlijk voor de kinderen?'

'Ja, natuurlijk, maar daar hebben we aan gedacht,' zei Lloyd. 'We hadden gedacht dat u en uw gezin meer van de dieren zouden genieten als ze vrij rond zouden lopen, zoals ze in het wild doen. Dus hebben we ze voor de veiligheid verdoofd. Ze doen u geen kwaad.' Hij wuifde geruststellend. 'Ga uw gang, loop ernaartoe. Geniet ervan!'

Barack en ik namen Malia en Sasha bij de hand en liepen over het bedauwde gras van de South Lawn. De dieren waren groter dan ik had verwacht en pezig maar lusteloos, hun staarten zwaaiden heen en weer terwijl ze keken hoe we kwamen aanlopen. Ik had nog nooit zoiets gezien, vier wilde katten kameraadschappelijk op een rijtje. De leeuw verroerde zich een beetje. Ik zag hoe de ogen van de panter ons volgden, dat de oren van de tijger een beetje gingen liggen. Toen, zonder enige waarschuwing, schoot de jachtluipaard met enorme snelheid vanuit de schaduw op ons af.

Ik raakte in paniek, greep Sasha bij een arm en rende met haar terug over het gazon naar het huis en vertrouwde erop dat Barack en Malia hetzelfde deden. Zo aan het geluid te horen waren de andere drie dieren ook opgesprongen en zaten ze achter ons aan.

Lloyd stond in de deuropening, schijnbaar onverstoorbaar.

'Ik dacht dat je had gezegd dat ze verdoofd waren!' schreeuwde ik.

'Geen zorgen, ma'am,' riep hij terug. 'We hebben een noodplan voor precies dit scenario!' Hij stapte opzij en geheim agenten kwamen uit de deur en renden langs hem heen met wat leek op geweren geladen met verdovingspijltjes. En op dat moment glipte Sasha uit mijn greep.

Ik keerde om naar het gazon en zag tot mijn schrik dat mijn gezin achterna werd gezeten door wilde dieren en de wilde dieren door agenten, die hun geweren afvuurden.

'Is dit jouw plan?' schreeuwde ik. 'Houd je me voor de gek?'

Op dat moment gromde de jachtluipaard en sprong met uitgestrekte klauwen op Sasha af, het leek wel of hij vloog. Een agent schoot op hem en miste, toch was het dier voldoende geschrokken om van zijn koers af te wijken en terug de heuvel af te rennen. Heel even was ik opgelucht, maar toen zag ik het: in Sasha's rechterarm zat een wit met oranje verdovingspijltje.

Ik schoot overeind in bed met bonzend hart, badend in het zweet, en zag hoe mijn echtgenoot opgerold naast me heerlijk lag te slapen. Ik had een heel nare droom gehad.

Ik bleef maar het gevoel houden dat we terugvielen, dat ons hele gezin in een reusachtige terugval van vertrouwen terechtgekomen was. Ik had alle vertrouwen in het apparaat dat was opgezet om ons in het Witte Huis te ondersteunen, maar kon me nog steeds kwetsbaar voelen, wetende dat alles, van de veiligheid van onze dochters tot de orkestratie van al onze bewegingen, zo goed als helemaal in handen lag van andere mensen, van wie de meesten zeker twintig jaar jonger waren dan ik. In mijn jeugd aan Euclid Avenue had ik geleerd dat onafhankelijkheid het belangrijkst is. Ik was opgevoed met het idee dat ik mijn eigen boontjes moest doppen, maar nu leek dat zo goed als onmogelijk. Alles werd voor me geregeld. Voordat ik op reis ging, reden stafleden eerst de route naar mijn bestemming, timeden de tocht tot op de minuut, rekenden van tevoren al mijn wc-bezoeken mee. Agenten brachten mijn meisjes naar hun speelafspraakjes. Huishoudsters haalden onze vuile was op. Ik reed geen auto meer en had geen dingen meer bij me als geld of huissleutels. Assistenten namen de telefoon op, vergaderden namens mij en stelden verklaringen op namens mij.

Dit was natuurlijk allemaal fantastisch en makkelijk, zo kreeg ik de vrijheid om me te richten op de dingen die ik het belangrijkst vond. Maar af en toe kreeg ik – iemand van de details – hierdoor het gevoel alsof ik de controle over de details kwijt was. En toen kwamen de leeuwen en de jachtluipaarden om de hoek kijken.

Er was zoveel dat niet gepland kon worden, iets groots, niet te beheersen, dat aan de rand liep van elke dag. Als je met de president getrouwd bent, kom je er al gauw achter dat de wereld boordevol chaos zit, dat rampen zich voltrekken zonder waarschuwing vooraf. Zichtbare en onzichtbare krachten staan klaar om de rust die je even voelt, te doorbreken. Nieuws kon nooit genegeerd worden. Een aardbeving verwoest Haïti. Een ontploffing vijftienhonderd meter diep onder een olieboortoren voor de kust van Louisiana en miljoenen vaten ruwe olie stromen de Golf van Mexico in. In Egypte dreigt een revolutie. Een schutter begint te schieten op een parkeerplaats bij een supermarkt in Arizona, schiet zes mensen dood en verwondt een vrouwelijk lid van het Congres.

Alles was groot en alles was relevant. Elke ochtend las ik nieuwsberichten die mijn staf voor me had verzameld en ik wist dat Barack verplicht was elke nieuwe ontwikkeling in zich op te nemen en erop te reageren. Hij zou de schuld krijgen van dingen waaraan hij niets kon doen, er zou bij hem worden aangedrongen op het oplossen van vreselijke problemen in landen ver weg, er werd verwacht dat hij een plug zou stoppen in het gat in de bodem van de zee. Zijn baan, zo leek het, was de chaos op te nemen en om te zetten in kalm leiderschap – elke dag van de week, elke week van het jaar.

Ik probeerde zo goed mogelijk mijn werkzaamheden als first lady niet te laten beïnvloeden door de roerige onzekerheden van de wereld, maar soms was er geen ontkomen aan. Hoe Barack en ik ons gedroegen in tijden van instabiliteit deed ertoe. We begrepen heel goed dat we het land vertegenwoordigden en dat van ons werd verwacht dat we opstonden en aanwezig waren als zich een tragedie voordeed of als tegenspoed of verwarring ontstond. Onze rol bestond er volgens ons ook uit dat we beweegredenen, medeleven en samenhang vormgaven. Nadat het olielek van BP in de Golf van Mexico, de grootste olieramp in de geschiedenis van de Verenigde Staten, eindelijk was gedicht, waren veel Amerikanen nog steeds bang en niet bereid te geloven dat het nu veilig was terug te gaan naar de Golf voor vakantie, waar de lokale economie dan weer enorm veel last van had. Daarom gingen we dat jaar naar Florida en ging Barack zwemmen met Sasha, waarna een foto werd vrijgegeven aan de media waarop ze samen blij in de golven springen. Het was een klein gebaar, maar de boodschap was duidelijk: *als hij het water vertrouwt, kunt u dat ook.*

Als een van ons of wij beiden ergens naartoe gingen nadat zich daar een ramp had afgespeeld, was dat vaak om Amerikanen eraan te herinneren niet te snel de pijn van anderen te vergeten. Wanneer ik maar kon, probeerde ik het werk van de hulpverleners, opvoeders of vrijwilligers te benadrukken – iedereen die meer deed dan zijn plicht in moeilijke tijden. Toen ik drie maanden na de aardbeving in 2010 met Jill Biden Haïti bezocht, greep het zien van bergen puin waar eerst huizen stonden me enorm aan, plaatsen waar tienduizenden mensen – ouders, grootouders, kinderen – levend begraven waren. We brachten een bezoek aan een rij omgebouwde bussen waar plaatselijke kunstenaars kunsttherapie gaven aan ontheemde kinderen die, ondanks hun verlies en dankzij volwassenen om hen heen, nog steeds overliepen van hoop.

Verdriet en veerkracht gaan samen. Ik leerde dat niet één keer als first lady, maar vele malen.

Zo vaak ik kon bezocht ik militaire hospitalen waar Amerikaanse troepen herstelden van in oorlogen opgelopen verwondingen. De eerste keer dat ik naar het Walter Reed National Military Medical Center ging, dat zo'n vijftien kilometer van het Witte Huis staat, zou ik er volgens het programma iets van anderhalf uur zijn, maar uiteindelijk werden het vier uren.

Het Walter Reed was gewoonlijk de tweede of derde verblijfplaats van gewonde militairen nadat ze uit Irak of Afghanistan geëvacueerd waren. Velen hadden noodhulp gekregen in het oorlogsgebied zelf en waren daarna behandeld in een militair hospitaal in Landstuhl, Duitsland, voordat ze naar de Verenigde Staten werden gebracht. Sommige manschappen bleven maar een paar dagen in het Walter Reed, andere waren er maanden. Het hospitaal had de allerbeste militaire chirurgen in dienst en bezat uitstekende revalidatievoorzieningen, aangepast om zelfs de ergste van alle slagveldverwondingen te behandelen. Dankzij moderne ontwikkelingen in bepantsering overleefden Amerikaanse soldaten van de verschillende legeronderdelen nu bomaanslagen die hen anders hadden gedood. Dat was het goede nieuws. Het slechte nieuws was dat twee conflicten die al bijna een decennium duurden, gekenmerkt werden door verrassingsaanvallen en bermbommen, waardoor de verwondingen talloos waren en zwaar.

Hoezeer ik ook probeerde voorbereid te zijn op alles in het leven, was voorbereiding op de gesprekken die ik had in militaire hospitalen en Fisher Houses – pensions waarin, dankzij een welzijnsstichting met dezelfde naam, gezinnen van militairen gratis konden verblijven zolang de gewonde geliefde verpleegd werd – onmogelijk. Zoals ik hierboven al schreef, heb ik in mijn jeugd maar weinig meegekregen over het leger. Mijn vader had twee jaar bij de landmacht gezeten, maar dat was voordat ik was geboren. Totdat Barack aan zijn campagne begon, had ik nooit iets gezien van de ordelijke drukte op een legerbasis of de bescheiden tijdelijke woningen waarin militairen met hun gezinnen waren ondergebracht. Ik had oorlog altijd verschrikkelijk gevonden, maar ook abstract, in landschappen die ik me niet kon voorstellen, uitgevochten door mensen die ik niet kende. Om het zo te zien, realiseer ik me nu, was een luxe.

Als ik een hospitaal betrad, werd ik gewoonlijk begroet door een verpleger of verpleegster die me ziekenhuiskleding aanreikte om te dragen en zei dat ik, elke keer als ik een vertrek binnenging, eerst mijn handen moest desinfecteren. Voordat ik de volgende kamerdeur opendeed, kreeg ik in het kort iets te horen over de patiënt en over zijn of haar toestand. Iedere patiënt was van tevoren gevraagd of hij of zij mij wel op bezoek wilde hebben. Enkelen wezen dat af, mogelijk omdat ze zich niet goed genoeg voelden of misschien om politieke redenen. Hoe dan ook, ik begreep dat. Het laatste wat ik wilde was een last voor hen zijn.

Mijn bezoeken aan elke kamer waren zo lang of zo kort als de militair maar aangaf. Elk gesprek was privé; media en ziekenhuispersoneel mochten er niet bij zijn. Soms was de stemming somber, soms luchthartig. Naar aanleiding van een vlaggetje van een sportclub of foto's aan de muur spraken we over sport of onze thuissituatie of onze kinderen. Of over Afghanistan en wat hen daar was overkomen. Ook hadden we het weleens over wat ze nodig hadden en ook wat niet, en dat was, zoals ze me vaak vertelden, iemands medelijden.

Ergens zag ik een stuk rood karton naast een deuropening hangen waarop met zwarte viltstift een boodschap was geschreven, die alles leek te zeggen:

IEDEREEN DIE HIER BINNENKOMT, LET OP:

Als je deze kamer inkomt met verdriet of omdat je medelijden met me hebt vanwege mijn wonden, ga weg. De wonden die ik heb, heb ik gekregen door de baan waarvan ik hou, voor de mensen van wie ik hou, tot steun van het land waarvan ik erg veel hou. Ik ben ongelooflijk sterk en ga volledig herstellen.

Dit was veerkracht. Het was een weerspiegeling van een geweldig onafhankelijk en trots karakter die ik in alle legeronderdelen heb gezien. Op een dag zat ik bij een man die jong en gezond was uitgezonden naar een ander land en een zwangere vrouw had achtergelaten, om met een dwarslaesie terug te komen: hij kon armen noch benen bewegen. Terwijl we praatten lag hun net geboren baby met zijn roze gezichtje in een deken gewikkeld op zijn borst. Van een andere militair die ik ontmoette, was een been geamputeerd; hij stelde me een heleboel vragen over de geheime dienst. Hij vertelde me vrolijk dat hij ervan had gedroomd geheim agent te worden na het verlaten van de dienst, maar dat hij gezien zijn verwonding nu iets anders moest bedenken.

En dan waren daar nog de gezinnen. Ik stelde me voor aan de vrouwen en mannen, moeders en vaders, neven, nichten en vrienden die ik aan de rand van het bed aantrof, mensen die vaak het verdere verloop van hun leven hadden moeten opschorten om bij hun geliefde te kunnen zijn. Soms kon ik alleen met hen praten, omdat die geliefde bewegingloos naast ons lag, zwaar verdoofd of in slaap. Deze familieleden en vrienden hadden hun eigen last te dragen. Sommigen kwamen van generaties militairen, anderen waren jeugdvriendinnetjes met wie ze vlak voor hun uitzending getrouwd waren – hun toekomst had nu wel een heel onverwachte, ingewikkelde draai genomen. Ik kan het aantal moeders niet meer bijhouden met wie ik heb gehuild, hun smart is zo groot dat het enige wat we konden doen was onze handen vouwen en in stilte door onze tranen heen bidden.

Wat ik van het soldatenleven zag, maakte me nederig. In mijn hele leven was ik nooit dergelijke standvastigheid en loyaliteit tegengekomen als ik in die kamers heb gevonden.

Op een dag in San Antonio, Texas, merkte ik dat er enige commotie was op de gang van een militair hospitaal dat ik bezocht. Verpleegkundigen liepen druk de kamer in en uit waar ik net naar binnen wilde gaan. 'Hij wil niet in bed blijven,' hoorde ik iemand fluisteren. Binnen trof ik een breedgeschouderde jongeman van het platteland van Texas die verschillende verwondingen had en ernstige brandwonden over zijn hele lichaam. Hij leed duidelijk, hij gooide de lakens van zich af en probeerde met zijn voeten de vloer te bereiken.

We hadden even nodig om te begrijpen wat hij nu eigenlijk deed. Ondanks de pijn probeerde hij op te staan om te salueren voor de vrouw van zijn opperbevelhebber.

Ergens begin 2011 noemde Barack de naam van Osama bin Laden. We waren net klaar met eten en Sasha en Malia waren hun huiswerk gaan maken, waardoor we nu met ons tweeën in de eetkamer van ons huis zaten.

'We denken dat we weten waar hij zit,' zei Barack. 'Misschien gaan we erheen om te proberen hem onschadelijk te maken, maar zeker is het nog niet.'

Bin Laden, de meest gezochte man ter wereld, was al jaren van de radar verdwenen. Hem gevangennemen of doden had Baracks hoogste prioriteit vanaf het moment dat hij president was geworden. Ik wist hoe belangrijk het zou zijn voor het land, voor de duizenden militairen die jarenlang hebben getracht ons te beschermen tegen Al-Qaida en vooral voor iedereen die op 11 september 2001 geliefden verloren had.

Aan Baracks barse toon kon ik horen dat er nog veel moest gebeuren voordat het zover was. Hij had het duidelijk zwaar met de zaak, maar ik wist wel beter dan hem er verder naar te vragen of erop te staan dat hij me inlichtte over de details. Hij en ik waren professioneel elkaars klankbord en waren dat ook altijd geweest. Maar nu was hij omringd door gespecialiseerde adviseurs. Hij had toegang tot alle denkbare geheime informatie en wat mij betreft had hij van mij geen input nodig over zaken van nationale veiligheid. In het algemeen hoopte ik dat de tijd die hij met mij en de meisjes doorbracht, even een pauze voor hem was, ook al was het werk altijd vlakbij. Per slot van rekening woonden we letterlijk boven de zaak.

Barack, die altijd goed geweest is in het scheiden van zaken, slaagde erin bewonderenswaardig aanwezig te zijn en zich niet af te laten leiden als hij bij ons was. Dat was iets wat we in de loop van de tijd samen hadden geleerd toen ons werk steeds drukker en intenser werd. Er moesten hekken worden geplaatst, grenzen beschermd. Bin Laden was niet uitgenodigd bij ons etentje, de humanitaire crisis in Libië ook niet, de Republikeinen van de Tea Party ook niet. We hadden kinderen en kinderen hebben ruimte nodig om te praten en te groeien. Tijd voor het gezin was er wanneer grote zorgen en urgente problemen plotseling en zonder mededogen slonken tot er niets van over was, zodat het kleine de overhand kreeg. Barack en ik zaten tijdens het avondeten samen aan tafel en hoorden verhalen over het schoolplein van Sidwell of luisterden naar details van Malia's onderzoeksproject over bedreigde diersoorten met het gevoel alsof dat de belangrijkste dingen in de wereld waren. Omdat ze dat waren. Omdat ze dat verdienden te zijn.

Maar tijdens het eten stapelde het werk zich op. Over Baracks schouder kon ik zien dat assistenten de informatieboeken voor ons op een tafeltje in de gang legden, gewoonlijk terwijl we zaten eten. Dit maakte deel uit van het ritueel van het Witte Huis: elke avond werden twee ordners afgeleverd, een voor mij en een veel dikkere, in leer gebonden voor Barack. In elke ordner zaten papieren van onze kantoren, die we geacht werden voor de volgende ochtend te hebben gelezen.

Nadat we de kinderen in bed hadden gestopt, verdween Barack gewoonlijk met zijn map naar de Treaty Room en nam ik de mijne mee naar het zithoekje in mijn kleedkamer, waar ik die avond of de volgende ochtend vroeg in een uur of twee doornam wat erin zat, gewoonlijk memo's van mijn staf, opzetjes voor nog te houden toespraken, besluiten over initiatieven van mij die genomen moesten worden.

Een jaar na de lancering van Let's Move! begonnen we resultaten te zien. We hadden overeenkomsten gesloten met verschillende stichtingen en voedselleveranciers om zesduizend saladebars te installeren in schoolkantines en we huurden nu lokale koks in om scholen te helpen maaltijden te serveren die niet alleen gezond waren, maar ook lekker. Walmart, de grootste supermarktketen in het land, had zich aangesloten bij ons initiatief door bij hun leveranciers te pleiten voor het terugbrengen van de hoeveelheden suiker, zout en vet in de voedingsmiddelen en de prijzen van verse landbouwproducten te verlagen. En we hadden de burgemeesters van vijfhonderd steden verspreid over het land gemobiliseerd om obesitas bij kinderen op lokaal niveau aan te pakken.

Het belangrijkste was nog wel dat ik in de loop van 2010 er hard aan had getrokken om een nieuwe wet op voeding voor kinderen door het Congres te krijgen, waarmee kinderen op openbare scholen makkelijker aan gezond eten van hoge kwaliteit konden komen en de federale subsidie op maaltijden voor het eerst in dertig jaar werd verhoogd. Hoe blij ik ook was dat ik buiten de politiek en het beleid kon blijven, dit was mijn grote gevecht geweest, de zaak waarvoor ik bereid was me in de ring te storten. Ik had urenlang aan de lijn gehangen met senatoren en afgevaardigden om te proberen hen ervan te overtuigen dat onze kinderen beter verdienden dan wat ze nu kregen. Ik had er eindeloos over gepraat met Barack, met zijn adviseurs, met iedereen die maar wilde luisteren. Dankzij de nieuwe wet zouden er meer verse vruchten en groenten, volkorenproducten en magere zuivel worden opgenomen in de ruwweg drieënveertig miljoen schoolmaaltijden die dagelijks opgediend werden. De verkoop van junkfood uit automaten op scholen werd aan banden gelegd, terwijl de scholen subsidie kregen om een moestuin aan te leggen en plaatselijk verbouwde producten te kopen. Voor mij was dit zonder meer iets goeds – een sterke methode op basisniveau om obesitas onder kinderen aan te pakken.

Ook Barack en zijn adviseurs hadden hard gewerkt aan het aangenomen krijgen van het wetsontwerp. Nadat de Republikeinen bij de tussentijdse verkiezingen de meerderheid in het Huis van Afgevaardigden hadden veroverd, kreeg dit zelfs de hoogste prioriteit in zijn onderhandelingen met het Huis, omdat de mogelijkheden voor ingrijpende veranderingen aanmerkelijk kleiner zouden zijn als het Congres in zijn nieuwe samenstelling eenmaal was geïnstalleerd. Begin december, voordat het nieuwe Congres bijeenkwam, waren de laatste belemmeringen voor de wet weggenomen en stond ik elf dagen later trots naast Barack toen hij in een plaatselijke basisschool omringd door kinderen het wetsontwerp ondertekende.

'Als ik dit wetsontwerp er niet doorheen gekregen had,' zei hij gekscherend tegen de verslaggevers, 'dan had ik vannacht op de bank moeten slapen.'

Net als in de moestuin wilde ik hier iets laten groeien – een netwerk van pleitbezorgers, een koor van stemmen die opkwamen voor kinderen en hun gezondheid. Ik beschouwde mijn werk als aanvulling op Baracks succes met de Affordable Care Act van 2010, de wet die de toegang tot een betaalbare zorgverzekering voor alle Amerikanen sterk vergrootte, in de wandelgangen bekend als Obamacare. En nu richtte ik me ook op een nieuw initiatief dat we Joining Forces noemden, deze keer in samenwerking met Jill Biden wier stiefzoon Beau net was teruggekeerd van een uitzending naar Irak. Ook dit werk diende ter ondersteuning van Baracks verplichtingen als opperbevelhebber.

Jill en ik vonden dat we de militairen en hun gezinnen veel meer schuldig waren dan een symbolisch dankjewel en we waren gaan samenwerken met een groep stafleden om concrete manieren vast te stellen waarop we de gemeenschap van militairen konden ondersteunen en haar zichtbaarheid vergroten. Barack had eerder dat jaar het startsein gegeven met het verzoek aan elke overheidsinstantie om nieuwe manieren te vinden om gezinnen van militairen te steunen. Intussen nam ik contact op met de machtigste CEO's van het land om toezeggingen los te krijgen over het aannemen van een aanmerkelijk aantal veteranen en echtgenotes van militairen. Jill vergaarde beloftes van universiteiten om leerkrachten zich op alle niveaus bewust te laten worden hoe ze beter konden inspelen op de behoeften van kinderen van militairen. Ook wilden we het stigma bestrijden dat soldaten altijd psychische problemen hadden als ze terugkeerden van een missie en hadden we het plan scenarioschrijvers en producers in Hollywood te benaderen met het verzoek meer verhalen van soldaten op te nemen in hun films en tv-series.

De zaken waaraan ik werkte, waren niet eenvoudig, maar ze waren nog beheersbaar, en dat was niet altijd het geval met veel van wat mijn man 's nachts aan zijn bureau hield. Zoals altijd al sinds ik hem kende was de nacht de tijd waarin Baracks geest zonder afleiding kon werken. Het was in die stille uren dat hij het juiste gezichtspunt vond of nieuwe informatie en steeds meer stippen zette op de enorme mentale kaart waarmee hij rondliep. In de loop van de avond kwamen medewerkers vaak enkele keren naar de Treaty Room om nog meer ordners te brengen met daarin nog meer papieren, die kort daarvoor door stafleden geproduceerd waren die nog tot laat in het kantoor beneden aan het werk waren. Als Barack honger kreeg, bracht een huisknecht een schaaltje vijgen of noten. Hij rookte niet meer, godzijdank, maar kauwde nog weleens op nicotinekauwgom. De meeste avonden bleef hij tot 1 of 2 uur aan zijn bureau en las hij memo's, herschreef hij toespraken en beantwoordde hij e-mails terwijl de tv-sportzender ESPN zacht aanstond. Altijd onderbrak hij het werk even om de meisjes en mij een nachtzoen te komen geven.

Ik was er inmiddels aan gewend, aan zijn toewijding aan de taak van het regeren, die nooit af was. Jarenlang hadden de meisjes en ik Barack gedeeld met zijn ingezetenen en nu waren dat er meer dan driehonderd miljoen. Als ik hem 's nachts alleen liet in de Treaty Room, vroeg ik me weleens af of ze enig idee hadden hoeveel geluk ze hadden.

Het laatste beetje werk dat hij deed, gewoonlijk ergens na middernacht, was het lezen van brieven van Amerikaanse burgers. Vanaf het begin van zijn presidentschap had Barack zijn correspondentiestaf gevraagd in zijn informatieboek tien brieven in te sluiten van kiezers, geselecteerd uit de pakweg vijftienduizend brieven en e-mails die dagelijks binnenstroomden. Hij las ze zorgvuldig, zette opmerkingen in de kantlijn zodat een staflid een antwoord kon formuleren of een zaak kon doorgeven aan een van de ministers. Hij las brieven van soldaten. Van gevangenen. Van kankerpatiënten die de verzekeringspremie niet meer konden opbrengen. Van mensen die uit hun huis waren gezet omdat ze de hypotheek niet meer konden betalen. Van homo's die hoopten ooit officieel te kunnen trouwen. Van Republikeinen die vonden dat hij het land ruïneerde. Van moeders, grootvaders en kleine kinderen. Hij las brieven van mensen die waardeerden wat hij deed en van andere die hem wilden laten weten dat hij een idioot was.

Hij las het allemaal, hij beschouwde het als een verantwoordelijkheid die meekwam met de functie. Hij had een zwaar en eenzaam beroep, het zwaarste en het eenzaamste ter wereld, dacht ik vaak, maar hij wist dat hij de verplichting had open te blijven staan, zich niet af te sluiten. Terwijl de rest van ons sliep, liet hij de hekken zakken en alles binnenkomen.

Op maandag- en woensdagavonden had Sasha, nu tien jaar oud, zwemtraining in het fitnesscentrum van de American University, een paar kilometer van het Witte Huis. Soms ging ik mee om te kijken en probeerde ik onopgemerkt binnen te sluipen in een kleine ruimte naast het zwembad, waar ouders konden wachten.

Het navigeren door een druk sportcentrum op trainingspiekuren was een enorme uitdaging voor de agenten van mijn veiligheidsdetachement. Ik was een expert geworden in snel doorlopen en mijn ogen neerslaan als ik door openbare ruimtes liep, wat de zaak wel efficiënt maakte. Ik schoot langs studenten van de universiteit die druk bezig waren met gewichten en langs zumbaklassen. Soms leek niemand iets te merken. Maar soms voelde ik enige beroering zonder dat ik op hoefde te kijken en was ik me bewust van de rimpeling die ik veroorzaakte als mensen gingen mompelen of ronduit riepen: 'Hé, dat is Michelle Obama!' Maar meer dan een rimpeling was het nooit en het ging altijd snel voorbij. Ik was als een verschijning, alweer verdwenen voordat men zich had gerealiseerd wat men eigenlijk gezien had.

Op trainingsavonden zat er op de stoelen aan het zwembad meestal niemand, op een handjevol ouders na die zaten te babbelen of op hun iPhone te scrollen tijdens het wachten tot hun kinderen klaar waren. Dan vond ik ergens wel een stil plekje, ging zitten en concentreerde me op het zwemmen.

Ik vond het elke keer weer heerlijk een glimp op te vangen van mijn dochters in de context van hun eigen wereld – weg van het Witte Huis, weg van hun ouders, in hun eigen ruimte met vriendjes en vriendinnetjes die ze zelf hadden gemaakt. Sasha was een sterke zwemmer, deed het liefst schoolslag en wilde de vlinderslag gaan beheersen. Ze droeg een marineblauwe badmuts en een badpak en trok plichtsgetrouw haar baantjes, stopte alleen nu en dan om te luisteren naar een advies van haar trainers en praatte vrolijk met haar teamgenootjes tijdens de verplichte pauzes.

Voor mij was er op die momenten niets heerlijkers dan buitenstaander te zijn, nauwelijks opgemerkt door mensen om me heen en getuige van het wonder van dit meisje – onze dochter – die onafhankelijk aan het worden was. Wij hadden onze dochters in al het vreemde van de intensiteit van het leven in het Witte Huis geduwd zonder te weten hoe dat hen zou beïnvloeden of wat ze mee zouden nemen van die ervaring. Ik probeerde de blootstelling van onze dochters aan de wijde wereld zo positief mogelijk te maken, in het besef dat Barack en ik de unieke kans hadden hun de geschiedenis van dichtbij te laten zien. Als Barack naar het buitenland moest tijdens een schoolvakantie, reisden we als gezin en wisten we dat de reis ze iets zou leren. In de zomer van 2009 hadden we ze meegenomen op een reis die onder andere langs het Kremlin in Moskou en het Vaticaan voerde. Binnen een week tijd ontmoetten ze de Russische president, bezichtigden ze het Pantheon en het Colosseum in Rome en liepen ze door de 'Deur waaruit geen weg terug is' in Ghana, het vertrekpunt van ontelbare Afrikanen die op de slavenmarkt verkocht zouden worden.

Het was absoluut veel voor hen om te verwerken, maar ik leerde dat ieder kind opnam wat het kon en vanuit haar eigen perspectief. Toen we van die zomerse reis terugkwamen, ging Sasha naar de derde. En toen ik op een ouderavond die herfst door haar klaslokaal op Sidwell liep, zag ik aan een muur een kort opstel van haar hangen tussen die van haar klasgenoten met als titel: 'Wat ik tijdens de zomervakantie heb gedaan'. 'Ik ben naar Rome geweest en heb de paus ontmoet,' had Sasha geschreven. 'Hij was een stukje van zijn duim kwijt.'

Ik zou je niet kunnen vertellen hoe de duim van paus Benedictus XVI eruitzag en of er een stukje ontbrak of niet. Maar we hadden een oplettende, nuchtere achtjarige meegenomen naar Rome, Moskou en Accra en dit is waar ze mee was teruggekomen. Haar visie op de geschiedenis reikte op dat moment tot het middel.

Hoe we ook probeerden een buffer aan te leggen tussen hen en de zware aspecten van Baracks baan, ik zag toch wel in dat Sasha en Malia nog altijd veel te verwerken kregen. Ze waren erbij als belangrijke gebeurtenissen ergens op de wereld plaatsvonden zoals weinig kinderen gegeven is. Ze leefden met het gegeven dat nieuws zich soms onder hun eigen dak ontvouwde, dat hun vader af en toe weggeroepen werd voor nationale noodgevallen en dat er altijd een deel van de bevolking zou zijn die hem, wat er ook gebeurde, openlijk zou beschimpen. Voor mij was dit een andere versie van de leeuwen en de jachtluipaarden die soms heel dichtbij leken.

In de loop van de winter van 2011 hoorden we dat de presentator van een realityshow en New Yorkse projectontwikkelaar Donald Trump suggereerde dat hij zich misschien kandidaat zou gaan stellen voor de

Republikeinse nominatie voor de presidentsverkiezingen van 2012, het jaar waarin Barack herkiesbaar zou zijn. Het leek er echter nog het meest op dat hij uitsluitend kabaal maakte en in kabel-tv-programma's verscheen om jammerende, onjuiste kritiek te leveren op Baracks beslissingen op het gebied van het buitenlandbeleid en zich openlijk afvroeg of hij wel Amerikaans staatsburger was. De zogenaamde *birthers* hadden tijdens de vorige campagne al geprobeerd de complottheorie hard te maken dat Baracks Hawaïaanse geboortebewijs een vervalsing was en dat hij feitelijk in Kenia was geboren. Trump was nu actief bezig deze theorie nieuw leven in te blazen met steeds wildere beweringen. Zo beweerde hij op tv stellig dat de advertenties van Baracks geboorte in een krant uit Honolulu uit 1961 vals waren en dat geen van zijn klasgenoten van de kleuterschool zich hem herinnerden. En al die tijd waren de nieuwsprogramma's – en dan vooral de conservatievere – in hun streven naar clicks en kijkcijfers, vrolijk bezig nieuwe zuurstof in Trumps ongefundeerde beweringen te pompen.

Dat alles was natuurlijk belachelijk en verachtelijk, de achterliggende onverdraagzaamheid en vreemdelingenhaat waren nauwelijks bedekt. Maar het was ook gevaarlijk, daadwerkelijk bedoeld om halvegaren en malloten op te stoken. Ik was bang voor de reacties. Ik werd van tijd tot tijd door de geheime dienst op de hoogte gehouden van de meer serieuze bedreigingen die er binnenkwamen en begreep dat mensen zich hierdoor ook echt op lieten stoken. Ik probeerde mijn bezorgdheid van me af te schudden, maar soms lukte dat niet. Wat als een labiel iemand een geweer laadde en naar Washington reed? Donald Trump, met zijn luide en roekeloze insinuaties, zette de veiligheid van mijn gezin op het spel. En dat vergeef ik hem nooit.

We hadden echter geen andere keus dan onze angst opzij te schuiven en te vertrouwen op de structuur die was opgebouwd om ons te beschermen, en gewoon te leven. De mensen die probeerden ons weg te zetten als 'anders' deden dit al een paar jaar. We deden er van alles aan om uit te stijgen boven hun leugens en vertekening van de waarheid, terwijl we erop vertrouwden dat de manier waarop Barack en ik ons leven leidden, de mensen wel duidelijk zou maken wie we werkelijk waren. Ik had met serieuze en goed bedoelde zorgen om onze veiligheid geleefd sinds Barack besloot om voor het presidentschap te gaan. 'We bidden dat niemand jullie kwaad zal doen,' zeiden de mensen vaak tijdens de campagne, terwijl ze mijn hand vastpakten. Ik hoorde dat van mensen van alle rassen, alle achtergronden, alle leeftijden, om ons de goedheid en generositeit die in ons land bestaan, niet te laten vergeten. 'We bidden elke dag voor jou en je gezin.'

Die woorden droeg ik bij me. Ik voelde de bescherming van al die miljoenen fatsoenlijke mensen die baden voor onze veiligheid. Barack en ik vertrouwden daarbij ook op ons persoonlijke geloof. We gingen nog maar zelden naar de kerk, vooral omdat het een heel schouwspel was geworden met verslaggevers die vragen riepen terwijl we naar binnen gingen voor de eredienst. Sinds het uitpluizen van de achtergrond van eerwaarde Jeremiah Wright een probleem was geworden in Baracks eerste presidentscampagne, sinds tegenstanders geprobeerd hadden geloof als wapen te gebruiken – door te suggereren dat Barack een 'stiekeme moslim' was – hadden we besloten om ons geloof privé thuis te beleven, zoals elke avond bidden voor het eten en het voor onze dochters organiseren van enkele bijeenkomsten van de zondagschool in het Witte Huis. In Washington waren we geen lid van een kerkgenootschap geworden omdat we geen enkele kerk het soort gemene aanvallen wilden laten verduren die Trinity, onze kerk in Chicago, te verduren had gekregen. Maar het was een offer. Ik miste de warmte van een spirituele gemeenschap. 's Nachts keek ik vaak naar Barack en dan zag ik hem met zijn ogen dicht aan de andere kant van het bed bidden.

Maanden nadat de geruchten van de birthers algemeen verspreid werden, parkeerde een man op vrijdagavond zijn auto in een afgesloten deel van Constitution Avenue en begon met een semiautomatisch geweer uit het autoraam te schieten op de bovenste verdiepingen van het Witte Huis. Een kogel trof een van de ruiten van de Yellow Oval Room, waar ik het weleens leuk vond om thee te drinken. Een andere boorde zich in een kozijn, een derde ketste af op het dak. Barack en ik waren die avond uit, evenals Malia, maar Sasha en mijn moeder waren thuis; ze hebben er niets van gemerkt en bleven ongedeerd. Het duurde weken voordat het kogelwerende glas in de Yellow Oval Room was vervangen en ik betrapte me er vaak op dat ik naar die dikke, ronde krater staarde die door de kogel was achtergelaten, een herinnering aan hoe kwetsbaar we waren.

In het algemeen begreep ik dat het beter was voor ons allemaal de haat niet te erkennen of stil te staan bij de risico's, zelfs niet als anderen zich gedwongen voelden het ter sprake te brengen. Malia ging deel uitmaken van het tennisteam van haar high school, dat trainde op de banen van de school aan Wisconsin Avenue. Op een dag kwam een vrouw, ook een moeder van een leerling, naar haar toe en gebaarde naar de drukke weg die langs de banen liep. 'Ben jij daarbuiten niet bang?' vroeg ze.

Mijn dochter leerde met het ouder worden dat ze haar stem kon gebruiken en had haar eigen manieren ontdekt om de grenzen te versterken die ze nodig had. 'Als u mij vraagt of ik elke dag nadenk over mijn dood,' zei ze zo beleefd als ze kon tegen de vrouw, 'dan is het antwoord nee.'

Een paar jaar later kwam dezelfde moeder op mij af tijdens een ouderavond op school en bood me oprecht haar verontschuldigingen aan; ze zei dat ze direct begrepen had dat het een vergissing was wat ze had gedaan – een kind opzadelen met zorgen waar het niets aan kon doen. Het betekende veel voor me dat ze er nog zo mee had gezeten. Ze had in Malia's antwoord zowel de veerkracht als de kwetsbaarheid gehoord, een echo van waar we allemaal mee leefden en wat we juist probeerden op afstand te houden. Ze begreep ook dat het enige wat ons meisje toen kon doen, die dag en elke dag daarna, was die baan weer op gaan en nog een bal raken.

Elke uitdaging is natuurlijk relatief. Ik weet dat mijn kinderen opgroeiden met meer voorrechten en meer overvloed dan de meeste gezinnen zich zelfs maar kunnen voorstellen. Onze meisjes hadden een prachtig huis, eten op tafel, liefhebbende ouders en alleen maar aanmoediging en financiële ondersteuning wat hun school betreft. Ik stopte alles wat ik had in Malia en Sasha en hun ontwikkeling, maar als first lady had ik ook een grotere verplichting om rekening mee te houden. Ik vond dat ik meer schuldig was aan kinderen in het algemeen, en vooral aan meisjes. Iets hiervan was een reactie op de respons van mensen op mijn levensgeschiedenis – de verrassing dat een zwart stadsmeisje universiteiten van de Ivy League had afgerond en hoge betrekkingen had gehad en in het Witte Huis was beland. Ik wist wel dat mijn levensloop ongewoon was, maar er was geen enkele goede reden waarom die dat moest zijn. Het was in mijn leven zo vaak voorgekomen dat ik de enige gekleurde vrouw – of zelfs maar de enige vrouw – aan een vergadertafel of bij een bestuursvergadering of tijdens een of andere bijeenkomst van vips was. Als ik bij zoiets de eerste was, wilde ik er zeker van zijn dat ik aan het eind niet de enige was, dat anderen na mij zouden komen. Zoals mijn moeder, de uitgesproken tegenstander van elke overdrijving, nog steeds weleens zegt als iemand zijn of haar bewondering uitspreekt over Craig en mij en wat wij bereikt hebben: 'Ze zijn helemaal niet zo bijzonder. De South Side zit vol kinderen zoals zij.' We moeten hen alleen helpen in dezelfde ruimtes te komen.

De belangrijkste stukjes van mijn levensverhaal, zo begon ik te beseffen, lagen niet zozeer in de direct zichtbare waarde van wat ik heb bereikt, maar meer in het fundament eronder: al die momenten waarop ik in de loop der jaren steun heb ontvangen en hulp bij het opbouwen van mijn zelfvertrouwen. Ik herinner me ze allemaal, ieder mens die me ooit vooruit heeft geduwd en zijn of haar best heeft gedaan me te wapenen tegen de minachting en de vernederingen waarmee ik zeker te maken zou gaan krijgen op de plaatsen waarnaar ik op weg was, al die werelden die vooral waren ingericht door en voor mensen die zwart noch vrouw waren.

Ik dacht aan mijn oudtante Robbie en haar hoge maatstaf waar het pianospelen betrof, hoe zij me had geleerd mijn kin in de lucht te steken en met hart en ziel op een vleugel te spelen terwijl het enige wat ik kende, een gewone piano was met kapotte toetsen. Ik dacht aan mijn vader die me had leren boksen en met een football gooien, net als Craig. Dan waren er meneer Martinez en meneer Bennett, mijn onderwijzers van Bryn Mawr, die mijn mening nooit afdeden als onbenullig. Dan was er mijn moeder, mijn steun en toeverlaat; haar waakzaamheid had mij gered uit die vreselijke tweede klas. Op Princeton had ik Czerny Brasuell, die me aanmoedigde en mijn intellect op nieuwe manieren stimuleerde. En als jonge professional had ik onder anderen Susan Sher en Valerie Jarrett die nu nog steeds, zoveel jaren later, goede vriendinnen en collega's zijn, die me lieten zien wat het was om een werkende moeder te zijn en keer op keer deuren voor me openden in de zekerheid dat ik wat te bieden had.

Dit waren allemaal mensen van wie de meesten elkaar niet kenden en die nooit de gelegenheid zouden krijgen elkaar te ontmoeten en met velen van hen had ik geen contact meer. Maar voor mij vormden ze een betekenisvolle groep. Dit waren mijn fans, mijn gelovigen, mijn persoonlijke gospelkoor dat het tot het einde toe uitzong: *yes, kid, you got this!*

Ik zou dat nooit vergeten. Ik had geprobeerd, zelfs als beginnend advocaat al, om het door te geven, door nieuwsgierigheid aan te moedigen als ik die waarnam, door jonge mensen te betrekken in belangrijke gesprekken. Als een assistent me een vraag stelde over haar toekomst, dan gooide ik mijn kantoordeur open en vertelde over mijn loopbaan of gaf ik raad. Als iemand richting nodig had of hulp om met iemand in contact te komen, dan deed ik mijn best om daarvoor te zorgen. Later, in mijn tijd bij Public Allies, zag ikzelf de voordelen van een meer formeel mentorschap. Ik wist uit mijn eigen levenservaring dat als iemand serieus belangstelling had in jouw opleiding en ontwikkeling, zelfs al was het maar tien minuten op een drukke dag, dat dat er dan toe deed. Het deed er vooral toe voor vrouwen, voor minderheden, voor iedereen die door de samenleving al gauw over het hoofd werd gezien.

Met dit in het achterhoofd begon ik in het Witte Huis een leiderschaps- en mentorschapsprogramma en nodigde ik twintig meisjes uit het tweede en derde jaar high school uit heel Washington DC uit om maandelijks bij ons te komen voor informele gesprekjes, uitjes en bijeenkomsten over dingen als omgaan met geld en het kiezen van een loopbaan. We hielden het programma grotendeels achter gesloten deuren in plaats van deze meisjes voor de media te gooien.

Aan ieder meisje wezen we een vrouwelijke mentor toe die een persoonlijke band met haar opbouwde en haar vertelde over haar bezigheden en verleden. Valerie was mentor. Cris Comerford, de eerste vrouwelijke hoofdkok van het Witte Huis was mentor. Ook Jill Biden was mentor, evenals een aantal andere hooggeplaatste vrouwen uit zowel de staf van de East Wing als die van de West Wing. De leerlingen werden voorgedragen door hun schoolhoofd of schoolmentor en bleven bij ons tot hun afstuderen. We hadden meisjes uit gezinnen van militairen, van immigranten, een tienermoeder, een meisje dat in een daklozencentrum woonde. Het waren allemaal slimme, nieuwsgierige meisjes. Niet anders dan ik. Niet anders dan mijn dochters. Ik zag hoe de meisjes in de loop van de tijd vriendschappen sloten, iets in elkaar en in de volwassenen om hen heen herkenden. Uren heb ik met hen in een grote kring gepraat, terwijl we popcorn kauwden en gedachten uitwisselden over het inschrijven voor een studie, uiterlijk en jongens. Alle onderwerp mochten worden aangesneden. Vaak moesten we ontzettend lachen. Ik hoopte meer dan wat ook dat dit hen verder zou brengen: het gemak van de omgang, het gevoel van saamhorigheid, de stimulans om hun mond open te doen en gehoord te worden.

Ik wenste voor hen hetzelfde als wat ik voor Malia en Sasha wenste, namelijk dat door te leren zich in het Witte Huis op hun gemak te voelen, ze zich ook op hun gemak en vol zelfvertrouwen zouden voelen in elke ruimte, aan welke tafel dan ook, om hun stem te verheffen in willekeurig welke groep.

We leefden nu al ruim twee jaar in de bubbel van het presidentschap en ik zocht naar manieren om de omtrek van de bubbel te vergroten. Barack en ik bleven het Witte Huis openstellen voor steeds meer mensen, kinderen vooral, in de hoop dat de grandeur inclusief zou voelen en om enige levendigheid te brengen in de formaliteit en traditie. Elke keer als buitenlandse hoogwaardigheidsbekleders een staatsbezoek brachten, nodigden we leerlingen van plaatselijke scholen uit om hen de pracht van een officiële welkomstceremonie te laten zien en het eten te laten proeven dat bij het staatsdiner zou worden opgediend. Als er musici waren uitgenodigd om 's avonds te spelen, vroegen we ze vroeg te komen en ons te helpen met een workshop voor de jeugd. We wilden laten zien hoe belangrijk het is kinderen kennis te laten maken met kunst en te benadrukken dat het geen luxe is, maar noodzaak in hun totale opvoedingservaring. Ik vond het fantastisch om te zien hoe highschoolleerlingen omgingen met hedendaagse artiesten als John Legend, Justin Timberlake en Alison Krauss, maar ook met levende legendes als Smokey Robinson en Patti LaBelle. Voor mij was het ook een terugkeer naar mijn eigen opvoeding: de jazz in het huis van Southside, de voorspeelavonden van de pianoleerlingen en de Operetta Workshop van mijn oudtante Robbie, de bezoekjes met ons hele gezin aan musea in het centrum. Ik wist dat kunst en cultuur bijdroegen aan de ontwikkeling van een kind. En ik voelde me erdoor thuis. Barack en ik deinden samen op de voorste rij mee met het ritme van elk optreden. Zelfs mijn moeder, die zich nooit wilde laten zien bij openbare gelegenheden, kwam altijd wel naar de hal beneden als er muziek klonk.

Aan de muziek voegden we dans- en andere kunstfestiviteiten toe en we nodigden opkomende kunstenaars uit om nieuw werk te tonen. In 2009 organiseerden we een avond met poëzie en voordrachtskunst, de eerste in het Witte Huis ooit. We luisterden toen de jonge componist Lin-Manuel Miranda opstond en iedereen verbaasde met een stuk van een project waaraan hij net begonnen was en beschreef als een 'conceptalbum over het leven van iemand van wie ik denk dat hij hiphop belichaamt... minister van Financiën Alexander Hamilton.'

Ik herinner me nog hoe ik hem een hand gaf en zei: 'Hé, veel succes met dat Hamilton-ding.'

Op elke willekeurige dag werden we aan zoveel blootgesteld. Glamour, perfectie, wanhoop, hoop. Alles gebeurde achter elkaar en tegelijkertijd hadden we twee kinderen die probeerden een eigen leven te leiden, los van wat er thuis allemaal aan de hand was. Ik deed wat ik kon om mezelf en de kinderen in de gewone wereld geïntegreerd te houden. Mijn doel was nog steeds wat het altijd is geweest: om normale dingen te vinden waar ik kon, om mezelf te laten passen in hoekjes van het normale leven. Gedurende het voetbal- en lacrosseseizoen bezocht ik veel van de thuiswedstrijden van Malia en Sasha, ging ik tussen de andere ouders aan de zijlijn staan, wees ik beleefd iedereen af die vroeg om een foto met mij, ook al maakte ik altijd wel graag praatjes met iedereen. Nadat Malia was begonnen met tennis, keek ik meestal naar haar wedstrijden van achter het glas van een auto van de geheime dienst, die onopvallend vlak bij de banen geparkeerd stond omdat ik haar niet wilde afleiden.

Pas na de wedstrijd kwam ik tevoorschijn om haar te omhelzen.

Met Barack hadden we normaalheid of een zekere luchthartigheid van zijn bewegingen al helemaal opgegeven. Hij ging naar zo veel mogelijk schoolavonden en sportevenementen als hij kon, maar zijn mogelijkheden om zich tussen de mensen te begeven waren beperkt en de aanwezigheid van zijn veiligheidsdetachement was nooit subtiel. Het punt was eigenlijk ook om niet subtiel te zijn, om de wereld te laten weten dat niemand de president van de Verenigde Staten kwaad kon doen. Om voor de hand liggende redenen was ik hier blij om. Maar afgezet tegen de normen van een gezinsleven kon het weleens te veel zijn.

Deze gedachte kwam op een dag ook bij Malia op toen Barack en ik met haar op weg waren naar een bijeenkomst op Sasha's school. We staken met ons drieën een binnenplein over, liepen langs een groep kleuters die pauze hadden en op het klimrek speelden of over het speelplein vol houtsnippers renden. Ik weet niet zeker of de kinderen het peloton sluipschutters hadden gezien die in het zwart gekleed over de daken van de schoolgebouwen liepen met hun geweer voor zich uit, maar Malia wel.

Ze keek van de sluipschutters naar de kleuters, en dan met een plagende blik naar haar vader. 'Echt, papa?' zei ze. 'Serieus?'

Het enige wat Barack kon doen, was glimlachend zijn schouders ophalen. Aan hoe serieus zijn baan was, viel nu eenmaal niet te ontkomen.

Maar voor de zekerheid: niemand van ons trad ooit buiten de bubbel. De bubbel bewoog met ieder van ons apart mee. Op basis van onze vroege overeenkomst met de geheime dienst gingen Sasha en Malia naar bar mitswa's van vrienden, wasten ze met andere leerlingen auto's voor een goed doel en gingen ze zelfs rondhangen in het winkelcentrum, altijd met geheim agenten en vaak met mijn moeder in de buurt, maar ze hadden tenminste net zoveel bewegingsvrijheid als hun leeftijdgenootjes. Sasha's agenten, onder wie Beth Celestini en Lawrence Tucker (die door iedereen L.T. werd genoemd), waren tot de inboedel van Sidwell gaan behoren en populair. Kinderen smeekten L.T. in de pauze om hen te duwen als ze op de schommel zaten. En als er werd uitgedeeld in de klas omdat er iemand jarig was, hadden de ouders vaak ook voor cupcakes gezorgd voor de agenten.

In de loop van de tijd kregen we allemaal nauwe banden met onze beveiligers. Preston Fairlamb was de commandant van mijn detachement; later zou Allen Taylor, die me tijdens de campagne had bewaakt, hem opvolgen. Als we buiten in het openbaar verschenen, waren ze stil en hyperwaakzaam, maar buiten de spotlights of tijdens vliegreizen ontspanden ze, vertelden ze verhalen en maakten grapjes. 'Keiharde softies,' noemde ik ze plagend. Door al die uren die we samen doorbrachten en het ontelbare aantal kilometers die we samen reisden, werden we echte vrienden. Ik treurde met hen mee bij hun verlies en vierde mee als hun kinderen een of andere mijlpaal hadden bereikt. Ik was me altijd bewust van de ernst van hun plicht, wat ze bereid waren op te offeren om mij te beveiligen en ik nam het nooit als vanzelfsprekend aan.

Net als mijn dochters hield ik er een privéleven op na naast mijn officiële leven. Ik had maniertjes ontdekt om niet op te vallen als dat nodig was, geholpen door de bereidheid van de geheime dienst om een beetje flexibel te zijn. In plaats van me te verplaatsen met een hele rij auto's, kreeg ik weleens toestemming om in een onopvallend busje te rijden met een kleiner veiligheidsteam. Af en toe slaagde ik erin bliksembezoekjes te brengen aan winkels waar ik in en uit was voordat iemand het in de gaten had. Nadat Bo vakkundig alle hondenspeelgoedjes die voor hem waren aangeschaft door de personeelsleden had gesloopt of versplinterd, ging ik een keer 's ochtends persoonlijk met hem naar PetSmart in Alexandria. En heel even genoot ik van de anonimiteit terwijl ik op zoek was naar beter kauwspeelgoed en Bo, die dit nieuwigheidje net zo leuk vond als ik, naast me aan de riem meeliep.

Elke keer als ik ergens zonder drukte was, voelde het als een kleine overwinning, een oefening van vrije wil. Tenslotte was ik iemand van de details. Ik was niet vergeten hoe bevredigend het kon zijn om alle boodschappen van het lijstje af te kunnen kruisen. Een maand of zes na het uitje naar de dierenwinkel ging ik enigszins frivool anoniem, met honkbalpet en zonnebril naar de plaatselijke Target. Mijn agenten droegen korte broek en sportschoenen en hadden hun oortjes weggeborgen en deden hun best niet op te vallen terwijl ze mij en mijn assistent Kristin Jones door de winkel volgden. We liepen door alle gangpaden. Ik kocht gezichtscrème van Oil of Olay en nieuwe tandenborstels. We namen keukendoekjes en waspoeder voor Kristin mee en ik vond een paar spelletjes voor Malia en Sasha. En voor de eerste keer in jaren kon ik een kaart uitzoeken om Barack te geven voor onze huwelijksdag.

Opgetogen ging ik naar huis. Hoe het kleinste dingetje zo groot kan zijn.

In de loop van de tijd voegde ik nieuwe avonturen toe aan mijn dagelijkse gang van zaken. Ik ging af en toe met vriendinnen eten in een restaurant of bij hen thuis. Ook ging ik weleens naar een park en maakte ik lange wandelingen langs de Potomacrivier. Bij deze tochtjes liepen voor en achter me agenten, maar onopvallend en op afstand. In latere jaren verliet ik het Witte Huis ook wel om naar de sportschool te gaan en viel ik binnen bij SoulCycle of Solidcore ergens in de stad, waar ik op het laatste moment de zaal insloop en direct na de training vertrok om te voorkomen dat ik de orde verstoorde. De meest bevrijdende activiteit bleek echter skiën te zijn, een sport waar ik nauwelijks ervaring in had maar die al gauw een passie van me werd. Ik maakte gebruik van de ongewoon strenge winters die we de eerste twee jaar in Washington hadden door met de meisjes en een paar vriendinnen naar een klein skigebied te gaan dat toepasselijk Liberty Mountain heette, in de buurt van Gettysburg, waar we helmen, sjaals en sneeuwbrillen konden dragen en opgaan in de menigte. Tijdens de afdaling was ik buiten, was ik in beweging en werd ik niet herkend, en dat allemaal tegelijk. Voor mij leek het wel vliegen.

Dat mengsel deed ertoe. Het mengsel was alles – een manier om als mijzelf te voelen, om Michelle Robinson van de South Side te blijven binnen het grotere geheel van de geschiedenis. Ik paste mijn oude leven in mijn nieuwe, mijn persoonlijke zorgen in mijn openbare werk. In Washington had ik een handvol nieuwe vriendinnen gemaakt: een paar moeders van klasgenootjes van Sasha en Malia en een paar mensen die ik beroepsmatig in het Witte Huis had ontmoet. Dit waren vrouwen die minder gaven om mijn achternaam of huisadres en meer om wie ik was als mens. Het is grappig hoe snel je erachter komt wie er voor jou is en wie alleen maar een soort vlag wil planten. Barack en ik hadden het er weleens tijdens het eten over met Sasha en Malia, over het feit dat er mensen zijn, kinderen en volwassenen, die aan de rand van de vriendengroep hangen en er iets te graag bij willen horen – 'dorstig' noemden we die.

Ik had al jaren eerder geleerd echte vrienden dicht bij me te houden. Nog steeds voelde ik me nauw verbonden met vrouwen die elkaar jaren geleden zagen op zaterdagen voor speelafspraakjes met de kinderen, in de dagen van de luiertas in Chicago, toen onze kinderen vrolijk eten van de kinderstoel gooiden en we allemaal zo moe waren dat we wel konden huilen. Dit waren de vriendinnen op wie ik kon rekenen, die de boodschappen meenamen als ik het te druk had om zelf te gaan winkelen, die de meisjes ophaalden voor balletles als ik achterliep met werk of gewoon even rust nodig had. Een aantal van hen was per vliegtuig naar me toe gekomen om bij me te zijn tijdens vervelende tussenstops op de campagne, om me de emotionele bagage te verschaffen als ik die het hardst nodig had. Vriendschappen tussen vrouwen zijn, zoals iedere vrouw je kan vertellen, gebouwd op duizenden aardigheidjes als deze, van de een voor de ander en andersom en dan weer opnieuw.

In 2011 ging ik doelbewust meer in mijn vriendschappen investeren en liet ik oude vriendinnen kennismaken met nieuwe. Om de paar maanden nodigde ik een stuk of tien van mijn vriendinnen uit om een weekend met mij door te brengen in Camp David, het zomerkampachtige vakantieterrein zo'n negentig kilometer ten noorden van Washington in de bergen in het noorden van Maryland. Ik begon deze bijeenkomsten 'bootcamp' te noemen, deels omdat ik iedereen dwong met mij een paar keer per dag oefeningen te doen (ik probeerde op een gegeven moment ook de wijn en de snacks te verbieden, maar dit werd gauw afgestemd), maar belangrijker was dat ik het idee omhelsde dat je streng moest zijn in je vriendschap.

Mijn vriendinnen zijn over het algemeen talentvolle, bijzonder geëngageerde mensen, veel van hen met een druk gezinsleven en een veeleisende baan. Ik begreep heel goed dat het niet altijd eenvoudig was om er even tussenuit te gaan. Maar dat was deels het punt. We waren er zo aan gewend ons op te offeren voor onze kinderen, onze mannen en ons werk. Ik had in de jaren waarin ik had geprobeerd een evenwicht te vinden in mijn leven, geleerd dat het oké was om die prioriteiten ook eens aan de kant te schuiven en dan alleen aan onszelf te denken. Ik was meer dan gelukkig dat ik dat spandoek even ten behoeve van mijn vriendinnen kon laten wuiven, om een reden te verzinnen – en de kracht van een traditie – voor een hele groep vrouwen om kinderen, echtgenoten en collega's de rug toe te keren en te zeggen: *sorry, folks, ik doe dit nu even voor mezelf.*

Bootcampweekenden werden een manier om te schuilen, samen te zijn en op te laden. We verbleven in gezellige, met hout betimmerde huisjes in het bos, reden rond in golfwagentjes en we fietsten. We deden trefbal en fitnessoefeningen zoals *burpees* (van liggen naar opspringen) en de *downward facing dog*. Soms vroeg ik een paar jonge stafleden om ons te vergezellen en het was geweldig om te zien hoe Susan Sher, eind zestig, als een spin over de grond kroop naast MacKenzie Smith, mijn planner van ergens in de twintig die op college had gevoetbald. We aten gezonde maaltijden bereid door koks van het Witte Huis. We deden trainingen onder toezicht van mijn trainer Cornell en enkele jonge stafleden van de marine die ons allemaal 'ma'am' noemden. We deden een heleboel oefeningen en praatten en praatten en praatten. We gooiden al onze gedachten en ervaringen in de groep, gaven raad of vertelden leuke verhalen of gaven soms de verzekering dat wie ook op dat moment haar persoonlijke verhalen prijsgaf, niet de eerste en enige was met een dwarse tiener of een baas die ze niet kon uitstaan. Vaak steunden we elkaar alleen al door te luisteren. En bij het afscheid aan het einde van elk weekend beloofden we dat we het snel nog eens zouden doen.

Mijn vriendinnen zorgden ervoor dat ik me heel voelde, zoals ze altijd hebben gedaan en altijd zullen blijven doen. Ze beurden me op, elke keer als ik neerslachtig was of gefrustreerd of niet met Barack kon praten. Ze zetten me weer met beide benen op de grond als ik de druk voelde dat er over mij geoordeeld werd, dat alles, van de keuze van de kleur van mijn nagellak tot de omvang van mijn heupen, publiekelijk werd geanalyseerd en bekritiseerd. En ze hielpen me op de grote, verontrustende golven te blijven zitten die soms onaangekondigd aan kwamen rollen.

Op de eerste zondag in mei 2011 ging ik met twee vriendinnen eten in een restaurant in de stad en liet ik Barack en mijn moeder op de kinderen passen. Het weekend was wel erg druk geweest. Barack was die middag betrokken bij een hele reeks briefings en zaterdagavond had het White House Correspondents' Dinner plaatsgevonden, waarbij Barack in zijn toespraak enkele snedige grappen had gemaakt over Donald Trumps carrière als presentator van *Celebrity Apprentice* en zijn birther-theoriën. Ik kon Trump van waar ik zat niet zien, maar hij was erbij geweest. Tijdens Baracks monoloog hadden de camera's op hem ingezoomd, terwijl hij met strak gezicht zich zat op te winden.

Bij ons waren de zondagavonden gewoonlijk rustig en deden we niet veel. De meisjes waren meestal moe na een weekend sporten en tijd met vriendinnen. En als Barack geluk had, kon hij overdag nog weleens een rondje golfen op de baan van Andrew Air Force Base, waar hij ontspannen van terugkwam.

Nadat ik die avond met mijn vriendinnen had doorgebracht, kwam ik rond tien uur thuis en werd ik bij de deur begroet door een huisknecht, zoals altijd. Ik merkte toen al dat er iets aan de hand was, ik voelde een anders dan normaal niveau van activiteit op de begane grond van het Witte Huis. Ik vroeg de huisknecht of hij wist waar de president was.

'Ik geloof dat hij boven is, ma'am,' zei hij, 'hij maakt zich klaar om de natie toe te spreken.'

Op dat moment begreep ik dat het eindelijk was gebeurd. Ik wist dat het eraan zou komen, maar ik wist niet precies hoe het zou gaan verlopen. Ik had de twee voorgaande dagen geprobeerd gewoon te doen, alsof ik niet wist dat er iets gevaarlijks en belangrijks plaats ging vinden. Na maanden van het zeer vakkundig verzamelen van geheime informatie en weken van zorgvuldige voorbereidingen, na veiligheidsbijeenkomsten en risico-evaluaties en het laatste, gespannen besluit, had een elite-team van de Amerikaanse Navy SEALS op elfduizend kilometer van het Witte Huis onder dekking van het nachtelijk duister een mysterieuze compound aangevallen in Abbottabad, Pakistan, op zoek naar Osama bin Laden.

Toen ik de gang van het woongedeelte in liep, kwam Barack uit onze slaapkamer. Hij had een pak aangetrokken met rode das en leek opgewonden door de adrenaline. Hij had de druk van de beslissing maanden met zich meegedragen.

'We hebben hem,' zei hij. 'En er is niemand bij gewond geraakt.'

We omhelsden elkaar. Osama bin Laden was gedood. Er waren geen Amerikaanse levens bij verloren gegaan. Barack had een enorm risico genomen – dat hem zijn presidentschap had kunnen kosten – en het was goed verlopen.

Het nieuws ging al de hele wereld over. Mensen dromden samen in de straten rondom het Witte Huis, stroomden de restaurants, de hotels en de flatgebouwen uit en er klonk gejuich in de nachtelijke lucht. Het kabaal werd zo luid dat Malia er wakker van werd in haar slaapkamer, het drong zelfs door het kogelwerende glas dat bedoeld was om alles buiten te sluiten.

Er was die nacht trouwens geen binnen of buiten meer. In steden in het hele land waren mensen de straat opgegaan omdat ze duidelijk samen met anderen wilden zijn, niet alleen verbonden door patriottisme, maar ook door gemeenschappelijk verdriet dat was geboren op 11 september 2001 en door al die jaren van angst dat we nogmaals zouden worden aangevallen. Ik dacht aan elke militaire basis die ik had bezocht, al die soldaten die eraan werkten hun wonden te genezen, de vele mensen die familieleden naar plaatsen ver weg hadden gestuurd in naam van het beschermen van ons land, de duizenden kinderen die op die ene verschrikkelijke, droevige dag een ouder hadden verloren. Die verliezen konden niet ongedaan worden gemaakt, dat wist ik wel. Niemands dood kon een leven vervangen. Ik weet eigenlijk niet of iemands dood ooit gevierd moet worden. Maar wat Amerika die nacht kreeg, was een moment van opluchting, een kans zijn eigen veerkracht te voelen.

23

De tijd leek vooruit te hollen waardoor het onmogelijk was die bij te houden of in het spoor te blijven. Elke dag zat overvol. Elke week en maand en elk jaar, alle tijd die we in het Witte Huis hebben doorgebracht, zat overvol. Als het vrijdag was, moest ik hard mijn best doen om me te herinneren wat ik maandag en dinsdag had gedaan. Ik zat me weleens aan het avondeten af te vragen waar en hoe we ook alweer hadden geluncht. Zelfs nu vind ik het nog moeilijk te verwerken. De snelheid was te hoog, de tijd voor reflectie te beperkt. Op een enkele middag konden er verscheidene officiële gebeurtenissen plaatsvinden, meerdere vergaderingen en een fotoshoot. Ik kon op één dag verschillende staten bezoeken of twaalfduizend mensen toespreken of vierhonderd kinderen op bezoek hebben die met mij op de South Lawn *jumping jacks* deden, van die sprongen met je armen in de lucht, en dan moest ik voor een avondreceptie nog een deftige jurk aan. Ik gebruikte mijn vrije dagen, dat wil zeggen die zonder officiële verplichtingen, om me te richten op Malia en Sasha en hun leven, voordat ik weer naar 'boven' ging, terug naar kapsel, make-up en kledingkast. Terug in de maalstroom van het openbare leven.

Terwijl we richting Baracks herverkiezingsjaar 2012 liepen, voelde ik dat ik niet kon en niet wilde ophouden. Mijn taak zat er nog niet op. Ik dacht vaak aan wat ik schuldig was en aan wie. Ik droeg een geschiedenis met me mee en dat was niet die van presidenten en first lady's. Ik heb nooit iets gehad met het verhaal van John Quincy Adams zoals ik dat wel had met het verhaal van Sojourner Truth, de zwarte slavin en voorvechtster van de afschaffing van de slavernij, en was nooit zo geroerd door Woodrow Wilson als door Harriet Tubman, Sojourners opvolgster. Ik wist meer van de strijd die Rosa Parks en Coretta Scott King hebben gevoerd dan van die van Eleanor Roosevelt of Mamie Eisenhower. Ik droeg hun verledens met me mee, net als die van mijn moeder en grootmoeders. Geen van deze vrouwen zou zich ooit een leven hebben kunnen voorstellen zoals ik dat nu leefde, maar ze vertrouwden erop dat hun doorzettingsvermogen uiteindelijk iets beters op zou leveren voor iemand zoals ik. Ik wilde me aan de wereld vertonen op een wijze die die vrouwen eer aandeed.

Ik legde dit mezelf op, een dringende behoefte om niets te verpesten. Hoewel ik als een populaire first lady werd beschouwd, kon ik het niet helpen dat ik geobsedeerd was door de manier waarop ik bekritiseerd werd, door mensen die dingen van me hadden aangenomen op grond van mijn huidskleur. Juist daarom repeteerde ik mijn toespraken onophoudelijk met een teleprompter in de hoek van mijn kantoor. Ik drong er bij mijn planners en voorbereidingsteams op aan ervoor te zorgen dat al onze evenementen feilloos en op tijd verliepen. Ik drong er nog harder bij mijn beleidsadviseurs op aan om de reikwijdte van Let's Move! en Joining Forces uit te blijven breiden. Ik was gefocust op het niet laten wegglippen van de gelegenheden die ik nu had, maar ik moest mezelf eraan herinneren dat ik ook nog adem moest halen.

Barack en ik wisten heel goed dat campagne voeren de komende maanden extra reizen, extra strategieoverleg en extra zorgen zou gaan betekenen. Het was onmogelijk je geen zorgen te maken over de herverkiezing. De kosten waren gigantisch. (Barack en Mitt Romney, de voormalige gouverneur van Massachusetts die uiteindelijk de kandidaat van de Republikeinen zou worden, haalden ieder meer dan een miljard dollar op om campagne tegen elkaar voeren.) En de verantwoordelijkheid was net zo enorm. De verkiezingen zouden echter alles bepalen, van de toekomst van de nieuwe wet op de gezondheidszorg tot of Amerika deel zou nemen aan de wereldwijde inspanning om de klimaatverandering tegen te gaan. Iedereen die in het Witte Huis werkte, leefde in onzekerheid over de herverkiezing van Barack. Ik probeerde niet eens na te denken over de mogelijkheid dat Barack de verkiezingen zou gaan verliezen, maar die bestond wel, een kern van angst die hij en ik diep van binnen met ons meedroegen, maar waar we niets over durfden te zeggen.

De zomer van 2011 werd uitermate slopend voor Barack. Een groep opstandige Republikeinse Congresleden weigerde de uitgifte van nieuwe obligaties goed te keuren, een naar verhouding routinematig proces dat wel het verhogen van het schuldenplafond werd genoemd, als hij niet een aantal pijnlijke bezuinigingen doorvoerde bij overheidsprogramma's zoals de sociale zekerheid en Medicaid en Medicare, waar hij fel tegen was omdat daarmee juist de mensen getroffen werden die het het slechtst hadden. Intussen bleek uit het maandelijkse rapport van het ministerie van Arbeid dat de banengroei doorzette, maar langzaam, wat betekende dat áls het neerkwam op herstel van de crisis van 2008, het land nog steeds niet was waar het moest zijn. Veel mensen gaven Barack daarvan de schuld. In de opluchting die volgde op de dood van Osama bin Laden waren de waarderingscijfers op het hoogste punt van twee jaar, maar slechts een paar maanden later, na dat gedoe over het schuldenplafond en zorgen om een nieuwe recessie, waren ze op het laagste punt.

Toen dit tumult net begonnen was, was ik op weg naar Zuid-Afrika voor een goodwillbezoek dat al maanden eerder was gepland. Het schooljaar van Malia en Sasha was net ten einde en ze konden dus mee, samen met mijn moeder en Craigs kinderen Leslie en Avery, die nu tieners waren. Ik vloog naar het land om een keynote-speech te geven voor een door de Verenigde Staten gesponsord forum van jonge vrouwelijke leiders uit heel Afrika, maar mijn programma was volgepland met sociale evenementen die verband hielden met welzijn en onderwijs, en met bezoeken aan lokale leiders en medewerkers van de Amerikaanse ambassade. We zouden onze reis afronden met een kort bezoek aan Botswana, de president van dat land ontmoeten en langsgaan in een hiv-kliniek, om nog daarna even snel op safari te gaan voordat we weer naar huis terugkeerden.

We waren allemaal direct meegesleept door de energie die in Zuid-Afrika heerste. In Johannesburg kregen we een rondleiding door het Apartheid Museum en dansten we en lazen we boeken met kleine kinderen in een gemeenschapscentrum in een van de zwarte townships aan de noordkant van de stad. In een voetbalstadion in Kaapstad hadden we een bijeenkomst met buurtwerkers en werkers in de gezondheidszorg die door middel van jeugdsportprogramma's probeerden de jongeren voor te lichten over hiv/aids. Daar werden we ook voorgesteld aan aartsbisschop Desmond Tutu, de legendarische theoloog en activist die had meegewerkt aan de ontmanteling van de apartheid in Zuid-Afrika. Tutu was negenenzeventig jaar, een breedgeschouderde man met heldere ogen en een aanstekelijke lach. Toen hij hoorde dat ik in het stadion was om fitness te promoten, stond hij erop dat hij met mij push-ups deed voor een groep juichende kinderen.

In die paar dagen in Zuid-Afrika leefde ik op een wolk. Het bezoek was ver verwijderd van mijn eerste bezoek aan Kenia in 1991, toen ik met Barack in matatu's had rondgereden en Auma's kapotte vw had moeten duwen langs de kant van een stoffige weg. Wat ik voelde was misschien één deel jetlag, maar twee delen van iets diepers en verheffends. Het was alsof we in een maalstroom van cultuur en geschiedenis terechtgekomen waren, dat we er plotseling aan werden herinnerd hoe klein we zijn in het totale tijdsgewricht. Toen ik de gezichten zag van de zesenzeventig jonge vrouwen die waren uitgekozen om deel te nemen aan het leiderschapsforum omdat ze betekenisvol werk deden in hun gemeenschappen, moest ik tegen mijn tranen vechten. Zij gaven me hoop. Zij zorgden ervoor dat ik me oud voelde, maar op de best mogelijke manier. Op dat moment was al 60 procent van de bevolking van heel Afrika jonger dan vijfentwintig. Dit waren vrouwen, allemaal nog geen dertig en een enkele zelfs slechts zestien jaar oud, die non-profitorganisaties oprichtten, andere vrouwen leerden hoe ze ondernemer moesten zijn en het risico liepen in de gevangenis te worden gegooid omdat ze corruptie door de overheid aan de kaak stelden. En nu werden ze met elkaar verbonden, getraind en aangemoedigd. Ik hoopte dat dit hun macht alleen maar groter zou maken.

Het meest onwerkelijke moment had echter al aan het begin van de reis plaatsgevonden, op de tweede dag. We waren naar het hoofdkwartier van de Nelson Mandela Foundation in Johannesburg gegaan om een bezoek te brengen aan Graça Machel, bekend om haar sociale werk en de vrouw van Nelson Mandela. Daar kregen we het bericht dat Mandela zelf ons graag wilde ontmoeten in zijn huis vlakbij.

Natuurlijk gingen we er onmiddellijk naartoe. Nelson Mandela was toen tweeënnegentig en hij was eerder dat jaar in het ziekenhuis opgenomen geweest met longproblemen. Hij ontving zelden gasten, werd me verteld. Barack had hem zes jaar eerder al ontmoet toen hij nog senator was en Mandela op bezoek was in Washington. Sinds die ontmoeting hangt er altijd een ingelijste foto ven hen beiden in het kantoor van Barack. Zelfs mijn kinderen – Sasha, tien, en Malia, bijna dertien – begrepen hoeveel het betekende een bezoek aan hem te mogen brengen. Zelfs mijn moeder die niet snel van streek te brengen is, was er even stil van.

Geen levende ziel had een grotere impact gehad op de wereld dan Nelson Mandela, volgens mij tenminste. In de jaren veertig had hij zich als jongeman aangesloten bij het Afrikaans Nationaal Congres en was hij in verzet gekomen tegen de witte Zuid-Afrikaanse regering en het ingewortelde racistische beleid. Toen hij vierenveertig jaar oud was, was hij opgepakt en voor zijn activisme tot levenslange gevangenisstraf veroordeeld. Hij was eenenzeventig toen hij in 1990 vrijgelaten werd. Nadat hij zevenentwintig jaar van ontberingen en isolement als gevangene had overleefd, en veel van zijn vrienden waren gemarteld en vermoord door het apartheidsregime, slaagde Mandela erin om door middel van onderhandelingen met de regering in plaats van strijd, een wonderbaarlijk vreedzame overgang te bewerkstelligen naar een echte democratie in het land en uiteindelijk de eerste zwarte president van Zuid-Afrika te worden.

Mandela woonde aan een lommerrijke straat in een huis in mediterrane stijl, met om de tuin een crèmekleurige betonnen muur. Graça Machel begeleidde ons over een door bomen beschaduwde binnenplaats het huis binnen, waar in een grote, door de zon verlichte kamer haar man in een leunstoel zat. Hij had dun, sneeuwwit haar en droeg een bruin, gebatikt overhemd. Iemand had een witte deken over zijn schoot gelegd. Hij was omringd door verschillende generaties familieleden, die ons stuk voor stuk enthousiast verwelkomden. Iets in de vrolijkheid in dat vertrek, de spraakzaamheid van de familie en de dichtgeknepen oogjes van de patriarch deed denken aan mijn bezoeken aan het huis van mijn grootvader

Southside toen ik klein was. Ik was een beetje zenuwachtig geweest voor onze komst, maar nu ontspande ik.

Eigenlijk weet ik eerlijk gezegd niet zeker of Mandela wel echt doorhad wie we waren of waarom we waren komen binnenvallen. Hij was inmiddels een oude man en leek moeite te hebben met zijn gehoor en zijn concentratie. 'Dit is Michelle Obama,' zei Graça Machel met enige nadruk terwijl ze zich naar zijn oor boog. 'De vrouw van de Amerikaanse president.'

'O, geweldig,' mompelde Nelson Mandela, 'geweldig.'

Hij keek me belangstellend aan, maar ik denk dat ik willekeurig wie had kunnen zijn. Het leek me duidelijk dat hij net zoveel warmte uitstraalde naar iedereen die hij tegenkwam. Mijn interactie met Mandela verliep in stilte, maar was diepgaand – misschien juist wel diepgaander door die stilte. Het meeste wat hij te zeggen had gehad, had hij gezegd, zijn toespraken en brieven, zijn boeken en werken van verzet waren niet slechts opgenomen in zijn levensverhaal, maar in dat van de hele mensheid. Ik voelde het allemaal in die korte tijd die ik met hem had – de waardigheid en de geest die gelijkheid hadden ontstoken daar waar die niet eerder had bestaan.

Ik dacht nog steeds terug aan Mandela toen we vijf dagen later naar het noorden en westen over Afrika vlogen en in een lange, donkere nacht de Atlantische Oceaan over terug naar de Verenigde Staten. Sasha en Malia lagen onder dekens naast hun neef en nicht; mijn moeder zat te dommelen in een stoel vlak bij me. Verder naar achteren in het vliegtuig zaten stafleden en veiligheidsagenten naar films te kijken of haalden slaap in. De motoren bromden. Ik voelde me tegelijkertijd wel en niet alleen. We waren op weg naar huis, naar die vreemd-bekende stad Washington met zijn witte marmer en zijn botsende ideologieën, met alles wat nog moest worden uitgevochten en gewonnen. Ik dacht aan de jonge Afrikaanse vrouwen die ik bij het leiderschapsforum had ontmoet, die nu allemaal terug waren in hun eigen gemeenschap om weer aan het werk te gaan, zich koppig staande houdend in welk tumult hun ook wachtte.

Mandela was in de gevangenis verdwenen vanwege zijn principes. Hij had zijn kinderen niet zien opgroeien en hij had veel van zijn kleinkinderen ook niet zien opgroeien. En dit alles zonder bitterheid, in het geloof dat de betere aard van zijn land op een gegeven moment zou zegevieren. Hij had gewerkt en gewacht, tolerant en nooit ontmoedigd, om het te zien gebeuren.

Ik vloog gestimuleerd door die geest naar huis terug. Het leven leerde me dat vooruitgang en verandering langzaam verlopen. Niet binnen twee jaar, of vier jaar, of zelfs een mensenleven. We zaaiden zaadjes van verandering, waarvan we de vruchten misschien nooit zullen zien. We moesten geduldig zijn.

In de loop van het najaar van 2011 diende Barack drie keer wetsvoorstellen in waarmee duizenden banen voor Amerikanen zouden worden geschapen, onder andere door staten geld te geven om meer leraren en eerstehulpverleners te kunnen aannemen. Drie keer werden ze door de Republikeinen geblokkeerd, zonder het zelfs maar op een stemming te laten aankomen.

'Het allerbelangrijkste dat we willen bereiken,' had de minderheidsaanvoerder in de Senaat, Mitch McConnell, een jaar eerder tegen een verslaggever gezegd toen hij de doelstellingen van zijn partij uiteenzette, 'is dat president Obama een president van één termijn wordt.' Zo eenvoudig was het. Het Republikeinse Congres was alleen maar uit op het laten mislukken van Baracks presidentschap. Het leek maar al te duidelijk dat ze het welzijn van het land of het feit dat mensen banen nodig hadden, niet als prioriteit beschouwden. Hun eigen macht kwam op de eerste plaats.

Ik vond het ontmoedigend en het maakte me woedend. Dit was politiek, zeker, maar in haar slechtste en meest cynische vorm, klaarblijkelijk los van enig hoger doel. Ik voelde emoties die Barack zich misschien niet kon veroorloven. Hij bleef opgesloten in zijn werk, zelden ontmoedigd, de hobbels negerend en compromissen sluitend waar hij kon, zich vastgrijpend aan dat bedaarde, iemand-moet-het-doen-optimisme waar hij zich altijd door had laten leiden. Hij zat nu vijftien jaar in de politiek. Ik zag hem al die tijd als een oude, koperen ketel – getekend door het vuur, vol butsen maar nog steeds glanzend.

Het opnieuw op campagne gaan, wat Barack en ik in de najaar van 2011 deden, was een soort ontspanning. We verlieten Washington en keerden terug naar gemeenschappen in het hele land, naar plaatsen als Richmond en Reno, waar we aanhangers konden omhelzen en hun handen schudden, luisteren naar hun ideeën en zorgen. Het was een kans de energie aan de basis te voelen, iets wat altijd centraal had gestaan in Baracks visie op democratie, en om eraan herinnerd te worden dat de meeste Amerikaanse burgers lang niet zo cynisch zijn als hun gekozen leiders. We moesten ze alleen zo ver krijgen dat ze gingen stemmen. Het had me erg teleurgesteld dat miljoenen mensen het er in 2010 bij de tussentijdse verkiezingen bij hadden laten zitten waardoor Barack met een verdeeld Congres opgescheept zat dat nauwelijks een wet wist aan te nemen.

Ondanks al die problemen was er echter ook veel om hoopvol over te zijn. Aan het einde van 2011 waren de laatste Amerikaanse soldaten uit Irak vertrokken. De troepen in Afghanistan waren zich geleidelijk aan het terugtrekken. Belangrijke bepalingen van de Affordable Care Act waren in werking getreden waardoor jonge mensen langer op de polis van hun ouders konden blijven staan en het verzekeringsmaatschappijen werd verboden de levenslange dekking van mensen die ziek waren, af te nemen. Dit alles was een verbetering, zo moest ik mezelf voorhouden, stappen op een breder pad.

Zelfs met een complete politieke partij die samenzwoer om Barack te laten mislukken, konden we niet anders dan positief blijven en doorgaan. Het was vergelijkbaar met die moeder van een leerling van Sidwell die Malia bij de tennistraining vroeg of ze niet bang was voor haar leven. Wat kun je dan anders doen dan weer de baan opgaan en een bal slaan?

En dus was er werk te doen. Voor ons allebei. Ik wierp mij op mijn eigen initiatieven. Met Let's Move! bleven we resultaten boeken. Mijn team en ik wisten Darden Restaurants, het moederbedrijf achter ketens als Olive Garden en Red Lobster, over te halen om het soort eten dat ze aanboden en de manier van bereiden te veranderen. Ze beloofden hun menu's te herzien, het aantal calorieën en de hoeveelheid zout te verminderen en op de kindermenu's gezondere keuzes te bieden. We hadden een beroep gedaan op de bazen van het bedrijf – op hun geweten maar ook op hun doelstelling – en hen ervan overtuigd dat de eetcultuur in Amerika veranderde en dat het zakelijk verstandig was om daarbij voor die ontwikkeling uit te lopen. Darden serveerde jaarlijks vierhonderd miljoen maaltijden. Op die schaal kon zelfs een kleine verschuiving – zoals het weghalen van verwachtingen opwekkende foto's van ijskoude frisdrank op kindermenu's – al echt impact hebben.

De macht van een first lady is iets merkwaardigs: net zo onbestemd en ongedefinieerd als haar rol. Maar ik leerde er toch gebruik van te maken. Ik had geen enkele uitvoerende autoriteit. Ik kon geen soldaten orders geven en had geen rol in de officiële diplomatie. Volgens de traditie moest ik vooral aardig zijn, de president vleien met mijn toewijding, het land vooral vleien door het niet in diskrediet te brengen. Ik begon echter in te zien dat het zorgvuldig uitstralen van die aardigheid krachtiger was dan dat. Ik had invloed omdat ik een soort curiositeit was – een zwarte first lady, vrouw en professional, moeder van kleine kinderen. Mensen leken zich te willen gaan kleden zoals ik, ze wilden mijn schoenen gaan dragen, mijn kapsel overnemen, maar ook moesten ze me zien in de context van wat ik was en waarom. Ik was aan het leren hoe ik mijn boodschap moest koppelen aan mijn imago, daardoor kon ik de Amerikaanse blik sturen. Ik kon een interessante combinatie aantrekken, een grapje maken en dan iets zeggen over de hoeveelheid zout in kindermaaltijden zonder ontzettend saai te worden. Ik kon openlijk een bedrijf prijzen dat actief personeel wierf onder leden van de militaire gemeenschap of me met Ellen DeGeneres tijdens een live-uitzending op de grond laten vallen voor een wedstrijdje push-ups (en het winnen, wat me voor eeuwig het recht verschafte om me daarin te verkneukelen) in naam van Let's Move!

Ik was een kind van de gewone Amerikaan en dat was een pluspunt. Barack noemde me weleens 'Jan Publiek' als hij me vroeg mee te denken over campagneslogans en strategieën omdat hij wist dat ik me met veel genoegen in de populaire cultuur onderdompelde. Hoewel ik me moeiteloos op exclusieve plaatsen als Princeton en Sidley & Austin had kunnen handhaven en nu af en toe diamanten en een baljurk droeg, ben ik nooit opgehouden met het lezen van de glossy *People* of het kijken naar komische tv-series. Ik keek veel vaker naar Oprah en Ellen dan naar *Meet the Press* of *Face the Nation* en tot op de dag van vandaag vind ik niets leukers dan de triomf van orde en netheid aan het einde van een programma waarin iemands huis compleet wordt heringericht.

Wat ik hiermee wil zeggen is dat ik manieren zag om me met Amerikanen te verbinden die Barack en zijn adviseurs in de West Wing niet zagen, althans in het begin. In plaats van interviews te geven aan grote kranten of in programma's van kabelomroepen te verschijnen, praatte ik met invloedrijke *'mommy bloggers'* die een enorm en betrokken publiek van vrouwen bereikten. Toen ik zag hoe mijn jongere stafleden met hun mobieltjes in de weer waren en zag dat Malia en Sasha nieuws waren gaan volgen op hun telefoon en chatten met hun highschoolvriendinnetjes via sociale media, begreep ik dat hier een gelegenheid lag om er ook gebruik van te maken. Ik stuurde in het najaar van 2011 mijn eerste tweet de lucht in om Joining Forces te propageren en zag toe hoe die door die vreemde, grenzeloze ether suisde waarin mensen steeds meer tijd doorbrachten.

Het was een openbaring. Alles was een openbaring. Ik was aan het ontdekken dat ik met mijn *soft power* heel sterk kon zijn.

Als verslaggevers en tv-camera's me dan zo graag wilden volgen, zou ik ze enkele merkwaardige plekken laten zien. Ze konden bijvoorbeeld komen kijken naar hoe Jill Biden en ik een muur van een onbestemd rijtjeshuis in het noordwestelijk deel van Washington schilderden. Er was op zich niets interessants aan twee vrouwen met verfrollers, maar verslaggevers van bepaalde media lokte je er toch mee. Het bracht namelijk iedereen op de drempel van sergeant Johnny Agbi, die vijfentwintig jaar oud was en een hospik in Afghanistan toen de transporthelikopter waar hij inzat, onder vuur werd genomen en een kogel zijn ruggengraat versplinterde en zijn hersenen beschadigde, waardoor hij een lange revalidatieperiode nodig had in het Walter Reed. Nu werd zijn woning op de begane grond aangepast aan zijn rolstoel – deuropeningen verbreed, aanrecht verlaagd – als onderdeel van een gemeenschappelijke inspanning van de non-profitorganisatie Rebuilding Together en het moederbedrijf van Sears en Kmart. Dit huis was het duizendste dat ze samen hadden gerenoveerd voor hulpbehoevende veteranen. De camera's legden het allemaal vast: de soldaat, het huis, de goodwill en de energie die erin werd gestopt. De journalisten interviewden niet alleen mij en Jill maar ook sergeant Agbi en de mensen die het werk hadden gedaan. Dit was hoe het zou moeten zijn, vond ik. De blik hoorde hierop gevestigd.

Op de dag van de verkiezingen, 6 november 2012, was ik van binnen bang. Barack en de meisjes en ik waren terug in ons huis aan Greenwood Avenue in Chicago, op onze tanden bijtend in afwachting van of een heel volk ons zou aanvaarden of verwerpen. Deze verkiezingen waren voor mij beladener dan de eerdere die we hadden meegemaakt. Ze voelden als een referendum, niet alleen over het politieke optreden van Barack en de staat waarin het land zich bevond, maar ook over zijn karakter en over onze aanwezigheid in het Witte Huis. Onze meisjes hadden een grote eigen vriendenkring opgebouwd, en een vertrouwd gevoel gekregen dat ik niet opnieuw overhoop wenste te gooien. Ik was nu zo betrokken nadat ik vier jaar gezinsleven had opgeofferd, dat het onmogelijk was niet alles minstens een beetje persoonlijk op te vatten.

De campagne had ons uitgeput, misschien zelfs wel meer dan ik had voorzien. Terwijl ik aan mijn eigen initiatieven werkte en bij wilde blijven waar het ging om dingen als congressen over de relatie ouder-leerkracht en ook het huiswerk van de meisjes in de gaten wilde houden, sprak ik op campagne-evenementen in gemiddeld drie steden per dag, drie dagen per week. En Baracks tempo was nog veel gruwelijker. Uit de opiniepeilingen bleek dat hij maar een heel kleine voorsprong had op Mitt Romney. En dan liep hun eerste debat in oktober ook nog eens uit op een fiasco voor hem, waardoor op het allerlaatste moment een golf van angst door de rijen sponsoren en adviseurs ging. We konden de uitputting lezen op de gezichten van onze hardwerkende medewerkers. Hoewel ze hun best deden het nooit te laten zien, maakten ze zich absoluut ongerust over de mogelijkheid dat Barack over een paar maanden uit het Witte Huis zou moeten vertrekken.

Barack bleef al die tijd kalm, hoewel ik kon zien wat de druk met hem deed. De laatste weken begon hij er wat vermoeider en magerder uit te zien dan gewoonlijk en kauwde hij ongebruikelijke fanatiek op zijn Nicorette. Ik had met de zorgen van een echtgenote toegezien hoe hij probeerde alles tegelijk te doen – de strijders gerust te stellen, de campagne af te werken en het land te leiden, maar ook zoeken naar een gepaste reactie op de terroristische aanval op Amerikaanse diplomaten in Benghazi, Libië, en het zorgen voor een enorme federale hulpactie na orkaan Sandy, die slechts een week voor de verkiezingen verwoestingen had aangericht aan de oostkust.

Toen de stemlokalen daar die avond begonnen te sluiten, liep ik naar de tweede verdieping van ons huis waar we een geïmproviseerde make-up- en kapsalon hadden ingericht om ons daar voor te bereiden op het publieke deel van de avond. Meredith had kleren gestreken en klaargelegd voor mij, mijn moeder en de meisjes. Johnny en Carl deden mijn haar en make-up. Volgens de traditie had Barack eerder die dag gebasketbald; nu zat hij in zijn kantoor de laatste puntjes op de i te zetten van zijn toespraken.

We hadden ook op de tweede verdieping een tv, maar die zette ik bewust niet aan. Als er nieuws was, goed of slecht, dan wilde ik dat direct horen van Barack of Melissa of iemand anders die me dierbaar was. Het gebabbel van de nieuwslezers op tv met hun interactieve verkiezingskaarten werkte altijd op mijn zenuwen. Ik wilde de details niet weten, ik wilde alleen weten hoe ik me moest voelen.

Het was net na acht uur aan de oostkust en dat betekende dat de eerste uitslagen binnenkwamen. Ik pakte mijn BlackBerry en stuurde e-mails naar Valerie, Melissa en Tina Tchen, die in 2011 mijn nieuwe hoofd personeel was geworden, met de vraag wat zij wisten.

Ik wachtte een kwartier, een halfuur, maar niemand reageerde. Mijn moeder zat beneden in de keuken een tijdschrift te lezen. Meredith maakte de kinderen klaar voor de rest van de avond. Johnny haalde een ontkruller door mijn haar. Was ik paranoïde of keken mensen me echt niet recht aan? Wisten zij iets wat ik niet wist?

Toen het maar bleef duren, begon het te bonzen in mijn hoofd. Ik voelde hoe ik uit mijn evenwicht begon te raken. Ik durfde het nieuws niet aan te zetten omdat ik dacht dat het slecht zou zijn. Ik was er op dat moment wel aan gewend om negatieve gedachten van me af te zetten en me vast te houden aan het goede totdat ik absoluut niet anders kon dan het onaangename te aanvaarden. Ik hield mijn vertrouwen in een klein bolwerk boven op een heuvel diep in mijn hart. Maar elke minuut dat mijn BlackBerry zwijgend op schoot lag, voelde ik muren instorten, twijfel toeslaan. Misschien hadden we niet hard genoeg ons best gedaan. Misschien verdienden we niet nog een termijn. Mijn handen begonnen te trillen.

Ik stond op het punt flauw te vallen van onzekerheid toen Barack de trap opkwam met zijn brede, vertrouwenwekkende glimlach. Zijn bezorgdheid had hij achtergelaten. 'We hebben ze te pakken,' zei hij en keek verbaasd toen hij merkte dat ik nog van niets wist. 'Het is zo goed als klaar.'

Het bleek dat de stemming beneden al enige tijd juichend was; de tv braakte al een tijdlang een stroom goed nieuws uit. Het probleem was dat mijn BlackBerry op een of andere manier geen verbinding had gehad en mijn boodschappen nooit had verzonden en berichten nooit had ontvangen. Ik had me helemaal voor niets zorgen gemaakt en het was mijn eigen schuld. Niemand wist dat ik zo bezorgd was, zelfs niet de mensen in hetzelfde vertrek als ik.

Barack bleek uiteindelijk te hebben gezegevierd in alle staten waarvan niet zeker was wie de meerderheid zou gaan behalen, op een na. Net als in 2008 had hij gewonnen onder jongeren, minderheden en vrouwen. Ondanks alles wat de Republikeinen hadden gedaan om hem tegen te werken, ondanks hun vele pogingen zijn presidentschap dwars te zitten, had zijn visie gewonnen. We hadden de Amerikanen om toestemming gevraagd om het werk voort te zetten, om sterk te eindigen, en die hadden we gekregen. De opluchting was er onmiddellijk. *Zijn we goed genoeg? Ja, dat zijn we.*

Laat die avond belde Mitt Romney om te zeggen dat hij zich gewonnen gaf. Opnieuw waren we erop gekleed en zwaaiden we vanaf een podium, vier Obama's en een heleboel confetti, blij met nog vier jaar.

De zekerheid die de herverkiezing met zich meebracht, hield me doelgericht. We hadden meer tijd om aan onze doelen te werken. We konden geduldiger zijn met onze drang naar vooruitgang. We hadden nu een gevoel voor de toekomst, wat me gelukkig maakte. We konden Malia en Sasha op dezelfde school laten, ons personeel kon blijven, onze ideeën bleven ertoe doen. En wanneer deze vier volgende jaren voorbij waren, zouden we ook echt klaar zijn, wat me nog het gelukkigst maakte van alles. Geen campagne meer voeren, nooit meer uitputtende strategiebesprekingen of opiniepeilingen of debatten of instemmingscijfers. Het einde van ons politieke leven was eindelijk in zicht.

In werkelijkheid had de toekomst haar eigen verrassingen in petto, sommige leuk, sommige diep tragisch. Nog vier jaar in het Witte Huis betekende nog vier jaar voorop als symbolen, absorberend en reagerend op wat er maar op ons land afkwam. Barack en ik hadden campagne gevoerd met het idee dat we nog steeds de energie en de discipline hadden voor dit soort werk, dat we het lef hadden het op onze schouders te nemen. En nu kwam de toekomst onze kant op, misschien wel sneller dan we toen wisten.

Vijf weken later liep een schutter de Sandy Hook Elementary School binnen in Newtown, Connecticut, en begon kinderen dood te schieten. Ik was net klaar met een korte toespraak aan de overkant van het Witte Huis en zou op bezoek gaan in een kinderziekenhuis toen Tina me apart nam en vertelde wat er was gebeurd. Terwijl ik aan het woord was, hadden zij en anderen gezien welke berichten er op hun mobieltjes binnenkwamen. Ze waren blijven zitten en hadden geprobeerd hun emoties verborgen te houden tot ik mijn verhaal had afgerond.

Het nieuws dat Tina me gaf, was zo afschuwelijk en droevig dat ik nauwelijks kon verwerken wat ze zei.

Ze vertelde dat ze contact had gehad met de West Wing. Barack was helemaal alleen in het Oval Office. 'Hij vraagt of je wilt komen,' zei ze. 'Nu meteen.'

Mijn man had mij nodig. Dit zou de enige keer zijn in acht jaar dat hij had verzocht om mijn aanwezigheid midden op een werkdag, we pasten alle twee onze agenda's aan om samen te zijn voor een moment van enige troost. Gewoonlijk was werk werk en thuis thuis, maar de tragedie in Newtown verbrijzelde voor ons, zoals voor veel mensen, in een klap alle ramen en blies alle hekken omver. Toen ik het Oval Office binnenkwam, omhelsden Barack en ik elkaar. Er was niets te zeggen, geen enkel woord.

Wat veel mensen niet weten is dat de president bijna alles ziet, of ten minste op de hoogte is van eigenlijk alle beschikbare informatie over het welzijn van het land. Als man van feiten vroeg Barack vaker om meer dan om minder. Hij probeerde op elke situatie zowel het breedste als het meest gedetailleerde zicht te hebben, ook als dat slecht was, zodat hij met een goed onderbouwde reactie kon komen. Hij beschouwde dat als een deel van zijn verantwoordelijkheid, waarvoor hij gekozen was – om beter te kijken in plaats van weg te kijken, om rechtop te blijven staan als de rest van ons dreigde te vallen.

Wat wil zeggen dat tegen de tijd dat ik hem trof, hij al volledig was ingelicht over die afgrijselijke misdaad in Sandy Hook. Hij had al gehoord van het bloed op de vloeren van de lokalen en de lichamen van twintig eersteklassers en zes leerkrachten die uit elkaar waren gerukt met een semiautomatisch geweer. Zijn shock en verdriet waren natuurlijk niet te vergelijken met die van de hulpverleners, die naar binnen waren gerend om het gebouw af te sluiten en overlevenden van de slachting te evacueren. Ze waren niets vergeleken met die van de ouders die oneindig lang buiten het gebouw in de kou moesten wachten, biddend om het weerzien met hun kinderen. En ze waren niets vergeleken met die van al die mensen die daar tevergeefs stonden te wachten.

Maar die beelden waren wel voor altijd in zijn geest gegrift. Ik kon in zijn ogen zien hoe gebroken hij was, wat dit al met zijn geloof had gedaan. Hij begon het me te beschrijven, maar hield op toen hij begreep dat het beter was me die extra pijn te besparen.

Net als ik hield Barack van kinderen op een diepe, echte manier. Niet alleen was hij een liefhebbende vader, hij nodigde ook regelmatig kinderen uit in het Oval Office om ze rond te leiden. Hij vroeg moeders of hij hun baby mocht vasthouden. Elke keer als hij naar een projectenmiddag van de school mocht of een sportdag, was hij blij. De winter hiervoor had hij veel plezier in zijn bestaan gebracht door aan te bieden als assistent-coach op te treden voor de Vipers, het basketbalteam van Sasha's school.

De nabijheid van kinderen maakte alles lichter voor hem om te dragen. Hij wist net als iedereen welke beloften er verloren waren gegaan met het verlies van deze twintig jonge levens.

Blijven staan was na Newtown vermoedelijk het moeilijkste wat hij ooit had gedaan. Toen Malia en Sasha later die dag thuiskwamen uit school, liepen Barack en ik ze in het woonhuis tegemoet en omhelsden we ze stevig, terwijl we probeerden te verbergen waarom we juist toen de behoefte hadden ze aan te raken. Het was moeilijk te beslissen wat we wel en niet tegen onze meisjes moesten zeggen over de schietpartij. Ouders in het hele land, zo begrepen we, hadden problemen met precies hetzelfde.

Later die dag hield Barack een persconferentie waarin hij probeerde de woorden te vinden die samen iets van troost moesten bieden. Hij veegde tranen weg terwijl om hem heen fotocamera's driftig klikten. Hij wist dat hij niet echt troost kon bieden. Het beste wat hij kon doen, was het aanbieden van zijn plan – iets wat, naar hij aannam, ook zou worden overgenomen door burgers in het hele land en door de volksvertegenwoordigers – om meer massamoorden te voorkomen door verstandige wetten aan te nemen over de manier waarop wapens werden verkocht.

Ik keek hoe hij naar voren stapte, terwijl ik wist dat ik er zelf nog niet klaar voor was. In de bijna vier jaar als first lady had ik vaak getroost. Ik had met mensen gebeden van wie het huis was verwoest door een orkaan in Tuscaloosa, Alabama, waar grote delen van de stad in korte tijd waren verworden tot bergen luciferhoutjes. Ik had mijn arm gelegd om de schouders van mannen, vrouwen en kinderen die hun geliefde waren verloren aan de oorlog in Afghanistan, aan een extremist op een legerbasis in Texas, aan geweld op straathoeken niet ver van huis. In de voorgaande vier maanden had ik mensen bezocht die de schietpartijen hadden overleefd in een bioscoop in Colorado en in een sikhtempel in Wisconsin. Het was altijd weer verschrikkelijk, elke keer opnieuw. Altijd probeerde ik het kalmste en meest open deel van mijzelf in die ontmoetingen te leggen, door mijn eigen kracht over te brengen, door me er zorgen om te maken en door er te zijn, stil zittend op de bedding van iemand anders' pijn. Maar twee dagen na de schietpartij in Sandy Hook, toen Barack naar Newtown ging om te spreken tijdens een wake die voor de slachtoffers werd gehouden, kon ik het niet opbrengen met hem mee te gaan. Ik was er zo door geschokt dat ik geen kracht meer had om het over te dragen. Ik was bijna vier jaar first lady en er hadden al veel te veel moordpartijen plaatsgevonden, er waren te veel doden gevallen die te voorkomen waren geweest en er was te weinig actie ondernomen. Ik wist niet zeker welke troost ik kon bieden aan iemand van wie zijn of haar zesjarige kind is doodgeschoten op school.

In plaats daarvan hield ik mij, net als veel ouders, vast aan mijn kinderen, mijn angst en mijn liefde. Het was bijna kerstmis en Sasha was met een groepje kinderen uit de stad geselecteerd om met het Moskouse ballet twee uitvoeringen te geven van *De notenkraker*, die beide plaatsvonden op de dag van de wake in Newtown. Barack kon even naar binnen glippen en op de achterste bank gaan zitten voor de generale repetitie voordat hij naar Connecticut ging. Zelf ging ik naar de avondvoorstelling.

Het ballet was prachtig en onwerelds zoals elke hervertelling van dat verhaal altijd is, met een prins in een door de maan verlicht bos en de wervelende pracht en praal van de lekkernijen. Sasha speelde een van de muizen, gekleed in een zwart balletpakje met donzige oortjes en staart. Ze speelde haar rol terwijl een versierde slee onder steeds luidere muziek en namaaksneeuwbuien opkwam. Ik kon mijn ogen niet van haar afhouden. Mijn hele wezen was haar dankbaar. Sasha stond met heldere ogen op dat toneel, eerst met een blik alsof ze niet kon geloven waar ze was, alsof ze de hele scène oogverblindend en onwerkelijk vond. Wat natuurlijk ook zo was. Maar ze was nog jong genoeg om haarzelf eraan over te geven, voor dit moment tenminste, en zichzelf toe te staan door deze hemel te rennen waarin niemand iets zei en iedereen danste en een vakantie op het punt stond te beginnen.

Heb nu even geduld met mij, omdat het er nu noodzakelijkerwijs niet eenvoudiger op wordt. Dat zou wel zo zijn als Amerika een eenvoudige plaats was met een eenvoudig verhaal, als ik mijn verhaal zou kunnen vertellen alsof ik keek door de bril van hoe netjes en leuk alles was. Alsof er geen stappen achteruit bestonden. En als elke droefheid, als die kwam, uiteindelijk louterend bleek te zijn.

Maar dat is niet Amerika, en dat ben ik ook niet. Ik ga dit niet in een of andere perfecte vorm gieten.

Baracks tweede termijn zou op velerlei wijzen eenvoudiger zijn dan zijn eerste. We hadden in vier jaar zoveel geleerd, de juiste mensen op de juiste plaatsen om ons heen gezet en systemen opgebouwd die over het algemeen werkten. We wisten nu genoeg om enkele inefficiënties en kleine vergissingen uit de eerste termijn te vermijden, te beginnen op de dag van de inauguratie in januari 2013, toen ik heb gevraagd de hele tribune bij de optocht te verwarmen zodat onze voeten niet bevroren. In een poging nog enige energie over te houden, gingen we maar naar twee bals die avond, in tegenstelling tot de tien die we in 2009 hadden bezocht. We hadden nog vier jaar te gaan en als ik iets had geleerd, dan was het wel om rustig te blijven en mezelf in te tomen.

Zittend naast Barack en kijkend naar de optocht, nadat hij de eed aan het land had afgelegd, zag ik de stroom praalwagens en showbands die in hun prachtige, afwisselende formaties voorbijkwamen, klaar om er meer van te genieten dan ik de eerste keer had gedaan. Vanaf waar ik was kon ik de afzonderlijke gezichten van de deelnemers nauwelijks zien. Het waren er duizenden, ieder met zijn of haar eigen verleden. Duizenden anderen waren naar Washington gekomen om op te treden bij een van de talloze evenementen die in de dagen voor de inauguratie werden gehouden, en nog eens tienduizenden waren gekomen om te kijken.

Later wenste ik dat ik beter, bijna fanatiek had moeten kijken om een blik op te vangen van één bepaald iemand, een slank zwart meisje met een glinsterende gouden haarband en een blauw majorettepakje dat met de showband van King College Prep uit de South Side van Chicago was gekomen om op te treden bij een van de vele evenementen. Ik wilde zo graag geloven dat ik de gelegenheid had gehad om haar te zien in die enorme zee van mensen die in die dagen de stad overspoelde – Hadiya Pendleton, een opgroeiend meisje van vijftien, dat haar grootste moment tot dan toe beleefde nadat ze eerst met haar medemuzikanten in de bus helemaal naar Washington was komen rijden. Thuis in Chicago woonde Hadiya met haar ouders en haar broertje zo'n drie kilometer van ons huis aan Greenwood Avenue. Ze behoorde tot de beste leerlingen van haar klas en vertelde mensen graag dat ze naar Harvard wilde. En ze was bezig met de planning van het feestje voor haar zestiende verjaardag. Ze hield van Chinees eten en van cheeseburgers en ging graag met vriendinnen een ijsje eten.

Ik hoorde dit allemaal een paar weken later bij haar begrafenis. Acht dagen na de inauguratie werd Hadiya Pendleton doodgeschoten in een park in Chicago, niet ver van haar school. Zij en een groepje vrienden had onder een ijzeren afdakje bij een speeltuin staan schuilen tot een regenbui voorbij was. Daar werden ze aangezien voor bendeleden en door een achttienjarige jongen, die lid was van een andere bende, met kogels doorzeefd. Hadiya werd in haar rug geraakt toen ze wegrende om dekking te zoeken. Twee van haar vrienden raakten gewond. Dit gebeurde allemaal op een dinsdagmiddag om twee uur.

Ik had gewild dat ik haar in leven had gezien, al was het alleen maar omdat ik dan een herinnering had gehad die ik kon delen met haar moeder, nu er plotseling geen herinneringen aan haar dochter meer bijkwamen, geen dingen om te bewaren en op te hangen.

Ik ging naar Hadiya's begrafenis omdat het voelde alsof het juist was om te doen. Ik was thuisgebleven toen Barack naar de herdenkingsdienst in Newtown was gegaan, maar nu was het mijn moment om op te staan. Ik hoopte dat mijn aanwezigheid de blik van het grote publiek zou richten op de vele onschuldige kinderen die bijna dagelijks in straten van onze steden werden neergeschoten. En dat dit, gekoppeld aan de verschrikkingen van Newtown, Amerikanen zou helpen bij hun eis om nieuwe, redelijker vuurwapenwetten. Hadiya Pendleton behoorde tot een hechte arbeidersfamilie in de South Side, net als mijn familie. Ik had haar, simpel gezegd, kunnen kennen. Ik had haar zelfs eens kunnen zijn. En als ze die dag een andere route van school naar huis had genomen, of zelfs maar anderhalve decimeter naar links was gegaan in plaats van anderhalve decimeter naar rechts toen het schieten begon, dan kon ze mij zijn geworden.

'Ik heb alles gedaan wat ik moest doen,' vertelde haar moeder me toen we elkaar vlak voordat de begrafenis begon, ontmoetten, met tranen in haar bruine ogen. Cleopatra Cowley-Pendleton was een warme vrouw met een zachte stem en kortgeknipt haar die werkte bij de klantenservice van een kredietbeoordelaar. Op de dag van haar dochters begrafenis droeg ze een reusachtige roze bloem, vastgespeld op een van haar revers. Zij en haar man Nathaniel hadden zorgvuldig over Hadiya gewaakt, haar aangemoedigd om naar King te gaan, een schitterende openbare high school, en ervoor gezorgd dat ze weinig tijd had om op straat rond te hangen door haar op te geven voor volleybal, als cheerleader en bij een dansgroep van de kerk. Net als mijn ouders voor mij hadden gedaan, hadden zij offers gebracht om haar kennis te laten maken met dingen buiten haar eigen buurt. Ze zou komend voorjaar met de band naar Europa zijn gegaan en ze had klaarblijkelijk genoten van haar uitje naar Washington.

'Het is daar zo schoon, mama,' had ze Cleopatra na terugkomst verteld. 'Ik denk dat ik de politiek inga.'

Maar in plaats daarvan werd Hadiya Pendleton een van de drie mensen die op die ene dag in januari in Chicago omkwamen bij verschillende incidenten van vuurwapengeweld. Ze was de zesendertigste persoon die dat jaar in Chicago door kogels om het leven kwam terwijl het jaar op dat moment slechts negenentwintig dagen oud was. Natuurlijk waren bijna al deze slachtoffers zwart. Ondanks al haar hoop en hard werken werd Hadiya een symbool van het verkeerde.

Er kwamen erg veel mensen naar haar begrafenis, opnieuw een gebroken gemeenschap samengeperst in een kerk, deze keer om te kunnen omgaan met het zien van een tienermeisje in een met paarse zijde beklede kist. Cleopatra stond op om iets over haar dochter te vertellen. Vrienden en vriendinnen van Hadiya stonden op en vertelden verhalen over haar, elk verhaal doordrongen van een diepgaand gevoel van woede en hulpeloosheid. Dit waren kinderen die niet alleen vroegen *waarom* maar *waarom zo vaak?* Er waren machtige mensen in die ruimte die dag – niet alleen ik, maar ook de burgemeester, de gouverneur, Jesse Jackson sr. en Valerie Jarrett – die tegen elkaar aan geduwd zaten in de kerkbanken, waar we zelf hadden af te rekenen met ons verdriet en onze schuld terwijl het koor met zo'n kracht zong dat de vloer van de kerk trilde.

Voor mij was het belangrijk meer te doen dan alleen troosten. Ik had in mijn leven al zoveel lege woorden horen uitspreken door belangrijke mensen, lippendienst in tijden van crises zonder enig vervolg. Ik was vastbesloten iemand te zijn die de waarheid zei, ik wilde mijn stem gebruiken om de stemlozen te steunen en niet te verdwijnen voor mensen in nood. Ik begreep dat wanneer ik ergens verscheen, het er van buitenaf dramatisch uitzag – een plotseling opstekende storm van een autocolonne, de beveiliging, de medewerkers en de media, en ik in het midden. We waren er ineens en gingen net zo plotseling weer. Wat dit betekende voor mijn contact met de mensen, de manier waarop mijn aanwezigheid soms de reden was dat mensen begonnen te stotteren of niets meer konden zeggen omdat ze onzeker werden over hoe zich te gedragen, beviel me niet. Daarom probeerde ik vaak kennis te maken met een omhelzing om het moment zo wat te rekken en iets van de uiterlijke schijn af te schudden, waardoor we allemaal met onze voeten op de grond kwamen.

Ik probeerde relaties op te bouwen met de mensen die ik ontmoette, vooral met hen die gewoonlijk geen toegang hebben tot de wereld waarin ik nu woonde. Ik wilde de glans zo veel mogelijk delen. Daarom nodigde ik de ouders van Hadiya Pendleton uit om een paar dagen later naast mij te zitten terwijl Barack de State of the Union uitsprak en ontving ik de ouders op het Witte Huis voor de Easter Egg Roll. Cleopatra, die zich had opgeworpen als stem ter voorkoming van geweld, kwam nog een paar keer terug om bijeenkomsten over dat onderwerp bij te wonen. Ik schreef zorgvuldig brieven aan de leerlingen van de Elizabeth Garrett Anderson School in Londen die me tijdens mijn bezoek zo hadden geraakt om ze aan te moedigen hoop te houden en te blijven werken, ondanks dat zij geen privileges hadden. In 2011 had ik een groepje van zevenendertig meisjes van de school meegenomen toen ik een bezoek bracht aan de universiteit van Oxford, en dat waren niet alleen de beste leerlingen, maar ook die van wie de leerkrachten dachten dat ze veel meer konden dan ze tot dan toe lieten zien. Het idee was ze een glimp te laten zien van wat mogelijk was, van wat zij konden bereiken. In 2012 had ik leerlingen van die school uitgenodigd in het Witte Huis tijdens het staatsbezoek van de Britse premier. Ik vond het belangrijk verscheidene keren en op verschillende manieren een hand uit te steken naar de kinderen, zodat ze konden voelen dat het echt was.

De successen die ik vroeg in mijn leven behaald had, waren, ik weet het, het gevolg van de constante liefde en hoge verwachtingen waarmee ik als kind was omringd, zowel thuis als op school. Het was dit inzicht dat de basis vormde van mijn mentorprogramma in het Witte Huis en ook de kern van een nieuw onderwijsinitiatief, waarvan mijn staf en ik nu de lancering aan het voorbereiden waren, genaamd Reach Higher. Ik wilde kinderen aanmoedigen om te gaan studeren en als ze er eenmaal waren, die opleiding af te maken. Ik zag in dat een vervolgopleiding de komende jaren alleen maar belangrijker zou worden voor jongeren die de wereldwijde banenmarkt op gingen. Reach Higher ging proberen hen op die route te helpen door onderwijsadviseurs te ondersteunen en te zorgen voor eenvoudiger toegang tot financiële hulp van de federale overheid.

Ik heb het geluk gehad dat ik ouders, leerkrachten en mentoren heb gehad die me allemaal één simpele boodschap meegaven: *jij doet ertoe*. Als volwassene wilde ik die woorden overbrengen op een nieuwe generatie. Het was de boodschap die ik mijn eigen dochters meegegeven heb, die het geluk hadden dat die elke dag weer werd bekrachtigd door hun school en door hun bevoorrechte omstandigheden en ik was vastbesloten een versie hiervan over te brengen op iedere jongere die ik tegenkwam. Ik wilde het tegenovergestelde zijn van de onderwijsadviseur die ik op high school had gehad en die me vrolijk had verteld dat ik geen Princetonmateriaal was.

'Wij hier geloven allemaal dat jullie hier thuishoren,' zei ik tegen de meisjes van Elizabeth Garrett Anderson terwijl ze, velen van hen een beetje overdonderd, in de gotische eetzaal zaten van Oxford, omringd door hoogleraren en studenten die waren komen opdagen om hen te begeleiden. Iets dergelijks zei ik elke keer als kinderen op bezoek kwamen in het Witte Huis: tieners van het Standing Rock Sioux-reservaat die we hadden uitgenodigd; kinderen van een lokale school die kwamen werken in de moestuin; highschoolleerlingen die onze carrièredagen en workshops in mode, muziek en poëzie bezochten; zelfs kinderen die ergens in de rij stonden en die ik even meelevend kon omhelzen. De boodschap was altijd dezelfde. *Jij hoort erbij. Jij doet ertoe. Ik waardeer je.*

Een econoom van een Britse universiteit onderzocht later de proefwerkresultaten van leerlingen van Elizabeth Garrett Anderson en ontdekte dat de gemiddelde cijfers omhoog waren geschoten nadat ik me met hen had verbonden, van omgerekend gemiddeld een zes naar een acht. Alle eer hiervoor gaat naar de meisjes, de leerkrachten en het werk dat ze elke dag samen verrichtten, maar het bevestigde toch ook het idee dat kinderen zelf meer investeren als ze merken dat er in hen wordt geïnvesteerd. Ik begreep dat er macht school in het tonen van mijn eerbied voor kinderen.

Twee maanden na de begrafenis van Hadiya Pendleton ging ik opnieuw naar Chicago. Ik had Tina, mijn stafchef en een advocaat die zelf vele jaren in de stad had gewoond, gezegd dat ze al haar energie moest steken in het verwerven van steun voor een programma ter voorkoming van geweld in Chicago. Tina was een groothartige dossiervreter met een aanstekelijke lach die harder werkte dan wie dan ook. Zij begreep op welke knoppen je binnen en buiten de overheid moest drukken om zoveel impact te hebben als ik voor ogen had. Bovendien zouden haar aard en ervaring niet toestaan dat haar stem niet gehoord zou worden, vooral aan tafels waaraan mannen in de meerderheid waren en waar ze vaak bij zat. Gedurende heel Baracks tweede termijn worstelde ze met het Pentagon en verscheidene gouverneurs om een einde te maken aan de bureaucratie zodat veteranen en echtgenotes van soldaten efficiënter aan hun carrières konden werken, en bovendien had ze geholpen bij het organiseren van een nieuw initiatief in alle geledingen van de overheid, gericht op onderwijs aan meisjes wereldwijd.

In de nasleep van Hadiya's dood had Tina haar lokale contacten aangesproken en leidinggevenden van grote bedrijven en filantropen in Chicago aangemoedigd samen te werken met burgemeester Rahm Emanuel om de gemeentelijke programma's voor risicojongeren in de hele stad uit te breiden. Binnen slechts enkele weken hadden haar inspanningen gezorgd voor toezeggingen van drieëndertig miljoen dollar.

Op een koude dag in april vlogen Tina en ik naar de stad om aanwezig te zijn bij een bijeenkomst van vooraanstaande vertegenwoordigers van de gemeenschap om te praten over hoe je de jeugd leert op te komen voor zichzelf en om nieuwe groepen jongeren te ontmoeten.

In de voorgaande winter had het radioprogramma *This American Life* twee uur besteed aan verhalen van studenten en stafleden van de William R. Harper Senior High School in Englewood, een buurt in de South Side. In het jaar daarvoor waren negenentwintig voormalige en huidige leerlingen van de school neergeschoten, waarvan er acht waren overleden. Deze aantallen hadden mijn staf en mij verbijsterd, maar het is nu eenmaal een treurig feit dat scholen in steden in het hele land te maken hadden met epidemische vormen van wapengeweld. Je kunt wel praten over het leren opkomen voor jezelf, maar het leek nu belangrijker om echt met de jongeren om tafel te gaan zitten en van hen te leren.

Toen ik jong was, was Englewood al een gevaarlijke buurt, maar niet zo dodelijk als nu. Toen ik op high school zat, ging ik eens per week naar Englewood voor praktijklessen biologie in een openbare school daar. En nu, nu ik jaren later in mijn autocolonne langs rijen verwaarloosde huizen en dichtgespijkerde winkels rij, langs kale stukken bouwgrond en uitgebrande gebouwen, lijkt het wel alsof de enige winkels waar iets wordt verdiend, de slijterijen zijn.

Ik dacht terug aan mijn eigen jeugd en mijn eigen buurt en hoe het woord 'getto' als een dreiging rondging. De suggestie alleen al, begrijp ik nu, zorgde ervoor dat stabiele middenklassegezinnen naar de voorsteden vertrokken om het getto voor te zijn, bezorgd als ze waren dat hun huis dan minder waard zou worden. 'Getto' betekende dat een plek zowel zwart als hopeloos was. Het was een etiket dat mislukken voorspelde en de komst ervan versnelde. Het was waarom supermarkten en benzinestations sloten en scholen verzwakt raakten en leerkrachten probeerden de jeugd uit de buurt eigenwaarde bij te brengen. Het was een woord waar iedereen voor probeerde weg te vluchten, maar het kon een gemeenschap zomaar overvallen.

Midden in West Englewood stond de Harper High School, een groot zandstenen bouwwerk met verscheidene vleugels. Ik ontmoette er de directrice, Leonetta Sanders, een vlotte Afro-Amerikaanse vrouw die zes jaar aan de school verbonden was, en twee sociaal werkers in dienst van de school, die zich hadden verdiept in het leven van de 510 leerlingen, van wie de meesten afkomstig waren uit arme gezinnen. Een van die sociaal werkers, Crystal Smith, kon tussen de lessen vaak worden aangetroffen in de gang waar ze leerlingen doordrong van positiviteit en haar waardering voor hen overbracht door dingen te roepen als 'Ik ben zo trots op je!' en 'Ik zie wel dat je enorm je best doet!' Ze riep 'Ik vind het nu al geweldig!' bij elke goede keuze waarvan ze erop vertrouwde dat leerlingen die zouden maken.

In de schoolbibliotheek ging ik in een kring van tweeëntwintig leerlingen zitten – allemaal Afro-Amerikanen, vooral uit de derde en vierde – die op stoelen en banken zaten, gekleed in kakibroeken en polo's. De meesten praatten graag. Ze vertelden dat ze elke dag, zelfs elk uur, bang waren voor bendes en geweld. Sommigen vertelden over afwezige of verslaafde ouders, enkelen hadden in de jeugdgevangenis gezeten. Derdeklasser Thomas was erbij geweest toen een goede vriendin van zestien de zomer ervoor was doodgeschoten. Hij was er ook bij geweest toen zijn oudere broer, die deels verlamd was door een schotwond, bij een incident opnieuw gewond raakte door een kogel terwijl hij buiten in zijn rolstoel zat. Bijna iedere leerling die daar die dag zat, had wel iemand – een vriend, familielid, buurman – verloren door een kogel. En intussen waren maar weinigen ooit naar het centrum van de stad geweest om de oevers van het meer te zien of een bezoekje te brengen aan de Navy Pier.

Op een gegeven moment riep een van de sociaal werkers in de groep: 'Zesentwintig graden en zonnig!' Iedereen in de kring knikte wat treurig. Ik wist niet waarom. 'Vertel mevrouw Obama,' zei ze, 'wat er door je heen gaat als je 's morgens wakker wordt en het weerbericht zegt dat het zesentwintig graden wordt en zonnig.'

Zij wist het antwoord wel, maar wilde dat ik het van de leerlingen zelf hoorde.

Zo'n dag, daar waren ze het allemaal over eens, was geen goede dag. Als het mooi weer was, waren de bendes actiever en werd er meer geschoten.

Deze jongeren hadden zich helemaal aangepast aan de omgekeerde logica die door hun omgeving werd gedicteerd en bleven dus binnen als het mooi weer was en namen elke dag een andere route van en naar school, afhankelijk van de verschuivende grenzen van de territoria en verbintenissen van de bendes. Soms, zo vertelden ze me, was het het veiligst om midden op de weg te gaan lopen terwijl de auto's aan beide kanten voorbij scheurden. Daardoor hadden ze een beter zicht op oplopende ruzies of mogelijke schutters. En hadden ze meer tijd om weg te komen.

Amerika is geen eenvoudig land. Ik werd duizelig van de tegenstellingen. Ik was aanwezig bij bijeenkomsten van de Democraten om fondsen te werven in enorme penthouses in Manhattan, nippend van de wijn met rijke vrouwen die verklaarden dat ze zo betrokken waren bij het onderwijs en problemen van kinderen, om zich dan samenzweerderig naar me toe te buigen om me toe te vertrouwen dat hun Wall Street-mannen nooit zouden stemmen op iemand die zelfs maar overwoog hun belastingen te verhogen.

En nu was ik op Harper en luisterde ik naar kinderen die het erover hadden hoe ze in leven moesten blijven. Ik bewonderde hun veerkracht en wenste wanhopig dat ze die vaardigheden helemaal niet nodig hoefden te hebben.

Een van hen keek me recht aan. 'Het is mooi dat u hier bent en zo,' zei hij schouderophalend. 'Maar wat gaat u nu eigenlijk hieraan doen?'

Voor hen vertegenwoordigde ik Washington DC net zozeer als de South Side. En als het op Washington aankwam, vond ik dat ik hun de waarheid schuldig was.

'Eerlijk gezegd,' zo begon ik, 'weet ik wel hoe zwaar jullie het hier hebben, maar niemand gaat jullie op korte termijn hieruit redden. De meeste mensen in Washington proberen het niet eens. Een heleboel weten niet eens dat jullie bestaan.' Ik legde die leerlingen uit dat vooruitgang langzaam gaat, dat zij het zich niet konden veroorloven om achterover te leunen en te wachten tot er verandering komt. Veel Amerikanen wilden niet dat de belastingen werden verhoogd en het Congres kon niet eens een begroting aannemen, laat staan uitstijgen boven het partijgekibbel, en dus kwamen er geen miljardeninvesteringen in onderwijs of een magische ommekeer voor hun gemeenschap. Zelfs na de verschrikkingen van Newtown leek het Congres vastbesloten elke maatregel te blokkeren die kon helpen wapens uit verkeerde handen te houden, met volksvertegenwoordigers die het innen van donaties voor hun campagne van de National Rifle Association belangrijker vonden dan het beschermen van de jeugd. Politiek was een rotzooi, zei ik. Op dit gebied had ik niets bijzonder opbeurends of bemoedigends te melden.

Ik ging echter door met een ander verhaal, een verhaal dat recht uit mijn eigen verleden in de South Side kwam. *Gebruik school*, zei ik.

Deze kinderen hadden me zojuist een uur lang verhalen verteld die tragisch waren en verontrustend, maar ik herinnerde hen eraan dat diezelfde verhalen ook getuigden van hun doorzettingsvermogen, hun onafhankelijkheid en hun vermogen erbovenuit te stijgen. Ik verzekerde ze dat zij al hadden wat ervoor nodig was om te slagen. Hier waren ze, ze zaten op een school die gratis onderwijs bood, zei ik, en er waren een heleboel toegewijde en betrokken volwassenen binnen die school die hun leerden dat ze ertoe deden. Een week of zes later zou, dankzij donaties van lokale zakenmensen, een groep leerlingen van Harper naar het Witte Huis komen om Barack en mij persoonlijk te bezoeken en ook om enige tijd door te brengen op Howard University om te horen wat college nu precies inhield. Ik hoopte dat ze voor zich zagen dat zij daar ook op konden komen.

Ik zal nooit pretenderen dat woorden of omhelzingen van een first lady iemands leven kunnen veranderen of dat er een makkelijke weg is voor leerlingen die proberen om te gaan met alle dingen waar die leerlingen van Harper mee te maken hadden. Geen enkel verhaal is zo eenvoudig als dat. En iedereen die die dag in de bibliotheek zat, wist dat natuurlijk ook. Maar ik was daar om tegenwicht te bieden aan het oude en negatieve verhaal over hoe het is om een zwarte jongere in een Amerikaanse stad te zijn, het verhaal dat mislukken voorspelt en daardoor de komst ervan versnelt. Als ik de sterke punten van die leerlingen kon aanwijzen en hen een aanwijzing kon geven voor een weg vooruit, zou ik dat altijd doen. Dat was een klein verschil dat ik kon maken.

24

In het voorjaar van 2015 kondigde Malia aan dat ze was uitgenodigd voor het schoolbal door een jongen die ze aardig vond. Ze was zestien en zat in de derde van Sidwell. Voor ons was ze nog steeds ons kindje, lang weliswaar en net zo enthousiast als ze altijd al was geweest, maar ze leek nu elke dag een beetje volwassener te worden. Ze was al bijna net zo lang als ik en begon na te denken over een studie om zich voor in te schrijven. Ze was een goede leerling, nieuwsgierig en kordaat en een verzamelaar van feitjes, net als haar vader. Ze was gefascineerd geraakt door films en filmmakers en had in de vorige zomer Steven Spielberg aangesproken die op bezoek was in het Witte Huis voor een diner, en hem zoveel vragen gesteld dat hij haar uitnodigde mee te werken aan een tv-serie die hij produceerde. Ons meisje vond haar weg wel.

Gewoonlijk kregen Malia en Sasha om veiligheidsredenen geen toestemming om mee te rijden in de auto van iemand anders. Malia had inmiddels een voorlopig rijbewijs en reed wel in de stad, maar altijd gevolgd door agenten in hun eigen auto. Ze was tien jaar toen we naar Washington verhuisden en had nog nooit in een bus of metro gezeten of in een auto bij iemand die niet voor de geheime dienst werkte. Voor het schoolbal maakten we echter een uitzondering.

Haar date kwam op de avond van het bal in zijn eigen auto, passeerde de bewakers bij het zuidoostelijke toegangshek naar het Witte Huis, reed de oprijlaan op naar boven om de South Lawn zoals staatshoofden en andere hoogwaardigheidsbekleders altijd doen en kwam toen in zijn zwarte pak moedig – dapper zelfs – de Dip Room binnenlopen.

'Willen jullie cool zijn, alsjeblieft?' had Malia Barack en mij gevraagd, terwijl de verlegenheid al toesloeg toen we in de lift naar beneden stonden. Ik was op blote voeten, Barack op slippers. Malia droeg een lange zwarte rok en een elegant topje met blote schouders. Ze zag er prachtig uit en leek ongeveer drieëntwintig.

Volgens mij slaagden we erin heel cool te zijn, maar Malia moet er nog steeds om lachen en herinnert het zich als een beetje pijnlijk. Barack en ik schudden de hand van de jongeman, maakten een paar foto's en omhelsden onze dochter voordat we ze veel plezier wensten. We lieten ons misschien niet helemaal eerlijk geruststellen door de wetenschap dat Malia's veiligheidspeloton de hele weg naar het restaurant waar ze gingen eten voor het bal begon, aan de bumper van de jongeman zou kleven en de hele verdere avond onopvallend zijn plicht zou doen.

Vanuit het oogpunt van ouders was dit geen slechte manier om tieners op te voeden – wetende dat een stelletje oplettende volwassenen hen elk moment volgde met de opdracht ze uit elke vorm van gevaar te houden. Vanuit het oogpunt van de tiener was dit natuurlijk compleet en totaal verschrikkelijk. Zoals met zoveel aspecten van het leven in het Witte Huis moesten we bepalen wat het betekende voor ons gezin – waar en hoe we de grenzen trokken, hoe de vereisten van het presidentschap in evenwicht te brengen met de behoeften van twee kinderen die leerden zelfstandig volwassen te worden.

Toen de meisjes op high school zaten, kregen ze een tijd om thuis te zijn, eerst elf uur en later middernacht, en waren we daarin veel strenger, volgens Malia en Sasha, dan veel van de ouders van hun vrienden en vriendinnen. Als ik me zorgen maakte om hun veiligheid of waar ze waren, dan kon ik altijd contact opnemen met hun agenten, maar ik probeerde dat niet te doen. Ik vond het belangrijk dat de kinderen hun veiligheidsteam vertrouwden. In plaats daarvan deed ik wat, naar ik aanneem, veel ouders doen en vertrouwde op een netwerk van ouders voor informatie, waarbij we allemaal deelden wat we wisten over waar ze naartoe gingen en of er een volwassene bij was om toezicht te houden. Onze meisjes hadden natuurlijk ook nog die extra verantwoordelijkheid vanwege wie hun vader was, wetende dat alles wat zij verkeerd deden, de krantenkoppen kon halen. Barack en ik erkenden beiden hoe oneerlijk dit was. Wij hadden allebei als tieners tegen grenzen aangeschopt en domme dingen gedaan en we hadden het geluk gehad dat niet het hele land toekeek.

Malia was acht toen Barack in Chicago op de rand van haar bed was komen zitten en gevraagd had of ze het oké zou vinden als hij president wilde worden. En nu denk ik hoe weinig ze toen nog wist, hoe weinig ieder van ons nog wist. Het is één ding om kind te zijn in het Witte Huis, het is iets heel anders om te proberen er als volwassene uit te komen. Hoe had Malia nu kunnen voorspellen dat mannen met geweren haar op een dag zouden volgen naar een schoolbal? Of dat mensen foto's van haar zouden nemen als ze een keer stiekem een sigaret opstak en die foto's verkopen aan roddelsites?

Onze kinderen werden volwassen in wat een unieke tijd leek. In juni 2007 had Apple zijn iPhone gelanceerd, ongeveer vier maanden nadat Barack zijn kandidatuur voor het presidentschap had aangekondigd. Binnen drie maanden waren er meer dan een miljoen van verkocht. Een miljard waren er verkocht voor zijn tweede termijn voorbij was. Zijn presidentschap was het eerste in een nieuwe tijd, een tijd waarin alle normen omtrent privacy werden ontwricht en ontmanteld, een tijd van selfies, datahacks, snapchats en Kardashians. Onze dochters waren er meer bij betrokken dan wij, deels omdat sociale media het tienerleven bepalen en deels omdat hun routines hen meer in contact brachten met het publiek dan de onze. Als Malia en Sasha met vrienden en vriendinnen na school of in het weekend door Washington liepen, zagen ze vreemden die hun mobieltjes op hen richtten of kregen ze te maken met volwassen mannen en vrouwen die vroegen – eisten zelfs – om een selfie met hen te mogen maken. 'Je weet dat ik nog een kind ben, toch?' zei Malia weleens als ze iemand afwees.

Barack en ik deden wat we konden om de kinderen te beschermen tegen te veel aandacht. We wezen alle aanvragen van de media om hen te spreken af en probeerden zo veel mogelijk hun dagelijks leven buiten beeld te houden. Hun veiligheidsagenten steunden ons door te proberen zo weinig mogelijk op te vallen als ze de meisjes in het openbaar begeleidden en ze droegen soms shorts en T-shirts in plaats van pakken en verwisselden hun oortjes en polsmicrofoons voor headsets zodat ze minder opvielen op plaatsen waar tieners rondhingen en zij nu ook kwamen. We keurden het publiceren van foto's van onze kinderen sterk af als ze niet samenhingen met een officiële gebeurtenis en het persbureau van het Witte Huis liet dit de media duidelijk weten. Melissa en anderen van mijn team traden elke keer als een foto van een van de meisjes op een roddelsite verscheen, op met heftige telefoongesprekken om de foto te verwijderen.

Het bewaken van de privacy van de meisjes betekende dat andere manieren moesten worden gevonden voor het bevredigen van de nieuwsgierigheid van het publiek naar ons gezin. Vroeg in Baracks tweede termijn haalden we een tweede puppy in ons huishouden, Sunny, een vrijdenkende zwerver die het nut niet inzag van zindelijk worden in een zo groot huis. De honden maakten alles een beetje lichter. Zij waren het levende, rondlummelende bewijs dat het Witte Huis ook een thuis was. Wetende dat de kinderen nauwelijks tot niet beschikbaar waren, begonnen de persvoorlichters van het Witte Huis te verzoeken of de honden hun officiële opwachting mochten maken. 's Avonds vond ik dan memo's in mijn informatieboek met het verzoek om goedkeuring voor het 'langskomen van Bo en Sunny', waarbij de honden zich mochten mengen tussen de media of tussen de kinderen die voor een rondleiding kwamen. De honden werden ingezet wanneer verslaggevers wilden horen hoe belangrijk de Amerikaanse handel en export waren, of, later, om Barack te horen praten over Merrick Garland, de rechter die zijn voorkeur genoot voor een zetel in het Hooggerechtshof. Bo speelde een rol in een promotievideo voor de Easter Egg Roll. Bo en Sunny poseerden met mij voor foto's voor een onlinecampagne om mensen te bewegen een ziektekostenverzekering af te sluiten. Het waren uitstekende ambassadeurs, ongevoelig voor kritiek en zich onbewust van hun faam.

Net als alle kinderen werden Malia en Sasha voor een heleboel dingen te groot. Sinds het eerste jaar van Baracks presidentschap hadden ze elke herfst naast hem gestaan voor de verslaggevers terwijl hij een van de belachelijkste rituelen van het ambt uitvoerde: vlak voor Thanksgiving een levende kalkoen gratie verlenen. De eerste vijf jaar hadden ze gelachen en gegiecheld terwijl hun vader flauwe grappen maakte. Maar in het zesde jaar, toen ze dertien en zestien waren, waren ze te oud om nog te doen alsof het leuk was. Binnen een paar uur na de ceremonie verschenen op het internet al foto's van de twee met verongelijkte blik – Sasha onbewogen, Malia met haar armen over elkaar – terwijl ze naast de president, zijn katheder en die onwetende kalkoen stonden. Een kop in *USA Today* vatte het redelijk goed samen: 'Malia en Sasha Obama zijn helemaal klaar met hun vaders kalkoenpardon'.

Hun aanwezigheid tijdens de gratieverlening werd net als bij zo goed als elk evenement in het Witte Huis vrijwillig. Het waren blije, goed aangepaste tieners, met levens die vol zaten met activiteiten en sociale verwikkelingen waar hun ouders niets mee te maken hadden. Als ouder heb je trouwens alleen maar een soort toezicht. Onze kinderen hadden hun eigen agenda's, waardoor ze minder onder de indruk waren van zelfs de leuke dingen in die van ons.

'Heb je geen zin om vanavond naar beneden te komen om Paul McCartney te horen spelen?'

'Mam, alsjeblieft. Nee.'

Vaak klonk harde muziek uit Malia's kamer. Sasha en haar vriendinnen waren kookprogramma's op tv leuk gaan vinden en namen soms de keuken over om koekjes te versieren of ingewikkelde meergangenmaaltijden voor zichzelf te bereiden. Onze beide dochters genoten van de relatieve anonimiteit die ze hadden tijdens een schoolreisje of een vakantie met het gezin van een vriendinnetje (al waren hun agenten altijd in de buurt). Sasha vond niets leukers dan op Dulles International Airport zelf snacks uit te kiezen voordat ze aan boord ging van een of andere commerciële vlucht, vanwege het simpele feit dat dat zo anders was dan de presidentiële rompslomp op Andrews Air Force Base die de norm van ons gezin geworden was.

Met ons meereizen had soms wel zo zijn voordelen. Voordat Baracks presidentschap voorbij was, hadden onze meisjes een honkbalwedstrijd gezien in Havana, over de Chinese Muur gelopen en op een avond in magische, mistige duisternis het beeld van Christus de Verlosser in Rio bezocht. Maar het kon ook erg vervelend zijn, vooral als je dingen wilde doen die met het presidentschap niets te maken hadden. Zo hadden we eerder in het jaar waarin Malia in de derde zat, op een dag om rondleidingen verzocht op New York University en Columbia University om te zien of ze geschikt zouden zijn als universiteit. Een tijdje ging dat heel goed. We wandelden stevig over de campus van NYU, efficiënt mede dankzij het feit dat het nog vroeg was en veel studenten nog sliepen. We hebben binnengekeken in leslokalen, ons hoofd om de hoek gestoken van een kamer in een studentenhuis en gepraat met de rector voordat we de stad ingingen voor een vroege lunch om daarna naar de volgende rondleiding te gaan.

Het probleem was dat je die rij auto's van de first lady nergens kunt verstoppen, zeker niet op het eiland Manhattan midden op een werkdag. Toen we klaar waren met eten, stonden er een honderdtal mensen op de stoep voor het restaurant, terwijl de drukte alleen maar meer mensen aantrok. Toen we naar buiten stapten, werden tientallen mobieltjes op ons gericht en klonk er een koor van aanmoedigingen. Het was echt goedbedoeld, deze aandacht – 'Kom naar Columbia, Malia!' werd er geschreeuwd – maar het was niet bepaald nuttig voor een meisje dat een toekomst voor zich trachtte te zien.

Ik wist direct wat ik moest doen, en dat was me terugtrekken, om Malia de volgende campus te laten zien zonder mij, en Kristin Jones, mijn persoonlijke assistente, met haar mee te sturen. Als ik er niet bij was, was de kans aanmerkelijk groter dat Malia niet zou worden herkend. Ze kon zich sneller bewegen met aanmerkelijk minder agenten. Zonder mij kon ze er misschien uitzien als ieder ander kind op de campus. Ik moest het haar tenminste laten proberen.

Kristin, eind twintig en afkomstig uit Californië, was toch al als een grote zus voor allebei mijn kinderen. Ze was als jonge stagiaire naar mijn kantoor gekomen en was samen met Kristen Jarvis, tot voor kort mijn reisplanner, onmisbaar geweest voor ons gezinsleven; ze hadden enkele van die merkwaardige gaten opgevuld die waren veroorzaakt door de volle agenda's van ons beiden en de hinderlijke aard van onze bekendheid. 'De Kristins', zoals we ze noemden, namen vaak onze plaats in. Ze waren de tussenpersonen tussen ons gezin en Sidwell, maakten afspraken met leerkrachten, coaches en andere ouders en gingen erheen als Barack en ik verhinderd waren. Met de meisjes waren zij beschermend, liefhebbend en veel bijdetijdser dan ik in de ogen van mijn kinderen ooit zou zijn. Malia en Sasha vertrouwden hen onvoorwaardelijk, ze vroegen hun om raad over van alles, van kleren en sociale media tot de toenemende opdringerigheid van jongens.

Terwijl Malia die middag haar rondleiding kreeg op Columbia, werd ik op een veilige plaats opgeborgen door de geheime dienst – wat de kelder bleek te zijn van een universiteitsgebouw op de campus – waar ik alleen zat zonder dat iemand het opmerkte tot het tijd was om te gaan en ik wenste dat ik tenminste een boek had meegebracht om te lezen. Ik moet toegeven dat het wel een beetje pijn deed om daar te zitten. Ik voelde een soort eenzaamheid die vermoedelijk niet zozeer te maken had met het feit dat ik in mijn eentje de tijd moest zien door te komen in een vertrek zonder ramen, maar eerder met het idee dat, of ik het nu leuk vond of niet, de toekomst eraan kwam, dat ons eerste kind groot aan het worden was en ging vertrekken.

We waren nog niet aan het einde, maar ik was al begonnen met het opmaken van de balans. Ik betrapte mezelf erop dat ik al streepjes zette voor wat goed gegaan was en wat niet, wat was opgeofferd en wat we als vooruitgang konden betitelen – in ons land, in ons gezin. Hadden we alles gedaan wat we konden? Kwamen we hier onbeschadigd uit?

Ik probeerde terug te denken en me te herinneren hoe het gekomen was dat mijn leven was gaan afwijken van het voorspelbare bestaan in de fantasie van een controlfreak dat ik me had voorgesteld – met een vast salaris, een huis om altijd in te blijven wonen, routine in mijn dagelijkse doen. Op welk punt had ik ervoor gekozen dit te verlaten? Wanneer had ik de chaos in mezelf toegelaten? Was het in die zomernacht geweest toen ik mijn ijshoorntje liet zakken en voorover leunde om Barack voor de allereerste keer te kussen? Was het de dag geweest waarop ik ten slotte was weggelopen van mijn keurige stapels documenten en mijn route naar het partnerschap in de advocatuur, overtuigd als ik was dat ik iets met meer bevrediging kon vinden?

Af en toe dwaalde mijn geest af naar de kelder van de kerk in Roseland, in de Far South Side van Chicago, waar ik vijfentwintig jaar geleden met

Barack naartoe was gegaan om hem te horen spreken voor een buurtgroepje dat zich verzette tegen hopeloosheid en onverschilligheid. Toen ik die avond naar het gesprek luisterde, hoorde ik iets bekends, maar op een nieuwe manier geformuleerd. Het was mogelijk, wist ik, om op twee niveaus tegelijk te leven, dat je met je voeten in de werkelijkheid stond maar naar vooruitgang gericht. Zo had ik immers zelf geleefd als kind aan Euclid Avenue en zo had mijn familie – en gemarginaliseerde mensen in het algemeen – altijd al geleefd. Je bereikt iets door die betere werkelijkheid zelf te bouwen, al is het eerst maar in je eigen geest. Of zoals Barack het die avond uitdrukte, je kunt leven in de wereld zoals die is, maar je kunt tegelijkertijd werken aan het scheppen van een wereld zoals die moet zijn.

Ik kende die man pas een paar maanden, maar achteraf gezien begrijp ik nu dat hier mijn wending had plaatsgevonden. Op dat moment heb ik, zonder een woord te zeggen, getekend voor een leven lang samen met hem en een leven lang dit leven.

Nu, zoveel jaar later, ben ik dankbaar om de vooruitgang die ik zag. In 2015 bezocht ik nog steeds het Walter Reed, maar elke keer was het alsof er minder gewonde soldaten waren om te bezoeken. De Verenigde Staten hadden minder leden van krijgsmachtonderdelen in risicovolle situaties elders in de wereld, minder verwondingen die verzorgd moesten worden, minder diepbedroefde moeders. Ik vond dit vooruitgang.

Vooruitgang was ook dat de Centers for Disease Control wisten te melden dat de obesitascijfers onder de jeugd leken af te vlakken, vooral die van kinderen van twee tot vijf jaar oud. Vooruitgang was ook dat tweeduizend highschoolleerlingen in Detroit kwamen opdagen om met mij College Signing Day te vieren, een feestdag die we hebben gepropageerd als onderdeel van Reach Higher om de dag te markeren waarop jonge mensen zich inschrijven voor college. Vooruitgang was de beslissing van het Hooggerechtshof om een wijzigingsvoorstel te verwerpen op een belangrijk onderdeel van de nieuwe wet op de gezondheidszorg, als gevolg waarvan Baracks grootste prestatie wat binnenlands beleid betreft – de zekerheid van een ziektekostenverzekering voor iedere Amerikaan – sterk en intact zou blijven nadat hij eenmaal was afgetreden. In een economie waarin er in een maand tijd 800.000 werklozen bijkwamen toen Barack het Witte Huis betrad, is vooruitgang dat er nu vijf jaar achtereen alleen maar banen waren bijgekomen.

Ik beschouwde dit allemaal als bewijs dat we als land in staat waren aan een betere werkelijkheid te bouwen. Maar we leefden wel in de wereld zoals die is.

Anderhalf jaar na Newtown had het Congres niet één maatregel genomen om het wapenbezit te beperken. Bin Laden was weg, maar IS was gekomen. In Chicago steeg het aantal moorden in plaats van dat het daalde. In Ferguson, Missouri, werd een zwarte tiener, Michael Brown, doodgeschoten door een politieman; zijn lichaam lag urenlang midden op straat. In Chicago werd de zwarte tiener Laquan McDonald zestien keer geraakt door politiekogels, waarvan negen keer in zijn rug. In Cleveland werd de zwarte jongen Tamir Rice door de politie doodgeschoten terwijl hij met een speelgoedgeweer speelde. In Baltimore stierf de zwarte man Freddie Gray in een politiecel, waar de politie niet naar hem omkeek. De zwarte man Eric Garner overleed bij zijn arrestatie op Staten Island terwijl hij in een nekklem werd gehouden. Dit waren allemaal aanwijzingen dat er iets verderfelijks en onveranderlijks is in Amerika. Toen Barack voor de eerste keer werd gekozen, hadden verscheidene commentatoren naïef verklaard dat ons land een 'postraciaal' tijdperk was ingegaan, waarin huidskleur er niet langer toe zou doen. Dit zijn de bewijzen dat ze het bij het verkeerde eind hadden. Terwijl Amerikanen bezeten waren van de dreiging van terrorisme, zagen velen over het hoofd dat racisme en tribalisme ons volk uiteenrukten.

Eind juni 2015 vlogen Barack en ik naar Charleston, South Carolina, om opnieuw aanwezig te zijn bij een rouwende gemeenschap, deze keer de begrafenis van een pastor, Clementa Pinckney, een van de negen mensen die waren vermoord in een door racisme gemotiveerde schietpartij eerder die maand in een kerk van de Afrikaans-methodistische episcopale kerk, bekend als de Mother Emanuel. De slachtoffers, allemaal Afro-Amerikanen, hadden in hun Bijbelstudiegroep een werkloze eenentwintigjarige witte man verwelkomd, die geen van hen kende. Enige tijd zat hij tussen hen in en toen de groep het hoofd boog in gebed, stond hij op en begon te schieten. Hierbij zou hij hebben gezegd: 'Ik moet dit doen, want jullie verkrachten onze vrouwen en nemen ons land over.'

Nadat Barack een emotionele grafrede had uitgesproken voor de eerwaarde Pinckney en had gezegd wat een enorme tragedie het was, verraste hij iedereen door de gemeente voor te gaan in een langzame en gevoelige uitvoering van 'Amazing Grace'. Het was een simpele aanroeping van hoop, een oproep om vol te houden. Iedereen in de zaal, zo leek het, viel in. Al meer dan zes jaar hadden Barack en ik geleefd in het bewustzijn dat wijzelf een provocatie waren. Terwijl minderheden in het hele land geleidelijk aan begonnen belangrijkere rollen te spelen in de politiek, de zakenwereld en het amusement, was ons gezin het prominentste voorbeeld hiervan. Onze aanwezigheid in het Witte Huis was door miljoenen Amerikanen gevierd, maar droeg ook bij aan het reactionaire gevoel van angst en rancune bij anderen. De haat was oud en diep en net zo gevaarlijk als altijd.

Wij leefden ermee als gezin en we leefden ermee als volk. En we gingen door, zo waardig als we konden.

Op dezelfde dag als de begrafenis in Charleston, 26 juni 2015, nam het Hooggerechtshof van de Verenigde Staten een historische beslissing: twee personen van hetzelfde geslacht hadden in alle vijftig staten het recht om te trouwen. Dit was de uitkomst van een juridische strijd die tientallen jaren lang systematisch was gestreden, staat voor staat, rechtbank voor rechtbank, en zoals bij elke strijd om burgerrechten had het de vasthoudendheid en de moed van heel veel mensen vereist. De hele dag door kreeg ik berichtjes van Amerikanen over hoe blij ze waren met het nieuws. Een jubelende menigte riep op de trappen van het Hooggerechtshof: 'Liefde heeft gewonnen!' Stellen meldden zich in stad- en provinciehuizen om gebruik te maken van wat nu hun grondwettelijk recht was. Homobars gingen eerder open. In heel het land wapperden regenboogvlaggen op de hoeken van de straten.

Dit alles steunde ons wel op deze droevige dag in South Carolina. Terug in het Witte Huis kleedden we ons om en aten we snel met de meisjes waarna Barack zich terugtrok in de Treaty Room waar hij ESPN aanzette en ging werken. Ik was op weg naar mijn kleedkamer toen ik een paarse gloed zag door een van de ramen aan de noordkant van het woongedeelte; ik herinnerde me toen dat onze staf bedacht had het Witte Huis te verlichten met de kleuren van de trotse regenboogvlag.

Toen ik door het raam keek, zag ik dat zich achter de hekken op Pennsylvania Avenue een menigte had verzameld om in de zomerse avondschemering de verlichting te zien. De noordelijke oprijlaan stond vol ambtenaren die gebleven waren om te zien hoe het Witte Huis werd getransformeerd om de gelijkheid van het huwelijk te vieren. Waar ik stond, kon ik het enthousiasme wel zien maar niet horen. Dat was een merkwaardig deel van onze werkelijkheid. Het Witte Huis was een stil, verzegeld fort, waarin bijna alle geluid werd tegengehouden door de dikke muren en ruiten. De Marine One-helikopter kon naast het huis landen, de wieken konden met orkaankracht de takken van de bomen laten kraken, maar in het woongedeelte hoorden we daar niets van. Gewoonlijk wist ik dat Barack thuiskwam van een reisje, niet door het geluid van zijn helikopter, maar door de geur van de brandstof, die ergens binnen wist te dringen.

Vaak was ik aan het einde van een lange dag blij dat ik me terug kon trekken in het beschermde omhulsel van het woonhuis. Maar deze avond voelde anders, net zo tegenstrijdig als het land zelf. Na een dag van verdriet in Charleston keek ik nu toe hoe een geweldig feest onder mijn raam begon. Honderden mensen staarden naar ons huis. Ik wilde het zien zoals zij het zagen. Plotseling wilde ik ontzettend graag meedoen met het feest.

Ik stak mijn hoofd om de hoek van de Treaty Room. 'Wil je mee naar buiten om naar de verlichting te kijken?' vroeg ik Barack. 'Er zijn massa's mensen daarbuiten.'

Hij lachte. 'Je weet dat ik niet tussen massa's mensen kan gaan staan.'

Sasha zat op haar kamer, verdiept in haar iPad. 'Ga je met me mee naar de regenboogverlichting kijken?'

'Nope.'

Dan was Malia nog over, die me een beetje verraste door meteen ja te zeggen. Ik had mijn medestandster gevonden. We gingen op avontuur, naar buiten, waar mensen zich hadden verzameld en we zouden niemand om toestemming vragen.

Het gebruikelijke protocol luidde dat we, als we het woongedeelte wilden verlaten, eerst contact opnamen met de agenten van de geheime dienst die bij de lift stonden, of we nu naar beneden gingen om een film te kijken of om de honden uit te laten, maar vanavond negeerden we dat. Malia en ik liepen gewoon voorbij de agenten die dienst hadden en maakten geen van beiden oogcontact. We liepen voorbij de lift en liepen snel een smalle trap af. Achter ons hoorde ik schoenen op de trap van de agenten die ons trachtten in te halen. Malia grijnsde stout. Ze was er niet aangewend dat ik de regels overtrad.

Op de State Floor liepen we richting de hoge deuren die uitkwamen in de noordelijke zuilengang, toen we een stem hoorden.

'Hello, ma'am! Kan ik u helpen?' Het was Claire Faulkner, de portier die nachtdienst had. Ze was een vriendelijk brunette met zachte stem die naar ik aannam, was ingelicht door de agenten achter ons met behulp van hun polsmicrofoons.

Terwijl ik gewoon doorliep, keek ik naar haar over mijn schouder. 'O, we gaan alleen even naar buiten,' zei ik, 'om naar de verlichting te kijken.'

Claire trok haar wenkbrauwen op. We besteedden verder geen aandacht aan haar. Toen ik bij de deur was, greep ik de dikke gouden deurknop en trok. Maar de deur gaf geen krimp. Negen maanden eerder was een indringer erin geslaagd over het hek te klimmen en zwaaiend met een mes door deze deur naar binnen gekomen en over de State Floor gerend voordat geheim agenten hem te pakken hadden. Daarna hield de beveiliging deze deur goed gesloten.

Ik keek naar de groep achter ons, waar nu ook een officier van de geheime dienst in wit overhemd met zwarte stropdas zich bij had aangesloten. 'Hoe open je dit ding?' vroeg ik aan niemand in het bijzonder. 'Er moet ergens een sleutel zijn.'

'Ma'am?' zei Claire. 'Ik weet niet zeker of dit wel de deur is die u wilt. Elke camera van elke tv-zender staat nu gericht op de noordkant van het Witte Huis.'

Ze had een punt. Mijn haar zat in de war en ik droeg slippers, een korte broek en een T-shirt. Niet precies de kleding om me in het openbaar in te vertonen.

'Oké,' zei ik. 'Maar kunnen we niet naar buiten zonder gezien te worden?'

Malia en ik waren nu op een kruistocht. We lieten ons niet van ons doel afbrengen. We zouden hoe dan ook buiten komen.

Toen stelde iemand voor om een van de zijdeuren voor leveranciers op de begane grond te proberen, waar vrachtauto's kwamen om eten en kantoorspullen af te leveren. Onze groep begon die kant op te gaan. Malia stak een arm in de mijne. We werden er vrolijk van.

'We gaan naar buiten!' zei ik.

'Ja, dat gaan we zeker!' zei ze.

We liepen verder naar beneden over een marmeren trap en over rode tapijten, voorbij de borstbeelden van George Washington en Benjamin Franklin en langs de keuken tot we ineens buiten stonden. De vochtige zomerlucht sloeg ons in het gezicht. Ik kon de vuurvliegjes boven het gazon zien. En daar was het dan, het gezoem van het publiek, mensen die aan de andere kant van het ijzeren hek riepen en juichten. Wij waren buiten, we stonden op een stukje gras aan de zijkant, uit het zicht van de mensen, maar met een prachtig uitzicht van dichtbij op het Witte Huis, verlicht met trots.

Malia en ik bogen ons naar elkaar toe, blij dat we onze weg hiernaartoe hadden gevonden.

Zoals dat gaat in de politiek, begon de nieuwe wind al vroeg te waaien. In het najaar van 2015 was de volgende campagne voor het presidentschap al in volle gang. Aan Republikeinse kant was het druk met gouverneurs als John Kasich en Chris Christie en senatoren als Ted Cruz en Marco Rubio, plus nog meer dan tien anderen. Bij de Democraten nam het aantal kandidaten echter snel af, totdat er twee overbleven, Hillary Clinton en Bernie Sanders, de liberale, lang dienende onafhankelijke senator uit Vermont.

Eerder die zomer had Donald Trump voor de Trump Tower in Manhattan zijn kandidatuur aangekondigd en afgegeven op Mexicaanse immigranten – 'verkrachters', zoals hij ze noemde – en op de 'losers' die volgens hem het land nu leidden. Volgens mij speelde hij alleen maar op het grote publiek en trok hij media-aandacht omdat hij dat nu eenmaal kon. Niets in hoe hij zich gedroeg, wees erop dat hij serieus wilde regeren.

Ik volgde de campagne wel, maar niet zo intensief als de afgelopen keren. In plaats daarvan werkte ik hard aan mijn vierde initiatief als first lady met de titel Let Girls Learn, dat Barack en ik in het voorjaar samen hadden gelanceerd. Het was een ambitieuze, door de hele overheid gedragen inspanning om pubermeisjes overal ter wereld waar dat nodig was, betere toegang te verlenen tot onderwijs. In de loop van de afgelopen bijna zeven jaar als first lady was ik keer op keer getroffen door zowel de belofte als de kwetsbaarheid van jonge vrouwen, van immigrantenmeisjes die ik had ontmoet op de Elizabeth Garrett Anderson School tot Malala Yousafzai, de Pakistaanse tiener die zo wreed was aangevallen door de Taliban en die naar het Witte Huis was gekomen om met Barack, Malia en mij te praten over haar pleidooi voor onderwijs aan meisjes. Ik was diep geschokt toen zo'n zes maanden na Malala's bezoek 276 Nigeriaanse schoolmeisjes werden ontvoerd door de extremistische groepering Boko Haram, klaarblijkelijk om angst te zaaien onder Nigeriaanse gezinnen en te voorkomen dat ze hun dochters naar school sturen. Dit bracht mij ertoe om voor de eerste en enige keer tijdens zijn presidentschap, Barack te vervangen voor zijn wekelijkse toespraak tot het land en emotioneel te praten over hoe we harder ons best moesten doen om meisjes wereldwijd te beschermen en aan te moedigen naar school te gaan.

Ik trok het me alles persoonlijk aan. Onderwijs was het belangrijkste instrument van verandering geweest in mijn eigen leven, mijn hefboom naar boven in de wereld. Ik vond het vreselijk dat veel meisjes – volgens de Unesco meer dan achtennegentig miljoen wereldwijd – er geen toegang toe hadden. Sommige meisjes konden niet naar school omdat hun familie hen nodig had om te werken. Soms was de dichtstbijzijnde school te ver weg of te duur of was het risico om onderweg aangevallen te worden, te groot. In veel gevallen waren het verstikkende normen over sekse en economische krachten die er samen voor zorgden dat meisjes geen onderwijs kregen, hen effectief uitsloten van kansen in de toekomst. Er leek een idee te heersen – in sommige delen van de wereld zelfs verbijsterend gangbaar – dat het domweg niet de moeite waard was een meisje naar school te sturen, zelfs als studies voortdurend aantoonden dat het onderwijzen van meisjes en vrouwen en het ze toestaan de arbeidsmarkt te betreden, het bruto nationaal product van het land alleen maar ten goede zou komen.

Barack en ik wilden maar al te graag het beeld veranderen over de rol van jonge vrouw in de samenleving. Hij slaagde erin honderden miljoenen dollars uit verschillende onderdelen van de begroting hiervoor beschikbaar te stellen aan USAID en het Peace Corps en ook aan de ministeries van Buitenlandse Zaken, Arbeid en Landbouw. Samen lobbyden we bij regeringen van andere landen om te helpen programma's te financieren voor onderwijs aan meisjes. Tegelijkertijd moedigden we particuliere bedrijven en denktanks aan zich voor dit doel in te zetten.

Op dat moment wist ik ook hoe ik een beetje kabaal kon maken voor een zaak. Het was voor Amerikanen heel gebruikelijk, zo begreep ik, om zich niet verbonden te voelen met de worsteling van mensen in landen ver weg, en dus probeerde ik die problemen dichter bij huis te halen en riep ik beroemdheden als Stephen Colbert op om hun macht in te zetten bij evenementen en op de sociale media. Ik had de hulp ingeroepen van Janelle Monáe, Zendaya, Kelly Clarkson en andere talenten om een pakkend popnummer op te nemen dat geschreven was door Diane Warren, getiteld 'This Is for My Girls', waarvan de opbrengst zou gaan naar de financiering van onderwijs aan meisjes wereldwijd.

En ten slotte deed ik iets wat ik een beetje eng vond, en dat was zingen. Ik trad op in het hilarische programma 'Carpool Karaoke' van James Corden, waarbij we samen in een zwarte SUV rond de South Lawn reden. We brulden 'Signed, Sealed, Delivered I'm Yours', 'Single Ladies' en ten slotte – de reden waarom ik dit deed – 'This Is for My Girls', met een gastoptreden van Missy Elliot, die stiekem op de achterbank was gekropen en nu met ons meerapte. Ik had trouw wekenlang geoefend voor mijn karaoke-optreden en elke beat van elk liedje geleerd. De bedoeling was dat het er luchtig en leuk uitzag, maar zoals altijd stak er werk en een groter doel achter: om mensen verbonden te houden met de zaak. Mijn optreden met James Corden trok binnen de eerste drie maanden vijfenveertig miljoen views op YouTube, waarmee het elk beetje inspanning waard was geweest.

Eind 2015 vlogen Barack, de meisjes en ik naar Hawaï om daar zoals altijd kerstmis te vieren. We huurden een groot huis met grote ramen met uitzicht op het strand en kregen gezelschap van de gebruikelijke groep familieleden en vrienden. Zoals we de afgelopen zes jaar hadden gedaan, namen we op eerste kerstdag de tijd om een bezoek te brengen aan de militairen en hun gezinnen op een nabijgelegen basis van het korps mariniers. En zoals altijd was een vakantie voor Barack maar half vakantie, nauwelijks een vakantie eigenlijk. Hij nam telefoontjes aan, trok zich terug voor zijn dagelijkse briefings en was in overleg met een kernstaf van adviseurs, assistenten en speechschrijvers die allemaal in een hotel vlakbij verbleven. Ik ging me afvragen of hij zich nog wel zou herinneren hoe je totaal kon ontspannen als het eenmaal zover was, of een van ons alles van zich af kon laten glijden als dit alles achter de rug was. Hoe zou het zijn, vroeg ik me af, als we eindelijk eens ergens naartoe konden gaan zonder die man met zijn *nuclear football*?

Hoewel ik wel een beetje wilde dromen, had ik nog steeds niet voor ogen hoe hier allemaal een einde aan zou komen.

Terug in Washington om aan ons laatste jaar in het Witte Huis te beginnen, wisten we dat de klok doortikte. Ik begon aan een lange serie 'laatste dingen'. Dat was bijvoorbeeld het laatste Governor's Ball, de laatste Easter Egg Roll, het laatste White House Correspondents' Dinner. Barack en ik brachten samen ook ons laatste staatsbezoek aan het Verenigd Koninkrijk, met daarin opgenomen een kort bezoek aan onze vriendin de koningin.

Barack had altijd een bijzondere genegenheid gevoeld voor koningin Elizabeth die hem, zei hij, deed denken aan zijn no-nonsense grootmoeder Toot. Ik was nogal onder de indruk van haar efficiëntie, een vaardigheid die duidelijk was gesmeed uit noodzaak door een leven lang in het openbaar. Enkele jaren eerder hadden Barack en ik eens samen met haar en prins Philip naast elkaar gestaan om gasten te ontvangen en toen had ik geamuseerd gekeken hoe de koningin erin slaagde mensen snel voorbij te laten lopen met een zuinig, vriendelijk 'hello' waarbij geen ruimte was om een gesprekje te beginnen, terwijl Barack vriendelijk en onbelemmerd, bijna uitnodigend praatte en vragen van mensen uitvoerig beantwoordde, waardoor een opstopping ontstond in de rij. Al die jaren nadat ik die kerel voor het eerst had ontmoet, probeerde ik nog steeds hem een beetje op te laten schieten.

Op een avond in april 2016 vlogen we in een helikopter van de residentie van de Amerikaanse ambassadeur in Londen naar Windsor Castle op het platteland ten westen van de stad. Het team dat vooruitgegaan was, waarschuwde ons dat de koningin en prins Philip van plan waren ons te verwelkomen bij de landing om ons dan persoonlijk met hen mee te laten rijden naar het kasteel voor de lunch. Zoals altijd werden we van tevoren ingelicht over het protocol: we zouden de koninklijke hoogheden formeel begroeten voordat we in hun auto zouden stappen voor het korte ritje. Ik zou voorin zitten naast de vierennegentig jaar oude prins Philip, hij achter het stuur, en Barack zou naast de koningin achterin zitten.

Het zou de eerste keer zijn in ruim acht jaar dat er iemand anders dan een geheim agent achter het stuur zat wanneer wij tweeën ergens naartoe gingen, of dat we in een auto zaten zonder agenten. Dit leek een probleem op te leveren voor onze veiligheidsteams, het protocol was ook belangrijk voor het vooruitgestuurde team, dat eindeloos delibereerde over waar we naartoe gingen en met wie we contact hadden zodat alles er tot in de puntjes verzorgd uitzag en gesmeerd verliep.

Nadat we waren geland op een veld van de paleisterreinen en waren verwelkomd, schopte de koningin ineens alles in de war door naar mij te gebaren dat ik bij haar achter in de Ranch Rover moest komen zitten. Ik verstarde en probeerde me te herinneren of iemand me had voorbereid op dit scenario en of het beleefder was om mee te doen of dat ik erop zou staan dat Barack op de daartoe bestemde plaats naast haar moest gaan zitten.

De koningin voelde mijn twijfel direct. En wilde er niets van weten.

‘Hebben ze je een of andere instructie hiervoor gegeven?’ vroeg ze, terwijl ze alle drukte met een handgebaar wegwuifde. ‘Dat is onzin. Ga toch zitten waar je wilt.’

Het geven van afstudeertoespraken was voor mij een belangrijk, bijna heilig voorjaarsritueel. Elk jaar hield ik er een paar en koos ik voor een afwisseling van ceremonies op high schools en colleges, waarbij ik me richtte op scholen die gewoonlijk geen prominente sprekers op bezoek hadden. (Dus Princeton en Harvard, het spijt me, maar jullie kunnen prima zonder mij.) In 2015 was ik teruggegaan naar de South Side van Chicago om te spreken op de dag van de diploma-uitreiking op King College Prep, de high school waar Hadiya Pendleton nu haar diploma zou hebben gekregen, had ze lang genoeg geleefd. Ze werd herinnerd met een lege stoel, die haar klasgenoten hadden versierd met zonnebloemen en paarse stof.

Voor mijn laatste ronde afstudeertoespraken als first lady ging ik in 2016 naar Jackson State University in Mississippi, een traditioneel zwarte universiteit, waar ik mijn kans greep om te praten over streven naar uitmuntendheid. Ik sprak op het City College van New York waar ik benadrukte hoe waardevol diversiteit en immigratie zijn. En op 26 mei, toevallig de dag dat Donald Trump de nominatie van de Republikeinen voor het presidentschap in de wacht sleepte, was ik in New Mexico en sprak ik voor een klas afgestudeerde Native Americans, inwonende leerlingen van een kleine high school, die bijna allemaal doorgingen naar college. Hoe meer ervaring ik kreeg met mijn rol als first lady, hoe meer ik me gesterkt voelde eerlijk en direct te praten over wat het betekende gemarginaliseerd te worden vanwege ras en geslacht. Het was mijn bedoeling jongere mensen een context te bieden voor de haat die in het nieuws en de politieke dialoog steeds vaker naar boven kwam, en om ze een reden te geven voor hoop.

Ik probeerde die ene boodschap over mezelf en mijn plaats in de wereld over te brengen die volgens mij werkelijk iets betekende. En dat was dat ik wist wat onzichtbaarheid was. Ik was onzichtbaar geweest. Ik had een geschiedenis achter me van onzichtbaarheid. Ik vermeldde graag dat ik de achterachterkleindochter was van een slaaf genaamd Jim Robinson, die vermoedelijk in een ongemerkt graf is begraven ergens op een plantage in South Carolina. En door achter die katheder te staan voor leerlingen die nadachten over hun toekomst, was ik het levende bewijs dat alles mogelijk was, op een bepaalde manier tenminste, om onzichtbaarheid te overwinnen.

De laatste afstudeertoespraak die ik dat voorjaar hield, was persoonlijk: Malia's diploma-uitreiking op Sidwell Friends, die op een warme dag in juni plaatsvond. Onze intieme vriendin Elizabeth Alexander, de dichter die een prachtig gedicht had geschreven voor Baracks eerste inauguratie, sprak de klas toe, wat betekende dat Barack en ik achterover konden leunen en het over ons heen konden laten gaan. Ik was trots op Malia, die kort daarna met een paar vriendinnen naar Europa zou gaan om er een paar weken rond te reizen. Dan zou ze een tussenjaar nemen en zich daarna inschrijven aan Harvard. Ik was trots op Sasha, die precies die dag vijftien was geworden en de uren aftelde voordat ze naar een optreden van Beyoncé zou gaan in plaats van een verjaarspartijtje te geven. Ze zou een groot deel van de zomer doorbrengen op Martha's Vineyard en logeren bij familievrienden voordat Barack en ik ernaartoe kwamen voor onze vakantie. Ze maakte nieuwe vrienden en vriendinnen en kreeg er haar eerste baantje: in een snackbar. Ik was ook trots op mijn moeder die vlakbij in de zon zat in een zwarte jurk en op hoge hakken, die zo lang in het Witte Huis heeft kunnen wonen en met ons reizen heeft gemaakt over de hele wereld en toch helemaal zichzelf is gebleven.

Ik was trots op ons allemaal, nu het er bijna opzat.

Barack zat naast me op een vouwstoel. Ik zag tranen in zijn ogen opwellen achter zijn zonnebril terwijl hij keek hoe Malia het toneel overstak om haar diploma op te halen. Hij was moe, dat wist ik. Drie dagen eerder had hij een grafreden uitgesproken voor een vriend van zijn rechtenstudie, die voor hem in het Witte Huis had gewerkt. Twee dagen later zou een extremist het vuur openen in een homonachtclub in Orlando, Florida, en daarbij negenenveertig mensen doden en er nog drieënvijftig verwonden. Hoe zwaar de baan was, het hield nooit op.

Hij was een goede vader, betrokken en consequent op manieren zoals zijn eigen vader nooit was geweest, maar er waren ook dingen die hij onderweg had moeten opofferen. Hij was het ouderschap ingestapt als politicus, maar zijn kiezers en hun behoeften waren ook altijd bij ons.

Het had een klein beetje pijn gedaan, het besef dat hij spoedig meer vrijheid en meer tijd zou gaan krijgen op het moment dat onze dochters juist afstand gingen nemen.

Maar we moesten ze natuurlijk laten gaan. De toekomst is aan hen, en zo hoort het ook.

Eind juli vloog ik door een zware storm in een stijgend en duikend vliegtuig naar Philadelphia, waar ik voor de laatste keer de Democratische Nationale Conventie zou toespreken. Het was misschien wel de ergste turbulentie die ik ooit had meegemaakt en terwijl Caroline Adler Morales, mijn hoogzwangere chef communicatie, zich zorgen maakte dat de stress er misschien wel voor zou zorgen dat de weeën begonnen, en Melissa – onder normale omstandigheden toch al nerveus in een vliegtuig – gilde in haar stoel, kon ik alleen maar denken: *zorg dat ik op tijd beneden ben om mijn toespraak te oefenen*. Hoewel ik me op grote podia allang op mijn gemak voelde, stelde ik een goede voorbereiding altijd zeer op prijs.

In 2008, toen Barack voor het eerst campagne voerde voor het presidentschap, had ik mijn conventietoespraak geoefend en geoefend tot ik in mijn slaap nog wist waar de komma's stonden, deels omdat ik nog nooit zo'n speech voor live-tv had gehouden, deels ook omdat de persoonlijke inzet zo hoog was. Ik stapte dat podium op nadat ik gedemoniseerd was als een boze zwarte vrouw die niet van haar land hield. Mijn toespraak die avond gaf me de kans mezelf weer menselijk te maken, met mijn eigen stem uit te leggen wie ik was, met mijn eigen woorden een einde maken aan de karikaturen en stereotypen. Vier jaar daarna had ik tijdens de conventie in Charlotte, North Carolina, in alle ernst gesproken over wat ik in Barack had gezien in zijn eerste termijn, dat hij nog steeds de man van principes was met wie ik was getrouwd, hoe ik had beseft dat 'het presidentschap niet verandert wie je bent; het onthult wie je bent'.

Deze keer voerde ik campagne voor Hillary Clinton, Baracks tegenstander in de harde voorverkiezingen van 2008 die daarna zijn loyale minister van Buitenlandse Zaken was geworden. Ik had me nooit erg enthousiast gevoeld voor een andere kandidaat dan mijn eigen man, wat campagne voeren voor anderen weleens moeilijk maakte. Ik handhaafde echter een code voor mezelf als het aankwam op openlijk spreken over iets of iemand in de politieke sfeer: ik zei alleen wat ik absoluut geloofde en wat ik absoluut voelde.

Nadat we in Philadelphia waren geland en we ons naar het conventiecentrum hadden gehaast, had ik nog precies voldoende tijd om andere kleren aan te trekken en twee keer door mijn toespraak te gaan. Daarna kwam ik tevoorschijn en sprak mijn waarheid. Ik praatte over de angst die ik had gehad over het opvoeden van twee kinderen in het Witte Huis en hoe trots ik was op de intelligente jonge vrouwen die het waren geworden. Ik zei dat ik Hillary vertrouwde omdat zij begreep wat er van een president geëist wordt en het temperament had om te leiden, omdat zij beter gekwalificeerd was dan iedere genomineerde in de geschiedenis. En ik erkende de moeilijke keuze die het land nu werd voorgelegd.

Al sinds mijn vroegste jeugd geloofde ik dat het belangrijk was je uit te spreken tegen pestkoppen zonder je te verlagen tot hun niveau. En laat ik duidelijk zijn, we stonden nu tegenover een pestkop, een man die onder andere minderheden vernederde en minachting toonde voor krijgsgevangenen, een man die met bijna alles wat hij zei, de waardigheid van dit land in de waagschaal stelde. Ik wilde Amerikanen laten begrijpen dat woorden ertoe doen, dat de haatdragende taal die ze uit hun tv's hoorden komen, niet de ware geest weerspiegelde van ons land en dat we ertegen konden stemmen. Het was waardigheid waarvoor ik een lans wilde breken, het idee dat wij ons als volk konden vasthouden aan de kern waaraan mijn familie zich had vastgehouden, generaties lang. Waardigheid had ons er altijd doorheen geloodst. Het was een keuze, en niet altijd een makkelijke, maar de mensen die ik in mijn leven het meest respecteerde, maakten die keuze keer op keer, elke dag weer. Er was een motto waar Barack en ik naar trachtten te leven en dat ik die avond de zaal liet weten: *when they go low, we go high.* ('Als zij zich verlagen, stijgen wij erbovenuit.')

Twee maanden later, slechts een paar weken voor de verkiezingen, dook een tape op van Donald Trump die op een onbewaakt moment tegen een tv-presentator opschepte over het seksueel lastigvallen van vrouwen in een taal die zo smerig en vulgair was dat het de media in een lastig parket bracht over hoe het te citeren zonder de ongeschreven regels van goed fatsoen te overschrijden. Uiteindelijk werden die regels gewoon genegeerd om ruimte te maken voor de stem van de kandidaat.

Toen ik het hoorde, kon ik mijn oren bijna niet geloven. Aan de andere kant klonk er iets pijnlijk bekends door in de pesterige mannengrap op dat bandje. *Ik kan je pijn doen en ermee wegkomen.* Het was een uiting van haat die gewoonlijk in fatsoenlijk gezelschap niet wordt geuit, maar die nog steeds leeft in het merg van onze zogenaamd verlichte samenleving – levend en voldoende aanvaard zodat iemand als Donald Trump zich kon permitteren het luchtig te laten vallen. Iedere vrouw die ik ken, herkende het. Iedereen die ooit het gevoel heeft gehad als 'anders' te zijn weggezet, herkende het. Het was precies dat waarvan zovelen van ons hoopten dat onze kinderen het nooit zouden hoeven meemaken, maar die er waarschijnlijk toch mee te maken zullen krijgen. Overheersing, of zelfs maar de dreiging daarvan, is een vorm van ontmenselijking. Het is de naarste soort macht.

Mijn lichaam trilde helemaal van woede toen ik het geluidsfragment had gehoord. Ik zou de week daarop een toespraak houden tijdens een campagnebijeenkomst van Hillary, maar in plaats van mijn directe steun voor haar uit te spreken, voelde ik me gedwongen direct in te gaan op Trumps woorden, om zijn woorden te bestrijden met de mijne.

Ik werkte aan mijn opmerkingen terwijl ik in een ziekenhuiskamer zat in het Walter Reed, waar mijn moeder aan haar rug was geopereerd en waar mijn gedachten alle kanten op gingen. Ik was nu zo vaak bespot en bedreigd, neergesabeld omdat ik zwart ben en vrouw en een stem heb. Ik voelde dat de minachting gericht was op mijn lichaam, letterlijk op de ruimte die ik innam in de wereld. Ik had gezien hoe Donald Trump achter Hillary Clinton aanliep tijdens een debat, haar volgde terwijl ze sprak, te dicht bij haar ging staan, probeerde haar aanwezigheid te verkleinen met de zijne. *Ik kan je pijn doen en ermee wegkomen.* Er zijn vrouwen die hun hele leven lang deze minachting te verduren hebben in de vorm van gefluit, betast worden, aanranding, onderdrukking. Dit soort dingen doen pijn. Ze ondermijnen onze kracht. Sommige wonden zijn zo klein dat ze nauwelijks te zien zijn. Andere zijn enorme open wonden, die littekens achterlaten die niet meer weggaan. Maar in beide gevallen stapelen ze zich op. We hebben ze altijd bij ons, van en naar school en werk, thuis terwijl we onze kinderen opvoeden, in onze kerken, altijd wanneer we vooruit willen.

Voor mij waren Trumps opmerkingen een nieuwe slag. Ik kon zijn boodschap niet laten voor wat het was. Samen met Sarah Hurwitz, de bedreven speechschrijver die al sinds 2008 voor me werkte, zette ik mijn woede om in woorden en, nadat mijn moeder was genezen van de operatie, sprak ik ze in oktober uit in Manchester, New Hampshire. In mijn speech voor een bijzonder rumoerige menigte maakte ik duidelijk wat ik ervan vond. 'Dit is niet normaal,' zei ik. 'Dit is geen gebruikelijke politiek. Dit is beschamend. Het is onverdraaglijk.' Ik verwoordde mijn woede en mijn angst, en zei dat ik er alle vertrouwen in had dat Amerikanen bij deze verkiezingen begrepen wat de ware aard was van waartussen ze kozen. Ik legde mijn hele hart in die speech.

Daarna vloog ik terug naar Washington en bad ik dat ik gehoord was.

In de loop van de herfst gingen Barack en ik plannen maken voor onze verhuizing in januari; we hadden al besloten in Washington te blijven zodat Sasha de high school op Sidwell kon af kon maken. Malia zat intussen in een tussenjaar in Zuid-Amerika en voelde de vrijheid, nu ze zo ver van het politieke tumult af zat als ze maar kon. Ik verzocht mijn staf in de East Wing dringend om sterk te eindigen, ook al moesten ze nadenken over een nieuwe baan, ook al werd de strijd tussen Hillary Clinton en Donald Trump per dag heftiger en verwarrender.

Op de avond van 7 november 2016, de dag voor de verkiezingen, gingen Barack en ik naar Philadelphia om ons aan te sluiten bij Hillary en haar familie op de laatste bijeenkomst voor een enorme menigte in de Independence Mall, een deel van het Independence National Historical Park. De stemming was positief, verwachtingsvol. Ik vatte moed door wat ik dacht te begrijpen over de kwaliteiten die Amerikanen wel en niet van een leider zouden tolereren. Ik nam niets zomaar aan, maar ik had een goed voorgevoel.

Voor de eerste keer in vele jaren hadden Barack en ik geen enkele rol op de verkiezingsavond. Er was geen hotelsuite gereserveerd om in te wachten, er stonden geen schotels met hapjes, nergens stond een televisie aan. Er was geen kapsel, make-up of kleding om te verzorgen, geen kinderen om gereed te maken, geen speech om voor te bereiden voor later op de avond. We hadden niets te doen en vonden het fantastisch. Dit was het begin van ons terugtreden, een eerste kennismaking met hoe de toekomst zou kunnen zijn. We waren betrokken, natuurlijk, maar het werd niet ons moment. We waren er alleen getuige van. Omdat het nog wel even zou duren voordat de uitslagen binnenkwamen, nodigden we Valerie uit om met ons naar de film te gaan in de bioscoop van het Witte Huis.

Van die film kan ik me helemaal niets herinneren – niet de titel, niet eens het genre. We brachten alleen maar de tijd in het donker door. Ik bleef maar denken aan het feit dat Baracks termijn als president bijna voorbij was. Het eerste wat voor ons lag, was afscheid nemen van tientallen mensen – allemaal emotioneel. De stafleden van wie we zoveel hielden en die we zo waardeerden, zouden het Witte Huis gaan verlaten. Ons doel was te doen wat George en Laura Bush voor ons hadden gedaan, en dat was de overdracht van de macht zo soepel mogelijk te laten verlopen. Nu al waren onze teams bezig met het voorbereiden van informatieboeken en lijsten met contacten voor hun opvolgers. Voordat ze vertrokken, lieten veel stafleden van de East Wing handgeschreven briefjes op hun bureau achter met een vriendelijke welkomstgroet voor hun opvolger en het aanbod te helpen wanneer dat maar gewenst was.

We hadden nog steeds ontzettend veel dagelijkse dingen te doen, maar planden nu toch ook al in ernst wat er voor ons lag. Barack en ik bleven graag in Washington, maar wilden toch ook iets nalaten aan de South Side van Chicago, waar we het Obama Presidential Center wilden gaan vestigen. Ook wilden we een stichting oprichten met als doel het enthousiasmeren en aansporen van een nieuwe generatie leiders.

We wilden beiden nog vele doelen verwezenlijken in de toekomst, maar het grootste was het scheppen van meer ruimte en steun voor jonge mensen en hun ideeën. Maar ik wist ook wel dat we aan een pauze toe waren: ik was al begonnen te zoeken naar een afgelegen plekje waar we in januari, direct nadat de nieuwe president was ingezworen, een paar dagen zouden kunnen ontspannen.

Daarvoor hadden we alleen een nieuwe president nodig.

Toen de film ten einde was en het licht aanging, zoemde Baracks mobieltje. Ik zag dat hij er een blik op wierp en er toen opnieuw naar keek, zijn wenkbrauwen licht fronsend.

'Hè,' zei hij. 'De resultaten in Florida zien er een beetje raar uit.'

Er klonk geen alarm door in zijn stem, alleen een spoortje van oplettendheid, een vonkje dat plotseling gloeide in het gras. Zijn mobiel zoemde weer. Mijn hart begon sneller te kloppen. Ik wist dat de updates afkomstig waren van David Simas, Baracks politieke adviseur, die in de West Wing de uitslagen bijhield en die precies de algebra van de electorale kaart van het land begreep. Als er iets rampzaligs stond te gebeuren, zou Simas dat al vroeg in de gaten hebben.

Ik keek goed naar het gezicht van mijn man, niet zeker of ik wel wilde horen wat hij ging zeggen. Wat het ook was, het zag er niet goed uit. Ik voelde hoe mijn maag samenkromp, hoe mijn angst omsloeg in ontzetting. Terwijl Barack en Valerie de eerste resultaten bespraken, zei ik dat ik naar boven ging. Ik liep naar de lift in de hoop slechts een ding te kunnen doen, en dat was alles wegschuiven en gaan slapen. Ik begreep wat er vermoedelijk aan het gebeuren was, maar was er niet klaar voor het ook onder ogen te zien.

Terwijl ik sliep, werd het nieuws bevestigd: de Amerikaanse kiezers hadden Donald Trump gekozen om Barack op te volgen als de volgende president van de Verenigde Staten.

Ik wilde er, zo lang als ik kon, niets van weten.

Toen ik wakker werd, was het nat en druilerig buiten. Boven Washington hing een grijze lucht. Ik kon het alleen maar interpreteren als een begrafenis. De tijd leek te kruipen. Sasha ging naar school, ze verwerkte haar ongeloof zonder iets te zeggen. Malia belde vanuit

Bolivia en klonk geschokt. Ik zei tegen beide meisjes dat ik van ze hield en dat het allemaal goed zou komen. Ik probeerde mezelf daar ook van te overtuigen.

Uiteindelijk had Hillary bijna drie miljoen stemmen meer gekregen dan haar tegenstander, maar Trump had het kiescollege aan zijn kant gekregen dankzij nog geen tachtigduizend stemmen, verspreid over Pennsylvania, Wisconsin en Michigan. Ik ben geen politiek onderlegd iemand dus ik zal geen analyse proberen te geven van de resultaten. Ik zal niet speculeren over wie verantwoordelijk was en wat oneerlijk was. Ik had alleen wel gewild dat meer mensen waren gaan stemmen. En ik zal me er altijd over blijven verwonderen wat zoveel mensen, met name vrouwen, ertoe heeft gebracht om een buitengewoon goed gekwalificeerde vrouwelijke kandidaat af te wijzen en in plaats daarvan een vrouwenhater te kiezen als president. Maar we hebben nu eenmaal te leven met het resultaat.

Barack was het grootste deel van de nacht opgebleven om de uitslagen te volgen en zoals al zo vaak was gebeurd, werd een beroep op hem gedaan om op te staan als symbool van standvastigheid om het volk te helpen de schok te verwerken. Ik benijdde hem niet. Hij hield die morgen in het Oval Office een peptalk voor zijn staf en maakte rond het middaguur een reeks sobere, maar geruststellende opmerkingen vanuit de rozentuin aan het volk waarin hij, zoals hij altijd deed, opriep de eenheid en waardigheid te bewaren en de Amerikanen vroeg elkaar en de instellingen die door onze democratie zijn opgebouwd te respecteren.

Die middag zat ik met mijn voltallige staf in mijn kantoor in de East Wing, samengeperst op banken en kantoorstoelen die uit andere vertrekken gehaald waren. Mijn team bestond vooral uit vrouwen uit minderheidgroepen, onder andere uit emigrantenfamilies. Velen waren in tranen, ze hadden het gevoel dat hun kwetsbaarheid nu blootgelegd was. Ze hadden zich op hun baan gestort omdat ze echt geloofden in de zaken waarvoor ze hadden gevochten. Ik probeerde ze keer op keer te vertellen dat ze trots moesten zijn op wie ze waren, dat hun werk ertoe deed, en dat één verkiezing niet acht jaar verandering ongedaan kon maken.

Niet alles was verloren. Dit was de boodschap die we uit te dragen hadden. Het is wat ik echt geloofde. Het was niet ideaal, maar het was onze realiteit – de wereld zoals die is. Juist nu moesten we sterk zijn en ons blijven richten op vooruitgang.

We waren nu echt aan het einde. Ik zat gevangen tussen terugkijken en vooruitkijken en piekerde over één concrete vraag: wat blijft er?

We waren de vierenveertigste first family en pas het elfde gezin dat twee volle termijnen in het Witte Huis had gewoond. We waren het eerste zwarte gezin geweest en zouden altijd het eerste blijven. Ik hoopte dat als ouders in de toekomst hun kinderen meenamen op een bezoek, net als ik met Malia en Sasha had gedaan toen hun vader senator was, ze iets konden aanwijzen dat herinnert aan onze tijd hier. Ik meende dat het belangrijk was om onze aanwezigheid binnen de grotere geschiedenis van het huis vast te leggen.

Niet iedere president gaf opdracht voor, bijvoorbeeld, het maken van een nieuw servies, maar ik had ervoor gezorgd dat dit wel gebeurde. Tijdens Baracks tweede termijn hadden we er ook voor gekozen om de Old Family Dining Room, die naast de State Dining Room lag, opnieuw te laten schilderen en behangen en open te stellen voor publiek. Aan de noordelijke muur hingen we een prachtig abstract schilderij in geel, rood en blauw van Alma Thomas, *Resurrection*, het eerste kunstwerk van een zwarte vrouw dat aan de permanente verzameling van het Witte Huis werd toegevoegd.

Het duurzaamste teken dat we achterlieten, lag buiten de muren. De moestuin bestond nu ruim zeven jaar en bracht jaarlijks een kleine duizend kilo voedsel op. De tuin had zware pakken sneeuw, regenbuien en verwoestende hagelbuien overleefd. Toen harde wind een paar jaar geleden de twaalf meter hoge nationale kerstboom omver had geblazen, was de moestuin onbeschadigd gebleven. Voordat ik het Witte Huis verliet, wilde ik er nog iets permanenters aan toevoegen. We breidden het oppervlak uit tot tweehonderdzestig vierkante meter, meer dan twee keer zo groot als de oorspronkelijke tuin. We lieten paden bestraten en houten bankjes neerzetten en een uitnodigende poort van hout afkomstig van de landgoederen van de presidenten Jefferson, Madison en Monroe en het woonhuis van de jonge dr. Martin Luther King jr. En op een mooie herfstmiddag liep ik over de South Lawn om de tuin officieel op te dragen aan het nageslacht.

Wie me vergezelden die dag waren supporters en voorstanders die ons in de loop der jaren hadden geholpen met onze inspanningen voor beter voedsel en de gezondheid van de jeugd, evenals een paar leerlingen van de allereerste groep vijfdeklassers van de Bancroft Elementary School, die nu bijna volwassen waren. Het grootste deel van mijn staf was erbij, onder wie Sam Kass die het Witte Huis in 2014 had verlaten maar voor de gelegenheid was teruggekomen.

Toen ik uitkeek over de menigte mensen in de tuin, raakte ik geëmotioneerd. Ik was al die mensen van mijn team dankbaar die alles hadden gegeven voor het werk, die handgeschreven brieven hadden ontcijferd, de feiten in mijn toespraken gecheckt, door het hele land gevlogen om onze bijeenkomsten voor te bereiden. Ik had gezien hoe velen van hen meer verantwoordelijkheid op zich waren gaan nemen en zich zowel professioneel als persoonlijk hadden ontwikkeld, zelfs onder het harde schijnsel van het felste licht. De last van 'de eerste' zijn had niet alleen op de schouders gelegen van ons gezin. Acht jaar lang hadden deze optimistische jonge mensen – en enkele ervaren professionals – achter ons gestaan. Melissa, de eerste die ik voor mijn campagne bijna een decennium eerder had aangenomen en iemand die een vriendin voor het leven werd, bleef bij mij in de East Wing tot het einde van de termijn, net als Tina, mijn bijzondere stafchef. Kristen Jarvis was weggegaan en haar plaats was ingenomen door Chynna Clayton, een hardwerkende jonge vrouw uit Miami die al gauw ook een grote zus werd van onze meisjes en onmisbaar was om mijn leven soepel te laten verlopen.

Al deze mensen, huidige en voormalige stafleden, beschouwde ik als familie. En ik was zo trots op wat we hadden gedaan.

Voor elke video die snel het internet overging – hoe ik danste met Jimmy Fallon, dunkte bij LeBron James, rapte met Jay Pharaoh – hadden we ons gefocust op iets meer doen dan een paar uur trending zijn op Twitter. En we hadden succes. Vijfenveertig miljoen kinderen aten gezondere ontbijten en lunches; elf miljoen leerlingen kregen dagelijks een uur lichamelijke oefening dankzij ons programma Let's Move! Active Schools. Kinderen in het algemeen aten nu meer volkorenproducten en groenten. De tijd van enorme porties fastfood was bijna voorbij.

Samen met Jill Biden had ik gewerkt aan Joining Forces en samen hadden we ondernemers overgehaald ruim anderhalf miljoen veteranen en echtgenotes van soldaten in dienst te nemen of op te leiden. Voortbordurend op een van de eerste problemen waarvan ik tijdens mijn eerste campagne hoorde, hadden we alle vijftig staten zover gekregen om mee te werken aan overeenkomsten om elkaars diploma's en vergunningen te erkennen, waardoor de echtgenotes van soldaten niet elke keer hun carrière tot stilstand zagen komen als hun man naar een andere staat werd overgeplaatst.

Barack en ik hebben miljarden dollars weten los te krijgen om ervoor te zorgen dat meisjes over de hele wereld het onderwijs krijgen dat ze verdienen. Meer dan 2800 vrijwilligers van het Peace Corps waren nu opgeleid om in andere landen programma's voor meisjes te beginnen. En binnen de Verenigde Staten hebben mijn team en ik ervoor gezorgd dat meer jonge mensen een beroep deden op federale studiefinanciering, met steun van schooladviseurs, en hebben we College Signing Day tot nationale feestdag gemaakt.

Barack had het intussen klaargespeeld een einde te maken aan de ernstigste economische crisis sinds de Grote Depressie. Hij had geholpen bij de totstandkoming van het Akkoord van Parijs over klimaatverandering, tienduizenden soldaten teruggehaald uit Irak en Afghanistan en leidinggegeven aan onderhandelingen om de nucleaire installaties van Iran definitief te sluiten. Twintig miljoen mensen extra hadden nu de zekerheid van een zorgverzekering. En we hadden twee termijnen in het Witte Huis gezeten zonder enig schandaal van grote betekenis. We hadden voor onszelf en voor de mensen die voor ons werkten, de hoogste maatstaven gesteld wat ethiek en fatsoen betrof en daar hadden we ons al die tijd aan gehouden.

Sommige veranderingen waren voor ons echter moeilijker te meten, al waren ze net zo belangrijk. Zes maanden voor het opdragen van de moestuin aan het nageslacht kwam Lin-Manuel Miranda, de jonge componist die ik bij een van de eerste bijeenkomsten voor de kunsten had ontmoet, terug naar het Witte Huis. Zijn hiphop-riff over Alexander Hamilton had zich ontwikkeld tot een sensationele show op Broadway en daarmee werd hij een wereldwijde superster. *Hamilton* was een muzikaal eerbetoon aan Amerika's geschiedenis en diversiteit, waarin onze opvattingen over de rollen die minderheden in ons nationale verleden hebben gespeeld, herzien werden en waarin het belang van vrouwen werd belicht, dat zo lang overschaduwd was geweest door machtige mannen. Ik had de musical off-Broadway gezien en vond hem zo mooi dat ik hem nog een keer ben gaan zien toen hij op het grotere toneel werd opgevoerd. De musical was boeiend en grappig, het hart groot makend van trots en het hart brekend – het beste kunstwerk dat ik in welke kunstvorm dan ook ooit heb gezien.

Lin-Manuel had het grootste deel van zijn cast, een getalenteerd multiraciaal ensemble, meegenomen naar Washington. De spelers brachten de middag door met jonge mensen van plaatselijke high schools: aankomende scriptschrijvers, dansers en rappers die het Witte Huis onveilig maakten, liedjes schreven en met hun helden beats verzonnen. Aan het einde van de middag kwamen we allemaal bij elkaar in de East Room voor een uitvoering. Barack en ik zaten op de voorste rij, omringd door jonge mensen van alle mogelijke rassen en achtergronden. Wij beiden waren diep geroerd toen Christopher Jackson en Lin-Manuel ter afsluiting samen de ballad 'One Last Time' zongen. Hier stonden twee artiesten, de een zwart, de ander Puerto Ricaan, onder een 115 jaar oude kroonluchter, tussen twee hoge, antieke portretten van George en Martha Washington te zingen over het gevoel 'thuis te zijn in dit land dat we hebben gemaakt'. De kracht en waarheid van dat moment zijn me tot op de dag van vandaag bijgebleven.

Hamilton raakte me omdat hij het soort verleden weerspiegelt zoals ik dat zelf heb beleefd. De musical vertelt het verhaal over Amerika dat de diversiteit toeliet. Achteraf dacht ik hier het volgende over: dat zovelen van ons een leven leiden met een verborgen verleden, beschaamd of bang dat die hele waarheid niet voldoet aan een of ander vastgesteld ideaal. We groeien op met boodschappen die ons vertellen dat er maar één manier is om Amerikaan te zijn – dat als onze huid zwart is of onze heupen breed zijn, als we liefde niet op een bepaalde wijze ervaren, als we een andere taal spreken of uit een ander land komen, dat we hier dan niet horen. Dat wil zeggen, totdat iemand dat verhaal anders durft te vertellen.

Ik groeide op met een invalide vader in een te klein huis met weinig geld in een buurt die in verval begon te raken en ik groeide ook op omgeven door liefde en muziek in een stad vol verscheidenheid in een land waar onderwijs je ver kan brengen. Ik had niets of ik had alles. Het hangt er maar vanaf hoe je het wilt vertellen.

Nu het einde van Baracks presidentschap naderde, dacht ik op dezelfde manier over Amerika. Ik hou van mijn land op alle manieren waarop het verhaal verteld kan worden. Bijna een decennium lang was ik zo bevoorrecht erdoorheen te mogen trekken, de verbindende tegenstellingen en bittere conflicten te ervaren, de pijn en het voortdurende idealisme, en bovenal zijn veerkracht. Mijn visie was misschien ongewoon, maar ik denk dat wat ik die jaren heb ervaren, is wat velen hebben ervaren: een gevoel van vooruitgang, de troost van medeleven, het genoegen van het zien hoe onbezongen en ongeziene Amerikanen een beetje licht vinden. Een glimp van de wereld zoals die zou kunnen zijn. Dit was onze poging tot duurzaamheid: een opkomende generatie die begreep wat mogelijk was, en dat voor hen zelfs nog meer mogelijk zou zijn. Wat er ook daarna zou komen, dit was het verhaal dat wij konden vertellen.

Epiloog

Op 20 januari 2017 verlieten Barack en ik voor de laatste keer het Witte Huis en begeleidden we Donald en Melania Trump naar de inauguratieceremonie. Op die dag voelde ik van alles tegelijk: vermoeidheid, trots, bezorgdheid, gretigheid. Maar voor het grootste deel probeerde ik mijn waardigheid te bewaren, wetende dat televisiecamera's elke beweging opnamen. Barack en ik wilden de overgang per se fatsoenlijk en waardig laten verlopen, om onze acht jaar af te sluiten met zowel onze idealen als onze houding onaangetast. Dit was het laatste uur.

Die morgen was Barack voor de laatste keer in het Oval Office geweest en had hij een handgeschreven briefje achtergelaten voor zijn opvolger. We waren naar de State Floor gegaan om afscheid te nemen van de permanente staf van het Witte Huis – de butlers, huisknechten, koks, huishouders, bloemisten en anderen die vriendschappelijk en professioneel voor ons hadden gezorgd en die nu met dezelfde hoffelijkheid het gezin dienen dat later die dag hier zou komen wonen. Het afscheid viel vooral Malia en Sasha zwaar, veel van deze mensen hadden ze de helft van hun leven bijna elke dag gezien. Ik omhelsde iedereen en probeerde niet in tranen uit te barsten toen ze ons als afscheidscadeau twee Amerikaanse vlaggen overhandigden, één die aan de mast had gehangen op de eerste dag van Baracks presidentschap, de andere op de laatste dag, als symbolische boekensteunen voor onze ervaringen als gezin.

Terwijl ik voor de derde keer op de tribune voor de inauguratie voor het Capitool zat, probeerde ik mijn emoties te onderdrukken. Die opwindende diversiteit van de vorige twee inauguraties was weg, vervangen door wat een lusteloze eentonigheid leek, het soort overweldigend wit en mannelijk tableau dat ik al zo vaak in mijn leven was tegengekomen, vooral in die geprivilegieerde vertrekken, die verschillende wandelgangen waar ik me naar binnen had weten te werken sinds ik uit huis was gegaan. Wat ik wist door het werken in een professionele omgeving – van het rekruteren van nieuwe advocaten voor Sidley & Austin tot het aannemen van personeel voor het Witte Huis – is dat hetzelfde zijn meer van hetzelfde voortbrengt, totdat je een bewuste poging gaat ondernemen er iets aan te doen.

Toen ik om me heen keek naar de circa driehonderd mensen, die die morgen op de tribune zaten, de eerbiedwaardige gasten van de komende president, was het me duidelijk dat die poging in het nieuwe Witte Huis waarschijnlijk niet ondernomen zou gaan worden. Iemand uit Baracks regering kan hebben gezegd dat het er aan de buitenkant slecht uitzag – dat wat het publiek zag, niet de realiteit of idealen van de president weerspiegelde. Maar in dit geval was dat misschien wel zo. Toen ik dat besefte, paste ik mijn eigen buitenkant aan: ik hield op met zelfs maar een poging tot glimlachen.

Een overgang is precies dat: het overgaan in iets nieuws. Er wordt een hand op een bijbel gelegd, een eed wordt herhaald. Het meubilair van de ene president wordt naar buiten gedragen, dat van de andere naar binnen. Kasten worden leeggehaald en gevuld. Er komen nieuwe hoofden op nieuwe kussens – nieuwe temperamenten, nieuwe dromen. En als je termijn voorbij is, als je het Witte Huis op de allerlaatste dag verlaat, dan moet je plotseling een heleboel dingen van jezelf opnieuw gaan ontdekken.

Ik sta nu voor een nieuw begin, een nieuwe levensfase. Voor de eerste keer in vele jaren heb ik eens geen enkele verplichting als politieke echtgenote, onbezwaard door andermans verwachtingen. Ik heb twee bijna volwassen dochters die me nu minder nodig hebben dan enige tijd terug. Ik heb een man die niet langer het gewicht van een hele natie op zijn schouders torst. De verantwoordelijkheden die ik voelde – tegenover Sasha en Malia, tegenover Barack, mijn carrière en mijn land – zijn dusdanig verschoven dat ik heel anders na kan denken over wat er nu gaat komen. Ik heb meer tijd voor reflectie, om gewoon mezelf te zijn. Met 54 ben ik nog steeds in ontwikkeling en ik hoop dat ik dat altijd blijf.

Voor mij is *becoming*, 'worden', niet een bepaald iets willen worden of een bepaald doel bereiken. Ik beschouw het in plaats daarvan als een voorwaartse beweging, een manier om constant naar een beter zelf te streven. Die reis komt nooit ten einde. Ik ben moeder geworden, maar heb nog steeds veel te leren van en te geven aan mijn kinderen. Ik ben echtgenote geworden, maar ik blijf me aanpassen aan en word deemoedig van wat het betekent echt lief te hebben en een leven met een ander te leiden. Ik ben, in zekere mate, iemand met macht geworden, en toch zijn er momenten waarop ik me onzeker of niet gehoord voel.

Het is allemaal een proces, stappen over een pad. *Becoming* vereist gelijke delen geduld en hardheid. *Becoming* is het nooit opgeven van het idee dat er steeds ontwikkeld moet blijven worden.

Omdat mensen het me vaak vragen, geef ik hier rechtstreeks het antwoord: het is niet mijn bedoeling me ooit verkiesbaar te stellen voor het presidentschap. Ik ben nooit liefhebber geweest van politiek en mijn ervaringen de afgelopen tien jaar hebben daar weinig aan veranderd. Ik blijf afkerig van de viezigheid – de tribale scheiding tussen rood (Republikeinen) en blauw (Democraten), het idee dat we verondersteld worden een kant te kiezen en ons daaraan te houden, niet bij machte te luisteren en compromissen te sluiten of soms zelfs om maar beschaafd te zijn. Ik geloof wel dat politiek op zijn best een middel kan zijn voor positieve verandering, maar deze arena is niet de mijne.

Dat wil niet zeggen dat ik niet ten diepste bezorgd ben over de toekomst van ons land. Sinds Barack is afgetreden, heb ik nieuwsberichten gelezen waar mijn maag van omdraait. Ik heb nachten wakker gelegen, woedend over wat er allemaal gebeurt. Het is verontrustend om te zien hoe het gedrag en de politieke agenda van de huidige president tot gevolg hebben gehad dat veel Amerikanen zijn gaan twijfelen aan zichzelf en aan elkaar en bang zijn geworden voor elkaar. Het is moeilijk om aan te zien hoe zorgvuldig opgebouwd, medelevend beleid is teruggedraaid, net als enkele van onze trouwste bondgenoten van ons zijn vervreemd en kwetsbare leden van onze samenleving worden bedreigd en ontmenselijkt. Ik vraag me weleens af waar het dieptepunt hiervan is.

Wat ik mezelf echter niet zal toestaan om te doen, is cynisch worden. Als ik me veel zorgen maak, dan haal ik diep adem en herinner ik mezelf aan de waardigheid en het fatsoen die ik mijn hele leven in mensen heb gezien, de vele hindernissen die inmiddels al zijn genomen. Ik hoop dat anderen hetzelfde doen. In deze democratie spelen we allemaal een rol. We moeten niet vergeten dat elke stem macht heeft. Ook blijf ik verbinding houden met een kracht die groter is en machtiger dan welke verkiezingen, leider of nieuwsbericht dan ook – en dat is optimisme. Voor mij is dit een vorm van geloof, een tegengif voor angst. Optimisme heerste in het kleine appartement van mijn familie aan de Euclid Avenue. Ik zag het bij mijn vader, in de manier waarop hij zich bewoog alsof er niets mis was met zijn lichaam, alsof de ziekte die op een dag zijn einde zou worden, gewoon niet bestond. Ik zag het in mijn moeders koppige geloof in onze buurt, haar besluit te blijven terwijl het angst was die veel van haar buren ertoe bracht in te pakken en te vertrekken. Het is wat me aantrok in Barack toen hij voor de eerste keer in mijn kantoor bij Sidley verscheen met een hoopvolle glimlach. Later hielp het me om over mijn twijfels en kwetsbaarheden heen te stappen en erop te vertrouwen dat, als ik mijn gezin aan een extreem openbaar leven blootstelde, we toch in staat zouden zijn ons veilig en gelukkig te voelen.

En optimisme helpt me nu. Als first lady zag ik optimisme op de verrassendste plaatsen. Het was er in de gewonde soldaat in het Walter Reed die zich verzette tegen medelijden door een briefje op zijn deur te hangen om iedereen te vertellen dat hij volhardend was en hoopvol. Het leefde in Cleopatra Cowley-Pendleton, die een deel van haar verdriet om het verlies van haar dochter omzette in strijd voor betere vuurwapenwetten. Ik zag het in de sociaal werker op de Harper High School die in de gangen van de school haar liefde en bewondering uitschreeuwde voor de leerlingen die ze daar tegenkwam. En optimisme heerst altijd in de harten van kinderen. Kinderen worden elke morgen wakker en geloven dan in de goedheid van de dingen, in de magie van wat zou kunnen gaan komen. Zij zijn niet cynisch, ze zijn gelovers tot diep in hun hart. We zijn het hun verschuldigd om rechtop te blijven staan en te blijven werken aan het scheppen van een eerlijker en menselijker wereld. Voor hen moeten we onbuigzaam zijn en hoopvol om daarmee te erkennen dat er verder ontwikkeld moet worden.

Er hangen nu portretten van mij en Barack in de National Portrait Gallery in Washington, iets wat ons beiden nederig maakt. Ik betwijfel of iemand die naar onze jeugd en onze omstandigheden toen had gekeken, ooit zou hebben voorspeld dat wij in die gangen zouden komen te hangen. De schilderijen zijn geweldig, maar het belangrijkste is dat jonge mensen ze daar kunnen zien, dat onze gezichten het idee wegnemen dat je, om te worden bijgezet in de geschiedenis, er op een bepaalde manier moet uitzien. Als wij erbij horen, dan kunnen vele anderen dat ook.

Ik ben een gewoon iemand die een buitengewone reis heeft gemaakt. Door mijn verhaal te vertellen hoop ik ruimte te scheppen voor andere verhalen en andere stemmen, om het pad te verbreden voor wie erbij hoort en waarom. Ik heb het geluk gehad om in echte kastelen te mogen lopen, in klaslokalen in achterstandswijken en in keukens in Iowa en overal probeerde ik alleen maar mezelf te zijn, probeerde ik verbonden te zijn. Voor elke deur die voor me is geopend, heb ik geprobeerd mijn deur te openen voor anderen. En dit is dan wat ik uiteindelijk te zeggen heb: laten we de ander binnen vragen. Misschien kunnen we dan minder bang worden, minder verkeerde aannames doen, om de vertekening en de stereotypie die ons onnodig scheiden overboord te gooien. Misschien kunnen we beter omarmen wat ons bindt. Het gaat er niet om volmaakt te zijn. Het gaat er niet om waar je jezelf uiteindelijk aantreft. Er zit macht in jezelf toestaan gekend en gehoord te worden, in het bezit van je eigen unieke verhaal, in het gebruiken van je eigen authentieke stem. En er zit goedheid in de bereidheid anderen te willen kennen en horen. Voor mij is dit hoe we worden, *how we become.*

Dankbetuiging

Net als bij alles wat ik in mijn leven heb gedaan, waren deze memoires niet mogelijk geweest zonder de liefde en de steun van heel veel mensen.

Ik zou nooit zijn wie ik ben zonder de kracht en de onvoorwaardelijke liefde van mijn moeder, Marian Shields Robinson. Ze is altijd mijn steun en toeverlaat geweest, ze heeft me de vrijheid gegeven om te zijn wie ik ben maar nooit toegestaan dat ik te veel ging zweven. Haar grenzeloze liefde voor de meisjes en haar bereidheid onze behoeften boven die van haar te stellen, hebben mij het gemak en vertrouwen gegeven om de wereld in te gaan in de wetenschap dat zij thuis in goede handen waren en gekoesterd werden.

Mijn man Barack, mijn geliefde, al vijfentwintig jaar mijn echtgenoot en de liefdevolste vader van onze dochters, die de beste levenspartner is die ik me maar voor heb kunnen stellen. Ons verhaal is nog niet ten einde en ik wacht vol ongeduld op de vele avonturen die ons nog wachten. Dank je voor je hulp en adviezen voor dit boek... voor het zorgvuldig en geduldig doorlezen van hoofdstukken en voor het precies weten wanneer een duwtje in mijn rug nodig was.

En mijn grote broer Craig. Waar moet ik beginnen? Je bent mijn beschermer sinds de dag dat ik ben geboren. Je hebt me vaker laten lachen dan wie ook ter wereld. Je bent de beste broer die een zus zich maar kan wensen en een liefhebbende en zorgzame zoon, echtgenoot en vader. Dank je voor alle uren die je met mijn team hebt doorgebracht om de lagen van onze jeugd af te pellen. Tot de beste herinneringen aan het schrijven van dit boek behoort de tijd die we samen met mama hebben doorgebracht in de keuken, waar we zoveel oude verhalen hebben opgehaald.

Er is echt geen enkele manier waarop ik dit boek ooit had kunnen voltooien zonder mijn ongelooflijk begaafde team medewerkers, die ik eenvoudigweg aanbid. Toen ik Sara Corbett ruim een jaar geleden voor het eerst ontmoette, wist ik van haar alleen dat ze in bijzonder hoog aanzien stond bij mijn redacteur en heel weinig wist van politiek. Nu vertrouw ik haar volkomen, niet alleen omdat ze een verbazingwekkende en nieuwsgierige geest heeft, maar vooral omdat ze een ontzettend vriendelijk en lief mens is. Ik hoop dat dit slechts het begin is van een blijvende vriendschap.

Tyler Lechtenberg is al meer dan een decennium een waardevol lid van de Obama-wereld. Hij kwam in ons leven als een van de honderden hoopvolle jonge vrijwilligers in Iowa en is sindsdien een bijzonder gewaardeerd adviseur. Ik heb hem zien uitgroeien tot een krachtige schrijver met een ongelooflijk mooie toekomst.

En dan is daar mijn redacteur, Molly Stern: haar enthousiasme, energie en passie trokken mij direct in haar aan. Molly steunde me met haar onwrikbare vertrouwen in mijn visie op dit boek. Ik ben haar eeuwig dankbaar, net als het voltallige team bij Crown: Maya Mavjee, Tina Constable, David Drake, Emma Berry en Chris Brand, die van begin af aan dit werk hebben gesteund. Amanda D'Acierno, Lance Fitzgerald, Sally Franklin, Carisa Hays, Linnea Knollmueller, Matthew Martin, Donna Passanante, Elizabeth Rendfleisch, Anke Steinecke, Christine Tanigawa en Dan Zitt hebben allemaal geholpen *Becoming* mogelijk te maken.

Ook wil ik Markus Dohle bedanken die alle middelen van Penguin Random House heeft ingezet voor dit met liefde verrichte werk.

Ik zou nooit succesvol als moeder, vrouw, vriend en professional in deze wereld hebben kunnen functioneren zonder mijn team. Iedereen die me kent, weet heel goed dat Melissa Winter de andere helft van mijn brein is. Mel, ik ben je dankbaar dat je bij elke stap van dit proces aan mijn zijde stond. En belangrijker nog, dank je voor je onvoorwaardelijke liefde voor mij en mijn meisjes. Er is geen mij zonder jou.

Melissa staat aan het hoofd van mijn persoonlijke team. Dit kleine maar machtige groepje slimme, hardwerkende vrouwen bestaat uit mensen die ervoor zorgen dat ik het altijd goed zeg: Caroline Adler Morales,

Chynna Clayton, MacKenzie Smith, Samantha Tubman en Alex May Sealey.

Bob Barnett en Deneen Howell van Williams and Connolly waren mijn onmisbare gidsen in het uitgeefproces en ik ben hen dankbaar voor hun adviezen en steun.

Mijn speciale dank gaat uit naar al die mensen die er op zoveel andere manieren voor hebben gezorgd dat dit boek is ontstaan: Pete Souza, Chuck Kennedy, Lawrence Jackson, Amanda Lucidon, Samantha Appleton, Kristin Jones, Chris Haugh, Arielle Vavasseur, Michelle Norris en Elizabeth Alexander.

Daarnaast wil ik ook nog de ongelooflijk vindingrijke Ashley Woolheater bedanken voor haar grondige research en Gillian Brassil voor haar zorgvuldige factchecken. Ook veel van mijn voormalige stafleden hebben geholpen bij het bevestigen van belangrijke details en data gedurende dit proces – het zijn er te veel om op te noemen, maar ik ben ieder van hen dankbaar.

Dank aan al die bewonderenswaardige vrouwen in mijn leven die me vrolijk hebben weten te houden. Jullie weten wel wie ik bedoel en wat jullie voor mij betekenen – mijn vriendinnen, mijn mentoren, mijn 'andere dochters' – en speciale dank voor Mama Kaye. Jullie hebben me allemaal gesteund tijdens het schrijven en me geholpen een betere vrouw te zijn.

Door het hectische tempo van mijn leven als first lady was er weinig tijd voor het op traditionele wijze bijhouden van een dagboek. Daarom ben ik mijn lieve vriendin Verna Williams zo dankbaar, die nu plaatsvervangend decaan en Nippert Professor of Law is aan de University of Cincinnati College of Law. Ik heb graag gebruikgemaakt van de circa 1100 bladzijden transcripties van de opnamen van onze tweejaarlijkse gesprekken gedurende onze jaren in het Witte Huis.

Ik ben erg trots op wat we hebben gepresteerd in de East Wing. Ik wil de vele mannen en vrouwen bedanken die hun leven hebben gewijd aan het helpen van ons land, dat wil zeggen: de leden van het kantoor van de first lady, bij het beleid, planning, administratie, communicatie, het schrijven van toespraken, het sociaal bureau, de correspondentie. Dank aan al het personeel, de White House Fellows en de gedetacheerden die verantwoordelijk waren voor het opbouwen van elk van mijn initiatieven: Let's Move!, Reach Higher, Let Girls Learn en natuurlijk Joining Forces.

Joining Forces zal altijd een speciaal plaatsje in mijn hart hebben omdat het me een zeldzame blik gaf op de kracht en de veerkracht van onze voortreffelijke militaire gemeenschap. Alle militairen, veteranen en gezinnen van militairen wil ik danken voor hun inzet en opofferingen voor het land waarvan we houden. Dank aan dr. Jill Biden en haar hele team, het was echt een zegen en genoegen om met jullie allemaal samen te werken aan dit zo belangrijke initiatief.

Dank aan alle leiders en voorvechters voor betere voeding en beter onderwijs, voor het ondankbare, dagelijkse harde werken om ervoor te zorgen dat al onze kinderen de liefde, steun en middelen hebben om hun dromen te bereiken.

Dank aan alle leden van de United States Secret Service en hun gezinnen, die dagelijks opofferingen getroosten waardoor ze hun werk zo goed doen. Vooral diegenen die mijn gezin hebben beveiligd en nog steeds beveiligen, ben ik voor altijd dankbaar voor hun toewijding en professionalisme.

Dank aan al die honderden mannen en vrouwen die elke dag weer hard werken om ervoor te zorgen dat het Witte Huis een thuis is voor de gezinnen die het voorrecht krijgen om in een van de meest geliefde monumenten van het land te wonen – de huisknechten, koks, butlers, bloemisten, tuinlieden, huishoudelijke staf en technische staf. Ze zijn voor altijd een belangrijk deel van onze familie.

En ten slotte wil ik iedere jongere bedanken die ik in mijn tijd als first lady heb ontmoet. Dank aan al die veelbelovende jongeren die mij in de loop der jaren in mijn hart hebben geraakt – zij die me hebben geholpen met mijn moestuin; zij die met mij hebben gedanst, gezongen, gekookt en gegeten; zij die open hebben gestaan voor de liefde en raad die ik te geven had; zij die me duizenden warme, heerlijke omhelzingen hebben gegeven, omhelzingen die me opbeurden en me zelfs op de moeilijkste momenten op de been hielden. Dank jullie voor het altijd geven van een reden om hoopvol te zijn.

Fotoverantwoording

Binnenzijde omslag

Voor: alle foto's met dank aan het familiearchief Obama-Robinson

Achter: (*van links*) met dank aan het familiearchief Obama-Robinson; © Callie Shell/Aurora Photos; © Susan Watts/New York Daily News/Getty Images; © Brooks Kraft LLC/Corbis/Getty Images; foto Ida Mae Astute © ABC/Getty Images

Fotokatern:

Pagina 1 tot en met 4: alle foto's met dank aan het familiearchief Obama-Robinson

Pagina 5: © Public Allies, met dank aan Phil Schmitz; met dank aan de University of Chicago Medicine; met dank aan het familiearchief Obama-Robinson

Pagina 6: © David Katz 2004; © David Katz 2004; © Anne Ryan 2007

Pagina 7: © Callie Shell/Aurora Photos; © Callie Shell/Aurora Photos; met dank aan het familiearchief Obama-Robinson

Pagina 8: © David Katz 2008; © Spencer Platt/Getty Images; © David Katz 2008

Pagina 9: foto Chuck Kennedy, McClatchy/Tribune; © Mark Wilson/Getty Images

Pagina 10: officiële foto van het Witte Huis, Joyce N. Boghosian; (*rechtsboven*) © Karen Bleier/AFP/Getty Images; (*linksonder*) officiële foto van het Witte Huis, Lawrence Jackson; (*rechtsonder*) officiële foto van het Witte Huis, Samantha Appleton

Pagina 11: officiële foto van het Witte Huis, Samantha Appleton; officiële foto van het Witte Huis, Chuck Kennedy; officiële foto van het Witte Huis, Pete Souza; officiële foto van het Witte Huis, Samantha Appleton

Pagina 12: officiële foto van het Witte Huis, Lawrence Jackson; officiële foto van het Witte Huis, Samantha Appleton; officiële foto van het Witte Huis, Chuck Kennedy

Pagina 13: officiële foto van het Witte Huis, Pete Souza; officiële foto van het Witte Huis, Pete Souza; officiële foto van het Witte Huis, Chuck Kennedy

Pagina 14: officiële foto van het Witte Huis, Lawrence Jackson; officiële foto van het Witte Huis, Amanda Lucidon; officiële foto van het Witte Huis, Pete Souza

Pagina 15: (*linksboven*) officiële foto van het Witte Huis, Pete Souza; (*rechtsboven*) officiële foto van het Witte Huis, Samantha Appleton; (*midden*) officiële foto van het Witte Huis, Pete Souza; (*onder*) met dank aan het familiearchief Obama-Robinson

Pagina 16: officiële foto van het Witte Huis, Amanda Lucidon; officiële foto van het Witte Huis, Lawrence Jackson